中国禅宗典籍丛刊

景德传灯录 上

〔北宋〕释道原　撰
冯国栋　点校

中州古籍出版社
·郑州·

图书在版编目（CIP）数据

景德传灯录 /（北宋）释道原撰 ；冯国栋点校 .
—郑州：中州古籍出版社，2018. 5（2022. 3 重印）
ISBN 978-7-5348-7872-5

Ⅰ . ①景… Ⅱ . ①释… ②冯… Ⅲ . ①僧侣 - 列传 - 中国 - 古代　Ⅳ . ① B949.92

中国版本图书馆 CIP 数据核字（2018）第 120429 号

JINGDE CHUANDENGLU
景德传灯录

策划编辑	刘　晓
责任编辑	刘　晓
责任校对	苏晓园
装帧设计	曾晶晶
出 版 社	中州古籍出版社（地址：郑州市郑东新区祥盛街 27 号 6 层邮编：450016　电话：0371-65723280）
发行单位	河南省新华书店发行集团有限公司
承印单位	河南瑞之光印刷股份有限公司
开　　本	890 mm × 1240 mm　1/32
印　　张	33
字　　数	870 千字
印　　数	3 001—6 000 册
版　　次	2018 年 5 月第 1 版
印　　次	2022 年 3 月第 2 次印刷
定　　价	139.00 元

本书如有印装质量问题，请与出版社调换。

总　序

在中国传统文化中，儒学、佛教和道教鼎足而立，是三个最主要的组成部分。它们在相互排斥的同时又相互吸收，共同丰富和发展了中华民族的文化。

佛教本是从印度传来的外来宗教，然而它在中国这块辽阔丰饶的具有悠久历史文化的国土上传播，经过漫长岁月，已经与中国传统文化和宗教习俗密切结合，演变成中国的民族的主要的宗教。隋唐时期具有民族特色的佛教宗派的创立，标志着佛教中国化历程的基本结束，此后进入中国佛教的持续发展时期。在这些佛教宗派中，天台宗、华严宗和禅宗是最富有民族特色的宗派。在它们的蕴涵深刻哲学思辨内容的教义理论中，有说色空、色心和体用相即的宇宙存在论，有论善恶、净染的心性论，有讲出世不离世间的修行解脱论，有用以沟通色空、色心和体用的"不二"的方法论……这些在中国历史文化，特别是在哲学思想领域都产生过极为深远的影响。研究中国历史文化，研究中国哲学思想都离不开对佛教的考察和研究，这早已成为人们的共识。

禅宗虽奉北魏时期来华的印度僧菩提达摩为初祖，但从历史真实情况考察，实际创立者应是被后世禅宗奉为四祖、五祖的道信（580~651）和弘忍（601~675）。在弘忍去世之后，他的门下形成以神秀（约606~706）及其弟子普寂（651~739）为代表的北宗，以惠能（638~713）及其弟子神会（668或686~760）、行思（671~740）、怀让（677~744）为代表的南宗。在"安史之乱"（755~763）后，北宗逐渐衰微以至湮灭无闻，而南宗则迅速传遍大江南北，日益昌盛，并在唐末五代形成禅门五宗——临济宗、沩仰宗、曹洞宗、云门宗、法眼宗。进入宋代，临济宗又分成杨岐、黄龙二派。两宋是禅宗发展史上的鼎盛时期，它一跃而成为中国佛教宗派中的主流派，在当时社会的各个阶层和文化思想领域都有很大的影响。此后，中国儒、释、道三教日益会通融合，佛教内部各宗也互相融通，禅宗与净土念佛信仰的结合最为密切，以至形成"念佛禅"。

禅宗虽标榜"以心传心，不立文字"，但从实际情况来看，它的文字著述最多，形式也多种多样，其中禅法语录最多。记录惠能言行的语录有《六祖坛经》，记录神会言行的语录有《菩提达摩南宗定是非论》等，此后怀让、马祖、怀海、希运以及禅门五宗的创始人义玄、灵祐和慧寂、良价和本寂、文偃、文益，后世各宗著名禅师几乎都有语录行世。语录有别集，有合集。在语录集子中既有禅师在开堂、上堂、小参、普说等各种场合的说法记录，也有师徒间的答问；有对前人公案的评说——拈古，也有评述这些公案的偈颂——颂古；有代前人回答质询的代语，也有在前人答语之外另作答语的别语；还有书信、法语、序跋、碑铭、题赞、札记、遗表等。在语录中，有贴近当时民众的通俗白话，有含意清丽玄远的诗偈；在语录外，有卷帙浩繁的史传，包括以语录为主的灯史、以记事为主的传记、按编年记述的通史。此外，还有论议、杂著、清规等。这些数量庞大的禅宗文献，无疑是我国宝贵的文化遗产。

我国在20世纪70年代末实行改革开放政策以后，随着社会科学界对宗教研究的深入展开，在对佛教文献的研究和整理、出版方面也取得很大的成绩，为从事佛教研究的人员和社会上广大读者提供了不少经过校订注释的有价值的佛教参考资料。然而在大量佛教文献面前，为了让研究者和读者使用方便，有必要按类别选择其中最重要的文献进行研究和整理，分阶段地作校勘、标点和注释出版。

现在奉献在诸位面前的《中国禅宗典籍丛刊》是一套中国禅宗系列的文献选编，其中收录了中国禅宗的部分重要史书、语录和清规等文献，皆请学者依据较好的版本作了校勘、分段和标点，并且一律改用现在通用的简化字。虽然所收文献的数量不是很大，但在目前公开出版的禅宗著述较少的情况下，这一套丛书的出版一定会给从事佛教禅宗研究和中国哲学、文史研究的学者和广大读者带来不少方便。我们深知此项工作并非轻而易举，希望边工作边改进，谨望读者今后经常给我们提出建议，不吝赐教，以便把这一工作做得更好。

杨曾文

1998年2月9日

前　言

　　禅宗虽号称"不立文字",然而在发展过程中却积累有大量的文献。禅宗文献约其性质,概有四类:即语录、灯史、公案集、清规。其中灯史作为记录禅宗祖师世系、开悟机缘与上堂说法之著作,对禅宗思想与历史的研究皆有不可替代之价值。灯史之作虽然数量甚多,然就其影响而言,无疑首推《景德传灯录》。

　　《景德传灯录》为北宋真宗朝吴僧道原所作之禅宗灯史。其书集录自过去七佛,及历代禅宗诸祖五十二世,一千七百零一人之传灯法系。此书编成之后,道原诣阙奉进,真宗命杨亿等人加以刊定,并敕准编入大藏流通,故《景德传灯录》在后世流行极广,对教界文坛俱有甚深之影响。禅师常言之"一千七百则公案"即指此书而言;而在文人诗歌中,"读《传灯》"几成参禅之同义语,后世续作、抄集、阅读、刊刻《景德传灯录》者代不乏人。《景德传灯录》不仅为中土僧侣、士人所参究阅读,且对东亚禅宗影响深远。《景德传灯录》成书后不久,即由入宋巡礼僧携归日本,其后多次翻印重刊,甚至出现了多种训注本与传抄本。在韩国,此书更受前所未有之重视,高丽恭愍王时代,曹溪宗龙谷觉云曾于宫中讲授此书。近世以来，禅学西渐，《景德传灯录》也被译成多种语言，其中仅英语即有多个节译本与全译本。由此足见此书流行之广、影响之巨。

一、《景德传灯录》之作者

《景德传灯录》为宋元明影响甚大、流行极广的禅宗灯录，然其作者道原之生平资料却非常缺乏，以致吾人对道原禅师之生平行历所知甚少。现仅能据僧传方志中的零星材料，对禅师之生平做一考察，以见其行事之大略。

宋仁宗天圣七年（1029），李遵勖撰作《天圣广灯录》，其书卷二十七"台州天台山德韶国师法嗣"中有"苏州承天永安道原禅师"。其文云：

上堂，有僧问："如何是佛？"师曰："咄，者旃陀罗。"进云："学人初机，乞师方便。"师云："汝问什么？"学云："问佛。"师云："咄，者旃陀罗。"又僧问："如何是佛法道理？"师云："与蛇画足，为鼠穿逾。"进云："还报国恩也无？"师云："不唯负国，兼乃谤吾。"又僧问："如何是祖师西来意？"师云："问者如牛毛。"进云："请师答牛毛之问。"师云："师子咬人不逐块。"进云："恁么即学人造次也？"师云："一等学问，罕有阇梨。"问："莲花未出水时如何？"师云："馨香菡萏。"进云："出水后如何？"师云："绝消息。"问："如何是学人自己？"师云："十字街头寻不见，乐桥亭下问船翁。"进云："恁么即一切皆是也？"师云：

"演若之狂未是狂。"问:"承古有言,向上一路,千圣不传,如何是向上一路?"师云:"盘山太无端。"进云:"未审千圣还垂慈也无?"师云:"也与盘山不较多。"①

因这则材料所载皆为禅师上堂说法对机之言句,于其生平几无叙及,由此仅知此"道原"为天台德韶弟子,然僧人重名者甚多,故无法断言此"道原"即是创作《景德传灯录》之"道原"。后契嵩作《传法正宗记》在天台德韶法嗣中也列有道原之名,然也不曾言其作《景德传灯录》。直至宋末普济集《五灯会元》方于其书目录"天台韶国师法嗣"永安道原禅师下注曰:"进《景德传灯录》。"②将作为天台德韶法嗣之道原与《景德传灯录》联系起来。

日本学者椎名宏雄于朱长文《吴郡图经续记》中发现一则记载道原生平之资料③,非常重要,故不避繁赘,具录如下,并结合其他文献做一分析:

承天寺,在长洲县西北二里。故传是梁时陆僧瓒故宅,因睹祥云重重所覆,请舍宅为重云寺。中误书为重玄,遂名之。钱氏时又加缮葺,殿阁崇丽,前列怪石。寺中有别院五:曰永安、曰净土,禅院也;曰宝幢、曰龙华、曰圆通,教院也。所谓宝幢者,旧曰药师院。昔有钱唐僧道赞者作紫檀香百宝幢,覆以殿宇,翰林晁承旨与当时诸公凡二十三人为之赞云。又有圣姑庙,盖梁时陆氏之女。吴人于此祈子,

---

① 李遵勖:《天圣广灯录》卷二十七,《卍续藏》第135册,第873页。
② 普济:《五灯会元》目录,中华书局,1997年,第33页。
③ [日]椎名宏雄:《宋元版禅籍の研究》,大东出版社,1994年,第175页。

颇有验……

　　永安禅院，在承天寺垣中，旧号弥勒院。初，太宗朝以藏经镂板本，有余杭道原禅师者，诣阙借板印造。景德中又以太宗御制四帙及新译经一十四帙并赐之。道原既归，藏于此院。大中祥符八年，又编修《景德传灯录》以进，敕赐今额，每岁度一僧，至今为禅院①。

综观以上资料，道原之生平，可得而言之者，有如下数端：

1. 吴郡有承天寺，在长洲县西北二里。梁时为重云寺、重玄寺。寺中有五院，规制甚大。又据范成大《吴郡志》："能仁禅寺在长洲县西北二里，即梁重玄寺，入国朝为承天寺，庭列怪石。……宣和中，禁寺观桥梁名字以天、圣、皇、王等为名，改今额。"② 所载与此相合，又知此寺宣和后，改为能仁禅寺。

2. 承天寺共有五院，其中永安、净土为禅院，永安禅院中确有一位道原禅师曾编撰《景德传灯录》。吴郡即是苏州，则《天圣广灯录》中之"苏州承天永安道原禅师"确与《景德传灯录》作者道原为一人。宋龚明之《中吴纪闻》载："永安禅院僧道元，纂佛祖讫近世名僧禅语为《传灯录》三十卷以献。"③ 虽"道元"与"道原"略有不同，然也足可佐证撰作《景德传灯录》者确为永安禅院之道原。如此可知，撰写《景德传灯录》之道原确为天台德韶之弟子。

3. 文中又云"有余杭道原禅师者"，由此可知，道原虽住苏

---

① 朱长文：《吴郡图经续记》卷中，《宋元方志丛刊》第 1 册，中华书局，1990 年，第 655 页。
② 范成大：《吴郡志》卷三十一，《宋元方志丛刊》第 1 册，第 930 页。
③ 龚明之撰、孙菊园点校：《中吴纪闻》卷二，上海古籍出版社，1986 年，第 30 页。

州承天寺永安禅院,然其生地籍贯实在余杭(今属杭州)。

4. 道原曾上京摹印大藏经。太平兴国八年(983),《开宝藏》雕成运至京师,藏于印经院。据杨亿《婺州开元寺新建大藏经楼记》,婺州开元寺僧人文靖也曾于至道初年,入京摹印大藏①。以此推断,当时来京印藏的各地僧人不寡,道原即是其中之一。又杨亿《佛祖同参集序》云:"东吴道原禅师者,乃觉场之龙象,实人天之眼目。慨然以为祖师法裔,颇论次之未详;草堂遗编,亦嗣续之孔《易》。乃驻锡辇毂,依止王臣,购求亡逸,载离寒暑。"②可知道原曾入京,一为印藏,二为修撰《佛祖同参集》搜求资料,而道原之结识杨亿或即在此时。

5. 文中又云"景德中又以太宗御制四帙及新译经一十四帙并赐之","编修《景德传灯录》以进,敕赐今额,每岁度一僧",则可知道原上进《景德传灯录》,真宗为示表彰,一则以太宗御制四帙及新译经一十四帙赐之,二则赐以"承天寺"额,并许承天寺每岁度一僧。佛国惟白《大藏经纲目指要录》"景德传灯录"解题亦云:"《景德传灯录》三十卷,东吴僧道原集录上进,真宗皇帝敕翰林学士杨亿作序,入藏流通。赐逐年圣节度僧一名,今苏州承天寺永安院恩泽是也。"③也言及赐圣节度僧事,足可与此条资料相印证。另雷庵正受《嘉泰普灯录·上皇帝书》云:"臣伏睹景德之初,宣慈禅师道原所进《传灯录》,真宗皇帝有旨,

---

① 杨亿:《婺州开元寺新建大藏经楼记》,《武夷新集》卷六,《文渊阁四库全书》第1086册,第420页。
② 杨亿:《佛祖同参集序》,《武夷新集》卷七,《文渊阁四库全书》第1086册,第437页。
③ 惟白:《大藏经纲目指要录》卷八,《昭和法宝总目录》第2册,第768页。

命翰林杨亿撰序以赐。"① 宋初三朝,对上进著述之僧人多赐师号以示褒奖,故可推测正受序文中所言之"宣慈"或应为道原之师号,而此师号之得,或也与其上进《景德传灯录》有关。

综上所述,可对道原禅师之生平做一概述:道原禅师,余杭人。得法于天台德韶,为法眼文益徒孙,住苏州承天寺永安禅院。曾入京摹印大藏经,又撰成《景德传灯录》上进,真宗为示褒奖,赐太宗著述与新译经,并赐承天寺额,许承天寺永安院每年圣节剃度一僧。因进呈《景德传灯录》,道原或曾获赐"宣慈"师号。

二、《景德传灯录》之资料来源

《景德传灯录》成书之前,记载佛法传承及禅宗世谱者,其书已不少,如《付法藏因缘传》《楞伽师资记》《传法宝纪》《历代法宝记》《宝林传》《圣胄集》《续宝林传》《祖堂集》等。而禅宗天竺二十八祖,东土六祖之传法世系也已通过禅宗史书得以确立。道原在此基础之上,广求史料,集成《景德传灯录》。概而言之,《景德传灯录》所据之史料约有四种:一则为祖图;二则为各家别录;三则为前此的灯录之作,如《宝林传》《圣胄集》等;四则为史传碑铭。

1. 祖图

杨亿《刊修景德传灯录序》云:"有东吴僧道原者,冥心禅悦,索隐空宗,披弈世之祖图,采诸方之语录。次序其源派,错

---

① 正受:《嘉泰普灯录》卷首,《卍续藏》第137册,第3页。

综其词句。由七佛以至大法眼之嗣，凡五十二世，一千七百一人，成三十卷，目之曰《景德传灯录》。"由此可知，道原作《景德传灯录》曾参用历代之祖图。然时代久远，典籍散佚，祖图之实物已不多见，幸有传世书籍之零星记载，尚可窥祖图之一斑。

对于祖图，唐代以后，屡有人提及。据《景德传灯录》卷三《僧璨章》载，初唐有河南尹李常，曾收得僧璨大师之舍利。天宝五载，李常于其家斋僧，因问佛祖历代传法事云："尝见祖图，或引五十余祖，至于支派差殊，宗族不定。或但有空名者，以何为验？"足见初唐时已有祖图之作。及至宋代，有颁祖图以行天下之事，契嵩《传法正宗定祖图叙》："原夫菩提达磨，实佛氏之教之二十八祖也。与乎大迦叶，乃释迦文如来直下之相承者也。传之中国，年世积远，谱谍差缪。而学者寡识，不能推详其本真，纷然异论，古今颇尔。某平生以此为大患。适考其是非，正其宗祖，其书垂出。会颁祖师传法授衣之图，布诸天下。"[1] 后历代佛史引祖图为资料者，也复不少。志磐《佛祖统纪》载："师号牧庵，得法于象田卿和上。其家为四明卢氏，于志磐为高伯祖，历位雍熙、云门、雪窦、护圣，名列祖图。"[2] 元觉岸《释氏稽古略》也分别引及《径山旧祖图》与《宗派祖图》[3]。

由后世之记载，祖图之形制，可得而言之者，略有二端：

第一，祖图必有描绘师资相承的图像。契嵩《上皇帝书》云："臣不自知量……编成其书，垂十余万言，命曰《传法正宗

---

[1] 契嵩：《传法正宗定祖图叙》，《镡津文集》卷十一，《大正藏》第52册，第703页。
[2] 志磐：《佛祖统纪》卷四十六，《大正藏》第49册，第422页。
[3] 分别见：觉岸《释氏稽古略》卷三"鹅湖大义"条与卷四"夔州卧龙破庵禅师"条。

记》。其排布状画佛祖相承之像,则曰《传法正宗定祖图》。其推会祖宗之本末者,则曰《传法正宗论》,总十有二卷。又以吴缣绘画其所谓定祖图者一面。"① 由此可见,契嵩所上之《定祖图》不仅有记载师资相承之文字,且用吴缣绘成图像。契嵩之言,稍显笼统,似不足见祖图之具体情形,而明胡应麟之记载或可弥补此不足。胡氏《题李龙眠二十七祖图歌》云:"丹青国手吴道玄,眼空万古当开元。沿流晚季六法尽,中兴十指传龙眠。何人携此卷,佛祖遍罗列。马鸣众大士,历历具颠末。袈裟挂膝右肩袒,妙相人天俨对越。二十七祖仅九帧,十八应真徒耳闻。"② 李龙眠即北宋著名画家李公麟,二十七祖即自摩诃迦叶至般若多罗的西天二十七代祖师。胡氏所题之画今虽已不可得见,然由此诗,也可想见宋时祖图之情形。

  第二,祖图兼有记载祖师行历之文字。祖图于图、像之外,当也记载祖师之生平行历。契嵩《传法正宗记》云:"契嵩少闻耆宿云:'尝见古祖图,引梁宝唱《续法记》所载,达磨至梁,当普通元年九月也。'"③ 据契嵩之言,则老宿所见之祖图,引宝唱《续法记》以说明达磨入梁之时间,足证此图有记载初祖达磨生平之文字。元觉岸《释氏稽古略》卷三"元和二年"条记信州鹅湖大义禅师生平云:"《径山旧祖图》曰:'大义滏禅师,姓吴氏。'"④ 觉岸所引《径山旧祖图》同样也记有大义禅师俗家姓氏。另唐靖迈曾作《古今译经图纪》,记叙后汉至唐佛经翻译家

---

① 契嵩《传法正宗记》卷首,《大正藏》第51册,第715页。
② 胡应麟:《少室山房集》卷二十八,《文渊阁四库全书》第1290册,第173页。
③ 契嵩:《传法正宗记》卷五,《大正藏》第51册,第744页。
④ 觉岸:《释氏稽古略》卷三,《大正藏》第49册,第831页。

的生平与译经,据智升《续古今译经图纪》云,靖迈之书原为配合大慈恩寺译经院厅堂中的图画所作①。此种配图所作的行事记录,正可为祖图形制做一佐证。

现既知祖图之形制,道原编撰《景德传灯录》时对祖图之利用,则可推知一二。祖图中的师资关系,可为《景德传灯录》谱录之编写提供借鉴;而其中记录禅师生平行历之文字,则可为道原撰写祖师的生平所采用。

2. 各家别录

禅宗不立文字,然特重师资之密授。为传灯继焰,禅宗在抛弃教典的同时,又制造出新的经典,即语录。钱大昕《十驾斋养新录》卷一十八云"释之语录始于唐","达摩西来,自称教外别传,直指心印,数传以后,其徒日众,而语录兴焉,支离鄙俚之言,奉为鸿宝"②。盖禅门不重对经义之理解,而重对学人进行随机接引,故丛林中禅师与弟子之对话,便具有举足轻重之地位。学人将其记录下来,以便参究,便成为语录。《景德传灯录》卷十一"香严智闲章"载:沩山灵祐要智闲"未出胞胎,未辨东西时,本分事试道一句",智闲"遂归堂,遍检所集诸方语句,无一言可将酬对"。卷十九"云门文偃章",云门批评学人"待和尚口动,便问禅问道,向上向下,如何如何,大卷抄了,塞在皮袋里卜度"。说明当时学人抄集师家之语非常普遍。

语录、别录记载祖师之言教,为禅门之重要文献,故后世著

---

① 智升:《续古今译经图序》云:"《译经图纪》者,本起于大慈恩寺翻经院之堂也。此堂图画古今传译缁素,首自迦叶摩腾,终于大唐三藏,迈公因撰题于壁。"《大正藏》第55册,第367页。
② 钱大昕:《十驾斋养新录》卷十八,江苏古籍出版社,2000年,第382页。

书多有取用，如赞宁著《宋高僧传》就曾参用多家之别录①。道原编集《景德传灯录》所用之别录虽不可一一考见，然通过其本文之记载，仍可寻得轨迹：

  其诸歌偈，皆触事而作，三百余首流行，见乎别录。（卷二十六"婺州齐云山遇臻禅师"）

  一日，有村媪来作礼。师曰："汝疾归去，救取数千物命。"媪匆忙至舍，乃见儿妇提竹器拾田螺归。媪接取，放诸水滨。师之异迹颇多，存诸别录。（卷十七"台州瑞岩师彦禅师"）

  师三处开法语要，随门人编录，今但梗概而已。（卷十八"杭州龙册寺顺德大师道怤"）

以上所举数例，足可见《景德传灯录》中之文从别录中抄出者不少。

3. 《宝林传》与《圣胄集》

《景德传灯录》编成之前，已有多种灯史流行。道原著书是否采用其他灯史，颇不易论②。对于《宝林传》与《圣胄集》，《景德传灯录》则明言曾采其资料。卷二"第二十四祖师子章"，道原、杨亿原注云："事具《圣胄集》及《宝林传》。"卷三"菩提达磨章"，原注亦云："事具《宝林传》及《圣胄集》。"

---

① 宋·赞宁：《宋高僧传》卷十一"唐赵州东院从谂传"云："凡所举扬，天下传之，号赵州法道。《语录》大行，为世所贵也。"卷十三"梁抚州疏山光仁传"亦云"语详别录"。

② 《景德传灯录》卷十九"南岳般舟道场宝闻大师惟劲"章云："师于梁开平中，撰《续宝林传》四卷，纪贞元之后禅门继踵之源流也。"对《续宝林传》应有所取资，然此书久佚，不可覆核。

《宝林传》虽错讹甚多①，然此书对后世影响甚大，《景德传灯录》之前三卷多有从此书中抄出者。《宝林传》以章、品之形式组织，而每品之前必以"尔时"二字引起，语言颇多夸张，情节多重神奇变异，如三祖降火龙、四祖化三尸。虽名为传记，实具经体余义，故道原对此多所改变，今检核二书，略述其差异。

（1）减损

《宝林传》中有记载甚详，而《景德传灯录》节录抄出者。如"释迦牟尼传"，《宝林传》引《普曜经》"指天指地"与出家事，皆与《景德传灯录》合。唯其记佛之言教，几乎全抄《四十二章经》，《景德传灯录》则将此部分尽皆删除。

《宝林传》类于佛经之反复宣说，故相同之事，于其师之章已述，在弟子章再加叙及，不厌其烦。如慧可断臂求法事，《达摩行教游汉土章布六叶品》与《可大师章断臂求法品》皆详加记述。再如僧璨求安心法，已于《可大师章》叙讫，而《僧璨大师章却归示化品》又予以详载。而《景德传灯录》则用互见法，于其师章叙及之事，弟子章仅云"事见某某章"或"某某章具之矣"颇为简约合度。

（2）改写

如《宝林传》卷二《第四祖优波毱多章化三尸品第八》记优波毱多将人、狗、蛇三尸化为华鬘戴于波旬项上，波旬欲去之而不能，便求梵王为其解免，梵王说偈云：

若因地倒，还因地起。若无其地，终无所履。

---

① 参见陈垣：《中国佛教史籍概论》"宝林传"章，中华书局，1997年，第106~110页。

而《景德传灯录》卷一"优波毱多"章则为：

> 若因地倒，还因地起。离地求起，终无其理。

二偈前两句相同，而后两句则不同，显然已经改写。

除以上所举三种重要资料之外，道原编撰《景德传灯录》尚参考各种传记与碑铭。如卷五"慧能章"云："今于诸家传记中略录十人，谓之旁出。"此为依传记所撰者。卷五"匾檐山晓了禅师章"："匾檐山晓了禅师者，传记不载，唯北宗门人忽雷澄撰塔碑盛行于世。略曰……"可知此章即依塔碑改写。卷四"神秀章"言及张说与卢鸿所作神秀之碑诔，卷五"慧能章"亦言及韶州刺史韦据所撰之碑，道原既知这些碑铭，作传时也当有取资。

三、《景德传灯录》之刻印与版本

《景德传灯录》在宋、元、明、清各代皆有刻印，版本众多，版本之间的变化也较为复杂，兹综述如次：

1. 初刻本之面貌

《景德传灯录》修订完成之后，即奉敕编入《开宝藏》。然此初刻已无印本传世，故仅能从当时后世书目之著录推测其形制与面貌。最早著录《景德传灯录》之书目为赵安仁、杨亿所编《大中祥符法宝录》，此录约成于大中祥符八年（1015），所载之《景德传灯录》或即是初刻本，以故，可据此推测初刻之面貌。现具录如下：

> 《景德传灯录》一部三十卷，目录三卷
> 第一卷　第二卷

已上二卷述毗婆尸佛至释迦牟尼佛为七佛。圣师释迦牟尼将入涅槃始以法眼付嘱摩诃迦叶，故迦叶为天竺第一祖。如是次第传法至第二十七祖般若多罗。又第三祖商那和修旁出末田底迦一人，第二十四祖师子尊者旁出达磨达等二十二人，合前是为五十祖师。

第三卷　第四卷

已上二卷述第二十八祖菩提达磨远从观机授道至于此土，得慧可大师，乃传心印，故达磨为此土第一祖焉。次第传法至第五祖弘忍大师。由达磨至弘忍，其间旁出尊宿二百一十六人。一十七人不出世，不录，一百九十九人见录。

第五卷

已上一卷述第六祖慧能大师法嗣弟子四十三人，内一十人旁出，二十四人不出世，一十九人见录。

第六卷至第十三卷

已上八卷述第六祖弟子南岳怀让禅师九世相承及曹溪别出二世，其间次第法嗣五百一十三人，二百七十八人不出世，一（按：疑当作"二"）百三十五人见录。

第十四卷至第二十卷

已上七卷述第六祖弟子吉州清原山行思禅师一世至六世相承三百七十九人，一百一十六人不出世，二百六十三人见录。

第二十一卷至第二十六卷

已上六卷述行思禅师七世至十一世相承五百四十六人，一百三十二人不出世，四百一十四人见录。

第二十七卷至第三十卷

已上四卷编次禅门散圣及诸方广语、歌诗赞颂。或举事照理，或接物随机。启迪初心，流传来裔，乃禅者之香饭，法乐之正性也，故以其文，集而录之①。

据是录所载，可知以下几点：第一，《景德传灯录》之初刻本为三十三卷，其中正文三十卷，目录三卷。《天圣释教总录》亦云："《景德传灯录》一部三十三卷。上十一卷一帙，'约'字号；中十一卷一帙，'法'字号；下十一卷一帙，'韩'字号。"②考《金藏》广胜寺本，正文三十卷之外，另有上帙目录、中帙目录、下帙目录，也为三十三卷，正与此录所载之本相符。《金藏》据《开宝藏》所刻，且其中多有翻刻《开宝藏》者③，故二本最为接近。《金藏》本之三十三卷正反映了《开宝藏》本之面貌，而他本多仅具正文三十卷而无此三卷目录。第二，此本卷一、卷二记七佛与西天二十七祖，卷三、卷四为中土五祖及其旁出。卷五为六祖慧能及其嗣法弟子，卷七至卷十三记南岳一派之传承，卷十四至卷二十六记青原一派之传承，卷二十七至卷三十记禅门散圣、诸方广语、歌诗赞颂。总体内容与后出之本差别不大。

2. 历代之刻印

《景德传灯录》成书之后，宋、元、明、清各代继有刻印。概而论之，其刻印形式有二，一为单刻，一为藏经刻本。宋代曾多次刻印《景德传灯录》，其中洪州、福州、两浙皆有单刻本，

---

① 赵安仁、杨亿：《大中祥符法宝录》卷二十，《中华大藏经》第73册，中华书局，1994年，第522~523页。
② 惟净：《天圣释教总录》下卷，《中华大藏经》第72册，1994年，第946页。
③ 吕澂先生《金刻藏经》云："《金藏》基本上可说是整个宋刻蜀版的翻刻（连同绝大多部分的著述在内），所以它和蜀版的关系最深。"《吕澂佛学论著选集》卷三，齐鲁书社，1986年，第1446页。

现存宋代单刻本有十一行本、十三行本与十五行本。而藏经系统之刻本则有崇宁万寿大藏本与毗卢大藏本。现存元代单刻《景德传灯录》有三种：一为延祐三年（1316）希渭所刻之本，日本贞和四年（1348）有覆刻，对日本影响甚大，《卍正藏》与《大正藏》皆依此本刊刻。二为至正二十五年（1365）释宝生刻本，盖依希渭本翻刻者。三为古建香山圆智居士之抄刊本。藏经系之本则有《碛砂藏》与《普宁藏》本。明清两代，凡六次刻藏，即《洪武南藏》《永乐南藏》《永乐北藏》《武林藏》《嘉兴藏》《龙藏》。《武林藏》是否还有传本，尚在疑似之间①，是否收录《景德传灯录》，不得而知。其余五藏皆收有《景德传灯录》。与宋元两代相比，明清《景德传灯录》之单刻不多。今日所能见到者，惟有明万历间新安汪士贤刻本。何以如此？盖因明代以后，《五灯会元》之地位渐次提高。明《嘉兴藏》、清《龙藏》收入《五灯会元》，扩大了此书之影响。而清修《四库全书》子部释家也收入《五灯会元》，而不收《景德传灯录》。《五灯会元》之前半部与《景德传灯录》多同，《五灯会元》在教内学界流传渐广，《景德传灯录》遂不复重要，故而刻印日少。

3. 版本系统

《景德传灯录》之版本约可分为四个系统：一为以《金藏》广胜寺本为代表的《开宝藏》本系统。《金藏本》共三十三卷，保留有上、中、下三帙目录，与《大中祥符法宝录》所记初刻本

---

① 吕澂先生《佛典泛论》认为此藏尚有另本传世。童玮先生《二十二种大藏经通检·汉文大藏经简述》认为1982年所发现的十七册大藏经残本即为《武林藏》，而李际宁先生《佛经版本》则认为此十七册为《碛砂藏》本，而非《武林藏》本。

最为接近。二为东禅寺系统，此系统以东禅寺本为代表，南方系统藏经本，如《碛砂藏》，明代《南藏》《北藏》，清《龙藏》皆属此系统，民国八年（1919）天宁寺刻本也属此一系统。此系统对《开宝藏》系统修改甚多，不仅有字句之差异，且对诸多章节进行修改，修改之依据主要为临济宗下流传的文献资料，可以说此系统是经临济宗改造的《景德传灯录》版本。另外，此系统又有一子系统，即《万僧问答景德传灯全录》，元代有古建香山圆智居士刊本，明代则有汪士贤刻本。三为元延祐本系统，此系以延祐三年刊本为代表，此本虽以《开宝藏》系为基础，然也对《开宝藏》系多有校改，文字差异所在多有，而章次内容也多有不同，并于书前撰作"西来年表"。属于此系统者有日本贞和四年覆刻本、元至正二十五年释宝生刻本，日本《缩刷藏》《大正藏》本。四为高丽本系统，此系也以《开宝藏》系为底本，校改增删也复不少。此系统最为显著之特征乃在于增加僧人传记三十余篇，而诸多高僧之传记多杂糅众本，并参考《五灯会元》进行重新编写，与上举各系差异甚大。

（1）《金藏》广胜寺本

此本千字文编号为"禅""主""云"三号，三十三卷，即目录三卷，正文三十卷。现存上帙目录、下帙目录、卷一至卷三、卷五至卷十、卷十二至卷十三、卷十五至卷二十、卷二十二、卷二十四、卷二十五、卷二十七至卷三十。卷子装，每版二十一行，每行十八字。版心下记纸数、千字文编号，如：

    传灯录第三卷　第三张　禅字号

此本之特点有二：第一，具有上、中、下三帙目录，每十卷为一帙,每帙前有目录一篇,具载此十卷之内容。而每卷前又有卷前目录。第二,此本之杨亿序题作《刊修景德传灯录序》,无杨亿题名及职衔,后世诸本皆作《景德传灯录序》而无"刊修"二字。杨亿之序确为述其刊修之经过与原则,故有"刊修"二字更为切题。

(2) 东禅寺本与南方藏经系统本

东禅寺本《景德传灯录》收入"振、缨、世"三函中。每版六半页,每半页六行,行十七字,为南方藏经系统的典型行款。此本除卷二十七外,每卷卷首皆有题记曰:"福州东禅寺等觉院住持慧空大师冲真于元丰三年庚申岁谨募众缘,开大藏经印板一副。祝今上皇帝圣寿无穷,国泰民安,法轮常转。"卷二十七则作"元丰五年"。从题记可知,此本之绝大部分刻于元丰三年(1080),仅卷二十七刻于元丰五年。此为现存《景德传灯录》版本中最早者。

东禅寺本之特点,主要体现于以下方面:第一,第三十卷末附有"魏府华严长老示众"。第六卷"洪州百丈山怀海禅师"则载:"与西堂智藏、南泉普愿禅师同号入室,时三大士为角立焉。一夕,三士随侍马祖玩月次,祖曰:'正恁么时如何?'西堂云:'正好供养。'师云:'正好修行。'南泉拂袖便去。祖云:'经入藏,禅归海,唯有普愿独超物外。'"与《金藏》本所载"二大士为角立"不同。第二,第十卷"镇州普化章",记有普化对临济义玄之评价:"河阳新附子,木塔老人禅。临济小厮儿,却具一只眼。"《金藏》本与《四部丛刊》本皆作"只具一只眼",说明普化对临济的禅法并不认同,而东禅寺本则作"却具一只眼",将"只"改为"却",显然对临济之修为极为推崇。从此本附录

《魏府华严长老示众》，对南泉普愿之肯定及对临济之推崇，可知此本与北方临济宗有甚深之关系。

据日本学者西口芳男的调查，日本上醍醐寺、高野山所藏东禅寺本《景德传灯录》卷二十五、二十六末皆有题记曰："勘经赐紫潜洞伯修住文殊沙门绍登。"① 可知，勘定东禅寺本之人为绍登。绍登，《建中靖国续灯录》有传："福州圣泉寺绍登禅师，本郡古田县临水人也，俗姓陈。……十岁辞亲出家，往礼潭州开福寺琎长老为师，精通《法华》，试经应度。受具之后，瓶锡游方，造于谓芳禅师法席。一见针水相投，筌蹄顿忘。"② 由此可知绍登为谓芳法嗣，其传承为首山省念——叶县归省——浮山法远——玉泉谓芳——绍登。绍登与撰作《天圣广灯录》的李遵勖同属首山省念一系，李遵勖为绍登前辈（见下图）。职是之故，东禅寺本之修改极有可能是绍登据《天圣广灯录》对南岳，特别是对临济一系僧人传记进行了修改。

首山省念 ⎰ 谷隐蕴聪—李遵勖
　　　　 ⎱ 叶县归省—浮山法远—玉泉谓芳—绍登

东禅寺本对后世的影响极大，《碛砂藏》本以下的南方藏经本皆以东禅寺本为祖本，诸本之间递为相承，与《金藏》本、《四部丛刊》本颇有不同。如卷五"南岳怀让章"，记马祖每日坐禅，怀让欲度之，故取砖在庵前石头上磨。马祖非常奇怪，向怀让询问。《金藏》本、《四部丛刊》本皆作"师作什么"，而东禅

---

① ［日］西口芳男：《福州东禅寺版〈景德传灯录〉について》，《禅文化研究所纪要》第15卷，1988年，第421页。
② 惟白：《建中靖国续灯录》卷十四，《卍续藏》第136册，第219页。

寺本、《碛砂藏》本、《南藏》本、《清藏》本皆作"磨砖作么"。此种例子尚多，兹不赘举。

（3）元延祐刻本系统

此本为湖州道场山护圣禅院僧人希渭募缘刊刻。此本前有《重刊〈景德传灯录〉状》详细记述刊刻之经过。其文云：

> 湖州路道场山护圣万岁禅寺耆旧僧希渭，系庆元路昌国州人氏，俗姓董。自幼投礼本路在城观音禅寺绝照和尚为师，训到法名。投礼慈溪县开寿普光禅寺龙源和尚，剃发为僧，仍礼五台律寺雪涯和尚受具戒。挟策西游，放包灵隐，后值先师龙源和尚，迁住兹山。随师参请，迨今有年。每念师恩未由报效，伏睹从上佛祖《景德传灯录》三十卷，七佛至法眼之嗣，凡五十二世，景德至延祐丙辰，凡三百一十七年，旧板销朽无存，后学慕之罔及，为此发心重刊。忽得本路天圣禅寺松庐和尚所藏庐山稳庵古册，最为善本，良惬素志。遂于丙辰年正月初十日，将衣钵估唱，得统金一万二千余缗。是日命工刊行于世，流通祖道。此录总计三十六万七千九百一十七字，至当年腊月一日毕工。随即印舍三百部于两浙安众名山，方丈、蒙堂、众寮各一部，以便湖海办道禅衲参究。集兹善利，用报四恩，并资三有者。

由此段文字可知，第一，此次刊刻募缘之人为希渭。希渭，俗姓董氏，在本路出家，于五台山受戒，曾住灵隐寺，后随其师龙源和尚至道场山。"龙源和尚"，即龙源介清。介清（1239~1301），号龙源，福州长溪人，俗姓王氏，年十五受戒，得法于育王寂窗有照。后出世四明寿国寺，迁湖州万寿道场。有《龙源介清禅师语录》一卷。赵孟頫所撰塔铭言："道场山龙源禅师既寂之五年，为乙巳七月。其记室怀珠哀次遗事，偕其徒希渭来，求铭心源之塔。"① 可证希渭确为介清之高足。则其师承关系如下：

杨岐方会——白云守端——五祖法演——圆悟克勤——虎丘绍隆——应庵昙华——密庵咸杰——枯禅自镜——寂窗有照——龙源介清——希渭

由此可知，希渭为临济宗杨岐派僧人。另外，元笑隐大䜣《道场寺云峰阁诗序》云："雪道场耆宿渭公，尝任寺之东职，以廉俭闻。始寺不竞，能损己以纾公，公以是裕益，捐资示其党以不私。于是辟方丈作巨阁以居其主。阁成而吴越之耆师硕德，与湖海胜流咸为歌诗，颂以落之，而征序于予。……又罄己资以刊《传灯录》十卷（按：疑脱"三"字），施诸名山。"② 由此文可知：希渭于道场寺居东序上首，曾为其寺建造大阁，阁成之后，多有人以歌诗咏之。希渭确曾舍己资刻印《景德传灯录》，并施诸名山，与《重刊状》所记相符。

第二，状文言："遂于丙辰年正月初十日，将衣钵估唱，得统金一万二千余缗。是日命工刊行于世，流通祖道。……至当年腊月一日毕工。"丙辰为元仁宗延祐三年，可知此本开雕于元延祐三年正月，于当年腊月事竣，历时一年。

此本与藏经本系统差别甚大，卷前有杨亿序、西来年表、希渭《重刊状》。三十卷末有杨亿与李维书、绍兴壬子（1132）长乐郑昂跋、天童宏智疏、绍兴四年（1134）刘棐后序。延祐本对

---

① 《龙源介清禅师语录》，《卍续藏经》第121册，第480页。
② 大䜣：《蒲室集》卷七，《文渊阁四库全书》第1204册，第564页。

原本误字也有修订，如卷三"弘忍章"，《金藏》本、东禅寺本："第三十二祖弘忍大师者，蕲州黄梅人也。……咸亨中有一居士，姓卢名慧能，自蕲州来参谒。"慧能为新州人，故应"自新州来参谒"，然《金藏》本、东禅寺本涉上"蕲州黄梅人"而误，延祐本则改为"新州"。同时，延祐本对原本文字也时有整饰，如卷十五"德山宣鉴章"《金藏》本："龙潭谓诸徒曰：'可中有一个汉，眼如剑，口似血盆，一棒打不回头。'""眼如剑，口似血盆"不对仗，东禅寺本、《碛砂藏》本改作"眼如利剑"，延祐本则改为"牙如剑树"。

延祐本对部分章节之内容与次序进行了修订与调整。如洪州百丈山惟政禅师，《金藏》本、东禅寺本、《四部丛刊》本、《碛砂藏》本皆在卷六中，为马祖法嗣。延祐本将其改在卷九，为百丈怀海法嗣。并考云："此传旧在第六卷马祖法嗣中，大珠和尚之次。今以机缘推之，即移入此卷百丈海禅师法嗣中，作百丈涅槃和尚机缘也。按唐柳公权书、武翊黄所撰《涅槃和尚碑》云：'师讳法正，以其善讲《涅槃经》，故以涅槃为称。'今师本章中有云：'汝与我开田，吾为汝说大义。'则知其为涅槃和尚明矣。又称南泉为师伯，则知其嗣百丈海公亦明矣。虽然惟政、法正二名不同，盖传写之讹耳。又觉范《林间录》亦谓旧本之误，及观《正宗记》则有惟政、法正之名。然百丈第代可数，明教但见其名不同，不能辨而俱存之。今当以碑为正也。而又《卿公事苑》乃云：百丈涅槃和尚是沩山嗣子而海公之孙。此尤大谬也，不足取矣。"考辨百丈惟政即涅槃法正，为百丈怀海法嗣。又如卷十二魏府大觉，《金藏》本、东禅寺本、《四部丛刊》本皆作黄檗希运法嗣，而此本则将其改属临济义玄法嗣。

延祐本另一重要特征便是于卷首列"西来年表"一帖。对于此年表，前人多认为乃宋人所撰。如陈垣先生虽指出此表所据为《传法正宗记》《册府元龟》等后于道原、杨亿之史料，非道原原本之旧，然却将其视为宋人所作①。究其原因，乃是《四部丛刊》三编所景瞿氏铁琴铜琴楼藏本，卷首即有此年表。而张元济先生又认定瞿氏之本皆为宋本。既然瞿氏之本为宋人所刊，则其本中之西来年表当也为宋人所撰。然日本学者椎名宏雄、铃木哲雄经仔细之比对考证，证明《四部丛刊》所景瞿氏之本实由五本合成，为宋元混合本，其中杨亿序与西来年表正为延祐三年以后所刊②。由此，则可证明西来年表实为延祐本所增设，或即为希渭所作。

此系在日本影响很大，贞和四年（1348）、宽永十七年（1640）皆有覆刻，《卍正藏》与《大正藏》皆以此为底本。另清宣统年间，贵池刘世珩曾将元延祐本影印行世。

（4）高丽本系统

此系统以高丽恭愍王二十二年（明洪武五年，1372）龙谷觉云所刊之本为代表，原本或已佚，日本驹泽大学图书馆有万历刻本，据此本所附李穑序文，大致可知此本刊刻之情形。李氏序曰：

上之廿有一年春正月，判曹溪宗事臣觉云上言："《传灯录》，禅学之指南也。板本毁于兵，手钞甚艰。况今专务默坐，冀万一成功，窃恐谈理者又废，斯道益以晦。乞重刊广

---

① 陈垣：《中国佛教史籍概论》，中华书局，1997年，第108页。
② ［日］椎名宏雄、铃木哲雄：《宋、元版〈景德传灯录〉の书志的考察》，《禅研究所纪要》4、5卷合订本，1975年，第278页。

布,以惠学者。"上曰:"可。"于是广明寺住持景猊、开天寺住持克文、崛山寺住持惠湜、伏岩寺住持坦宜干其事,皆上命也。……云尝在禁中,谈此录者满一岁。上深器其能,赐八字法号,禅教都总摄,为曹溪都大禅师,入居内院。故能上体圣心,刻梓宣布,其所以惠来者,广心学,其功可胜道哉!……青龙壬子三月初吉,起复文忠保节同德赞化臣崇禄大夫政堂文学集贤殿大学士知春秋馆事兼判太常寺事成均大司成提点司天监事臣李穑奉教谨序。

李穑(1328~1396),字颖叔,号牧隐,曾于至正九年(1349)入元学习理学,至正十二年回国,为高丽朝著名朱子学者。文中所言"上之廿有一年",即高丽恭愍王即位之二十一年,恭愍王即位于1351年,二十一年即为1371年。"青龙壬子"为1372年。由此可知,此本之刻倡于1371年而成于次年。主持此本刊刻者为龙谷觉云,觉云为曹溪宗太古普愚之再传弟子。由序文可知,觉云曾于禁中讲《景德传灯录》一年,故有刊刻之议。而助觉云刊刻者有广明寺住持景猊、开天寺住持克文、崛山寺住持惠湜、伏岩寺住持坦宜诸人。

龙谷觉云曾于禁中讲《景德传灯录》一年,对此书非常熟悉,故此本对《景德传灯录》文本进行了较大改造。椎名宏雄、西口芳男的研究表明,此本在原本基础之上,增加嵩山峻极、苏溪和尚、定山神英、元康和尚、三角法遇、吕洞宾等三十人之传记，而所据史料主要为普济《五灯会元》①。

除增加传主人数之外，高丽本对许多传主之生平言句也有甚大之改动。如卷六"百丈怀海章"，其变化如下表：

	卷六：百丈怀海
《金藏》本	属大寂阐化南康，乃倾心依附。与西堂智藏禅师同号入室，时二大士为角立焉。一夕，二士随侍马祖玩月次，祖曰："正恁么时如何？"西堂云："正好供养。"师云："正好修行。"祖云："经入藏，禅归海。"
东禅寺本	属大寂阐化南康，乃倾心依附。与西堂智藏、南泉普愿禅师同号入室，时三大士为角立焉。一夕，三士随侍马祖玩月次，祖曰："正恁么时如何？"西堂云："正好供养。"师云："正好修行。"南泉拂袖便去。祖云："经入藏，禅归海，唯有普愿独超物外。"
高丽本	属大寂阐化南康，乃倾心依附。与西堂智藏、南泉普愿同号入室，时三大士为角立焉。师侍马祖行次，见一群野鸭飞过。祖曰："是甚么？"师云："野鸭子。"祖云："甚处去也？"师云："飞过去也。"祖遂把师鼻扭，负痛失声。祖云："又道飞过去也。"师于言下有省。
《五灯会元》	属大寂阐化江西，乃倾心依附。与西堂智藏、南泉普愿同号入室，时三大士为角立焉。师侍马祖行次，见一群野鸭飞过。祖曰："是甚么？"师曰："野鸭子。"祖曰："甚处去也？"师曰："飞过去也。"祖遂把师鼻扭，负痛失声。祖曰："又道飞过去也。"师于言下有省。（卷三）

从上对比，可以看出，《金藏》本作"二大士"，东禅寺本作"三大士"，虽然内容有别，二本皆有玩月公案。而高丽本则删去

---

① ［日本］椎名宏雄：《朝鲜版〈景德传灯录〉について》，《驹泽大学仏教学部论集》第7卷，1976年。［日本］西口芳男：《高丽本〈景德传灯录〉について》，《印度学仏教学研究》，第32卷第2期，1984年。

玩月公案，增加野鸭子公案，而此公案正为《五灯会元》卷三所载。然高丽本又非全据《五灯元会》，如"阐化南康"一句显然与《金藏》本、东禅寺本同，而与《五灯会元》"阐化江西"不同。

从以上所考，可以看出，《景德传灯录》主要有四个系统，而以《金藏》本为代表的《开宝藏》系统最为原始，故此次整理以《金藏》广胜寺本为底本。底本阙者，则以东禅寺本补。同时，以东禅寺本、《四部丛刊》本、延祐本系统之《大正藏》本为校本。

点校凡例

一、校勘之旨约有三端：一者存古本，二者求全本，三者定确本。《景德传灯录》之版本约可分为四个系统：一为以《金藏》广胜寺本为代表的《开宝藏》系统，二为以东禅寺本为代表的南方藏经系统，三为元延祐三年（1316）希渭刻本，四为高丽刻本系统。《开宝藏》系统多存古貌，而延祐本多有变化，今者兼取二者，既存古本，复求全本。

二、校勘以《金藏》广胜寺本（简称"《金藏》本"）为底本，以其与初刊之面貌最为接近也。《金藏》本所缺卷四、卷十一、卷十四、卷二十一、卷二十三、卷二十六诸卷则以东禅寺本为底本。

三、以《四部丛刊》所景瞿氏铁琴铜剑楼藏本（简称"丛刊本"）、元延祐系统之《大正藏》本（简称"大正本"）为对校本。

四、东禅寺本为藏经系统中最古者，又为藏经南本系统之代表；而明清两代藏经系统之《景德传灯录》皆由《碛砂藏》本而来。故以东禅寺本（简称"东寺本"）、《碛砂藏》本（简称

"碛砂本")为参校本。

五、除以上版本外，对于重要之异文，兼参明《南藏》本（简称"南藏本"）、《径山藏》本（简称"径山本"）。

六、底本显误者，据校本改正，并出校说明。

七、底本、校本虽有差异，而两皆可通者，不改底本，于校记中录出异文。

八、底本不误，校本误者，也于校记中说明，以见诸本传承沿递。

九、凡异体字、俗别字不影响文意者，改为通行字。与专名有关者，悉依底本。避讳字统改不出校。

目 录

刊修《景德传灯录》序 …………………………………………… 1
景德传灯录卷第一 ………………………………………………… 1
景德传灯录卷第二 ………………………………………………… 21
景德传灯录卷第三 ………………………………………………… 39
景德传灯录卷第四 ………………………………………………… 61
景德传灯录卷第五 ………………………………………………… 93
景德传灯录卷第六 ………………………………………………… 125
景德传灯录卷第七 ………………………………………………… 147
景德传灯录卷第八 ………………………………………………… 166
景德传灯录卷第九 ………………………………………………… 193
景德传灯录卷第十 ………………………………………………… 224
景德传灯录卷第十一 ……………………………………………… 252
景德传灯录卷第十二 ……………………………………………… 282
景德传灯录卷第十三 ……………………………………………… 322
景德传灯录卷第十四 ……………………………………………… 350

景德传灯录卷第十五 ………………………………… 381
景德传灯录卷第十六 ………………………………… 412
景德传灯录卷第十七 ………………………………… 444
景德传灯录卷第十八 ………………………………… 479
景德传灯录卷第十九 ………………………………… 511
景德传灯录卷第二十 ………………………………… 539
景德传灯录卷第二十一 ……………………………… 577
景德传灯录卷第二十二 ……………………………… 611
景德传灯录卷第二十三 ……………………………… 641
景德传灯录卷第二十四 ……………………………… 680
景德传灯录卷第二十五 ……………………………… 716
景德传灯录卷第二十六 ……………………………… 755
景德传灯录卷第二十七 ……………………………… 796
景德传灯录卷第二十八 ……………………………… 826
景德传灯录卷第二十九 ……………………………… 862
景德传灯录卷第三十 ………………………………… 888

附录一 古旧版本附录 ………………………………… 913
附录二 古旧版本序跋 ………………………………… 980
附录三 作者道原生平资料 …………………………… 987
附录四 历代书目著录 ………………………………… 991

刊修《景德传灯录》序①

昔释迦文以受然灯之凤记,当贤劫之次补。降神演化四十九年,开权实顿渐之门,垂半满偏圆之教。随机悟理,爰有三乘之差;接物利生,乃度无边之众。其悲济广大矣,其轨式备具矣。而双林入灭,独顾于饮光;屈昫相传②,首从于达磨。不立文字,直指心源;不践阶梯,径登佛地。逮五叶而始盛,分千灯而益繁。达宝所者盖多,转法轮者非一。盖大雄付嘱之旨,正眼流通之道,教外别行,不可思议者也。

圣宋启运,人灵幽赞。太祖以神武戡乱,而崇净刹,辟度门。太宗以钦明御辩,而述秘诠,畅真谛。皇上睿文继志,而序圣教,绎宗风。焕云章于义天,振金声于觉苑。莲藏之言密契,竺乾之绪克昌。殖众善者滋多,传了义者间出。圆顿之化,流于区域。

---

① 此下,丛刊本、大正本有"翰林学士朝散大夫行左司谏知制诰同修国史判史馆事柱国南阳郡开国侯食邑一千一百户赐紫金鱼袋臣杨亿撰"。
② "昫",大正本作"昫"。

有东吴僧道原者,冥心禅悦,索隐空宗。披弈世之祖图,采诸方之语录。次序其源派,错综其词句①。由七佛以至大法眼之嗣,凡五十二世,一千七百一人,成三十卷,目之曰《景德传灯录》。诣阙奉进,冀于流布。皇上为佛法之外护,嘉释子之勤业,载怀重慎,思致悠久②。乃诏翰林学士左司谏知制诰臣杨亿、兵部员外郎知制诰臣李维、太常丞臣王曙等,同加刊削,俾之裁定。臣等昧三学之旨,迷五性之方,乏临川翻译之能,懵毗邪语默之要。恭承严命,不敢牢让,窃用探索,匪遑宁居。考其论撰之意,盖以真空为本。将以述曩圣入道之因,标昔人契理之说。机缘交激,若拄于箭锋;智藏发光,旁资于鞭影。诱导后学,敷畅玄猷。而捃摭之来,征引所出,糟粕多在,油素可寻。

其有大士示徒,以一音而开演;含灵耸听,乃千圣之证明。属概举之是资,取少分而斯可。若乃别加润色,失其指归,既非华竺之殊言,颇近错雕之伤宝。如此之类,悉仍其旧。况又事资纪实,必由于善叙;言以行远,非可以无文。其有标录事缘,缕详轨迹,或词条之纷纠,或言筌之猥俗,并从刊削,俾之纶贯。至有儒臣居士之问答,爵位姓氏之著明,校岁历以愆殊,约史籍而差谬,咸用删去,以资传信。自非启投针之玄趣,驰激电之迅机,开示妙明之真心,祖述苦空之深理,即何以契传灯之喻,施刮膜之功?若乃但述感应之征符,专叙参游之辙迹,此已标于僧史,亦奚取于禅诠?聊存世系之名,庶纪师承之自。然而旧录所载,或掇粗而遗精;别集具存,当寻文而补阙。率加采撷,爰从

---

① "词",丛刊本、大正本作"辞"。
② "悠",丛刊本作"远"。

附益。逮于序论之作,或非古德之文,间厕编联,徒增楦酿①,亦用简别,多所屏去。汔兹周岁,方遂终篇。

臣等性识愧于冥烦,学问惭于涉猎,天机素浅,文力无余。妙道在人,虽刳心而斯久;玄言绝俗,固墙面以居多。滥膺推择之私,靡著发挥之效。已克终于紬绎,将仰奉于清闲。莫副宸襟,空尘睿览。谨上。

---

① "楦酿",大正本下注:"'楦酿'二字出唐《张燕公文集》,谓冗长也。"

景德传灯录卷第一

七佛　天竺祖师

七佛①

　　毗婆尸佛

　　尸弃佛

　　毗舍浮佛

　　拘留孙佛

　　拘那含牟尼佛

　　迦叶佛

　　释迦牟尼佛

天竺一十五祖内一祖旁出②

　　第一祖摩诃迦叶

　　第二祖阿难

　　第三祖商那和修旁出末田底迦③

　　第四祖优波毱多

---

① "七佛"，东寺本、碛砂本无。
② "旁出"下丛刊本、碛砂本有"无录"二字。
③ 丛刊本、大正本、碛砂本"旁出末田底迦"在"第二祖阿难"下。

第五祖提多迦

第六祖弥遮迦

第七祖婆须蜜

第八祖佛陀难提

第九祖伏驮蜜多

第十祖胁尊者

第十一祖富那夜奢

第十二祖马鸣大士

第十三祖迦毗摩罗

第十四祖龙树大士

叙七佛

古佛应世，绵历无穷，不可以周知而悉数也，故近谭贤劫有千如来，暨于释迦，但纪七佛。案《长阿含经》云："七佛精进力，放光灭暗冥。各各坐诸树①，于中成正觉。"又曼殊室利为七佛祖师。金华善慧大士，登松山顶行道，感七佛引前，维摩接后。今之撰述，断自七佛而下。

毗婆尸佛过去庄严劫第九百九十八尊

偈曰："身从无相中受生，犹如幻出诸形象②。幻人心识本来无，罪福皆空无所住。"

《长阿含经》云："人寿八万岁时，此佛出世。"种刹利，姓

---

① "诸树"，东寺本、碛砂本作"树下"。
② "形象"，东寺本、碛砂本作"形像"。

拘利若。父槃头，母槃头婆提，居般头婆提城①。坐波波罗树下，说法三会，度人三十四万八千人。神足二：一名骞茶，二名提舍。侍者无忧，子方膺。

尸弃佛 庄严劫第九百九十九尊

偈曰："起诸善法本是幻，造诸恶业亦是幻。身如聚沫心如风，幻出无根无实性。"

《长阿含经》云："人寿七万岁时，此佛出世。"种刹利，姓拘利若。父明相，母光耀，居光相城。坐分陀利树下②，说法三会，度人二十五万。神足二：一名阿毗浮，二名婆婆。侍者忍行，子无量。

毗舍浮佛 庄严劫第一千尊

偈曰："假借四大以为身，心本无生因境有。前境若无心亦无，罪福如幻起亦灭。"

《长阿含经》云："人寿六万岁时，此佛出世。"种刹利，姓拘利若。父善灯，母称戒，居无喻城。坐婆罗树下，说法二会，度人一十三万。神足二：一扶游，二郁多摩。侍者寂灭，子妙觉。

拘留孙佛 见在贤劫第一尊

偈曰："见身无实是佛身，了心如幻是佛幻。了得身心本性

---

① "般"，大正本作"槃"，径山本作"盘"。
② "分"，东寺本、碛砂本、径山本作"芬"。

空,斯人与佛何殊别?"

《长阿含经》云:"人寿四万岁时,此佛出世。"种婆罗门,姓迦叶。父礼得,母善枝,居安和城。坐尸利沙树下,说法一会,度人四万。神足二:一萨尼,二毗楼。侍者善觉,子上胜。

拘那含牟尼佛贤劫第二尊

偈曰:"佛不见身知是佛,若实有知别无佛。智者能知罪性空,坦然不怖于生死。"

《长阿含经》云:"人寿三万岁时,此佛出世。"种婆罗门,姓迦叶。父大德,母善胜,居清净城。坐乌暂婆罗门树下,说法一会,度人三万。神足二:一舒槃那,二郁多楼。侍者安和,子导师①。

迦叶佛贤劫第三尊

偈曰:"一切众生性清净,从本无生无可灭。即此身心是幻生,幻化之中无罪福。"

《长阿含经》云:"人寿二万岁时,此佛出世。"种婆罗门,姓迦叶。父梵德,母财主,居波罗奈城。坐尼拘律树下,说法一会,度人二万。神足二:一提舍,二婆罗婆。侍者善友,子集军。

释迦牟尼佛贤劫第四尊

姓刹利,父净饭天,母大清净妙。位登补处,生兜率天上,

---

① "导师",丛刊本、大正本作"道师"。

名曰胜善天人，亦名护明大士。度诸天众，说补处行，亦于十方界中现身说法。《普耀经》云："佛初生刹利王家，放大智光明，照十方世界。地涌金莲华，自然捧双足。东西及南北，各行于七步。分手指天地，作师子吼声：'上下及四维，无能尊我者。'"即周昭王二十四年甲寅岁四月八日也。

至四十二年二月八日，年十九，欲求出家。而自念言："当复何遇？"即于四门游观，见四等事，心有悲喜，而作思惟：此老病死，终可厌离。于是夜子时，有一天人，名曰净居，于窗牖中叉手白太子言："出家时至，可去矣。"太子闻已，心生欢喜，即逾城而去，于檀特山中修道。始于阿蓝迦蓝处，三年学不用处定。知非便舍。复至郁头蓝弗处，三年学非非想定。知非亦舍。又至象头山，同诸外道，日食麻麦，经于六年。故经云："以无心意无授行，而悉摧伏诸外道。先历试邪法，示诸方便，发诸异见，令至菩提。"故《普集经》云："菩萨于二月八日明星出时成佛，号天人师，时年三十矣。"即穆王三年癸未岁也。

既而于鹿野苑中，为憍陈如等五人转四谛法轮而论道果，说法住世四十九年。后告弟子摩诃迦叶："吾以清净法眼，涅槃妙心，实相无相，微妙正法，将付于汝，汝当护持。"并敕阿难副贰传化，无令断绝。而说偈言："法本法无法，无法法亦法。今付无法时，法法何曾法？"尔时世尊说此偈已，复告迦叶："吾将金缕僧伽梨衣传付于汝，转授补处，至慈氏佛出世，勿令朽坏。"迦叶闻偈，头面礼足曰："善哉，善哉！我当依敕，恭顺佛故。"

尔时世尊至拘尸那城，告诸大众："吾今背痛，欲入涅槃。"即往熙连河侧娑罗双树下，右胁累足，泊然宴寂。复从棺起，为母说法。特示双足化婆耆,并说无常偈曰:"诸行无常,是生灭法。生灭灭已,寂灭为乐。"时诸弟子即以香薪竞荼毗之,烬后,金棺如故。尔时,大众即于佛前以偈赞曰:"凡俗诸猛炽,何能致火爇?请尊三昧火,阇维金色身。"尔时,金棺从坐而举,高七多罗树,往反空中,化火三昧,须臾灰生,得舍利八斛四斗。即穆王五十二年壬申岁二月十五日也。自世尊灭后一千一十七年,教至中夏,即后汉永平十年戊辰岁也。

第一祖摩诃迦叶,摩竭陀国人也,姓婆罗门。父饮泽,母香志。昔为锻金师,善明金性,使其柔伏。《付法传》云:"尝于久远劫中,毗婆尸佛入涅槃后,四众起塔,塔中像面上金色有少缺坏。时有贫女,将金珠往金师所,请饰佛面。既而因共发愿,愿我二人为无姻夫妻。由是因缘,九十一劫,身皆金色。后生梵天。天寿尽,生中天摩竭陀国婆罗门家,名曰迦叶波,此云饮光胜尊,盖以金色为号也。繇是志求出家,冀度诸有。"佛言:"善来比丘。"须发自除,袈裟著体。常于众中,称叹第一。复言:"吾以清净法眼,将付于汝,汝可流布,无令断绝。"《涅槃经》云:尔时世尊欲涅槃时,迦叶不在众会。① 佛告诸大弟子:"迦叶来时,可令宣扬正法眼藏。"尔时迦叶在耆阇崛山宾钵罗窟睹胜光明,即入三昧,以净天眼,观见世尊于熙连河侧入般涅槃。乃

---

① 丛刊本、大正本此处有小字注文:"嵩禅师《正宗记》评曰:昔涅槃会之初,如来告诸比丘曰:汝等不应作如是语。我今所有无上正法,悉已付嘱摩诃迦叶。是迦叶者,当为汝等作大依止。然正宗者,圣人密相传授,不可必知其处与时也。以经酌之,则《法华》先而《涅槃》后也。方说《法华》,迦叶预焉,及《涅槃》而不在其会。吾谓付法之时,其在二经之间耳。或谓灵山拈花,又曰付法于多子塔前。然此未见所出,吾虽稍取,亦不敢果以为审也。"

告其徒曰："如来涅槃也，何其驶哉！"即至双树间，悲恋号泣，佛于金棺内现双足。尔时，迦叶告诸比丘："佛已荼毗，金刚舍利非我等事，我等宜当结集法眼，无令断绝。"乃说偈曰："如来弟子，且莫涅槃。得神通者，当赴结集。"于是得神通者，悉集王舍耆阇崛山宾钵罗窟。

时阿难为漏未尽，不得入会。后证阿罗汉果，由是得入。迦叶乃白众言："此阿难比丘多闻总持，有大智慧。常随如来，梵行清净，所闻佛法，如水传器，无有遗余。佛所赞叹，聪敏第一。宜可请彼集修多罗藏。"大众默然。迦叶告阿难曰："汝今宜宣法眼。"阿难闻语信受，观察众心，而宣偈言："比丘诸眷属，离佛不庄严。犹如虚空中，众星之无月。"说是偈已，礼众僧足，升法座而说是言："如是我闻，一时佛住某处说某经教①，乃至人天等作礼奉行。"时迦叶问诸比丘："阿难所言，不错谬乎？"皆曰："不异世尊所说。"

迦叶乃告阿难言："我今年不久留，今将正法付嘱于汝，汝善守护。听吾偈言：'法法本来法，无法无非法。何于一法中，有法有不法？'"说偈已，乃持僧伽梨衣入鸡足山俟慈氏下生②。即周孝王五年丙辰岁也③。

第二祖阿难，王舍城人也，姓刹帝利④，父斛饭王，实佛之

---

① "住"，碛砂本作"在"。
② "俟"，碛砂本作"候"。
③ 丛刊本、大正本此下有小注："'五年'，当作'四年'。自此至第十三祖迦毗摩罗，年数错误，今皆依《史记》年表中六甲改正。"
④ "刹帝利"，原作"刹利帝"，据义改。

从弟也。梵语阿难陀,此云庆喜,亦云欢喜。如来成道夜生,因为之名。多闻博达,智慧无碍,世尊以为总持第一,尝所赞叹。加以宿世有大功德,受持法藏,如水传器,佛乃命为侍者。

后阿阇世王白言:"仁者,如来、迦叶尊胜二师皆已涅槃,而我多故,悉不能睹。仁者般涅槃时,愿垂告别。"阿难许之。后自念言:"我身危脆,犹如聚沫。况复衰老,岂堪长久?"又念:"阿阇世王与吾有约。"乃诣王宫告之曰:"吾欲入涅槃,来辞耳。"门者曰:"王寝,不可以闻。"阿难曰:"俟王觉时,当为我说。"时阿阇世王梦中见一宝盖,七宝严饰,千万亿众围绕瞻仰。俄而风雨暴至,吹折其柄,珍宝璎珞,悉坠于地。心甚惊异。既寤,门者具白上事。王闻语已,失声号恸,哀感天地。即至毗舍离城,见阿难在恒河中流,跏趺而坐。王乃作礼而说偈言:"稽首三界尊,弃我而至此。暂凭悲愿力,且莫般涅槃。"时毗舍离王亦在河侧,复说偈言:"尊者一何速,而归寂灭场。愿住须臾间,而受于供养。"尔时,阿难见二国王咸来劝请,乃说偈言:"二王善严住,勿为苦悲恋。涅槃当我静①,而无诸有故。"阿难复念:"我若偏向一国而般涅槃,诸国争竞,无有是处,应以平等度诸有情。"遂于常河中流将入寂灭,是时山河大地六种震动。

雪山中有五百仙人,睹兹瑞应,飞空而至。礼阿难足,胡跪白言:"我于长老,当证佛法,愿垂大慈,度脱我等。"阿难默然受请。即变殑伽河悉为金地,为其仙众说诸大法。阿难复念:

---

① "静",丛刊本、大正本作"净",下有注文:"旧本作'静',此依《宝林传》《正宗记》易此一字。"

"先所度脱弟子应当来集。"须臾五百罗汉从空而下,为诸仙人出家受具。其仙众中有二罗汉:一名商那和修,二名末田底迦。阿难知是法器,乃告之曰:"昔如来以大法眼付大迦叶,迦叶入定而付于我。我今将灭,用传于汝。汝受吾教,当听偈言:本来付有法,付了言无法。各各须自悟,悟了无无法。"阿难付法眼藏竟,踊身虚空,作十八变。入风奋迅三昧,分身四分:一分奉忉利天,一分奉娑竭罗龙宫,一分奉毗舍离龙王①,一分奉阿阇世王。各造宝塔而供养之。乃厉王十二年癸巳岁也②。

第三祖商那和修者③,摩突罗国人也,亦名舍那婆斯,姓毗舍多。父林胜,母憍奢邪④,在胎六年而生。梵云商诺迦,此云自然服,即西域九枝秀草名也。若罗汉圣人降生,则此草生于净洁之地。和修生时,瑞草斯应。昔如来行化至摩突罗国,见一青林,枝叶茂盛。语阿难曰:"此林地名优留茶⑤,吾灭度后一百年,有比丘商那和修于此地转妙法轮。"后百岁果诞和修,出家证道,受庆喜尊者法眼⑥,化导有情。及止此林,降二火龙,归顺佛教。龙因施其地,以建梵宫。

尊者化缘既久,思付正法,寻于吒利国得优波毱多以为给

---

① "毗舍离龙王",丛刊本、大正本作"毗舍离王",注云:"旧本作'毗舍离龙王',今依《宝林传》《正宗记》除'龙'字。"
② 丛刊本、大正本下注云:"当作十年。"
③ 丛刊本、大正本下注云:"《正宗记》云:'梵语商诺迦,此云自然服,以生时身自有衣也。'洪觉范《志林》云:'谓僧伽梨衣与云岩同也。'而《传灯》曰:'自然服即西域九枝秀草名。'未详。"
④ "邪",东寺本、碛砂本作"耶"。
⑤ "优留荼",碛砂本作"优留荼"。
⑥ "受",原作"授",据丛刊本、东寺本改。

侍。因问毱多曰："汝年几邪?"答曰："我年十七。"师曰:"汝身十七,性十七耶?"答曰:"师发已白,为发白耶,心白耶?"师曰:"我但发白,非心白耳。"毱多曰:"我身十七,非性十七也。"和修知是法器,后三载,遂为落发受具。乃告曰:"昔如来以无上法眼藏,付嘱迦叶,展转相授,而至于我。我今付汝,勿令断绝。汝受吾教,听吾偈言:非法亦非心①,无心亦无法。说是心法时,是法非心法。"说偈已,即隐于罽宾国南象白山中。

后于三昧中见弟子毱多有五百徒众,常多懈慢。尊者乃往彼,现龙奋迅三昧以调伏之。而说偈曰:通达非彼此,至圣无长短。汝除轻慢意,疾得阿罗汉。五百比丘闻偈已,依教奉行,皆获无漏。尊者乃作十八变②,火光三昧,用焚其身。毱多收舍利,葬于梵迦罗山。五百比丘人持一幡,迎导至彼,建塔供养。乃宣王二十三年乙未岁也③。

第四祖优波毱多者,吒利国人也,亦名优波崛多,又名邬波毱多。姓首陀,父善意。十七出家,二十证果。随方行化,至摩突罗国,得度者甚众。由是魔宫震动,波旬愁怖,遂竭其魔力,以害正法。尊者即入三昧,观其所由。波旬复伺便,密持璎珞縻之于颈。及尊者出定,乃取人、狗、蛇三尸,化为花鬘,奕言慰

---

① "非法亦非心",原作"非法亦非法",据丛刊本、东寺本、碛砂本改。丛刊本、大正本下有注云:"旧本作'非法亦非法',今依《宝林传》《正宗记》改作'非法亦非心'也。"
② "十八变",东寺本、碛砂本作"十八变化"。
③ 丛刊本、大正本下注:"当作二十二年。"据《史记·十二诸侯年表》,二十二年确为"乙未",二十三年当为"丙申"。

谕波旬曰①："汝与我璎络，甚是珍妙，吾有花鬘②，以相酬奉。"波旬大喜，引颈受之。即变为三种臭尸，虫蛆坏烂。波旬厌恶，大生忧恼，尽己神力，不能移动。乃升六欲天告诸天主③，又诣梵王求其解免。彼各告言："十力弟子所作神变，我辈凡陋，何能去之？"波旬曰："然则奈何？"梵王曰："汝可归心尊者，即能除断。"乃为说偈，令其回向曰："若因地倒，还因地起。离地求起，终无其理。"波旬受教已，即下天宫，礼尊者足，哀露忏悔。毱多曰④："汝自今去，于如来正法更不作娆害否⑤？"波旬曰："我誓回向佛道，永断不善。"毱多曰："若然者，汝可口自唱言：归依三宝。"魔王合掌三唱，花鬘悉除。乃欢喜踊跃，作礼尊者而说偈曰："稽首三昧尊，十力圣弟子。我今愿回向，勿令有劣弱。"

尊者在世化导，证果最多。每度一人，以一筹置于石室。其室纵十八肘，广十二肘，充满其间。最后有一长者子，名曰香众，来礼尊者，志求出家。尊者问曰："汝身出家，心出家？"答曰："我来出家，非为身心。"尊者曰："不为身心，复谁出家？"答曰："夫出家者，无我我故。无我我故，即心不生灭。心不生灭，即是常道。诸佛亦常，心无形相，其体亦然。"尊者曰："汝当大悟，心自通达，宜依佛法僧，绍隆圣种。"即为剃度，受具足戒。仍告之曰："汝父尝梦金日而生汝，可名提多迦。"复谓

---

① "璎"，东寺本、碛砂本作"软"。
② "有"，碛砂本作"以"。
③ "天主"，大正本作"天王"。
④ "毱多"下，丛刊本、大正本有"告"字。
⑤ "更不作娆害否"，东寺本、碛砂本作"更作娆害否"。

曰："如来以大法眼藏，次第传授，以至于我。今复付汝，听吾偈言：心自本来心，本心非有法。有法有本心，非心非本法。"付法已，乃踊身虚空，呈十八变。然复本坐，跏趺而逝。多迦以室内筹，用焚其躯，收舍利建塔供养。即平王三十一年庚子岁也①。

第五祖提多迦者，摩伽陀国人也。初生之时，父梦金日自屋而出，照耀天地。前有大山，诸宝严饰，山顶泉涌，滂沱四流。后遇毱多尊者，为解之曰："宝山者，吾身也；泉涌者，法无尽也。日从屋出者，汝今入道之相也；照耀天地者，汝智慧超越也。"尊者本名香众，师因易今名焉。梵云提多迦，此云通真量也。多迦闻师说已，欢喜踊跃，而唱偈言："巍巍七宝山，常出智慧泉。涌为真法味②，能度诸有缘。"毱多尊者亦说偈曰："我法传于汝，当现大智慧。金日从屋出，照耀于天地。"提多迦闻师妙偈，设礼奉持。

后至中印度，彼国有八千大仙，弥遮迦为首。闻尊者至，率众瞻礼，谓尊者曰："昔与师同生梵天，我遇阿私陀仙人，授我仙法；师逢十力弟子，修习禅那。自此报分殊途③，已经六劫。"尊者曰："支离累劫，诚哉不虚，今可舍邪归正，以入佛乘。"弥遮迦曰："昔阿私陀仙人授我记云：'汝却后六劫，当遇同学，获无漏果。'今也相遇，非宿缘邪！愿师慈悲，令我解脱。"尊者即

---

① 丛刊本、大正本下注云："当作三十年。"按：据《史记·十二诸侯年表》，三十年确为"庚子"，三十一年当为"辛丑"。
② "涌"，丛刊本、东寺本、碛砂本皆作"回"。
③ "途"，丛刊本、大正本作"涂"。

度出家，命圣授戒。余仙众始生我慢，尊者示大神通，于是俱发菩提心，一时出家。乃告弥遮迦曰："昔如来以大法眼藏密付迦叶，展转相授，而至于我。我今付汝，当护念之。"乃说偈曰："通达本法心，无法无非法。悟了同未悟，无心亦无法。"说偈已，踊身虚空，作十八变，火光三昧，自焚其躯。弥遮迦与八千比丘同收舍利，于班荼山中起塔供养。即庄王七年己丑岁也①。

第六祖弥遮迦者，中印度人也。既传法已，游化至北天竺国，见雉堞之上有金色祥云，叹曰："斯道人气也，必有大士为吾法嗣。"乃入城。于阛阓间有一人手持酒器，逆而问曰："师何方而来，欲往何所？"师曰："从自心来，欲往无处。"曰："识我手中物否？"师曰："此是触器而负净者。"曰："师还识我否？"师曰："我即不识，识即非我。"又谓曰："汝试自称名氏，吾当后示本因。"彼人说偈而答："我从无量劫，至于生此国。本姓颇罗堕，名字婆须蜜。"师曰："我师提多迦说：世尊昔游北印度，语阿难言：此国中吾灭后三百年，有一圣人，姓颇罗堕，名婆须蜜，而于禅祖，当获第七。世尊记汝，汝应出家。"彼乃置器礼师，侧立而言曰："我思往劫尝作檀那，献一如来宝坐。彼佛记我云：汝于贤劫释迦法中宣传至教。今符师说，愿加度脱。"师即与披剃，复圆戒相。乃告之曰："正法眼藏，今付于汝，勿令断绝。"乃说偈曰："无心无可得，说得不名法。若了心非心，始解心心法。"师说偈已，入师子奋迅三昧，踊身虚空，高七多罗

---

① 丛刊本、大正本下注："当作五年。"按：据《史记·十二诸侯年表》，"己丑"确为五年，七年为"辛卯"。

树。却复本坐，化火自焚。婆须蜜收灵骨，贮七宝函，建浮图，置于上级。即襄王十七年甲申岁也①。

第七祖婆须蜜者，北天竺国人也，姓颇罗堕。常服净衣，执酒器，游行里闬。或吟或啸，人谓之狂。及遇弥遮迦尊者，宣如来往志，自省前缘②，投器出家。授法行化，至迦摩罗国，广兴佛事。于法坐前，忽有一智者，自称："我名佛陀难提，今与师论义。"师曰："仁者，论即不义，义即不论；若拟论义，终非义论。"难提知师义胜，心即钦伏，曰："我愿求道，沾甘露味。"尊者遂与剃度，而授具戒。复告之曰："如来正法眼藏，我今付汝，汝当护持。"乃说偈曰："心同虚空界，示等虚空法。证得虚空时，无是无非法。"尊者即入慈心三昧。时梵王、帝释及诸天众俱来作礼，而说偈言："贤劫众圣祖，而当第七位。尊者哀念我，请为宣佛地。"尊者从三昧起，示众云："我所得法，而非有故。若识佛地，离有无故。"说此语已，还入三昧，示涅槃相。难提即于本坐起七宝塔，以葬全身。即定王十九年辛未岁也③。

第八祖佛陀难提者，迦摩罗国人也，姓瞿昙氏。顶有肉髻，辩捷无碍。初遇婆须蜜尊者，出家受教。既而领徒行化，至提伽国城毗舍罗家，见舍上有白光上腾，谓其徒曰："此家当有圣人。

---

① 丛刊本、大正本下注："当作十五年。"按：据《史记·十二诸侯年表》，"甲申"确为十五年，十七年为"丙戌"。
② "省"，丛刊本、大正本作"惺"。
③ 丛刊本、大正本下注："当作十七年。"按：据《史记·十二诸侯年表》，"辛未"确为十七年，十九年为"癸酉"。

口无言说,真大乘器;不行四衢,知触秽耳。"言讫,长者出致礼,问何所须。尊者曰:"我求侍者。"曰:"我有一子,名伏驮蜜多,年已五十,口未曾言,足未曾履。"尊者曰:"如汝所说,真吾弟子。"尊者见之,遽起礼拜,而说偈曰:"父母非我亲,谁是最亲者?诸佛非我道,谁为最道者?"尊者以偈答曰:"汝言与心亲,父母非可比。汝行与道合,诸佛心即是。外求有相佛,与汝不相似。欲识汝本心,非合亦非离。"伏驮蜜多闻师妙偈,便行七步。师曰:"此子昔曾值佛,悲愿广大。虑父母爱情难舍,故不言不履耳。"时长者遂舍令出家。尊者寻授具戒,复告之曰:"我今以如来正法眼藏付嘱于汝,勿令断绝。"乃说偈曰:"虚空无内外,心法亦如此。若了虚空故,是达真如理。"伏驮蜜多承师付嘱,以偈赞曰:"我师禅祖中,当得为第八。法化众无量,悉获阿罗汉。"尔时尊者佛陀难提即现神变,却复本坐,俨然寂灭。众兴宝塔,葬其全身。即景王十二年丙寅岁也①。

第九祖伏驮蜜多者,提伽国人,姓毗舍罗。既受佛陀难提付嘱,后至中印度行化。时有长者香盖,携一子而来瞻礼尊者曰:"此子处胎六十岁,因号难生。复尝会一仙者,谓此儿非凡,当为法器。今遇尊者,可令出家。"尊者即与落发授戒,羯磨之际,祥光烛坐,仍感舍利三七粒现前②。自此精进忘疲。既而师告之

---

① 丛刊本、大正本下注:"当作十年。"按:据《史记·十二诸侯年表》,"丙寅"确为十年,十二年为"戊辰"。
② "三七",丛刊本作"三十"、大正本作"三十",下注"一作七"。《宝林传》卷三作"三七",应以"三七"为正。

曰①:"如来大法眼藏,今付于汝,汝护念之。"乃说偈曰:"真理本无名,因名显真理。受得真实法,非真亦非伪。"尊者付法已,即入灭尽三昧而般涅槃。众以香油、旃檀阇维真体,收舍利,建塔于那烂陀寺。即敬王三十五年甲寅岁也②。

第十祖胁尊者,中印度人也,本名难生。初尊者将诞,父梦一白象,背有宝坐③,坐上安一明珠,从门而入,光照四众。既觉,遂生。后值伏驮尊者,执侍左右,未尝睡眠,谓其胁不至席,遂号胁尊者焉。初至华氏国,憩一树下,右手指地而告众曰:"此地变金色,当有圣人入会。"言讫即变金色。时有长者子富那夜奢,合掌前立。尊者问:"汝从何来?"夜奢曰:"我心非往。"尊者曰:"汝何处住?"曰:"我心非止。"尊者曰:"汝不定耶?"曰:"诸佛亦然。"尊者曰:"汝非诸佛。"曰:"诸佛亦非。"尊者因说偈曰:"此地变金色,预知于圣至。当坐菩提树,觉华而成已。"夜奢复说偈曰:"师坐金色地,常说真实义。回光而照我,令入三摩谛。"尊者知其意,即度出家,复具戒品。乃告之曰:"如来大法眼藏,今付于汝,汝护念之。"乃说偈言:"真体自然真,因真说有理。领得真真法,无行亦无止。"尊者付法已,即现神变而入涅槃,化火自焚。四众各以衣裓古得切。盛舍

---

① "之",东寺本、碛砂本无。
② 丛刊本、大正本下注:"当作三十三年。"按:据《史记·十二诸侯年表》,"甲寅"确为三十三年,三十五年为"丙辰"。
③ "坐",东寺本、碛砂本作"座"。

利，随处兴塔而供养之。即贞王二十二年己亥岁也①。

第十一祖富那夜奢者，华氏国人也。姓瞿昙氏，父宝身。既得法于胁尊者，寻诣波罗奈国，有马鸣大士迎而作礼，因问曰："我欲识佛，何者即是？"师曰："汝欲识佛，不识者是。"曰："佛既不识，焉知是乎？"师曰："既不识佛，焉知不是？"曰："此是锯义。"师曰："彼是木义。"复问："锯义者何？"曰："与师平出。"又问："木义者何？"师曰："汝被我解。"马鸣豁然省悟②，稽首归依，遂求剃度。师谓众曰："此大士者，昔为毗舍离国王。其国有一类人，如马裸露，王运神力，分身为蚕，彼乃得衣。王后复生中印度，马人感恋悲鸣，因号马鸣焉。如来记云：吾灭度后六百年，当有贤者马鸣，于波罗奈国摧伏异道，度人无量，继吾传化。今正是时。"即告之曰："如来大法眼藏今付于汝。"即说偈曰："迷悟如隐显，明暗不相离。今付隐显法，非一亦非二。"尊者付法已，即现神变，湛然圆寂。众兴宝塔，以闷全身。即安王十四年戊戌岁也③。

第十二祖马鸣大士者，波罗奈国人也，亦名功胜，以有作无作诸功德最为殊胜，故名焉。既受法于夜奢尊者，后于华氏国转妙法轮。忽有老人坐前仆地，师谓众曰："此非庸流，当有异

---

① 丛刊本、大正本下注："当作二十七年。"按：据《史记·六国年表》，"己亥"确为二十七年，二十二年为"甲午"。
② "省"，丛刊本、大正本作"惺"。
③ 丛刊本、大正本下注："当作十九年。"按：据《史记·六国年表》，"戊戌"确为十九年，十四年为"癸巳"。

相。"言讫不见。俄从地踊出一金色人，复化为女子，右手指师，而说偈曰："稽首长老尊，当受如来记。今于此地上，宣通第一义。"说偈已，瞥然不见。师曰："将有魔来，与吾校力。"有顷，风雨暴至，天地晦冥。师曰："魔之来信矣，吾当除之。"即指空中，现一大金龙，奋发威神，震动山岳。师俨然于坐，魔事随灭。经七日，有一小虫，大若蟭螟，潜形坐下。师以手取之示众曰："斯乃魔之所变，盗听吾法耳。"乃放之令去，魔不能动。师告之曰："汝但归依三宝，即得神通。"遂复本形，作礼忏悔。师问曰："汝名谁邪？眷属多少？"曰："我名迦毗摩罗，有三千眷属。"师曰："汝尽神力，变化若何？"曰："我化巨海，极为小事。"师曰："汝化性海得否？"曰："何谓性海，我未尝知。"师即为说性海云："山河大地，皆依建立；三昧六神通①，由兹发现。"迦毗摩罗闻言，遂发信心，与徒众三千俱求剃度。师乃召五百罗汉与授具戒。复告之曰："如来大法眼藏，今当付汝，汝听偈言：隐显即本法，明暗元不二。今付悟了法，非取亦非离。"付法已，即入龙奋迅三昧，挺身空中，如日轮相，然后示灭。四众以真体藏之龙龛。即显王三十七年甲午岁也②。

第十三祖迦毗摩罗者，华氏国人也。初为外道，有徒三千，通诸异论。后于马鸣尊者得法，领徒至西印度。彼有太子，名云自在，仰尊者名，请于宫中供养。尊者曰："如来有教：沙门不

---

① "六神通"，丛刊本、大正本作"六通"，且注云："旧云'六神通'，依《正宗记》除'神'字。"
② 丛刊本、大正本下注："当作四十二年。"据《史记·六国年表》"甲午"确为四十二年，三十七年为"己丑"。

得亲近国王、大臣、权势之家。"太子曰:"今我国城之北,有大山焉,山中有一石窟,师可禅寂于此否?"尊者曰:"诺。"即入彼山。行数里,逢一大蟒。尊者直进不顾,遂盘绕师身,师因与受三归依,蟒听讫而去。尊者将至石窟,复有一老人,素服而出,合掌问讯。尊者曰:"汝何所止?"答曰:"我昔尝为比丘,多乐寂静,有初学比丘数来请益,而我烦于应答,起嗔恨想。命终堕为蟒身,住是窟中,今已千载。适遇尊者,获闻戒法,故来谢耳。"尊者问曰:"此山更有何人居止?"曰:"北去十里有大树,荫覆五百大龙。其树王名龙树,常为龙众说法,我亦听受耳。"

尊者遂与徒众诣彼,龙树出迎尊者曰:"深山孤寂,龙蟒所居,大德至尊,何枉神足①?"师曰:"吾非至尊,来访贤者。"龙树默念曰:"此师得决定性,明道眼否?是大圣,继真乘否?"师曰:"汝虽心语,吾已意知,但办出家,何虑吾之不圣。"龙树闻已悔谢,尊者即与度脱,及五百龙众,俱授具戒。复告龙树曰:"今以如来大法眼藏,付嘱于汝,谛听偈言:'非隐非显法,说是真实际。悟此隐显法,非愚亦非智。'"付法已,即现神变,化火焚身。龙树收五色舍利,建塔瘞之。即报王四十一年壬辰岁也②。

第十四祖龙树尊者,西天竺国人也,亦名龙胜。始于毗罗尊

---

① "枉",东寺本作"往",碛砂本作"屈"。
② 丛刊本、大正本注:"当作四十六年。"按:据《史记·六国年表》,"壬辰"确为四十六年,四十一年为"丁亥"。

者得法，后至南印度。彼国之人多信福业，闻尊者为说妙法，递相谓曰："人有福业，世间第一，徒言佛性，谁能睹之？"尊者曰："汝欲见佛性，先须除我慢。"彼人曰："佛性大小？"尊者曰："非大非小，非广非狭，无福无报，不死不生。"彼闻理胜，悉回初心。尊者复于坐上现自在身，如满月轮。一切众唯闻法音，不睹师相。彼众中有长者子，名迦那提婆，谓众曰："识此相否？"众曰："目所未睹，安能辨识？"提婆曰："此是尊者现佛性体相，以示我等。何以知之？盖以无相三昧，形如满月，佛性之义，廓然虚明。"言讫，轮相即隐，复居本坐，而说偈言："身现圆月相，以表诸佛体。说法无其形，用辨非声色。"彼众闻偈，顿悟无生，咸愿出家，以求解脱。尊者即为剃发，命诸圣授具。

其国先有外道五千余人，作大幻术，众皆宗仰。尊者悉为化之，令归三宝。复造《大智度论》《中论》《十二门论》，垂之于世。后告上首弟子迦那提婆曰："如来大法眼藏，今当付汝，听吾偈言：为明隐显法，方说解脱理。于法心不证，无瞋亦无喜。"付法讫，入月轮三昧，广现神变。复就本座，凝然禅寂。迦那提婆与诸四众，共建宝塔以葬焉。即秦始皇三十五年己丑岁也。

景德传灯录卷第二

天竺三十五祖内二十二祖旁出，一十三祖见录

> 第十五祖迦那提婆
> 第十六祖罗睺罗多
> 第十七祖僧伽难提
> 第十八祖伽耶舍多
> 第十九祖鸠摩罗多
> 第二十祖阇夜多
> 第二十一祖婆修盘头
> 第二十二祖摩拏罗
> 第二十三祖鹤勒那
> 第二十四祖师子尊者
>> 旁出达磨达一祖
>> 达磨达出二祖：一因陀罗，二瞿罗忌利婆
>> 因陀罗出四祖：一达磨尸利帝，二那伽难提，三破楼求多罗，四波罗婆提
>> 瞿罗忌利婆出二祖：一波罗跋摩，二僧伽罗叉

达磨尸利帝出二祖：一摩帝隶披罗①，二诃利跋茂

　　　破楼求多罗出三祖：一和修盘头，二达摩诃帝，三旃陀
　　　　　罗多

　　　婆罗跋摩出三祖：一勒那多罗，二盘头多罗，三婆罗婆多

　　　僧伽罗叉出五祖：一毗舍也多罗，二毗楼罗多摩，三毗栗
　　　　　刍多罗，四优波膻驮，五婆难提多

　　　共二十二祖，无语句，不录

第二十五祖婆舍斯多

第二十六祖不如蜜多

第二十七祖般若多罗

第十五祖迦那提婆者，南天竺国人也，姓毗舍罗。初求福业，兼乐辩论。后谒龙树大士，将及门，龙树知是智人，先遣侍者以满钵水置于坐前。尊者睹之，即以一针投之而进②。欣然契会。龙树即为说法，不起于坐，见月轮相，唯闻其声，不见其形。尊者语众曰："今此瑞者，师现佛性，表说法非声色也。"

　　尊者既得法，后至毗罗国。彼有长者，曰梵摩净德。一日，园树生木耳如菌③，味甚美，唯长者与第二子罗睺罗多取而食之，取已随长，尽而复生。自余亲属，皆不能见。时尊者知其宿因，遂至其家。长者问其故，尊者曰："汝家昔曾供养一比丘，然此比丘道眼未明④，以虚沾信施，故报为木菌。惟汝与子⑤，精诚供

---

① "披"，东寺本作"拔"。
② "投之而进"，东寺本、碛砂本作"投而进之"。
③ "木耳"，丛刊本、东寺本、碛砂本作"大耳"。"菌"，丛刊本误作"茵"。
④ "然此比丘"，东寺本无此四字。
⑤ 丛刊本、大正本下有小注："《正宗》云：与次子。"

养,得以享之,余即否矣。"又问长者年多少,答曰:"七十有九。"尊者乃说偈曰:"入道不通理,覆身还信施。汝年八十一,此树不生耳。"长者闻偈,弥加叹伏。且曰:"弟子衰老,不能事师,愿舍次子,随师出家。"尊者曰:"昔如来记此子,当第二五百年为大教主。今之相遇,盖符宿因。"即与剃发①,执侍。

至巴连弗城,闻诸外道欲障佛法,计之既久。尊者乃执长幡,入彼众中,彼问尊者曰:"汝何不前?"尊者曰:"汝何不后?"又曰:"汝似贱人。"尊者曰:"汝似良人。"又曰:"汝解何法?"尊者曰:"汝百不解。"又曰:"我欲得佛。"尊者曰:"我酌然得佛。"又曰:"汝不合得。"尊者曰:"元道我得,汝实不得。"又曰:"汝既不得,云何言得?"尊者曰:"汝有我故,所以不得;我无我我,故自当得。"② 彼词既屈③,乃问师曰:"汝名何等?"尊者曰:"我名迦那提婆。"彼既夙闻师名,乃悔过致谢。时众中犹互兴问难,尊者析以无碍之辩,由是归伏。乃告上足罗睺罗多而付法眼,偈曰:"本对传法人,为说解脱理。于法实无证,无终亦无始。"尊者说偈已,入奋迅定,身放八光而归寂灭。学众兴塔而供养之。即前汉文帝十九年庚辰岁也。

第十六祖罗睺罗多者,迦毗罗国人也。行化至室罗筏城,有河名曰金水,其味殊美,中流复现五佛影。尊者告众曰:"此河之源,凡五百里,有圣者僧伽难提居于彼处。佛志:'一千年后,

---

① "与",东寺本、碛砂本无。
② "我无我我,故自当得",东寺本、碛砂本作:"我无我故,我自当得。"
③ "词",丛刊本作"辞"。

当绍圣位。'"语已，领诸学众溯流而上。至彼，见僧伽难提安坐入定。尊者与众伺之，经三七日，方从定起。尊者问曰："汝身定邪，心定邪？"曰："身心俱定。"尊者曰："身心俱定，何有出入？"曰："虽有出入，不失定相。如金在井，金体常寂。"尊者曰："若金在井，若金出井，金无动静，何物出入？"曰："言金动静，何物出入？许金出入，金非动静。"尊者曰："若金在井，出者何金？若金出井，在者何物？"曰："金若出井，在者非金；金若在井，出者非物。"尊者曰："此义不然。"曰："彼理非著。"尊者曰："此义当堕。"曰："彼义不成。"尊者曰："彼义不成，我义成矣。"曰："我义虽成，法非我故。"尊者曰："我义已成，我无我故。"曰："我无我故，复成何义？"尊者曰："我无我故，故成汝义。"曰："仁者师于何圣，得是无我？"尊者曰："我师迦那提婆证是无我。"曰："稽首提婆师，而出于仁者。仁者无我故，我欲师仁者。"尊者曰："我已无我故，汝须见我我。汝若师我故，知我非我。"难提心意豁然，即求度脱。尊者曰："汝心自在，非我所系。"语已，即以右手擎金钵，举至梵宫，取彼香饭，将斋大众，而大众忽生厌恶之心。尊者曰："非我之咎，汝等自业。"即命僧伽难提分坐同食，众复讶之。尊者曰："汝不得食，皆由此故。当知与吾分坐者，即过去婆罗树王如来也，愍物降迹。汝辈亦庄严劫中已至三果，而未证无漏者也。"众曰："我师神力，斯可信矣。彼云过去佛者，即窃疑焉。"僧伽难提知众生慢，乃曰："世尊在日，世界平正，无有丘陵、江河、沟洫。水悉甘美，草木滋茂，国土丰盈，无八苦，行十善。自双树示灭八百余年，世界丘墟，树木枯悴，人无至信，正念轻微，不信真如，唯爱神力。"言讫，以右手渐展入地，至金刚轮际取甘露水，以琉璃器持至会所。大众见之，即时钦慕，悔过作礼。于是尊者命僧伽难提而付法眼，偈曰："于法实无证，不取亦不离。法非有无相，内外云何起？"尊者付法已，安坐归寂，四众建塔。此当前汉武帝二十八年戊辰岁也。

第十七祖僧伽难提者，室罗阅城宝庄严王之子也。生而能言，常赞佛事。七岁即厌世乐，以偈告其父母曰："稽首大慈父，和南骨血母。我今欲出家，幸愿哀愍故。"父母固止之，遂终日不食，乃许其在家出家，号僧伽难提。复命沙门禅利多为之师，积十九载，未尝退倦①。尊者每自念言：身居王宫，胡为出家？一夕，天光下属，见一路坦平，不觉徐行，约十里许，至大岩前，有石窟焉，乃燕寂于中。父既失子，即摈禅利多出国访寻其子，不知所在。

经十年，尊者得法受记已，行化至摩提国。忽有凉风袭众，身心悦适非常，而不知其然。尊者曰："此道德之风也。当有圣者出世，嗣续祖灯乎？"言讫，以神力摄诸大众，游历山谷。食顷，至一峰下，谓众曰："此峰顶有紫云如盖，圣人居此矣。"即与大众徘徊久之。见山舍一童子持圆鉴，直造尊者前。尊者问："汝几岁邪？"曰："百岁。"尊者曰："汝年尚幼，何言百岁？"曰："我不会理，正百岁耳。"尊者曰："汝善机邪？"曰："佛言：若人生百岁，不会诸佛机。未若生一日，而得决了之。"师

---

① "未尝"，碛砂本作"未曾"。

曰："汝手中者，当何所表？"童曰①："诸佛大圆鉴，内外无瑕翳。两人同得见，心眼皆相似。"彼父母闻子语，即舍令出家。尊者携至本处②，受具戒讫，名伽邪舍多。

他时闻风吹殿铜铃声，尊者问师曰："铃鸣邪，风鸣邪？"师曰："非风非铃，我心鸣耳。"尊者曰："心复谁乎？"师曰："俱寂静故。"尊者曰："善哉！善哉！继吾道者，非子而谁？"即付法偈曰："心地本无生，因地从缘起。缘种不相妨，华果亦复尔。"尊者付法已，右手攀树而化。大众议曰："尊者树下归寂，其垂荫后裔乎？"将奉全身于高原建塔，众力不能举，即就树下起塔。当前汉昭帝十三年丁未岁也。

第十八祖伽邪舍多者，摩提国人也。姓郁头蓝，父天盖，母方圣。尝梦大神持鉴，因而有娠，凡七日而诞。肌体莹如琉璃，未尝洗沐，自然香洁。幼好闲静，语非常童。持鉴出游，遇难提尊者得度。

领徒至大月氏国，见一婆罗门舍有异气。尊者将入彼舍，舍主鸠摩罗多问曰："是何徒众？"曰："是佛弟子。"彼闻佛号，心神竦然，即时闭户。尊者良久自扣其门，罗多曰："此舍无人。"尊者曰："答无者谁？"罗多闻语，知是异人，遽开关延接。尊者曰："昔世尊记曰：吾灭后一千年，有大士出现于月氏国，绍隆玄化。今汝值吾，应斯嘉运。"于是鸠摩罗多发宿命智，投诚出家。受具讫，付法，偈曰："有种有心地，因缘能发萌。于缘不

---

① "童"，丛刊本作"童子"。
② "至"下，丛刊本有"彼"字。

相碍,当生生不生。"尊者付法已,踊身虚空,现十八种神变,化火光三昧,自焚其身,众以舍利起塔。当前汉成帝二十年戊申岁也。

第十九祖鸠摩罗多者,大月氏国婆罗门之子也。昔为自在天人欲界第六天,见菩萨璎珞,忽起爱心,堕生忉利欲界第二天。闻憍尸迦说《般若波罗蜜多》,以法胜故,升于梵天;色界。以根利故,善说法要,诸天尊为导师。以继祖时至,遂降月氏。

后至中天竺国,有大士名阇夜多,问曰:"我家父母素信三宝,而尝萦疾瘵,凡所营作,皆不如意。而我邻家久为旃陀罗行,而身常勇健,所作和合。彼何幸,而我何辜?"尊者曰:"何足疑乎?且善恶之报有三时焉,凡人但见仁夭暴寿①,逆吉义凶,便谓亡因果,虚罪福。殊不知影响相随,毫厘靡忒,纵经百千万劫,亦不磨灭。"时阇夜多闻是语已,顿释所疑。尊者曰:"汝虽已信三业,而未明业从惑生,惑因识有,识依不觉,不觉依心。心本清净,无生灭,无造作,无报应,无胜负,寂寂然,灵灵然。汝若入此法门,可与诸佛同矣。一切善、恶,有为、无为,皆如梦幻。"阇夜多承言领旨,即发宿慧,恳求出家。既受具,尊者告曰:"吾今寂灭时至,汝当绍行化迹。"乃付法眼,偈曰:"性上本无生,为对求人说。于法既无得,何怀决不决。"师曰:"此是妙音如来见性清净之句,汝宜传布后学。"言讫,即于坐上以指爪劙面,如红莲开,出大光明,照耀四众,而入寂灭。阇夜

---

① "但见",东寺本、碛砂本作"恒见"。

多起塔。当新室十四年壬午岁也。

第二十祖阇夜多者，北天竺国人也。智慧渊冲，化导无量，后至罗阅城敷扬顿教。彼有学众，唯尚辩论。为之首者，名婆修盘头此云遍行，常一食不卧，六时礼佛，清净无欲，为众所归。尊者将欲度之，先问彼众曰："此遍行头陀能修梵行，可得佛道乎？"众曰："我师精进，何故不可？"尊者曰："汝师与道远矣。设苦行历于尘劫，皆虚妄之本也。"众曰："尊者蕴何德行，而讥我师？"尊者曰："我不求道，亦不颠倒；我不礼佛，亦不轻慢；我不长坐，亦不懈怠；我不一食，亦不杂食；我不知足，亦不贪欲。心无所希，名之曰道。"时遍行闻已，发无漏智，欢喜赞叹。尊者又语彼众曰："会吾语否？吾所以然者，为其求道心切，夫弦急即断，故吾不赞。令其住安乐地，入诸佛智。"复告遍行曰："吾适对众抑挫仁者，得无恼于衷乎？"曰："我忆念七劫前，生常安乐国，师于智者月净，记我非久当证斯陀含果。时有大光明菩萨出世，我以老故，策杖礼谒。师叱我曰：'重子轻父，一何鄙哉？'时我自谓无过，请师示之。师曰：'汝礼大光明菩萨，以杖倚壁画佛面。'以此过慢，遂失二果。我责躬悔过以来①，闻诸恶言如风如响，况今获饮无上甘露，而反生热恼邪？惟愿大慈以妙道垂诲。"尊曰②："汝久植众德，当继吾宗，听吾偈曰：'言下合无生，同于法界性。若能如是解，通达事理竟。'"尊者付法已，不起于坐，奄然归寂。阇维收舍利建塔。当后汉明帝十七

---

① "以"，东寺本作"已"。
② "尊"，丛刊本、大正本作"尊者"。

年甲戌岁也。

第二十一祖婆修盘头者，罗阅城人也。姓毗舍佉，父光盖，母严一。家富而无子，父母祷于佛塔而求嗣焉。一夕，母梦吞明暗二珠，觉而有孕。经七日，有一罗汉名贤众，至其家。光盖设礼，贤众端坐受之。严一出拜，贤众避席云："回礼法身大士。"光盖罔测其由，遂取一宝珠，跪献贤众，试其真伪。贤众即受之，殊无逊谢。光盖不能忍，问曰："我是丈夫，致礼不顾；我妻何德，尊者避之？"贤众曰："我受礼纳珠，贵福汝耳。汝妇怀圣子，生当为世灯慧日，故吾避之，非重女人也。"贤众又曰："汝妇当生二子，一名婆修盘头，则吾所尊者也。二名刍尼此云野鹊子，昔如来在雪山修道，刍尼巢于顶上。佛既成道，刍尼受报，为那提国王。佛记云：'汝至第二五百年，生罗阅城毗舍佉家，与圣同胞。'今无爽矣。"后一月，果产二子。

尊者婆修盘头，年至十五，礼光度罗汉出家，感毗婆诃菩萨与之授戒。行化至那提国，彼王名常自在。有二子，一名摩诃罗，次名摩拏罗。王问尊者曰："罗阅城土风与此何异①？"尊者曰："彼土曾三佛出世，今王国有二师化导。"曰："二师者谁？"尊者曰："佛记：第二五百年，有一神力大士出家继圣，即王之次子摩拏罗②，是其一也；吾虽德薄，敢当其一。"王曰："诚如尊者所言，当舍此子作沙门。"尊者曰："善哉，大王！能遵佛旨。"即与受具付法，偈曰："泡幻同无碍，如何不了悟。达法在

---

① "何异"，丛刊本、大正本作"同异"，下注："旧本作'何'。"
② "拏"，丛刊本误作"絮"。

其中，非今亦非古。"尊者付法已，踊身高半由旬，屹然而住。四众仰瞻，虔请复坐，跏趺而逝。荼毗，得舍利建塔。当后汉殇帝十二年丁巳岁也①。

第二十二祖摩拏罗者，那提国常自在王之子也。年三十，遇婆修祖师出家。传法至西印度，彼国王名得度，即瞿昙种族，归依佛乘，勤行精进。一日，于行道处现一小塔，欲取供养，众莫能举。王即大会梵行、禅观、咒术等三众，欲问所疑。时尊者亦赴此会，是三众皆莫能辩。尊者即为王广说塔之所因阿育王造塔，此不繁录，"今之出现，王福力之所致也"。王闻是说，乃曰："至圣难逢，世乐非久。"即传位太子，投祖出家，七日而证四果。尊者深加慰诲曰："汝居此国，善自度人。今异域有大法器，吾当化令得度。"曰："师应迹十方，动念当至，宁劳往邪？"尊者曰："然。"于是焚香，遥语月氏国鹤勒那比丘曰："汝在彼国，教导鹤众，道果将证，宜自知之。"时鹤勒那为彼国王宝印说修多罗偈，忽睹异香成穗。王曰："是何祥也？"曰："此是西印度传佛心印祖师摩拏罗将至，先降信香耳。"曰："此师神力何如？"答曰："此师远承佛记，当于此土广宣玄化。"时王与鹤勒那俱遥作礼。尊者知已，即辞得度比丘，往月氏国，受王与鹤勒那供养。

后鹤勒那问尊者曰："我止林间，已经九白，印度以一年为一白。有弟子龙子者，幼而聪慧，我于三世推穷，莫知其本。"尊者曰：

---

① 丛刊本、大正本下有注："当作安帝十一年，盖殇帝在位止一年耳。"

"此子于第五劫中，生妙喜国婆罗门家。曾以旃檀施于佛宇，作槌撞钟，受报聪敏①，为众钦仰。"又问："我有何缘而感鹤众？"尊者曰："汝第四劫中尝为比丘，当赴会龙宫，汝诸弟子咸欲随从。汝观五百众中，无有一人堪任妙供。时诸子曰：'师常说法，于食等者，于法亦等。今既不然，何圣之有？'汝即令赴会。自汝舍生趣生，转化诸国，其五百弟子以福微德薄，生于羽族。今感汝之惠，故为鹤众相随。"鹤勒那闻语曰："以何方便，令彼解脱？"尊者曰："我有无上法宝，汝当听受，化未来际。"而说偈曰："心随万境转，转处实能幽。随流认得性，无喜复无忧。"时鹤众闻偈，飞鸣而去。尊者跏趺，寂然奄化。鹤勒那与宝印王起塔。当后汉桓帝十九年乙巳岁也。

第二十三祖鹤勒那者，"勒那"梵语，"鹤"即华言。以尊者出世，常感群鹤恋慕，故名②。月氏国人也。姓婆罗门，父千胜，母金光。以无子故，祷于七佛金幢，即梦须弥山顶一神童，持金环云："我来也。"觉而有孕。年七岁，游行聚落，睹民间淫祀，乃入庙叱之曰："汝妄兴祸福，幻惑于人，岁费牲牢，伤害斯甚。"言讫，庙貌忽然而坏。由是乡党谓之圣子。年二十二出家，三十遇摩拏罗尊者付法眼藏。

行化至中印度，彼国王名无畏海，崇信佛道。尊者为说正法次，王忽见二人绯、素服，拜尊者。王问曰："此何人也？"师曰："此是日月天子，吾昔曾为说法，故来礼耳。"良久不见，唯

---

① "报"，原作"执"，据丛刊本、东寺本改。
② "群"，丛刊本误作"君子"。

闻异香。王曰："日月国土，总有多少？"尊者曰："千释迦佛所化世界，各有百亿迷卢日月，我若广说，即不能尽。"王闻忻然。时尊者演无上道，度有缘众。以上足龙子早夭，有兄师子，博通强记，事婆罗门。厥师既逝，弟复云亡，乃归依于尊者，而问曰："我欲求道，当何用心？"尊者曰："汝欲求道，无所用心。"曰："既无用心，谁作佛事？"尊者曰："汝若有用，即非功德；汝若无作，即是佛事。经云：'我所作功德，而无我所故。'"师子闻是言已，即入佛慧。

时尊者忽指东北问云："是何气象？"师子曰："我见气如白虹，贯乎天地，复有黑气五道，横亘其中。"尊者曰："其兆云何？"曰："莫可知矣。"尊者曰："吾灭后五十年，北天竺国当有难起，婴在汝身。吾将灭矣，今以法眼付嘱于汝，善自护持。"乃说偈曰："认得心性时，可说不思议。了了无可得，得时不说知。"师子比丘闻偈欣惬，然未晓将罹何难①，尊者乃密示之。言讫，现十八变而归寂②。阇维毕，分舍利各欲兴塔。尊者复现空中，而说偈曰："一法一切法，一切一法摄。吾身非有无，何分一切塔。"大众闻偈，遂不复分，就驮都之场而建塔焉。即后汉献帝二十年己丑岁也。

第二十四祖师子比丘者，中印度人也，姓婆罗门。得法游方，至罽宾国。有波利迦者，本习禅观，故有禅定、知见、执

---

① "罹"，丛刊本误作"罗"。
② "十八变"，丛刊本误作"十变变"。

相、舍相、不语之五众①。尊者诘而化之，四众皆默然心服。唯禅定师达磨达者，闻四众被责，愤悱而来。尊者曰："仁者习定，何当来此？既至于此，胡云习定？"曰："我虽来此，心亦不乱，定随人习，岂在处所？"尊者曰："仁者既来，其习亦至，既无处所，岂在人习？"曰："定习人故，非人习定，我虽来此，其定常习。"尊者曰："人非习定，定习人故，当自来时，其定谁习？"彼曰："如净明珠，内外无翳，定若通达，必当如此。"师曰："定若通达，一似明珠，今见仁者，非珠之徒。"彼曰："其珠明彻，内外悉定，我心不乱，犹若此净。"师曰："其珠无内外，仁者何能定？秽物非动摇，此定不是净。"达磨达蒙尊者开悟，心地朗然。尊者既摄五众，名闻遐迩。

方求法嗣，遇一长者引其子问尊者曰："此子名斯多，当生便拳左手，今既长矣，而终未能舒。愿尊者示其宿因。"尊者睹之，即以手接曰："可还我珠。"童子遽开手奉珠，众皆惊异。尊者曰："吾前报为僧，有童子名婆舍。吾尝赴西海斋受嚫珠，付之。今还吾珠，理固然矣。"长者遂舍其子出家，尊者即与受具，以前缘故，名婆舍斯多。尊者即谓之曰："吾师密有悬记，罹难非久。如来正法眼藏，今转付汝，汝应保护，普润来际。"偈曰："正说知见时，知见俱是心。当心即知见，知见即于今。"尊者说偈已，以僧伽梨衣密付斯多，俾之他国，随机演化。斯多受教，直抵南天。

尊者以难不可以苟免②，独留罽宾。时本国有外道二人，一

---

① "舍相不语"，丛刊本误作"舍不相语"。
② "不可以"，丛刊本作"不可"。

名摩目多，二名都落遮，学诸幻法，欲共谋乱。乃盗为释子形象①，潜入王宫。且曰："不成，即罪归佛子。"妖既自作，祸亦旋踵。事既败，王果怒曰："吾素归心三宝，何乃构害一至于斯？"即命破毁伽蓝，祛除释众。又自秉剑至尊者所，问曰："师得蕴空否？"尊者曰："已得蕴空。"曰："离生死否？"尊者曰："已离生死。"曰："既离生死，可施我头。"尊者曰："身非我有，何吝于头②？"王即挥刃断尊者首，涌白乳高数尺。王之右臂，旋亦堕地，七日而终。太子光首叹曰："我父何故③，自取其祸？"时有象白山仙人者，深明因果，即为光首广宣宿因，解其疑网事具《圣胄集》及《宝林传》。遂以师子尊者报体而建塔焉。当魏齐王二十年己卯岁也④。师子尊者付婆舍斯多心法、信衣为正嗣，外傍出达磨达四世二十二师。

第二十五祖婆舍斯多者，罽宾国人也。姓婆罗门，父寂行，母常安乐。初，母梦得神剑，因而有孕。既诞，拳左手，遇师子尊者，显发宿因，密受心印。后适南天，至中印度，彼国王名迦胜，设礼供养。时有外道，号无我尊，先为王礼重，嫉祖之至，欲与论义，幸而胜之，以固其事。乃于王前谓祖曰："我解默论⑤，不假言说。"祖曰："孰知胜负？"曰："不争胜负，但取其

---

① "象"，东寺本作"像"。
② "吝"，丛刊本作"怯"。
③ "何"，丛刊本误作"可"。
④ 丛刊本、大正本下注："当作'高贵乡公六年'，盖齐王芳立十五年而废矣。《正宗记》云：《宝林传》误作己卯，当是齐王芳丁卯岁也。然则乃是八年也。"
⑤ "默论"，丛刊本误作"点论"。

义。"祖曰:"汝以何为义?"曰:"无心为义。"祖曰:"汝既无心,安得义乎?"曰:"我说无心,当名非义。"祖曰:"汝说无心,当名非义。我说非心,当义非名。"曰:"当义非名,谁能辨义?"祖曰:"汝名非义,此名何名?"曰:"为辨非义,是名无名。"祖曰:"名既非名,义亦非义,辨者是谁?当辨何物?"如是往返五十九翻,外道杜口信伏。于时,祖忽然面北合掌长吁曰:"我师师子尊者今日遇难,斯可伤焉。"即辞王南迈,达于南天,潜隐山谷。

时彼国王名天德,迎请供养。王有二子,一凶暴而色力充盛,一和柔而长婴疾苦①。祖乃为陈因果,王即顿释所疑。又有咒术师忌祖之道,乃潜置毒药于饮食中,祖知而食之,彼返受祸,遂投祖出家,祖即与受具。后六十载,太子德胜即位②,复信外道,致难于祖。太子不如蜜多以进谏被囚。王遽问祖曰:"予国素绝妖讹,师所传者当是何宗?"祖曰:"王国昔来实无邪法,我所得者即是佛宗。"王曰:"佛灭已千二百载,师从谁得邪?"祖曰:"饮光大士亲受佛印,展转至二十四世师子尊者,我从彼得。"王曰:"予闻师子比丘不能免于刑戮③,何能传法后人?"祖曰:"我师难未起时,密授我信衣、法偈,以显师承。"王曰:"其衣何在?"祖即于囊中出衣示王,王命焚之,五色相鲜,薪尽如故。王即追悔致礼,师子真嗣既明,乃赦太子。

太子遂求出家,祖问太子曰:"汝欲出家,当为何事?"曰:

---

① "和柔",碛砂本作"柔和"。
② "德胜",原作"得胜",据丛刊本及下文"德胜王创浮图而秘之"句改。
③ "刑",丛刊本误作"刊"。

"我若出家，不为其事①。"祖曰："不为何事？"曰："不为俗事。"祖曰："当为何事？"曰："当为佛事。"祖曰："太子智慧天至，必诸圣降迹。"即许出家。六年侍奉，后于王宫受具。羯磨之际，大地震动，颇多灵异。祖乃命之曰："吾已衰朽，安可久留？汝当善护正法眼藏，普济群有。听吾偈曰：'圣人说知见，当境无是非。我今悟真性，无道亦无理。'"不如蜜多闻偈，再启祖曰："法衣宜可传授？"祖曰："此衣为难故，假以证明，汝身无难，何假其衣？化被十方，人自信向。"不如蜜多闻语，作礼而退。祖现于神变，化三昧火自焚，平地舍利，可高一尺。德胜王创浮图而秘之。当东晋明帝太宁三年乙酉岁也。

第二十六祖不如蜜多者，南印度德胜王之太子也。既受度得法，至东印度。彼王名坚固，奉外道师长爪梵志。暨尊者将至，王与梵志同睹白气贯于上下。王曰："斯何瑞也？"梵志预知尊者入境，恐王迁善，乃曰："此是魔来之兆耳，何瑞之有？"即鸠诸徒众议曰："不如蜜多将入都城，谁能挫之？"弟子曰："我等各有咒术，可以动天地，入水火，何患哉？"尊者至，先见宫墙有黑气，乃曰："小难耳。"直诣王所。王曰："师来何为？"尊者曰："将度众生。"曰："以何法度？"尊者曰："各以其类度之。"时梵志闻言，不胜其怒，即以幻法化大山于尊者顶上。尊者指之，忽在彼众头上。梵志等怖惧投尊者，尊者愍其愚惑，再指之，化山随灭。乃为王演说法要，俾趣真乘。又谓王曰："此国

---

① "其事"，东寺本、碛砂本作"别事"。

当有圣人而继于我。"

是时有婆罗门子，年二十许，幼失父母，不知名氏。或自言璎珞，故人谓之"璎珞童子"。游行闾里，丐求度日，若常不轻之类。人问："汝何行急？"即答云："汝何行慢？"或问何姓，乃云："与汝同姓。"莫知其故。后王与尊者同车而出，见璎珞童子稽首于前。尊者曰："汝忆往事否？"曰："我念远劫中，与师同居。师演摩诃般若，我转甚深修多罗。今日之事，盖契昔因。"尊者又谓王曰："此童子非他，即大势至菩萨是也。此圣之后，复出二人：一人化南印度，一人缘在震旦，四五年内却返此方。"遂以昔因，故名般若多罗。付法眼藏，偈曰："真性心地藏，无头亦无尾。应缘而化物，方便呼为智。"尊者付法已①，即辞王曰："吾化缘已终，当归寂灭，愿王于最上乘无忘外护。"即还本坐，跏趺而逝，化火自焚。王收舍利，塔而瘗之②。当东晋孝武帝太元十三年戊子岁也。

第二十七祖般若多罗者，东印度人也。既得法已，行化至南印度。彼王名香至，崇奉佛乘③，尊重供养，度越伦等，又施无价宝珠。时王有三子，其季开士也。尊者欲试其所得，乃以所施珠问三王子曰："此珠圆明，有能及此否？"第一子月净多罗、第二子功德多罗皆曰："此珠七宝中尊，固无逾也，非尊者道力，孰能受之？"第三子菩提多罗曰④："此是世宝，未足为上，于诸

---

① "尊者"下，丛刊本衍一"曰"字。
② "瘗"下，东寺本、碛砂本注音曰："于例反。"
③ "崇"下，丛刊本衍一"佛"字。
④ "菩提"，原作"菩萨"，据丛刊本、东寺本改。

宝中，法宝为上。此是世光，未足为上，于诸光中，智光为上。此是世明，未足为上，于诸明中，心明为上。此珠光明，不能自照，要假智光，光辩于此①。既辩此已，即知是珠，既知是珠，即明其宝。若明其宝，宝不自宝；若辩其珠，珠不自珠。珠不自珠者，要假智珠而辩世珠；宝不自宝者，要假智宝以明法宝。然则师有其道，其宝即现，众生有道，心宝亦然。"尊者叹其辩慧，乃复问曰："于诸物中，何物无相？"曰："于诸物中，不起无相。"又问："于诸物中，何物最高？"曰："于诸物中，人我最高。"又问："于诸物中，何物最大？"曰："于诸物中，法性最大。"尊者知是法嗣，以时尚未至，且默而混之。

及香至王厌世，众皆号绝，唯第三子菩提多罗于枢前入定②，经七日而出，乃求出家。既受具戒，尊者告曰："如来以正法眼付大迦叶，如是展转，乃至于我。我今嘱汝，听吾偈曰：'心地生诸种，因事复生理。果满菩提圆，华开世界起。'"尊者付法已，即于坐上起立，舒左右手，各放光明二十七道，五色光耀。又踊身虚空，高七多罗树，化火自焚，空中舍利如雨，收以建塔。当宋孝武帝大明元年丁酉岁③。

---

① "辩"，丛刊本作"辨"。下同。
② "第"，原作"弟"，据东寺本、丛刊本改。
③ 丛刊本、大正本下有"也"。并有注："《正宗记》云：'宋孝武之世也。'又注云：'以达磨六十七年算之，当在宋孝武建元元年甲午也。'"

景德传灯录卷第三

中华五祖并旁出尊宿共二十五人

  第二十八祖菩提达磨旁出三人：一道育禅师、二道副禅师、三尼总持　已上三人无机缘语句，不录

  第二十九祖慧可大师旁出七世共一十七人①，三人见录

   僧那禅师

   向居士

   相州慧满禅师

    岘山神定禅师

    宝月禅师

    华闲居士

    大士化公

    和公

    廖居士

    华闲居士复出一人昙邃

     昙邃复出三人：一延陵慧简、二彭城慧瑳、三定林寺

---

①　"七世"，碛砂本、南藏本等作"六世"。

慧纲

慧纲复出一人六合大觉

大觉出高邮昙影

昙影出泰山明练

明练出扬州静泰　已上一十四人无机缘语句，不录

第三十祖僧璨大师

第三十一祖道信大师旁出七十六人，见第四卷

第三十二祖弘忍大师旁出一百七人，见第五卷

第二十八祖菩提达磨者，南天竺国香至王第三子也，姓刹帝利①，本名菩提多罗。后遇二十七祖般若多罗至本国，受王供养，知师密迹，因试令与二兄辨所施宝珠，发明心要。既而尊者谓曰："汝于诸法，已得通量，夫达磨者，通大之义也，宜名达磨。"因改号菩提达磨。师乃告尊者曰："我既得法，当往何国而作佛事？愿垂开示。"尊者曰："汝虽得法，未可远游，且止南天②。待吾灭后六十七载，当往震旦，设大法药，直接上根。慎勿速行，衰于日下。"师又曰："彼有大士，堪为法器否？千载之下，有留难否？"尊者曰："汝所化之方，获菩提者不可胜数。吾灭后六十余年，彼国有难。水中文布，自善降之。汝至时，南方勿住，彼唯好有为功业，不见佛理。汝纵到彼，亦不可久留。听吾偈曰：'路行跨水复逢羊，独自凄凄暗度江。日下可怜双象马，二株嫩桂久昌昌。'"复演八偈，皆预谶佛教隆替事具《宝林传》及

---

① "刹帝利"，原作"刹利帝"，据丛刊本改。
② "南天"，东寺本、碛砂本作"南天竺"。

《圣胄集》。师恭禀教义，服勤左右垂四十年，未尝废阙。逮尊者顺世，遂演化本国。

时有二师，一名佛大先，一名佛大胜多，本与师同学佛陀跋陀小乘禅观。佛大先既遇般若多罗尊者，舍小趣大，与师并化，时号"二甘露门"矣。而佛大胜多更分途而为六宗：第一有相宗，第二无相宗，第三定慧宗，第四戒行宗，第五无得宗，第六寂静宗。各封已解，别展化源，聚落峥嵘，徒众甚盛。大师喟然而叹曰："彼之一师，已陷牛迹，况复支离繁盛而分六宗？我若不除，永缠邪见。"言已，微现神力，至第一有相宗所，问曰："一切诸法，何名实相？"彼众中有一尊长萨婆罗答曰："于诸相中，不互诸相，是名实相。"师曰："一切诸相，而不互者。若明实相①，当何定邪？"彼曰："于诸相中，实无有定。若定诸相，何名为实？"师曰："诸相不定，便名实相。汝今不定，当何得之？"彼曰："我言不定，不说诸相。当说诸相，其义亦然。"师曰："汝言不定，当为实相。定不定故，即非实相。"彼曰②："定既不定，即非实相。知我非故，不定不变。"师曰："汝今不变，何名实相？已变已往，其义亦然。"彼曰："不变当在，在不在故。故变实相，以定其义。"师曰："实相不变，变即非实。于有无中，何名实相？"萨婆罗心知圣师悬解潜达，即以手指虚空曰："此是世间有相，亦能空故，当我此身得似否？"师曰："若解实相，即见非相。若了非相，其色亦然。当于色中，不失色体。于非相中，不碍有故。若能是解，此名实相。"彼众闻已，

---

① "明"，丛刊本、大正本作"名"。
② "彼曰"，丛刊本作"彼曰彼"，衍一"彼"。

心意朗然，钦礼信受。

师又瞥然匿迹，至第二无相宗所，问曰："汝言无相，当何证之？"彼众中有智者波罗提答曰："我明无相，心不现故。"师曰："汝心不现，当何明之？"彼曰："我明无相，心不取舍。当于明时，亦无当者。"师曰："于诸有无，心不取舍。又无当者，诸明无故。"彼曰："入佛三昧，尚无所得。何况无相，而欲知之？"师曰："相既不知，谁云有无？尚无所得，何名三昧？"彼曰："我说不证，证无所证。非三昧故，我说三昧。"师曰："非三昧者，何当名之？汝既不证，非证何证？"波罗提闻师辩析，即悟本心，礼谢于师，忏悔往谬。师记曰："汝当得果，不久证之。此国有魔，非久降之。"言已，忽然不现。

至第三定慧宗所，问曰："汝学定慧①，为一为二？"彼众中有婆兰陀者答曰："我此定慧，非一非二。"师曰："既非一二，何名定慧？"彼曰："在定非定，处慧非慧。一即非一，二亦不二。"师曰："当一不一，当二不二。既非定慧，约何定慧？"彼曰："不一不二，定慧能知。非定非慧，亦复然矣。"师曰："慧非定故，然何知哉？不一不二，谁定谁慧？"婆兰陀闻之，疑心冰释。

至第四戒行宗所，问曰："何者名戒，云何名行？当此戒行，为一为二？"彼众中有一贤者答曰："一二二一，皆彼所生。依教无染，此名戒行。"师曰："汝言依教，即是有染。一二俱破，何言依教？此二违背，不及于行。内外非明，何名为戒？"彼曰：

---

① "汝学定慧"，丛刊本作"汝学慧定慧"，衍一"慧"。

"我有内外,彼已知竟①。既得通达,便是戒行。若说违背,俱是俱非。言及清净,即戒即行。"师曰:"俱是俱非,何言清净?既得通故,何谈内外?"贤者闻之,即自惭服。

至第五无得宗所,问曰:"汝云无得,无得何得?既无所得,亦无得得?"彼众中有宝静者答曰②:"我说无得,非无得得。当说得得,无得是得。"师曰:"得既不得,得亦非得。既云得得,得得何得?"彼曰:"见得非得,非得是得。若见不得,名为得得。"师曰:"得既非得,得得无得。既无所得,当何得得?"宝静闻之,顿除疑网。

至第六寂静宗所,问曰:"何名寂静?于此法中,谁静谁寂?"彼有尊者答曰:"此心不动,是名为寂。于法无染,名之为静。"师曰:"本心不寂,要假寂静。本来寂故,何用寂静?"彼曰:"诸法本空,以空空故。于彼空空,故名寂静。"师曰:"空空已空,诸法亦尔。寂静无相,何静何寂?"彼尊者闻师指诲,豁然开悟。既而六众咸誓归依,由是化被南天,声驰五印,远近学者,靡然向风。经六十余载,度无量众。

后值异见王轻毁三宝,每云:"我之祖宗皆信佛道,陷于邪见,寿年不永,运祚亦促。且我身是佛,何更外求?善恶报应,皆因多智之者妄构其说。"至于国内耆旧为前王所奉者,悉从废黜。师知已,叹彼德薄,当何救之③。又念无相宗中二首领,其

---

① 丛刊本、大正本下有小注:"浙本'己'字作'已',依《广灯》也;邵本作'无'字,依《宝林》也;洪旧本作'已'字;《正宗记》作'以'字。未详孰是。""已",东寺本作"巳"。
② "宝静",碛砂本作"宝净",下同。
③ "救之",碛砂本误作"求之"。

一波罗提者，与王有缘，将证其果；其二宗胜者，非不博辩，而无宿因。时六宗徒众亦各念言："佛法有难，师何自安？"师遥知众意，即弹指应之。六众闻之云："此是我师达磨信响，我等宜须速行，以副慈命。"言已，至师所，礼拜问讯。师曰："今一叶翳虚，孰能剪拂？"宗胜曰："我虽浅薄，敢惮其行！"师曰："汝虽辩慧，而道力未全。"宗胜自念："我师恐我见王作大佛事，名誉显达，映夺尊威。纵彼福慧为王，我是沙门，受佛教旨，岂难敌也？"言讫潜去，至王所，广说法要及世界苦乐、人天善恶等事。王与之往返征诘，无不诣理。王曰："汝今所解，其法何在？"宗胜曰："如王治化，当合其道，王所有道何在？"王曰："我所有道，将除邪法。汝所有法，将伏何人？"师不起于坐，悬知宗胜义堕，遽告波罗提曰："宗胜不禀吾教，潜化于王，须臾即屈，汝可速救。"波罗提恭禀师旨云："愿假神力。"言已，云生足下。至王前，默然而住。

时王正问宗胜，忽见波罗提乘云而至，愕然忘其问答，曰："乘空之者，是正是邪？"答曰："我非邪正，而来正邪。王心若正，我无邪正。"王虽惊异，而骄慢方炽，即摈宗胜令出。波罗提曰："王既有道，何摈沙门？我虽无解，愿王致问。"王怒而问曰："何者是佛？"答曰："见性是佛。"王曰："师见性否？"答曰："我见佛性。"王曰："性在何处？"答曰："性在作用。"王曰："是何作用，我今不见？"答曰："今见作用，王自不见。"王曰："于我有否？"答曰："王若作用，无有不是。王若不用，体亦难见①。"王曰:"若当用时,几处出现?"答曰:"若出现时②,当有其八。"王曰:"其八出现,当为我说。"波罗提即说偈曰:"在胎为身,处世名人。在眼曰见,在耳曰闻。在鼻辨香,在口谈论。在手执捉,在足运奔。遍现俱该沙界③,收摄在一微尘。识者知是佛性,不识唤作精魂。"王闻偈已,心即开悟。乃悔谢前非,咨询法要,朝夕忘倦,迄于九旬。

时宗胜既被斥逐,退藏深山。念曰:"我今百岁,八十为非。二十年来,方归佛道。性虽愚昧,行绝瑕疵。不能御难,生何如死?"言讫,即自投崖。俄有一神人以手捧承,置于岩石之上,安然无损。宗胜曰:"我忝沙门,当与正法为主,不能抑绝王非,是以捐身自责,何神佑助,一至于斯?愿垂一语,以保余年。"于是神人乃说偈曰:"师寿于百岁,八十而造非。为近至尊故,熏修而入道。虽具少智慧,而多有彼我。所见诸贤等,未尝生珍敬。二十年功德,其心未恬静。聪明轻慢故,而获至于此。得王不敬者,当感果如是。自今不疏怠,不久成奇智。诸圣悉存心,如来亦复尔。"宗胜闻偈欣然,即于岩间宴坐。

时异见王复问波罗提曰④:"仁者智辩,当师何人?"答曰:"我所出家,即娑罗寺乌沙婆三藏为授业师。其出世师者,即大王叔菩提达磨是也。"王闻师名,惊骇久之,曰:"鄙薄忝嗣王位,而趣邪背正,忘我尊叔。"遽敕近臣特加迎请。师即随使而至,为王忏悔往非。王闻规诫,泣谢于师。又诏宗胜归国,大臣

---

① "亦",径山本作"自"。
② "出现",原作"出世",据丛刊本、东寺本、碛砂本改。
③ "该",丛刊本误作"谈"。
④ "复问",南藏本作"后问"。

奏曰："宗胜被谪投崖，今已亡矣。"王告师曰："宗胜之死，皆自于吾，如何大慈，令免斯罪？"师曰："宗胜今在岩间宴息，但遣使召，当即至矣。"王即遣使入山，果见宗胜端居禅寂。宗胜蒙召，乃曰："深愧王意，贫道誓处岩泉。且王国贤德如林，达磨是王之叔，六众所师，波罗提法中龙象。愿王崇仰二圣，以福皇基。"使者复命未至，师谓王曰："知取得宗胜否？"王曰："未知。"师曰："一请未至，再命必来。"良久使还，果如师语。师遂辞王曰："当善修德，不久疾作。吾且去矣。"经七日，王乃得疾，国医诊治，有加无瘳。贵戚近臣忆师前记，急发使告师曰："王疾殆至弥留，愿叔慈悲，远来轸救①。"师即至王所，慰问其疾。时宗胜再承王召，即别岩间。波罗提久受王恩，亦来问疾。波罗提曰："当何施为，令王免苦？"师即令太子为王宥罪施恩，崇奉僧宝。复为王忏悔云："愿罪消灭。"如是者三，王疾有间。

师心念震旦缘熟，行化时至。乃先辞祖塔，次别同学。然至王所，慰而勉之曰："当勤修白业，护持三宝。吾去非晚，一九即回。"王闻师言，涕泪交集曰："此国何罪，彼土何祥？叔既有缘，非吾所止，唯愿不忘父母之国，事毕早回。"王即具大舟，实以众宝，躬率臣寮，送至海壖。师泛重溟，凡三周寒暑，达于南海，实梁普通八年丁未岁九月二十一日也。广州刺史萧昂具主

---

① "轸"，南藏本作"诊"。

礼迎接，表闻武帝。帝览奏，遣使赍诏迎请。十月一日至金陵①。帝问曰："朕即位已来，造寺、写经、度僧不可胜纪，有何功德？"师曰："并无功德。"帝曰："何以无功德？"师曰："此但人天小果，有漏之因，如影随形，虽有非实。"帝曰："如何是真功德？"答曰："净智妙圆，体自空寂，如是功德，不以世求。"帝又问："如何是圣谛第一义？"师曰："廓然无圣。"帝曰："对朕者谁？"师曰："不识。"帝不领悟，师知机不契，是月十九日潜回江北②，十一月二十三日届于洛阳，当后魏孝明太和十年也③。寓止于嵩山少林寺，面壁而坐，终日默然，人莫之测，谓之"壁观婆罗门"。

时有僧神光者，旷达之士也。久居伊洛，博览群书，善谈玄理。每叹曰："孔老之教，礼术风规；《庄》《易》之书，未尽妙理。近闻达磨大士住止少林，至人不遥，当造玄境。"乃往彼，晨夕参承。师常端坐面墙，莫闻诲励。光自惟曰："昔人求道，敲骨取髓，刺血济饥，布发淹泥④，投崖饲虎。古尚若此，我又何人？"其年十二月九日夜，天大雨雪。光坚立不动，迟明，积

---

① 丛刊本、大正本下注云："嵩禅师以梁僧宝唱《续法记》为据作《正宗记》言：达磨以梁武普通元年庚子岁至此土，其年乃后魏明帝正光元年也。若如此，则与后入灭、启圹等年皆相合。若据此称普通八年丁未岁九月二十一日至南海，十月一日至金陵，则甚误也。盖普通八年三月已改为大通元年，则九月不应尚称普通八年也。南海者，今广州也，去金陵数千里。刺史奏闻而武帝诏迎，岂可十日之间便至金陵耶？又按《南史》萧昂本传，不言昂为广州刺史。但《王茂传》末有广州长史萧昂，然不知何年在任。今止可云（丛刊本作'今可止云'）：达于南海，实梁普通元年，广州刺史具主礼迎接，表闻武帝。帝览奏，遣使赍诏迎请，十月一日至金陵。"
② 丛刊本、大正本下注曰："《广灯》'回'作'过'字。"
③ 丛刊本、大正本下注曰："当云：后魏孝明正光元年也。若据太和十年，乃后魏文帝时，是年即南齐武帝永明四年丙寅岁也。"
④ "淹泥"，径山本作"掩泥"。

雪过膝。师悯而问曰:"汝久立雪中,当求何事?"光悲泪曰:"惟愿和尚慈悲,开甘露门,广度群品。"师曰:"诸佛无上妙道,旷劫精勤,难行能行,非忍而忍。岂以小德小智,轻心慢心,欲冀真乘,徒劳勤苦。"光闻师诲励,潜取利刀,自断左臂,置于师前。师知是法器,乃曰:"诸佛最初求道,为法忘形;汝今断臂吾前,求亦可在。"师遂因与易名曰"慧可"。光曰:"诸佛法印,可得闻乎?"师曰:"诸佛法印,匪从人得。"光曰:"我心未宁,乞师与安。"师曰:"将心来,与汝安。"曰:"觅心了不可得。"师曰:"我与汝安心竟。"

后孝明帝闻师异迹,遣使赍诏征,前后三至,师不下少林,帝弥加钦尚。就赐摩衲袈裟二领①、金钵、银水瓶、缯帛等,师牢让三返,帝意弥坚,师乃受之。自尔缁白之众倍加信向。迄九年,已欲西返天竺,乃命门人曰:"时将至矣,汝等盍各言所得乎?"时门人道副对曰:"如我所见,不执文字,不离文字,而为道用。"师曰:"汝得吾皮。"尼总持曰:"我今所解,如庆喜见阿閦佛国,一见更不再见。"师曰:"汝得吾肉。"道育曰:"四大本空,五阴非有,而我见处,无一法可得。"师曰:"汝得吾骨。"最后慧可礼拜后,依位而立,师曰:"汝得吾髓。"乃顾慧可而告之曰:"昔如来以正法眼付迦叶大士,展转嘱累,而至于我。我今付汝,汝当护持。并授汝袈裟以为法信,各有所表,宜可知矣。"可曰:"请师指陈。"师曰:"内传法印,以契证心;外付袈裟,以定宗旨。后代浇薄,疑虑竞生,云吾西天之人,言汝此方

---

① "摩",丛刊本、大正本作"磨"。

之子，凭何得法，以何证之？汝今受此衣法①，却后难生，但出此衣并吾法偈，用以表明，其化无碍。至吾灭后二百年，衣止不传，法周沙界。明道者多，行道者少；说理者多，通理者少。潜符密证，千万有余，汝当阐扬，勿轻未悟。一念回机，便同本得。听吾偈曰：'吾本来兹土，传教救迷情②。一花开五叶，结果自然成。'"师又曰："吾有《楞伽经》四卷，亦用付汝③。即是如来心地要门，令诸众生开示悟入。吾自到此，凡五度中毒。我常自出而试之，置石石裂。缘吾本离南印，来此东土，见赤县神州有大乘气象，遂逾海越漠为法求人。际会未谐，如愚若讷。今得汝传授，吾意已终。"《别记》云：师初居少林寺九年，为二祖说法，只教曰：外息诸缘，内心无喘，心如墙壁④，可以入道。慧可种种说心性，理道未契⑤，师只遮其非，不为说无念心体。慧可曰："我已息诸缘。"师曰："莫不成断灭去否？"可曰："不成断灭。"师曰："何以验之，云不断灭？"可曰："了了常知故，言之不可及。"师曰："此是诸佛所传心体，更勿疑也。"

言已，乃与徒众往禹门千圣寺，止三日。有期城太守扬衒之早慕佛乘，问师曰⑥："西天五印，师承为祖，其道如何？"师曰："明佛心宗，行解相应，名之曰祖。"又问："此外如何？"师曰：

---

① "受"，原作"授"，据丛刊本、大正本改。
② "教"，丛刊本、径山本、大正本作"法"。
③ 丛刊本、大正本下有注文："此盖依《宝林传》之说也。按宣律师《续高僧传·可大师传》云：初达磨以《楞伽经》授可曰：'我观汉地，唯有此经，仁者依行，自得度世。'若如传所言，则是二祖未得法时，达磨授《楞伽》使观之耳。今《传灯》乃于付法传衣之后言：'师又曰：吾有《楞伽经》四卷，亦用付汝。'则恐误也。兼言'吾有'，则似世间未有也。此但可依马祖所言云：'又引《楞伽》经文，以印众生心地。'则于理无害耳。"
④ 丛刊本作"如墙壁"，脱一"心"。
⑤ 丛刊本作"慧可种种说心理道性未契"。
⑥ "问"，丛刊本误作"门"。

"须明他心，知其今古。不厌有无，于法无取。不贤不愚，无迷无悟。若能是解，故称为祖。"又曰："弟子归心三宝亦有年矣，而智慧昏蒙，尚迷真理。适听师言，罔知攸措，愿师慈悲，开示宗旨。"师知恳到，即说偈曰："亦不睹恶而生嫌，亦不观善而勤措。亦不舍智而近愚，亦不抛迷而就悟。达大道兮过量，通佛心兮出度。不与凡圣同躔，超然名之曰祖。"衒之闻偈，悲喜交并曰："愿师久住世间①，化导群有。"师曰："吾即逝矣，不可久留。根性万差，多逢患难。"衒之曰："未审何人？弟子为师除得。"师曰："吾以传佛秘密，利益迷途，害彼自安，必无此理。"衒之曰："师若不言，何表通变观照之力？"师不获已，乃为谶曰："江槎分玉浪，管炬开金锁。五口相共行，九十无彼我。"衒之闻语，莫究其端，默记于怀，礼辞而去。师之所谶，虽当时不测，而后皆符验。

时魏氏奉释，禅俊如林，光统律师、流支三藏者，乃僧中之鸾凤也。睹师演道，斥相指心，每与师论议，是非蜂起②。师遐振玄风，普施法雨，而偏局之量，自不堪任，竞起害心，数加毒药。至第六度，以化缘已毕，传法得人，遂不复救之，端居而逝。即后魏孝明帝太和十九年丙辰岁十月五日也③。其年十二月二十八日葬熊耳山，起塔于定林寺。

---

① "久"，丛刊本误作"父"。
② "蜂"，丛刊本、大正本作"锋"。
③ 丛刊本、大正本下注云："依《续法记》，则十月五日，乃孝庄帝永安元年，即梁大通二年戊申岁。其年即明帝武泰元年也，二月明帝崩，四月庄帝即位，改元建义。至九月，又改永安也。后云'汝主已厌世'，谓是岁明帝崩也。据《传灯》云丙辰岁，即东魏文帝大统二年，西魏静帝天平三年，梁大同二年，与厌世之说全乖也。又太和十九年，乃后魏文帝时，即南齐明帝建武二年乙亥岁，殊相辽邈耳。"

后三岁，魏宋云奉使西域回，遇师于葱岭。见手携只履，翩翩独逝。云问："师何往？"师曰："西天去。"又谓云曰："汝主已厌世。"云闻之茫然。别师东迈，暨复命，即明帝已登遐矣。迨孝庄即位①，云具奏其事。帝令启圹，惟空棺，一只革履存焉②。举朝为之惊叹，奉诏取遗履，于少林寺供养。至唐开元十五年丁卯岁，为信道者窃在五台华严寺。今不知所在。

初梁武遇师，因缘未契，及闻化行魏邦，遂欲自撰师碑而未暇也。后闻宋云事，乃成之。代宗谥"圆觉大师"，塔曰"空观"。师自魏丙辰岁告寂，迄皇宋景德元年甲辰，得四百六十七年矣③。

第二十九祖慧可大师者，武牢人也，姓姬氏。父寂，未有子时，尝自念言："我家崇善，岂无令子？"祷之既久，一夕感异光照室，其母因而怀妊。及长，遂以照室之瑞，名之曰"光"。自幼志气不群，博涉《诗》《书》，尤精玄理，而不事家产，好游山水。后览佛书，超然自得，即抵洛阳龙门香山，依宝静禅师出家，受具于永穆寺。浮游讲肆，遍学大小乘义。年三十二，却返

---

① "迨"，丛刊本、大正本作"而"。
② 丛刊本、大正本注曰："若依《续法记》，则后三岁，乃庄帝永安三年庚戌岁，当梁武中大通二年也。其年十二月，庄帝方崩，奉使回时，帝尚在耳。若据《传灯》，则后三岁乃己未岁，即西魏文帝大统五年，东魏静帝兴和元年，当梁武大同五年也。如此，则岂复有孝庄帝耶？又称宋云遇师于葱岭，尤误也。宋云使西域回时，已在魏明帝正光年中矣。然则遇师于葱岭者，盖是魏末别遣使往西域回耳。但当云：'后三岁，魏使有自西域回者，遇师于葱岭。见手携只履，翩翩独逝。问：师何往？曰：西天去。又谓使曰：汝主已厌世。使闻之茫然，别师东迈。暨复命，即明帝已登遐矣。而孝庄即位，奉使具奏其事。帝令启圹，唯空棺，一只革履存焉。'"
③ 丛刊本、大正本下注："当云：'自魏至庚子岁告寂，迄皇宋景德元年甲辰，得四百七十五年矣。'凡此年代之差，皆由《宝林传》错误，而杨文公不复考究耳。"

香山，终日宴坐，又经八载。于寂默中倏见一神人，谓曰："将欲受果，何滞此邪？大道匪遥，汝其南矣。"光知神助，因改名"神光"。翊日，觉头痛如刺，其师欲治之，空中有声曰："此乃换骨，非常痛也。"光遂以见神事白于师。师视其顶骨，即如五峰秀出矣，乃曰："汝相吉祥，当有所证。神令汝南者，斯则少林达磨大士必汝之师也。"光受教，造于少室。其得法、传衣事迹，《达磨章》具之矣。

自少林托化西归，大师继阐玄风，博求法嗣。至北齐天平二年①，有一居士，年逾四十，不言名氏，聿来设礼而问师曰："弟子身缠风恙，请和尚忏罪。"师曰："将罪来与汝忏。"居士良久云："觅罪不可得。"师曰："我与汝忏罪竟，宜依佛、法、僧住。"曰："今见和尚，已知是僧，未审何名佛、法？"师曰："是心是佛，是心是法。法、佛无二，僧宝亦然。"曰："今日始知罪性不在内，不在外，不在中间，如其心然，佛法无二也。"大师深器之，即为剃发，云："是吾宝也，宜名僧璨。"其年三月十八日于光福寺受具，自兹疾渐愈。执侍经二载，大师乃告曰："菩提达磨远自竺乾②，以正法眼藏密付于吾。吾今授汝，并达磨信衣，汝当守护，无令断绝。听吾偈曰：本来缘有地，因地种华生。本来无有种，华亦不曾生。"大师付衣法已，又曰："汝受吾教，宜处深山，未可行化，当有国难。"璨曰："师既预知，愿垂示诲。"师曰："非吾知也，斯乃达磨传般若多罗悬记云'心中虽

---

① 丛刊本、大正本下注："当作'天保二年'，乃辛未岁也。天平，东魏年号，二年，乙卯也。"
② "菩提达磨"原作"达磨菩提"，丛刊本、大正本作"菩提达磨"，并注云："旧本云'达磨菩提'。"径山本作"菩提达磨"。

吉外头凶'是也，吾校年代，正在于汝①。当谛思前言，勿罹世难。然吾亦有宿累，今要酬之。善去善行，俟时传付。"

大师付嘱已，即于邺都随宜说法，一音演畅，四众归依。如是积三十四载，遂韬光混迹，变易仪相。或入诸酒肆，或过于屠门，或习街谈，或随厮役。人问之曰："师是道人，何故如是？"师曰："我自调心，何关汝事？"又于筦城县匡救寺三门下谈无上道，听者林会。时有辩和法师者②，于寺中讲《涅槃经》，学徒闻师阐法，稍稍引去。辩和不胜其愤，兴谤于邑宰翟仲侃。仲侃惑其邪说③，加师以非法。师怡然委顺，识真者谓之偿债。时年一百七岁，即隋文帝开皇十三年癸丑岁三月十六日也。皓月供奉问长沙岑和尚："古德云：'了即业障本来空，未了应须偿宿债。'只如师子尊者、二祖大师，为什么得偿债去？"长沙云："大德不识本来空。"彼云："如何是本来空？"长沙云："业障是。"又问："如何是业障？"长沙云："本来空是。"彼无语。长沙便示一偈云："假有元非有，假灭亦非无。涅槃偿债义，一性更无殊。"后葬于磁州滏阳县东北七十里。唐德宗谥大祖禅师。自师之化，至皇宋景德元年甲辰，得四百一十三年④。

僧那禅师，姓马氏。少而神俊，通究坟典。年二十一，讲《礼》《易》于东海，听者如市。暨南徂相部，学众随至。会二祖说法，与同志十人投祖出家。自尔手不执笔⑤，永捐世典，唯一

---

① "汝"，碛砂本、大正本作"兹"。
② "辩"，丛刊本作"辨"。
③ "惑其邪说"，丛刊本作"感惑其邪说"。
④ 丛刊本、大正本下注："当作一十二年。"
⑤ "尔"，原作"迩"，据丛刊本、大正本改。

衣、一钵、一坐、一食，奉头陀行。既久侍于祖，后谓门人慧满曰："祖师心印，非专苦行，但助道耳。若契本心，发随意真光之用，则苦行如握土成金。若唯务苦行，而不明本心，为憎爱所缚，则苦行如黑月夜履于险道。汝欲明本心者，当审谛推察，遇色遇声未起觉观时，心何所之？是无邪，是有邪？既不堕有无处所，则心珠独朗，常照世间，而无一尘许间隔，未尝有一刹那顷断续之相。故我初祖兼付《楞伽经》四卷，谓我师二祖曰：'吾观震旦，唯有此经，可以印心，仁者依行，自得度世。'又二祖凡说法竟，乃曰：'此经四世之后变成名相，深可悲哉！'我今付汝，宜善护持，非人慎勿传之。"付嘱已，师乃游方，莫知其终。

向居士，幽栖林野，木食涧饮。北齐天保初，闻二祖盛化，乃致书通好曰："影由形起，响逐声来。弄影劳形，不识形为影本；扬声止响，不知声是响根。除烦恼而趣涅槃，喻去形而觅影；离众生而求佛果，喻默声而寻响。故知迷悟一途，愚智非别。无名作名，因其名则是非生矣；无理作理，因其理则争论起矣。幻化非真，谁是谁非？虚妄无实，何空何有？将知得无所得，失无所失。未及造谒，聊申此意，伏望答之。"① 二祖大师命笔回示曰："备观来意皆如实，真幽之理竟不殊。本迷摩尼谓瓦砾，豁然自觉是真珠。无明智慧等无异，当知万法即皆如。愍此二见之徒辈，申辞措笔作斯书。观身与佛不差别，何须更觅彼无

---

① 丛刊本、大正本下注："'弄影'当作'弃影'，唯恐当时笔误耳。盖第三十卷镇国大师《答皇太子问心要》云：'若求真去妄，犹弃影劳形；若体妄即真，似处阴休影。'此用《庄子》之说。劳形，谓走而避影也。"

余?"① 居士捧披祖偈,乃伸礼觐,密承印记。

相州隆化寺慧满禅师,荥阳人也,姓张氏。始于本寺遇僧那禅师开示,志存俭约,唯畜二针,冬则乞补,夏乃舍之。自言:一生心无怯怖,身无蚤虱,睡而不梦。常行乞食,住无再宿。所至伽蓝,则破柴制履。贞观十六年,于洛阳会善寺侧,宿古墓中,遇大雪。旦入寺,见昙旷法师。旷怪所从来,师曰:"法有来邪?"旷遣寻来处,四边雪积五尺许。旷曰:"不可测也。"寻闻有括录事,诸僧逃隐。师持钵周行聚落,无所滞碍,随得随散,索尔虚闲。有请宿斋者,师曰:"天下无僧,方受斯请也。"又尝示人曰:"诸佛说心,令知心相是虚妄。今乃重加心相,深违佛意,又增论议,殊乖大理。"故常赍《楞伽经》四卷,以为心要。如说而行,盖遵历世之遗付也。后于陶冶中无疾坐化,寿七十许。

第三十祖僧璨大师者,不知何许人也。初以白衣谒二祖,既受度传法,隐于舒州之皖公山。属后周武帝破灭佛法,师往来太湖县司空山。居无常处,积十余载,时人无能知者。至隋开皇十二年壬子岁,有沙弥道信,年始十四。来礼师曰:"愿和尚慈悲,乞与解脱法门。"师曰:"谁缚汝?"曰:"无人缚。"师曰:"何更求解脱乎?"信于言下大悟,服劳九载,后于吉州受戒,侍奉尤谨。师屡试以玄微,知其缘熟,乃付衣法,偈曰:"华种虽因

---

① "彼无余",丛刊本作"彼无有之余",衍"有之"。

地，从地种华生。若无人下种，华地尽无生。"师又曰："昔可大师付吾法后，往邺都行化三十年方终。今吾得汝，何滞此乎？"即适罗浮山，优游二载，却旋旧址。逾月，士民奔趋，大设檀供。师为四众广宣心要讫，于法会大树下合掌立终。即隋炀帝大业二年丙寅十月十五日也。唐玄宗谥鉴智禅师，觉寂之塔。至皇宋景德元年甲辰①，凡四百载矣。

初，唐河南尹李常素仰祖风，深得玄旨。天宝乙酉岁，遇荷泽神会，问曰："三祖大师葬在何处？或闻入罗浮不回，或说终于山谷，未知孰是？"会曰："璨大师自罗浮归山谷，得月余方示灭，今舒州见有三祖墓。"常未之信也。会谪为舒州别驾②，因询问山谷寺众僧曰："闻寺后有三祖墓，是否？"时上坐慧观对曰："有之。"常欣然与寮佐同往瞻礼，又启壙，取真仪阇维之，得五色舍利三百粒。以百粒出己俸建塔焉；百粒寄荷泽神会，以征前言；百粒随身。后于洛中私第设斋以庆之，时有西域三藏犍那等在会中。常问三藏："天竺禅门祖师多少？"犍那答曰："自迦叶至般若多罗，有二十七祖。若叙师子尊者傍出达磨达四世二十二人，总有四十九祖。若从七佛至此璨大师，不括横枝，凡三十七世。"常又问会中耆德曰："尝见祖图，或引五十余祖。至于支派差殊，宗族不定，或但有空名者，以何为验？"时有智本禅师者，六祖门人也。答曰："斯乃后魏初佛法沦替，有沙门昙曜，于纷纭中以素绢单录得诸祖名字，或忘失次第。藏衣领中，隐于岩穴。经三十五载，至文成帝即位，法门中兴。昙曜名行俱崇，遂

---

① 丛刊本、大正本"甲辰"下有"岁"。
② "会"，东寺本、碛砂本作"常"。

为僧统。乃集诸沙门,重议结集,目为《付法藏传》,其间小有差互,即昙曜抄录时怖惧所致。又经一十三年,帝令国子博士黄元真与北天竺三藏佛陀扇多、吉弗烟等,重究梵文,甄别宗旨,次叙师承,得无纰谬也。"

第三十一祖道信大师者,姓司马氏,世居河内,后徙于蕲州之广济县。师生而超异,幼慕空宗,诸解脱门宛如宿习。既嗣祖风,摄心无寐,胁不至席者仅六十年。隋大业十三载,领徒众抵吉州,值群盗围城,七旬不解,万众惶怖。师愍之,教令念摩诃般若。时贼众望雉堞间若有神兵,乃相谓曰:"城内必有异人,不可攻矣。"稍稍引去。唐武德甲申岁,师却返蕲春,住破头山,学侣云臻。

一日往黄梅县,路逢一小儿,骨相奇秀,异乎常童。师问曰:"子何姓?"答曰:"姓即有,不是常姓。"① 师曰:"是何姓?"答曰:"是佛性。"师曰:"汝无性邪?"② 答曰:"性空故。"师默识其法器,即俾侍者至其家,于父母所乞令出家。父母以宿缘故,殊无难色,遂舍为弟子③,以至付法传衣,偈曰:"华种有生性,因地华生生。大缘与信合④,当生生不生。"遂以学徒委之。

一日告众曰:"吾武德中游庐山,登绝顶,望破头山,见紫

---

① "姓即有,不是常姓",碛砂本作"性即有,不是常性"。
② "汝无性",径山本作"汝无姓"。
③ 丛刊本、大正本下有:"名曰弘忍。"并注曰:"旧本无'名曰弘忍'四字,今此添入。若不言名,以至付法传衣者,是何人耶?兼后有'忍曰'二字,亦自不明耳。"
④ "大缘与信合",丛刊本作"大缘有与信合",衍"有"。

云如盖，下有白气，横分六道。汝等会否？"众皆默然。忍曰："莫是和尚他后横出一枝佛法否？"师曰："善。"

后贞观癸卯岁，太宗向师道味，欲瞻风彩，诏赴京师。上表逊谢，前后三返，竟以疾辞。第四度命使曰："如果不起，即取首来。"使至山谕旨，师乃引颈就刃，神色俨然。使异之，回以状闻。帝弥加叹慕，就赐珍缯以遂其志。迄高宗永徽辛亥岁闰九月四日，忽垂诫门人曰："一切诸法，悉皆解脱，汝等各自护念，流化未来。"言讫安坐而逝，寿七十有二，塔于本山。明年四月八日，塔户无故自开，仪相如生。尔后门人不敢复闭。代宗谥大医禅师、慈云之塔。自圆寂至皇宋景德元年甲辰，凡三百五十六载①。

第三十二祖弘忍大师者，蕲州黄梅人也，姓周氏。生而岐嶷。童游时，逢一智者，叹曰："此子阙七种相不逮如来。"后遇信大师得法，嗣化于破头山。咸亨中，有一居士，姓卢名慧能，自新州来参谒②。师问曰："汝自何来？"曰："岭南。"师曰："欲须何事？"曰："唯求作佛。"师曰："岭南人无佛性，若为得佛？"曰："人即有南北，佛性岂然？"师知是异人，乃诃曰："著槽厂去。"能礼足而退，便入碓坊，服劳于杵臼之间，昼夜不息。

经八月，师知付授时至，遂告众曰："正法难解，不可徒记吾言，持为己任。汝等各自随意述一偈，若语意冥符，则衣法皆

---

① 丛刊本、大正本下注："当云：三百五十四载。"
② "新"，原作"蕲"，据丛刊本改。丛刊本、大正本注云："旧本误作'蕲'字。"南藏本、径山本、大正本作"新州"。

付。"时会下七百余僧，上坐神秀者，学通内外，众所宗仰。咸共推称云："若非尊秀，畴敢当之？"神秀窃聆众誉，不复思惟，乃于廊壁书一偈云："身是菩提树，心如明镜台。时时勤拂拭，莫遣有尘埃。"师因经行，忽见此偈，知是神秀所述，乃赞叹曰："后代依此修行，亦得胜果。"其壁本欲令处士卢珍绘楞伽变相，及见题偈在壁，遂止不画，各令诵念。能在碓坊，忽聆诵偈，乃问同学："是何章句？"同学曰："汝不知和尚求法嗣①，令各述心偈。此则秀上座所述，和尚深加叹赏，必将付法传衣也。"能曰："其偈云何？"同学为诵，能良久曰："美则美矣，了则未了。"同学诃曰："庸流何知，勿发狂言！"能曰："子不信邪？愿以一偈和之。"同学不答，相视而笑。能至夜，密告一童子，引至廊下，能自秉烛，令童子于秀偈之侧写一偈云："菩提本非树，心镜亦非台。本来无一物，何假拂尘埃？"大师后见此偈云："此是谁作？亦未见性。"众闻师语，遂不之顾。

追夜，乃潜令人自碓坊召能行者入室。告曰："诸佛出世，为一大事，故随机小大而引导之，遂有十地、三乘、顿渐等旨以为教门。然以无上微妙、秘密圆明、真实正法眼藏付于上首大迦叶尊者，展转传授二十八世，至达磨，届于此土，得可大师承袭，以至于吾。今以法宝及所传袈裟用付于汝，善自保护，无令断绝。听吾偈曰：'有情来下种，因地果还生。无情既无种，无性亦无生。'"能居士跪受衣法，启曰："法则既授，衣付何人？"师曰："昔达磨初至，人未知信，故传衣以明得法。今信心已熟，

---

① "汝不知"，丛刊本误作"不汝知"。

衣乃争端，止于汝身，不复传也。且当远隐，俟时行化，所谓授衣之人命如悬丝也。"能曰："当隐何所？"师曰："逢怀即止，遇会且藏。"能礼足已，捧衣而出，是夜南迈，大众莫知。

忍大师自此不复上堂，凡三日，大众疑怪致问，祖曰："吾道行矣，何更询之？"复问："衣法谁得邪？"师曰："能者得。"于是众议卢行者名能，寻访既失，悬知彼得，即共奔逐。忍大师既付衣法，复经四载，至上元二年①，忽告众曰："吾今事毕，时可行矣。"即入室安坐而逝，寿七十有四，建塔于黄梅之东山。代宗皇帝谥大满禅师、法雨之塔。自大师灭度至皇宋景德元年甲辰，凡三百三十年。

---

① "上元二年"，丛刊本、大正本作"上元二年乙亥岁"，下注曰："乃唐高宗时也，至肃宗时复有上元年号，其二年岁在辛丑也。"

景德传灯录卷第四

第三十一祖道信大师法嗣共一百八十三人内七十六人旁出

金陵牛头山六世祖宗见录

    第一世法融禅师

    第二世智岩禅师

    第三世慧方禅师

    第四世法持禅师

    第五世智威禅师

    第六世慧忠禅师

前六世祖宗法嗣共八十人①

法融禅师下三世旁出一十二人一人见录

    金陵钟山昙璀禅师

        荆州大素禅师、幽栖月空禅师、白马道演禅师、新安定庄禅师、彭城智瑳禅师、广州道树禅师、湖州智爽禅师、新州杜默禅师、上元智诚禅师

    智诚禅师复出一人：定真禅师②

---

① "八十"，南藏本、大正本作"七十"。
② 丛刊本、碛砂本作："智诚复出一人：定真禅师。"大正本作"定真禅师（智诚禅师出）"。

定真禅师复出一人：如度禅师① 已上一十一人无机缘语句，不录

智岩禅师下旁出

东都镜潭禅师、襄州志长禅师、湖州义真禅师、益州端伏禅师、龙光龟仁禅师、襄阳辩才禅师、汉南法俊禅师、西川敏古禅师 已上八人无机缘语句，不录

法持禅师下旁出

牛头山玄素禅师、天柱弘仁禅师 已上二人无机缘语句，不录

智威禅师下三世旁出一十二人②六人见录

宣州安国寺玄挺大师③

润州鹤林玄素禅师

舒州天柱山崇慧禅师

杭州径山道钦禅师④

杭州鸟窠道林禅师旁出一人⑤

杭州招贤寺会通禅师　灵岩宝观禅师⑥

前玄素复出二人：金华山昙益禅师、吴门圆镜禅师

前径山国一禅师复出三人：一木渚山悟禅师、二青阳广敷禅师、三杭州巾子山崇慧禅师 已上六人无机缘语句，不录⑦

慧忠禅师下两世旁出三十六人二人见录⑧

天台山佛窟岩惟则禅师旁出天台云居

---

① 丛刊本、碛砂本作："定真复出一人：如度禅师。"大正本作"如度禅师（定真禅师出）"。
② "三世"，大正本作"四世"。
③ 大正本下注："智威禅师出三人。"
④ 大正本下注："玄素禅师出。"
⑤ 大正本下注："道钦禅师出。"
⑥ 大正本下注："智威禅师出。"
⑦ 大正本下注："已上旧本，世次不明，今各依本章添注法嗣，共成四世也。"
⑧ 大正本无"二人见录"，注："除天台云居智及润州栖霞源二人外，余皆忠禅师出。"

天台山云居智禅师

牛头山道性禅师、江宁智灯禅师、解县怀信禅师、鹤林全禅师、北山怀古禅师、明州观宗禅师、牛头山大智禅师、白马善道禅师、牛头山智真禅师、牛头山谭颙禅师、牛头山云韬禅师、牛头山凝禅师、牛头山法梁禅师、江宁行应禅师、牛头山惠良禅师、兴善道融禅师、蒋山照明禅师、牛头山法灯禅师、牛头山定空禅师、牛头山慧涉禅师、幽栖道遇禅师、牛头山凝空禅师、蒋山道初禅师、幽栖藏禅师、牛头山灵晖禅师、幽栖道颖禅师、牛头山巨英禅师、释山法常禅师、龙门凝寂禅师、庄严远禅师、襄州道坚禅师、尼明悟、居士殷净

前慧涉复出一人：润州栖霞寺清源禅师 已上三十四人无机缘语句，不录

第三十二祖弘忍大师五世旁出一百七人

第一世一十三人 三人见录

北宗神秀禅师

嵩岳慧安国师

袁州蒙山道明禅师

杨州奉法寺昙光禅师、随州禅慥禅师、金州法持禅师、资州智诜禅师①、舒州法照禅师、越州义方禅师、枝江道俊禅师、常州玄赜禅师、越州僧达禅师、白松山刘主簿 已上一十人无机缘语句，不录

第二世三十七人

北宗神秀禅师法嗣一十九人 五人见录

五台山巨方禅师

---

① "诜"，原作"侁"，据下文改。

河中府中条山智封禅师

兖州降魔藏禅师

寿州道树禅师

淮南都梁山全植禅师

荆州辞朗禅师、嵩山普寂禅师、大佛山香育禅师、西京义福禅师、忽雷澄禅师、东京日禅师、太原遍净禅师、南岳元观禅师、汝南杜禅师、嵩山敬禅师、京兆小福禅师、晋州霍山观禅师、润州茅山崇珪禅师、安陆怀空禅师　已上一十四人无机缘语句，不录

前嵩岳慧安国师法嗣①一十八人三人见录

洛京福先寺仁俭禅师②

嵩岳破灶堕和尚

嵩岳元珪禅师

常山坦然禅师、邺都圆寂禅师、西京道亮禅师

道亮复出五人：一杨州大总管李孝逸、二工部尚书张锡、三国子祭酒崔融、四秘书监贺知章、五睦州刺史康诜

前随州禅慥禅师复出一人③：正寿禅师

前蒙山道明禅师复出三人：一洪州崇寂禅师、二江西瑰禅师、三抚州神贞禅师

前资州智诜禅师复出一人：资州处寂禅师

前玄賾禅师复出二人：一义兴神斐禅师、二湖州畅禅师　已上一十五人无机缘语句，不录

第三世四十九人

---

① "国师"下大正本有"等"。
② 大正本下注："慧安国师出六人。"
③ "禅慥"，原作"神慥"，据上文改。

前荆州辞朗禅师法嗣

紫金玄宗禅师、明州大梅山车禅师、砖界慎徽禅师　已上三人无机缘语句，不录

前嵩山普寂禅师法嗣①四十六人一人见录

终南山惟政禅师

广福慧空禅师、常越禅师、襄州夹石山思禅师、明瓒禅师、敬爱寺真禅师、兖州守贤禅师、定州石藏禅师、南岳澄心禅师、南岳日照禅师、洛京同德寺幹禅师、苏州真亮禅师、瓦棺寺璿禅师、弋阳法融禅师、广陵演禅师、陕州慧空禅师、洛京真亮禅师、泽州亘月禅师、亳州昙真禅师、都梁山崇演禅师、京兆章敬寺澄禅师、嵩阳寺一行禅师、京兆山北寺融禅师、曹州定陶丁居士②

前西京义福禅师复出八人：一大雄猛禅师、二西京大震动禅师、三神斐禅师、四西京大悲光禅师、五西京大隐禅师、六定境禅师、七道播禅师、八玄证禅师

前降魔藏禅师复出三人：一西京寂满禅师、二西京定庄禅师、三南岳慧隐禅师

前南岳元观禅师复出一人：神照禅师

前小福禅师复出三人：一京兆蓝田深寂禅师、二太白山日没云禅师、三东白山法超禅师

前霍山观禅师复出一人：岘山幽禅师

前资州处寂禅师复出四人：一益州无相禅师、二益州长松山马禅师、三超禅师、四梓州晓了禅师

前义兴斐禅师复出二人：一西京智游禅师、二东都智深禅师

已上四十五人无机缘语句，不录

---

① "禅师"下大正本有"等"。
② "曹州"，原作"晋州"，据大正本改。

第四世七人

前兴善惟政禅师法嗣

衡州定心禅师、敬爱寺志真禅师 已上二人无机缘语句，不录

前益州无相禅师法嗣①五人一人见录

益州保唐寺无住禅师

荆州明月山融禅师、汉州云顶山王头陀、益州净众寺神会禅师

前砖界慎徽禅师复出一人：武诚禅师 已上四人无机缘语句，不录

第五世一人

前敬爱寺志真禅师法嗣

嵩山照禅师 无机缘语句，不录

第三十一祖道信大师下旁出法嗣

金陵牛头山六世祖宗

第一世法融禅师者，润州延陵人也，姓韦氏。年十九，学通经史。寻阅大部《般若》，晓达真空。忽一日，叹曰："儒道世典，非究竟法；般若正观，出世舟航。"遂隐茅山，投师落发。后入牛头山幽栖寺北岩之石室，有百鸟衔华之异。

唐贞观中，四祖遥观气象，知彼山有奇异之人，乃躬自寻访。问寺僧："此间有道人否？"曰："出家儿那个不是道人？"祖曰："阿那个是道人？"僧无对。别僧云："此去山中十里来②，有一懒融，见人不起，亦不合掌。莫是道人？"祖遂入山，见师

---

① 大正本"禅师"下有"等"。
② "来"，大正本作"许"。

端坐自若，曾无所顾。祖问曰："在此作什么？"师曰："观心。"祖曰："观是何人，心是何物？"师无对，便起作礼。师曰："大德高栖何所？"祖曰："贫道不决所止，或东或西。"师曰："还识道信禅师否？"曰："何以问他？"师曰："向德滋久，冀一礼谒。"曰："道信禅师，贫道是也。"师曰："因何降此？"祖曰："特来相访。莫更有宴息之处否？"师指后面云："别有小庵。"遂引祖至庵所，绕庵唯见虎狼之类。祖乃举两手作怖势，师曰："犹有这个在？"祖曰："适来见什么？"师无语①。少选，祖却于师宴坐石上书一"佛"字，师睹之竦然。祖曰："犹有这个在？"师未晓，乃稽首请说真要。

祖曰："夫百千法门，同归方寸；河沙妙德，总在心源。一切戒门、定门、慧门，神通变化，悉自具足，不离汝心。一切烦恼业障，本来空寂，一切因果，皆如梦幻。无三界可出，无菩提可求。人与非人，性相平等，大道虚旷，绝思绝虑。如是之法，汝今已得，更无阙少，与佛何殊？更无别法。汝但任心自在，莫作观行，亦莫澄心，莫起贪嗔，莫怀愁虑。荡荡无碍，任意纵横，不作诸善，不作诸恶，行住坐卧，触目遇缘，总是佛之妙用。快乐无忧，故名为佛。"师曰："心既具足，何者是佛，何者是心？"祖曰："非心不问佛，问佛非不心。"师曰："既不许作观行，于境起时，如何对治？"② 祖曰："境缘无好丑，好丑起于心。心若不强名，妄情从何起？妄情既不起，真心任遍知。汝但随心自在，无复对治，即名常住法身，无有变异。吾受璨大师顿教法

---

① "无语"，碛砂本、大正本作"无对"。
② "如何对治"，丛刊本、大正本作"心如何对治"。

门，今付于汝，汝今谛受吾言，只住此山，向后当有五人达者，绍汝玄化。"圭峰判为泯绝无寄宗，引破相教而印之。有僧问南泉："牛头未见四祖时，为什么鸟兽衔华来供养？"南泉云："只为步步踏佛阶梯。"洞山云："如掌观珠，意不暂舍。"僧云："见后为什么不来？"南泉云："直饶不来，犹校王老师一线道。"① 洞山云："通身去也。"又一尊宿答前两问，皆云："贼不打贫儿家。"僧问一老宿："牛头未见四祖时如何？"云："如条贯叶。"僧云："见后如何？"云："秋夜纷纷。"又僧问吴越永明潜禅师："牛头未见四祖时如何？"潜云："牛头。"僧云："见后如何？"潜云："牛头。"诸方多举唱②，不可备录。祖付法讫，遂返双峰山终老。师自尔法席大盛。

唐永徽中，徒众乏粮，师往丹阳缘化。去山八十里，躬负米一石八斗，朝往暮还，供僧三百，二时不阙。三年，邑宰萧元善请于建初寺讲《大般若经》，听者云集，至《灭静品》，地为之震动。讲罢归山。

博陵王问师曰："境缘色发时，不言缘色起，云何得知缘，乃欲息其起？"师答曰："境色初发时，色境二性空。本无知缘者，心量与知同。照本发非发，尔时起自息。抱暗生觉缘，心时缘不逐。至如未生前，色心非养育。从空本无念，想受言念生。起法未曾起，岂用佛教令？"问曰："闭目不见色，境虑乃便多。色既不关心，境从何处发？"师曰："闭目不见色，内心动虑多。幻识假成用，起名终不过。知色不关心，心亦不关人。随行有相转，鸟去空中真。"

问曰："境发无处所，缘觉了知生。境谢觉还转，觉乃变为

---

① "校"，大正本作"较"。
② "多举唱"，大正本作"举唱甚多"。

境。若以心曳心，还为觉所觉。从之随随去，不离生灭际。"师曰："色心前后中，实无缘起境。一念自凝忘，谁能计动静？此知自无知，知知缘不会。当自检本形，何须求域外？前境不变谢，后念不来今。求月执玄影，讨迹逐飞禽。欲知心本性，还如视梦里。譬之六月冰，处处皆相似。避空终不脱，求空复不成。借问镜中像，心从何处生？"问曰："恰恰用心时，若为安隐好？"师曰："恰恰用心时，恰恰无心用。曲谭名相劳，直说无繁重。无心恰恰用，常用恰恰无。今说无心处，不与有心殊。"

问曰："智者引妙言，与心相会当。言与心路别，合则万倍乖。"师曰："方便说妙言，破病大乘道。非关本性谭，还从空化造。无念为真常，终当绝心路。离念性不动，生灭无乖误。谷响既有声，镜像能回顾。"问曰："行者体境有，因觉知境亡。前觉及后觉，并境有三心。"师曰："境用非体觉，觉罢不应思。因觉知境亡，觉时境不起。前觉及后觉，并境有三迟。"

问曰："住定俱不转，将为正三昧，诸业不能牵，不知细无明，徐徐蹑其后。"师曰："复闻别有人，虚执起心量。三中事不成，不转还虚妄。心为正受缚，为之净业障。心尘万分一，不了说无明。细细习因起，徐徐名相生。风来波浪转，欲静水还平。更欲前途说，恐畏后心惊。无念大兽吼，性空下霜雹。星散秽草摧，纵横飞鸟落。五道定纷纶，四魔不前却？既如猛火燎，还如利剑斫。"

问曰："赖觉知万法，万法本来然，若假照用心，只得照用心，不应心里事。"师曰："赖觉知万法，万法终无赖。若假照用心，应不在心外。"问曰："随随无简择，明心不现前，复虑心暗昧，在心用功行，智障复难除。"师曰："有此不可有，寻此不可寻。无简即真择，得暗出明心。虑者心冥昧，存心托功行。何论智障难，至佛方为病。"

问曰："折中消息间，实亦难安怗①。自非用行人，此难终难见。"师曰："折中欲消息，消息非难易。先观心处心，次推智中智。第三照推者，第四通无记，第五解脱名，第六等真伪，第七知法本，第八慈无为，第九遍空阴，第十云雨被。最尽彼无觉，无明生本智。镜像现三业，幻人化四衢。不住空边尽，当照有中无。不出空有内，未将空有俱。号之名折中，折中非言说。安怗无处安，用行何能决？"

问曰："别有一种人，善解空无相。口言定乱一，复道有中无。同证用常寂，知觉寂常用。用心会真理，复言用无用②。智慧方便多，言辞与理合。如如理自如，不由识心会。既知心会非，心心复相泯。如是难知法，永劫不能知。同此用心人，法所不能化。"师曰："别有证空者，还如前偈论。行空守寂灭，识见暂时翻。会真是心量，终知未了原。又说息心用，多智疑相似。良由性不明，求空且劳己。永劫住幽识，抱相都不知。放光便动地，于彼欲何为？"问曰："前件看心者，复有罗縠难。"师曰："看心有罗縠，幻心何待看？况无幻心者，从容下口难。"

问曰："久有大基业，心路差互间。得觉微细障，即达于真际。自非善巧师，无能决此理。仰惟我大师，当为开要门。引导用心者，不令失正道。"师曰："法性本基业，梦境成差互。实相

---

① "怗"，大正本作"帖"。
② "复"，丛刊本、大正本作"后"。

微细身，色心常不悟。忽逢混沌士，哀怨愍群生。托疑广设问，抱理内常明。生死幽径彻，毁誉心不惊。野老显分答，法相愧来仪。蒙发群生药，还如色性为。"

显庆元年，邑宰萧元善请出山住建初，师辞不获免，遂命入室上首智岩付嘱法印，令以次传授。将下山，谓众曰："吾不复践此山矣。"时鸟兽哀号，逾月不止。庵前有四大桐树，仲夏之月忽自凋落。明年丁巳闰正月二十三日终于建初，寿六十四，腊四十一。二十七日窆于鸡笼山，会送者万余人。其牛头山旧居金源、虎跑泉、锡杖泉、金龟等池，宴坐石室，今悉存焉。

第二世智岩禅师者，曲阿人也，姓华氏。弱冠，智勇过人，身长七尺六寸。隋大业中为郎将，常以弓挂一滤水囊随行，所至汲用。累从大将征讨，频立战功。唐武德中，年四十，遂乞出家。入舒州皖公山，从宝月禅师为弟子。后一日宴坐，睹异僧身长丈余，神姿爽拔，词气清朗，谓师曰："卿八十生出家，宜加精进。"言讫不见。尝在谷中入定，山水瀑涨，师怡然不动，其水自退。有猎者遇之，因改过修善。复有昔同从军者二人，闻师隐遁，乃共入山寻之。既见，因谓师曰："郎将狂邪，何为住此？"答曰："我狂欲醒，君狂正发。夫嗜色淫声，贪荣冒宠，流转生死，何由自出？"二人感悟，叹息而去。

师贞观十七年归建业，入牛头山谒融禅师发明大事。禅师谓师曰："吾受信大师真诀，所得都亡。设有一法胜过涅槃，吾说亦如梦幻。夫一尘飞而翳天，一芥堕而覆地，汝今已过此见，吾复何云？山门化导，当付之于汝。"师禀命为第二世。后以正法付方禅师①,住白马、栖②玄两寺,又迁住石头城。于仪凤二年正月十日示灭,颜色不变,屈伸如生。室有异香,经旬不歇。遗言水葬,寿七十有八,腊三十有九。

第三世慧方禅师者,润州延陵人也,姓濮氏③。投开善寺出家,及进具,洞明经论。后入牛头山,谒岩禅师咨询秘要。岩观其根器堪任正法,遂示以心印,师豁然领悟。于是不出林薮仅逾十年,四方学者云集。师一旦谓众曰:"吾欲他行,随机利物,汝宜自安也。"乃以正法付法持禅师,遂归茅山。数载,将欲灭度,见有五百许人,髽发后垂,状如菩萨,各持幡华云"请法师讲"。又感山神现大蟒身至庭前,如将泣别。师谓侍者洪道曰:"吾去矣,汝为吾报诸门人。"及门人奔至,师已入灭,时唐天册元年八月一日。山林变白,溪涧绝流七日。道俗悲慕,声动山谷。寿六十有七,腊四十。

第四世法持禅师者,润州江宁人也,姓张氏。幼岁出家,年三十游黄梅忍大师坐下,闻法心开。后复遇方禅师为之印可,乃继迹山门,作牛头宗祖。及黄梅谢世,谓弟子玄赜曰:"后传吾法者,可有十人,金陵法持是其一也。"后以法眼付智威禅师。于唐长安二年九月五日,终于金陵延祚寺无常院。遗嘱令露骸松下,饲诸鸟兽。迎出日,空中有神幡从西而来,绕山数匝。所居

---

① "后以",原作"以后",据丛刊本、大正本改。
② "栖",原作"搜",《佛祖纲目》"知岩禅师"节有文"知岩,以正法付慧之,住白马、栖玄两寺",据改。
③ "濮",丛刊本作"仆",疑误。

故院竹林变白，七日而止。寿六十有八，腊四十一。

第五世智威禅师者，江宁人也，姓陈氏，住迎青山。始丱岁，忽一日家中失之，莫知所往。及父母寻访，乃知已依天宝寺统法师出家矣。年二十受具。后闻法持禅师出世，乃往礼谒，传受正法焉。

自尔江左学徒皆奔走门下。其中有慧忠者目为法器，师尝有偈示曰："莫系念，念成生死河。轮回六趣海，无见出长波。"慧忠偈答曰："念想由来幻，性自无终始。若得此中意，长波当自止。"师又示偈曰："余本性虚无，缘妄生人我。如何息妄情，还归空处坐？"慧忠偈答曰："虚无是实体，人我何所存？妄情不须息，即泛般若船。"师知其了悟，乃付以山门，遂随缘化导。于唐开元十七年二月十八日，终于延祚寺。将示灭，谓弟子云："将尸林中，施诸鸟兽。"寿七十有七。

第六世慧忠禅师者，润州上元人也，姓王氏。年二十三，受业于庄严寺。其后闻威禅师出世，乃往谒之。威才见曰："山主来也！"师感悟微旨，遂给侍左右。后辞，诣诸方巡礼。威于具戒院见凌霄藤遇夏萎悴①，人欲伐之，因谓之曰："勿剪。慧忠还时，此藤更生。"及师回，果如其言。即以山门付嘱讫，出居延祚寺。

师平生一衲不易②，器用唯一铛。尝有供僧谷两廪，盗者窥

---

① "萎"，丛刊本、大正本作"委"。
② "衲"，原作"纳"，据大正本改，下同。

伺，虎为守之。县令张逊者，至山顶谒，问师："有何徒弟？"师曰："有三五人。"逊曰："如何得见？"师敲禅床，有三虎哮吼而出，逊惊怖而退。后众请入城，居庄严旧寺。师欲于殿东别创法堂，先有古木，群鹊巢其上，工人将伐之。师谓鹊曰："此地建堂，汝等何不速去？"言讫，群鹊乃迁巢他树。初筑基，有二神人定其四角，复潜资夜役，遂不日而就。繇是四方学徒云集座下矣。得法者有三十四人，各住一方，转化多众。师尝有《安心偈》示众曰："人法双净，善恶两忘。直心真实①，菩提道场。"唐大历三年，石室前挂铠树、挂衣藤忽盛夏枯死。四年六月十五日，集僧布萨讫，命侍者净发浴身。至夜，有瑞云覆其精舍，空中复闻天乐之声。诘旦，怡然坐化。时风雨暴作，震折林木，复有白虹贯于岩壑。五年春，茶毗获舍利不可胜计。寿八十七。

前法融禅师下三世旁出法嗣

金陵钟山昙璀七每反**禅师者**②，吴郡人也，姓顾氏。初谒牛头融大师，大师目而奇之，乃告之曰："色声为无生之鸩毒，受想是至人之坑阱。子知之乎？"师默而审之，大悟玄旨。寻晦迹钟山，多历年所，茅庵瓦缶以终老焉。唐天授三年二月六日，恬然入定，七日而灭，寿六十二。

前智威禅师下三世旁出法嗣

宣州安国寺玄挺禅师者，不知何许人也。尝一日，有长安讲

---

① "直心"，大正本作"真心"。
② 音释丛刊本、大正本无，下同。

《华严经》僧来，问五祖云："真性缘起，其义云何？"祖默然。时师侍立次，乃谓曰："大德，正兴一念问时，是真性中缘起。"其僧言下大悟。又或问："南宗自何而立？"师曰："心宗非南北。"

润州鹤林玄素禅师者，润州延陵人也，姓马氏。唐如意年中，受业于江宁长寿寺。晚参智威禅师，遂悟真宗，后居京口鹤林寺。尝一日，有屠者礼谒，愿就所居办供，师欣然而往，众皆讶之。师曰："佛性平等，贤愚一致，但可度者，吾即度之，复何差别之有？"或有僧问："如何是西来意？"师曰："会即不会，疑即不疑。"师又曰："不会不疑底，不疑不会底。"又有僧扣门，师问："是什么人？"曰："是僧。"师曰："非但是僧，佛来亦不著。"曰："佛来为什么不著？"师曰："无汝止泊处。"天宝十一年十一月十一日中夜，无疾而灭，寿八十五。建塔于黄鹤山，敕谥大津禅师[①]、大和宝航之塔。

舒州天柱山崇慧禅师者，彭州人也，姓陈氏。唐乾元初，往舒州天柱山创寺，永泰元年，敕赐号天柱寺。

僧问："如何是天柱境？"师曰："主簿山高难见日，玉镜峰前易晓人。"问："达磨未来此土时，还有佛法也无？"师曰："未来时且置，即今事作么生？"曰："某甲不会，乞师指示。"师曰："万古长空，一朝风月。"良久，又曰："阇黎会么？自己分上作

---

① "津"，碛砂本作"律"。

么生？干他达磨来与未来作么？他家来，大似卖卜汉相似，见汝不会，为汝锥破卦文，才生吉凶，在汝分上，一切自看。"僧问："如何是解卜底人？"师曰："汝才出门时，便不中也。"问："如何是天柱家风？"师曰："时有白云来闭户，更无风月四山流。"问："亡僧迁化，向什么处去也？"师曰："灊岳峰高长积翠，舒江明月色光晖。"问："如何是大通智胜佛？"师曰："旷大劫来未曾拥滞，不是大通智胜佛是什么？"曰："为什么佛法不现前？"师曰："只为汝不会，所以成不现前。汝若会去，亦无佛道可成。"问："如何是道？"师曰："白云覆青嶂，蜂鸟步庭华。"问："从上诸圣有何言说？"师曰："汝今见吾有何言说？"问："宗门中请师举唱。"师曰："石牛长吼真空外，木马嘶时月隐山。"问："如何是和尚利人处？"师曰："一雨普滋，千山秀色。"问："如何是天柱山中人？"师曰："独步千峰顶，优游九曲泉。"问："如何是西来意？"师曰："白猿抱子来青嶂，蜂蝶衔华绿蕊间。"

师居山演道，凡二十二载。大历十四年七月二十二日归寂，起塔于寺北。真身见在。

杭州径山道钦禅师者，① 苏州昆山人也，姓朱氏。初服膺儒教，年二十八，玄素禅师遇之，因谓之曰："观子神气温粹，真法宝也。"师感悟，因求为弟子。素躬与落发，乃戒之曰："汝乘流而行，逢径即止。"② 师遂南行抵临安，见东北一山，因访于樵

---

① 此章前，大正本有"前润州鹤林寺玄素禅师法嗣"。
② "即"，大正本作"则"。

子,曰:"此径山也。"乃驻锡焉。

有僧问:"如何是道?"师云:"山上有鲤鱼,水底有蓬尘。"马祖令人送书到,书中作一圆相,师发缄,于圆相中作一画,却封回。忠国师闻,乃云:"钦师犹被马师惑。"僧问:"如何是祖师西来意?"师曰:"汝问不当。"曰:"如何得当?"师曰:"待吾灭后,即向汝说。"马祖令门人智藏来问:"十二时中,以何为境?"师曰:"待汝回去时有信。"藏曰:"如今便回去。"师曰:"传语却须问取曹溪。"

唐大历三年,代宗诏至阙下,亲加瞻礼。一日,师在内庭,见帝起立,帝曰:"师何以起?"师曰:"檀越何得向四威仪中见贫道?"帝悦,谓忠国师曰:"欲锡钦师一名。"忠欣然奉诏,乃赐号"国一"焉。后辞归本山,于贞元八年十二月示疾,说法而逝,寿七十有九,敕谥曰大觉禅师。

杭州鸟窠道林禅师,①本郡富阳人也,姓潘氏。母朱氏梦日光入口,因而有娠。及诞,异香满室,遂名香光焉。九岁出家,二十一于荆州果愿寺受戒。后诣长安西明寺复礼法师,学《华严经》《起信论》。复礼示以《真妄颂》,俾修禅那。师问曰:"初云何观,云何用心?"复礼久而无言,师三礼而退。属唐代宗诏径山国一禅师至阙,师乃谒之,遂得正法。

及南归,先是孤山永福寺有辟支佛塔,时道俗共为法会,师振锡而入。有灵隐寺韬光法师问曰:"此之法会,何以作声?"师

---

① 此章前,大正本有"前杭州径山道钦禅师法嗣"。

曰："无声，谁知是会？"后见秦望山有长松，枝叶繁茂，盘屈如盖，遂栖止其上，故时人谓之"鸟窠禅师"。复有鹊巢于其侧，自然驯狎，人亦目为"鹊巢和尚"。有侍者会通，忽一日欲辞去，师问曰："汝今何往？"对曰："会通为法出家，不蒙和尚垂慈诲①，今往诸方学佛法去。"师曰："若是佛法，吾此间亦有少许。"曰："如何是和尚佛法？"师于身上拈起布毛吹之，会通遂领悟玄旨。

元和中，白居易出守兹郡，因入山礼谒。乃问师曰："禅师住处甚危险。"师曰："太守危险尤甚。"曰："弟子位镇江山，何险之有？"师曰："薪火相交，识性不停，得非险乎？"又问："如何是佛法大意？"师曰："诸恶莫作，众善奉行。"白曰："三岁孩儿也解恁么道。"师曰："三岁孩儿虽道得，八十老人行不得。"白遂作礼。师于长庆四年二月十日告侍者曰："吾今报尽。"言讫坐亡，寿八十有四，腊六十三。有云师名圆修者，恐是谥号。

前杭州鸟窠道林禅师法嗣

杭州招贤寺会通禅师，本郡人也，姓吴氏，本名元卿。形相端严，幼而聪敏，唐德宗时为六宫使，王族咸美之。春时，见昭阳宫华卉敷荣，玩而久之，倏闻空中有声曰："虚幻之相，开谢不停，能坏善根，仁者安可嗜之？"师省，念稚齿崇善，极生厌患。帝一日游宫，问曰："卿何不乐？"对曰："臣幼不食荤膻，志愿从释。"曰："朕视卿若昆仲，但富贵欲出于人表者不违卿，

---

① "不蒙和尚垂慈诲"，丛刊本、大正本作"以和尚不垂慈诲"。

唯出家不可。"既浃旬，帝睹其容悴，诏王宾相之，奏曰："此人当绍隆三宝。"帝谓师曰："如卿愿，任选日远近奏来。"师荷德致谢。

寻得乡信，言母患，乞归宁省。帝厚其所赐，敕有司津遣。师至家，未几，会韬光法师，勉之谒鸟窠，为檀越，与结庵创寺……寺成，启曰："弟子七岁蔬食，十一受五戒，今年二十有二，为出家故休官，愿和尚授与僧相。"曰："今时为僧，鲜有精苦者，行多浮滥。"师曰："本净非琢磨，元明不随照。"曰："汝若了净智妙圆，体自空寂，即真出家，何假外相？汝当为在家菩萨，戒施俱修，如谢灵运之俦也。"师曰："然理虽如此，于事何益？傥垂摄受，则誓遵师教。"如是三请，皆不诺。时韬光坚白鸟窠曰："宫使未尝娶，亦不畜侍女，禅师若不拯接，谁其度之？"鸟窠即与披剃具戒。师常卯斋，昼夜精进，诵大乘经，而习安般三昧。寻固辞游方，鸟窠以布毛示之，悟旨，时谓布毛侍者。鸟窠章叙讫。暨鸟窠归寂，垂二十载，武宗废其寺，师与众僧礼辞灵塔而迈，莫知其终。

前慧忠禅师两世旁出法嗣

天台山佛窟岩惟则禅师者，京兆人也，姓长孙氏。初谒牛头忠禅师，大悟玄旨，后隐于天台瀑布之西岩。唐元和中，法席渐盛，始自目其岩为"佛窟"焉。一日，示众云："天地无物也，我无物也，然未尝无物。斯则圣人如影，百年如梦，孰为生死哉？至人以是独照，能为万物之主。吾知之矣，汝等知之乎？"有僧问："如何是那罗延箭？"师云："中的也。"忽一日，告门人曰:"汝当自勉,吾何言哉?"后二日夜,安坐示灭,寿八十,腊五十有八。

前天台山佛窟岩惟则和尚法嗣[1]

天台山云居智禅师,尝有华严院僧继宗问:"见性成佛,其义云何?"师曰:"清净之性,本来湛然,无有动摇,不属有无、净秽、长短、取舍,体自翛然。如是明见,乃名见性。性即佛,佛即性,故云见性成佛。"曰:"性既清净,不属有无,因何有见?"师曰:"见无所见。"曰:"无所见,因何更有见?"师曰:"见处亦无。"曰:"如是见时,是谁之见?"师曰:"无有能见者。"曰:"究竟其理如何?"师曰:"汝知否:妄计为有,即有能所,乃得名迷。随见生解,便堕生死。明见之人即不然,终日见未尝见,求见处体相不可得,能所俱绝,名为见性。"曰:"此性遍一切处否?"师曰:"无处不遍。"曰:"凡夫具否?"师曰:"上言无处不遍,岂凡夫而不具乎?"曰:"因何诸佛菩萨不被生死所拘,而凡夫独萦此苦?何曾得遍?"师曰:"凡夫于清净性中计有能所,即堕生死;诸佛大士善知清净性中不属有无,即能所不立。"曰:"若如是说,即有了、不了人。"师曰:"了尚不可得,岂有能了人乎?"曰:"至理如何?"师曰:"我以要言之,汝即应念:'清净性中无有凡圣,亦无了人、不了人。'凡之与圣,二俱是名,若随名生解,即堕生死;若知假名不实,即无有当名者。"又曰:"此是极究竟处。若云'我能了,彼不能了'即是大

---

[1] "和尚",径山本作"禅师"。

病；见有净秽凡圣，亦是大病；作无凡圣解，又属拨无因果；见有清净性可栖止，亦大病；作不栖止解，亦大病。然清净性中虽无动摇，具不坏方便应用，及兴慈运悲。如是兴运之处，即全清净之性①，可谓见性成佛矣。"继宗踊跃，礼谢而退。

第三十二祖忍大师第一世旁出法嗣第一世

北宗神秀禅师者，耶舍三藏志云②："艮地生玄旨，通尊媚亦尊。比肩三九族，足下一毛分。"开封尉氏人也，姓李氏。少亲儒业，博综多闻。俄舍爱出家，寻师访道。至蕲州双峰东山寺，遇五祖忍师以坐禅为务，乃叹伏曰："此真吾师也。"誓心苦节，以樵汲自役而求其道。忍默识之，深加器重，谓之曰："吾度人多矣，至于悟解，无及汝者。"忍既示灭，秀遂住江陵当阳山。

唐武后闻之，召至都下，于内道场供养，特加钦礼，命于旧山置度门寺以旌其德。时王公士庶，皆望尘拜伏。暨中宗即位，尤加礼重。大臣张说尝问法要，执弟子之礼。师有偈示众曰："一切佛法，自心本有。将心外求，舍父逃走。"神龙二年，于东都天宫寺入灭，赐谥大通禅师。羽仪法物，送殡于龙门，帝送至桥，王公士庶皆至葬所，张说及征士卢鸿一各为碑诔。门人普寂、义福等，并为朝野所重。

嵩岳慧安国师，耶舍三藏志云："九女出人伦，八女绝婚姻③。朽床添

---

① "全"，碛砂本作"生"。
② "三"，原作"之"，据南藏本、径山本、大正本改。
③ "八"，碛砂本作"三"。

六脚，心祖众中尊。"荆州支江人也①，姓卫氏。隋文帝开皇十七年，括天下私度僧尼，勘师云：本无名。遂遁于山谷。大业中，大发丁夫开通济渠，饥殍被表反。相枕，师乞食以救之，获济者甚众。炀帝征师，不赴，潜入太和山。暨帝幸江都，海内扰攘，乃杖锡登衡岳寺，行头陀行。唐贞观中至黄梅，谒忍祖，遂得心要。

麟德元年，游终南山石壁，因止焉。高宗尝召，师不奉诏。遍历名迹，至嵩少云："是吾终焉之地也。"自尔禅者辐凑。有坦然、怀让二人来参，问曰："如何是祖师西来意？"师曰："何不问自己意？"曰："如何是自己意？"师曰："当观密作用。"曰："如何是密作用？"师以目开合示之。然言下知归，更不他适；让机缘不逗，辞往曹溪。

武后征至辇下，待以师礼，与神秀禅师同加钦重。后尝问师甲子，对曰："不记。"帝曰②："何不记耶？"师曰："生死之身，其若循环，环无起尽，焉用记为？况此心流注，中间无间，见沤起灭者，乃妄想耳。从初识至动相灭时，亦只如此，何年月而可记乎？"后闻，稽颡信受。寻以神龙二年，中宗赐紫袈裟，度弟子二七人，仍延入禁中供养。三年，又赐摩衲一副。师辞嵩岳，是年三月三日，嘱门人曰："吾死已，将尸向林中，待野火焚之。"俄尔万回公来见师，猖狂握手言论，傍侍倾耳，都不体会。至八日，闭户偃身而寂，春秋一百二十八。隋开皇二年壬寅生，唐景龙三年己酉灭，时称老安国师。门人遵旨，舁置林间，果野火自然，阇维，得舍利八十粒。内五粒色红紫，留于宫中。至先天二年，门

---

① "支"，大正本作"枝"。
② "帝"，大正本作"后"。

人建浮图。

袁州蒙山道明禅师者，鄱阳人，陈宣帝之裔孙也。国亡，落于民间，以其王孙，尝受署，因有将军之号。少于永昌寺出家，慕道颇切。往依五祖法会，极意研寻，初无解悟。及闻五祖密付衣法与卢行者，即率同意数十人蹑迹追逐。至大庾岭，师最先见，余辈未及。卢行者见师奔至，即掷衣钵于磐石曰："此衣表信，可力争耶？任君将去。"师遂举之，如山不动，踟蹰悚栗，乃曰："我来求法，非为衣也，愿行者开示于我。"祖曰："不思善，不思恶，正恁么时，阿那个是明上坐本来面目？"师当下大悟，遍体汗流，泣礼数拜，问曰："上来密语密意外，还更别有意旨否？"祖曰："我今与汝说者，即非密也。汝若返照自己面目，密却在汝边。"师曰："某甲虽在黄梅随众，实未省自己面目，今蒙指授入处，如人饮水，冷暖自知。今行者即是某甲师也。"祖曰："汝若如是，则是吾与汝同师黄梅，善自护持。"师又问："某甲向后，宜往何所？"祖曰："逢袁可止，遇蒙即居。"

师礼谢，遽回至岭下，谓众人曰："向陟崔嵬远望，杳无踪迹，当别道寻之。"皆以为然。师既回，遂独往庐山布水台，经三载，后始往袁州蒙山，大唱玄化。初名慧明，以避师上字，故名道明。弟子等尽遣过岭南，参礼六祖。

前北宗神秀禅师法嗣第二世

五台山巨方禅师，安陆人也，姓曹氏。幼禀业于明福院朗禅师，初讲经论，后参禅会。及造北宗，秀师问曰："白云散处如何？"师曰："不昧。"秀又问："到此间后如何？"师曰："正见一枝生五叶。"秀默许之。入室侍对，庶几无爽。寻至上党寒岭居焉，数岁之间，众盈千数。后于五台山阐化，涉二十余载，入灭，年八十一。以唐开元十五年九月三日，奉全身入塔。

河中府中条山智封禅师，姓吴氏。初习《唯识论》，滞于名相，为知识所诘，乃发愤罢讲游行。登武当山，见秀禅师，疑心顿释，思养圣胎，乃辞去，居于蒲津安峰山，不下十年，木食涧饮。属州牧卫文升请归城内，建新安国院居之，缁素归依，憧憧不绝。使君问曰："某今日后如何？"师曰："日从蒙汜出，照树全无影。"使君初不能谕，拱揖而退。少选开晓，释然自得。师来往中条山二十余年，得其道者不可胜纪。灭后，门人于州城北建塔焉。

兖州降魔藏禅师，赵郡人也，姓王氏。父为亳掾，师七岁出家。时属野多妖鬼，魅惑于人。师孤形制伏，曾无少畏，故得降魔名焉。即依广福院明赞禅师出家，服勤受法。后遇北宗盛化，便誓抠衣。秀师问曰："汝名降魔，此无山精木怪，汝翻作魔耶？"师曰："有佛有魔。"秀曰："汝若是魔，必住不思议境界。"师曰："是佛亦空，何境界之有？"秀悬记之曰："汝与少皞之墟有缘。"师寻入泰山，数稔，学者云集。一日告门人曰："吾今老朽，物极有归。"言讫而逝，寿九十一。

寿州道树禅师，唐州人也，姓闻氏。幼探经籍，年将五十，因遇高僧诱谕，遂誓出家，礼本部明月山慧文为师。师耻乎年长，求法淹迟，励志游方，无所不至。后归东洛，遇秀禅师，言下知微，晚成法器。乃卜寿州三峰山，结茅而居。常有野人服色素朴，言谭诡异，于言笑外化作佛形及菩萨、罗汉、天仙等形，或放神光，或呈声响。师之学徒睹之，皆不能测。如此涉十年，后寂无形影。师告众曰："野人作多色伎俩，眩惑于人，只消老僧不见不闻，伊伎俩有穷，吾不见不闻无尽。"唐宝历元年，示疾而终，寿九十二。明年正月迁塔①。

淮南都梁山全植禅师，光州人也，姓芮氏。初结庵居止，太守卫文卿命本州长寿寺开法聚徒。文卿问曰："将来佛法隆替若何？"师曰："真实之物，无古无今，亦无轨躅；有为之法，四相迁流，法当堙厄。君侯可见。"师年九十三而终，唐会昌四年甲子九月七日入塔。

前嵩岳慧安国师法嗣

洛京福先寺仁俭禅师，自嵩山罢问，放旷郊廛，时谓之腾腾和尚。唐天册万岁中，天后诏入殿前。仰视天后，良久曰："会么？"后曰："不会。"师曰："老僧持不语戒。"言讫而出。翌日，进短歌一十九首，天后览而嘉之，厚加赐赉，师皆不受。又令写歌辞，传布天下。其辞并敷演真理，以警时俗，唯《了元歌》一首，盛行于世。

---

① "迁"，大正本作"建"。

嵩岳破灶堕和尚，不称名氏，言行叵测，隐居嵩岳。山坞有庙甚灵，殿中唯安一灶，远近祭祠不辍，烹杀物命甚多。师一日领侍僧入庙，以杖敲灶三下云："咄！此灶只是泥瓦合成，圣从何来，灵从何起？恁么烹宰物命？"又打三下，灶乃倾破堕落。安国师号为破灶堕。须臾，有一人青衣峨冠，忽然设拜师前。师曰："是什么人？"云："我本此庙灶神，久受业报。今日蒙师说无生法，得脱此处，生在天中，特来致谢。"师曰："是汝本有之性，非吾强言。"神再礼而没。少选，侍僧等问师云："某等诸人，久在和尚左右，未蒙师苦口直为某等。灶神得什么径旨，便得生天？"师曰："我只向伊道：本是泥瓦合成，别也无道理为伊。"侍僧等立而无言，师曰："会么？"主事云："不会。"师曰："本有之性，为什么不会？"侍僧等乃礼拜，师曰："堕也，堕也！破也，破也！"后有义丰禅师举白安国师，国师叹曰："此子会尽物我一如，可谓如朗月处空，无不见者。难遘伊语脉。"丰禅师乃低头叉手而问云："未审什么人遘他语脉？"国师曰："不知者。"

又僧问："物物无形时如何？"师曰："礼即唯汝非我，不礼即唯我非汝。"其僧乃礼谢，师曰："本有之物，物非物也。所以道：心能转物，即同如来。"又僧问："如何是修善行人？"师曰："捻枪带甲。"云："如何是作恶行人？"师曰："修禅入定。"僧云："某甲浅机，请师直指。"师曰："汝问我恶，恶不从善；汝问我善，善不从恶。"良久又曰："会么？"僧云："会。"① 师曰："恶人无善念，善人无恶心。所以道：善恶如浮云，俱无起灭

---

① "会"，大正本作"不会"。

处。"其僧从言下大悟。

有僧从牛头处来,师乃曰:"来何人法会?"① 僧近前叉手,绕师一匝而出。师曰:"牛头会下,不可有此人。"僧乃回师上边,叉手而立。师云:"果然,果然。"僧却问云:"应物不由他时如何?"师曰:"争得不由他?"僧云:"恁么即顺正归源去也?"② 师曰:"归源何顺?"僧云:"若非和尚,几错招愆。"师曰:"犹是未见四祖时道理也,见后通将来。"僧却绕师一匝而出,师曰:"顺正之道,今古如然。"僧作礼。又僧侍立久,师乃曰:"祖祖佛佛只说如人本性本心,别无道理,会取,会取。"僧礼谢,师乃以拂子打之曰:"一处如是,千处亦然。"僧乃叉手近前,应喏一声。师曰:"更不信,更不信。"僧问:"如何是大阐提人?"师曰:"尊重礼拜。"又问:"如何是大精进人?"师曰:"毁辱嗔恚。"其后莫知所终。

嵩岳元珪禅师,伊阙人也,姓李氏。幼岁出家,唐永淳二年受具戒,隶闲居寺,习毗尼无懈③。后谒安国师,印以真宗,顿悟玄旨,遂卜庐于岳之庞坞。一日,有异人者,峨冠袴褶而至,从者极多,轻步舒徐,称谒大师。师睹其形貌奇伟非常,乃谕之曰:"善来仁者,胡为而至?"彼曰:"师宁识我耶?"师曰:"吾观佛与众生等,吾一目之,岂分别耶?"彼曰:"我此岳神也,能生死于人,师安得一目我哉?"师曰:"吾本不生,汝焉能死?吾

---

① "来",大正本作"来自"。
② "源",丛刊本、大正本作"原"。
③ "懈",碛砂本、大正本作"解"。

视身与空等，视吾与汝等，汝能坏空与汝乎？苟能坏空及坏汝，吾则不生不灭也，汝尚不能如是，又焉能生死吾耶？"

神稽首曰："我亦聪明正直于余神，讵知师有广大之智辩乎？愿授以正戒，令我度世。"师曰："汝既乞戒，即既戒也。所以者何？戒外无戒，又何戒哉？"神曰："此理也，我闻茫昧，止求师戒我身，为门弟子。"师即为张坐，秉炉正几曰："付汝五戒，若能奉持，即应曰能，不能即曰否。"神曰："谨受教。"师曰："汝能不淫乎？"曰："亦娶也。"师曰："非谓此也，谓无罗欲也。"曰："能。"师曰："汝能不盗乎？"曰："何乏我也，焉有盗取哉？"师曰："非谓此也，谓飨而福淫，不供而祸善也。"曰："能。"师曰："汝能不杀乎？"曰："实司其柄，焉曰不杀？"师曰："非谓此也，谓有滥误疑混也。"曰："能。"师曰："汝能不妄乎？"曰："我正直，焉能有妄乎？"师曰："非谓此也，谓先后不合天心也。"曰："能。"师曰："汝不遭酒败乎？"曰："能。"师曰："如上是为佛戒也。"又言："以有心奉持，而无心拘执。以有心为物，而无心想身。能如是，则先天地生不为精，后天地死不为老，终日变化而不为动，毕尽寂默而不为休。悟此，则虽娶非妻也，虽飨非取也，虽柄非权也，虽作非故也，虽醉非惛也。若能无心于万物，则罗欲不为淫，福淫祸善不为盗，滥误疑混不为杀，先后违天不为妄，惛荒颠倒不为醉，是谓无心也。无心则无戒，无戒则无心。无佛无众生，无汝及无我。无汝孰为戒哉？"

神曰："我神通亚佛。"师曰："汝神通十句，五能五不能；佛则十句，七能三不能。"神悚然避席，跪启曰："可得闻乎？"

师曰："汝能戾上帝，东天行而西七曜乎？"曰："不能。"师曰："汝能夺地祇，融五岳而结四海乎？"曰："不能。"师曰："是谓五不能也。佛能空一切相，成万法智，而不能即灭定业。佛能知群有性，穷亿劫事，而不能化导无缘。佛能度无量有情，而不能尽众生界。是谓三不能也。定业亦不牢久，无缘亦谓一期，众生界本无增减，亘无一人能主有法①。有法无主，是谓无法；无法无主，是谓无心。如我解，佛亦无神通也，但能以无心通达一切法尔。"

神曰："我诚浅昧，未闻空义，师所授戒，我当奉行。今愿报慈德，效我所能。"师曰："吾观身无物，观法无常，块然更有何欲？"神曰："师必命我为世间事，展我小神功。使已发心、初发心、未发心、不信心、必信心五等人目我神踪，知有佛有神，有能有不能，有自然有非自然者。"师曰："无为是，无为是。"神曰："佛亦使神护法，师宁隳叛佛耶？愿随意垂诲。"师不得已而言曰："东岩寺之障，莽然无树，北岫有之，而皆非屏拥②。汝能移北树于东岭乎？"神曰："已闻命矣。然昏夜间必有喧动，愿师无骇。"即作礼辞去。师门送而且观之，见仪卫逶迤，如王者之状。岚霭烟霞，纷纶间错，幢幡环佩，凌空隐没焉。其夕，果有暴风吼雷，奔云震电，栋宇摇荡，宿鸟声喧。师谓众曰："无怖，无怖，神与我契矣。"诘旦和霁，则北岩松栝尽移东岭，森然行植。师谓其徒曰："吾没后，无令外知。若为口实，人将妖我。"以开元四年丙辰岁，嘱门人曰："吾始居寺东岭，吾灭，汝

---

① "亘"，碛砂本作"且"，大正本作"更"。
② "皆"，原作"背"，据大正本改。大正本下注："旧本作'背'字。"

必寘吾骸于彼。"言讫,若委蜕焉,春秋七十三,门人建塔焉。

前嵩山普寂禅师法嗣第三世

终南山惟政禅师,平原人也,姓周氏。受业于本州延和寺诠澄法师,得法于嵩山普寂禅师。既决了真诠,即入太一山中,学者盈室。唐大和中,文宗嗜蛤蜊,沿海官吏,先时递进,人亦劳止。一日,御馔中有擘不张者,帝以其异,即焚香祷之。俄变为菩萨形,梵相具足,即贮以金粟檀香合,覆以美锦,赐兴善寺,令众僧瞻礼。因问群臣:"斯何祥也?"或言太一山有惟政禅师,深明佛法,博闻强识。帝即令召至,问其事,师曰:"臣闻物无虚应,此乃启陛下之信心耳。故契经云:应以此身得度者,即现此身而为说法。"帝曰:"菩萨身已现,且未闻说法。"师曰:"陛下睹此,为常非常邪?信非信邪?"帝曰:"希奇之事,朕深信焉。"师曰:"陛下已闻说法了。"时皇情悦豫,得未曾有。诏天下寺院各立观音像,以答殊休,因留师于内道场。累辞入山,复诏令住圣寿寺。至武宗即位,师忽入终南山隐居。人问其故,师曰:"吾避仇矣。"后终于山舍,年八十七。阇维,收舍利四十九粒,以会昌三年九月四日入塔。

益州无相禅师法嗣第四世

益州保唐寺无住禅师,初得法于无相大师,乃居南阳白崖山,专务宴寂。经累岁,学者渐至,勤请不已,自此垂诲。虽广演言教,而唯以无念为宗。唐相国杜鸿渐出抚坤维,闻师名,思一瞻礼。大历元年九月,遣使到山延请。时节度使崔宁亦命诸寺僧徒远出迎引，十月一日至空慧寺。时杜公与戎帅召三学硕德俱会寺中。致礼讫，公问曰："顷闻师尝驻锡于此，而后何往耶？"曰："无住性好疏野，多泊山间，自贺兰、五台，周游胜境。闻先师居贵封大慈寺说最上乘，遂远来抠衣，忝预函丈。后栖迟白崖，已逾多载。今幸相公见召，敢不从命。"

公曰："弟子闻金和尚说无忆①、无念、莫妄三句法门，是否？"曰："然。"公曰："此三句是一是三？"曰："无忆名戒，无念名定，莫妄名慧。一心不生，具戒定慧，非一非三也。"公曰："后句'妄'字，莫是从'心'之'忘'乎？"曰："从'女'者是也。"公曰："有据否？"曰："《法句经》云：若起精进心，是妄非精进。若能心不妄，精进无有涯。"公闻，疑情荡焉。又问："师还以三句示人否？"曰："对初心学人，还令息念，澄停识浪，水清影现。悟无念体②，寂灭现前，无念亦不立也。"

于时庭树鸦鸣，公问："师闻否？"曰："闻。"鸦去已，又问："师闻否？"曰："闻。"公曰："鸦去无声，云何言闻？"师乃普告大众："佛世难值，正法难闻，各各谛听：闻无有闻，非关闻性，本来不生，何曾有灭？有声之时，是声尘自生；无声之时，是声尘自灭。而此闻性，不随声生，不随声灭。悟此闻性，则免声尘之所转。当知闻无生灭，闻无去来。"公与僚属大众稽首。

又问："何名第一义？第一义者从何次第得入？"师曰："第一义者，无有次第，亦无出入。世谛一切有，第一义即无。诸法

---

① "金和尚"，原作"今和尚"，据丛刊本、大正本改。
② "无念体"，大正本作"无体念"。

无性性,说名第一义。佛言:有法名俗谛,无性第一义。"公曰:"如师开示,实不可思议。"公又曰:"弟子性识微浅,昔因公暇,撰得《起信论》章疏两卷,可得称佛法否?"师曰:"夫造章疏,皆用识心思量分别,有为有作,起心动念,然可造成。据《论》文云:当知一切法,从本以来,离言说相,离名字相,离心缘相,毕竟平等,无有变异。唯有一心,故名真如。今相公著言说相、著名字相、著心缘相,既著种种相,云何是佛法?"公起作礼曰:"弟子亦曾问诸供奉大德,皆赞弟子不可思议。当知彼等但徇人情,师今从理解说,合心地法,实是真理,不可思议。"

公又问:"云何不生,云何不灭?如何得解脱?"师曰:"见境心不起名不生,不生即不灭。既无生灭,即不被前尘所缚,当处解脱。不生名无念,无念即无灭,无念即无缚,无念即无脱。举要而言:识心即离念,见性即解脱。离'识心见性'外,更有法门证无上菩提[①]者,无有是处。"公曰:"何名识心见性?"师曰:"一切学道人,随念流浪,盖为不识真心。真心者,念生亦不顺生,念灭亦不依寂。不来不去,不定不乱,不取不舍,不沈不浮。无为无相,活泼泼,平常自在。此心体毕竟不可得,无可知觉,触目皆如,无非见性也。"公与大众作礼称赞,踊跃而去。无住禅师后居保唐寺而终[②]。

[①] "菩提",原作"苦提"。据《五灯会元》卷二《益州保唐寺无住禅师》改。
[②] "无住禅师"四字,大正本无。

景德传灯录卷第五

第三十三祖慧能大师

第三十三祖慧能大师法嗣四十三人—十九人见录，一十人旁出

  西印度堀多三藏

  韶州法海禅师

  吉州志诚禅师

  匾担山晓了禅师

  河北智隍禅师

  洪州法达禅师

  寿州智通禅师

  江西志彻禅师

  信州智常禅师

  广州志道禅师

  广州法性寺印宗和尚

  吉州清原山行思禅师[①]

  南岳怀让禅师

[①] "清原"，径山本、大正本作"青原"，下同，不再出校。

温州永嘉玄觉禅师

司空山本净禅师

婺州玄策禅师

曹溪令韬禅师①

西京光宅寺慧忠禅师

西京荷泽寺神会禅师

  韶州祗陀禅师、抚州净安禅师、嵩山寻禅师、罗浮山定真禅师、南岳坚固禅师、制空山道进禅师、善快禅师、韶山缘素禅师、宗一禅师、会稽秦望山善现禅师、南岳梵行禅师、并州自在禅师、西京咸空禅师、峡山泰祥禅师、光州法净禅师、清凉山辩才禅师、广州吴头陀、道英禅师、智本禅师、广州清苑法真禅师、玄楷禅师、昙璀禅师、韶州刺史韦据、义兴孙菩萨　已上二十四人无机缘语句，不录

第三十三祖慧能大师者，俗姓卢氏，其先范阳人。父行瑫，武德中左宦于南海之新州，遂占籍焉。三岁丧父，其母守志鞠养。及长，家尤贫窭，师樵采以给。一日，负薪至市中，闻客读《金刚经》，悚然问其客曰："此何法也，得于何人？"客曰："此名《金刚经》，得于黄梅忍大师。"师遽告其母以为法寻师之意，直抵韶州，遇高行士刘志略，结为交友。尼无尽藏者，即志略之姑也，常读《涅槃经》，师暂听之，即为解说其义。尼遂执卷问字，师曰："字即不识，义即请问。"尼曰："字尚不识，曷能会义？"师曰："诸佛妙理，非关文字。"尼惊异之，告乡里耆艾云：

---

① "令韬"，原作"令瑫"，据正文、碛砂本、大正本改。

"能是有道之人，宜请供养。"于是居人竞来瞻礼。近有宝林古寺旧地，众议营缉，俾师居之。四众雾集，俄成宝坊。

师一日忽自念曰："我求大法，岂可中道而止？"明日遂行，至昌乐县西山石室间，遇智远禅师，师遂请益，远曰："观子神姿爽拔，殆非常人。吾闻西域菩提达磨传心印于黄梅，汝当往彼参决。"师辞去，直造黄梅之东禅，即唐咸亨二年也。忍大师一见，默而识之，后传衣法，令隐于怀集、四会之间。

至仪凤元年丙子正月八日，届南海，遇印宗法师于法性寺讲《涅槃经》。师寓止廊庑间，暮夜，风飐刹幡。闻二僧对论，一云幡动，一云风动。往复酬答，曾未契理①。师曰："可容俗流辄预高论否？直以风幡非动，动自心耳。"印宗窃聆此语，竦然异之。翊日，邀师入室，征风幡之义，师具以理告。印宗不觉起立云："行者定非常人，师为是谁？"师更无所隐，直叙得法因由，于是印宗执弟子之礼，请受禅要。乃告四众曰："印宗具足凡夫，今遇肉身菩萨。"即指坐下卢居士云："即此是也。"因请出所传信衣，悉令瞻礼。至正月十五日，会诸名德为之剃发，二月八日，就法性寺智光律师受满分戒。其戒坛，即宋朝求那跋陀三藏之所置也。三藏记云："后当有肉身菩萨在此坛受戒。"又梁末真谛三藏于坛之侧手植二菩提树，谓众曰："却后一百二十年，有大开士于此树下演无上乘，度无量众。"师具戒已，于此树下开东山法门，宛如宿契。明年二月八日，忽谓众曰："吾不愿此居，要归旧隐。"时印宗与缁白千余人，送师归宝林寺。韶州刺史韦据

---

① "曾未"，东寺本、碛砂本、大正本作"未曾"。

请于大梵寺转妙法轮,并受无相心地戒,门人纪录,目为《坛经》,盛行于世。然返曹溪雨大法雨,学者不下千数。

中宗神龙元年,降诏云:"朕请安、秀二师宫中供养,万机之暇,每究一乘。二师并推让云:南方有能禅师,密受忍大师衣法,可就彼问。今遣内侍薛简驰诏迎请,愿师慈念,速赴上京。"师上表辞疾,愿终林麓。薛简曰:"京城禅德皆云:欲得会道,必须坐禅习定,若不因禅定而得解脱者①,未之有也。未审师所说法如何?"师曰:"道由心悟,岂在坐也?经云:若见如来若坐若卧,是行邪道。何故?无所从来,亦无所去。若无生灭,是如来清净禅;诸法空寂,是如来清净坐。究竟无证,岂况坐耶?"简曰:"弟子之回,主上必问,愿和尚慈悲,指示心要。"师曰:"道无明暗,明暗是代谢之义,明明无尽,亦是有尽。"简曰:"明喻智慧,暗况烦恼,修道之人傥不以智慧照破烦恼,无始生死,凭何出离?"师曰:"若以智慧照烦恼者,此是二乘小儿羊鹿等机,上智大根,悉不如是。"简曰:"如何是大乘见解?"师曰:"明与无明,其性无二。无二之性,即是实性。实性者,处凡愚而不减,在贤圣而不增,住烦恼而不乱,居禅定而不寂。不断不常,不来不去,不在中间及其内外,不生不灭,性相如如,常住不迁,名之曰道。"简曰:"师说不生不灭,何异外道?"师曰:"外道所说不生不灭者,将灭止生,以生显灭,灭犹不灭,生说无生。我说不生不灭者,本自无生,今亦无灭。所以不同外道。汝若欲知心要,但一切善恶都莫思量,自然得入清净心体,湛然

---

① "而得",东寺本、碛砂本、径山本作"得而"。

常寂，妙用恒沙。"简蒙指教，豁然大悟。礼辞归阙，表奏师语。有诏谢师，并赐摩衲袈裟、绢五百匹、宝钵一口。十二月十九日，敕改古宝林为中兴寺。三年十一月十八日，又敕韶州刺史重加崇饰，赐额为法泉寺，师新州旧居为国恩寺。

一日，师谓众曰："诸善知识，汝等各各净心，听吾说法。汝等诸人自心是佛，更莫狐疑。外无一物而能建立①，皆是本心生万种法。故经云：心生种种法生，心灭种种法灭。若欲成就种智，须达一相三昧、一行三昧。若于一切处而不住相，彼相中不生憎爱，亦无取舍，不念利益、成坏等事，安闲恬静②，虚融淡泊，此名一相三昧。若于一切处行住坐卧，纯一直心，不动道场，真成净土，名一行三昧。若人具二三昧，如地有种，能含藏长养，成就其实。一相一行，亦复如是。我今说法，犹如时雨，溥润大地；汝等佛性，譬诸种子，遇兹沾洽，悉得发生。承吾旨者，决获菩提；依吾行者，定证妙果。"

先天元年，告诸徒众曰："吾忝受忍大师衣法，今为汝等说法，不付其衣。盖汝等信根淳熟，决定不疑，堪任大事。听吾偈曰："心地含诸种，普雨悉皆生。顿悟华情已，菩提果自成。"师说偈已，复曰："其法无二，其心亦然。其道清净，亦无诸相。汝等慎勿观净及空其心，此心本净，无可取舍。各自努力，随缘好去。"师说法利生经四十载，其年七月六日，命弟子往新州国恩寺建报恩塔，仍令倍工。又有蜀僧名方辩，来谒师云："善捏塑。"师正色曰："试塑看。"方辩不领旨，乃塑师真，可高七寸，

---

① "能"，碛砂本作"得"。
② "安闲恬静"，东寺本、碛砂本作"安静闲恬"。

曲尽其妙。师观之曰："汝善塑性，不善佛性。"酬以衣物，僧礼谢而去。

先天二年七月一日，谓门人曰："吾欲归新州，汝速理舟楫。"时大众哀慕，乞师且住。师曰："诸佛出现，犹示涅槃。有来必去，理亦常然。吾此形骸，归必有所。"众曰："师从此去，早晚却回？"师曰："叶落归根，来时无口。"① 又问："师之法眼，何人传受？"师曰："有道者得，无心者通。"又问："后莫有难否？"曰："吾灭后五六年②，当有一人来取吾首。听吾记曰：头上养亲，口里须飡。遇满之难，杨柳为官。"又云："吾去七十年，有二菩萨从东方来，一在家，一出家，同时兴化，建立吾宗，缔缉伽蓝，昌隆法嗣。"言讫，往新州国恩寺，沐浴讫，跏趺而化。异香袭人，白虹属地。即其年八月三日也。

时韶、新两郡各修灵塔，道俗莫决所之。两郡刺史共焚香祝云："香烟引处，即师之欲归焉。"时炉香腾涌，直贯曹溪。以十一月十三日入塔，寿七十六，前韶州刺史韦据撰碑③。门人忆念"取首"之记，遂先以铁叶、漆布固护师颈。塔中有达磨所传信衣，西域屈呴布也，缉木绵华心织成，后人以碧绢为里。中宗赐摩衲、宝钵、方辩塑真、道具等。主塔侍者尸之。

开元十年壬戌八月三日，夜半，忽闻塔中如拽铁索声，僧众惊起。见一孝子从塔中走出，寻见师颈有伤，具以贼事闻于州县。县令杨侃、刺史柳无忝得牒，切加擒捉。五日，于石角村捕

---

① "无口"，大正本作"无日"。
② "灭后"，东寺本、碛砂本、南藏本、径山本作"后灭"。
③ "前"，大正本作"时"。"韶州"原作"诏州"，据东寺本、碛砂本改。

得贼人，送韶州鞫问，云："姓张名净满，汝州梁县人。于洪州开元寺受新罗僧金大悲钱二十千，令取六祖大师首，归海东供养。"柳守闻状，未即加刑。乃躬至曹溪，问师上足令韬曰："如何处断？"韬曰："若以国法论，理须诛夷；但以佛教慈悲，冤亲平等，况彼求欲供养，罪可恕矣。"柳守嘉叹曰："始知佛门广大。"遂赦之。尔后甚有名贤赞述及檀施珍异①，文繁不录。

上元元年，肃宗遣使就请师衣钵归内供养。至永泰元年五月五日，代宗梦六祖大师请衣钵。七日，敕刺史杨瑊云："朕梦感能禅师请传法袈裟却归曹溪，今遣镇国大将军刘崇景顶戴而送。朕谓之国宝，卿可于本寺如法安置，专令僧众亲承宗旨者，严加守护，勿令遗坠。"后或为人偷窃，皆不远而获，如是者数四。宪宗谥大鉴禅师，塔曰元和灵照。皇朝开宝初②，王师平南海，刘氏残兵作梗。师之塔庙，鞠为煨烬，而真身为守塔僧保护，一无所损。寻有制兴修，功未竟，会太宗即位，留心禅门，颇增壮丽焉。大师自唐先天二年癸丑入灭，至今景德元年甲辰岁，凡二百九十二年矣。得法者除印宗等三十三人，各化一方，标为正嗣，其外藏名匿迹者，不可胜纪。今于诸家传记中略录十人，谓之旁出。

西域堀多三藏者，天竺人也。东游韶阳，见六祖，于言下契悟。后游五台，至定襄县历村，见一僧结庵而坐。三藏问曰："汝孤坐奚为？"曰："观静。"三藏曰："观者何人，静者何物？"

---

① "尔"，原作"迩"，据大正本改。
② "皇朝"，大正本作"皇宋"。

其僧作礼问曰："此理何如？"三藏曰："汝何不自观自静？"彼僧茫然，莫知其对。三藏曰："汝出谁门邪？"曰："神秀大师。"三藏曰："我西域异道最下根者不堕此见，兀然空坐，于道何益？"其僧却问三藏所师何人，三藏曰："我师六祖。汝何不速往曹溪，决其真要？"其僧即舍庵，往参六祖，具陈前事。六祖垂诲，与三藏符合，其僧信入。三藏后不知所终。

韶州法海禅师者，曲江人也。初见六祖，问曰："即心即佛，愿垂指喻。"祖曰："前念不生即心，后念不灭即佛。成一切相即心，离一切相即佛。吾若具说，穷劫不尽。听吾偈曰：即心名慧，即佛乃定。定慧等持，意中清净。悟此法门，由汝习性。用本无生，双修是正。"法海信受，以偈赞曰："即心元是佛，不悟而自屈。我知定慧因，双修离诸物。"《坛经》云"门人法海者"，即禅师是也。

吉州志诚禅师者，吉州太和人也。少于荆南当阳山玉泉寺，奉事神秀禅师。后因两宗盛化，秀之徒众往往讥南宗曰："能大师不识一字，有何所长？"秀曰："他得无师之智，深悟上乘，吾不如也。且吾师五祖亲付衣法，岂徒然哉？吾所恨不能远去亲近，虚受国恩。汝等诸人，无滞于此，可往曹溪质疑。他日回复，还为吾说。"师闻此语，礼辞，至韶阳，随众参请，不言来处。时六祖告众曰："今有盗法之人，潜在此会。"师出礼拜，具陈其事。祖曰："汝师若为示众？"对曰："常指诲大众，令住心观静，长坐不卧。"祖曰："住心观静，是病非禅，长坐拘身，于理何益？听吾偈曰：生来坐不卧，死去卧不坐。元是臭骨头，何为立功过？"师曰："未审大师以何法诲人？"祖曰："吾若言有法与人，即为诳汝。但且随方解缚，假名三昧。听吾偈曰：'一切无心自性戒，一切无碍自性慧。不增不退自金刚，身去身来本三昧。'"师闻偈悔谢，即誓依归，乃呈一偈曰："五蕴幻身，幻何究竟？回趣真如，法还不净。"祖然之。寻回玉泉。

匾担山晓了禅师者，传记不载。唯北宗门人忽雷澄撰塔碑盛行于世，略曰："师住匾担山，法号晓了，六祖之嫡嗣也。师得无心之心，了无相之相。无相者森罗眩目，无心者分别炽然。绝一言一响，响莫可传，传之行矣；言莫可穷，穷之非矣。师自得无无之无，不无于无也；吾今以有有之有，不有于有也。不有之有，去来非增；不无之无，涅槃非减。呜呼！师住世兮曹溪明，师寂灭兮法舟倾。师谭无说兮寰宇盈，师示迷徒兮了义乘。匾担山色垂兹色，空谷犹留晓了名。"

河北智隍禅师者，始参五祖法席，虽尝咨决，而循乎渐行。后往河北，结庵长坐，积二十余载，不见惰容。及遇六祖门人策禅师游历于彼，激以勤求法要，师遂舍庵，往参六祖。祖愍其远来，便垂开抉，师于言下豁然契悟，前二十年所得心都无影响。其夜河北檀越士庶，忽闻空中有声曰："隍禅师今日得道也。"后回河北，开化四众。

洪州法达禅师者，洪州丰城人也。七岁出家，诵《法华经》。

进具之后,来礼祖师,头不至地。祖呵曰:"礼不投地,何如不礼?汝心中必有一物,蕴习何事邪?"师曰:"念《法华经》已及三千部。"祖曰:"汝若念至万部,得其经意,不以为胜,则与吾偕行。汝今负此事业,都不知过。听吾偈曰:'礼本折慢幢,头奚不至地?有我罪即生,亡功福无比。'"祖又曰:"汝名什么?"对曰:"名法达。"祖曰:"汝名法达,何曾达法?"复说偈曰:"汝今名法达,勤诵未休歇。空诵但循声,明心号菩萨。汝今有缘故,吾今为汝说。但信佛无言,莲华从口发。"

师闻偈悔过曰:"而今而后,当谦恭一切。惟愿和尚大慈,略说经中义理。"祖曰:"汝念此经,以何为宗?"师曰:"学人愚钝,从来但依文诵念,岂知宗趣?"祖曰:"汝试为吾念一遍,吾当为汝解说。"师即高声念经,至《方便品》,祖曰:"止。此经元来以因缘出世为宗,纵说多种譬喻,亦无越于此。何者因缘?唯一大事,一大事,即佛知见也。汝慎勿错解经意,见他道:开示悟入,自是佛之知见,我辈无分。若作此解,乃是谤经毁佛也。彼既是佛,已具知见,何用更开?汝今当信佛知见者,只汝自心,更无别体。盖为一切众生自蔽光明,贪爱尘境,外缘内扰,甘受驱驰。便劳他从三昧起,种种苦口,劝令寝息,莫向外求,与佛无二,故云'开佛知见'。汝但劳劳执念,谓为功课者,何异犛牛爱尾也?"师曰:"若然者,但得解义,不劳诵经邪?"祖曰:"经有何过,岂障汝念?只为迷悟在人,损益由汝。听吾偈曰:'心迷《法华》转,心悟转《法华》。诵久不明己,与义作仇家。无念念即正,有念念成邪。有无俱不计,长御白牛车。'"

师闻偈,再启曰:"经云:诸大声闻乃至菩萨,皆尽思度量,尚不能测于佛智。今令凡夫但悟自心,便名佛之知见,自非上根,未免疑谤。又经说三车,大牛之车与白牛车如何区别?愿和尚再垂宣说。"祖曰:"经意分明,汝自迷背。诸三乘人不能测佛智者,患在度量也,饶伊尽思共推,转加悬远。佛本为凡夫说,不为佛说,此理若不肯信者,从他退席。殊不知坐却白牛车,更于门外觅三车。况经文明向汝道'无二亦无三',汝何不省?三车是假,为昔时故;一乘是实,为今时故。只教汝去假归实。归实之后,实亦无名,应知所有珍财尽属于汝,由汝受用。更不作父想,亦不作子想,亦无用想,是名持《法华经》从劫至劫,手不释卷,从昼至夜,无不念时也。"师既蒙启发,踊跃欢喜,以偈赞曰:"经诵三千部,曹溪一句亡。未明出世旨,宁歇累生狂?羊鹿牛权设,初中后善扬。谁知火宅内,元是法中王。"祖曰:"汝今后方可名为念经僧也。"师从此领玄旨,亦不辍诵持。

寿州智通禅师者,寿州安丰人也。初看《楞伽经》约千余遍,而不会三身四智,礼师求解其义。祖曰:"三身者,清净法身汝之性也,圆满报身汝之智也,千百亿化身汝之行也。若离本性别说三身,即名有身无智;若悟三身无有自性,即名四智菩提。听吾偈曰:'自性具三身,发明成四智。不离见闻缘,超然登佛地。吾今为汝说,谛信永无迷。莫学驰求者,终日说菩提。'"师曰:"四智之义,可得闻乎?"祖曰:"既会三身,便明四智,何更问邪?若离三身,别谭四智,此名有智无身也,即此有智,还成无智。"复说偈曰:"大圆镜智性清净,平等性智心无病。妙观察智见非功，成所作智同圆镜。五八六七果因转，但用名言无实性。若于转处不留情，繁兴永处那伽定。"转识为智者，教中云：转前五识为成所作智，转第六识为妙观察智，转第七识为平等性智，转第八识为大圆镜智。虽六、七因中转，五、八果上转，但转其名，而不转其体也。师礼谢，以偈赞曰："三身元我体，四智本心明。身智融无碍，应物任随形。起修皆妄动，守住匪真精。妙旨因师晓①，终亡污染名。"

江西志彻禅师者，江西人也，姓张氏，名行昌，少任侠。自南、北分化，二宗主虽亡彼我，而徒侣竞起爱憎。时北宗门人自立秀师为第六祖，而忌能大师传衣为天下所闻。然祖是菩萨，预知其事，即置金十两于方丈。时行昌受北宗门人之嘱，怀刃入祖室，将欲加害。祖舒颈而就，行昌挥刃者三，都无所损。祖曰："正剑不邪，邪剑不正。只负汝金，不负汝命。"行昌惊仆②，久而方苏，求哀悔过，即愿出家。祖遂与金云："汝且去，恐徒众翻害于汝。汝可他日易形而来，吾当摄受。"行昌禀旨宵遁，终投僧出家，具戒精进。

一日，忆祖之言，远来礼觐。祖曰："吾久念于汝，汝来何晚？"曰："昨蒙和尚舍罪，今虽出家苦行，终难报于深恩，其唯传法度生乎？弟子尝览《涅槃经》，未晓常、无常义，乞和尚慈悲，略为宣说。"祖曰："无常者，即佛性也；有常者，即善恶一切诸法、分别心也。"曰："和尚所说，大违经文也。"祖曰："吾

---

① "妙旨"，大正本作"妙言"。
② "仆"，原作"什"，据丛刊本、东寺本、大正本改。

传佛心印，安敢违于佛经？"曰："经说佛性是常，和尚却言无常。善恶诸法乃至菩提心，皆是无常，和尚却言是常。此即相违，令学人转加疑惑。"祖曰："《涅槃经》，吾昔者听尼无尽藏读诵一遍，便为讲说，无一字一义不合经文。乃至为汝，终无二说。"曰："学人识量浅昧，愿和尚委曲开示。"祖曰："汝知否：佛性若常，更说什么善恶诸法，乃至穷劫无有一人发菩提心者。故吾说无常，正是佛说真常之道也。又一切诸法若无常者，即物物皆有自性，容受生死，而真常性有不遍之处。故吾说常者，正是佛说真无常义也。佛比为凡夫外道执于邪常，诸二乘人于常计无常，共成八倒。故于《涅槃》了义教中，破彼偏见，而显说真常、真我、真净。汝今依言背义，以断灭无常及确定死常而错解佛之圆妙最后微言，纵览千遍，有何所益？"行昌忽如醉醒，乃说偈曰："因守无常心，佛演有常性。不知方便者，犹春池执砾。我今不施功，佛性而见前。非师相授与，我亦无所得。"祖曰："汝今彻也，宜名志彻。"师礼谢而去。

信州智常禅师者，本州贵溪人也。髫年出家，志求见性。一日，参六祖，祖问："汝从何来，欲求何事？"师曰："学人近往洪州建昌县白峰山礼大通和尚，蒙示见性成佛之义，未决狐疑。至吉州遇人指迷，令投谒和尚，伏愿垂慈摄受。"祖曰："彼有何言句，汝试举似于吾，与汝证明。"师曰："初到彼三月，未蒙开示。以为法切故，于中夜独入方丈，礼拜哀请。大通乃曰：'汝见虚空否？'对曰：'见。'彼曰：'汝见虚空有相貌否？'对曰：'虚空无形，有何相貌？'彼曰：'汝之本性，犹如虚空，返观自性,了无一物可见,是名正见。无一物可知,是名真知。无有青黄长短,但见本源清净,觉体圆明,即名见性成佛,亦名极乐世界,亦名如来知见。'学人虽闻此说,犹未决了,乞和尚诲示,令无凝滞①。"祖曰:"彼师所说,犹存见知,故令汝未了。吾今示汝一偈曰:不见一法存无见,大似浮云遮日面。不知一法守空知,还如太虚生闪电。此之知见瞥然兴,错认何曾解方便?汝当一念自知非,自己灵光常显见。"师闻偈已,心意豁然,乃述一偈曰:"无端起知解,著相求菩提。情存一念悟,宁越昔时迷?自性觉源体,随照枉迁流。不入祖师室,茫然趣两头。"

广州志道禅师者,南海人也。初参六祖曰②:"学人自出家③,览《涅槃经》仅十余载,未明大意。愿和尚垂诲。"祖曰:"汝何处未了?"对曰:"'诸行无常,是生灭法。生灭灭已,寂灭为乐。'于此疑惑。"祖曰:"汝作么生疑?"对曰:"一切众生,皆有二身,谓色身、法身也。色身无常,有生有灭;法身有常,无知无觉。经云'生灭灭已,寂灭为乐'者,未审是何身寂灭④,何身受乐?若色身者,色身灭时,四大分散全是苦,苦不可言乐。若法身寂灭,即同草木瓦石,谁当受乐?又法性是生灭之体,五蕴是生灭之用,一体五用。生灭是常,生则从体起用,灭则摄用归体。若听更生,即有情之类不断不灭;若不听更生,即永归寂灭,同于无情之物。如是则一切诸法,被涅槃之所禁伏,

---

① "凝滞",碛砂本、径山本作"疑滞"。
② "初",东寺本、碛砂本、南藏本无。
③ "自",东寺本、碛砂本、南藏本、径山本作"初自"。
④ "未审",东寺本、碛砂本、径山本作"不审"。

尚不得生，何乐之有？"祖曰："汝是释子，何习外道断常邪见，而议最上乘法？据汝所解①：'即色身外别有法身，离生灭求于寂灭。'又推涅槃常乐，言有身受者，斯乃执吝生死，耽著世乐。汝今当知：佛为一切迷人认五蕴和合为自体相，分别一切法为外尘相，好生恶死，念念迁流，不知梦幻虚假，枉受轮回，以常乐涅槃翻为苦相，终日驰求。佛愍此故，乃示涅槃真乐。刹那无有生相，刹那无有灭相，更无生灭可灭，是则寂灭见前。当见前之时，亦无见前之量，乃谓常乐。此乐无有受者，亦无不受者，岂有一体五用之名？何况更言：'涅槃禁伏诸法，令永不生。'斯乃谤佛毁法。听吾偈曰：'无上大涅槃，圆明常寂照。凡愚谓之死，外道执为断。诸求二乘人，目以为无为作②。尽属情所计，六十二见本。妄立虚假名，何为真实义？唯有过量人，通达无取舍。以知五蕴法，及以蕴中我。外现众色象，一一音声相。平等如梦幻，不起凡圣见。不作涅槃解，二边三际断。常应诸根用，而不起用想。分别一切法，不起分别想。劫火烧海底，风鼓山相击。真常寂灭乐，涅槃相如是。吾今强言说，令汝舍邪见。汝勿随言解，许汝知少分。'"师闻偈踊跃，作礼而退。

广州法性寺印宗和尚者，吴郡人也，姓印氏。从师出家，精《涅槃》大部。唐咸亨元年抵京师，敕居大敬爱寺。固辞，往蕲春谒忍大师。后于广州法性寺讲《涅槃经》，遇六祖能大师，始悟玄理，以能为传法师。又采自梁至唐诸方达者之言著《心要

---

① "解"，东寺本、碛砂本、大正本作"作"。
② "无为作"，南藏本作"为无作"。

集》，盛行于世。先天二年二月二十一日，终于会稽山妙喜寺，寿八十有七。会稽王师乾立塔铭焉。

吉州清原山行思禅师，本州安城人也，姓刘氏。幼岁出家，每群居论道，师唯默然。后闻曹溪法席，乃往参礼，问曰："当何所务，即不落阶级？"祖曰："汝曾作什么①？"师曰："圣谛亦不为。"祖曰："落何阶级？"曰："圣谛尚不为，何阶级之有？"祖深器之。会下学徒虽众，师居首焉，亦犹二祖不言，少林谓之得髓矣。一日，祖谓师曰："从上衣法双行，师资递授，衣以表信，法乃印心。吾今得人，何患不信？吾受衣以来，遭此多难，况乎后代争竞必多。衣即留镇山门，汝当分化一方，无令断绝。"师既得法，住吉州清原山静居寺。

六祖将示灭，有沙弥希迁即南岳石头和尚问曰："和尚百年后，希迁未审当依附何人？"祖曰："寻思去。"及祖顺世，迁每于静处端坐，寂若忘生。第一坐问曰："汝师已逝，空坐奚为？"迁曰："我禀遗诫，故寻思尔。"第一坐曰："汝有师兄行思和尚，今住吉州，汝因缘在彼。师言甚直，汝自迷耳。"迁闻语，便礼辞祖龛，直诣静居。师问曰："子何方而来？"迁曰："曹溪②。"师曰："将得什么来？"曰："未到曹溪亦不失。"师曰："恁么用去曹溪作什么？"曰："若不到曹溪，争知不失？"迁又问曰："曹溪大师还识和尚否？"师曰："汝今识吾否？"曰："识又争能识

---

① "什么"，东寺本、碛砂本作"什么来"。
② "曹溪"，东寺本、碛砂本作"曹溪来"。

得?"师曰:"众角虽多,一麟足矣。"迁又问:"和尚出岭多少时?"① 师曰:"我却不知。汝早晚离曹溪?"曰:"希迁不从曹溪来。"师曰:"我亦知汝去处也。"② 曰:"和尚幸是大人,莫造次。"③ 他日,师复问迁:"汝什么处来?"曰:"曹溪。"④ 师乃举拂子曰:"曹溪还有遮个么?"曰:"非但曹溪,西天亦无。"师曰:"子莫曾到西天否?"曰:"若到即有也。"师曰:"未在,更道。"曰:"和尚也须道取一半,莫全靠学人。"师曰:"不辞向汝道,恐已后无人承当。"

师令希迁持书与南岳让和尚,曰:"汝达书了速回,吾有个斧子⑤,与汝住山。"迁至彼,未呈书,便问:"不慕诸圣,不重己灵时如何?"让曰:"子问太高生,何不向下问?"迁曰:"宁可永劫沉沦,不慕诸圣解脱。"⑥ 让便休。迁回至静居,师问曰:"子去未久,送书达否?"迁曰:"信亦不通,书亦不达。"师曰:"作么生?"迁举前话了,却云:"发时蒙和尚许斧子,便请取。"师垂一足,迁礼拜。寻辞往南岳。玄沙云:大小石头和尚,被让师推倒,至今起不得。

荷泽神会来参,师问曰:"什么处来?"会曰:"曹溪。"师曰:"曹溪意旨如何?"会振身而已。师曰:"犹滞瓦砾在。"曰:"和尚此间莫有真金与人否?"师曰:"设有与汝,向什么处著?"

---

① "和尚出岭多少时",东寺本、碛砂本作"自曹溪什么时至此"。
② "我亦知汝去处也",东寺本、碛砂本作"我亦知汝来处",南藏本作"我已知汝来处"。
③ "莫",东寺本、碛砂本作"且莫"。
④ "曹溪",东寺本、碛砂本作"曹溪来"。
⑤ "斧子",东寺本、碛砂本、大正本作"钿斧子",下同。
⑥ "宁可永劫沉沦,不慕诸圣解脱",东寺本、碛砂本、径山本作"宁可永劫受沈沦,不从诸圣求解脱"。

玄沙云:"果然。"云居锡云:"只如玄沙道'果然',是真金,是瓦砾?"僧问:"如何是佛法大意?"师曰:"庐陵米作么价?"师既付法石头,唐开元二十八年庚辰十二月十三日,升堂告众,跏趺而逝。僖宗谥弘济禅师、归真之塔。

南岳怀让禅师者,姓杜氏,金州人也。年十五,往荆州玉泉寺依弘景律师出家。受具之后,习毗尼藏。一日自叹曰:"夫出家者,为无为法①。"时同学坦然知师志高迈,劝师谒嵩山安和尚②。安启发之,乃直诣曹溪参六祖。祖问:"什么处来?"曰:"嵩山来。"祖曰:"什么物怎么来?"曰:"说似一物即不中。"祖曰:"还可修证否?"曰:"修证即不无,污染即不得。"祖曰:"只此不污染,诸佛之所护念,汝既如是,吾亦如是。西天般若多罗谶:汝足下出一马驹,踏杀天下人。病在汝心③,不须速说。"师豁然契会,执侍左右一十五载。

唐先天二年,始往衡岳,居般若寺。开元中,有沙门道一即马祖大师也住传法院,常日坐禅。师知是法器,往问曰:"大德坐禅图什么?"一曰:"图作佛。"师乃取一砖,于彼庵前石上磨。一曰:"师作什么?"④ 师曰:"磨作镜。"一曰:"磨砖岂得成镜邪?"师曰:"坐禅岂得成佛邪?"⑤ 一曰:"如何即是?"师曰:"如人驾车不行⑥,打车即是,打牛即是?"一无对。师又曰:

---

① 此句下,东寺本、碛砂本、径山本有"天上人间,无有胜处"。
② "谒",大正本、东寺本、碛砂本、径山本作"同谒"。
③ "病",大正本、东寺本、碛砂本、径山本作"并"。
④ "师作什么",东寺本、碛砂本、径山本作"磨砖作么"。
⑤ "坐禅岂得成佛邪"前径山本、东寺本、碛砂本有"师曰磨砖既不成镜"。
⑥ "如人驾车不行",东寺本、碛砂本、径山本作"如牛驾车车不行"。

"汝学坐禅①,为学坐佛?若学坐禅,禅非坐卧;若学坐佛,佛非定相。于无住法,不应取舍。汝若坐佛,即是杀佛,若执坐相,非达其理。"一闻示诲,如饮醍醐,礼拜问曰:"如何用心,即合无相三昧?"师曰:"汝学心地法门,如下种子;我说法要,譬彼天泽。汝缘合故,当见其道。"又问曰:"道非色相,云何能见?"师曰:"心地法眼,能见乎道,无相三昧,亦复然矣。"一曰:"有成坏否?"师曰:"若以成坏聚散而见道者,非见道也。听吾偈曰:'心地含诸种,遇泽悉皆萌。三昧华无相,何坏复何成?'"一蒙开悟,心意超然。侍奉十秋,日益玄奥。

师入室弟子总有六人,师各印可云:"汝等六人同证吾身,各契一路:一人得吾眉,善威仪;常浩。一人得吾眼,善顾盼;智达。一人得吾耳,善听理;坦然。一人得吾鼻,善知气;神照。一人得吾舌,善谭说;严峻。一人得吾心,善古今。道一。"又曰:"一切法皆从心生,心无所生,法无能住。若达心地,所作无碍。非遇上根,宜慎辞哉!"

有一大德问:"如镜铸像,像成后,镜明向什么处去?"师曰:"如大德为童子时相貌何在?"法眼别云:"阿那个是大德铸成底像?"曰:"只如像成后,为什么不鉴照?"师曰:"虽然不鉴照,谩他一点不得。"后马大师阐化于江西,师问众曰:"道一为众说法否?"众曰:"已为众说法。"师曰:"总未见人持个消息来。"众无对。因遣一僧去②,云:"待伊上堂时,但问作么生,伊道底言语记将来。"僧去,一如师旨,回谓师曰:"马师云:'自从胡乱

---

① "汝学",东寺本、碛砂本作"汝为学"。
② "因",东寺本、碛砂本、径山本作"师"。

后,三十年不曾阙盐酱吃。'"① 师然之。天宝三年八月十一日圆寂于衡岳,敕谥大慧禅师、最胜轮之塔。

温州永嘉玄觉禅师者,永嘉人也,姓戴氏。丱岁出家,遍探三藏,精天台止观圆妙法门,于四威仪中,常冥禅观。后因左溪朗禅师激励,与东阳策禅师同诣曹溪。初到,振锡携瓶,绕祖三匝②,祖曰:"夫沙门者,具三千威仪,八万细行。大德自何方而来,生大我慢?"师曰:"生死事大,无常迅速。"祖曰:"何不体取无生,了无速乎?"曰:"体即无生,了本无速。"祖曰:"如是,如是。"于时大众无不愕然。师方具威仪参礼。须臾告辞,祖曰:"返太速乎?"师曰:"本自非动,岂有速邪?"祖曰:"谁知非动?"曰:"仁者自生分别。"祖曰:"汝甚得无生之意。"曰:"无生岂有意邪?"祖曰:"无意,谁当分别?"曰:"分别亦非意。"祖叹曰:"善哉,善哉!少留一宿。"时谓"一宿觉"矣。策公乃留,师翌日下山回温江,学者辐凑,号真觉大师。著《证道歌》一首及禅宗悟修圆旨,自浅之深。庆州刺史魏靖缉而序之,成十篇,目为《永嘉集》,并盛行于世。

《慕道志仪第一》:夫欲修道,先须立志,及事师仪,则彰乎轨训③。故标第一,明慕道仪式。《戒憍奢意第二》:初虽立志修道,善识轨仪,若三业憍奢,妄心扰动,何能得定?故次第二,明戒憍奢意也。《净修三业第三》:前戒憍奢,略标纲要,今子细

---

① "吃",东寺本、碛砂本、径山本无。
② 此句下,东寺本、碛砂本有"卓然而立"。
③ "训",碛砂本、南藏本、径山本作"则"。

检责，令过不生。故次第三，明净修三业，戒乎身、口、意也。《奢摩他颂第四》：已检责身口，令粗过不生，次须入门修道，渐次不出定慧，五种起心，六种料简。故次第四，明奢摩他颂也。《毗婆舍那颂第五》：非戒不禅，非禅不慧。上既修定，定久慧明①。故次第五，明毗婆舍那颂也。《优毕叉颂第六》：偏修于定，定久则沉；偏学于慧，慧多心动。故次第六，明优毕叉颂，等于定慧，令不沉动，使定慧均等，舍于二边。《三乘渐次第七》：定慧既均，则寂而常照。三观一心，何疑不遣，何照不圆？自解虽明，悲他未悟，悟有深浅。故次第七，明三乘渐次也。《事理不二第八》：三乘悟理，理无不穷。穷理在事，了事即理。故次第八，明事理不二，即事而真，用祛倒见也②。《劝友人书第九》：事理既融，内心自莹，复悲远学，虚掷寸阴。故次第九，明劝友人书也。《发愿文第十》：劝友人虽是悲他，专心在一，情犹未普。故次第十，明发愿文，誓度一切。

复次观心十门：初则言其法尔，次则出其观体，三则语其相应，四则警其上慢，五则诫其疏怠，六则重出观体，七则明其是非，八则简其诠旨，九则触途成观，十则妙契玄源。

第一言法尔者：夫心性虚通，动静之源莫二；真如绝虑，缘计之念非殊。惑见纷驰，穷之则唯一寂；灵源不状，鉴之则以千差。千差不同，法眼之名自立；一寂非异，慧眼之号斯存。理量双销，佛眼之功圆著。是以三谛一境，法身之理常清；三智一心，般若之明常照。境智冥合，解脱之应随机；非纵非横，圆伊

---

① "久"，原作"又"，据东寺本、碛砂本、大正本改。
② "倒"，原作"到"，据丛刊本、东寺本、碛砂本、大正本改。

之道玄会。故知三德妙性，宛尔无乖一心；深广难思，何出要而非路？是以即心为道者，可谓寻流而得源。

第二出其观体者：只知一念，即空不空，非空非不空。

第三语其相应者：心与空相应，则讥毁赞誉，何忧何喜？身与空相应，则刀割香涂，何苦何乐？依报与空相应，则施与劫夺，何得何失？心与空不空相应，则爱见都忘，慈悲普救。身与空不空相应，则内同枯木，外现威仪。依报与空不空相应，则永绝贪求，资财给济。心与空不空、非空非不空相应，则实相初明，开佛知见。身与空不空、非空非不空相应，则一尘入正受，诸尘三昧起。依报与空不空、非空非不空相应，则香台宝阁，严土化生。

第四警其上慢者：若不尔者，则未相应也。

第五诫其疏怠者：然渡海应上船，非船何以能渡？修心必须入观，非观何以明心？心尚未明，相应何日？思之勿自恃也。

第六重出观体者：只知一念，即空不空，非有非无。不知即念，即空不空，非非有非非无。

第七明其是非者：心不是有，心不是无，心不非有，心不非无。是有是无，即堕是；非有非无，即堕非。如是只是是非之非，未是非是、非非之是。今以双非破两是，是破非，是犹是非。又以双非破两非，非破非，非即是是。如是只是非是、非非之是，未是不非不不非、不是不不是。是非之惑，绵微难见，神清虑静，细而研之。

第八简其诠旨者：然而至理无言，假文言以明其旨；旨宗非观，借修观以会其宗。若旨之未明，则言之未的；若宗之未会，则观之未深。深观乃会其宗，的言必明其旨。旨宗既其明会，言观何得复存耶①？

第九触途成观者：夫再演言词②，重标观体。欲明宗旨，无异言观。有逐方移，方移则言理无差，无差则观旨不异。不异之旨即理，无差之理即宗。旨一而二名，言观明其弄胤耳。

第十妙契玄源者：夫悟心之士，宁执观而迷旨？达教之人，岂滞言而惑理？理明则言语道断，何言之能议？旨会则心行处灭，何观之能思？心言不能思议者，可谓妙契寰中矣。

师先天二年十月十七日安坐示灭，十一月十三日，塔于西山之阳。敕谥无相大师，塔曰净光。皇朝淳化中③，太宗皇帝诏本州重修龛塔。

司空山本净禅师者，绛州人也，姓张氏。幼岁披缁于曹溪之室，受记，隶司空山无相寺。唐天宝三年，玄宗遣中使杨光庭入山采常春藤，因造丈室，礼问曰："弟子慕道斯久，愿和尚慈悲，略垂开示。"师曰："天下禅宗硕学，咸会京师，天使归朝，足可咨决。贫道隈山傍水，无所用心。"光庭泣拜，师曰："休礼贫道。天使为求佛邪，问道邪？"曰："弟子智识昏昧，未审佛之与道，其义云何？"师曰："若欲求佛，即心是佛；若欲会道，无心是道。"曰："云何即心是佛？"师曰："佛因心悟，心以佛彰。若悟无心，佛亦不有。"曰："云何无心是道？"师曰："道本无心，

---

① "言"，东寺本、碛砂本、径山本、大正本作"旨"。
② "词"，径山本作"辞"。
③ "皇"，大正本作"宋"。

无心名道。若了无心，无心即道。"光庭作礼信受。

既回阙庭，具以山中所遇奏闻，即敕光庭诏师。十二月十三日到京，敕住白莲亭①。越明年正月十五日，召两街名僧硕学赴内道场，与师阐扬佛理。时有远禅师者，抗声谓师曰："今对圣上校量宗旨，应须直问直答，不假繁辞。只如禅师所见，以何为道？"师答曰："无心是道。"远曰："道因心有，何得言无心是道？"师曰："道本无名，因心名道。心名若有，道不虚然。穷心既无，道凭何立？二俱虚妄，总是假名。"远曰："禅师见有身心，是道已否？"师曰："山僧身心本来是道。"曰："适言无心是道，今又言身心本来是道，岂不相违？"师曰："无心是道，心泯道无，心道一如，故言'无心是道'。身心本来是道，道亦本是身心。身心本既是空，道亦穷源无有。"曰："观禅师形质甚小，却会此理？"师曰："大德只见山僧相，不见山僧无相，见相者是大德所见。经云：凡所有相，皆是虚妄。若见诸相非相，即悟其道；若以相为实，穷劫不能悟道。"曰："今请禅师于相上说于无相。"师曰："《净名经》云：四大无主，身亦无我。无我所见，与道相应。大德若以四大有主，是我，若有我见，穷劫不可会道也。"远公闻语失色，逡巡避席。师有偈曰："四大无主复如水，遇曲逢直无彼此。净秽两处不生心，壅决何曾有二意？触境但似水无心，在世纵横有何事？"复云："一大如是，四大亦然。若明四大无主，即悟无心，若了无心，自然契道。"

又有志明禅师者，问曰："若言无心是道，瓦砾无心，亦应

---

① "亭"，南藏本、径山本作"寺"。

是道。又云'身心本来是道',四生十类,皆有身心,亦应是道。"师曰:"大德若作见闻觉知之解,与道悬殊,即是求见闻觉知之者,非是求道之人。经云:'无眼耳鼻舌身意。'六根尚无,见闻觉知凭何而立?穷本不有,何处存心?焉得不同草木瓦砾?"志明杜口而退。师又有偈曰:"见闻觉知无障碍,声香味触常三昧。如鸟空中只么飞,无取无舍无憎爱。若会应处本无心,始得名为观自在。"

又有真禅师者,问云:"道既无心,佛有心否?佛之与道,是一是二?"师曰:"不一不异。"曰:"佛度众生,为有心故;道不度人,为无心故。一度一不度,何得无二?"师曰:"若言佛度众生、道无度者,此是大德妄生二见。如山僧即不然,佛是虚名,道亦妄立,二俱不实,总是假名。一假之中何分二?"问曰:"佛之与道,从是假名。当立名时,是谁为立?若有立者,何得言无?"师曰:"佛之与道,因心而立,推穷立心,心亦是无。心既是无,即悟二俱不实。知如梦幻,即悟本空。强立佛、道二名,此是二乘人见解。"师乃说《无修无作偈》曰:"见道方修道,不见复何修?道性如虚空,虚空何所修?遍观修道者,拨火觅浮沤。但看弄傀儡,线断一时休。"

又有法空禅师者,问曰:"佛之与道,俱是假名,十二分教,亦应不实。何以从前尊宿,皆言修道?"师曰:"大德错会经意。道本无修,大德强修;道本无作,大德强作。道本无事,强生多事;道本无知,于中强知。如此见解,与道相违。从前尊宿不应如是,自是大德不会,请思之。"师又有偈曰:"道体本无修,不修自合道。若起修道心,此人不会道。弃却一真性,却入闹浩浩。忽逢修道人，第一莫向道。"

又有安禅师者，问曰："道既假名，佛云妄立，十二分教，亦是接物度生。一切是妄，以何为真？"师曰："为有妄故，将真对妄，推穷妄性本空，真亦何曾有故[①]？故知真妄，总是假名。二事对治，都无实体。穷其根本，一切皆空。"曰："既言一切是妄，妄亦同真，真妄无殊，复是何物？"师曰："若言何物，何物亦妄。经云：'无相似，无比况，言语道断，如鸟飞空。'"安公惭伏，不知所措。师又有偈曰："推真真无相，穷妄妄无形。返观推穷心，知心亦假名。会道亦如此，到头亦只宁。"

又有达性禅师者，问曰："禅师至妙至微[②]，真妄双泯，佛道两亡，修行性空，名相不实，世界如幻，一切假名。作此解时，不可断绝众生善恶二根。"师曰："善恶二根，皆因心有。穷心若有，根亦非虚，推心既无，根因何立？经云：'善不善法，从心化生。'善恶业缘，本无有实。"师又有偈曰："善既从心生，恶岂离心有？善恶是外缘，于心实不有。舍恶送何处，取善令谁守？伤嗟二见人，攀缘两头走。若悟本无心，始悔从前咎。"

又有近臣问曰："此身从何而来，百年之后复归何处？"师曰："如人梦时，从何而来？睡觉时，从何而去？"曰："梦时不可言无，既觉不可言有。虽有有无，来往无所。"师曰："贫道此身，亦如其梦。"又有偈曰："视生如在梦，梦里实是闹。忽觉万事休，还同睡时悟。智者会悟梦，迷人信梦闹。会梦如两般，一悟无别悟。富贵与贫贱，更亦无别路。"

---

① 此处疑衍一"故"。
② "师"，碛砂本、径山本、大正本作"是"。

上元二年五月五日归寂,敕谥大晓禅师。

婺州玄策禅师者,婺州金华人也。出家游方,届于河朔。有智隍禅师者,曾谒黄梅五祖,庵居二十年,自谓正受。师知隍所得未真,往问曰:"汝坐于此作么?"隍曰:"入定。"师曰:"汝言入定,有心邪,无心邪?若有心者,一切蠢动之类皆应得定;若无心者,一切草木之流亦合得定。"曰:"我正入定时,则不见有有无之心。"师曰:"既不见有有无之心,即是常定,何有出入?若有出入,则非大定。"隍无语,良久问:"师嗣谁?"师曰:"我师曹溪六祖。"曰:"六祖以何为禅定?"师曰:"我师云:夫妙湛圆寂,体用如如。五阴本空,六尘非有,不出不入,不定不乱。禅性无住,离住禅寂;禅性无生,离生禅想。心如虚空,亦无虚空之量。"隍闻此说①,遂造于曹溪,请决疑翳。而祖意与师冥符,隍始开悟。师后却归金华,大开法席。

曹溪令韬禅师者,吉州人也,姓张氏。依六祖出家,未尝离左右。祖归寂,遂为衣塔主。唐开元四年,玄宗聆其德风,诏令赴阙,师辞疾不起。上元元年,肃宗遣使取传法衣入内供养,仍敕师随衣入朝,师亦以疾辞。终于本山,寿九十五,敕谥大晓禅师。

西京光宅寺慧忠国师者,越州诸暨人也,姓冉氏。自受心

---

① 此句下,东寺本、碛砂本、径山本有"未息疑情"。

印,居南阳白崖山党子谷,四十余祀,不下山门,道行闻于帝里。唐肃宗上元二年,敕中使孙朝进赍诏征赴京,待以师礼。初居千福寺西禅院,及代宗临御,复迎止光宅精蓝。十有六载,随机说法。

时有西天大耳三藏到京,云得他心慧眼。帝敕令与国师试验,三藏才见师,便礼拜,立于右边。师问曰:"汝得他心通邪?"对曰:"不敢。"师曰:"汝道老僧即今在什么处?"曰:"和尚是一国之师,何得却去西川看竞渡?"师再问:"汝道老僧即今在什么处?"曰:"和尚是一国之师,何得却在天津桥上看弄猢狲。"师第三问,语亦同前,三藏良久,罔知去处。师叱曰:"遮野狐精,他心通在什么处?"三藏无对。僧问仰山曰:"大耳三藏第三度为什么不见国师?"仰山曰:"前两度是涉境心,后入自受用三昧,所以不见。"又有僧举前语问玄沙,玄沙曰:"汝道前两度还见么?"玄觉云:"前两度若见,后来为什么不见?且道利害在什么处?"僧问赵州曰:"大耳三藏第三度不见国师,未审国师在什么处?"赵州云:"在三藏鼻孔上。"① 僧问玄沙:"既在鼻孔上,为什么不见?"玄沙云:"只为太近。"

一日唤侍者,侍者应诺,如是三召,皆应诺。师曰:"将谓吾孤负汝,却是汝孤负吾。"僧问玄沙:"国师唤侍者意作么生?"玄沙云:"却是侍者会。"云居锡云:"且道侍者会不会?若道会,国师又道'汝孤负吾';若道不会,玄沙又道'却是侍者会'。且作么生商量?"玄觉征问僧:"什么是侍者会处?"僧云:"若不会,争解恁么应?"玄觉云:"汝少会在。"又云:"若于遮里商量得去,便见玄沙。"僧问法眼:"国师唤侍者意作么生?"法眼云:"且去,别时来。"云居锡云:"法眼恁么道,为复明国师意,不明国师意?"僧问赵州:"国师唤侍者意作么生?"赵州云:"如人暗里书字,字虽不成,文彩已彰。"

---

① "上",东寺本、碛砂本、径山本作"里",下同。

南泉到参,师问:"什么处来?"对曰:"江西来。"师曰:"还将得马师真来否?"曰:"只遮是。"师曰:"背后底。"南泉便休。长庆稜云:"大似不知。"保福展云:"几不到和尚此间。"云居锡云:"此二尊者,尽扶背后。只如南泉休去,为当扶面前,扶背后?"麻谷到参,绕禅床三匝,于师前振锡而立。师曰:"既如是,何用更见贫道?"麻谷又振锡,师叱曰:"遮野狐精,出去。"

师每示众云:"禅宗学者应遵佛语,一乘了义,契自心源。不了义者,互不相许,如师子身虫。夫为人师者,若涉名利,别开异端,则自他何益?如世大匠,斤斧不伤其手,香象所负,非驴能堪。"有僧问:"若为得成佛去?"师曰:"佛与众生一时放却,当处解脱。"问:"作么生得相应去?"师云:"善恶不思,自见佛性。"问:"若为得证法身?"师曰:"越毗卢之境界。"曰:"清净法身作么生得?"师曰:"不著佛求耳。"问:"阿那个是佛?"师曰:"即心是佛。"曰:"心有烦恼否?"师曰:"烦恼性自离。"曰:"岂不断邪?"师曰:"断烦恼者,即名二乘。烦恼不生,名大涅槃。"问:"坐禅看净①,此复若为?"师曰:"不垢不净,宁用起心而看净相?"又问:"禅师见十方虚空,是法身否?"师曰:"以想心取之,是颠倒见。"问:"即心是佛,可更修万行否?"师曰:"诸圣皆具二严,岂拨无因果邪?"又曰:"我今答汝,穷劫不尽,言多去道远矣。所以道:说法有所得,斯则野干鸣;说法无所得,是名师子吼。"

南阳张渍行者问:"伏承和尚说无情说法,某甲未体其事,

---

① "净",东寺本、碛砂本、径山本、大正本作"静"。

乞和尚垂示。"师曰："汝若问无情说法，解他无情，方得闻我说法。汝但闻取无情说法去。"溃曰："只约如今，有情方便之中，如何是无情因缘？"师曰："如今一切动用之中，但凡圣两流都无少分起灭，便是出识，不属有无，炽然见觉，只闻无其情识系执。所以六祖云：六根对境，分别非识。"有僧到参礼，师问："蕴何事业？"曰："讲《金刚经》。"师曰："最初两字是什么？"曰："如是。"师曰："是什么？"无对①。有人问："如何是解脱？"师曰："诸法不相到，当处解脱。"曰："怎么即断去也？"师曰："向汝道'诸法不相到'，断什么？"师见僧来，以手作圆相，相中书"日"字，僧无对。师问本净禅师："汝已后见奇特言语如何？"净曰："无一念心爱。"师曰："是汝屋里事。"

　　肃宗问："师得何法？"师曰："陛下见空中一片云么？"帝曰："见。"师曰："钉钉著，悬挂著。"又问："如何是十身调御？"师乃起立曰："还会么？"曰："不会。"师曰："与老僧过净瓶来。"又曰："如何是无净三昧？"师曰："檀越踏毗卢顶上行。"曰："此意如何？"师曰："莫认自己清净法身。"②又问师，师都不视之，曰："朕是大唐天子，师何以殊不顾视？"师曰："还见虚空么？"曰："见。"师曰："他还眨目视陛下否？"鱼军容问："师住白崖山，十二时中如何修道？"师唤童子来，摩顶曰："惺惺直然惺惺，历历直然历历，已后莫受人谩。"

　　师与紫璘供奉论议③，既升坐，供奉曰："请师立义，某甲

---

① "无对"，东寺本、碛砂本、径山本作"僧无对"。
② "莫认自己清净法身"，东寺本、碛砂本、径山本作"莫认自己作清净法身"。
③ "议"，大正本作"义"。

破。"师曰:"立义竟。"供奉曰:"是什么义?"师曰:"果然不见,非公境界。"便下坐。一日,师问紫璘供奉:"佛是什么义?"曰:"是觉义。"师曰:"佛曾迷否?"曰:"不曾迷。"师曰:"用觉作么?"无对①。又问:"如何是实相?"师曰:"把将虚底来。"曰:"虚底不可得。"师曰:"虚底尚不可得,问实相作么?"僧问:"如何是佛法大意?"师曰:"文殊堂里万菩萨。"曰:"学人不会。"师曰:"大悲千手眼。"耽源问:"百年后有人问极则事,作么生?"师曰:"幸自可怜生,须要个护身符子作么?"

师以化缘将毕,涅槃时至,乃辞代宗。代宗曰:"师灭度后,弟子将何所记?"师曰:"告檀越造取一所无缝塔。"曰:"就师请取塔样。"师良久曰:"会么?"曰:"不会。"师曰:"贫道去后,有侍者应真却知此事。"大历十年十二月九日右胁长往,弟子奉灵仪于党子谷建塔,敕谥大证禅师。代宗后诏应真入内,举问前语,真良久曰:"圣上会么?"曰:"不会。"真述偈曰:"湘之南,潭之北,中有黄金充一国。无影树下合同船,琉璃殿上无知识。"应真后住耽源山。

西京荷泽神会禅师者,襄阳人也,姓高氏。年十四为沙弥,谒六祖。祖曰:"知识远来大艰辛,将本来否?若有本,则合识主。试说看。"师曰:"以无住为本,见即是主。"祖曰:"遮沙弥,争合取次语。"便以杖打。师于杖下思惟曰:"大善知识,历劫难逢,今既得遇,岂惜身命?"自此给侍。他日,祖告众曰:

---

① "无对",径山本作"供奉无对"。

"吾有一物，无头无尾，无名无字，无背无面，诸人还识否？"师乃出曰："是诸佛之本原，神会之佛性。"祖曰："向汝道无名无字，汝便唤作本原佛性？"① 师礼拜而退。师寻往西京受戒，唐景龙中却归曹溪。

祖灭后二十年间，曹溪顿旨②，沈废于荆吴；嵩岳渐门，盛行于秦洛。乃入京，天宝四年，方定两宗南能顿宗、北秀渐教，乃著《显宗记》，盛行于世。一日，乡信至，报二亲亡，师入堂白槌曰："父母俱丧，请大众念摩诃般若。"众才集，师便打槌曰："劳烦大众。"

师于上元元年五月十三日中夜，奄然而化，俗寿七十五。二年迁塔于洛京龙门③，敕于塔所置宝应寺。大历五年，赐号真宗般若传法之堂。七年，又赐般若大师之塔。

有僧举卧轮禅师偈云④："卧轮有伎俩，能断百思想。对境心不起，菩提日日长。"六祖大师闻之曰："此偈未明心地，若依而行之，是加系缚。"因示一偈曰："慧能没伎俩，不断百思想。对境心数起，菩提作么长？"此二偈，诸方多举，故附于卷末。卧轮者，非名即住处也。

---

① "作"，碛砂本无。
② "顿旨"，南藏本作"宗旨"。
③ "迁塔"，大正本作"建塔"。
④ "卧轮"，原作"卧转"，据丛刊本、东寺本、径山本、大正本改。

景德传灯录卷第六

南岳怀让禅师法嗣

第一世九人一人见录

　　江西道一禅师姓马，时谓"马祖"

　　　　南岳常浩禅师、智达禅师、坦然禅师、潮州神照禅师、扬州大明寺严峻禅师、新罗国本如禅师、玄晟禅师、东雾山法空禅师　已上八人无机缘语句，不录

第二世三十七人 马祖法嗣一十四人见录

　　越州大珠慧海禅师

　　洪州百丈山惟政禅师①

　　洪州泐潭法会禅师②

　　池州杉山智坚禅师

　　洪州泐潭惟建禅师

　　澧州茗溪道行禅师

　　抚州石巩慧藏禅师

　　唐州紫玉山道通禅师

---

① "洪州百丈山惟政禅师"，大正本无。
② "泐潭"，大正本作"泐潭山"。

江西北兰让禅师

洛京佛光如满禅师

袁州南源道明禅师

忻州郿村自满禅师

朗州中邑洪恩禅师

洪州百丈山怀海禅师《禅门规式》附

镐英禅师、崇泰禅师、王姥山翛然禅师①、华州伏栖寺策禅师、澧州松滋塔智聪禅师、唐州云秀山神鉴禅师、扬州栖灵寺智通禅师、杭州智藏禅师②、京兆怀韬禅师、虔州法藏禅师③、河中府怀则禅师、常州明乾禅师④、鄂州洪潭禅师、象原怀坦禅师、潞府青莲元礼禅师⑤、河中府保庆禅师、甘泉志贤禅师、大会山道晤禅师、潞府法柔禅师、京兆咸通寺觉平禅师、义兴胜辩禅师、海陵庆云禅师、洪州开元寺玄虚禅师⑥　已上二十三人无机缘语句，不录

怀让禅师第一世

江西道一禅师，汉州什邡人也，姓马氏。容貌奇异，牛行虎视，引舌过鼻，足下有二轮文。幼岁依资州唐和尚落发，受具于渝州圆律师。唐开元中，习禅定于衡岳传法院，遇让和尚，同参九人，唯师密受心印。让之一，犹思之迁也，同源而异派，故禅法之盛，始于二师。刘轲云："江西主大寂，湖南主石头，往来憧憧，不见二大士为无知

---

① 碛砂本、径山本"崇泰""翛然"二师位置互换。
② 碛砂本、径山本"智通""智藏"二师位置互换。
③ "虔"，碛砂本作"处"。
④ 碛砂本、径山本"怀则""明乾"二师位置互换。
⑤ 碛砂本、径山本"怀坦""元礼"二师位置互换。
⑥ 碛砂本、径山本"庆云""玄虚"二师位置互换。

矣。"西天般若多罗记达磨云:"震旦虽阔无别路,要假侄孙脚下行。金鸡解衔一颗米,供养十方罗汉僧。"又六祖能和尚谓让曰:"向后佛法从汝边去,马驹踏杀天下人。"① 厥后江西法嗣布于天下,时号马祖②。

　　始自建阳佛迹岭,迁至临川,次至南康龚公山。大历中,隶名于开元精舍。时连帅路嗣恭聆风景慕,亲受宗旨,由是四方学者云集坐下。一日,谓众曰:"汝等诸人,各信自心是佛,此心即是佛心。达磨大师从南天竺国来,躬至中华,传上乘一心之法,令汝等开悟。又引《楞伽》经文,以印众生心地,恐汝颠倒不自信。此心之法,各各有之,故《楞伽经》云:'佛语心为宗,无门为法门。'③ 又云:'夫求法者,应无所求。心外无别佛,佛外无别心。不取善,不舍恶,净秽两边,俱不依怙。达罪性空,念念不可得,无自性故。故三界唯心,森罗万象,一法之所印,凡所见色,皆是见心。心不自心④,因色故有心。'⑤ 汝但随时言说,即事即理,都无所碍。菩提道果,亦复如是。于心所生,即名为色,知色空故,生即不生。若了此意⑥,乃可随时著衣吃饭,长养圣胎,任运过时,更有何事?汝受吾教,听吾偈曰:'心地随时说,菩提亦只宁。事理俱无碍,当生即不生。'"

　　僧问:"和尚为什么说即心即佛?"师云:"为止小儿啼。"僧云:"啼止时如何?"师云:"非心非佛。"僧云:"除此二种人来,如何指示?"师云:"向伊道不是物。"僧云:"忽遇其中人来

---

① "马驹",东寺本、碛砂本、径山本作"出马驹"。
② "马祖",大正本作"马祖焉"。
③ "无门",原作"无闻",据丛刊本、东寺本、碛砂本改。
④ "心不自心",碛砂本作"心不自现"。
⑤ "因色故有心",大正本无"心"。
⑥ "意",碛砂本作"心"。

时如何？"师云："且教伊体会大道。"僧问："如何是西来意？"师云："即今是什么意？"庞居士问："如水无筋骨，能胜万斛舟。此理如何？"师云："遮里无水亦无舟，说什么筋骨？"

一日，师上堂，良久，百丈收却面前席，师便下堂。百丈问："如何是佛法旨趣？"师云："正是汝放身命处。"师问百丈："汝以何法示人？"百丈竖起拂子，师云："只遮个，为当别有？"百丈抛下拂子。僧问："如何得合道？"师云："我早不合道。"僧问："如何是西来意？"师便打，乃云："我若不打汝，诸方笑我也。"有小师行脚回，于师前画个圆相，就上礼拜了立。师云："汝莫欲作佛否？"云："某甲不解捏目。"师云："吾不如汝。"小师不对。邓隐峰辞师，师云："什么处去？"对云："石头去。"师云："石头路滑。"对云："竿木随身，逢场作戏。"便去。才到石头，即绕禅床一匝，振锡一声，问："是何宗旨？"石头云："苍天！苍天！"隐峰无语。却回举似于师，师云："汝更去，见他道'苍天'，汝便嘘嘘。"隐峰又去石头，一依前问："是何宗旨？"石头乃嘘嘘，隐峰又无语。归来，师云："向汝道'石头路滑'。"

有僧于师前作四画，上一长下三短。问云："不得道一长三短，离此四字外请和尚答。"师乃画地一画云："不得道长短。答汝了也。"忠国师闻，别云："何不问老僧？"有一讲僧来，问云："未审禅宗传持何法？"师却问云："坐主传持何法？"彼云："忝讲得经论二十余本。"师云："莫是师子儿否？"云："不敢。"师作嘘嘘声，彼云："此是法。"师云："是什么法？"云："师子出窟法。"师乃默然，彼云："此亦是法。"师云："是什么法？"云："师子在窟法。"师云："不出不入是什么法？"无对。百丈代云："见么？"遂辞出门，师召云："坐主。"彼即回首，师云："是什么？"亦无对。师云："遮钝根阿师。"洪州廉使问云："弟子吃酒肉即是，不吃即是？"师云："若吃是中丞禄，不吃是中丞福。"

师入室弟子一百三十九人，各为一方宗主，转化无穷。师于贞元四年正月中，登建昌石门山。于林中经行，见洞壑平坦处，谓侍者曰："吾之朽质，当于来月归兹地矣。"言讫而回。至二月四日，果有微疾，沐浴讫，跏趺入灭。元和中追谥大寂禅师，塔曰大庄严。今海昏县影堂存焉。《高僧传》云"大觉禅师"。①

怀让禅师第二世

马祖法嗣

越州大珠慧海禅师者，建州人也，姓朱氏。依越州大云寺道智和尚受业。初至江西参马祖，祖问曰："从何处来？"曰："越州大云寺来。"祖曰："来此拟须何事？"曰："来求佛法。"祖曰："自家宝藏不顾，抛家散走作什么？我遮里一物也无，求什么佛法？"师遂礼拜，问曰："阿那个是慧海自家宝藏？"祖曰："即今问我者，是汝宝藏。一切具足，更无欠少，使用自在，何假向外求觅？"师于言下自识本心不由知觉。踊跃礼谢，师事六载。

后以受业师年老，遽归奉养。乃晦迹藏用，外示痴讷。自撰《顿悟入道要门论》一卷，被法门师侄玄晏窃出江外呈马祖。祖

---

① 大正本下有："按权德舆作《塔铭》言，马祖终于开元寺，茶毗于石门而建塔也。至会昌沙汰后，大中四年七月，宣宗敕江西观察使裴休重建塔并寺，赐额宝峰。"

览讫，告众云："越州有大珠，圆明光透，自在无遮障处也。"众中有知师姓朱者，迭相推识，结契来越上寻访依附。时号"大珠和尚"者，因马祖示出也。师谓曰："禅客，我不会禅，并无一法可示于人。故不劳汝久立，且自歇去。"时学侣渐多，日夜叩激，事不得已，随问随答，其辩无碍。广语出别卷。

时有法师数人来谒，曰："拟伸一问，师还对否？"师曰："深潭月影，任意撮摩。"问："如何是佛？"师曰："清潭对面，非佛而谁？"众皆茫然。法眼云："是即没交涉。"良久，其僧又问："师说何法度人？"师曰："贫道未曾有一法度人。"曰："禅师家浑如此？"师却问曰："大德说何法度人？"曰："讲《金刚般若经》。"师曰："讲几坐来？"曰："二十余坐。"师曰："此经是阿谁说？"僧抗声曰："禅师相弄，岂不知是佛说邪？"师曰："若言如来有所说法，则为谤佛，是人不解我所说义。若言此经不是佛说，则是谤经。请大德说看。"无对。师少顷又问："经云：'若以色见我，以音声求我，是人行邪道，不能见如来。'大德且道：阿那个是如来？"曰："某甲到此却迷去。"师曰："从来未悟，说什么却迷？"僧曰："请禅师为说。"师曰："大德讲经二十余坐，却未识如来。"其僧再礼拜，愿垂开示。师曰："如来者，是诸法如义，何得忘却？"曰："是。是诸法如义。"师曰："大德是亦未是。"曰："经文分明，那得未是？"师曰："大德如否？"曰："如。"师曰："木石如否？"曰："如。"师曰："大德如同木石如否？"曰："无二。"师曰："大德与木石何别？"僧无对。良久，却问："如何得大涅槃？"师曰："不造生死业。"对曰："如何是生死业？"师曰："求大涅槃是生死业，舍垢取净是生死业，有得有证是生死业,不脱对治门是生死业。"曰:"云何即得解脱?"师曰:"本自无缚,不用求解。直用直行,是无等等。"僧曰:"如禅师和尚者,实谓希有。"礼谢而去。

有行者问:"即心即佛,那个是佛?"师云:"汝疑那个不是佛?指出看。"无对。师云:"达即遍境是①,不悟永乖疏。"有律师法明,谓师曰:"禅师家多落空。"师曰:"却是坐主家多落空。"法明大惊曰:"何得落空?"师曰:"经论是纸墨文字,纸墨文字者俱空。设于声上建立名句等法,无非是空。坐主执滞教体,岂不落空?"法明曰:"禅师落空否?"师曰:"不落空。"曰:"何却不落空?"师曰:"文字等皆从智慧而生,大用现前,那得落空?"法明曰:"故知一法不达,不名悉达。"师曰:"律师不唯落空,兼乃错用名言。"法明作色问曰:"何处是错?"师曰:"律师未辨华竺之音,如何讲说?"曰:"请禅师指出法明错处。"师曰:"岂不知悉达是梵语邪?"律师虽省过,而心犹愤然。具梵语"萨婆曷剌他悉陀",中国翻云"一切义成",旧云"悉达多",犹是讹略梵语。又问曰:"夫经律论是佛语,读诵依教奉行,何故不见性?"师曰:"如狂狗趁块,师子咬人。经律论是自性用,读诵者是性法。"② 法明曰:"阿弥陀佛有父母及姓否?"师曰:"阿弥陀姓憍尸迦,父名月上,母名殊胜妙颜。"曰:"出何教文?"师曰:"出《陀罗尼集》。"法明礼谢,赞叹而退。

有三藏法师问:"真如有变易否?"师曰:"有变易。"三藏曰:"禅师错也。"师却问三藏:"有真如否?"曰:"有。"师曰:

---

① "即",径山本作"则"。
② "性法",当作"自性法"。

"若无变易，决定是凡僧也。岂不闻：'善知识者能回三毒为三聚净戒，回六识为六神通，回烦恼作菩提，回无明为大智真如。'若无变易，三藏真是自然外道也。"三藏曰："若尔者，真如即有变易。"师曰："若执真如有变易，亦是外道。"曰："禅师适来说真如有变易，如今又道不变易。如何即是的当？"师曰："若了了见性者，如摩尼珠现色。说变亦得，说不变亦得。若不见性人，闻说真如变，便作变解，闻说不变，便作不变解。"三藏曰："故知南宗，实不可测。"

有道流问："世间有法过自然否？"师曰："有。"曰："何法过得？"师曰："能知自然者。"曰："元气是道否？"师曰："元气自元气，道自道。"曰："若如是者，则应有二。"师曰："知无两人。"又问："云何为邪，云何为正？"师曰："心逐物为邪，物从心为正。"

有源律师来问："和尚修道，还用功否？"师曰："用功。"曰："如何用功？"师曰："饥来吃饭，困来即眠。"曰："一切人总如是，同师用功否？"师曰："不同。"曰："何故不同？"师曰："他吃饭时不肯吃饭，百种须索；睡时不肯睡，千般计校。所以不同也。"律师杜口。

有韫光大德问："禅师自知生处否？"师曰："未曾死，何用论生？知生即是无生法，无离生法说有无生。祖师云：'当生即不生。'"曰："不见性人，亦得如此否？"师曰："自不见性，不是无性。何以故？见即是性，无性不能见。识即是性，故名识性；了即是性，唤作了性。能生万法，唤作法性，亦名法身。马鸣祖师云：所言法者，谓众生心。若心生，故一切法生。若心无生，法无从生，亦无名字。迷人不知法身无象，应物现形，遂唤'青青翠竹总是法身，郁郁黄华无非般若'。黄华若是般若，般若即同无情；翠竹若是法身，法身即同草木。如人吃笋，应总吃法身也。如此之言，宁堪齿录？对面迷佛，长劫希求，全体法中，迷而外觅。是以解道者，行住坐卧，无非是道；悟法者，纵横自在，无非是法。"大德又问："太虚能生灵智否？真心缘于善恶否？贪欲人是道否？执是执非人向后心通否①？触境生心人有定否？住寂寞人有慧否？怀傲物人有我否？执空执有人有智否？寻文取证人、苦行求佛人、离心求佛人、执心是佛人，此智称道否？请禅师一一为说。"师曰："太虚不生灵智，真心不缘善恶。嗜欲深者机浅，是非交争者未通。触境生心者少定，寂寞忘机者慧沉。傲物高心者我壮，执空执有者皆愚。寻文取证者益滞，苦行求佛者俱迷。离心求佛者外道，执心是佛者为魔。"大德曰："若如是，应毕竟无所有。"师曰："毕竟是大德，不是毕竟无所有。"大德踊跃，礼谢而去②。

洪州百丈山惟政禅师③，一日谓僧曰："汝与我开田了，我为

---

① "心通"，碛砂本作"通心"。
② 此处大正本注："此下旧本有'洪州百丈山惟政禅师'传，今移在第九卷百丈山海和尚下。"
③ 此章，大正本移至第九卷，并考云："此传旧在第六卷马祖法嗣中，大珠和尚之次。今以机缘推之，即移入此卷。百丈海禅师法嗣中，作百丈涅槃和尚机缘也。按唐柳公权书、武翊黄所撰《涅槃和尚碑》云：师讳法正，以其善讲《涅槃经》，故以涅槃为称。今师本章中有云：'汝与我开田，吾为汝说大义。'则知其为涅槃和尚明矣。又称南泉为师伯，则知其嗣百丈海公亦明矣。虽然惟政、法正二名不同，盖传写之讹耳。又觉范《林间录》亦谓旧本之误，及观《正宗记》则有惟政、法正之名，然百丈第代可数。明教但见其名不同，不能辨无俱存之。今当以碑为正也。而又卿公《事苑》乃云：'百丈涅槃和尚是沩山嗣子而海公之孙。'此尤大谬也，不足取矣。"

汝说大义。"僧开田了,归请师说大义①,师乃展开两手②。有老宿见日影透窗,问师曰:"为复窗就日,日就窗?"师曰:"长老房内有客,归去好。"师问南泉曰:"诸方善知识,还有不说似人底法也无?"南泉曰:"有。"师曰:"作么生?"曰:"不是心,不是佛。"③ 师曰:"恁么即说似人了也。"曰:"某甲即恁么。"师曰:"师伯作么生?"曰:"我又不是善知识,争知有说不说底法?"师曰:"某甲不会,请师伯说。"曰:"我大杀为汝说了也。"僧问:"如何是佛佛道齐?"师曰:"定也。"师因入京,路逢官人命吃饭。忽见驴鸣,官人召云:"头陀。"师举头,官人却指驴,师却指官人。法眼别云:"但作驴鸣。"

洪州泐潭法会禅师,问马祖:"如何是西来祖师意?"祖曰:"低声,近前来。"师便近前,祖打一掴云:"六耳不同谋。来日来。"师至来日,犹入法堂云:"请和尚道。"祖云:"且去,待老汉上堂时出来,与汝证明。"师乃悟云:"谢大众证明。"乃绕法堂一匝,便去。

池州杉山智坚禅师,初与归宗、南泉行脚时,路逢一虎,各从虎边过了。南泉问归宗云:"适来见虎,似个什么?"宗云:

---

① "僧开田了归",东寺本、碛砂本、南藏本、径山本作"僧众开田竟,师晚间上堂,僧问:'开田已竟'"。
② "师乃展开两手",东寺本、碛砂本、南藏本、径山本作"师下禅床行三步,展手两畔,以目视天地云:'大义田即今存矣。'"
③ "师曰"至此,东寺本、碛砂本、南藏本、径山本作"师曰:'作么生是不说似人底法?'泉云:'不是心,不是佛,不是物。'"

"似个猫儿。"宗却问师,师云:"似个狗子。"宗又问南泉,泉云:"我见是个大虫。"师吃饭次,南泉收生饭云:"生。"师云:"无生。"南泉云:"无生犹是末。"南泉行数步,师召云:"长老,长老。"南泉回头云:"怎么?"师云:"莫道是末。"一日,普请择蕨菜,南泉拈起一茎云:"遮个大好供养。"师云:"非但遮个,百味珍羞他亦不顾。"南泉云:"虽然如此,个个须尝他始得。"玄觉云:"是相见语,不是相见语?"僧问:"如何是本来身?"师云:"举世无相似。"

洪州泐潭惟建禅师,一日,在马祖法堂后坐禅。祖见,乃吹师耳两吹,师起定。见是和尚,却复入定。祖归方丈,令侍者持一碗茶与师。师不顾,便自归堂。

澧州茗溪道行禅师,师有时云:"吾有大病,非世所医。"后有僧问先曹山:"承古人有言'吾有大病,非世所医',未审唤作什么病?"曹云:"攒簇不得底病。"云:"一切众生还有此病也无?"曹云:"人人尽有。"云:"人人尽有,和尚还有此病也无?"曹云:"正觅起处不得。"云:"一切众生为什么不病?"曹云:"众生若病,即非众生。"云:"未审诸佛还有此病也无?"曹云:"有。"云:"既有,为什么不病?"曹云:"为伊惺惺。"

僧问:"如何修行?"师云:"好个阿师,莫客作。"僧云:"毕竟如何?"师云:"安置即不堪。"又僧问:"如何是正修行路?"师云:"涅槃后有。"僧云:"如何是涅槃后有?"师云:"不洗面。"僧云:"学人不会。"师云:"无面得洗。"

抚州石巩慧藏禅师，本以弋猎为务，恶见沙门。因逐群鹿，从马祖庵前过，祖乃逆之①。藏问："和尚见鹿过否？"祖曰："汝是何人？"曰："猎者。"祖曰："汝解射否？"曰："解射。"祖曰："汝一箭射几个？"曰："一箭射一个。"祖曰："汝不解射。"曰："和尚解射否？"祖曰："解射。"曰："和尚一箭射几个？"祖曰："一箭射一群。"曰："彼此是命，何用射他一群？"祖曰："汝既知如是，何不自射？"曰："若教某甲自射，即无下手处。"祖曰："这汉旷劫无明烦恼，今日顿息。"藏当时毁弃弓箭，自以刀截发，投祖出家。一日在厨作务次②，祖问曰："作什么？"曰："牧牛。"祖曰："作么生牧？"曰："一回入草去，便把鼻孔拽来。"祖曰："子真牧牛。"师便休。

师住后，常以弓箭接机。如三平和尚章述之。师问西堂："汝还解捉得虚空么？"西堂云："捉得。"师云："作么生捉？"堂以手撮虚空，师云："作么生恁么捉虚空？"堂却问："师兄作么生捉？"师把西堂鼻孔拽，西堂作忍痛声，云："大杀拽人鼻孔，直得脱去。"师云："直须恁么捉虚空始得。"众僧参次，师云："适来底什么处去也？"有僧云："在。"师云："在什么处？"其僧弹指一声。僧到礼拜，师云："还将那个来否？"僧云："将得来。"师云："在什么处？"僧弹指三声。问："如何免得生死？"师云："用免作什么？"僧云："如何免得？"师云："遮底不生死。"

---

① "逆"，碛砂本、径山本作"迎"。
② "厨"，大正本作"厨中"。

唐州紫玉山道通禅师者，庐江人也，姓何氏。幼随父守官泉州南安县，因而出家。唐天宝初，马祖阐化建阳，居佛迹岩，师往谒之。寻迁于南康龚公山，师亦随之。贞元四年二月初，马祖将归寂，谓师曰："夫玉石润山秀丽，益汝道业，遇可居之。"师不晓其言。是秋，与伏牛山自在禅师同游洛阳，回至唐州西，见一山四面悬绝，峰峦秀异。因询乡人，云是紫玉山。师乃陟山顶，见有石方正莹然，紫色。叹曰："此其紫玉也。"始念先师之言，乃悬记耳，遂剪茅构舍而居焉，后学徒四集。

僧问："如何出得三界？"师云："汝在里许得多少时也？"僧云："如何出离？"师云："青山不碍白云飞。"于頔相公问："如何是黑风吹其船舫，漂堕罗刹鬼国？"师云："于頔客作汉，问恁么事怎么？"于公失色。师乃指云："遮个是漂堕罗刹鬼国。"① 于又问②："如何是佛？"师唤于頔，頔应诺，师云："更莫别求。"有僧举似药山，药山云："缚杀遮汉也。"僧云："和尚如何？"药山亦唤云："某甲。"僧应诺，药山云："是什么？"元和八年，弟子金藏参百丈回，礼觐，师云："汝其来矣，此山有主也。"于是嘱付金藏讫，策杖径去襄州，道俗迎之。至七月十五日，无疾而终，寿八十有三。

江西北兰让禅师，湖塘亮长老问："伏承师兄画得先师真，暂请瞻礼。"师以两手拨胸③，开示之，亮便礼拜。师云："莫礼，莫礼。"亮云："师兄错也，某甲不礼师兄。"师云："汝礼先师

---

① "是"，东寺本、碛砂本、径山本作"便是"。
② "于"，东寺本、碛砂本、径山本作"于公"。
③ "拨"，东寺本、碛砂本、径山本作"擘"。

真？"亮云："因什么教某甲莫礼？"师云："何曾错？"

洛京佛光如满禅师，曾住五台山金阁寺。唐顺宗问："佛从何方来，灭向何方去？既言常住世，佛今在何处？"师答曰："佛从无为来，灭向无为去。法身等虚空，常在无心处。有念归无念，有住归无住。来为众生来，去为众生去。清净真如海，湛然体常住。智者善思惟，更勿生疑虑。"帝又问："佛向王宫生，灭向双林灭。住世四十九，又言无法说。山河及大海，天地及日月。时至皆归尽，谁言不生灭？疑情犹若斯，智者善分别。"师答曰："佛体本无为，迷情妄分别。法身等虚空，未曾有生灭。有缘佛出世，无缘佛入灭。处处化众生，犹如水中月。非常亦非断，非生亦非灭。生亦未曾生，灭亦未曾灭。了见无心处，自然无法说。"帝闻大悦，益重禅宗。

袁州南源道明禅师，上堂云："快马一鞭，快人一言，有事何不出头来？无事各自珍重。"便下堂。有僧问："一言作么生？"师乃吐舌云："待我有广长舌相，即向汝道。"洞山来参，方上法堂，师云："已相看了也。"洞山便下去。至明日，却上问云："昨日已蒙和尚慈悲，不知什么处是与某甲已相看处？"师云："心心无间断，流入于性海。"洞山云："几放过。"洞山辞去，师云："多学佛法，广作利益。"洞山云："多学佛法即不问，如何是广作利益？"师云："一物莫违即是。"僧问："如何是佛？"师云:"不可道你是也。"①

忻州郦村自满禅师,上堂云:"古今不异,法尔如然,更复何也?虽然如此,遮个事大有人罔措在。"时有僧问:"不落古今,请师直道。"师云:"情知汝罔措。"僧欲进语,师云:"将谓老僧落伊古今?"僧云:"如何即是?"师云:"鱼腾碧汉,阶级难飞。"僧云:"如何即得免兹过咎?"师云:"若是龙形,谁论高下?"其僧礼拜。师云:"苦哉,屈哉!谁人似我?"师一日谓众曰:"除却日明夜暗,更说什么即得,珍重。"时有僧问:"如何是无诤之句?"师云:"喧天动地。"

朗州中邑洪恩禅师,仰山初领新戒到谢戒,师见来,于禅床上拍手云:"和和。"仰山即东边立,又西边立,又于中心立。然后谢戒了,却退后立。师云:"什么处得此三昧?"仰云:"于曹溪脱印子学来。"师云:"汝道曹溪用此三昧接什么人?"仰云:"接一宿觉用此三昧。"仰云:"和尚什么处得此三昧来?"师云:"某甲于马大师处学此三昧。"问:"如何得见性?"师云:"譬如有屋,屋有六窗,内有一猕猴。东边唤'山山,山山',应如是,六窗俱唤俱应。"仰山礼谢,起云:"所蒙和尚譬喻,无不了知。更有一事,只如内猕猴困睡,外猕猴欲与相见如何?"师下绳床,执仰山手作舞云:"山山与汝相见了。譬如蟭螟虫在蚊子眼睫上作窠,向十字街头叫唤云:'土旷人稀,相逢者少。'"云居锡云:

---

① "你",大正本作"尔"。

"中邑当时若不得仰山遮一句语，何处有中邑也？"崇寿稠云："还有人定得此道理么？若定不得，只是个弄精魂脚手，佛性义在什么处？"玄觉云："若不是仰山，争得见中邑？且道得见中邑处？"①

洪州百丈山怀海禅师者，福州长乐人也。丱岁离尘，三学该练，属大寂阐化南康，乃倾心依附。与西堂智藏禅师同号入室，时二大士为角立焉。一夕，二士随侍马祖玩月次，祖曰："正恁么时如何？"西堂云："正好供养。"师云："正好修行。"祖云："经入藏，禅归海。"② 马祖上堂，大众云集，方升坐，良久，师乃卷却面前礼拜席，祖便下堂。师一日诣马祖法堂，祖于禅床角取拂子示之，师云："只遮个，更别有？"祖乃放旧处云："你已后将什么为人？"师却取拂子示之。祖云："只遮个，更别有？"师以拂子挂安旧处。方侍立，祖叱之③。

自此雷音将震，果檀信请于洪州新吴界住大雄山④，以居处岩峦峻极，故号之"百丈"。既处之，未期月，玄参之宾四方麇至⑤。即有沩山、黄檗当其首。一日，师谓众曰："佛法不是小事，老僧昔再被马大师一喝，直得三日耳聋眼黑。"黄檗闻举，

---

① "得见中邑处"，东寺本、碛砂本、大正本作"什么处是仰山得见中邑处"。
② 自"与西堂"至此，东寺本、碛砂本、南藏本、径山本作："与西堂智藏、南泉普愿禅师同号入室，时三大士为角立焉。一夕，三士随侍马祖玩月次，祖曰：'正恁么时如何？'西堂云：'正好供养。'师云：'正好修行。'南泉拂袖便去。祖云：'经入藏，禅归海，唯有普愿独超物外。'"
③ 自"师一日诣"至此，东寺本、碛砂本、南藏本、径山本作："师再参马祖，祖见师来，取禅床角头拂子竖起。师云：'即此用，离此用？'祖挂拂子于旧处，师良久，祖云：'尔已后开两片皮，将何为人？'师遂取拂子竖起。祖云：'即此用，离此用？'师挂拂子于旧处，祖便喝，师直得三日耳聋。"
④ "果"东寺本、碛砂本无。
⑤ "玄参"，东寺本、碛砂本作"参玄"。

不觉吐舌,曰:"某甲不识马祖,要且不见马祖。"师云:"汝已后当嗣马祖。"黄檗云:"某甲不嗣马祖。"曰:"作么生?"曰:"已后丧我儿孙。"师曰:"如是,如是。"①

一日,有僧哭入法堂来。师曰:"作么?"曰:"父母俱丧,请师选日。"师云:"明日来一时埋却。"师上堂云:"并却咽喉唇吻,速道将来。"沩山云:"某甲不道,请和尚道。"师云:"不辞与汝道,久后丧我儿孙。"五峰云:"和尚亦须并却。"师云:"无人处斫额望汝。"云岩云:"某甲有道处,请和尚举。"师云:"并却咽喉唇吻,速道将来。"云岩曰:"师今有也?"师曰:"丧我儿孙。"师谓众曰:"我要一人传语西堂,阿谁去得?"五峰云:"某甲去。"②师云:"汝作么生传语?"五峰云:"待见西堂即道。"师云:"道什么?"五峰云:"却来说似和尚。"

师与沩山作务次,师问:"有火也无?"沩山云:"有。"师云:"在什么处。"沩山把一枝木,吹三两气过与师。师云:"如虫蚀木。"问:"如何是佛?"师云:"汝是阿谁?"僧云:"某甲。"师云:"汝识某甲否?"僧云:"分明个。"师乃举起拂子云:"汝还见么?"僧云:"见。"师乃不语。因普请锸地次,忽有一僧闻饭鼓鸣,举起锸头,大笑便归。师云:"俊哉!此是观音入理之门。"师归院,乃唤其僧问:"适来见什么道理便恁么?"对云:"适来只闻鼓声动,归吃饭去来。"师乃笑。问:"'依经解

---

① 自"一日"至此,碛砂本、南藏本作:"一日,师谓众曰:'佛法不是小事,老僧昔再参马祖,被大师一喝,直得三日耳聋眼暗。'时黄檗闻举,不觉吐舌。师曰:'子已后莫承嗣马祖去?'檗云:'不然,今日因师举得见马祖大机之用。然且不识马祖,若嗣马祖,已后丧我儿孙。'师云:'如是,如是。见与师齐,减师半德,见过于师,方堪传授。子甚有超师之作。'"
② "去"下,东寺本、碛砂本、南藏本、径山本有"得"。

义,三世佛怨,离经一字,如同魔说'如何?"师云:"固守动用①,三世佛怨,此外别求,即同魔说。"因僧问西堂云:"有问有答,不问不答时如何?"西堂云:"怕烂却作么?"师闻举,乃云:"从来疑遮个老兄。"僧云:"请和尚道。"师云:"一合相不可得。"

师谓众云:"有一人,长不吃饭不道饥;有一人,终日吃饭不道饱。"众皆无对。云岩问:"和尚每日驱驱为阿谁?"② 师云:"有一人要。"岩云:"因什么不教伊自作。"师云:"他无家活。"僧问:"如何是大乘顿悟法门?"师曰:"汝等先歇诸缘,休息万事。善与不善,世出世间,一切诸法,莫记忆,莫缘念。放舍身心,令其自在,心如木石,无所辩别。心无所行,心地若空,慧日自现,如云开日出相似。俱歇一切攀缘,贪嗔爱取垢净情尽。对五欲八风,不被见闻觉知所缚,不被诸境所惑,自然具足神通妙用,是解脱人。对一切境,心无静乱,不摄不散,透一切声色,无有滞碍,名为道人。但不被一切善恶、垢净、有为、世间福智拘系,即名为佛慧。是非好丑,是理非理,诸知见总尽,不被系缚,处心自在,名初发心菩萨便登佛地。一切诸法,本不自空,不自言色,亦不言是非垢净,亦无心系缚人。但人自虚妄计著,作若干种解,起若干种知见。若垢净心尽,不住系缚,不住解脱,无一切有为无为,解平等心量。处于生死,其心自在,毕竟不与虚幻尘劳、蕴界生死诸入和合。迥然无寄,一切不拘,去留无碍,往来生死如门开相似。若遇种种苦乐不称意事,心无退

---

① "动用",东寺本、碛砂本、径山本作"动静"。
② "驱驱",大正本作"区区"。

屈。不念名闻衣食，不贪一切功德利益，不为世法之所滞。心虽亲受苦乐，不干于怀。粗食接命，补衣御寒暑，兀兀如愚如聋相似，稍有亲分。于生死中广学知解，求福求智，于理无益，却被解境风漂，却归生死海里。佛是无求人，求之即乖；理是无求理，求之即失。若取于无求，复同于有求。此法无实无虚，若能一生心如木石相似，不为阴界五欲八风之所漂溺，即生死因断，去住自由，不为一切有为因果所缚。他时还与无缚身同利物，以无缚心应一切心，以无缚慧解一切缚。亦能应病与药。"

僧问："如今受戒，身口清净，已具诸善，得解脱否？"答："少分解脱，未得心解脱，未得一切解脱。"问云："何是心解脱？"答："不求佛，不求知解，垢净情尽，亦不守此无求为是，亦不住尽处，亦不畏地狱缚，不爱天堂乐。一切法不拘，始名为解脱无碍，即身心及一切皆名解脱。汝莫言有少分戒善，将为便了，有恒沙无漏戒定慧门，都未涉一毫在。努力猛作早与，莫待耳聋眼暗，头白面皱，老苦及身，眼中流泪，心中憧惶，未有去处。到恁么时，整理脚手不得也。纵有福智多闻，都不相救，为心眼未开。唯缘念诸境，不知返照，复不见佛道。一生所有恶业，悉现于前，或忻或怖。六道五蕴现前，尽见严好舍宅、舟船、车舆，光明显赫。为纵自心贪爱，所见悉变为好境，随所见重处受生，都无自由分，龙畜良贱，亦总未定。"问："如何得自由？"答："如今对五欲八风，情无取舍，垢净俱亡。如日月在空，不缘而照，心如木石，亦如香象截流而过，更无疑滞。此人天堂、地狱所不能摄也。又不读经看教①,语言皆须宛转归就自己。但是一切言教,只明如今觉性,自己俱不被一切有无诸法境转。是导师能照破一切有无境法,是金刚即有自由独立分。若不能恁么得,纵令诵得十二韦陀经,只成增上慢,却是谤佛,不是修行。读经看教,若准世间,是好善事。若向明理人边数,此是壅塞人。十地之人脱不去,流入生死河。但不用求觅知解语义句,知解属贪,贪变成病。只如今但离一切有无诸法,透过三句外,自然与佛无差。既自是佛,何虑佛不解语。只恐不是佛,被有无诸法转,不得自由。是以理未立,先有福智载去,如贱使贵。不如于理先立,后有福智,临时作得,捉土为金,变海水为酥酪,破须弥山为微尘。于一义作无量义,于无量义作一义。"

师有时说法竟,大众下堂,乃召之。大众回首,师云:"是什么?"药山目之为"百丈下堂句"。唐元和九年正月十七日归寂,寿九十五。长庆元年,敕谥大智禅师,塔曰大宝胜轮。

《禅门规式》

百丈大智禅师,以禅宗肇自少室,至曹溪以来,多居律寺。虽别院,然于说法住持,未合规度,故常尔介怀。乃曰:"祖之道欲诞布化元,冀来际不泯者,岂当与诸部阿笈摩教为随行邪?"旧梵语"阿含",新云"阿笈摩",即小乘教也。或曰:"《瑜伽论》《璎络经》是大乘戒律,胡不依随哉?"师曰:"吾所宗非局大小乘,非异大小乘,当博约折中,设于制范,务其宜也。"于是创意,别

---

① "又不",径山本作"又如"。

立禅居。

凡具道眼，有可尊之德者，号曰"长老"。如西域道高腊长，呼须菩提等之谓也。既为化主，即处于方丈，同净名之室，非私寝之室也。不立佛殿，唯树法堂者，表佛祖亲嘱受①，当代为尊也。所裒学众，无多少，无高下，尽入僧中②，依夏次安排。设长连床，施椸架，挂搭道具。卧必斜枕床唇，右胁吉祥睡者，以其坐禅既久，略偃息而已，具四威仪也。除入室请益，任学者勤怠，或上或下，不拘常准。其阖院大众，朝参夕聚，长老上堂升堂③，主事徒众雁立侧聆，宾主问酬，激扬宗要者，示依法而住也。斋粥随宜，二时均遍者，务于节俭，表法、食双运也。行普请法，上下均力也。置十务，谓之寮舍，每用首领一人，管多人营事，令各司其局也。主饭者目为饭头，主菜者目为菜头，他皆仿此。

或有假号窃形，混于清众，并别致喧挠之事，即堂维那检举，抽下本位挂搭，摈令出院者，贵安清众也。或彼有所犯，即以拄杖杖之，集众烧衣钵道具，遣逐从偏门而出者，示耻辱也。详此一条，制有四益：一不污清众，生恭信故。三业不善，不可共住。准律合用梵坛法治之者，当驱出院。清众既安，恭信生矣。二不毁僧形，循佛制故。随宜惩罚，得留法服，后必悔之。三不扰公门，省狱讼故。四不泄于外，护宗纲故。四来同居，圣凡孰辨？且如来应世，尚有六群之党，况今像末，岂得全无？但见一僧有过，便雷例讥诮。殊不知以轻众坏法，其损甚大。今禅门若稍无妨害者，宜依百丈丛林格式，量事区分。且立法防奸，不

---

① "受"，大正本作"授"。
② "僧"，大正本作"僧堂"。
③ "升堂"，大正本作"升坐"。

为贤士。然宁可有格而无犯,不可有犯而无教。惟百丈禅师护法之益,其大矣哉!① 禅门独行,由百丈之始。今略叙大要,遍示后代学者,令不忘本也。其诸轨度,山门备焉。

---

① "矣哉",碛砂本、径山本作"哉矣"。

景德传灯录卷第七

怀让禅师第二世四十五人①马祖法嗣一十八人见录

　　潭州三角山总印禅师

　　池州鲁祖山宝云禅师

　　洪州泐潭常兴禅师

　　虔州西堂智藏禅师

　　京兆章敬寺怀恽禅师

　　定州柏岩明哲禅师

　　信州鹅湖大义禅师

　　伏牛山自在禅师

　　幽州盘山宝积禅师

　　毗陵芙蓉山太毓禅师②

　　蒲州麻谷山宝彻禅师

　　杭州盐官齐安禅师

　　婺州五洩山灵默禅师

　　明州大梅山法常禅师

---

① "世"下，大正本有"中"。
② "太"，东寺本、碛砂本、径山本作"大"。

京兆兴善惟宽禅师

湖南如会禅师

鄂州无等禅师

庐山归宗寺智常禅师
  韶州渚泾山清贺禅师、紫阴山惟建禅师、封山洪濬禅师、练山神玩禅师、崛山道圆禅师、玉台惟然禅师、池州灰山昙觊禅师、荆州新寺宝积禅师、河中府法藏禅师、汉南慈悲寺良津禅师、京兆府崇禅师、南岳智周禅师①、白虎法宣禅师、金窟惟直禅师、台州柏岩常彻禅师、乾元晖禅师、齐州道岩禅师、襄州常坚禅师、荆南宝贞禅师、云水靖宗禅师、荆州永泰寺灵湍禅师、潭州龙牙山圆畅禅师、洪州双岭道方禅师、罗浮山修广禅师、岘山定庆禅师、越州洞泉惟献禅师、光明普满禅师　已上二十七人无机缘语句，不录

怀让禅师第二世法嗣

潭州三角山总印禅师。僧问："如何是三宝？"师曰："禾、麦、豆。"曰："学人不会？"师曰："大众欣然奉持。"师上堂曰："若论此事，眨上眉毛，早已蹉过也。"麻谷便问："眨上眉毛即不问，如何是此事？"师曰："蹉过也。"麻谷乃掀禅床，师打之，麻谷无语。长庆代云："悄然。"

池州鲁祖山宝云禅师。问："如何是诸佛师？"师云："头上有宝冠者不是。"僧云："如何即是？"师云："头上无宝冠。"洞

---

① "智周禅师"，径山本作"周禅师"。

山来参,礼拜后侍立,少顷而出,却再入来。师云:"只恁么,只恁么,所以如此。"洞山云:"大有人不肯。"师云:"作么取汝口办①?"洞山乃侍奉数月。僧问:"如何是言不言?"师云:"汝口在什么处?"僧云:"无口。"师云:"将什么吃饭?"僧无对。洞山代云:"他不饥,吃什么饭?"

师寻常见僧来,便面壁。南泉闻云②:"我寻常向僧道'向佛未出世时会取',尚不得一个半个,他恁么地驴年去。"玄觉云:"为复唱和语,不肯语?"保福问长庆:"只如鲁祖节文在什么处③,被南泉恁么道?"长庆云:"退己让人,万中无一个。"罗山云:"陈老师当时若见,背上与五火抄。何故如此?为伊解放不解收。"玄沙云:"我当时若见,也与五火抄。"云居锡云:"罗山、玄沙总恁么道,为复一般,别有道理?若择得出,许上坐佛法有去处。"玄觉云:"且道玄沙五火抄,打伊著不著?"

洪州泐潭常兴禅师。僧问:"如何是曹溪门下客?"师云:"南来燕。"僧云:"学人不会。"师云:"养羽候秋风。"僧问:"如何是宗乘极则事?"师云:"秋雨草离披。"又南泉躬至,见师面壁,乃拊师背,问:"汝是阿谁?"曰:"普愿。"师曰:"如何?"曰:"也寻常。"师曰:"汝何多事?"

虔州西堂智藏禅师者,虔化人也,姓廖氏。八岁从师,二十五具戒。有相者睹其殊表,谓之曰:"师骨气非凡,当为法王之辅佐也。"师遂往佛迹岩,参礼大寂,与百丈海禅师同为入室,

---

① "办",大正本作"辨",径山本作"辩"。
② "闻",原作"问",据丛刊本、东寺本、碛砂本、径山本、大正本改。
③ "什么",碛砂本、径山本作"甚么"。

皆承印记。一日大寂遣师诣长安,奉书于忠国师。国师问曰:"汝师说什么法?"师从东过西而立,国师曰:"只遮个,更别有?"师却过东边立。国师曰:"遮个是马师底,仁者作么生?"师曰:"早个呈似和尚了。"寻又送书往径山与国一禅师。语在国一章。属连帅路嗣恭延请大寂居府①,应期盛化。师回郡,得大寂付受纳袈裟②,令学者亲近。

僧问马祖:"请和尚离四句绝百非,直指某甲西来意。"祖云:"我今日无心情,汝去问取智藏。"其僧乃来问师,师云:"汝何不问和尚?"僧云:"和尚令某甲来问上坐。"师以手摩头云:"今日头疼,汝去问海师兄。"其僧又去问海百丈和尚,海云:"我到遮里却不会。"僧乃举似马祖,祖云:"藏头白,海头黑。"马祖一日问师云:"子何不看经?"师云:"经岂异邪?"祖云:"然虽如此,汝向后为人也须得。"曰:"智藏病思自养,敢言为人?"祖云:"子末年必兴于世也。"

马祖灭后,师唐贞元七年,众请开堂。李尚书翱尝问僧:"马大师有什么言教?"僧云:"大师或说'即心即佛',或说'非心非佛'。"李云:"总过遮边。"李却问师:"马大师有什么言教?"师呼李翱,翱应诺。师云:"鼓角动也。"制空禅师谓师曰:"日出太早生。"师曰:"正是时。"师住西堂,后有一俗士问:"有天堂地狱否?"师曰:"有。"曰:"有佛法僧宝否?"师曰:"有。"更有多问,尽答言有。曰:"和尚怎么道,莫错否?"师曰:"汝曾见尊宿来邪?"曰:"某甲曾参径山和尚来。"师曰:

---

① "连帅",原作"连师",据丛刊本、东寺本、碛砂本、径山本、大正本改。
② "受",大正本作"授"。

"径山向汝作么生道？"曰："他道一切总无。"师曰："汝有妻否？"曰："有。"师曰："径山和尚有妻否？"曰："无。"师曰："径山和尚道无即得。"俗士礼谢而去。师元和九年四月八日归寂，寿八十，腊五十五。宪宗谥大宣教禅师，塔曰元和证真。至穆宗，重谥大觉禅师。

京兆府章敬寺怀恽禅师，泉州同安人也，姓谢氏。受大寂心印，初住定州柏岩，次止中条山。唐元和初，宪宗诏居上寺，玄学者奔凑。师上堂示徒曰："至理亡言，时人不悉，强习他事，以为功能。不知自性，元非尘境，是个微妙大解脱门。所有鉴觉，不染不碍，如是光明，未曾休废，曩劫至今，固无变易。犹如日轮，远近斯照，虽及众色，不与一切和合。灵烛妙明，非假锻炼。为不了故，取于物象。但如捏目，妄起空华，徒自疲劳，枉经劫数。若能返照，无第二人，举措施为，不亏实相。"僧问："心法双亡，指归何所？"师曰："郢人无污，徒劳运斤。"曰："请师不返之言。"师曰："即无返句。"后人举之于洞山，洞山云："道即甚易①，罕遇作家。"

百丈和尚令一僧来伺候，师上堂次，展坐具礼拜了，起来，拈师一只靸鞋，以衫袖拂却尘了，倒覆向下。师曰："老僧罪过。"或问："祖师传心地法门，为是真如心，妄想心？非真非妄心？为是三乘教外别立心？"师曰："汝见目前虚空么？"曰："信知常在目前，人自不见。"师曰："汝莫认影像。"曰："和尚作么

---

① "道即甚易"，原作"道即甚道"，据东寺本、碛砂本改。

生?"师以手拨空三下。曰:"作么生即是?"师曰:"汝向后会去在。"有一僧来,绕师三匝,振锡而立。师曰:"是,是。"长庆代云:"和尚佛法身心何在?"其僧又到南泉,亦绕南泉三匝,振锡而立。南泉云:"不是,不是。此是风力所转,始终成坏。"僧云:"章敬道是,和尚为什么道不是?"南泉云:"章敬即是,是汝不是。"长庆代云:"和尚是什么心行?"云居锡云:"章敬未必道是,南泉未必道不是。"又云:"遮僧当初但持锡出去恰好。"师有小师行脚回,师问曰:"汝离此间多少年邪?"曰:"离和尚左右将及八年。"师曰:"办得个什么①?"小师于地画一圆相,师曰:"只遮个,更别有?"小师乃画破圆相后礼拜。僧问:"四大五蕴身中,阿那个是本来佛性?"师乃呼僧名,僧应诺。师良久曰:"汝无佛性。"唐元和十三年十二月二十二日示灭,建塔于灞水。敕谥大觉禅师、大宝相之塔。

定州柏岩明哲禅师,尝见药山和尚看经,因语之曰:"和尚莫猱人好。"药山置经云:"日头早晚也?"师云:"正当午也。"药山云:"犹有文采在。"师云:"某甲亦无。"② 药山云:"老兄好聪明。"师云:"某甲只恁么,和尚作么生?"药山云:"跛跛挈挈,百丑千拙,且恁么过时。"

信州鹅湖大义禅师者,衢州须江人也,姓徐氏。李翱尝问师:"大悲用千手眼作么?"师云:"今上用公作么?"有一僧乞置塔,李尚书问云:"教中不许将尸塔下过,又作么生?"无对。僧

---

① "办",径山本作"辨"。
② "亦无",大正本作"无亦无"。

却来问师,师云:"他得大阐提。"

唐宪宗尝诏入内,于麟德殿论议。有一法师问:"如何是四谛?"师云:"圣上一帝,三帝何在?"又问:"欲界无禅,禅居色界,此土凭何而立禅?"师云:"法师只知欲界无禅,不知禅界无欲。"法师云:"如何是禅?"师以手点空,法师无对。帝云:"法师讲无穷经论,只遮一点尚不奈何?"师却问诸硕德曰:"行住坐卧,毕竟以何为道?"有对曰:"知者是道。"师曰:"不可以智知,不可以识识。安得知者是道乎?"有对:"无分别是道。"师曰:"善能分别诸法相,于第一义而不动。安得无分别是道乎?"有对:"四禅八定是道。"师曰:"佛身无为,不堕诸数。安在四禅八定邪?"众皆杜口。师又举:"顺宗问尸利禅师:'大地众生,如何得见性成佛?'尸利云:'佛性犹如水中月,可见不可取。'"因谓帝曰:"佛性非见必见①,水中月如何攫取?"帝乃问:"何者是佛性?"师对曰:"不离陛下所问。"帝默契真宗,益加钦重。师于元和十三年正月七日归寂,寿七十四。敕谥慧觉禅师、见性之塔。

伊阙伏牛山自在禅师者,吴兴人也,姓李氏。初依径山国一禅师受具,后于南康见大寂,发明心地。因为大寂送书于忠国师,国师问曰:"马大师以何示徒?"对曰:"即心即佛。"国师曰:"是甚么语话?"良久,又问曰:"此外更有什么言教?"师曰:"非心非佛,或云'不是心,不是佛,不是物'。"国师曰:

---

① "必见",大正本作"心见"。

"犹较些子。"师曰:"马大师即恁么,未审和尚此间如何?"国师曰:"三点如流水,曲似刈禾镰。"

师后隐于伏牛山,一日谓众曰:"即心即佛,是无病求病句;非心非佛,是药病对治句。"僧问:"如何是脱洒底句?"师曰:"伏牛山下古今传。"师后于随州开元寺示灭,寿八十一。

幽州盘山宝积禅师,僧问:"如何是道?"师曰:"出。"僧曰:"学人未领旨在。"师曰:"去。"师上堂示众曰:"心若无事,万象不生,意绝玄机,纤尘何立?道本无体,因道而立名;道本无名,因名而得号。若言'即心即佛',今时未入玄微;若言'非心非佛',犹是指踪之极则。向上一路,千圣不传,学者劳形,如猿捉影。夫大道无中,复谁先后?长空绝际,何用称量?空既如斯,道复何说?夫心月孤圆,光吞万象,光非照境,境亦非存,光境俱亡,复是何物?禅德,譬如掷剑挥空,莫论及之不及,斯乃空轮无迹,剑刃无亏。若能如是,心心无知,全心即佛,全佛即人,人佛无异,始为道矣。禅德,可中学道,似地擎山,不知山之孤峻;如石含玉,不知玉之无瑕。若如此者,是名出家。故导师云:'法本不相碍,三际亦复然。无为无事人,犹是金锁难。'所以灵源独耀,道绝无生,大智非明,真空无迹。真如凡圣,皆是梦言,佛及涅槃,并为增语。禅德,且须自看,无人替代。三界无法,何处求心?四大本空,佛依何住?璇机不动①,寂尔无言,觌面相呈,更无余事。珍重。"

---

① "机",径山本作"玑"

师将顺世，告众曰："有人邈得吾真否？"众皆将写得真呈师，师皆打之。弟子普化出曰："某甲邈得。"① 师曰："何不呈似老僧？"普化乃打筋斗而出，师曰："遮汉向后如风狂接人去在。"师既奄化，敕谥凝寂大师、真际之塔。

毗陵芙蓉山太毓禅师者，金陵人也，姓范氏。年十二，礼牛头山第六世忠禅师落发。二十三，于京兆安国寺受具。后遇大寂，密传祖意。唐元和十三年，止毗陵义兴芙蓉山。一日，因行食与庞居士，居士接食次，师云："生心受施，净名早诃，去此一机，居士还甘否？"居士云："当时善现，岂不作家？"师云："非关他事。"居士云："食到口边，被他夺却。"师乃下食，居士云："不消一句。"居士又问师："马大师著实为人处，还分付吾师否？"师云："某甲尚未见他，作么知他著实处？"居士云："只此见知，也无讨处。"师云："居士也不得一向言说。"居士云："一向言说，师又失宗。若作两向三向，师还开得口否？"师云："直似开口不得，可谓实也。"居士抚掌而出。宝历中，归齐云入灭，寿八十，腊五十八。大和二年，追谥大宝禅师、楞伽之塔。

蒲州麻谷山宝彻禅师，一日，随马祖行次，问："如何是大涅槃？"祖云："急。"师云："急个什么？"祖云："看水。"师与丹霞游山次，见水中鱼，以手指之。丹霞云："天然，天然。"师至来日，又问丹霞："昨日意作么生？"丹霞乃放身作卧势，师

---

① "邈"，大正本作"貌"。

云："苍天。"又与丹霞行至麻谷山，师云："某甲向遮里住也。"丹霞云："住即且从，还有那个也无？"师云："珍重。"有僧问云："十二分教，某甲不疑，如何是祖师西来意？"师乃起立，以杖绕身一转，翘一足云："会么？"僧无对，师打之。僧问："如何是佛法大意？"师默然。其僧又问石霜："此意如何？"石霜云："主人勤拳带累，阇梨拖泥涉水。"① 耽源问："十二面观音是凡是圣？"师云："是圣。"耽源乃打师一掴，师云："知汝不到遮个境界。"

杭州盐官镇国海昌院齐安禅师者，海门郡人也，姓李氏。生时神光照室，复有异僧谓之曰："建无胜幢，使佛日回照者，岂非汝乎？"遂依本郡云琮禅师落发受具，后闻大寂行化于龚公山，乃振锡而造焉。师有奇相，大寂一见，深器异之。乃命入室，密示正法。

僧问："如何是本身卢舍那佛？"师云："与我将那个铜瓶来。"僧即取净瓶来，师云："却送本处安置。"其僧送瓶本处了，却来再征前语。师："古佛也过去久矣。"有讲僧来参，师问云："坐主蕴何事业？"对云："讲《华严经》。"师云："有几种法界？"② 对云："广说则重重无尽，略说有四种法界。"师竖起拂子云："遮个是第几种法界？"坐主沈吟，徐思其对。师云："思而知，虑而解，是鬼家活计，日下孤灯，果然失照。"保福闻云："若礼拜，即吃和尚棒。"禾山代云："某甲不烦和尚，莫怪。"法眼代抚掌三下。

---

① "涉水"，碛砂本、径山本作"带水"。
② "有"，东寺本、碛砂本、南藏本、径山本作"经中有"。

僧问大梅："如何是西来意？"大梅云："西来无意。"师闻乃云："一个棺材，两个死尸。"玄沙云："盐官是作家。"师唤侍者云："将犀牛扇子来。"侍者云："破也。"师云："扇子破，还我犀牛来。"① 侍者无对。投子代云："不辞将去②，恐头角不全。"资福代作圆相，心中书牛字。石霜代云："若还和尚即无也。"保福云："和尚年尊，别请人好。"师一日谓众曰："虚空为鼓，须弥为椎，什么人打得？"众无对。有人举似南泉，南泉云："王老师不打遮破鼓。"法眼别云："王老师不打。"有法空禅师到，请问经中诸义，师一一答了，却云："自禅师到来，贫道总未得作主人。"法空云："请和尚更作主人。"师云："今日夜也，且归本位安置，明日却来。"法空下去。至明旦，师令沙弥屈法空禅师。法空至，师顾沙弥曰："咄！遮沙弥不了事，教屈法空禅师，却屈得个守堂家人来。"法空无语。法昕院主来参，师问："汝是谁？"对云："法昕。"师云："我不识汝。"昕无语。师后不疾，宴坐示灭，敕谥悟空禅师。

婺州五泄山灵默禅师者，毗陵人也，姓宣氏。初谒豫章马大师，马接之，因披剃受具。后谒石头迁和尚，先自约曰："若一言相契，我即住，不然便去。"石头知是法器，即垂开示，师不领其旨，告辞而去。至门，石头呼之云："阇梨。"师回顾，石头云："从生至老，只是遮个汉，更莫别求。"师言下大悟，乃踏折

---

① "牛"，东寺本、碛砂本、南藏本、径山本作"牛儿"。
② "去"，大正本作"出"。

拄杖而栖止焉①。洞山云："当时若不是五洩先师，大难承当。然虽如此，犹涉在途。"长庆云："险。"玄觉云："那个是涉在途处？"有僧云："为伊三寸途中荐得，所以在途。"玄觉云："为复荐得自己，为复荐得三寸。若是自己，为什么成三寸；若是三寸，为什么悟去？且道洞山意旨作么生？莫乱说，子细好。"②

唐贞元初，入天台山，住白沙道场，复居五洩。僧问："何物大于天地？"师云："无人识得伊。"僧云："还可雕琢也无？"师云："汝试下手看。"僧问："此个门中始终事如何？"师云："汝道目前底成来得多少时也？"僧云："学人不会。"师云："我此间无汝问底？"僧云："岂无和尚接人处？"③ 师云："待汝求接，我即接。"僧云："便请和尚接。"师云："汝欠少个什么？"问："如何得无心？"师云："倾山覆海晏然静，地动安眠岂采伊？"师元和十三年三月二十三日，沐浴焚香，端坐告众云："法身圆寂，示有去来，千圣同源，万灵归一。吾今沤散，胡假兴哀？无自劳神，须存正念，若遵此命，真报吾恩。傥固违言，非吾之子。"时有僧问："和尚向什么处去？"师曰："无处去。"曰："某甲何不见？"师曰："非眼所睹。"洞山云："作家。"言毕，奄然顺化，寿七十有二，腊四十一。

明州大梅山法常禅师者，襄阳人也，姓郑氏。幼岁从师于荆州玉泉寺。初参大寂，问："如何是佛？"大寂云："即心是佛。"

---

① 自"后谒石头"至此，东寺本、碛砂本、南藏本、径山本作："后初参石头时，装腰便上方丈，见石头坐次，便问：'一言相契即住，不然便发。'石头据坐，师更发去。石头随后逐至门外，召云：'阇梨、阇梨。'师回首，石头云：'从生至老，只是遮个，又回头转脑作什么？'师于言下忽然有省，便踏折拄杖，一住二十年为侍者。"
② "好"，丛刊本作"看"。
③ "岂无和尚"，东寺本、碛砂本、径山本作"和尚岂无"。

师即大悟。唐贞元中，居于天台山余姚南七十里梅子真旧隐①。时盐官会下一僧入山采拄杖，迷路至庵所，问曰："和尚在此山来多少时也？"师曰："只见四山青又黄。"又问："出山路向什么处去？"师曰："随流去。"僧归，说似盐官，盐官曰："我在江西时曾见一僧，自后不知消息，莫是此僧否？"遂令僧去请出师，师有偈曰："摧残枯木倚寒林，几度逢春不变心。樵客遇之犹不顾，郢人那得苦追寻？"

大寂闻师住山，乃令一僧到，问云："和尚见马师得个什么，便住此山？"师云："马师向我道'即心是佛'，我便向遮里住。"僧云："马师近日佛法又别。"师云："作么生别？"僧云："近日又道'非心非佛'。"师云："遮老汉惑乱人未有了日。任汝非心非佛，我只管即心即佛。"其僧回，举似马祖。祖云："大众，梅子熟也。"僧问禾山："大梅恁么道，意作么生？"禾山云："真师子儿。"

自此学者渐臻，师道弥著。师上堂示众曰："汝等诸人，各自回心达本，莫逐其末。但得其本，其末自至。若欲识本，唯了自心。此心元是一切世间、出世间法根本，故心生种种法生，心灭种种法灭。心且不附一切善恶而生②，万法本自如如。"③僧问："如何是佛法大意？"师云："蒲华柳絮，竹针麻线。"夹山与定山同行，言话次，定山云："生死中无佛，即非生死。"夹山云："生死中有佛，即不迷生死。"二人上山参礼，夹山便举问

---

① "天台山余姚"，南藏本、径山本作"大梅山鄞县"。
② "且"，东寺本、碛砂本、径山本作"但"。
③ "如"下，东寺本、碛砂本、径山本有："庞居士问师：'久向大梅，未审梅子熟也未？'师云：'你向什么处下口？'士云：'与么则百杂碎也？'师云：'还我核子来。'"

师："未审二人见处，那个较亲？"师云："一亲一疏。"夹山云："那个亲？"师云："且去，明日来。"夹山明日再上问师，师云："亲者不问，问者不亲。"夹山住后自云："当时失一只眼。"忽一日，谓其徒曰："来莫可抑①，往莫可追。"从容间复闻鼯鼠声，师云："即此物非他物，汝等诸人善护持之。吾今逝矣。"言讫示灭，寿八十八，腊六十有九。智觉禅师延寿赞曰："师初得道，即心是佛。最后示徒，物非他物。穷万法源，彻千圣骨。真化不移，何妨出没？"

京兆兴善寺惟宽禅师者，衢州信安人也，姓祝氏。年十三，见杀生者，蠢然不忍食，乃求出家。初习毗尼，修止观，后参大寂，乃得心要。唐贞元六年，始行化于吴越间。八年至鄱阳，山神求受八戒。十三年，止嵩山少林寺。僧问："如何是道？"师云："大好山。"僧云："学人问道，师何言好山？"师云："汝只识好山，何曾达道？"问："狗子还有佛性否？"师云："有。"僧云："和尚还有否？"师云："我无。"僧云："一切众生皆有佛性，和尚因何独无？"师云："我非一切众生。"僧云："既非众生，是佛否？"师云："不是佛。"僧云："究竟是何物？"师云："亦不是物。"僧云："可见可思否？"师云："思之不及，议之不得，故云不可思议。"

元和四年，宪宗诏至阙下。白居易尝诣师，问曰："既曰禅师，何以说法？"师曰："无上菩提者，被于身为律，说于口为

---

① "抑"，东寺本、碛砂本作"拒"。

法,行于心为禅。应用者三,其致一也。譬如江湖淮汉①,在处立名,名虽不一,水性无二。律即是法,法不离禅,云何于中妄起分别?"又问:"既无分别,何以修心?"师云:"心本无损伤,云何要修理?无论垢与净,一切勿起念。"又问:"垢即不可念,净无念可乎?"师曰:"如人眼睛上,一物不可住。金屑虽珍宝,在眼亦为病。"又问:"无修无念,又何异凡夫邪?"师曰:"凡夫无明,二乘执著,离此二病,是曰真修。真修者不得勤,不得忘,勤即近执著,忘即落无明。此为心要云尔。"

有僧问:"道在何处?"师曰:"只在目前。"曰:"我何不见?"师曰:"汝有我故,所以不见。"曰:"我有我故即不见,和尚见否?"师曰:"有汝有我,展转不见。"曰:"无我无汝,还见否?"师曰:"无汝无我,阿谁求见?"元和十二年二月晦日,升堂说法讫,就化,寿六十三,腊三十九。归葬于灞陵西原,敕谥大彻禅师、元和正真之塔。

湖南东寺如会禅师者,始兴曲江人也。初谒径山,后参大寂。学徒既众,僧堂内床榻为之陷折,时称"折床会"也。自大寂去世,师常患门徒以'即心即佛'之谭诵忆不已,且谓:"佛于何住,而曰即心?心如画师,而云即佛?"遂示众曰:"心不是佛,智不是道,剑去远矣②,尔方刻舟。"时号东寺为禅窟焉。

相国崔公群出为湖南观察使,见师问曰:"师以何得?"师曰:"见性得。"师方病眼,公讥曰:"既云见性,其奈眼何?"师

---

① "湖",大正本作"河"。
② "远",碛砂本、径山本作"久"。

曰："见性非眼，眼病何害？"公稽首谢之。法眼别云："是相公眼。"师问南泉："近离什么处来？"云："江西。"师云："将得马师真来否？"泉云："只遮是。"师云："背后底聻①？"无对。长庆代云："太似不知。"保福云："几不到和尚此间。"云居锡云："此二尊者②，尽扶背后。只如南泉休去，为当扶面前，扶背后？"崔相公入寺，见鸟雀于佛头上放粪，乃问师曰："鸟雀还有佛性也无？"师云："有。"崔云："为什么向佛头上放粪？"师云："是伊为什么不向鹞子头上放？"仰山来参，师云："已相见了，更不用上来。"仰山云："恁么相见，莫不当否？"归方丈③，闭却门。仰山归，举似沩山，沩山云："寂子是什么心行？"仰山云："若不恁么，争识得他？"复有人问师曰："某甲拟请和尚开堂得否？"师曰："待将物裹石头暖即得。"④ 彼无语。药山代云："石头暖也。"唐长庆癸卯岁八月十九日归寂，寿八十，敕谥传明大师，塔曰永际。

鄂州无等禅师者，尉氏人也，姓李氏。初出家于龚公山，参礼马大师，密受心要。后住随州土门⑤。尝谒州牧王常侍者，师退将出门，王后呼之云："和尚。"师回顾，王敲柱三下，师以手作圆相，复三拨之，便行。师后住武昌大寂寺，一日大众晚参，师见人人上来师前道"不审"。乃谓众曰："大众适来声向什么处去也？"有一僧竖起指头，师云："珍重。"其僧至来朝上参次，师乃转身面

---

① "聻"，原作"你"，据大正本改。
② "尊者"，径山本作"尊宿"。
③ "归"，东寺本、碛砂本、径山本、大正本作"师归"。
④ "待"，东寺本、碛砂本作"待你"，南藏本、径山本作"待尔"。
⑤ "住"，南藏本、径山本作"往"。

壁而卧，佯作呻吟声云："老僧三两日来不多安乐，大德身边有什么药物与老僧些。"小僧以手拍净瓶云："遮个净瓶，什么处得来？"师云："遮个是老僧底，大德底在什么处？"僧云："亦是和尚底，亦是某甲底。"唐大和四年十月示灭，寿八十二。

庐山归宗寺智常禅师，上堂云："从上古德，不是无知解，他高尚之士，不同常流。今时不能自成自立，虚度时光。诸子莫错用心，无人替汝，亦无汝用心处，莫就他觅。从前只是依他解，发言皆滞，光不透脱，只为目前有物。"僧问："如何是玄旨？"师云："无人能会。"僧云："向者如何？"师云："有向即乖。"僧云："不向者如何？"师云："谁求玄旨？"又云："去，无汝用心处。"僧云："岂无方便门，令学人得入？"师云："观音妙智力，能救世间苦。"僧云："如何是观音妙智力？"师敲鼎盖三下云："子还闻否？"僧云："闻。"师云："我何不闻？"僧无语，师以棒趁下。

师尝与南泉同行，后忽一日相别。煎茶次，南泉问云："从前与师兄商量语句，彼此已知。此后或有人问毕竟事作么生？"师云："遮一床地大好卓庵。"泉云："卓庵且置，毕竟事作么生？"师乃打却茶铫，便起。泉云："师兄吃茶了，普愿未曾吃茶。"师云："作遮个语话，滴水也销不得。"僧问："此事久远，如何用心？"师云："牛皮鞔露柱①，露柱啾啾叫。凡耳听不闻，诸圣呵呵笑。"师因俗官来，乃拈起帽子两带云："还会么？"俗

---

① "鞔"，东寺本、碛砂本、大正本作"鞁"。

官云:"不会。"师云:"莫怪老僧头风不卸帽子。"

师入园取菜次,师画圆相围却一株,语众云:"辄不得动着遮个。"众不敢动。少顷,师复来,见菜犹在,便以棒趁众僧云:"遮一队汉,无一个有智慧底。"师问新到僧:"什么处来?"师云①:"凤翔来。"师云:"还将得那个来否?"僧云:"将得来。"师云:"在什么处?"僧以手从顶擎捧呈之,师即举手作接势,抛向背后。僧无语。师云:"遮野狐儿。"师划草次,有讲僧来参,忽有一蛇过,师以锄断之。僧云:"久响归宗,元来是个粗行沙门。"师云:"坐主归茶堂内吃茶去。"② 云岩来参,师作挽弓势,岩良久,作拔剑势,师云:"来太迟生。"

有僧辞去,师唤:"近前来,吾为汝说佛法。"僧近前,师云:"汝诸人尽有事在,汝异时却来遮里,无人识汝。时寒,途中善为去。"师上堂云:"吾今欲说禅,诸子总近前。"大众进前。师云:"汝听观音行,善应诸方所。"僧问:"如何是观音行?"师乃弹指云:"诸人还闻否?"僧曰:"闻。"师云:"一队汉向遮里觅什么?"以棒趁出,大笑归方丈。僧问:"初心如何得个入处?"师敲鼎盖三下云:"还闻否?"僧云:"闻。"师云:"我何不闻?"师又敲三下问:"还闻否?"僧云:"不闻。"师云:"我何以闻?"僧无语。师云:"观音妙智力,能救世间苦。"

江州刺史李渤问师曰:"教中所言'须弥纳芥子',渤即不

---

① "师",疑当作"僧"。
② 自"有讲僧来"至此,东寺本、碛砂本、径山本作:"有座主来参,值师锄草,忽见一条蛇,师以锄便钁。座主云:'久响归宗,到来只见个粗行沙门。'师云:'是你粗,是我粗?'主云:'如何是粗?'师竖起锄头,主云:'如何是细?'师作斩蛇势。主云:'与么则依而行之。'师云:'依而行之即且置,尔什么处见我斩蛇?'主无语。"

疑；'芥子纳须弥'，莫是妄谭否？"师曰："人传使君读万卷书籍，还是否？"李曰："然。"师曰："摩顶至踵，如椰子大，万卷书向何处著？"李俯首而已。李异日又问云："大藏教明得个什么边事？"师举拳示之云："还会么？"李云："不会。"师云："遮个措大，拳头也不识。"李云："请师指示。"师云："遇人即途中授与，不遇即世谛流布。"师以目有重瞳，遂将药手按摩，以致目眦俱赤，世号"赤眼归宗"焉。后示灭，敕谥至真禅师。

景德传灯录卷第八

怀让禅师第二世①五十六人四十三人见录

　　汾州无业禅师

　　澧州大同广澄禅师

　　池州南泉普愿禅师

　　五台邓隐峰禅师

　　温州佛㠇和尚

　　乌臼和尚

　　潭州石霜山大善和尚②

　　石臼和尚

　　本溪和尚

　　石林和尚

　　洪州西山亮坐主

　　黑眼和尚

　　米岭和尚③

---

① "世"下，大正本有"下"。
② "和尚"，碛砂本、径山本作"禅师"。
③ "米"，原作"宋"，据丛刊本、大正本改。

齐峰和尚

大阳和尚

红螺和尚

泉州龟洋无了禅师

利山和尚

韶州乳原和尚①

松山和尚

则川和尚

南岳西园昙藏禅师

百灵和尚

镇州金牛和尚

洞安和尚

忻州打地和尚

潭州秀溪和尚

磁州马头峰神藏禅师

潭州华林善觉禅师②

汀州水塘和尚

古寺和尚

江西椑树和尚

京兆草堂和尚

袁州阳岐山甄叔禅师

蒙溪和尚

① "原"，大正本作"源"。
② "华林"，原作"林华"，据正文、丛刊本、大正本改。

洛京黑涧和尚

京兆兴平和尚

逍遥和尚

福溪和尚

洪州水老和尚

浮杯和尚

潭州龙山和尚

襄州居士庞蕴

天目山明觉禅师、王屋山行明禅师、京兆智藏禅师、大阳山希顶禅师、苏州昆山定觉禅师、随州洪山大师、连州元堤禅师、泉州无了禅师、泉州慧忠禅师、安丰山怀空禅师、罗浮山道行禅师、庐山法藏禅师、吕后山宁贲禅师　已上一十三人无机缘语句，并不录①

怀让禅师第二世法嗣

汾州无业禅师者， 商州上洛人也，姓杜氏。初，母李氏闻空中言："寄居得否？"乃觉有娠。诞生之夕，神光满室。俯及卯岁②，行必直视，坐即跏趺。九岁，依开元寺志本禅师受大乘经，五行俱下，讽诵无遗。十二落发，二十受具戒于襄州幽律师。习《四分律疏》才终，便能敷演。每为众僧讲《涅槃》大部，冬夏无废。后闻马大师禅门鼎盛，特往瞻礼。马祖睹其状貌瑰伟，语音如钟，乃曰："巍巍佛堂，其中无佛。"师礼，跪而问曰："三

---

① "并不录"，丛刊本、径山本、大正本作"不录"。
② "俯"，丛刊本作"甫"。

乘文学，粗穷其旨。常闻禅门'即心是佛'，实未能了。"马祖曰："只未了底心即是，更无别物。"师又问："如何是祖师西来密传心印？"祖曰："大德正闹在，且去，别时来。"师才出，祖召曰："大德。"师回首，祖云："是什么？"师便领悟，礼拜，祖云："遮钝汉，礼拜作么？"云居锡拈云："什么处是汾州正闹？"

自得旨，寻诣曹溪礼祖塔，及庐岳、天台，遍寻圣迹。自洛抵雍，憩西明寺，僧众举请充两街大德。师曰："非吾本志也。"后至上党，节度使李抱真重师名行，旦夕瞻奉。师常有倦色，谓人曰："吾本避上国浩穰，今复烦接君侯，岂吾心哉？"乃之绵上抱腹山。未久，又往清凉金阁寺，重阅大藏，周八稔而毕。复南下至于西河，刺史董叔缠请住开元精舍。师曰："吾缘在此矣。"由是雨大法雨，垂二十载。广语具别录。并汾缁白，无不向化。凡学者致问，师多答之云："莫妄想。"

唐宪宗屡遣使征召，师皆辞疾不赴。暨穆宗即位，思一瞻礼，乃命两街僧录灵阜等赍诏迎请。至彼，作礼曰："皇上此度恩旨，不同常时，愿和尚且顺天心，不可言疾也。"师微笑曰："贫道何德，累烦世主？且请前行，吾从别道去矣。"乃沐身剃发，至中夜告弟子惠愔等曰："汝等见闻觉知之性，与太虚同寿，不生不灭。一切境界，本自空寂，无一法可得。迷者不了，即为境惑，一为境惑，流转不穷。汝等当知：心性本自有之，非因造作，犹如金刚不可破坏。一切诸法如影如响，无有实者。故经云：'唯有一事实①，余二即非真。'常了一切空，无一物当情，

---

① "有"，南藏本、径山本作"此"。

是诸佛用心处①。汝等勤而行之。"言讫，跏趺而逝。荼毗日，祥云五色，异香四彻，所获舍利，璨若玉珠。弟子等贮以金棺。当长庆三年十二月二十一日，葬于石塔，寿六十二，腊四十二。敕谥大达国师，塔曰澄源。

澧州大同广澄禅师，僧问："如何是六根灭？"师云："轮剑掷云②，无伤于物。"问："如何是本来人？"师云："共坐不相识。"僧云："恁么即学人礼谢下去。"师云："暗写愁肠寄与谁？"

池州南泉普愿禅师者，郑州新郑人也，姓王氏。唐至德二年，依大隈山大慧禅师受业。三十诣嵩岳受戒。初习相部旧章，究毗尼篇聚。次游诸讲肆，历听《楞伽》《华严》，入《中》《百》门观，精练玄义。后扣大寂之室，顿然忘筌，得游戏三昧。一日，为僧行粥次，马大师问："桶里是什么？"师云："遮老汉，合取口，作恁么语话？"自余同参之流，无敢征诘。

贞元十一年，憩锡于池阳，自构禅斋，不下南泉三十余载。大和初，宣城廉使陆公亘向师道风，遂与监军同请下山，申弟子之礼，大振玄纲。自此学徒不下数百，言满诸方，目为郢匠。一日，师示众云："道个如如，早是变也，今时师僧须向异类中行。"归宗云："虽行畜生行，不得畜生报？"师云："孟八郎又恁么去也。"师有时云："文殊、普贤昨夜三更每人与二十棒，趁出

---

① 自卷首至此，金藏本阙，以东寺本补。
② "云"，大正本作"空"，下注："旧本作'云'。"

院也。"赵州云："和尚棒教谁吃？"师云："且道王老师过在什么处？"赵州礼拜而出。玄觉云："且道赵州休去，是肯南泉，不肯南泉？"

师拟取明日游庄舍，其夜土地神先报庄主，庄主乃预为备。师到，问庄主："争知老僧来，排办如此？"庄主云："昨夜土地报道和尚今日来。"师云："王老师修行无力，被鬼神觑见。"有僧便问："和尚既是善知识，为什么被鬼神觑见？"师云："土地前更下一分饭。"玄觉云："什么处是'土地前更下一分饭'？"云居锡云："是赏伊，罚伊？只如土地前见是南泉，不是南泉？"师有时云："江西马祖说'即心即佛'，王老师不恁么道，不是心，不是佛，不是物。恁么道，还有过么？"赵州礼拜而出。时有一僧随问赵州云："上座礼拜了便出，意作么生？"赵州云："汝却问取和尚。"僧上问曰："适来谂上座意作么生？"师云："他却领得老僧意旨。"

师一日捧钵上堂，黄檗和尚居第一座，见师不起。师问云："长老什么年中行道？"黄檗云："空王佛时。"师云："犹是王老师孙在，下去。"师一日问黄檗："黄金为世界，白银为壁落。此是什么人居处？"黄檗云："是圣人居处。"师云："更有一人，居何国土？"黄檗乃叉手立。师云："道不得，何不问王老师？"黄檗却问："更有一人，居何国土？"师云："可惜许。"师又别时问黄檗："定慧等学，此理如何？"黄檗云："十二时中，不依倚一物。"师云："莫是长老见处么？"黄檗云："不敢。"师云："浆水价且置，草鞋钱教阿谁还？"师见僧斫木，师乃击木三下，僧放下斧子归僧堂。师归法堂，良久，却入僧堂。见前僧在衣钵下坐，师云："赚杀人。"僧问："师归丈室，将何指南？"师云："昨夜三更失却牛，天明失却火。"

师因东西两堂各争猫儿，师遇之，白众曰："道得即救取猫儿，道不得即斩却也。"众无对，师便斩之。赵州自外归，师举前语示之，赵州乃脱履，安头上而出。师曰："汝适来若在，即救得猫儿也。"师在方丈，与杉山向火次，师云："不用指东指西，直下本分事道来。"杉山插火箸，叉手①。师云："虽然如是，犹较王老师一线道。"有僧问讯，叉手而立，师云："太俗生。"其僧便合掌，师云："太僧生。"僧无对。一僧洗钵次，师乃夺却钵，其僧即空手而立。师云："钵在我手里，汝口喃喃作么？"僧无对。

师因入菜园见一僧，师乃将瓦子打之。其僧回顾，师乃翘足，僧无语，师便归方丈。僧随后入，问讯云："和尚适来掷瓦子打某甲，岂不是警觉某甲？"师云："翘足又作么生？"僧无对。后有僧问石霜云："南泉翘足意作么生？"石霜举手云："还怎么无？"师示众云："王师老要卖身②，阿谁要买？"一僧出云："某甲买。"师云："他不作贵价，不作贱价，汝么作生买？"僧无对。卧龙代云："属某甲去也。"③ 禾山代云："是何道理？"赵州代云："明年来，与和尚缝个布衫。"

师与归宗、麻谷同去参礼南阳国师，师先于路上画一圆相云："道得即去。"归宗便于圆相中坐，麻谷作女人拜。师云："恁么即不去也。"归宗云："是什么心行？"师乃相唤回，不去礼国师。玄觉云："只如南泉怎么道，是肯底语，不肯语？"云居锡云："比来去礼拜国师，南泉为什么却相唤回？且道古人意怎么生？"师问神山："作什

---

① "叉手"，东寺本、碛砂本作"叉手立"。
② "师老"，疑当作"老师"。
③ "某甲"，东寺本、碛砂本作"某"。

么？"对云："打罗。"师云："手打，脚打？"神山云："请和尚道。"师云："分明记取，举似作家。"洞山别云："无脚手者，始解打罗。"

有一坐主辞师，师问："什么处去？"对云："山下去。"师云："第一不得谤王老师。"对云："争敢谤和尚？"师乃喷水云："多少？"坐主便出去。先云居云："非师本意。"先曹山云："赖也。"石霜云："不为人斟酌。"长庆云："请领语。"① 云居锡云："坐主当时出去，是会不会？"师一日掩方丈门，将灰围却门外云："若有人道得即开。"或有祇对，多未惬师意。赵州云："苍天！"师便开门。师因玩月次，有僧便问："几时得似遮个去？"师云："王老师二十年前亦恁么来。"僧云："即今作么生？"师便归方丈。

陆亘大夫问云："弟子从六合来，彼中还更有身否？"师云："分明记取，举似作家。"陆又谓师曰："和尚大不可思议，到处世界皆成就。"师云："适来总是大夫分上事。"陆异日又谓师曰："弟子亦薄会佛法。"师便问："大夫十二时中作么生？"陆云："寸丝不挂。"师云："犹是阶下汉。"师又云："不见道：有道君王不纳有智之臣。"师上堂次，陆大夫云："请和尚为众说法。"师云："教老僧作么生说？"陆云："和尚岂无方便？"师云："道他欠少什么？"陆云："为什么有六道四生？"师云："老僧不教他。"陆大夫与师见人双陆，拈起骰子云："恁么不恁么，只恁么，信彩去时如何？"师拈起骰子云："臭骨头十八。"又问云："弟子家中有一片石，或时坐或时卧，如今拟镌作佛，还得否？"师云："得。"大夫云："莫不得否？"师云："不得，不得。"云岩

---

① "语"，东寺本、碛砂本、径山本作"话"。

云:"坐即佛,不坐即非佛。"洞山云:"不坐即佛,坐即非佛。"

赵州问:"道非物外,物外非道。如何是物外道?"师便打,赵州捉住棒云:"已后莫错打人去。"师云:"龙蛇易辨,衲子难谩。"师唤院主,院主应诺,师云:"佛九十日在忉利天为母说法,时优填王思佛,请目连运神通三转,摄匠人往彼雕佛像,只雕得三十一相,为什么梵音相雕不得?"院主问:"如何是梵音相?"师云:"赚杀人。"师问维那:"今日普请作什么?"对云:"拽磨。"师云:"磨从尔拽,不得动著磨中心树子。"维那无语①。保福代云:"比来拽磨,如今却不成。"法眼代云:"恁么即不拽也。"一日,有大德问师曰:"即心是佛又不得,非心非佛又不得,师意如何?"师云:"大德,且信即心是佛便了,更说什么得与不得?只如大德吃饭了,从东廊上西廊下,不可总问人得与不得也?"

师住庵时,有一僧到庵。师向其僧道:"某甲上山,待到斋时,作饭自吃了②,送一分来山上。"少时,其僧自吃了,却一时打破家事,就床卧。师待,不见来,便归庵,见僧卧,师亦去一边而卧,僧便起去。师住后云:"我往前住庵时,有个灵利道者,直至如今不见。"师拈起球子问僧云:"那个何似遮个?"对云:"不似。"师云:"什么处见那个,便道不似?"僧云:"若问某甲见处,和尚放下手中物。"师云:"许你具一只眼。"

陆亘大夫向师道:"肇法师甚奇怪,道'万物同根,是非一体'。"师指庭前牡丹花云:"大夫,时人见此一株花,如梦相似。"陆罔测,陆又问:"天王居何地位?"师云:"若是天王,即

---

① "无",碛砂本、径山本作"不"。
② "作饭",大正本作"做饭",东寺本、碛砂本、径山本作"做饭先"。

非地位。"陆云:"弟子闻说天王是居初地。"师云:"应以天王身得度者,即现天王身而为说法。"陆辞归宣城治所,师问:"大夫去彼,将何治民?"陆云:"以智慧治民。"师云:"恁么即彼处生灵尽遭涂炭去也。"师入宣州,陆大夫出迎接,指城门云:"人人尽唤作雍门①,未审和尚唤作什么门?"师云:"老僧若道,恐辱大夫风化。"陆云:"忽然贼来时作么生?"师云:"王老师罪过。"陆又问:"大悲菩萨,用如许多手眼作什么?"师云:"只如国家又用大夫作什么?"

师为马大师设斋,问众云:"马大师来否?"众无对。洞山云:"待有伴即来。"师云:"子虽后生,甚堪雕琢。"洞山云:"和尚莫压良为贱。"师洗衣次,有僧问:"和尚犹有遮个在?"师拈起衣云:"争奈遮个何?"玄觉云:"且道是一个,是两个?"师问僧良钦:"空劫中还有佛否?"对云:"有。"师云:"是阿谁?"对云:"良钦。"师云:"居何国土?"无语。僧问:"祖祖相传,合传何事?"师云:"一二三四五。"问:"如何是古人底?"师云:"待有即道。"僧云:"和尚为什么妄语?"师云:"我不妄语,卢行者却妄语。"问:"十二时中以何为境?"师云:"何不问王老师。"僧云:"问了也。"师云:"还曾与汝为境么?"僧问:"青莲不随风火散时,是什么?"师云:"无风火不随是什么?"僧无对。师却问:"不思善,不思恶,思总不生时,还我本来面目来。"僧云:"无容止可露。"洞山云:"还曾将示人么?"

师问坐主云:"你与我讲经,得么?"对云:"某甲与和尚讲

---

① "雍",南藏本、大正本作"瓮"。

经,和尚须与某甲说禅始得。"师云:"不可将金弹子博银弹子去。"座主云:"某甲不会。"师云:"汝道空中一片云,为复钉钉住,为复藤缆著?"问:"空中有一珠,如何取得?"师云:"斫竹布梯空中取。"僧云:"空中如何布梯?"师云:"汝拟作么生取?"僧辞,问云:"学人到诸方,有人问和尚近日作么生,未审如何祗对?"师云:"但向道:近日解相扑。"僧云:"作么生?"师云:"一拍双泯。"问:"父母未生时,鼻孔在什么处?"师云:"父母已生了,鼻孔在什么处?"

师将顺世,第一坐问:"和尚百年后向什么处去?"师云:"山下作一头水牯牛去。"僧云:"某甲随和尚去,还得也无?"师云:"汝若随我,即须衔取一茎草来。"师乃示疾。大和八年甲寅十二月二十五日凌晨,告门人曰:"星翳灯幻亦久矣,勿谓吾有去来也。"言讫而谢,寿八十七,腊五十八,明年春入塔。

五台山隐峰禅师者,建州邵武人也①,姓邓氏。时称"邓隐峰"。幼若不慧,父母听其出家。初游马祖之门,而未能睹奥。复来往石头,虽两番不捷。语见马祖章。而后于马大师言下契会。师在石头时,问云:"如何得合道去?"石头云:"我亦不合道。"师云:"毕竟如何?"石头云:"汝被遮个得多少时邪?"一日,石头和尚划草次,师在左侧叉手而立。石头飞划子,向师面前划一株草,师云:"和尚只划得遮个,不划得那个。"石头提起划子,师接得划子,乃作划势。石头云:"汝只划得那个,不解划得遮个。"师

---

① "建州",南藏本、大正本作"福建"。

无对。洞山代云:"还有堆阜么?"

师一日推土车次,马大师展脚在路上坐。师云:"请师收足。"大师云:"已展不收。"师云:"已进不退。"乃推车碾过①,大师脚损,归法堂执斧子云:"适来碾损老僧脚底出来。"师便出,于大师前引颈。大师乃置斧。师到南泉,睹众僧参次,南泉指净瓶云:"铜瓶是境,瓶中有水。不得动著境,与老僧将水来。"师便拈净瓶,向南泉面前泻,南泉便休。师后到沩山,于上坐头解放衣钵。沩山闻师叔到,先具威仪下堂内。师见来,便倒作睡势,沩山便归方丈,师乃发去。少间,沩山问侍者:"师叔在否?"对云:"已去也。"沩山云:"去时有什么言语?"对云:"无言语。"沩山云:"莫道无言语,其声如雷。"

师以冬居衡岳,夏止清凉。唐元和中,荐登五台,路出淮西。属吴元济阻兵,违拒王命,官军与贼交锋,未决胜负。师曰:"吾当去解其患。"乃掷锡空中,飞身而过。两军将士仰观,事符预梦,斗心顿息。师既显神异,虑成惑众,遂入五台,于金刚窟前将示灭。先问众云:"诸方迁化,坐去、卧去吾尝见之,还有立化也无?"众云:"有也。"师云:"还有倒立者否?"众云:"未尝见有。"师乃倒立而化,亭亭然其衣顺体。时众议舁就荼毗,屹然不动。远近瞻睹②,惊叹无已。师有妹为尼,时亦在彼,乃俯近而咄曰:"老兄畴昔不循法律,死更荧惑于人?"于是以手推之,偾然而踣。遂就阇维,收舍利入塔。

---

① "碾",原作"展",据东寺本、碛砂本改。
② "睹",东寺本、碛砂本、大正本作"视"。

温州佛嶴和尚，寻常见人来，以拄杖卓地云："前佛也恁么，后佛也恁么。"僧问："正恁么时作么生？"师画一圆相，僧作女人拜，师乃打之。僧问："如何是佛法大意？"师云："贼也，贼也。"僧问："如何是异类？"师敲碗云："花奴，花奴，吃饭来。"

乌臼和尚，有玄、绍二上座，从江西来参师。师乃问云："二禅伯发足什么处？"僧云："江西。"师以拄杖打之。玄云："久知和尚有此机要？"师云："你既不会，后面个僧祇对看。"后面僧拟近前，师便打云："信知同窠无异土。参堂去！"

潭州石霜一作浣①。**大善和尚**，僧问："如何是佛法大意？"师云："春日鸡鸣。"僧云："学人不会。"师云："中秋犬吠。"师上堂云："大众，出来，出来，老汉有个法要，百年后不累你。"众云："便请和尚说。"师云："不消一堆火。"洞山问："几前一童子，甚是了事。如今不见，向甚处去也？"师云："火焰上泊不得，却归清凉世界去也。"

石臼和尚，初参马祖②，问："什么处来？"师云："乌臼来。"③祖云："乌臼近日有何言句？"师云："几人于此茫然在。"祖云："茫然且置，悄然一句作么生？"师乃近前三步，祖云：

---

① "浣"，大正本作"龙"。
② "马"，原作"乌"，据丛刊本、东寺本、碛砂本、大正本改。
③ "乌"，原作"马"，据丛刊本、东寺本、碛砂本、大正本改。

"我有七棒寄打乌臼,你还甘否?"师云:"和尚先吃,某甲后甘。"却回乌臼。

本溪和尚,庞居士问云:"丹霞打侍者,意在何所?"师云:"大老翁见人长短在。"居士云:"为我与师同参了,方敢借问。"师云:"若怎么从头举来,共你商量。"居士云:"大老翁不可共你说人是非。"师云:"念翁老年。"居士云:"罪过,罪过。"

石林和尚,一日庞居士来,师乃竖起拂子云:"不落丹霞机,试道一句。"居士夺却拂子了,却自竖起拳。师云:"正是丹霞机。"居士云:"与我不落看。"师云:"丹霞患哑,庞翁患聋。"居士云:"恰是也,恰是也。"师无语。居士云:"向道偶尔恁。"① 师亦无语。又一日,师问居士云:"某甲有个借问,居士莫惜言句。"居士云:"便请举来。"师云:"元来惜言句。"居士云:"遮个问讯,不觉落他便宜。"师乃掩耳而已。居士云:"作家,作家。"

亮坐主,隐洪州西山。本蜀人也,颇讲经论。因参马祖,祖问曰:"见说坐主大讲得经论,是否?"亮云:"不敢。"祖云:"将什么讲?"亮云:"将心讲。"祖云:"心如工伎儿,意如和伎者,争解讲得经?"亮抗声云:"心既讲不得,虚空莫讲得么?"祖云:"却是虚空讲得。"亮不肯,便出。将下阶,祖召云:"坐主。"亮

---

① "恁",东寺本、碛砂本、径山本作"恁么"。

回首①,豁然大悟,礼拜。祖云:"遮钝根阿师,礼拜作么?"亮归寺,告听众云:"某甲所讲经论,谓无人及得,今日被马大师一问,平生功夫冰释而已。"乃隐西山,更无消息。

黑眼和尚,僧问:"如何是不出世师?"师云:"善财拄杖子。"问:"如何是佛法大意?"师云:"十年卖炭汉,不知秤畔星。"

米岭和尚,僧问:"如何是衲衣下事?"师云:"丑陋任君嫌,不挂云霞色。"师将示灭,乃遗一偈云:"祖祖不思议,不许常住世。大众审思惟,毕竟只遮是。"

齐峰和尚,一日,庞居士入院。师云:"俗人频频入僧院,讨个什么?"居士回顾两边,云:"谁恁道,谁恁道?"师乃咄之,居士云:"在遮里。"师云:"莫是当阳道么?"居士云:"背后底。"师回首云:"看,看。"居士云:"草贼败,草贼败。"师无语。居士又问:"此去峰顶有几里?"师云:"什么处去来?"居士云:"可畏峻硬,不得问著。"师云:"是多少?"居士云:"一二三。"师云:"四五六。"居士云:"何不道七?"师云:"才道七,便有八。"居士云:"得也,得也。"师云:"一任添取。"居士乃咄之而去,师随后咄之。

---

① "首"下,东寺本、碛砂本、径山本有"祖云:'是什么?'亮"。

大阳和尚，伊禅师参次，师云："伊禅，近日一般禅师向目前指教人了，取目前事，作遮个为人，还会文彩未兆时也无？"伊云："拟向遮里致一问，问和尚不知可否？"师云："答汝已了，莫道可否。"伊云："还识得目前也未？"师云："是目前，作么生识？"伊云："要且遭人点检。"师云："谁？"伊云："某甲。"师便咄之。伊退步而立，师云："汝只解瞻前，不解顾后。"伊云："雪上更加霜。"师云："彼此无便宜。"

红螺和尚，在幽州，有颂示门人曰："红螺山子近边夷，度得之流半是奚。共语问酬全不会，可怜只解那斯祁。"①

泉州龟洋山无了禅师者，莆田县壶公宏塘人也②，姓沈氏。年七岁，父携入白重院，视之如家，因而舍爱。至十八，剃度受具灵泉寺③。后参大寂禅师，了达祖乘，即还本院。院之北，樵采路绝，师一日策杖披榛而行，遇六眸巨龟，斯须而失。乃庵于此峰，因号"龟洋和尚"。一日，有虎逐鹿入庵，师以杖格虎，遂存鹿命。

洎将示化，乃述偈曰："八十年来辨西东，如今不要白头翁。非长非短非大小，还与诸人性相同。无来无去兼无住，了却本来自性空。"偈毕，俨然告寂，瘗于正堂。垂二十载，为山泉淹没，门人发塔，见全身水中而浮。闽王闻之，遣使舁入府庭供养，忽

---

① "祁"，东寺本、碛砂本、径山本作"祈"。
② "宏"，大正本作"横"。
③ "泉"，东寺本、碛砂本、大正本、径山本作"岩"。

臭气远闻。王焚香祝之曰："可迁龟洋旧址建塔。"言讫，异香普熏，倾城瞻礼。本道奏谥真寂大师，塔曰灵觉。后弟子慧忠遇澄汰，终于白衣，就塔之东二百步而葬，谓之东塔。今龟洋二真身，士民依怙，若僧伽之遗化焉。慧忠得法于草庵和尚，如本章述之①。

利山和尚，僧问："众色归空，空归何所？"师云："舌头不出口。"僧云："为什么不出口？"师云："内外一如故。"僧问："不历僧祇获法身，请师直指。"师云："子承父业。"僧云："如何领会？"师云："贬剥不施。"僧云："恁么即大众有赖去。"师云："大众且置，作么生是法身？"僧无对。师云："汝问，我向你道。"僧却问："如何是法身？"师云："空华阳焰。"僧问："如何是西来意？"师云："不见如何。"僧云："为什么如此？"师云："只为如此。"

韶州乳源和尚，上堂云："西来的的意，不妨难道。大众莫有道得者，出来试道看。"有一僧出，才礼拜，师便打云："是什么时节出头来？"后人举似长庆，长庆云："不妨，不妨。"资福代云："为和尚不惜身命。"师见仰山作沙弥时念经，师咄云："遮沙弥，念经恰似哭声。"仰山云："慧寂念经似哭，未审和尚如何？"师乃顾视而已。

----

① "如"，丛刊本无。

松山和尚，一日命庞居士吃茶。居士举起托子云："人人尽有分，因什么道不得？"师云："只为人人尽有，所以道不得。"居士云："阿兄为什么却道得？"师云："不可无言也。"居士云："灼然，灼然。"师便吃茶。居士云："阿兄吃茶，何不揖客？"师云："谁？"居士云："庞翁。"师云："何须更揖？"后丹霞闻举，乃云："若不是松山，几被个老翁作乱一上。"居士闻之，乃令人传语丹霞云："何不会取举起托子时。"①

则川和尚，庞居士看师，师云："还记得初见石头时道理否？"居士云："犹得阿师重举在。"师云："情知久参事慢。"居士云："阿师老耄，不啻庞翁。"师云："二彼同时，又争几许？"居士云："庞翁鲜健且胜阿师。"师云："不是胜我，只是欠你一个幞头。"居士云："恰与师相似。"师大笑而已。师入茶园内摘茶次，庞居士云："法界不容身，师还见我否？"师云："不是老师，怕答公话。"居士云："有问有答，盖是寻常。"师乃摘茶，不听。居士云："莫怪适来容易借问。"师亦不顾，居士喝云："遮无礼仪老汉，待我一一举向明眼人在。"师乃抛却茶篮子，便入方丈。

南岳西园兰若昙藏禅师者，本受心印于大寂禅师，后谒石头迁和尚，莹然明彻。唐贞元二年，遁衡岳之绝顶，人罕参访。寻以脚疾，移止西园，禅侣繁盛。师一日自开浴次，僧问："何不

---

① "举"，东寺本、碛砂本、径山本作"未举"。

使沙弥？"师乃拊掌三下。洞山云："一种是时节因缘，就中西园精妙。"僧问曹山："古人拊掌，岂不明沙弥边事？"曹山云："如何是向上事？"僧无对①。曹山云："遮沙弥。"师养一灵犬，尝夜经行次，其犬衔师衣，师即归房。又于门侧伏守而吠，频奋身作猛噬之势。诘旦，东厨有一大蟒，长数丈，张口呀气，毒焰炽然。侍者请避之，师曰："死可逃乎？彼以毒来，我以慈受。毒无实性，激发则强。慈苟无缘，冤亲一揆。"言讫，其蟒按首徐行，倏然不见。复一夕有群盗，犬亦衔师衣。师语盗曰："茅舍有可意物，一任取去，终无所吝。"盗感其言，皆稽首而散。

百灵和尚，一日与庞居士路次相逢。师问云："昔日居士南岳得意句，还曾举向人未？"居士云："曾举来。"师云："举向什么人？"居士以手自指云："庞翁。"师云："直是妙德、空生，也叹居士不及。"居士却问："师得力句是谁知？"师便戴笠子而去。居士云："善为道路。"师一去更不回首。

镇州金牛和尚，师自将饭供养众僧②，每至斋时，舁饭桶到堂前，作舞曰："菩萨子，吃饭来。"乃抚掌大笑。日日如是。僧问长庆："古人抚掌唤僧吃饭，意旨如何？"③ 长庆云："大似因斋庆赞。"僧问大光："未审庆赞个什么？"大光便作舞，僧乃礼拜。大光云："遮野狐精。"东禅齐云："古人自出手作饭，舞了唤人来吃，意作么生？还会么？只如长庆与大光，是明古人意，别为他分析？今问上座，每日持盂掌钵时，迎来送去时，为当与古人

---

① "僧无对"，原无，据大正本补。
② "将"，东寺本、碛砂本作"作"。
③ "如何"，大正本作"云何"。

一般，别有道理？若道别，且作么生得别来？若一般，恰到他舞，又被唤作'野狐精'。有会处么？若未会，行脚眼在什么处？"僧问曹山："古人恁么，是奴儿婢子否？"曹山云："是。"僧云："向上事请师道。"曹山咄云："遮奴儿婢子。"

洞安和尚，有僧辞师，师云："什么处去？"僧云："本无所去。"师云："善为阇梨。"僧云："不敢，不敢。"师云："到诸方分明举。"僧侍立次，师问："今日是几？"僧云："不知。"师云："我却记得。"僧云："今日是几？"师云："今日昏晦。"

忻州打地和尚，自江西领旨，自晦其名。凡学者致问，惟以棒打地而示之，时谓之"打地和尚"。一日，被僧藏却棒，然后问，师但张其口。僧问门人曰："只如和尚每有人问，便打地，意旨如何？"门人即于灶底取柴一片，掷在釜中。

潭州秀溪和尚，一日谷山问："声色纯真，如何是道？"师云："乱道作么？"谷山却从东边过西边立，师云："若不恁么，即祸事也。"谷山却过东边。师乃下禅床，方行两步，被谷山捉住云："声色纯真事作么生？"师便掌谷山，谷山云："十年后要个人下茶也无在。"师云："要谷山老汉作么？"谷山呵呵大笑三声。

磁州马头峰神藏禅师，上堂谓众云："知而无知，不是无知，而说无知。"南泉云："恁么依师道，始道得一半。"黄檗云："不是南泉骏，他要圆前话。"

潭州华林善觉禅师，常持锡夜出林麓间，七步一振锡，一称观音名号。夹山善会造庵，问曰："远闻和尚念观音是否？"师曰："然。"夹山曰："骑却头如何？"师曰："出头从汝骑，不出头骑什么？"僧参，方展坐具，师曰："缓，缓。"僧曰："和尚见什么？"师曰："可惜许，磕破钟楼。"其僧从此悟入。一日，观察使裴休访之，问曰："师还有侍者否？"师曰："有一两个。"裴曰："在什么处？"师乃唤："大空，小空。"时二虎自庵后而出，裴睹之惊悸。师语二虎曰："有客，且去。"二虎哮吼而去。裴问曰："师作何行业，感得如斯？"师乃良久曰："会么？"曰："不会？"师曰："山僧常念观音。"

汀州水塘和尚，师勘归宗："甚么处人？"归宗云："陈州人。"师云："大少年几？"① 归宗云："二十二。"师云："阇梨未生时，老僧去来。"归宗云："和尚几时生？"师竖起拂子。归宗云："遮个岂有生邪？"师云："会得即无生。"归宗云："未会在。"师无语。

古寺和尚，丹霞参师，经宿至明旦，煮粥熟，行者只盛一钵与师，又盛一碗自吃，殊不顾丹霞。丹霞即自盛粥吃，行者云："五更侵早起，更有夜行人。"丹霞问师："何不教训行者，得恁么无礼？"师云："净地上不要点污人家男女。"丹霞云："几不问过遮老汉。"

---

① "大少年几"，东寺本、碛砂本、径山本作"多少年几"，大正本作"多少年纪"。

江西椑树和尚，因卧次，道吾近前牵被覆之。师云："作么？"道吾云："盖覆。"师云："卧底是，坐底是？"道吾云："不在遮两处。"师云："争奈盖覆何？"道吾云："莫乱道。"师向火次，道吾问："作什么？"师云："和合。"道吾云："恁么即当头脱去也。"师云："隔阔来多少时邪？"道吾便拂袖而去。道吾一日从外归，师问："什么处去来？"道吾云："亲近来。"师云："用簸遮两片皮作什么？"① 道吾云："借。"师云："他有从汝借，无作么生？"道吾云："只为有，所以借。"

京兆草堂和尚，自罢参大寂，游至海昌。海昌和尚问："什么处来？"师云："道场来。"昌云："遮里什么处？"师云："贼不打贫人家。"问："未有一法时，此身在什么处？"师乃作一圆相，于中书"身"字。

袁州阳岐山甄叔禅师，上堂示众曰："群灵一源，假名为佛，体竭形消而不灭，金流朴散而常存。性海无风，金波自涌，心灵绝兆，万象齐照。体斯理者，不言而遍历沙界，不用而功益玄化。如何背觉，反合尘劳，于阴界中妄自囚执？"师始登此山宴处，以至成院，聚徒演法四十余年。唐元和十五年正月十三日归寂，荼毗，获舍利七百粒，于东峰下建塔。

蒙溪和尚，僧问："一念不生时如何？"师良久，僧便礼拜。

---

① "簸"，碛砂本、径山本作"鼓"。

师云:"汝且作么生会?"僧云:"某甲终不无惭愧。"师云:"汝却信得及。"问:"本分事如何体悉?"师云:"你何不问?"僧云:"请师答话。"师云:"你却问得好。"其僧大笑而出。师云:"只有遮师僧灵利。"有僧从外来,师便喝。僧云:"好个来由。"师云:"犹要棒在。"僧云:"珍重。"便出。师云:"得能自在。"

洛京黑涧和尚,僧问:"如何是密室?"师云:"截耳卧街。"僧云:"如何是密室中人?"师乃换手搥胸。

京兆兴平和尚,洞山来礼拜,师云:"莫礼老朽。"洞山云:"礼非老朽。"师云:"非老朽者不受礼。"洞山云:"他亦不止。"洞山问:"如何是古佛心?"师云:"即汝心是。"洞山云:"虽然如此,犹是某甲疑处。"师云:"若恁么,即问取木人去。"洞山云:"某甲有一句子,不借诸圣口。"师云:"汝试道看。"洞山云:"不是某甲。"洞山辞,师云:"什么处去?"洞山云:"沿流无定止。"师云:"法身沿流,报身沿流?"洞山云:"总不作此解。"师乃抚掌。保福云:"洞山自是一家。"乃别云:"觅得几人?"

逍遥和尚,一日,师在禅床上坐,有僧鹿西问云:"念念攀缘,心心永寂?"师云:"昨日晚间,也有人恁么道。"西云:"道个什么?"师云:"不知。"西云:"请师说。"师以拂子蓦口打,西便出。师告大众云:"顶门上著一只眼。"

福溪和尚,僧问:"古镜无瑕时如何?"师良久。僧云:"师意如何？"师云："山僧耳背。"僧又举前问，师云："犹较些子。"僧问："如何是自己？"师云："你问什么？"僧云："岂无方便去也？"师云："你适来问什么？"僧云："得恁么颠倒？"师云："今日合吃山僧手里棒。"僧问："缘散归空，空归何所？"师云："某甲。"僧云："喏。"师云："空在何处？"僧云："却请师道。"师云："波斯吃胡椒。"

洪州水老和尚，初问马祖①："如何是西来的的意？"祖乃当胸踏倒②，师大悟。起来抚掌呵呵大笑，云："大奇！大奇③！百千三昧，无量妙义，只向一毛头上，便识得根原去。"④便礼拜而退。师住后，告众云："自从一吃马师踏，直至如今笑不休。"有僧作一圆相，以手撮向师身上，师乃三拨，亦作一圆相，却指其僧。僧便礼拜，师打云："遮虚头汉。"问："如何是沙门行？"师云："动则影现，觉则冰生。"问："如何是佛法大意？"师乃拊掌呵呵大笑。凡接机，大约如此。

浮杯和尚，有凌行婆来礼拜师，师与坐吃茶。行婆乃问云："尽力道不得底句，还分付阿谁？"师云："浮杯无剩语。"婆云："某甲不恁么道。"师遂举前语问婆，婆敛手哭云："苍天！"中间更有冤苦⑤，师无语。婆云："语不知偏正，理不识倒邪，为人即

① "问"，东寺本、碛砂本、径山本作"参"。
② "乃当胸踏倒"，东寺本、碛砂本、径山本作"云：'礼拜着。'师才礼拜，祖便与一踏。"
③ "大奇！大奇"，东寺本、碛砂本、径山本作"也大奇，也大奇"。
④ "原"，东寺本、碛砂本、径山本作"源"。
⑤ "有"，东寺本、碛砂本、径山本作"添"。

祸生也。"后有僧举似南泉，南泉云："苦哉浮杯！被老婆摧折。"婆后闻南泉恁道，笑云："王老师犹少机关在。"有幽州澄一禅客，逢见行婆，乃问云："怎生南泉恁道，犹少机关在？"① 婆乃哭云："可悲，可痛！"禅客罔措。婆乃问云："会么？"禅客合掌而对②。婆云："伎死禅和，如麻似粟。"后澄一禅客举似赵州，赵州云："我若见遮臭老婆，问教口哑却。"澄一问赵州云："未审和尚怎生问他？"赵州以棒打云："似遮个伎死汉，不打待几时？"连打数棒。婆又闻赵州恁道，云："赵州自合吃婆手里棒。"后僧举似赵州，赵州哭云："可悲，可痛！"婆闻赵州此语，合掌叹云："赵州眼放光明，照破四天下也。"后赵州教僧去问婆云："怎生是赵州眼？"婆乃竖起拳头。赵州闻，乃作一颂送凌行婆云："当机直面提，直面当机疾。报你凌行婆，哭声何得失？"婆以颂答赵州云："哭声师已晓，已晓复谁知？当时摩竭国，几丧目前机。"

潭州龙山和尚，亦云"隐山"。问僧："什么处来？"僧云："老宿处来。"师云："老宿有何言句？"僧云："说即千句万句，不说即一字也无。"师云："恁么即蝇子放卵。"其僧礼拜，师便打之。洞山价和尚行脚时，迷路到山，因参礼次，师问："此山无路，阇梨向什么处来？"洞山云："无路且置，和尚从何而入？"师云："我不曾云水。"洞山云："和尚住此山多少时邪？"师云："春秋不涉。"洞山云："此山先住，和尚先住？"师云："不知。"洞山

---

① "犹"，原作"由"，据大正本改。
② "对"，东寺本、碛砂本、大正本作"退"。

云："为什么不知？"师云："我不为人天来。"洞山却问："如何是宾中主？"师云："长年不出户。"洞山云："如何是主中宾？"师云："青天覆白云。"洞山云："宾主相去几何？"师云："长江水上波。"洞山云："宾主相见，有何言说？"师云："清风拂白月。"洞山又问："和尚见个什么道理，便住此山？"师云："我见两个泥牛斗入海，直至如今无消息。"师因有颂云："三间茅屋从来住，一道神光万境闲。莫作是非来辨我，浮生穿凿不相关。"

襄州居士庞蕴者，衡州衡阳县人也，字道玄，世以儒为业。而居士少悟尘劳，志求真谛。唐贞元初，谒石头和尚，忘言会旨。复与丹霞禅师为友。一日，石头问曰："子自见老僧已来，日用事作么生？"对曰："若问日用事，即无开口处。"复呈一偈云："日用事无别，唯吾自偶谐。头头非取舍，处处勿张乖。朱紫谁为号，丘山绝点埃。神通并妙用，运水及般柴。"① 石头然之，曰："子以缁邪，素邪？"居士曰："愿从所慕。"遂不剃染。

后之江西，参问马祖云："不与万法为侣者是什么人？"祖云："待汝一口吸尽西江水，即向汝道。"居士言下顿领玄要，乃留驻参承，经涉二载。有偈曰："有男不婚，有女不嫁。大家团栾头，共说无生话。"自尔机辩迅捷，诸方向之。尝游讲肆，随喜《金刚经》。至"无我无人处"，致问曰："坐主，既无我无人，是谁讲谁听？"坐主无对，居士曰："某甲虽是俗人，粗知信向。"坐主曰："只如居士意作么生？"居士乃示一偈云："无我复

---

① "般"，径山本作"搬"。

无人，作么有疏亲？劝君休历坐，不似直求真。金刚般若性，外绝一纤尘。我闻并信受，总是假名陈。"坐主闻偈，欣然仰叹。

居士所至之处，老宿多往复问酬，皆随机应响，非格量轨辙之可拘也。元和中，北游襄汉，随处而居。或凤岭鹿门，或廛肆间巷。初住东岩，后居郭西小舍。一女名灵照，常随制竹漉篱，令鬻之以供朝夕。有偈曰："心如境亦如，无实亦无虚。有亦不管，无亦不居。不是贤圣，了事凡夫。易复易，即此五蕴有真智。十方世界一乘同，无相法身岂有二？若舍烦恼入菩提，不知何方有佛地？"

居士将入灭，令女灵照出视日早晚，及午以报。女遽报曰："日已中矣，而有蚀也。"居士出户观次，灵照即登父坐，合掌坐亡。居士笑曰："我女锋捷矣。"于是更延七日。州牧于公问疾次，居士谓曰："但愿空诸所有，慎勿实诸所无。好住世间，皆如影响。"言讫，枕公膝而化。遗命焚弃，江湖缁白伤悼，谓禅门庞居士即毗邪净名矣。有诗偈三百余篇传于世。

景德传灯录卷第九

怀让禅师第三世五十六人①

洪州百丈怀海禅师法嗣三十人—十三人见录

  潭州沩山灵祐禅师

  洪州黄檗希运禅师②

  杭州大慈寰中禅师

  天台山普岸禅师

  筠州常观禅师

  潭州石霜性空禅师③

  福州大安禅师

  古灵神赞禅师

  广州和安通禅师

  江州龙云台禅师

  洛京卫国道禅师

  镇州万岁和尚④

---

① "世"下,大正本有"下"。
② 此下,大正本下有"法要附卷末"。
③ 大正本"性空""常观"两位禅师互换。
④ "万岁和尚"下,大正本有"百丈山涅槃和尚"。

洪州东山和尚

高安无畏禅师、东岩道旷禅师、邢州素禅师、唐州大乘山吉本禅师、小乘山慧深禅师、杨州慧照寺昭一禅师、祯州罗浮鉴深禅师、洪州九仙山梵云禅师、百丈山涅槃和尚①、江州庐山操禅师、越州禹迹寺契真禅师、筠州包山天性禅师、明州大梅山彼岸禅师、洪州辽山藏术禅师、升州祇阇山道方禅师、清田和尚、大于和尚已上一十七人无机缘语句②，不录。

前虔州西堂藏禅师法嗣四人一人见录

虔州处微禅师

鸡林道义禅师、新罗国慧禅师、新罗国洪直禅师已上三人无机缘语句，不录。

前蒲州麻谷山宝彻禅师法嗣二人一人见录

寿州良遂禅师

新罗国无染禅师 一人无机缘语句，不录。

前湖南东寺如会禅师法嗣四人一人见录

吉州薯山慧超禅师

舒州景诸禅师、庄严寺光肇禅师、潭州幕辅山昭禅师 已上三人无机缘语句，不录。

前京兆章敬寺怀恽禅师法嗣一十六人六人见录

京兆荐福弘辩禅师

福州龟山智真禅师

朗州怀政禅师

金州操禅师

---

① "百丈山涅槃和尚"，大正本无。
② "十七人"，大正本作"十六人"。

朗州古堤和尚

河中公畿和尚

<blockquote>
柏林院闲云禅师①、宣州玄哲禅师、河中宝坚禅师、西京道志禅师、绛州神祐禅师、西京智藏禅师、许州无迹禅师、寿州惟肃禅师、新罗国玄昱禅师、新罗国觉体禅师　已上一十人无机缘语句，不录
</blockquote>

前百丈怀海禅师第三世法嗣②

潭州沩山灵祐禅师者，福州长溪人也，姓赵氏。年十五，辞亲出家，依本郡建善寺法常律师剃发，于杭州龙兴寺受戒，究大小乘经律。二十三，游江西，参百丈大智禅师。百丈一见，许之入室，遂居参学之首。一日侍立，百丈问："谁？"师曰："灵祐。"百丈云："汝拨炉中有火否？"师拨云："无火。"百丈躬起深拨，得少火，举以示之云："此不是火？"师发悟，礼谢，陈其所解。百丈曰："此乃暂时岐路耳。经云：'欲见佛性，当观时节因缘。'时节既至，如迷忽悟，如忘勿忆。方省己物不从他得。故祖师云：'悟了同未悟，无心得无法。'③ 只是无虚妄凡圣等心，本来心法，元自备足。汝今既尔，善自护持。"

时司马头陀自湖南来，百丈谓之曰："老僧欲往沩山可乎？"司马头陀参禅外，蕴人伦之鉴，兼穷地理。诸方创院，多取决焉。④ 对云："沩山奇绝，可聚千五百众，然非和尚所住。"百丈云："何也？"

---

① "院"，大正本无。
② "第三世"，大正本无。
③ "得"，东寺本、碛砂本、径山本作"亦"。
④ "焉"，东寺本、碛砂本作"可"。

对云："和尚是骨人，彼是肉山。设居之，徒不盈千。"百丈云："吾众中，莫有人住得否？"对云："待历观之。"百丈乃令侍者唤第一坐来，即华林和尚也。问云："此人如何？"头陀令謦欬一声，行数步。对云："此人不可。"又令唤典坐来，即祐师也。头陀云："此正是沩山主也。"百丈是夜召师入室，嘱云："吾化缘在此，沩山胜境，汝当居之，嗣续吾宗，广度后学。"时华林闻之曰："某甲忝居上首，祐公何得住持？"百丈云："若能对众下得一语出格，当与住持。"即指净瓶问云："不得唤作净瓶，汝唤作什么？"华林云："不可唤作木楔也？"百丈不肯，乃问师，师踏倒净瓶。百丈笑云："第一坐输却山子也。"遂遣师往沩山。

是山峭绝，复无人烟，师猿猱为伍，橡栗充食。山下居民，稍稍知之，帅众共营梵宇①。连率李景让奏号同庆寺，相国裴公休尝咨玄奥，由是天下禅学若辐凑焉。师上堂示众云："夫道人之心，质直无伪，无背无面，无诈妄心行。一切时中，视听寻常，更无委曲，亦不闭眼塞耳，但情不附物即得。从上诸圣只是说浊边过患，若无如许多恶觉情见想习之事，譬如秋水澄渟，清净无为，澹泞无碍，唤他作道人，亦名无事之人。"时有僧问："顿悟之人，更有修否？"师云："若真悟得本，他自知时，修与不修，是两头语。如今初心，虽从缘得一念，顿悟自理，犹有无始旷劫习气，未能顿净，须教渠净除现业流识，即是修也。不道别有法，教渠修行趣向。从闻入理，闻理深妙，心自圆明，不居惑地。纵有百千妙义，抑扬当时，此乃得坐披衣，自解作活计。

---

① "帅"，原作"师"，据丛刊本、东寺本、碛砂本、大正本改。

以要言之，则实际理地，不受一尘，万行门中，不舍一法。若也单刀趣入，则凡圣情尽，体露真常，理事不二，即如如佛。"

仰山问："如何是西来意？"师云："大好灯笼。"仰山云："莫只遮个便是么？"师云："遮个是什么？"仰山云："大好灯笼。"师云："果然不识。"一日，师谓众云："如许多人，只得大识①，不得大用。"仰山举此语问山下庵主云："和尚怎么道，意旨何如？"②庵主云："更举看。"仰山拟再举，被庵主踏倒。归举似师，师大笑。师在法堂坐，库头击木鱼，火头掷却火抄，拊掌大笑。师云："众中也有恁么人？"唤来问："作么生？"火头云："某甲不吃粥肚饥，所以喜欢。"师乃点头。东使闻云："将知沩山众里无人。"卧龙云："将知沩山众里有人。"

普请摘茶，师谓仰山曰："终日摘茶，只闻子声，不见子形，请现本形相见。"仰山撼茶树，师云："子只得其用，不得其体。"仰山云："未审和尚如何？"师良久，仰山云："和尚只得其体，不得其用。"师云："放子二十棒。"玄觉云："且道过在什么处？"师上堂，有僧出云："请和尚为众说法。"师云："我为汝得彻困也。"僧礼拜。后人举似雪峰，雪峰云："古人得恁么老婆心。"玄沙云："山头和尚蹉过古人事也。"雪峰闻之，乃问玄沙："什么处是老僧蹉过古人事处？"玄沙云："大小沩山，被那僧一问得百杂碎。"雪峰骇之，乃休。师谓仰山曰："寂子速道，莫入阴界。"仰山云："慧寂信亦不立。"师云："子信了不立，不信不立？"仰山云："只是慧寂，更信阿谁？"师云："若恁

---

① "识"，碛砂本、大正本作"机"，大正本下有注云："旧本云'大识'，今改作'大机'。"按《广灯》并《别录》，皆云'只得大机'。而第十六卷'九峰慧禅师'章中云'只得大体'，未详孰是。"

② "何如"，东寺本、碛砂本、径山本作"如何"。

么即是定性声闻。"仰山云:"慧寂佛亦不见。"师问仰山:"《涅槃经》四十卷,多少佛说,多少魔说?"仰山云:"总是魔说。"师云:"已后无人奈子何。"仰山云:"慧寂即一期之事,行履在什么处?"师云:"只贵子眼正,不说子行履。"

仰山踏衣次,提起问师云:"正恁么时,和尚作么生?"师云:"正恁么时,我遮里无作么生。"仰山云:"和尚有身而无用。"师良久,却拈起问:"汝正恁么时作么生?"仰山云:"正恁么时,和尚还见伊否?"师云:"汝有用而无身。"此语是二月中问答。师忽问仰山:"汝春间有话未圆,今试道看。"仰山云:"正恁么时,切忌勃塑。"师云:"停囚长智。"师一日唤院主,院主来。师云:"我唤院主,汝来作什么?"院主无对。曹山代云:"也知和尚不唤某甲。"又令侍者唤第一坐,第一坐来,师云:"我唤第一坐,汝来作什么?"亦无对。曹山代云:"若令侍者唤,恐不来。"法眼别云:"适来侍者唤。"师问新到僧:"名什么?"僧云:"名月轮。"师作一圆相问:"何似遮个?"僧云:"和尚恁么语话,诸方大有人不肯在。"师云:"贫道即恁么,阇梨作么生?"僧云:"还见月轮么?"师云:"阇梨恁么道,此间大有人不肯诸方。"

师问云岩云:"闻汝久在药山,是否?"岩云:"是。"师云:"药山大人相如何?"云岩云:"涅槃后有。"师云:"涅槃后有如何?"云岩云:"水洒不著。"云岩却问师:"百丈大人相如何?"师云:"巍巍堂堂,炜炜煌煌,声前非声,色后非色。蚊子上铁牛,无汝下嘴处。"师过净瓶与仰山,仰山拟接,师却缩手云:"是什么?"仰山云:"和尚还见个什么?"师云:"若恁么,何用更就吾觅?"仰山云:"虽然如此,仁义道中与和尚提瓶挈水,亦是本分事。"师乃过净瓶与仰山。师与仰山行次,指柏树子问云:"前面是什么?"仰山云:"只遮个柏树子。"师却指背后田翁云:"遮阿翁向后亦有五百众。"师问仰山:"从何处归?"仰山云:"田中归。"师云:"禾好刈也未?"仰山云:"好刈也。"师云:"作青见,作黄见,作不青不黄见?"仰山云:"和尚背后是什么?"师云:"子还见么?"仰山拈起禾穗云:"和尚何曾问遮个?"师云:"此是鹅王择乳。"冬月师问仰山:"天寒,人寒?"仰山云:"大家在遮里。"师云:"何不直说?"仰山云:"适来也不曲。和尚如何?"师云:"直须随流。"

有僧来礼拜,师作起势。僧云:"请和尚不起。"师云:"老僧未曾坐。"僧云:"某甲亦未曾礼。"师云:"何故无礼?"僧无对。同安代云:"和尚不怪。"石霜会下有二禅客到,云:"此间无一人会禅。"后普请般柴①,仰山见二禅客歇,将一橛柴问云:"还道得么?"俱无语。仰山云:"莫道无人会禅好。"归举似沩山云:"今日二禅客,被慧寂勘破。"师云:"什么处被子勘破?"仰山便举前话,师云:"寂子又被吾勘破。"云居锡云:"什么处是沩山勘破仰山处?"师睡次,仰山问讯,师便回面向壁。仰山云:"和尚何得如此?"师起云:"我适来得一梦,汝试为我原看。"仰山取一盆水,与师洗面。少顷,香严亦来问讯。师云:"我适来得一梦,寂子原了,汝更与我原看。"香严乃点一碗茶来。师云:"二子见解,过于鹙子。"僧云:"不作沩山一顶笠,无由得到莫徭村。如何是沩山一顶笠?"师即踏之。师上堂示众云:"老僧百年后,向

---

① "般",径山本作"搬"。

山下作一头水牯牛。左胁书五字云'沩山僧某甲'。此时唤作沩山僧，又是水牯牛；唤作水牯牛，又云沩山僧。唤作什么即得？"云居代云："师无异号。"资福代作圆相托起。古人颂云："不道沩山不道牛，一身两号实难酬。离却两头应须道，如何道得出常流。"

师敷扬宗教，凡四十余年，达者不可胜数，入室弟子四十一人。唐大中七年正月九日，盥漱敷坐，怡然而寂。寿八十三，腊六十四，塔于本山。敕谥大圆禅师，塔曰清净。

洪州黄檗希运禅师，闽人也。幼于本州黄檗山出家。额间隆起如肉珠，音辞朗润，志意冲澹。后游天台，逢一僧，与之言笑，如旧相识。熟视之，目光射人。乃偕行，属涧水暴涨，乃捐笠植杖而止，其僧率师同渡。师曰："兄要渡自渡。"彼即褰衣蹑波，若履平地，回顾云："渡来，渡来。"师曰："咄！遮自了汉，吾早知当斫汝胫。"其僧叹曰："真大乘法器，我所不及。"言讫不见。

师后游京师，因人启发，乃往参百丈。问曰："从上宗承如何指示？"① 百丈良久，师云："不可教后人断绝去也。"百丈云："将谓汝是个人。"乃起入方丈。师随后入云："某甲特来。"百丈云："若尔，则他后不得孤负吾。"百丈一日问师："什么处去来？"曰："大雄山下采菌子来。"百丈曰："还见大虫么？"师便作虎声，百丈拈斧作斫势，师即打百丈一掴，百丈吟吟大笑便归。上堂谓众曰："大雄山下有一大虫，汝等诸人也须好看，百丈老汉今日亲遭一口。"师在南泉时，普请择菜，南泉问："什么

---

① "承"，东寺本、碛砂本、径山本作"乘"。

处去?"曰:"择菜去。"南泉曰:"将什么择?"师举起刀子。南泉曰:"大家择菜去。"① 一日南泉谓师曰:"老僧偶述《牧牛歌》,请长老和。"师云:"某甲自有师在。"师辞,南泉门送,提起师笠子云:"长老身材勿量大,笠子太小生。"师云:"虽然如此,大千世界总在里许。"南泉云:"王老师底?"② 师便戴笠子而去。

后居洪州大安寺,海众奔凑。裴相国休镇宛陵,建大禅苑请师说法,以师酷爱旧山,还以黄檗名之。又请师至郡,以所解一编示师③。师接置于坐,略不披阅。良久云:"会么?"公云:"未测。"师云:"若便恁么会得,犹较些子。若也形于纸墨,何有吾宗?"裴乃赠诗一章曰:"自从大士传心印,额有圆珠七尺身。挂锡十年栖蜀水,浮杯今日渡漳滨。一千龙象随高步,万里香华结胜因。拟欲事师为弟子,不知将法付何人?"④ 师亦无喜

---

① "南泉曰:'大家择菜去。'" 东寺本、碛砂本作 "南泉云:'只解作宾,不解作主。'师扣三下"。
② "底",东寺本、碛砂本作"吹",大正本作"霻"。
③ "编",东寺本、径山本作"篇"。
④ 漳,大正本作"章"。大正本此下有注:"观前所叙,则运禅师居洪州大安寺后,裴公在宣州创寺,请师居之,号曰黄檗,而赠以诗也。然所叙之事,与诗意全不相合。今详此诗,乃裴公在洪州时作也。言'挂锡十年栖蜀水'者,谓师先住高安之黄檗已十年也。按《前汉·地理志》:豫章郡建成县有蜀水。建成者,即唐之高安县也。'浮杯今日渡章滨'者,谓自黄檗请师来至洪城也。按《前汉·地理志》:豫章水出赣县西南,北入大江。洪州城在章水之滨,而郡名豫章也。又裴公作《传心法要序》云:有大禅师号希运,住洪州高安县黄檗山鹫峰下,海众常千余人。予会昌二年廉于钟陵,自山迎至州,憩龙兴寺,旦夕问道。大中二年廉于宛陵,复礼迎至所部,寓开元寺云云。钟陵,洪州也;宛陵,宣州也。观此序所述,亦谓师先住高安黄檗,而裴公请至洪州。与前诗正合。逮其廉于宣州,虽复迎请师,但寓开元寺而已,初无建寺之说。不知本章何以差误若此,盖当以裴公《法要序》与诗为正。且会昌三年,武宗废教其二年,言师居黄檗已十载,此必然之理也。裴公在宣州请师,乃大中重兴之后,而师再聚徒于黄檗之时也。故'千顷南公章'中云:大中初,裴公出抚宛陵,请黄檗和尚出山。而南公随之也。其余在'裴公章'中辨之矣。"

色。自尔黄檗门风盛于江表矣。

一日上堂，大众云集，乃曰："汝等诸人欲何所求？"因以棒趁散云："尽是吃酒糟汉，恁么行脚取笑于人。但见八百一千人处便去，不可只图热闹也。老汉行脚时，或遇草根下有一个汉，便从顶上一锥，看他若知痛痒，可以布袋盛米供养。可中总似汝如此容易，何处更有今日事也？汝等既称行脚，亦须著些精神好。还知道：大唐国内无禅师么？"时有一僧出，问云："诸方尊宿尽聚众开化，为什么道无禅师？"师云："不道无禅，只道无师。阇梨不见马大师下有八十八人坐道场①，得马师正眼者止三两人，庐山和尚是其一人。夫出家人，须知有从上来事分②。且如四祖下牛头融大师，横说竖说，犹未知向上关棙子。有此眼脑，方辨得邪正宗党。且当人事，实不能体会得③。但知学言语念，向皮袋里安著，到处称'我会禅'，还替得汝生死么？轻忽老宿，入地狱如箭。我才见入门来，便识得汝了也。还知么？急须努力，莫容易事，持片衣口食空过一生。明眼人笑汝，久后总被俗汉算将去在。宜自看远近，是阿谁面上事？若会即便会，若不会即散去。"问："如何是西来意？"师便打。自余施设，皆被上机，中下之流，莫窥涯涘。唐大中年终于本山，敕谥断际禅师，塔曰广业。

杭州大慈山寰中禅师，蒲坂人也，姓卢氏。顶骨圆耸，其声

---

① "八十八"，东寺本、碛砂本、径山本作"八十四"。
② "知"，东寺本、碛砂本、径山本无。
③ "实"，原作"宜"，碛砂本作"寔"，径山本作"实"，据改。

如钟。少丁母忧，庐于墓所。服阕，思报罔极，于并州童子寺出家。嵩岳登戒，习诸律学。后参百丈，受心印。辞往南岳常乐寺，结茅于山顶。一日南泉至，问："如何是庵中主？"师云："苍天，苍天。"南泉云："苍天且置，如何是庵中主？"师云："会即便会，莫忉忉。"南泉拂袖而出。

后住浙江北大慈山。上堂云："山僧不解答话，只能识病。"时有一僧出师前立，师便下座归方丈。法眼云："众中唤作病在目前不识。"玄觉云："且道大慈识病不识病？此僧出来是病不是病？若言是病，每日行住，不可总是病；若言不是病，出来又作么生？"赵州问："般若以何为体？"师云："般若以何为体。"赵州大笑而出。师明日见赵州扫地，问："般若以何为体？"赵州置帚，拊掌大笑，师便归方丈。有僧辞，师云："去什么处？"僧云："暂去江西。"师云："我劳汝一段事得否？"僧云："和尚有什么事？"师云："将取老僧去。"僧云："更有过于和尚者，亦不能将得去。"师便休。其僧后举似洞山，洞山云："阇梨争合恁么道？"僧云："和尚作么生？"洞山云："得。"法眼别云："和尚若去，某甲提笠子。"洞山又问其僧："大慈别有什么言句？"僧云："有时示众云：说得一丈，不如行取一尺，说得一尺，不如行取一寸。"洞山云："我不恁么道。"僧云："作么生？"洞山云："说取行不得底，行取说不得底。"云居云："行时无说路，说时无行路。不说不行时，合行什么路？"乐普云："行说俱到，即本事无；行说俱不到，即本事在。"

后属唐武宗废教，师短褐隐居。大中壬申岁，重剃染，大扬宗旨。咸通三年二月十五日，不疾而逝，寿八十三，腊五十四。僖宗谥性空大师、定慧之塔。

天台平田普岸禅师，洪州人也，于百丈门下得旨。后闻天台胜概，圣贤间出，思欲高蹈方外，远追逴躅，乃结茅薙草，宴寂林下。日居月诸，为四众所知，创建精蓝，号平田禅院焉。有时谓众曰："神光不昧，万古徽猷，入此门来，莫存知解。"有僧到参，师打一拄杖，其僧近前把住拄杖。师曰："老僧适来造次。"僧却打师一拄杖，师曰："作家，作家。"僧礼拜，师把住曰："是阇梨造次。"僧大笑。师曰："遮个师僧今日大败也。"有偈示众曰："大道虚旷，常一真心。善恶勿思，神清物表。随缘饮啄，更复何为？"终于本院。今山门有遗塔存焉，皇朝重加修饰①，赐额曰寿昌。岸禅师即寿昌开山和尚也。

筠州五峰常观禅师，有僧问："如何是五峰境？"师云："险。"僧云："如何是境中人？"师云："塞。"有僧辞，师云："阇梨向什么处去？"僧云："台山去。"师竖起一指云："若见文殊了，却来遮里与汝相见。"僧无对。师问一僧："汝还见牛么？"僧云："见。"师云："见左角，见右角？"僧无对。师自代云："见无左右。"仰山别云："还辨左右么？"又有僧辞，师云："汝去诸方去②，莫谤老僧在遮里。"僧云："某甲不道和尚在遮里。"师云："汝道老僧在什么处？"僧竖起一指。师云："早是谤老僧也。"

---

① "皇朝"，大正本作"宋朝"。
② "去"，东寺本、碛砂本、径山本无。

潭州石霜山性空禅师，僧问："如何是西来意？"师曰："若人在千尺井中，不假寸绳，出得此人①，即答汝西来意。"僧曰："近日湖南畅和尚出世，亦为人东语西话。"师唤沙弥："拽出死尸著。"沙弥即仰山也。沙弥后举问耽源："如何出得井中人？"耽源曰："咄！痴汉，谁在井中？"后问沩山②："如何出得井中人？"沩山乃呼："慧寂。"寂应诺，沩山曰："出也。"及住仰山，尝举前语谓众曰："我耽源处得名③，沩山处得地。"

福州大安禅师者，本州人也，姓陈氏。幼于黄檗山受业，听习律乘。尝自念言："我虽勤苦，而未闻玄极之理。"乃孤锡游方，将往洪井④。路出上元，逢一老父，谓师曰："师往南昌，当有所得。"师即造于百丈，礼而问曰："学人欲求识佛，何者即是？"百丈曰："大似骑牛觅牛。"师曰："识后如何？"百丈曰："如人骑牛至家。"师曰："未审始终如何保任？"百丈曰："如牧牛人执杖视之，不令犯人苗稼。"师自兹领旨，更不驰求。

同参祐禅师创居沩山也，师躬耕助道。及祐禅师归寂，众请接踵住持。师上堂云："汝诸人总来就安求觅什么？若欲作佛，汝自是佛，而却傍家走，匆匆如渴鹿趁阳焰，何时得相应去？阿你欲作佛，但无如许多颠倒、攀缘、妄想、恶觉、垢欲、不净众生之心，则汝便是初心正觉佛，更向何处别讨？所以安在沩山三十来年，吃沩山饭，屙沩山屎，不学沩山禅。只看一头水牯牛，

---

① "出"，东寺本、碛砂本、径山本作"你若出"。
② "后"，东寺本、碛砂本、径山本作"仰山后"。
③ "我"，东寺本、碛砂本、径山本作"我在"。
④ "井"，大正本作"州"。

若落路入草便牵出，若犯人苗稼即鞭挞，调伏既久，可怜生受人言语，如今变作个露地白牛①，常在面前，终日露迥迥地，趁亦不去也。汝诸人各自有无价大宝，从眼门放光，照山河大地，耳门放光，领采一切善恶音响②。六门昼夜常放光明，亦名放光三昧。汝自不识取，影在四大身中。内外扶持，不教倾侧，如人负重担从独木桥上过，亦不教失脚。且是什么物任持，便得如是？汝若觅毫发即不见③。故志公和尚云：'内外追寻觅总无，境上施为浑大有。'"问："一切施为是法身用，如何是法身？"师云："一切施为是法身用。"

僧云："离却五蕴，如何是本来身？"师云："地水火风，受想行识。"僧云："遮个是五蕴。"师云："遮个异五蕴。"问："此阴已谢，彼阴未生时如何？"师云："此阴未谢，那个是大德？"僧云："不会。"师云："若会此阴，便明彼阴。"问："大用现前，不存轨则时如何？"师云："汝用得但用。"僧乃脱膊，绕师三匝。师云："向上事何不道取？"僧拟开口，师便打云："遮野狐精，出去。"有僧上法堂，顾视东西，不见师，乃云："好个法堂，只是无人。"师从门里出云："作么？"无对。

雪峰和尚因入山采得一枝木，其形似蛇，于背上题云："本自天然，不假雕琢。"寄来与师。师云："本色住山人，且无刀斧痕。"人问师："佛在何处？"师云："不离心。"又云："双峰上人有何所得？"师云："法无所得。设有所得，得本无得。"有僧

---

① "露地白牛"，原作"露白地牛"，据东寺本、碛砂本、径山本、大正本改。
② "采"，东寺本、碛砂本、径山本作"览"。
③ "毫"，原作"豪"，据东寺本、径山本改。

问云："黄巢军来，和尚向什么处回避？"师云："五蕴山中。"僧云："忽被他捉著时如何？"师云："恼乱将军。"师大化闽城二十余载，唐中和三年十月二十二日归黄檗寺示疾而终，塔于楞伽山。敕谥圆智禅师、证真之塔。

福州古灵神赞禅师，本州大中寺受业，后行脚，遇百丈开悟，却回本寺。受业师问曰："汝离吾在外，得何事业？"曰："并无事业。"遂遣执役。一日，因澡身①，命师去垢。师乃拊背曰："好所佛殿，而佛不圣。"其师回首视之，师曰："佛虽不圣，且能放光。"其师又一日在窗下看经，蜂子投窗纸求出，师睹之曰："世界如许广阔不肯出，钻他故纸驴年去②？"其师置经问曰："汝行脚遇何人？吾前后见汝发言异常。"师曰："某甲蒙百丈和尚指个歇处，今欲报慈德耳。"其师于是告众致斋，请师说法。师登坐，举唱百丈门风，乃曰："灵光独耀，迥脱根尘，体露真常，不拘文字。心性无染，本自圆成，但离妄缘，即如如佛。"其师于言下感悟曰："何期垂老，得闻极则事！"师后住古灵，聚徒数载。临迁化，剃沐声钟，告众曰："汝等诸人还识无声三昧否？"众曰："不识。"师曰："汝等静听，莫别思惟。"众皆侧聆，师俨然顺寂。塔存本山焉。

广州和安寺通禅师者，婺州双林寺受业。自幼寡言，时人谓之"不语通"也。因礼佛，有禅者问云："坐主礼底是什么？"师

---

① "身"，东寺本、碛砂本、径山本作"浴"。
② "去"，东寺本、碛砂本、径山本作"出得"，大正本作"去得"。

云:"是佛。"禅者乃指像云:"这个是何物?"师无对。至夜,具威仪,礼问禅者云:"今日所问,某甲未知意旨如何?"禅者云:"坐主几夏邪?"师云:"十夏。"禅者云:"还曾出家也未?"师转茫然。禅者云:"若也不会,百夏奚为?"禅者乃命师同参马祖,行至江西,马祖已圆寂。乃谒百丈,顿释疑情。

有人问:"师是禅师否?"师云:"贫道不曾学禅。"师良久,却召其人,其人应诺,师指棕榈树子。其人无对。师一日令仰山将床子来,仰山将到。师云:"却送本处。"仰山从之。师云:"床子那边是什么物?"仰山云:"无物。"师云:"遮边是什么物?"仰山云:"无物。"师召云:"慧寂。"仰山云:"诺。"师云:"去。"

江州龙云台禅师,有僧问:"如何是祖师西来意?"师云:"老僧昨夜栏里失却牛。"

京兆卫国院道禅师①,僧到参,师问:"何方来?"僧云:"湘南来。"师云:"黄河清未?"僧无对。沩山代云:"小小狐儿,要过但知过,用疑作什么?"师因疾,有人来问疾,师不出。其人云:"久聆和尚道德,忽承法体违和,请和尚相见。"师将钵锁盛钵楦,令侍者擎出呈之,其人无对。

镇州万岁和尚,僧问:"大众云集,合谭何事?"师云:"序

---

① "京兆"下,大正本注:"目录及《正宗记》皆言'洛京'。"

品第一。"归宗柔别云："礼拜了去。"①

洪州东山慧和尚，游山见一岩，僧问云："此岩有主也无？"师云："有。"僧云："是什么人？"师云："三家村里觅什么？"其僧又问："如何是岩中主？"师云："还气急么？"有小师行脚回，师问："汝离吾在外多少时邪？"小师云："十年。"师云："不用指东指西，直道将来。"小师云："对和尚不敢谩语。"师喝云："遮打野汉②。"

清田和尚，一日，与瑫上坐煎茶次，师敲绳床三下，瑫亦敲三下。师云："老僧敲有个善巧，上坐敲有何道理？"瑫曰："某甲敲有个方便，和尚敲作么生？"师举起盏子，瑫云："善知识眼应须恁么。"煎茶了，瑫却问："和尚适来举起盏子，意作么生？"师云："不可更别有也。"

---

① "**镇州万岁和尚**"下，大正本有"**百丈惟政章**"：洪州百丈山惟政禅师，此传旧在第六卷马祖法嗣中，大珠和尚之次。今以机缘推之，即移入此卷百丈涅槃禅师法嗣中，作百丈涅槃和尚机缘也。按唐柳公权书、武翊黄所撰《涅槃和尚碑》云："师讳法正，以其善讲《涅槃经》，故以涅槃为称。"今斯本章中有云："汝与我开田，吾为汝说大义。"则知其为涅槃和尚明矣。又称南泉为师伯，则其嗣百丈海公亦明矣。虽然惟政、法正二名不同，盖传写之讹耳。又范《林间录》亦谓旧本之误，及观《正宗记》则有惟政、法正之名，然百丈单代可数。明教但见其名不同，不能辨而俱存之。今以碑为正也。而又卿公《事苑》乃云："百丈涅槃和尚是沩山嗣子而海公之孙。此尤大谬也，不足取矣。"一日谓僧曰："汝与我开田了，我为汝说大义。"僧开田了归，请师说大义，师乃展开两手。有老宿此日影透窗，问师曰："为复窗就日，日就窗？"师曰："长老房内有客，归去好。"师问南泉曰："诸方善知识，还有不说似人底法也无？"南泉曰："有。"师曰："作么生？"曰："不是心，不是佛。"师曰："恁么即说似人了也。"曰："某甲即恁么。"师曰："师伯作么生？"曰："我又不是善知识，争知有说不说底法？"师曰："某甲不会，请师伯说。"曰："我大杀为汝说了也。"僧问："如何是佛佛道齐？"师曰："定也。"师因入京，路逢官人命吃饭。忽见驴鸣，官人召云："头陀。"师举头，官人却指驴，师却指官人。法眼别云："但作驴鸣。"

② "打野汉"，东寺本、碛砂本作"打野槯汉"。

大于和尚，与南用到茶堂，见一僧近前不审，用云："我既不纳汝，汝亦不见我，不审阿谁？"僧无语。师云："不得平白地恁么问伊。"用云："大于亦无语。"师乃把其僧云："是你恁么，累我亦然。"打一掴，用便笑曰："朗月与青天。"侍者到看，师问云："金刚正定，一切皆然，秋去冬来，且作么生？"侍者云："不妨和尚借问。"师云："即今即得，去后作么生？"侍者云："谁敢问著某甲？"师云："大于还得么？"侍者云："犹要别人点检在。"师云："辅弼宗师，不废光彩。"侍者礼拜。

前虔州西堂藏禅师法嗣

虔州处微禅师，僧问："三乘十二分教体理得妙，与祖师意为同为别？"师云："恁么即须向六句外鉴，不得随他声色转。"僧曰："如何是六句？"师曰："语底、默底、不语、不默、总是、总不是，汝合作么生？"僧无对。师问仰山："汝名什么？"对曰："慧寂。"师曰："那个是慧，那个是寂？"曰："只在目前。"师曰："犹有前后在。"寂曰："前后且置，和尚见什么？"师曰："吃茶去。"

前蒲州麻谷山宝彻禅师法嗣

寿州良遂禅师，初参麻谷。麻谷召曰："良遂。"师应诺。如是三召三应，麻谷曰："遮钝根阿师，"师方省悟，乃曰："和尚莫谩良遂。若不来礼拜和尚，几空过一生。"麻谷可之。

前湖南东寺如会禅师法嗣

吉州薯山慧超禅师，洞山来，礼拜次，师曰："汝已住一方，又来遮里作么？"对曰："良价无奈疑何，特来见和尚。"师召："良价。"价应诺，师曰："是什么？"价无语。师曰："好个佛，只是无光焰。"

京兆章敬寺怀恽禅师法嗣

京兆大荐福寺弘辩禅师，唐宣宗问："禅宗何有南北之名？"师对曰："禅门本无南北。昔如来以正法眼付大迦叶，展转相传，至二十八祖菩提达磨来游此方，为初祖。暨第五祖弘忍大师，在蕲州东山开法。时有二弟子：一名慧能，受衣法，居岭南为六祖；一名神秀，在北扬化。其后，神秀门人普寂立本师为第六祖，而自称七祖。其所得法虽一，而开导发悟有顿渐之异，故曰'南顿北渐'。非禅宗本有南北之号也。"

帝曰："云何名戒？"师对曰："防非止恶谓之戒。"帝曰："何为定？"对曰："六根涉境，心不随缘名定。"帝曰："何为慧？"对曰："心境俱空，照览无惑名慧。"帝曰："何为方便？"对曰："方便者，隐实覆相，权巧之门也。被接中下，曲施诱迪，谓之方便。设为上根言，舍方便但说无上道者，斯亦方便之谭。乃至祖师玄言，忘功绝谓①，亦无出方便之迹。"帝曰："何为佛心？"对曰："佛者西天之语，唐言'觉'，谓人有智慧觉照为佛

---

① "谓"，碛砂本、径山本作"语"。

心。心者,佛之别名,有百千异号,体唯其一,本无形状,非青黄赤白男女等相。在天非天,在人非人,而现天现人。能男能女,非始非终,无生无灭,故号灵觉之性。如陛下日应万机,即是陛下佛心。假使千佛共传,而不念别有所得也。"帝曰:"如今有人念佛如何?"对曰:"如来出世,为天人师、善知识,随根器而说法。为上根者开最上乘,顿悟至理。中下者未能顿晓,是以佛为韦提希权开十六观门,令念佛生于极乐。故经云:'是心是佛,是心作佛。心外无佛,佛外无心。'"帝曰:"有人持经念佛,持咒求佛如何?"对曰:"如来种种开赞,皆为最上一乘。如百川众流,莫不朝宗于海。如是差别诸数,皆归萨婆若海。"①

帝曰:"祖师既契会心印,《金刚经》云'无所得法'如何?"对曰:"佛之一化,实无一法与人。但示众人各各自性,同一法宝藏。当时然灯如来但印释迦本法而无所得,方契然灯本意。故经云:无我、无人、无众生、无寿者,是法平等,修一切善法,不住于相。"帝曰:"禅师既会祖意,还礼佛转经否?"对曰:"沙门释子礼佛转经,盖是住持常法,有四报焉。然依佛戒修身,参寻知识,渐修梵行,履践如来所行之迹。"帝曰:"何为顿见,何为渐修?"对曰:"顿明自性,与佛同俦。然有无始染习,故假渐修对治,令顺性起用。如人吃饭,不一口便饱。"是日辩,师对七刻,赐紫方袍,号圆智禅师。仍敕修天下祖塔,各令守护。

---

① "萨婆若",原作"罗婆若",据东寺本、碛砂本改。

福州龟山智真禅师者，扬州人也，姓柳氏。受业于本州华林寺，唐元和元年润州丹徒天香寺受戒。不习经论，唯慕禅那。初谒恽禅师，恽问曰："何所而至？"真曰："至无所至，来无所来。"恽虽默然，真亦自悟。寻抵婺州五洩山，会正原禅伯，长庆二年同游建阳，受郡人叶玢请，居东禅。至开成元年往福州长溪，邑人陈亮、黄瑜请于龟山开创。

一日示众曰："动容眴目，无出当人，一念净心，本来是佛。"乃说偈曰："心本绝尘何用洗，身中无病岂求医？欲知是佛非身处，明鉴高悬未照时。"后值武宗澄汰，有偈二首示众曰："明月分形处处新，白衣宁坠解空人？谁言在俗妨修道，金粟曾为长者身。"其二曰："忍仙林下坐禅时，曾被歌王割截支。况我圣朝无此事，只今休道亦何悲？"暨宣宗中兴，乃不复披缁。咸通六年，终于本山，寿八十四，腊六十。敕谥归寂禅师，塔曰秘真。

朗州东邑怀政禅师，仰山来参，师问："汝何处人？"仰山曰："广南人。"师曰："我闻广南有镇海明珠，是否？"仰山曰："是。"师曰："此珠何形状？"仰山曰："白月即现。"师曰："汝将得来否？"仰山曰："将得来。"师曰："何不呈似老僧看？"仰山曰："昨到沩山，亦就慧寂索此珠，直得无言可对，无理可宣。"师曰："真师子儿，大师子吼。"

金州操禅师，一日请米和尚斋，不排坐位。米到，展坐具礼拜，师下禅床，米乃就师位而坐，师却席地而坐。斋讫，米便去。侍者曰："和尚受一切人钦仰，今日坐位被人夺却。"师曰："三日若来，即受救在。"米果三日后来，云："前日遭贼。"僧问镜清："古人遭贼意如何？"清云："只见锥头利，不见凿头方。"

朗州古堤和尚，寻常见僧来，每云："去！汝无佛性。"僧无对。或有对者，莫契其旨。一日仰山慧寂到参，师云："去！汝无佛性。"寂叉手近前应诺，师笑曰："子什么处得此三昧？"寂曰："我从沩山得。"寂问曰："和尚从谁得？"师曰："我从章敬得。"

河中公畿和尚，僧问："如何是道？如何是禅？"师云："有名非大道，是非俱不禅。欲识此中意，黄叶止啼钱。"

黄檗希运禅师《传心法要》①

河东裴休集

有大禅师号希运，住洪州高安县黄檗山鹫峰下，乃曹溪六祖之嫡孙，西堂、百丈诸侄②。独佩最上乘离文字之印，唯传一心，更无别法。心体亦空，万缘俱寂。如大日轮，升于虚空中照耀，静无纤埃。证之者无新旧，无浅深，说之者不立义解，不立宗主，不开户牖，直下便是，动念则乖，然后为本佛。故其言简，

---

① 此文，丛刊本、东寺本无。原本虽有此文，然字体与整章字体不一，疑为后人所补。
② "西堂、百丈诸侄"，大正本作"百丈之子、西堂之侄"。

其理直，其道峻，其行孤。四方学徒，望山而趋，睹相而悟。往来海众，常千余人。

予会昌二年廉于钟陵，自山迎至州，憩龙兴寺，旦夕问道。大中二年，廉于宛陵，复礼迎至所部，寓开元寺，旦夕受法，退而纪之，十得一二，佩为心印，不敢发扬。今恐入神精义，不闻于未来，遂出之，授门下僧太舟、法建，归旧山之广唐寺，请长老、法众，问与往日常所亲闻同异何如也。时大唐大中十一年十月八日谨记。自后每段各纪岁月，今删繁尔。

诸佛与一切众生，唯是一心，更无别法。此心无始已来不曾生，不曾灭，不青不黄，无形无相，不属有无，不计新旧，非长非短，非大非小，超过一切限量名言、踪迹对待。当体便是，动念即差。犹如虚空，无有边际，不可测度。惟此一心即是佛，佛与众生更无差异。但是众生著相外求转失，使佛觅佛，将心捉心。穷劫尽形，终不能得。不知息念忘虑，佛自现前。

此心即是佛，佛即是众生，众生即是佛，佛即是心。为众生时，此心不减；为诸佛时，此心不添。乃至六度万行，河沙功德，本自具足，不假修添。遇缘则施，缘息则寂。若不决定信此，而欲著相修行，以求功用，皆是妄想，与道相乖。此心即是佛，更无别佛，亦无别心。此心净明，犹如虚空，无一点相貌。举心动念，即乖法体，即为著相，无始来无著相佛。修六度万行，欲求成佛，即是次第，无始来无次第佛。但悟一心，更无少法可得，此则真佛。佛与众生，一心无异，犹如虚空，无杂无坏。如大日轮，照四天下。日升之时①，明遍天下，虚空不曾明；日没之后，暗遍天下，虚空不曾暗。明暗之景，自相凌夺，虚空之性②，廓然不变。佛与众生心亦如此。若观佛作清净光明、解脱之相，观众生作垢浊暗昧、生死之相，此人作此解，历河沙劫终不得菩提，即是著相之故。唯此一心，更无微尘许少法可得，即是佛。今学道人不悟此心体，便于心上生心，向外求佛，著相修行，皆是恶法，非菩提道。

供养十方诸佛，不如供养一无心人。何故③？无心者，无一切心也。如如之体，内外如木石，不动不转；内外如虚空，不塞不碍。无能无所，无方所，无相貌，无得失。趣者不敢入此法，恐落空，无栖泊处，故望涯而退。文殊当理，普贤当行。理者真空无碍之理，行者离相无尽之行。观音当大慈，势至当大智。维摩，净名也，净者性也，名者相也，性相不异，号为净名。诸大菩萨所表者，人皆有之，不离一心，悟之即是。今学道人不向自心中悟，乃于心外求，著相取境，皆与道背。恒河沙者，佛说是沙④，诸佛、菩萨、释梵、诸天步履而过，沙亦不喜；牛羊、虫蚁蹈践而行，沙亦不怒；珍宝馨香，沙亦不贪；粪溺臭秽，沙亦不恶。

此心即无心之心，离一切相，众生诸佛，更无差殊。但能无心，便是究竟。学道人若不直下无心，累劫修行，终不成道。被三乘功行拘系，不得解脱。然证此心有迟疾，有闻法一念，便得

---

① "升"，大正本作"照"。
② "之"，原作"人"，据大正本改。
③ "何故"，原本、大正本皆作"不可得"，据《黄檗山断际禅师传心法要》卷一改。
④ "是沙"下，原本有"此沙"，为衍文，据《黄檗山断际禅师传心法要》卷一改。

无心者。有至十信、十住、十行、十回向，乃得无心者。有至十地，乃得无心者。长短得无心即住，更无可修，更无可证。实无所得，真实不虚。一念而得与十地而得者，功用恰齐，更无深浅，只是历劫枉受辛勤耳。造恶造善，皆是著相，著相造恶，枉受轮回；著相造善，枉受劳苦。总不如言下自认取本法。此法即心，心外无法；此心即法，法外无心①。心自无心，亦无无心者。将心无心，心即成有。默契而已，绝诸思量。故曰："言语道断，心行处灭。"此心是本源清净佛，人皆有之。蠢动畜生，与诸佛菩萨一体不异。只为妄想分别，造种种业果。本佛上实无一物，虚通寂静，明妙安乐而已。深自悟认，直下便是，圆满具足，更无所欠。纵三僧祇精进修行，历诸地位，及一念证时，只证元来自佛，向上更不添得一物。却观历劫功用，总是梦中妄为。故如来云："我于阿耨菩提实无所得，若妄有所得，然灯即不与授记。"又云："是法平等，无有高下，是名菩提。"即此本源清净心，与众生诸佛、世界山河，有相无相，遍十方界，一切平等，无彼我相。此本源清净心，常自圆明遍照。世人不悟，只认见闻觉知为心，为见闻觉知所覆，所以不睹精明本体。但直下无心，本体自现。如大日轮，升于虚空，遍照十方，更无障碍。故学道人惟认见闻觉知为动作，空却见闻觉知，即心路绝无入处。但于见闻觉知处认本心，然本心不属见闻觉知，亦不离见闻觉知。但莫于见闻觉知上起见解，莫于见闻觉知上动念，亦莫离见闻觉知觅心，亦莫舍见闻觉知取法。不即不离，不住不著，纵横自在，

---

① "外"，大正本作"内"。

无非道场。

世人闻道"诸佛皆传心法"将谓心上别有一法，可证可取，遂将心觅法。不知心即是法，法即是心，不可将心更求于心，历千万劫，终无得日。不如当下无心，便是本法。如力士额珠，隐于额内，向外求觅，周行十方，终不能得。智者指之，当时自见本珠如故。学道人迷自本心，不认为佛，遂向外求觅，起功用行。依次第，证果位，历劫勤求，元不成道。不如当下无心，决定知一切法本无所有，亦无所得，无主无依①，无能无所。不动妄念，便证菩提，及证道时，只证本心佛，历劫功用，并是虚修。如力士得珠时，只得本额珠，不关向外寻求之力。故佛言："我于阿耨菩提实无所得。"恐人不信，故引五眼所见，五语所言，真实不虚，是第一义谛。

学道人勿疑四大为身，四大无我，我亦无主。故知此身无我亦无主，五阴无我亦无主，故知此心无我亦无主，六根、六尘、六识和合生灭，亦复如是。十八界既空，一切皆空，唯有本心，荡然清净。有识食，有智食："四大之身，饥疮为患，随事给养，不生贪著，谓之智食。恣情取味，妄生分别，唯求适口，不生厌离，谓之识食。"声闻者，因声得悟，谓之声闻。但不了自心，于声教上起解。或因神通，或因瑞相，语言运动，闻有菩提涅槃，三阿僧祇劫修成佛道，皆属声闻道，谓之声闻佛。惟直下顿了自心本来是佛，无一法可得，无一行可修，此是无上道，此是真如佛。学道人只怕一念有，即与道隔矣。念念无相，念念无

---

① "主"，大正本作"住"。

为,即是佛。学道人若欲得成佛,一切佛法总不用学。惟学无求无著,无求则心不生,无著则心不染。不染即是佛①。八万四千法门对八万四千烦恼,是教化接引门,本无一法。离即是法,知离者是佛,但离一切烦恼,是无法可得。

学道人欲得知要诀,但莫于心上著一物。言佛法身犹如虚空,此是喻法身即虚空,虚空即法身。常人将谓法身遍于虚空处,虚空中含容法身,不知虚空即法身,法身即虚空也。若定言有虚空,即虚空不是法身;定言有法身,即法身不是虚空。但不作虚空解,虚空即法身;不作法身解,法身即虚空。虚空与法身无异相,佛与众生无异相,生死涅槃无异相,烦恼菩提无异相。离一切相即是佛。凡夫取境,道人取心,心境双忘,乃是真法。忘境犹易,忘心至难,人不敢忘心,是恐落空,无捞摸处。不知空本无空,唯一真界耳。

此灵觉性无始以来,与空虚同寿。未曾生,未曾灭,未曾有,未曾无,未曾秽,未曾净,未曾喧,未曾寂,未曾少,未曾老。无方所,无内外,无数量,无形相,无色像,无音声。不可觅,不可求,不可以智慧识②,不可以言语取,不可以景物会,不可以功用到。诸佛菩萨与一切蠢动众生,同大涅槃性。性即是心,心即是佛,佛即是法。一念离真,皆为妄想。不可以心更求于心,不可以佛更求于佛,不可以法更求于法。故修道人直下无心默契,拟心即差。以心传心,此为正见。慎勿向外逐境为心,是认贼为子。为有贪、嗔、痴,即立戒、定、慧。本无烦恼,焉

---

① "不染",大正本作"不生不染"。
② "智慧识",大正本作"智识解"。

有菩提？故祖师云："佛说一切法，为除一切心。我无一切心，何用一切法？"本元清净①，佛上更不得著一物。譬如虚空，虽以无量珍宝庄严，终不能住。佛性同虚空，虽以无量智慧功德庄严，终不能住。但迷本性②，转不见耳。

所谓心地法门，万法皆依此心建立。遇境即有，无境即无。不可于净性上专作境解，所言定慧、鉴用、历历、寂寂、惺惺、见闻觉知，皆是境上作解，暂为中下人说即得③，若欲亲证，皆不可作如此解，尽是境缚。法有没处，没于有地。但于一切法不作有见，即见法。

自达磨大师到中国，唯说一性，唯传一法。以佛传佛，不说余佛；以法传法，不说余法。法即不可说之法，佛即不可取之佛，乃是本源清净心也。唯此一事实，余二则非真。般若为慧，此慧即无相之本也。

凡夫不趣道，唯恣六情，乃行六道。即学道后，一念计生死，即落诸魔道。一念起诸见，即落外道。见有生，趣其灭，即落声闻道。不见有生，唯见有灭，即缘觉道。法本不生，今亦不灭，不起二见，不厌不忻。一切诸法，唯一心是，然后乃为佛乘也。

凡人皆逐境生心，心随欣厌。若欲无境，当忘其心。心忘则境空，境空则心灭。不忘心而除境，境不可除，只益纷扰耳。故万法唯心，心亦不可得，复何求哉？

---

① "元"，大正本作"源"。
② "迷"，原作"远"，据大正本改。
③ "中下"，原作"中上下"，据大正本改。

学般若法人,不见一法可得。绝意三乘,唯一真实,不可证得。谓我能证能得,皆增上慢人也,法华会下拂衣而去者,皆斯徒也。故佛言:"我于菩提实无所得,默契而已。"

凡人欲修证,但观五蕴皆空,四大无我。真心无相,不去不来。生时性亦不来,死时性亦不去,湛然圆寂,心境一如。但能如此直下顿了,不为三世所拘系,便出世人也。切不得有分毫趣向,若见善相,诸佛来迎,及种种现前,亦无心随去。若见恶相,种种现前,亦无畏心。但自忘心,同于法界,便得自在。

凡言化城者,二乘及十地,乃至等觉、妙觉,皆是权立接引之教,并为化城也。言宝所者,乃真心本佛,自性之宝。此宝不属情量,不可建立。无佛无众生,无能无所,何处有城?若问此既是化城,何处为宝所?宝所不可指,指即有方所,非真实所也。故云:"在近而已。"在近者,不可定量言之,但当体会契之即是。阐提者,信不具也,一切六道众生,及至二乘,不信有佛果,皆谓之断善根阐提。菩萨深信佛法,不见有大乘、小乘,佛与众生同一法性,乃谓之善根阐提。大抵因声教而悟者,名声闻;观因缘而悟者,名缘觉。若不向自心中悟,虽至成佛,亦谓之声闻佛。学道人于法上悟,不于心上悟,虽历劫修行,终不是本佛。若不心悟,乃于法悟,即是轻心重法,遂成逐块,忘于本心。故但契本心,不用求法,心即法也。

凡人多谓境碍心,谓事碍理。常欲逃境以安心,屏事以存理。不知乃是心碍境,理碍事。但令心空境自空,但令理寂事自寂。勿倒用心也。

凡人多不肯空心,恐落空,不知自心本空。愚人除事不除心,智者除心不除事。菩萨心如虚空,一切俱舍,所作福德,皆不贪著。然舍有三等:内外身心,一切俱舍,犹如虚空,无所取著。然后随方应物,能所皆忘,是谓大舍。若一边行道布德,一边旋舍,无希望心,是谓中舍。若广修众善,有所希望,闻法知空,遂乃不著,是谓小舍。大舍如火烛在前,更无迷悟;中舍如火烛在旁,或明或暗;小舍如火烛在后,不见坑阱。故菩萨心如虚空,一切俱舍。过去心不可得,是过去舍;现在心不可得,是现在舍;未来心不可得,是未来舍。所谓三世俱舍。自如来付法迦叶以来,以心印心,心心不异。印著空,则印不成文;印著物,则印不成法。故以心印心,心心不异,能印所印,俱难契会,故得者少。然心即无心,得即无得。

佛有三身说:"自性虚通法是报身说,一切不净法化身说,六度万行法法身说,① 不以言语、音声、形相、文字,无所说,无所证,自性虚通而已。"② 故曰:"无法可说,是名说法。"报身、化身,皆随机感现,所说法亦随事应根以为摄化,皆非真法。故曰:"报化非真佛,亦非说法者。"

所言"同是一精明,分为六和合"者:一精明者,一心也。六和合者,六根各与尘合。眼与色合,耳与声合,鼻与香合,舌与味合,身与触合,意与法合。中间生六识,为十八界。若了知十八界空无所有,束六和合为一精明,一精明者即心也。学道人皆知此,但不能免作"一精明""六和合"解,遂为法缚,不契

---

① 此处,大正本作"佛有三身:法身说自性灵通法,报身说一切清净法,化身说六度万行法。法身说法"。
② "虚",大正本作"灵"。

本心。如来现世,欲说一乘真法,则众生不信兴谤,没于苦海。若都不说,则佛堕悭贪,不为众生普舍妙道,遂方便说三乘。乘有大小,得有深浅,皆非本法。故云:"惟此一乘道,余二即非真。"然终未能显一心法,故召迦叶同法座坐,别付一心,离言说法。此一枝法令别行①,若能契悟者,便至佛地。

裴休相国《传心偈》

予于宛陵、钟陵,皆得亲黄檗希运禅师,尽传心要。乃作《传心偈》尔:

心不可传,以契为传。心不可见,以无为见。契亦无契,无亦无无。化城不住,迷额有珠。珠是强名,城岂有形?即心即佛,佛即无生。直下便是,勿求勿营。使佛觅佛,倍费功程。随法生解,即落魔界。凡圣不分,乃离见闻。无心似镜,与物无竞。无念似空,无物不容。三乘外法,历劫希逢。若能如是,是出世雄。

尝闻河东大士亲见高安导师《传心要》,于当年著偈章而示后,顿开聋瞽,焕若丹青。予惜其所遗,缀于本录云尔。庆历戊子岁,南宗字天真者题②。

---

① "令",大正本作"今"。
② 此下,大正本下有注:"《传心法要》内改十一处,除落三字,添入九字。并按《四家录》并《别录》为据也。"

景德传灯录卷第十

怀让禅师第三世下卷①六十一人

池州南泉普愿禅师法嗣一十七人一十二人见录

  湖南长沙景岑禅师

  荆南白马昙照禅师

  终南山云际师祖禅师

  邓州香严下堂义端禅师

  赵州东院从谂禅师

  池州灵鹫闲禅师

  鄂州茱萸山和尚

  衢州子湖利踪禅师

  洛京嵩山和尚

  日子和尚

  苏州西禅和尚②

  池州行者甘贽

   资山存制禅师、江陵道弘禅师、宣州玄极禅师、新罗国道均禅

---

① "下卷"，大正本作"下"。
② "西禅和尚"下，大正本有"宣州刺史陆亘"。

师、宣州刺史陆亘① 已上五人无机缘语句②，不录

杭州盐官齐安禅师法嗣八人三人见录

　　襄州关南道常禅师

　　洪州双岭玄真禅师

　　杭州径山鉴宗禅师

　　　　唐宣宗皇帝、白云昙靖禅师、潞府渌水文举禅师、新罗品日禅师、寿州建宗禅师　已上五人无机缘语句，不录

婺州五洩山灵默禅师法嗣四人一人见录

　　福州龟山正原禅师

　　　　甘泉寺晓方禅师、甘泉寺元遂禅师、明州栖心寺藏奂禅师③　已上三人无机缘语句，不录

洛京佛光寺如满禅师法嗣一人见录

　　杭州刺史白居易

明州大梅山法常禅师法嗣三人二人见录

　　新罗国迦智禅师

　　杭州天龙和尚

　　　　新罗国忠彦禅师　一人无机缘语句，不录

荆州永泰寺灵湍禅师法嗣五人三人见录

　　湖南上林戒灵禅师

　　五台山秘魔岩和尚

　　湖南祇林和尚

　　　　吕后山文质禅师、苏州法河禅师　已上二人无机缘语句，不录

---

① "宣州陆亘" 大正本无。
② "五"，大正本作 "四"。
③ 大正本 "元遂"、"藏奂" 二人位置互换。

幽州盘山宝积禅师法嗣二人一人见录

　　镇府普化和尚

　　　　镇州上方和尚　一人无机缘语句，不录

京兆兴善寺惟宽禅师法嗣

　　　　京兆法智禅师、京兆慧建禅师、京兆无表禅师①、京兆元净禅师、京兆慧光禅师②、京兆义宗禅师　已上六人无机缘语句，不录

云水靖宗禅师法嗣

　　　　华州小马神照禅师、华州道圆禅师　已上二人无机缘语句，不录

潭州龙牙山圆畅禅师法嗣二人一人见录

　　嘉禾藏廙禅师

　　　　羊肠藏枢禅师　一人无机缘语句，不录

汾州无业国师法嗣

　　　　镇州常贞禅师、镇州奉先义禅师　已上二人无机缘语句，不录

庐山归宗寺法常禅师法嗣六人③四人见录

　　福州芙蓉山灵训禅师

　　　汉南谷城县高亭和尚

　　　新罗大茅和尚

　　　五台山智通禅师

　　　　洪州高安大愚禅师、江州刺史李渤④　已上二人无机缘语句，不录

鲁祖山宝云禅师法嗣

---

① 大正本"慧建"、"无表"二人位置互换。
② "慧光"，东寺本、碛砂本作"光"。
③ "法常"，大正本作"智常"。
④ "渤"，原作"勃"，据太子本、《旧唐书》改。

云水和尚　一人无机缘语句，不录
紫玉山道通禅师法嗣
　　　　　　唐襄州节度使于頔　一人无机缘语句，不录
华严寺智岩禅师法嗣一人见录
　　黄州齐安和尚

怀让第三世①
前池州南泉普愿禅师法嗣

湖南长沙景岑，号"**招贤大师**"，初住鹿苑为第一世。其后居无定所，但徇缘接物，随请说法，故时众谓之"长沙和尚"。上堂曰："我若一向举扬宗教，法堂里须草深一丈。我事不获已，所以向汝诸人道：'尽十方世界是沙门眼，尽十方世界是沙门全身，尽十方世界是自己光明，尽十方世界在自己光明里，尽十方世界无一人不是自己。'我常向汝诸人道：'三世诸佛共尽法界众生，是摩诃般若光。'光未发时，汝等诸人向什么处委？光未发时，尚无佛、无众生消息，何处得山河国土来？"时有僧问："如何是沙门眼？"师云："长长出不得。"又云："成佛成祖出不得，六道轮回出不得。"僧云："未审出个什么不得？"师云："昼见日，夜见星。"僧云："学人不会。"师云："妙高山色青又青。"

　　僧问："教中云：'而常处此菩提坐。'如何是坐？"师云："老僧正坐，大德正立。"僧问："如何是大道？"师云："没却汝。"僧问："诸佛师是谁？"师云："从无始劫来，承谁覆荫？"僧云："未有诸佛已前作么生？"师云："鲁祖开堂，亦与师僧东

---

① "怀让第三世"，丛刊本、大正本作"怀让第三世下"。

道西说。"僧问:"学人不据地时如何?"师云:"汝向什么处安身立命?"僧云:"却据地时如何?"师云:"拖出死尸著。"僧问:"如何是异类?"师云:"尺短寸长。"僧问:"如何是诸佛师?"师云:"不可更拗直作曲邪。"僧云:"请和尚向上说。"师云:"阇梨眼瞎耳聋作么?"

师遣一僧去问同参会和尚云:"和尚见南泉后如何?"会默然。僧云:"和尚未见南泉已前作么生?"会云:"不可更别有也。"僧回,举似师,师示一偈曰:"百丈竿头不动人,虽然得入未为真。百丈竿头须进步,十方世界是全身。"僧问:"只如百丈竿头如何进步?"师云:"朗州山,澧州水。"僧云:"请师道。"师云:"四海五湖皇化里。"有客来谒,师召曰:"尚书。"其人应诺,师曰:"不是尚书本命。"对曰:"不可离却即今祗对,别有第二主人。"师曰:"唤尚书作至尊得么?"彼云:"恁么总不祗对时,莫是弟子主人否?"师曰:"非但祗对与不祗对时,无始劫来,是个生死根本。"有偈曰:"学道之人不识真,只为从来认识神。无始劫来生死本,痴人唤作本来身。"有秀才看《佛名经》,问曰:"百千诸佛,但见其名,未审居何国土,还化物也无?"师曰:"黄鹤楼崔颢题后,秀才还曾题未?"曰:"未曾。"师曰:"得闲题一篇何妨。"僧问:"南泉迁化向什么处去?"师云:"东家作驴,西家作马。"僧云:"此意如何?"师云:"要骑即骑,要下即下。"

僧皓月问:"天下善知识证三德涅槃未?"师曰:"大德问果上涅槃,因中涅槃?"曰:"问果上涅槃。"师曰:"天下善知识未证。"曰:"为什么未证?"师曰:"功未齐于诸圣。"曰:"功未齐圣,何为善知识?"师曰:"明见佛性,亦得名为善知识。"曰:"未审功齐何道,名证大涅槃?"师有偈曰:"摩诃般若照,解脱甚深深①。法身寂灭体,三一理圆常。欲识功齐处,此名常寂光。"又曰:"果上三德涅槃已蒙开示,如何是因中涅槃?"师曰:"大德是。"又问:"教中说幻意是有邪?"师曰:"大德是何言欤?"② 云:"恁么幻意是无邪?"师曰:"大德是何言欤?"云:"恁么即幻意是不有不无邪?"师又曰:"大德是何言欤?"云:"如某三明,尽不契于幻意,未审和尚如何明教中幻意?"师曰:"大德信一切法不思议否?"云:"佛之诚言,那敢不信?"师曰:"大德言信,二信之中是何信?"云:"如某所明,二信之中,是名缘信。"师曰:"依何教门,得生缘信,大德?"云:"据《华严》云:'菩萨摩诃萨,以无障无碍智慧,信一切世间境界,是如来境界。'又《华严》云:'诸佛世尊悉知世法,及诸佛法,性无差别,决定无二。'又《华严》云:'佛法世间法,若见其真实,一切无差别。'"师曰:"大德所举缘信教门,甚有来处。听老僧与大德明教中幻意:若人见幻本来真,是则名为见佛人。圆通法法无生灭,无灭无生是佛身。"

又问:"蚯蚓断为两断③,两头俱动,佛性在阿那头?"师云:"动与不动,是何境界?"云:"言不干典,非智者所谈。只如和尚言'动与不动,是何境界',出自何经?"师曰:"灼然,言不干典,非智者所谈。大德岂不见《首楞严经》云:'当知十方无

---

① "深深",东寺本、碛砂本、径山本作"深法"。
② "欤",原作"与",据丛刊本、大正本改,下同。
③ 前"断",东寺本、碛砂本作"斩"。后"断",丛刊本、大正本作"段"。

边不动虚空，并其动摇、地、水、火、风，均名六大①，性真圆融，皆如来藏，本无生灭。'"师有偈云："最甚深，最甚深，法界人身便是心。迷者迷心为众色，悟时刹境是真心。身界二尘无实相，分明达此号知音。"又问："如何是陀罗尼？"师指禅床右边曰："遮个师僧却诵得。"又问："别有人诵得否？"又指禅床左边曰："遮个师僧亦诵得。"云："某甲为什么不闻？"师曰："大德岂不知道②：真诵无响，真听无闻。"云："恁么则音声不入法界性也。"师曰："离色求观非正见，离声求听是邪闻。"云："如何不离色是正见，不离声是真闻？"师乃有偈曰："满眼本非色，满耳本非声。文殊常触目，观音塞耳根。会三元一体，达四本同真。堂堂法界性，无佛亦无人。"

僧问："南泉云：'狸奴白牯却知有，三世诸佛不知有。'为什么三世诸佛不知有？"师曰："未入鹿苑时犹较些子。"僧曰："狸奴白牯为什么却知有？"师曰："汝争怪得伊？"僧问："和尚继嗣何人？"师曰："我无人得继嗣。"僧曰："还参学也无？"师曰："我自参学。"僧曰："师意如何？"师有偈曰："虚空问万象，万象答虚空。谁人亲得闻，木叉卯角童。"僧问："如何是平常心？"师云："要眠即眠，要坐即坐。"僧云："学人不会。"师云："热即取凉，寒即向火。"僧问："向上一路请师道。"师云："一口针，三尺线。"僧云："如何领会？"师云："益州布，扬州绢。"僧问："动是法王苗，寂是法王根，如何是法王？"师指露柱曰："何不问大士？"

---

① "均"，原作"钧"，据碛砂本、大正本改。
② "知"，大正本作"闻"。

因庭前向日，仰山云："人人尽有遮个事，只是用不得。"师云："恰是，请汝用。"仰山云："作么生用？"师乃踏倒仰山。仰山云："直下似个大虫。"长庆云："前彼此作家，后彼此不作家。"乃别云："邪法难扶。"自此诸方谓为"岑大虫"。僧问："本来人还成佛也无？"师云："汝见大唐天子还自种田割稻否？"僧云："未审是何人成佛？"师云："是汝成佛。"僧无语。师云："会么？"僧云："不会。"师云："如人因地而倒，依地而起，地道什么？"三圣令秀上坐问云："南泉迁化向什么处去？"师云："石头作沙弥时参见六祖。"秀云："不问石头见六祖，南泉迁化向什么处去？"师云："教伊寻思去。"秀云："和尚虽有千尺寒松，且无抽条石笋。"师默然。秀云："谢和尚答话。"师亦默然。秀上坐举似三圣，三圣云："若实恁么，犹胜临济七步。然虽如此，待我更验看。"至明日三圣上问云："承闻和尚昨日答南泉迁化一则语，可谓光前绝后，今古罕闻。"师亦默然。

僧问："如何是文殊？"师云："墙壁瓦砾是。"又问："如何是观音？"师云："音声语言是。"又问："如何是普贤？"师云："众生心是。"又问："如何是佛？"师云："众生色身是。"僧曰："河沙诸佛体皆同，何故有种种名字？"师云："从眼根返源，名为文殊；耳根返源，名为观音；从心返源，名为普贤。文殊是佛妙观察智，观音是佛无缘大慈，普贤是佛无为妙行。三圣是佛之妙用，佛是三圣之真体。用则有河沙假名，体则总名一薄伽梵。"僧问："色即是空，空即是色，此理如何？"师偈曰："碍处非墙壁，通处勿虚空。若人如是解，心色本来同。"又偈曰："佛性堂堂显现，住性有情难见。若悟众生无我，我面何殊佛面？"僧问：

"第六、第七识及第八识，毕竟无体，云何得名转第八为大圆镜智？"师有偈曰："七生依一灭，一灭持七生。一灭灭亦灭，六七永无迁。"

又有僧问："蚯蚓断为两段①，两头俱动，未审佛性在阿那头？"师云："妄想作么？"僧云："其如动何？"② 师云："汝岂不知火风未散？"僧问："如何转得山河国土归自己去？"师云："如何转得自己成山河国土去。"僧云："不会。"师云："湖南城下好养民，米贱柴多足四邻。"其僧无语。师有偈曰："谁问山河转，山河转向谁？圆通无两畔，法性本无归。"

讲《华严》大德问："虚空为是定有，为是定无？"师曰："言有亦得，言无亦得。虚空有时，但有假有；虚空无时，但无假无。"云："如和尚所说，有何教文？"师曰："大德岂不闻《首楞严经》云：'十方虚空生汝心内，犹片云点太清里。'岂不是虚空生时，但生假名。又云：'汝等一人，发真归源③，十方虚空，皆悉消殒。'岂不是虚空灭时，但灭假名。老僧所以道：'有是假有，无是假无。'"又问："《经》云：'如净琉璃中，内现真金像。'此意如何？"师曰："以净琉璃为法界体，以真金像为无漏智体。体能生智，智能达体，故云'如净琉璃中，内现真金像'。"问："如何是上上人行处？"师曰："如死人眼。"云："上上人相见时如何？"师曰："如死人手。"问："善财为什么无量劫游普贤身中世界不遍？"师曰："你从无量劫来，还游得遍否？"

---

① "断"，东寺本、径山本作"斩"。
② "其如"，东寺本、碛砂本、径山本作"争奈"。
③ "源"，大正本作"元"。

云:"如何是普贤身?"师曰:"含元殿里更觅长安。"

问:"如何是学人心?"师曰:"尽十方世界是你心。"云:"恁么则学人无著身处也。"师曰:"是你著身处。"云:"如何是著身处?"师曰:"大海水,深又深。"云:"学人不会。"师曰:"鱼龙出入任升沈。"问:"有人问和尚,即随因缘答,总无人问,和尚如何?"师曰:"困即睡,健即起。"云:"教学人向什么会?"① 师曰:"夏天赤骨力②,冬寒须得被。"问:"亡僧什么处去也?"师有偈云:"不识金刚体,却唤作缘生。十方真寂灭,谁在复谁行?"

南泉有真,赞云:"堂堂南泉,三世之源。金刚常住,十方无边。生佛无尽,现已却还。"《南泉久住投机偈》:"今日还乡入大门,南泉亲道遍乾坤。法法分明皆祖父,回头惭愧好儿孙。"师答曰:"今日投机事莫论,南泉不道遍乾坤。还乡尽是儿孙事,祖父从来不入门。"师又有《劝学偈《云:"万丈竿头未得休,堂堂有路少人游。禅师愿达南泉去,满目青山万万秋。"因临济和尚云"肉团上有无位真人",③ 师乃有偈云:"万法一如不用拣,一如谁拣谁不拣?即今生死本菩提,三世如来同个眼。"师《诚人斫松竹偈》云:"千年竹,万年松,枝枝叶叶尽皆同。为报四方玄学者,动手无非触祖公。"

荆南白马昙照禅师,常云:"快活,快活!"及临终时叫:

---

① "什么",碛砂本作"什么处"。
② "骨力",东寺本、碛砂本、径山本作"胳髏"。
③ "肉团",大正本作"赤肉団"。

"苦,苦。"又云:"阎罗王来取我也。"院主问曰:"和尚当时被节度使抛向水中,神色不动,如今何得恁么地?"师举枕子云:"汝道当时是,如今是?"院主无对。法眼代云:"此时但掩耳出去。"

终南山云际师祖禅师,初在南泉时,问云:"摩尼珠人不识,如来藏里亲收得。如何是藏?"南泉云:"与汝来往者是藏。"师云:"不来往者如何?"南泉云:"亦是藏。"又问:"如何是珠?"南泉召云:"师祖。"师应诺,南泉云:"去,汝不会我语。"师从此信入。

邓州香严下堂义端禅师,示众云:"兄弟彼此未了,有什么事相共商量?我三五日即发去也。如今学者,须了却今时,莫爱他向上人无事。兄弟纵学得种种差别义路,终不代得自己见解。毕竟著力始得,空记持他巧妙章句,即转加烦乱去。汝若欲相应,但恭恭尽莫停留纤豪,直似虚空,方有少分。以虚空无锁无壁落,无形无心眼。"有僧问:"古人相见时如何?"师云:"老僧不曾见他古人。"僧云:"今时血脉不断处,如何仰羡?"师云:"有什么仰羡处?"僧问云:"某甲不问闲事,请和尚答话。"师云:"更从我觅什么?"僧云:"不为闲事。"师云:"汝教我道。"师又云:"兄弟,佛是尘,法亦是尘。终日驰求,有什么休歇?但时中不用挂情,情不挂物,无善可取,无恶可弃。莫教被他笼罩著,始是学处。"

有僧云:"曾辞一老宿,示某甲云:'去则亲良朋,附道友。'未审老宿意旨如何?"才礼拜次,师云:"礼拜一任,不得认奴作郎。"僧问:"如何是直截根源?"师乃掷下拄杖,入方丈。一日,师谓众曰:"语是谤,寂是诳。寂语向上有路在,老僧口门窄,不能与汝说得。"便下堂。僧问:"一句子如何?"师云:"此间一句亦无。"僧问:"正因为什么无事?"师云:"我不曾停留。"又云:"假饶重重剥得净尽,无停留,权时施设,亦是方便接人。若是那边事,无有是处。"

赵州观音院亦曰"东院"①。**从谂禅师**,曹州郝乡人也,姓郝氏。童稚于本州扈通院从师披剃,未纳戒,便抵池阳参南泉。值南泉偃息,而问曰:"近离什么处?"师曰:"近离瑞像。"②曰:"还见立瑞像么?"③ 师曰:"不见立瑞像,只见卧如来。"曰:"汝是有主沙弥,无主沙弥?"师曰:"有主沙弥。"曰:"主在什么处?"师曰:"仲冬严寒,伏惟和尚尊体万福。"南泉器之,而许入室。异日问南泉:"如何是道?"南泉曰:"平常心是道。"师曰:"还可趣向否?"南泉曰:"拟向即乖。"师曰:"不拟时,如何知是道?"南泉曰:"道不属知、不知,知是妄觉,不知是无记。若是真达不疑之道,犹如太虚,廓然虚豁,岂可强是非邪?"师言下悟理,乃往嵩岳琉璃坛纳戒,却返南泉。异日问南泉:"知有底人向什么处休歇?"南泉云:"山下作牛去。"师云:"谢指示。"南泉云:"昨夜三更月到窗。"

师作火头,一日闭却门,烧满屋烟,叫云:"救火,救火!"

---

① "曰",碛砂本、径山本作"名"。
② "瑞像",大正本作"瑞像院"。
③ "立瑞像",大正本作"瑞像"。

时大众俱到，师云："道得即开门。"众皆无对。南泉将锁于窗间过与师①，师便开门。又到黄檗，黄檗见来，便闭方丈门。师乃把火于法堂内，叫云："救火，救火！"黄檗开门捉住云："道，道！"师云："贼过后张弓。"又到宝寿，宝寿见来，即于禅床上背面坐。师展坐具礼拜，宝寿下禅床，师便出。又到盐官云："看箭。"盐官云："过也。"师云："中也。"又到夹山，将拄杖入法堂。夹山曰："作什么？"②曰："沁水。"③夹山曰："一滴也无，沁什么？"师倚杖而出。师将游五台山次，有大德作偈留云："何处青山不道场，何须策杖礼清凉？云中纵有金毛现，正眼观时非吉祥。"师云："作么生是正眼？"大德无对。法眼代云："请上坐领某甲卑情。"同安显代云："是上坐眼。"

师自此道化被于北地，众请住赵州观音。上堂示众云："如明珠在掌，胡来胡现，汉来汉现。老僧把一枝草为丈六金身用，把丈六金身为一枝草用。佛是烦恼，烦恼是佛。"时有僧问："未审佛是谁家烦恼？"师云："与一切人烦恼。"僧云："如何免得？"师云："用免作么？"师扫地，有人问云："和尚是善知识，为什么有尘？"师曰："外来。"又僧问："清净伽蓝，为什么有尘？"师曰："又一点也。"④又有人与师游园，见兔子惊走，问云："和尚是大善知识，为什么兔子见惊？"师云："为老僧好杀。"

僧问："觉华未发时，如何辨贞实？"师云："开也。"僧云：

---

① "锁"，大正本作"锁匙"。
② "作什么"，东寺本、碛砂本、径山本作"作么"。
③ "沁"，大正本作"探"，下同。
④ "一"，碛砂本、径山本作"有"。

"是贞是实?"师云:"贞是实,实是贞。"僧云:"什么人分上事?"师云:"老僧有分,阇梨有分。"僧云:"某甲不招纳如何?"①师佯不闻,僧无语。师云:"去。"师院有石幢子,被风吹折,僧问:"陀罗尼幢子,作凡去,作圣去?"师云:"也不作凡,亦不作圣。"僧云:"毕竟作什么?"师云:"落地去也。"

师问一坐主:"讲什么经?"对云:"讲《涅槃经》。"师云:"问一段义得否?"云:"得。"师以脚踢空,吹一吹云:"是什么义?"坐主云:"经中无此义。"师云:"五百力士揭石义,便道无?"大众晚参,师云:"今夜答话去也,有解问者出来。"时有一僧便出礼拜,师云:"比来抛砖引玉,却引得个墼子。"保寿云:"射虎不真,徒劳没羽。"长庆问觉上坐云:"那僧才出礼拜,为甚么便收伊为墼子?"②觉云:"适来那边亦有人恁么问。"庆云:"向伊道什么?"云:"也向伊恁么道。"玄觉云:"什么处却成墼子去?丛林中道:才出来便成墼子。只如每日出入,行住坐卧,不可总成墼子也?且道遮僧出来,具眼不具眼?"

有僧游五台,问一婆子云:"台山路向什么处去?"婆子云:"蓦直恁么去③。"僧便去,婆子云:"又恁么去也。"其僧举似师,师云:"待我去勘破遮婆子。"师至明日,便去问:"台山路向什么处去?"婆子云:"蓦直恁么去。"师便去,婆子云:"又恁么去也。"师归院,谓僧云:"我为汝勘破遮婆子了也。"玄觉云:"前来僧也恁么道,赵州去也恁么道,什么处是勘破婆子?"又云:"非唯被赵州勘破,亦被遮僧勘破。"僧问:"恁么来底人,师还接否?"师云:"接。"僧云:"不恁么来底,师还接否?"师云:"接。"僧云:

---

① "如何",东寺本、碛砂本、径山本作"是如何"。
② "甚么",大正本作"什么"。"收",碛砂本作"取"。
③ "恁么",东寺本、碛砂本、径山本无。

"恁么来者从师接,不恁么来者如何接?"师云:"止止不须说,我法妙难思。"师出院,路逢一婆子,问:"和尚住什么处?"师云:"赵州东院西。"婆子无语。师归院,问众僧:"合使那个西字?"或言"东西"字,或言"栖泊"字。师曰:"汝等总作得盐铁判官。"僧曰:"和尚为什么恁么道?"师曰:"为汝总识字。"法灯别众僧云:"已知去处。"

僧问:"如何是囊中宝?"师云:"合取口。"法灯别云:"莫说似人。"有新到僧谓师曰:"某甲从长安来,横担一条拄杖,不曾拨著一人。"师曰:"自是大德拄杖短。"同安显别云:"老僧遮里不曾见恁么人。"僧无对。法眼代云:"呵呵!"同安显代云:"也不短。"有僧写得师真呈师,师曰:"且道似我不似我?若似我,即打杀老僧;不似我,即烧却真。"僧无对。玄觉代云:"留取供养。"师敲火问僧云:"老僧唤作火,汝唤作什么?"僧无语。师云:"不识玄旨,徒劳念静。"法灯别云:"我不如汝。"新到僧参,师问:"什么处来?"僧云:"南方来。"师云:"佛法尽在南方,汝来遮里作什么?"僧云:"佛法岂有南北邪?"师云:"饶汝从雪峰、云居来,只是个担板汉。"崇寿稠别云:"和尚是据客置主人。"僧问:"如何是佛?"师云:"殿里底。"僧云:"殿里者岂不是泥龛塑像?"师云:"是。"僧云:"如何是佛?"师云:"殿里底。"僧问:"学人迷昧,乞师指示。"① 师云:"吃粥也未?"② 僧云:"吃粥也。"③ 师云:"洗钵去。"其僧忽然省悟。

---

① "学人迷昧乞师指示",东寺本、碛砂本、径山本作"如何是学人自己"。
② "吃粥也未",东寺本、碛砂本、径山本作"吃粥了也未"。
③ "吃粥也",丛刊本作"吃粥了也"。

师上堂云："才有是非，纷然失心，还有答话分也无？"乐普在众扣齿，云居云："何必？"师云："今日大有人丧身失命。"有僧云："请和尚举。"师便举前语，僧指傍僧云："遮僧作怎么语话。"师乃休①。僧问："久向赵州石桥②，到来只见掠彴。"师云："汝只见掠彴，不见赵州桥。"僧云："如何是赵州桥？"师云："过来。"③又有僧同前问，师亦如前答。僧云："如何是赵州桥？"师云："度驴度马。"僧云："如何是掠彴？"师云："个个度人。"云居锡云："赵州为当扶石桥，扶掠彴？"师闻沙弥喝参，向侍者云："教伊去。"侍者乃教去，沙弥便珍重去。师云："沙弥得入门，侍者在门外。"云居锡云："什么处是沙弥入门，侍者在门外？遮里若会得，便见赵州。"

师问新到僧："什么处来？"僧云："从南来。"师云："还知有赵州关否？"僧云："须知有不涉关者。"师云："遮贩私盐汉。"僧问："如何是西来意？"师下禅床立，僧云："莫即遮个便是否？"师云："老僧未有语在。"师问菜头："今日吃生菜、熟菜？"菜头拈起菜呈之。师云："知恩者少，负恩者多。"僧问："空劫中还有人修行也无？"师云："汝唤什么作空劫？"僧云："无一物是。"师云："遮个始称得修行，唤什么作空劫？"僧无语。僧问："如何是玄中玄？"师云："汝玄来多少时邪？"僧云："玄之久矣。"师云："阇梨若不遇老僧，几被玄杀。"

---

① "乐普在众"至此，大正本作："后有僧举示洛浦，洛浦扣齿。又举示云居，云居云：'何必？'僧回，举示师。师云：'南方大有人丧身失命。'僧云：'请和尚举。'师才举前语，僧指傍僧云：'者个师僧，吃却饭了作怎么语话。'师乃休。"并注云："此一段旧本全无伦理，今依《别录》改正。"
② "向"，原作"响"，据大正本改。
③ "过来"，东寺本、碛砂本、径山本作"过来过来"。

僧问："万法归一，一归何所？"师云："老僧在青州作得一领布衫重七斤半。"① 僧问："夜生兜率②，昼降阎浮，于其中间，摩尼为什么不现？"师云："道什么？"其僧再问，师云："毗婆尸佛早留心，直至如今不得妙。"师问院主："什么处来？"对云："送生来。"师云："鸦为什么飞去？"院主云："怕某甲。"师云："汝十年知事，作恁么语话。"③ 院主却问："鸦为什么飞去？"④ 师云："院主无杀心在。"⑤ 师托起钵云："三十年后若见老僧，留取供养；若不见，即扑破。"一僧出云："三十年后敢道见和尚？"师乃扑破。

有僧辞，师问："什么处去？"僧云："雪峰去。"师云："雪峰忽若问汝云：'和尚有何言句？'汝作么生祇对？"僧云："某甲道不得，请和尚道。"师云："冬即言寒，夏即道热。"又云："雪峰更问汝毕竟事作么生？"其僧又云："道不得。"师云："但道：'亲从赵州来，不是传语人。'"其僧到雪峰，一依前语举似雪峰。雪峰云："也须是赵州始得。"玄沙闻云："大小赵州败阙也不知。"云居锡云："什么处是赵州败阙⑥？若检得出，是上坐眼。"僧问："如何是赵州一句？"师云："老僧半句也无。"僧云："岂无和尚在？"师云："老僧不是一句。"

僧问："如何是出家？"师云："不履高名，不求苟得。"僧

---

① "半"东寺本、碛砂本无。
② "生"，大正本作"离"。
③ "汝十年知事作恁么语话"，东寺本、碛砂本、径山本作"是什么语话"。
④ "鸦为什么飞去"，东寺本、碛砂本、径山本作"鸦子为什么却飞"。
⑤ "师云院主无杀心在"，东寺本、碛砂本作"师代云为某甲有杀心在"。径山本作"师云院主无杀心"。
⑥ "阙"下，大正本有"处"。

问:"澄澄绝点时如何?"师云:"遮里不著客作汉。"僧问:"如何是祖师意?"师乃敲床脚。僧云:"只遮莫便是否?"师云:"是即脱取去。"僧问:"如何是毗卢圆相?"师云:"老僧自幼出家,不曾眼花。"僧云:"岂不为人?"师云:"愿汝常见毗卢圆相。"人问①:"和尚还入地狱否?"师云:"老僧未上入。"曰:"大善知识为什么入地狱?"师云:"若不入,阿谁教化汝?"

一日,真定帅王公携诸子入院。师坐而问曰:"大王会么?"王云:"不会。"师云:"自小持斋身已老,见人无力下禅床。"王公尤加礼重。翌日,令客将传语,师下禅床受之。少间,侍者问:"和尚见大王来不下禅床,今日军将来为什么却下禅床?"师云:"非汝所知。第一等人来禅床上接,中等人来下禅床接,末等人来三门外接。"师寄拂子与王公曰:"若问何处得来?但道老僧平生用不尽者。"② 师之玄言,布于天下,时谓"赵州门风",皆悚然信伏矣。唐乾宁四年十一月二日右胁而寂,寿一百二十。有人问师:"年多少?"师云:"一串念珠数不尽。"后谥真际大师。

池州灵鹫闲禅师,谓众曰:"是汝诸人本分事,若教老僧道,即与蛇画足。此是顿教,诸上坐。"有僧便问:"与蛇画足即不问,如何是本分事?"师云:"阇梨试道看。"其僧拟再问,师曰:"画足作么?"明水和尚问:"如何是顿获法身?"师云:"一透龙门云外望,莫作黄河点额鱼。"仰山问:"寂寂无言,如何视听?"师云:"无缝塔前多雨水。"僧问:"二彼无言时如何?"师云:

---

① "人",东寺本、碛砂本、径山本无。
② "但",碛砂本、径山本作"便"。

"是常。"僧云:"还有过常者无?"师云:"有。"僧云:"请师唱起。"师云:"玄珠自朗耀,何须壁外光?"僧问:"今日供养西川无染大师,未审大师还来否?"师云:"本自无所至,今岂随风转?"僧云:"恁么即供养何用?"师云:"功力有为互①,不换义相涉。"

鄂州茱萸山和尚,初住随州护国院为第一世。金轮可观和尚问:"如何是道?"师云:"莫向虚空里钉橛。"观云:"虚空是橛。"师乃打之。观捉住云:"莫打某甲,已后错打人在。"师便休。云居锡云:"此人具眼不具眼?因什么著打?"赵州谂和尚先到云居,云居问曰:"老老大大汉,何不觅个住处?"谂曰:"什么处住得?"云居曰:"山前有古寺基。"谂曰:"和尚自住取。"后到师处,师曰:"老老大大汉,何不住去?"谂曰:"什么处住得?"师曰:"老老大大汉,住处也不知。"谂曰:"三十年弄马伎,今日却被驴扑。"云居锡云:"什么处是赵州被驴扑处?"众僧侍立,师曰:"只恁么白立,无个说处,一场气闷。"有僧拟出问,师乃打之曰:"为众竭力。"便入方丈。有行者参,师曰:"曾去看赵州么?"曰:"和尚敢道否?"师云:"非但茱萸,一切人道不得。"曰:"和尚放某甲过。"师曰:"遮里从前不通人情。"曰:"要且慈悲心在。"师便打曰:"醒后来为汝。"

衢州子湖岩利踪禅师,澶州人也,姓周氏。幽州开元寺出

---

① "为互",原作"为",据大正本改。

家，依年受具。后入南泉之室，乃抵于衢州之马蹄山，结茅宴居。唐开成二年，邑人翁迁贵施山下子湖创院。咸通二年，敕赐额曰"安国禅院"。一日，上堂示众曰："子湖有一只狗，上取人头，中取人心，下取人足，拟议即丧身失命。"僧问："如何是子湖一只狗？"师曰："嗥，嗥。"临济下二僧到参，方揭帘，师曰："看狗。"二僧回顾，师归方丈。师与胜光和尚锄园，师蓦按锸①，回视胜光云："事即不无，拟心即差。"光乃礼拜拟问，师与一踏，便归院。

有一尼到参，师曰："汝莫是刘铁磨否？"尼曰："不敢。"师曰："左转右转？"尼云："和尚莫颠倒。"师便打。师一日于中夜叫②，"有贼。"众皆惊走，师到僧堂后架把住一僧叫云："维那！捉得也，捉得也。"③僧曰："不是某甲。"师曰："是即是，只是汝不肯承当。"④师有偈示众曰："三十年来住子湖，二时斋粥气力粗。每日上山三五转⑤，问汝时人会也无？"师居子湖说法四十五稔，广明中无疾归寂。寿八十有一，腊六十一。今本山有塔。

洛京嵩山和尚，僧问："古路坦然时如何？"师曰："不前。"僧曰："为什么不前？"师曰："无遮障处。"僧问："如何是嵩山境？"师曰："日从东出，月向西颓。"曰："学人不会。"师曰："东西也不会？"僧问："六识俱生时如何？"师曰："异。"僧曰：

---

① "锸"，碛砂本、径山本作"锄"。
② "师一日于中夜叫"，东寺本、碛砂本、径山本作"师中夜于僧堂前叫"。
③ 自"有贼"至此，东寺本、碛砂本、径山本作"贼贼大众皆惊有一僧从僧堂内出被师把住云维那捉得也捉得也"。
④ "汝"，东寺本、碛砂本、径山本无。
⑤ "每日上山三五转"，东寺本、碛砂本、径山本作"无事上山行一转"。

"为什么如此？"师曰："同。"

日子和尚，亚溪来参，师作起势。亚溪曰："遮老山鬼，犹见某甲在。"师曰："罪过，罪过！适来失祇对。"亚溪欲进语，师乃叱之。亚溪曰："大阵前不妨难御。"师曰："是，是。"亚溪曰："不是，不是。"赵州云："可怜两个汉，不识转身句。"

苏州西禅和尚①，僧问："三乘十二分教则不问，如何是祖师西来的的意？"师举拂子示之，其僧不礼拜。去参雪峰，雪峰问："什么处来？"僧云："浙中来。"雪峰曰："今夏在什么处？"曰："苏州西禅。"雪峰曰："和尚安否？"曰："来时万福。"雪峰曰："何不且从容？"曰："佛法不明。"雪峰曰："有什么事？"僧举前话，雪峰曰："汝作么不肯？"僧曰："是境。"雪峰曰："汝见苏州城里人家男女否？"曰："见。"雪峰曰："汝见路上林木否？"曰："见。"雪峰曰："凡睹人家男女、大地林沼总是境，汝还肯否？"曰："肯。"雪峰曰："只如拈起拂子，汝作么生不肯？"僧乃礼拜曰："学人取次发言，乞师慈悲。"雪峰曰："尽乾坤是个眼，汝向什么处蹲坐？"僧无语。

宣州陆亘大夫②，初问南泉曰："古人瓶中养一鹅，鹅渐长大，出瓶不得。如今不得毁瓶，不得损鹅，和尚作么生出得？"南泉召曰："大夫。"陆应诺，南泉曰："出也。"陆从此开解。暨

---

① "禅"，原作"山"，据目录、正文改。
② "宣州"下，大正本有"刺史"。

南泉圆寂，院主问曰："大夫何不哭先师？"陆曰："院主道得即哭。"院主无对。长庆代云："合哭不合哭？"

池州甘贽行者，将钱参贯文入僧堂，于第一坐面前云："请上坐施财。"上坐云："财施无尽，法施无穷。"甘云："恁么道争得某甲钱？"却将出去，上坐无语。又于南泉设粥云："请和尚念诵。"南泉云："甘贽行者设粥，请大众为狸奴白牯念摩诃般若波罗蜜。"甘乃礼拜，便出去。南泉却到厨内，打破锅子。雪峰和尚来，甘闭门召云："请和尚入。"雪峰隔篱，掉过衲衣，甘便开门礼拜。有住庵僧缘化什物，甘曰："若道得即施。"乃书"心"字问："是什么字？"僧云："心字。"又自问其妻："什么字？"妻云："心字。"甘云："某甲山妻亦合住庵。"其僧无语，甘亦无施。又问一僧："什么处来？"僧云："沩山来。"甘云："曾有僧问沩山：'如何是西来意？'沩山举起拂子。上坐作么生会沩山意？"僧云："借事明心，附物显理。"甘云："且归沩山去好。"保福闻之，乃仰手覆手。

前杭州盐官齐安禅师法嗣

襄州关南道常禅师，僧问："如何是西来意？"师举柱杖云："会么？"僧云："不会。"师乃喝出。僧问："如何是大道之源？"师与一拳。师每见僧来参礼，多以拄杖打趁。或云："迟一刻。"或云："打动关南鼓。"而时辈鲜有唱和者。

洪州双岭玄真禅师，初问道吾："无神通菩萨，为什么足迹难寻？"道吾曰："同道者方知。"师曰："和尚还知否？"曰："不知。"师曰："何故不知？"曰："去，不识我语。"师后于盐官契会。

杭州径山鉴宗禅师，湖州长城人也，姓钱氏。依本州开元寺大德高闲出家，学通《净名》《思益经》。后往盐官，谒悟空大师，决择疑滞①。唐咸通三年，止径山宣扬禅教。有小师洪諲，以讲论自矜。諲即径山第三世法济大师。师谓之曰："佛祖正法，直截亡诠，汝算海沙，于理何益？但能莫存知见，泯绝外缘，离一切心，即汝真性。"諲闻茫然，礼辞，游方至沩山，方悟玄旨，乃师沩山。宗禅师咸通七年丙戌闰三月五日示灭②，后谥曰无上大师③，即径山第二世也。

前五洩山灵默禅师法嗣

福州长溪龟山正原禅师，宣州南陵人也，姓蔡氏。幼厌俗出家，于本州籍山落发，唐元和十二年丁酉，建州乾元寺受具。寻造五洩山默师之室，决择玄微，后住龟山为第二世也。师尝述二偈，其一曰："沧溟几度变桑田，唯有虚空独湛然。已到岸人休恋筏，未曾度者要须船。"其二曰："寻师认得本心源，两岸俱玄一不全。是佛不须更觅佛，只因如此更忘缘。"④师咸通十年终于本山，寿七十八，腊五十四。敕谥性空大师、慧观之塔也。

---

① "择"，原作"泽"，据东寺本、碛砂本、大正本改。
② "宗禅师"，大正本作"师"。
③ "后"，大正本作"复"。
④ "更"，大正本作"便"。

前洛京佛光寺如满禅师法嗣

唐杭州刺史白居易，字乐天，久参佛光得心法，兼禀大乘金刚宝戒。元和中，造于京兆兴善法堂，致四问。语见"兴善章"。十五年，牧杭州，访鸟窠和尚，有问答偈颂。"鸟窠章"叙讫。尝致书于济法师：以佛无上大慧演出教理，安有徇机高下，应病不同，与平等一味之说相反？援引《维摩》及《金刚三昧》等六经，辟二义而难之。又以五蕴、十二缘说名色前后不类，立理而征之。并钩深索隐，通幽洞微。然未睹法师酬对，后来亦鲜有代答者。复受东都凝禅师"八渐"之目，各广一言而为一偈，释其旨趣，自浅之深，犹贯珠焉。凡守任处，多访祖道，学无常师。后为宾客，分司东都，罄己俸修龙门香山寺，寺成，自撰记。凡为文，动关教化，无不赞美佛乘，见于本集。其历官次第，归全代祀，即史传存焉耳。

前大梅山法常禅师法嗣

新罗国迦智禅师，僧问："如何是西来意？"师云："待汝里头来，即与汝道。"僧问："如何是大梅的旨？"师云："酪本一时抛。"

杭州天龙和尚，上堂云："大众，莫待老僧上来便上来，下去便下去。各有华藏性海，具足功德，无碍光明，各各参取。珍重。"僧问："如何是祖师意？"师竖起拂子。僧问："如何得出三界去？"师云："汝即今在什么处？"

前永泰寺灵湍禅师法嗣

湖南上林戒灵禅师①，初参沩山，曰："大德作什么来？"师曰："介胄全具。"沩山曰："尽卸了来，与大德相见。"师曰："卸了也。"沩山咄曰："贼尚未打，卸作什么？"师无对。仰山代云："请和尚屏左右。"沩山以手揖云："诺，诺。"师后参永泰，方喻其旨。

五台山秘魔岩和尚，常持一木叉②。每见僧来礼拜，即叉却颈云："那个魔魅教汝出家？那个魔魅教汝行脚？道得也叉下死，道不得也叉下死。速道。"学僧鲜有对者。法眼代云："乞命。"法灯代云："但引颈示之。"玄觉代云："老儿家，放却叉子得也。"

湖南祇林和尚，每叱文殊、普贤皆为精魅。手持木剑，自谓降魔。才有僧参礼，便云："魔来也，魔来也。"以剑乱挥，潜入方丈。如是十二年，后置剑无言。僧问："十二年前为什么降魔？"师曰："贼不打贫儿家。"曰："十二年后为什么不降魔？"师曰："贼不打贫儿家。"

前幽州盘山宝积禅师法嗣

镇州普化和尚者，不知何许人也。师事盘山，密受真诀而佯狂，出言无度。暨盘山顺世，乃于北地行化。或城市，或冢间，

---

① "灵"下，大正本注："目录作虚。"
② "常"，碛砂本、径山本作"尝"。

振一铎云:"明头来也打,暗头来也打。"一日临济令僧捉住云:"不明不暗时如何?"答云:"来日大悲院里有斋。"凡见人无高下,皆振铎一声,时号"普化和尚"。或将铎就人耳边振之,或拊其背,有回顾者,即展手云:"乞我一钱。"非时遇食亦吃。

尝暮入临济院吃生菜饭,临济曰:"遮汉大似一头驴。"师便作驴鸣,临济乃休。师曰:"临济小厮儿,只具一只眼。"①僧问法眼:"未审临济当时下得什么语?"法眼云:"临济留与后人。"师见马步使出喝道,师亦喝道,及作相扑势。马步使令人打五棒,师曰:"似即似,是即不是。"师尝于阛阓间摇铎唱曰:"觅个去处不可得。"时道吾遇之,把住问曰:"汝拟去什么处?"师曰:"汝从什么处来?"道吾无语,师擎手便去。一日,入临济院,临济曰:"贼,贼。"师亦曰:"贼,贼。"同入僧堂。临济指圣僧问:"是凡是圣?"师曰:"是圣。"临济曰:"作遮个语话。"师乃撼铎唱曰②:"河阳新附子,木塔老人禅。临济小厮儿,只具一只眼。"③

师唐咸通初将示灭,乃入市谓人曰:"乞一个直裰。"人或与披袄,或与布裘,皆不受,振铎而去。时临济令人送与一棺,师笑曰:"临济厮儿饶舌。"便受之。乃告辞曰:"普化明日去东门死也。"④郡人相率送出城,师厉声曰:"今日葬不合青乌。"乃曰:"第二日南门迁化。"人亦随之,又曰:"明日出西门方吉。"

---

① "师曰临济小厮儿只具一只眼",东寺本、碛砂本无。
② 自"一日"至此,东寺本作"临济一日与河阳、木塔长老同在僧堂内坐。因说普化每日在街市中擎风擎颠,知他是凡是圣。言犹未了,师入来,济便问:汝是凡是圣?师云:汝且道我是凡是圣?济便喝,师以手指云"。
③ 此处,丛刊本、大正本作"河阳新妇子,木塔老婆禅。临济小厮儿,只具一只眼",东寺本、碛砂本作"河阳新妇子,木塔老婆禅。临济小厮儿,却具一只眼。济云:'这贼。'师云:'贼贼。'便出去"。
④ "死也",东寺本、碛砂本、径山本作"迁化"。

人出渐稀，出已还返，人意稍怠。第四日，自擎棺出北门外，振铎入棺而逝。郡人奔走出城，揭棺视之已不见，唯闻铎声渐远，莫测其由。

前龙牙山圆畅禅师法嗣

嘉禾藏廙禅师，衢州信安人也，姓程氏。唐元和中，辞亲往长沙岳麓寺礼灵智律师出家。长庆三年，于武陵开元寺受戒。因听律部，语同学曰："教门繁广，宜扣总门。"遂缘会龙牙山畅禅师。龙牙告之曰："蕴界不真，佛生非我，子之正本，当复何名？而从谁得？"师一言领悟，回柯山避会昌沙汰。后于龙兴广扬道化。乾符六年三月中长往，寿八十二，腊五十六。

前归宗寺智常禅师法嗣

福州芙蓉山灵训禅师，初参归宗，问："如何是佛？"宗曰："我向汝道，汝还信否？"师曰："和尚发诚实言①，何敢不信？"宗曰："即汝便是。"师曰："如何保任？"宗曰："一翳在眼，空华乱坠。"法眼云：归宗若无后语，有什么归宗也？师辞归宗，宗问："子什么处去？"师曰："归岭中去。"宗曰："子在此多年，装束了却来，为子说一上佛法。"师结束了上堂，宗曰："近前来。"师乃近前，宗曰："时寒，途中善为。"师聆此一言，顿忘前解。后归寂，谥弘照大师，塔曰圆相。

---

① "诚实"，东寺本、碛砂本、径山本无。

汉南谷城县高亭和尚，有僧自夹山来礼拜，师便打。僧云："特来礼拜，师何打？"其僧再礼拜，师又打趁。僧回，举似夹山。夹山云："汝会也无？"僧云："不会。"夹山云："赖汝不会，若会即夹山口痖。"

新罗大茅和尚，上堂云："欲识诸佛师，向无明心内识取；欲识常住不彫性，向万木迁变处识取。"僧问："如何是大茅境？"师云："不露锋。"僧云："为什么不露锋？"师云："无当者。"

五台山智通禅师，自称"大禅佛"。初在归宗会下时，忽一夜巡堂，叫云："我已大悟也。"众骇之。明日，归宗上堂集众问："昨夜大悟底僧出来。"师出云："智通。"归宗云："汝见什么道理言大悟，试说似吾看。"师对云："师姑天然是女人作。"归宗默而异之。师便辞，归宗门送，与拈笠子，师接得笠子，戴头上便行，更不回顾。后居台山法华寺，临终有偈曰："举手攀南斗，回身倚北辰。出头天外见，谁是我般人？"

前华严寺智藏禅师法嗣

黄州齐安和尚，示学众曰："言不落句，佛祖徒施，玄韵不坠，谁人知得？"僧问："如何识得自己佛？"师曰："一叶明时消不尽，松风韵罢怨无人。"僧曰："如何是自己佛？"师曰："草前骏马实难穷，妙尽还须畜生行。"人问："大师年多少？"师曰："五六四三不得类，岂同一二实难穷？"师有颂曰："猛炽焰中人有路，旋风顶上屹然栖。镇常历劫谁差互，杲日无言运照齐。"师后居凤翔。

景德传灯录卷第十一

怀让禅师第四世①八十九人

潭州沩山灵祐禅师法嗣四十二人②—十人见录

  袁州仰山慧寂禅师

  邓州香严寺智闲禅师

  襄州延庆法端禅师③

  杭州径山洪諲禅师

  福州灵云志勤禅师

  益州应天和尚

  福州九峰慈慧禅师

  京兆米和尚

  晋州霍山和尚

  襄州王敬初常侍④

    长延圆鉴禅师、志和禅师、洪州西山道方禅师、沩山如真禅师、并州元顺禅师、兴元府崇皓禅师、鄂州全谂禅师、嵩山神剑禅

---

① "世"下，丛刊本、大正本有"上"。
② "二"，大正本作"三"。
③ 此下，大正本注："十二卷又收在香严下，何也？"
④ 此下大正本有"福州双峰和尚"。

师、许州弘进禅师、余杭文立禅师、越州光相禅师、苏州文约禅师、上元智满禅师①、金州法朗禅师、鄂州黄鹤山超达大师、白鹿从约禅师、西堂复禅师、温州灵空禅师、大沩简禅师、荆南智朗禅师、沩山普润禅师、沩山法真禅师、黑山和尚、滁州定山神英禅师、霜山和尚、南源和尚②、沩山冲逸禅师、沩山彦禅师、蕲州三角山法遇禅师、邓州志诠禅师、荆州弘珪禅师、岩背道旷禅师 已上三十二人无机缘语句③，不录

福州长庆院大安禅师法嗣④一十人八人见录

益州大随法真禅师

韶州灵树如敏禅师

福州寿山师解禅师

饶州峣山和尚

泉州莆田崇福慧日大师

台州浮江和尚

潞州渌水和尚

广州文殊院圆禅师

温州灵阳禅师、洪州纸衣和尚 已上二人无机缘语句，不录

杭州径山鉴宗大师法嗣

明州天童山咸启禅师⑤、背山行真禅师、杭州大慈山行满禅师

已上三人无机缘语句，不录

赵州东院从谂禅师法嗣一十四人⑥七人见录

---

① "智"，碛砂本、径山本作"志"。
② 碛砂本、径山本"神英禅师"与"南源和尚"，位置互换。
③ "二"，大正本作"三"。
④ "长庆院"，大正本无。
⑤ "山"，碛砂本、径山本无。
⑥ "四"，大正本作"三"。

洪州新兴严阳尊者

扬州光孝院慧觉禅师

陇州国清院奉禅师

婺州木陈从朗禅师

婺州新建禅师

杭州多福和尚

益州西睦和尚

  潭州麻谷山和尚①、观音院定鄂禅师、宣州茗萍山和尚、太原免道者、太原孚上坐②、幽州燕王、镇州赵王　已上七人无机缘语句③，不录。

衢州子湖岩利踪禅师法嗣四人见录

台州胜光和尚

漳州浮石和尚

紫桐和尚

日容和尚

吉州孝义寺性空禅师法嗣④

  邛州寿兴院守闲禅师　一人无机缘语句，不录。

鄂州茱萸和尚法嗣一人见录

石梯和尚

天龙和尚法嗣二人—一人见录

婺州金华山俱胝和尚

---

① "山"，碛砂本、径山本无。
② "孚上坐"，大正本无。
③ "七"，大正本作"六"。
④ "寺"，大正本无。

　　　　　新罗国彦忠禅师　一人无机缘语句，不录
　　长沙景岑禅师法嗣二人一人见录
　　　　明州雪窦山常通禅师
　　　　　　婺州金华山严灵禅师　一人无机缘语句，不录
　　襄州关南道常禅师法嗣二人见录
　　　　关南道吾和尚
　　　　漳州罗汉和尚
　　白马昙照禅师法嗣
　　　　　　晋州霍山无名禅师　一人无机缘语句，不录
　　新罗大证禅师法嗣
　　　　　　文圣大王、宪安大王　已上二人无机缘语句，不录
　　小马神照禅师法嗣
　　　　　　缙云郡连云院有缘禅师　一人无机缘语句，不录
　　高安大愚和尚法嗣一人见录
　　　　筠州末山尼了然
　　新罗洪直禅师法嗣
　　　　　　兴德大王、宣康太子　二人无机缘语句，不录
　　许州无迹和尚法嗣
　　　　　　道遂禅师　一人无机缘语句，不录

怀让禅师第四世[①]

前沩山灵祐禅师法嗣

　　袁州仰山慧寂禅师，韶州怀化人也，姓叶氏。年十五欲出

[①] "怀让禅师第四世"，碛砂本、径山本无。

家,父母不许。后二载,师断手二指,跪致父母前,誓求正法,以答劬劳。遂依南华寺通禅师落发,未登具,即游方。初谒耽源,已悟玄旨,后参沩山,遂升堂奥。祐问曰:"汝是有主沙弥,无主沙弥?"师曰:"有主。"曰:"在什么处?"师从西过东立。祐知是异人,便垂开示。寂问①:"如何是真佛住处?"祐曰:"以思无思之妙,返思灵焰之无穷。思尽还源,性相常住,事理不二,真佛如如。"师于言下顿悟,自此执侍。

寻往江陵受戒,住夏探律藏。后参岩头,岩头举起拂子②,师展坐具。岩拈拂子置背后③,寂将坐具搭肩上而出。岩云:"我不肯汝放,只肯汝收。"又问石室:"佛之与道,相去几何?"石室云④:"道如展手,佛似握拳。"乃辞石室,而室门送⑤,召云:"子莫一向去,已后却来我边。"云居锡云:"要会么?如今归堂去,明日却上来。"韦宙就沩山请一伽陀,沩山曰:"觌面相呈,犹是钝汉,岂况形于纸笔?"乃就师请,师于纸上画一圆相,注云:"思而知之,落第二头;不思而知,落第三首。"

一日,随沩山开田。师问曰:"这头得恁么低,那头得恁么高?"祐曰:"水能平物,但以水平。"师曰:"水也无凭。和尚但高处高平,低处低平。"祐然之。有施主送绢,寂问:"和尚受施主如是供养,将何报答?"祐敲禅床示之。师曰:"和尚何得将众人物作自己用?"祐忽问师:"什么处去来?"师曰:"田中来。"

---

① "寂",大正本作"师"。
② "岩头",碛砂本、径山本作"头"。
③ "岩",碛砂本、径山本作"头"。下同。
④ "石室",碛砂本作"室"。
⑤ "而室",丛刊本、大正本作"石室",碛砂本作"室"。

祐曰："田中多少人？"师插锹而立。祐曰："今日南山大有人刈茅在。"师举锹而去。玄沙云："我若见，即踏倒锹子。"僧问镜清："仰山插锹，意旨如何？"清云："狗衔赦书，诸侯避道。"又问："只如玄沙踏锹，其意如何？"清云："勿奈船何，打破屎斗。"又问："南山刈茅，意旨如何？"清云："李靖三兄，久经行阵。"云居锡云："且道镜清下此一判，著不著？"又僧问禾山云："仰山插锹，意旨如何？"禾山云："汝问我。"僧云："玄沙踏锹，意旨如何？"禾山云："我问汝。"

师在沩山牧牛时，第一座曰："百亿毛头百亿师子现。"师不答。归侍立，第一座上问讯，师举前语问云①："适来道：'百亿毛头百亿师子现'，岂不是？"上座曰："是。"师曰："正当现时，毛前现，毛后现？"上座曰："现时不说前后。"师乃出。祐曰："师子腰折也。"沩山上座举起拂子曰："若人作得道理，即与之。"师曰："某甲作得道理，还得否？"上座曰："但作得道理便得。"寂乃掣拂子将去。云居锡云："什么处是仰山道理？"一日雨下，上座曰："好雨！寂阇梨。"师曰："好在什么处？"上座无语。师曰："某甲却道得。"上座曰："好在什么处？"师指雨。沩山与师游行次，乌衔一红柿落前。祐将与师，师接得，以水洗了却与祐②。祐曰："子什么处得来？"师曰："此是和尚道德所感。"祐曰："汝也不得空然。"即分半与师。玄沙云："大小沩山被仰山一坐，至今起不得。"师浣衲衣次，耽源曰："正恁么时作么生？"师曰："正恁么时，向什么处见？"

师盘桓沩山前后十五载，凡有语句，学众无不弭伏。暨受沩

---

① "语"，碛砂本作"话"。
② "以"，碛砂本、径山本作"乃以"。

山密印,领众住王莽山。化缘未契①,迁止仰山,学徒臻萃。师上堂示众云:"汝等诸人各自回光返顾,莫记吾言。汝无始劫来,背明投暗,妄想根深,卒难顿拔。所以假设方便,夺汝粗识,如将黄叶止啼,有什么是处?亦如人将百种货物与金宝作一铺货卖②,只拟轻重来机。所以道:'石头是真金铺,我这里是杂货铺。'有人来觅鼠粪,我亦抬与他;来觅真金,我亦抬与他。"时有僧问:"鼠粪即不要,请和尚真金。"师云:"啮镞拟开口,驴年亦不会。"僧无对。师云:"索唤则有交易,不索唤则无我。若说禅宗,身边要一人相伴亦无,岂况有五百、七百众耶?我若东说西说,则争头向前采拾,如将空拳诳小儿,都无实处。我今分明向汝说圣边事,且莫将心凑泊,但向自己性海如实而修。不要三明六通,何以故?此是圣末边事。如今且要识心达本,但得其本,不愁其末③,他时后日自具去在。若未得本,纵饶将情学他亦不得。汝岂不见沩山和尚云:'凡圣情尽,体露真常,事理不二,即如如佛。'"

问:"如何是祖师意?"师以手于空作圆相,相中书"佛"字,僧无语。师谓第一坐曰:"不思善,不思恶,正恁么时作么生?"对曰:"正恁么时是某甲放身命处。"师曰:"何不问老僧?"对曰:"正恁么时不见有和尚。"师曰:"扶吾教不起。"师因归沩山省觐,祐问:"子既称善知识,争辨得诸方来者知有不知有?有师承无师承?是义学是玄学?子试说看。"师曰:"慧寂

---

① "化缘",碛砂本、径山本作"缘化"。
② "金宝",碛砂本、径山本作"金玉"。
③ "不",碛砂本、径山本作"莫"。

有验处:但见诸方僧来,便竖起拂子,问伊:'诸方还说这个不说?'又云:'这个且置,诸方老宿意作么生?'"祐叹曰:"此是从上宗门中牙爪。"祐问:"大地众生,业识茫茫,无本可据,子作么生知他有之与无?"师曰:"慧寂有验处。"时有一僧从面前过。师召云:"阇梨。"其僧回头①,师曰:"和尚,这个便是业识茫茫,无本可据。"祐曰:"此是师子一滴乳,迸散六斛驴乳。"

郑愚相公问:"不断烦恼而入涅槃时如何?"师竖起拂子。公曰:"入之一字,不要亦得。"师曰:"入之一字,不为相公。"法灯别云:"相公不用烦恼。"师问僧:"什么处来?"曰:"幽州。"师曰:"我恰要个幽州信,米作么价?"曰:"某甲来时无端从市中过,踏折他桥梁。"师便休。师见僧来,竖起拂子,其僧便喝。师曰:"喝即不无,且道老僧过在什么处?"僧曰:"和尚不合将境示人。"师乃打之。师问香严:"师弟近日见处如何?"严曰:"某甲卒说不得。"乃有偈曰:"去年贫,未是贫,今年贫,始是贫。去年无卓锥之地②,今年锥也无③。"师曰:"汝只得如来禅,未得祖师禅。"玄觉云:"且道如来禅与祖师禅分不分?"④ 长庆稜云:"一时坐却。"

沩山封一面镜寄师,师上堂提起云:"且道是沩山镜,仰山镜? 有人道得即不扑破。"众无对,师乃扑破。师问:"双峰师弟近日见处如何?"对曰:"据某甲见处,实无一法可当情。"师曰:

---

① "头",碛砂本、径山本作"首"。
② "去年",南藏本、径山本作"去年贫"。
③ "今年",南藏本、径山本作"今年贫"。
④ "如来禅与祖师禅",碛砂本、径山本作"祖师禅与如来禅"。

"汝解犹在境。"双峰曰:"某甲只如此,师兄又如何①?"师曰:"汝岂无能知无一法可当情者?"②沩山闻云:"寂子一句,疑杀天下人。"玄觉云:"《金刚经》道:'实无一法,然灯佛与我受记。'他道'实无一法可当情',为什么道'解犹在境',且道利害在什么处?"僧问:"法身还解说法也无?"师曰:"我说不得,别有一人说得。"曰:"说得底人在什么处?"师推出枕子③。沩山闻云:"寂子用剑刃上事。"

师闭目坐次,有僧潜来身边立,师开目于地上作一圆相,相中书"水"字,顾视其僧,僧无语。师携一杖子,僧问:"什么处得?"师便拈向背后,僧无语。师问一僧:"汝会什么?"僧曰:"会卜。"师提起拂子曰:"这个六十四卦中阿那卦收?"僧无对④。师自代云:"适来是雷天《大壮》,如今变为地火《明夷》。"师问僧:"名什么?"曰:"灵通。"师曰:"便请入灯笼。"曰:"早个入了也。"法眼别云:"唤什么作灯笼?"僧问:"古人道:'见色便见心。'禅床是色,请和尚离色指学人心。"师云:"那个是禅床,指出来。"僧无语。玄觉云:"忽然被伊却指禅床,作么生对伊好?"有僧云:"却请和尚道。"玄觉代拊掌三下。僧问:"如何是毗卢师?"师乃叱之。又问:"如何是和尚师?"师曰:"莫无礼。"师共一僧语,傍有僧曰:"语底是文殊,默底是维摩。"师曰:"不语不默底莫是汝否?"僧默之。师曰:"何不现神通?"僧曰:"不辞现神通,只恐和尚收入教。"师曰:"鉴汝来处,未有教外底眼。"问:

---

① "又如何",丛刊本、碛砂本、径山本、大正本作"如何"。
② "无能",南藏本、径山本作"不能"。
③ "推出枕子",碛砂本、径山本作"推枕子出"。
④ "僧无对",丛刊本、大正本作"无对"。

"天堂、地狱相去几何？"师将拄杖画地一画。

师住观音时，出榜云："看经次，不得问事。"后有僧来问讯，见师看经，傍立而待。师卷却经问："会么？"僧曰："某甲不看经，争得会？"师曰："汝已后会去在。"其僧到岩头，岩头问①："什么处来？"② 僧云："江西观音来。"③ 岩头云："和尚有何言句？"其僧举前语，岩头云："这个老师，我将谓被故纸埋却，元来犹在。"僧问："禅宗顿悟，毕竟入门的意如何？"师曰："此意极难。若是祖宗门下上根上智，一闻千悟，得大总持，此根人难得。其有根微智劣，所以古德道：'若不安禅静虑，到这里总须茫然。'"僧曰："除此格外，还别有方便令学人得入也无？"师曰："别有别无，令汝心不安。汝是什么处人？"曰："幽州人。"师曰："汝还思彼处否？"曰："常思。"师曰："彼处楼台林苑，人马骈阗，汝返思底还有许多般也无？"僧曰："某甲到这里，一切不见有。"师曰："汝解犹在境，信位即是，人位即不是。据汝所解，只得一玄，得坐披衣，向后自看。"其僧礼谢而去。

师始自仰山，后迁观音，接机利物，为禅宗标准。迁化前数年，有偈曰："年满七十七，老去是今日。任性自浮沈，两手攀屈膝。"于韶州东平山示灭，年七十七，抱膝而逝。敕谥智通大师、妙光之塔。后迁塔于仰山。

邓州香严智闲禅师，青州人也。厌俗辞亲，观方慕道，依沩

---

① "岩头"，碛砂本、径山本作"头"，下同。
② "什么"，碛砂本、径山本作"甚么"。
③ "观音"，碛砂本、径山本作"观音院"。

山禅会。祐和尚知其法器，欲激发智光。一日谓之曰："吾不问汝平生学解，及经卷册子上记得者，汝未出胞胎，未辨东西时，本分事试道一句来，吾要记汝。"师懵然无对，沈吟久之，进数语陈其所解，祐皆不许。师曰："却请和尚为说。"祐曰："吾说得是吾之见解，于汝眼目何有益乎？"①师遂归堂，遍检所集诸方语句，无一言可将酬对。乃自叹曰："画饼不可充饥。"于是尽焚之曰："此生不学佛法也，且作个长行粥饭僧，免役心神。"遂泣辞沩山而去。

抵南阳，睹忠国师遗迹，遂憩止焉。一日，因山中芟除草木，以瓦砾击竹作声，俄失笑间，廓然省悟②。遽归沐浴焚香，遥礼沩山，赞云："和尚大悲，恩逾父母。当时若为我说却，何有今日事？"③仍述一偈云："一击忘所知，更不假修治。动容扬古路，不堕悄然机④。处处无踪迹，声色外威仪。诸方达道者，咸言上上机。"

师上堂云："道由悟达，不在语言，况见密密堂堂，曾无间隔⑤，不劳心意，暂借回光，日用全功，迷徒自背。"问："如何是香严境？"师曰："花木不滋。"问："如何是仙陀婆？"师敲禅床曰："过这里来。"问："如何是见在学？"⑥师以扇子旋转示曰："见么？"僧无语。问："如何是正命食？"师以手撮而示之。

---

① "何有"，碛砂本、径山本作"又何"。
② "省悟"，大正本作"惺悟"。
③ "事"下，丛刊本、大正本有"也"，碛砂本、径山本有"邪"。
④ 此句下，大正本注："'动容扬古路，不堕悄然机'，此句旧本并福邵本并无，今以《通明集》为据。"丛刊本无"动容扬古路，不堕悄然机"。
⑤ "间隔"，碛砂本、径山本作"间歇"。
⑥ "见在"，碛砂本、径山本作"现在"。

问：“如何是无表戒？”师曰：“待阇梨作俗即说。”问：“如何是声色外相见一句？”师曰：“如某甲未住香严时，道在什么处？”僧曰：“恁么时，亦不敢道有所在。”师曰：“如幻人心、心所法。”

僧问：“不慕诸圣，不重己灵时如何？”师曰：“万机休罢，千圣不携。”此时疏山在众，作呕声曰①：“是何言欤？”师问："阿谁？”众曰："师叔。”师曰："不诺老僧耶？”疏山出曰："是。”师曰："汝莫道得么？”曰："道得。”师曰："汝试道看。”曰："若教某甲道，须还师资礼始得。”师乃下坐礼拜，蹑前语问之。疏山曰："何不道'肯重不得全'。”师曰："饶汝恁么，也须三十年倒屙。设住山无柴烧，近水无水吃。分明记取。”后住疏山，果如师记。至二十七年病愈，自云："香严师兄记我'三十年倒屙'，今少三年在。”每至食毕②，以手抉而吐之，以应前记。疏山后问道怤长老："肯重不得全，汝作么生会？"怤云："全归肯重。”疏山云："不得全又作么生？"怤云："个中无肯路。”疏山云③："始惬病僧意。”

问："如何是声前句？”师曰："大德未问时即答。”僧曰："即时如何？”师曰："即时问也。”问："如何是直截根源佛所印？”师抛下拄杖，撒手而去④。问："如何是佛法大意？”师曰："今年霜降早，荞麦总不收。"⑤问："如何是西来意？”师以手入怀，出拳展开与之，僧乃跪膝，以两手作受势。师曰："是什

---

① "作"，碛砂本、径山本无。
② "毕"，碛砂本、径山本作"必"。
③ "疏山云"，碛砂本、径山本作"师曰"。
④ "撒"，原作"散"，据径山本改。
⑤ "荞"，径山本作"荞"。

么?"僧无对。问:"如何是道?"师曰:"枯木龙吟。"僧曰:"学人不会。"师曰:"髑髅里眼睛。"玄沙别云:"龙藏枯木。"问:"离四句,绝百非,请和尚道。"师曰:"猎师前不得说本师戒。"

一日谓众曰:"如人在千尺悬崖,口衔树枝,脚无所踏,手无所攀。忽有人问:'如何是西来意?'若开口答,即丧身失命;若不答,又违他所问。当恁么时且怎么生?"时有招上座出曰:"上树时即不问,未上树时如何?"师笑而已。师问僧:"什么处来?"僧曰:"沩山来。"师曰:"和尚近日有何言句?"僧曰:"人问'如何是西来意',和尚竖起拂子。"师闻举,乃曰:"彼中兄弟作么会和尚意旨?"僧曰:"彼中商量道:即色明心,附物显理。"师曰:"会即便会,不会著什么死急?"僧却问:"师意如何?"师还举拂子。玄沙云:"只这香严,脚跟犹未点地。"云居锡云:"什么是香严脚跟未点地处?"① 师凡示学徒,语多简直。有偈颂二百余篇②,随缘对机,不拘声律,诸方盛行。后谥袭灯大师。

襄州延庆山法端大师,有人问:"蚯蚓斩为两段,两头俱动,佛性在阿那头?"师展两手。洞山别云:"问底在阿那头?"师灭后敕谥绍真大师,塔曰明金。

杭州径山洪諲禅师,吴兴人也,姓吴氏。年十九③,礼开元寺无上大师落发。无上大师嗣盐官,后住径山为第二世也。二十二,往嵩

---

① "什么",碛砂本、径山本作"什么处"。
② "篇",碛砂本、径山本作"首"。
③ "年",碛砂本、径山本无。

岳受满足律仪。归礼本师，师问曰："汝于时中将何报四恩耶？"谭不能对，三日忘食，乃辞行脚。往谒云岩，机缘未契。后造沩山，蒙滞顿除。遭唐会昌沙汰，众皆悲惋，谭曰："大丈夫钟此厄会，岂非命也，何乃效儿女子乎？"大中初，复沙门相，还故乡西峰院。咸通六年上径山，明年本师迁神，众请继躅，为径山第三世，于法即沩山之嗣。

僧问："掩息如灰时如何？"师曰："犹是时人功干。"僧曰："干后如何？"师曰："耕人田不种。"僧曰："毕竟如何？"师曰："禾熟不临场。"僧问："龙门不假风雷势便透得者如何？"师曰："犹是一品、二品。"僧曰："此既是阶级，向上事如何？"师曰："吾不知有汝龙门。"僧问："如霜如雪时如何？"师曰："犹是污染。"曰："不污染时如何？"师曰："不同色。"

许州全明上坐先问石霜："一毫穿众穴时如何？"石霜云："直须万年后。"云："万年后如何？"石霜云："登科任汝登科，拔萃任汝拔萃。"后问师云："一毫穿众穴时如何？"师曰："光靴任汝光靴，结果任汝结果。"僧问："如何是长？"师曰："千圣不能量。"曰："如何是短？"师曰："蟭螟眼里著不满。"其僧不肯，便去举似石霜。石霜云①："只为太近实头。"僧问："如何是长？"石霜云："不屈曲。"曰："如何是短？"石霜云："双陆盘中不喝彩。"

佛日长老访师，师问曰："伏承长老独化一方，何以荐游峰顶？"佛日曰："朗月当空挂，冰霜不自寒。"师曰："莫便是长老

---

① "石霜"，碛砂本、径山本作"霜"，下同。

家风否？"① 佛日曰："峭峙万重关，于中含宝月。"师曰："此犹是文言，作么生是长老家风？"曰："今日赖遇佛日。"佛日却问云②："隐密全真时，人知有道不得；大省无辜时，人知有道得。于此二途，犹是时人升降处，未审长老亲道自道如何道？"师曰："我家道处无个道。"佛日曰："如来路上无私曲，便请玄音和一场。"师曰："任汝二轮更互照，碧潭云外不相关。"佛日曰："为报白头无限众，此回年少莫归乡。"③ 师曰："老少同轮无向背，我家玄路勿参差。"佛日曰："一言定天下，四句为谁留？"师曰："汝言有三四，我道其中一也无。"师因有偈曰："东西不相顾，南北与谁留？汝即言三四，我即一也无。"光化四年九月二十八日，白众而化。

福州灵云志勤禅师，本州长溪人也④。初在沩山，因桃华悟道，有偈曰："三十年来寻剑客⑤，几逢落叶几抽枝⑥。自从一见桃华后，直至如今更不疑。"祐师览偈，诘其所悟，与之符契。祐曰："从缘悟达，永无退失，善自护持。"有僧举似玄沙⑦，玄沙云："谛当甚谛当，敢保老兄犹未彻。"众疑此语，玄沙问地藏："我恁么道，汝作么生会？"地藏云："不是桂琛，即走杀天下人。"乃返闽川，玄徒臻集。

上堂谓众曰："诸仁者，所有长短，尽至不常。且观四时草

---

① "便"，丛刊本、大正本、碛砂本作"即"。
② "问云"，碛砂本、径山本作"问师云"。
③ "莫"，碛砂本、径山本作"不"。
④ "本州"，碛砂本、径山本无。
⑤ "年来"，丛刊本、大正本作"来年"。
⑥ "几逢落叶几抽枝"，碛砂本、径山本作"几回落叶又抽枝"。
⑦ "有僧举似玄沙"，碛砂本、径山本无。

木,叶落花开,何况尘劫来天人七趣①,地水火风,成坏轮转,因果将尽,三恶道苦,毛发不添减,唯根蒂神识常存。上根者遇善友申明,当处解脱,便是道场。中下痴愚,不能觉照,沉迷三界,流转生死②。释尊为伊天上人间设教证明,显发智道,汝等还会么?"时有僧问③:"如何得出离生老病死?"师曰:"青山元不动,浮云飞去来。"僧问:"君王出阵时如何?"师曰:"春明门外不问长安。"僧曰:"如何得觐天子?"师曰:"盲鹤下清池,鱼从脚底过。"僧问:"如何是佛法大意?"师曰:"驴事未去④,马事到来。"僧曰:"未喻玄旨,再请垂示。"⑤师曰:"彩气夜常动,精灵日少逢。"

雪峰有偈送双峰出岭,末句云"雷罢不停声",师更之云"雷震不闻声"。雪峰闻之,乃曰:"灵云山头古月现。"雪峰问云:"古人道:'前三三,后三三。'意旨如何?"师云:"水中鱼,山上鸟。"峰云:"意旨作么生?"师云:"高可射兮深可钓。"问:"诸方悉皆杂食,未审和尚如何?"师云:"独有闽中异,雄雄镇海涯。"问:"久战沙场,为什么功名不就?"师曰:"君王有道三边静,何劳万里筑长城?"又云:"罢息干戈,束手归朝时如何?"师云:"慈云普润无边刹,枯树无花争奈何?"长生问:"混沌未分时,含生何来?"师曰:"如露柱怀儿。"⑥曰:

---

① "七趣",碛砂本、径山本作"六趣"。
② "生死",碛砂本、径山本作"死生"。
③ "时有僧",碛砂本、径山本无。
④ "未去",碛砂本、径山本作"未了"。
⑤ "僧曰:'未喻玄旨,再请垂示'",丛刊本、碛砂本、大正本作"僧未喻旨,曰:'再请垂示。'"。
⑥ "儿",丛刊本作"胎",大正本注:"一作'胎'。"。

"分后如何?"师曰:"如片云点太清。"① 曰:"未审太清还受点也无?"师曰②:"恁么即含生不来也。"③ 曰:"直得纯清绝点时如何?"师曰:"犹是真常流注。"曰:"如何是真常流注?"师曰:"如镜长明。"曰:"向上更有事否?"师曰:"有。"曰:"如何是向上事?"师曰:"打破镜来相见。"

问:"如何是西来意?"师曰:"井底种林檎。"曰:"学人不会。"师曰:"今年桃李贵,一颗直千金。"问:"摩尼珠不随众色,未审作什么色?"④ 师曰:"白色。"僧曰:"恁么即随众色也?"师曰:"赵璧本无瑕,相如诳秦主。"问:"君王出阵时如何?"师曰:"吕才葬龙耳。"⑤ 曰:"其事如何?"师曰:"坐见白衣天。"僧曰:"王今何在?"师曰:"莫触龙颜。"

益州应天和尚,僧问:"人人有佛性,如何是和尚佛性?"师曰:"汝唤什么作佛性?"僧曰:"恁么即和尚无佛性也?"师乃叫:"快活,快活!"

福州九峰慈慧禅师,初在沩山,遇祐师上堂云:"汝等诸人只得大体,不得大用。"师抽身出去,沩山召之,师更不回顾⑥。沩山云:"此子堪为法器。"师一日辞沩山入岭云:"某甲辞违和

---

① "太清",丛刊本作"太清里"。
② "师曰",丛刊本、大正本作"师不答曰"。
③ 此下,丛刊本、大正本有"师亦不答"。
④ "作什么",碛砂本、径山本作"作么"。
⑤ "龙",丛刊本、大正本、碛砂本作"虎"。
⑥ "师",碛砂本、径山本无。

尚，千里之外不离左右。"沩山动容曰："善为。"

京兆米和尚，亦谓米七师。① 初参学归受业寺，有老宿问："月中断井索，时人唤作蛇。未审七师见佛，唤作什么？"师曰："若有佛见，即同众生。"法眼别云："此是什么时节问？"法灯别云："唤底不是。"老宿曰："千年桃核。"师令僧去问仰山云："今时人还假悟也无？"② 仰山云："悟即不无，争奈落在第二头。"师深肯之。又令僧去问洞山云："那个究竟作么生？"洞山云："却须问他始得。"师亦肯之。僧问："如何是衲衣下事？"师云："丑陋任君嫌，不挂云霞色。"

晋州霍山和尚，仰山一僧到，自称："集云峰下四藤条，天下大禅佛参。"③ 师乃唤维那："打钟著。"④ 大禅佛骤步而去。师闻五台秘魔岩和尚⑤，凡有僧到礼拜，以木叉叉著。师一日遂往访之，才见不礼拜，便入秘魔怀里。秘魔拊师背三下，师起拍手云："师兄，我一千里地来便回。"⑥

襄州王敬初常侍，视事次，米和尚至。王公乃举笔，米曰："还判得虚空否？"公掷笔入厅，更不复出。米致疑。至明日，凭

---

① "米"，碛砂本、径山本无。
② "今时人"，丛刊本、碛砂本作"今时"。
③ 此下，大正本下注："大禅佛，即十二卷'晋州霍山景通和尚'也。"
④ "打钟著"，丛刊本、碛砂本作"般柴著"，大正本作"搬柴著"，并注云："一作'打钟著'。"
⑤ "五台"，碛砂本、大正本无。
⑥ 此下，大正本下注："一作'师兄三千里外赚我来'。"

鼓山供养主人探其意。米亦随至，潜在屏蔽间侦伺。供养主才坐，问云："昨日米和尚有什么言句，便不得见？"王公曰："师子咬人，韩獹逐块。"米师窃闻此语，即省前谬，遽出朗笑曰："我会也，我会也。"尝问一僧："一切众生还有佛性也无？"僧云："尽有。"公指壁画狗子云①："这个还有也无？"僧无对。公自代云："看咬著。"

前福州长庆大安禅师亦称大沩和尚。法嗣②

益州大随法真禅师，僧问："劫火洞然，大千俱坏，未审此个还坏也无？"师云："坏。"僧云："恁么即随他去也？"师云："随他去也。"问："如何是大人相？"师云："肚上不帖榜。"师问僧："什么处去？"僧云："西山住庵去。"师云："我向东山头唤汝，汝便来得？"③僧云："即不然。"师云："汝住庵未得。"问："生死到来时如何？"师云："遇茶吃茶，遇饭吃饭。"僧云："谁受供养？"④师云："合取钵盂。"

师庵侧有一龟，僧问："一切众生皮里骨，这个众生为什么骨里皮？"⑤师拈鞋履于龟边著⑥，僧无语。问："如何是诸佛法要？"师举拂子云："会么？"僧云："不会。"师云："麈尾拂子。"问："如何是学人自己？"师曰："是我自己。"僧云："为

---

① "壁"，碛砂本作"壁间"。
② "长庆"，大正本无，并注云："除落'长庆院'三字，盖师虽曾居长乐府之西院。没后二十余年，闽帅移招庆稜和尚来住西院，方奏'长庆'之额"。
③ "便"，碛砂本、大正本作"还"。
④ "谁"，大正本作"可谁"。
⑤ "为什么骨里皮"，丛刊本、碛砂本、大正本作"骨里皮如何"。
⑥ "鞋履"，丛刊本、碛砂本、大正本作"草履"。

什么却是和尚自己。"师云:"是汝自己。"问:"如何是无缝塔?"师云:"高五尺。"僧云:"学人不会。"师云:"鹘仑砖。"问:"和尚百年后,法付何人?"师云:"露柱火炉。"僧云:"还受也无?"师云:"火炉露柱。"有行者领众到,师问:"参得底人唤东作什么?"对曰:"不可唤作东。"师咄曰:"臭驴汉,不唤作东,唤作什么?"行者无语,众遂散。

问:"如何是和尚家风?"师云:"赤土画簸箕。"僧云:"如何是赤土画簸箕?"师云:"簸箕有唇,米不跳出。"① 师问一僧:"讲什么教法?"僧云:"《百法论》。"师拈杖子云②:"从何而起?"对云:"从缘而起。"师云:"苦哉,苦哉!"师问僧:"什么处去?"云:"礼普贤去。"师举拂子云:"文殊、普贤总在这里。"僧作圆相,抛向背后,乃展两手③。师云:"侍者取一帖茶与这僧。"一日,众僧参次,师口作患风势云:"还有人医得吾口么?"时众僧竞送药以至,俗士闻之,亦多送药。师并不受。七日后,师自捆口令正,乃云:"如许多时鼓这两片皮,至今无人医得吾口。"蜀主钦尚,遣使屡征,师皆辞以老病,署神照大师。

韶州灵树如敏禅师,闽川人也。广主刘氏奕世钦重,署知圣大师。有僧问④:"佛法至理如何?"师展手而已。问:"如何是和尚家风?"师云:"千年田,八百主。"僧云:"如何是千年田,

---

① "出",丛刊本、大正本作"去"。
② "杖子",碛砂本、径山本作"拄杖子"。
③ "抛向背后,乃展两手",丛刊本、碛砂本、大正本作"抛向后,乃礼拜"。
④ "有",碛砂本、径山本无。

八百主?"师云:"廊当屋舍勿人修。"① 问:"如何是西来意?"师云:"童子莫谣儿。"僧云:"乞师指示。"师云:"汝从虔州来。"问:"是什么得恁么难会?"师云:"火官头上风车子。"

有尼送瓷钵与师,师托起问云:"这个出在什么处?"尼云:"出在定州。"法灯别云:"不远此间。"师乃扑破,尼无对。保福代云:"欺敌者亡。"人问:"和尚年多少?"师云:"今日生,来日死。"又问:"和尚生缘什么处?"师云:"日出东,月落西。"

师四十余年化被岭表,颇有异迹。广主将兴兵,躬入院请师决臧否,师已先知②,怡然坐化。主怒知事云:"和尚何时得疾?"对曰:"师不曾有疾。适封一函子,令俟王来呈之。"③ 主开函,得一帖子,书云:"人天眼目,堂中上座。"主悟师旨,遂寝兵,乃召第一座开堂说法。即云门偃和尚,法嗣雪峰是也。④ 师全身不散,其葬具、龛塔并广主具办。今号灵树禅师真身塔焉⑤。

福州寿山师解禅师,行脚时,造洞山法席。洞山问云:"阇梨生缘何处?"师云:"和尚若实问,某甲即是闽中人。"洞山云⑥:"汝父名什么?"师云:"今日蒙和尚致此一问,直得忘前失后。"师住寿山,上堂云:"诸上座,幸有真实言语相劝,诸兄弟合各自体悉。凡圣情尽,体露真如⑦,但一时卸却从前虚妄攀

---

① "廊",丛刊本、碛砂本、大正本作"郎";"勿",碛砂本、大正本作"没"。
② "已先",碛砂本、径山本作"先已"。
③ "俟",碛砂本、径山本作"伺"。
④ "法嗣雪峰是也",碛砂本、径山本无。
⑤ "禅师",碛砂本、大正本无。
⑥ "洞山",碛砂本、径山本作"山"。
⑦ "如",碛砂本、径山本作"常"。

缘尘垢心，如虚空相似。他时后日，合识得些子好恶。"闽帅问曰："寿山年多少？"师云："与虚空齐年。"曰："虚空年多少？"师云："与寿山齐年。"

饶州峣山和尚，有僧问①："如何是西来意？"师曰："仲冬严寒。"问："如何是和尚深深处？"师曰："待汝舌头落地，即向汝道。"问："如何是丈六金身？"师曰："判官断案相公改。"长庆问："从上宗乘，此间如何言论？"师曰："有愿不负先圣。"长庆云："不负先圣作么生？"师曰："不露。"长庆云："恁么即请师领话。"师曰："什么处去来？"长庆云："只首什么处去来。"②

泉州莆田县国欢崇福院慧日大师，福州侯官县人也③，姓黄氏。生而有异，及长，名文矩。为县狱卒，往往弃役，往神光灵观和尚及西院大安禅师所④，吏不能禁。后谒万岁塔谭空禅师落发，不披袈裟，不受具戒，唯以杂彩为挂子。复至观和尚所⑤，观曰："我非汝师，汝去礼西院去。"师携一小青竹杖，入西院法堂。安遥见而笑曰："入涅槃堂去。"师应诺，轮竹杖而入。时有五百许僧染时疾，师以杖次第点之，各随点而起。闽王礼重，创国欢禅苑以居之。厥后颇多灵迹，唐乾宁中示灭。

---

① "有僧"，碛砂本、径山本无。
② "只首"，原作"只守"，据丛刊本、碛砂本改。大正本作"只者"，并注："旧作'首'字。"
③ "县"，碛砂本、径山本无。
④ "神光"，碛砂本、径山本无。
⑤ "复"，碛砂本、径山本无。

台州浮江和尚，有时雪峰和尚领众到①，问云："即今有二百人寄院过夏，得也无？"师将拄杖划地一下云："著不得即道。"雪峰无语。

潞州渌水和尚，僧问："如何是祖师西来意？"师云："还见庭前华药栏么？"僧无语。

广州文殊院圆明禅师，福州人②，姓陈氏。本参大沩得旨，后造雪峰请益，法无异味。又尝游五台山，睹文殊化现，乃随方建院，以"文殊"为额。开宝中，前枢密使李崇矩巡护南方，因入师院，睹地藏菩萨像。问僧曰："地藏何以展手？"僧曰："手中珠被贼偷却也。"李却问师："既是地藏，为什么遭贼？"师曰："今日捉下也。"李乃谢之。淳化元年示灭，寿一百三十有六。

前赵州从谂禅师法嗣

洪州武宁县新兴严阳尊者，僧问："如何是佛？"师曰："土块。"曰："如何是法？"师曰："地动也。"曰："如何是僧？"师曰："吃粥吃饭。"僧问："如何是新兴水？"师曰："前面江里。"僧问："如何是应物现形？"师曰："与我拈床子过来。"师常有一蛇一虎随从左右，手中与食。

杨州城东光孝院慧觉禅师，僧问："觉华才绽，遍满娑婆，

---

① "有时"，碛砂本、径山本无。
② "人"，碛砂本、径山本作"人也"。

祖印西来，合谭何事？"师曰："情生智隔。"曰："此是教意。"师曰："汝披什么衣服？"问："一棒打破虚空时如何？"师曰："困即歇去。"师问宋齐丘："还会道么？"宋曰："道也著不得。"师曰："有著不得，无著不得？"宋曰："总不恁么。"师曰："著不得底？"宋无对。师领众出，见露柱，师合掌曰："不审，世尊。"一僧曰："和尚，是露柱。"师曰："啼得血流无用处，不如缄口过残春。"僧问："远远投师，师意如何？"曰："官家严切，不许安排。"曰："师岂无方便？"① 师曰："且向火仓里一宿。"张居士问："争奈老何？"师曰："年多少？"张曰："八十也。"师曰："可谓老也。"曰："究竟如何？"师曰："直至千岁也未住。"有人问："某甲平生爱杀牛，还有罪否？"师曰："无罪。"曰："为什么无罪？"师曰："杀一个还一个。"

陇州国清院奉禅师，问："祖意与教意同别？"② 师曰："雨滋三草秀，春风不裹头。"僧曰："毕竟是一是二？"师曰："祥云竞起，岩洞不亏。"问："如何是和尚家风？"师曰："台盘椅子③，火炉窗牖。"问："如何是出家人？"曰："铜头铁额，鸟嘴鹿身。"僧曰："如何是出家人本分事？"师曰："早起不审，夜间珍重。"僧问："牛头未见四祖时，为什么鸟兽衔花？"师曰："如陕府人送钱财与铁牛。"曰："见后为什么不衔花？"师曰："木马投明行八百。"问："十二时中，如何降伏其心？"师曰："敲冰求

---

① "师"，碛砂本、径山本无。
② "与"，碛砂本、径山本无。
③ "盘"，碛砂本、大正本作"柈"。

火,论劫不逢。"问:"十二分教是止啼之义,离却止啼,请师一句。"师曰:"孤峰顶上双角女。"问:"如何是佛法大意?"师曰:"释迦是牛头狱卒,祖师是马面阿婆。"① 问:"如何是西来意?"师曰:"东壁打西壁。"问:"如何是扑不破底句?"师曰:"不隔毫厘,时人远向。"

婺州木陈从朗禅师,僧问:"放鹤出笼和雪去时如何?"师曰:"我道不一色。"因金刚倒,僧问:"既是金刚不坏身,为什么却倒地?"师敲禅床曰:"行住坐卧。"师将归寂,有颂曰:"三十年来住木陈,时中无一假功成。有人问我西来意,展似眉毛作么生。"

婺州新建禅师,不度小师。有僧问:"和尚年老,何不畜一童子侍奉?"师曰:"有謦聧者,为吾讨来。"僧辞,师问:"什么处去?"僧曰:"府下开元寺去。"师曰:"我有一信附与了寺主,汝将得去否?"僧曰:"便请。"师曰:"想汝也不奈何。"

杭州多福和尚,僧问:"如何是多福一丛竹?"师曰:"一茎两茎斜。"曰:"学人不会。"师曰:"三茎四茎曲。"僧问:"如何是衲衣下事?"师曰:"大有人疑在。"曰:"为什么如是?"师曰:"月里藏头。"

---

① "婆",南藏本、径山本作"傍"。

益州西睦和尚，上堂，有一俗士举手云："和尚便是一头驴。"师曰："老僧被汝骑。"彼无语。去后三日再来，自言："某甲三日前著贼。"师拈拄杖趁出。师有时蓦唤侍者，侍者应诺，师曰："更深夜静，共伊商量。"①

前衢州子湖岩利踪禅师法嗣

台州胜光和尚，问："如何是和尚家风？"师曰："福州荔枝，泉州刺桐。"问："如何是佛、法两字？"师曰："即便道。"僧曰："请师道。"师曰："穿耳胡僧笑点头。"龙华照和尚来，师把住云："作么生？"照云："莫错。"师乃放手。照云："久向胜光。"师默然。照乃辞，师门送云："自此一别，什么处相见？"照呵呵而去。

漳州浮石和尚，上堂云："山僧开卜铺，能断人贫富，定人生死。"时有僧出云："离却生死贫富，不落五行，请师直道。"师云："金木水火土。"

紫桐和尚，僧问："如何是紫桐境？"师曰："阿你眼里著沙得么？"曰："大好紫桐境也不识。"师曰："老僧不讳此事。"其僧出去，师下禅床擒住曰："今日好个公案，老僧未得分文入手。"曰："赖遇某甲是僧。"师曰："祸不单行。"

---

① "伊"，碛砂本、径山本作"汝"。

日容和尚，蠡音蠡。上座参，师拊掌三下云："猛虎当轩，谁是敌者？"蠡曰："俊鹞冲天①，阿谁捉得？"师曰："彼此难当。"曰："且休，未断这公案。"师将拄杖舞归方丈，蠡无语。师曰："死却这汉也。"云山云："蠡不别前语。"②

前鄂州茱萸和尚法嗣

石梯和尚，僧新到，于师前立，少顷便出，师曰："有什么辨白处？"僧再立，良久，师曰："辨得也，辨得也。"僧曰："辨后作么生？"师曰："埋却得也。"僧曰："苍天，苍天！"师曰："适来却恁么，如今还不当。"僧乃出去。

天龙和尚法嗣

婺州金华山俱胝和尚，初住庵。有尼名实际，到庵，戴笠子执锡，绕师三匝云："道得即抽下笠子。"三问，师皆无对。尼便去，师曰："日势稍晚，且留一宿。"尼曰："道得即宿。"师又无对。尼去后，叹曰："我虽处丈夫之形，而无丈夫之气。"拟弃庵往诸方参寻。其夜山神告曰："不须离此山，将有大菩萨来为和尚说法也。"果旬日，天龙和尚到庵。师乃迎礼，具陈前事。天龙竖一指而示之，师当下大悟。

自此凡有参学僧到，师唯举一指，无别提唱。有一童子庵外被人诘曰③："和尚说何法要？"童子竖起指头。归而举似师，师

---

① "鹞"，碛砂本、径山本作"鹘"。
② "语"，丛刊本、碛砂本、径山本作"话"。
③ "庵外"，丛刊本、碛砂本、大正本作"于外"。

以刀断其指头。童子叫唤走出,师召一声,童子回首,师却竖起指头,童子豁然领解。师将顺世,谓众曰:"吾得天龙一指头禅,一生用不尽。"言讫示灭。长庆代众云:"美食不中饱人吃。"玄沙云:"我当时若见,拗折指头。"玄觉云:"且道玄沙恁么道,意作么生?"云居锡云:"只如玄沙恁么道,肯伊不肯伊?若肯,何言拗折指头;若不肯,俱胝过在什么处?"先曹山云:"俱胝承当处卤莽,只认得一机一境。一种是拍手拊掌,是他西园奇怪。"玄觉又云:"且道俱胝还悟也未?若悟,为什么道承当处卤莽①;若不悟,又道用一指头禅不尽。且道曹山意旨在什么处?"

前长沙景岑禅师法嗣

明州雪窦山常通禅师,邢州人也,姓李氏。入鹊山出家,年二十,本州开元寺受戒。习经律凡七载,乃曰:"摩腾入汉,译著斯文。达磨来梁,复明何事?"遂远参长沙岑和尚,岑问曰:"何处人?"师曰:"邢州人。"岑曰:"我道不从彼来。"② 曰:"和尚还曾住此无?"岑然之,乃容入室。后往洞山、石霜,而法无异味。唐咸通末游宣城,郡守于谢仙山奏置禅苑,号瑞圣院,请师居焉。

僧问:"如何是密室?"师曰:"不通风信。"曰:"如何是密室中人?"师曰:"诸圣求睹不见。"又曰:"千佛不能思,万圣不能议。乾坤坏不坏,虚空包不包。一切比无伦,三世唱不起。"问:"如何是三世诸佛出身处?"师曰:"伊不肯知有汝三世。"良久又曰:"荐否?不然者,且向著佛不得处体取。时中常在,识

---

① "卤莽",丛刊本、大正本作"莽卤"。
② "我",碛砂本、径山本作"吾"。

尽功成①，瞥然而起，即是伤他，而况言句乎？"光启中，群寇起②，师领徒至四明。大顺二年，郡守请居雪窦，郁然盛化。天祐二年乙丑七月示疾，集众焚香，付嘱讫，合掌而逝，寿七十二。其年八月七日，建石塔于院西南隅。

前关南道常禅师法嗣

襄州关南道吾和尚，始经村墅③，闻巫者乐神云："识神无？"师忽然省悟④。后参常禅师，印其所解。复游德山门下，法味弥著。凡上堂示徒，戴莲华笠，披襕执简，击鼓吹笛，口称"鲁三郎"。有时云："打动关南鼓，唱起德山歌。"僧问："如何是祖师西来意？"师以简揖云："喏。"师有时执木剑，横在肩上作舞。僧问："手中剑什么处得来？"师掷于地，僧却置师手中。师曰："什么处得来？"僧无对⑤。师曰："容汝三日内下取一语。"其僧亦无对。师自代拈剑肩上，作舞云："怎么始得。"问："如何是和尚家风？"师下禅床，作女人拜云："谢子远来，都无祗待。"师问灌溪："作么生？"灌溪云："无位。"师云："莫同虚空么？"云："这屠儿。"师云："有生可杀即不倦。"

漳州罗汉和尚，始于关南常禅师拳下悟旨，语见师章。⑥ 乃为

---

① "成"，南藏本、径山本作"亡"。
② "寇"，碛砂本、径山本作"盗"。
③ "村墅"，碛砂本、径山本作"村墅间"。
④ "省悟"，丛刊本作"省寤"，大正本作"惺悟"。
⑤ "僧无对"，丛刊本作"僧乃无对"。
⑥ "师"，大正本作"常禅师"。

歌曰:"咸通七载初参道,到处逢言不识言。心里痴团若栲栳,三春不乐止林泉。忽遇法王毡上坐,便陈疑恳向师前。师从毡上那伽起①,袒膊当胸打一拳。骇散痴团獝狚落,举头看见日初圆。从兹蹬蹬以碣碣,直至如今常快活。只闻肚里饱膨脖,更不东西去持钵。"又述偈曰:"宇内为闲客,人中作野僧。任从他笑我,随处自腾腾。"

前高安大愚禅师法嗣

筠州末山尼了然,灌溪闲和尚游方时到山,先云:"若相当即住,不然则推倒禅床。"乃入堂内。然遣侍者问:"上座游山来,为佛法来?"闲云:"为佛法来。"然乃升座,闲上参。然问:"上座今日离何处?"闲云:"离路口。"然云:"何不盖却?"闲无对。禾山代云:"争得到这里。"始礼拜问:"如何是末山?"然云:"不露顶。"闲云:"如何是末山主?"然云:"非男女相。"闲乃喝云:"何不变去?"然云:"不是神,不是鬼,变个什么?"② 闲于是伏膺③,作园头三载。僧到参,然云:"太槛缕生。"僧云:"虽然如此,且是师子儿。"然云:"既是师子儿,为什么被文殊骑?"僧无对。僧问:"如何是古佛心?"然云:"世界倾坏。"僧云:"世界为什么倾坏?"然云:"宁无我身。"

---

① "起",碛砂本、径山本作"定"。
② "什么",碛砂本、径山本作"甚么"。
③ "伏",大正本作"服"。

景德传灯录卷第十二

怀让禅师法嗣第四世一十三人①

洪州黄檗山希运禅师法嗣一十三人②七人见录③

  镇州临济义玄禅师

  睦州龙兴寺陈尊宿

  杭州千顷山楚南禅师

  福州乌石山灵观禅师

  杭州罗汉宗彻禅师

  魏府大觉禅师④

  相国裴休⑤

    扬州六合德元禅师、士门赟禅师、襄州政禅师、吴门山弘宣禅师、幽州超禅师、苏州宪禅师　已上六人无机缘语句,不录

第五世五十一人⑥

  袁州仰山慧寂禅师法嗣一十人六人见录

---

① "怀让禅师法嗣第四世一十三人",大正本作"怀让禅师第四世一十二人"。
② "一十三",大正本作"一十二"。
③ "七人见录",径山本、大正本作"六人见录"。
④ "魏府大觉禅师",大正本无。
⑤ 此下,丛刊本注"已上七人见录",大正本注"已上六人见录"。
⑥ "一",大正本、径山本作"二"。

袁州仰山西塔光穆禅师

晋州霍山景通禅师

杭州龙泉文喜禅师

新罗国顺支禅师

袁州仰山南塔光涌禅师

袁州仰山东塔和尚

  洪州观音常蠲大师、福州东禅慧茂大师、福州明月山道崇大师、处州遂昌禅师　已上四人无机缘语句,不录

镇州临济义玄禅师法嗣二十一人①—十五人见录②

鄂州灌溪志闲禅师

幽州谭空和尚

镇州宝寿沼和尚

镇州三圣慧然禅师③

魏府兴化存奖禅师

定州善崔禅师④

镇州万岁和尚

云山和尚

桐峰庵主

杉洋庵主

涿州纸衣和尚

虎溪庵主

---

① "一",大正本作"二"。
② "一十五人",径山本作"一十六人"。
③ "慧然禅师"下,大正本有"魏府大觉禅师"。
④ "定",东寺本、碛砂本作"镇"。

覆盆庵主

襄州历村和尚

沧州米仓和尚①

　　　齐耸大师、涿州秀禅师、浙西善权彻禅师、金沙禅师、允诚禅师、新罗国智异山和尚　已上六人无机缘语句，不录

睦州陈尊宿法嗣二人—一人见录

　　睦州刺史陈操

　　　　睦州严陵钓台和尚　一人无机缘语句，不录

邓州香严智闲禅师法嗣一十二人—十人见录

　　吉州止观和尚

　　寿州绍宗禅师

　　襄州延庆法端禅师②。

　　益州南禅无染禅师

　　益州长平山和尚

　　益州崇福演教大师

　　安州大安山清幹禅师

　　终南山丰德寺和尚

　　均州武当山佛岩晖禅师

　　江州双溪田道者

　　　　益州照觉寺和尚、睦州东禅和尚　已上二人无机缘语句，不录

福州双峰和尚法嗣一人见录

　　双峰古禅师

---

① 此下，丛刊本注"已上一十五人见录"，大正本注"已上一十六人见录"。
② 此下，大正本注："十一卷已收在沩山祐下"。

杭州径山洪䛼禅师法嗣四人—人见录

　　洪州米岭和尚

　　　　庐州栖贤寺寂禅师、临川义直禅师、杭州功臣院今道禅师① 已上三人无机缘语句，不录

扬州光孝院慧觉禅师法嗣一人见录

　　升州长庆道巘禅师

第六世一十九人

袁州仰山南塔光涌禅师法嗣五人四人见录

　　越州清化全付禅师

　　郢州芭蕉山慧清禅师

　　韶州黄连山义初禅师

　　韶州慧林鸿究禅师

　　　　洪州黄龙山忠和尚　一人无机缘语句，不录

袁州仰山西塔光穆禅师法嗣一人见录

　　吉州资福如宝禅师

灌溪志闲禅师法嗣一人见录

　　池州鲁祖山教和尚

魏府兴教存奖禅师法嗣②二人—人见录

　　汝州宝应和尚③

　　　　魏府天钵和尚　一人无机缘语句，不录

镇州宝寿沼禅师法嗣二人见录

　　汝州西院思明禅师

---

① "今"，东寺本、碛砂本、大正本作"令"。
② "魏府兴教"，碛砂本作"魏州兴教"，径山本作"魏州兴化"。
③ 此下，丛刊本注"一人见录"，大正本注"一人见录，即南院颙也"。

第二世宝寿和尚

涿州纸衣和尚法嗣

　　　　　镇州谭空和尚　一人无机缘语句，不录

镇州三圣慧然禅师法嗣二人见录

　　镇州大悲和尚

　　淄州水陆和尚

魏府大觉和尚法嗣四人 三人见录

　　庐州大觉和尚

　　庐州澄心旻德禅师

　　汝州南院和尚

　　　　　宋州法华和尚　一人无机缘语句，不录

金陵道蠍禅师法嗣

　　　　　金陵广孝院处微禅师　一人无机缘语句，不录

怀让禅师第四世

前洪州黄檗山希运禅师法嗣

镇州临济义玄禅师，曹州南华人也，姓邢氏。幼负出尘之志，及落发进具，便慕禅宗。初在黄檗，随众参侍。时堂中第一坐勉令问话。师乃问："如何是祖师西来的的意？"黄檗便打。如是三问，三遭打。遂告辞第一坐云："早承激劝问话，唯蒙和尚赐棒。所恨愚鲁，且往诸方行脚去。"上坐遂告黄檗云："义玄虽是后生，却甚奇特。来辞时，愿和尚更垂提诱。"来日，师辞黄檗，黄檗指往大愚。师遂参大愚，愚问曰："什么处来？"曰："黄檗来。"愚曰："黄檗有何言教？"曰："义玄亲问西来的的意，蒙

和尚便打。如是三问，三转被打。不知过在什么处？"愚曰："黄檗恁么老婆，为汝得彻困，犹觅过在。"师于是大悟云："佛法也无多子。"愚乃扭师衣领云："适来道我不会，而今又道无多子，是多少来，是多少来？"师向愚肋下打一拳，愚托开云："汝师黄檗，非干我事。"师却返黄檗，黄檗问云："汝回太速生。"师云："只为老婆心切。"黄檗云："遮大愚老汉，待见与打一顿。"师云："说什么待见，即今便打。"遂鼓黄檗一掌，黄檗吟吟大笑①。

黄檗普请锄薏谷回，见师在后空手立，乃问："镢在何处？"师曰："上坐将去了也。"黄檗曰："近前来共汝商量。"师向前叉手。黄檗将镢镢地曰："我遮镢，天下人拈掇不起，还有人拈得起么？"师掣得举起云："镢在义玄手里。"黄檗云："今日自有人赴普请，我不著去也。"便自归院②。沩山因仰山侍立次，方举此话未了，仰山便问："镢在黄檗手里，为什么被临济夺却？"沩山云："贼是小人，智过君子。"黄檗一日普请锄茶园，黄檗后至。师问讯，按镢而立。黄檗曰："莫是困邪？"曰："才镢地何言困。"黄檗举拄杖便打，师接杖，推倒和尚。黄檗呼："维那，维那，拽起我来。"维那拽起曰："和尚争容得遮风汉。"黄檗却打维那。师自镢地云："诸方即火葬，我遮里活埋。"沩山问仰山："只如黄檗与临济，此时意作么生？"仰山云："作贼人不死③，罗贼人吃棒。"④沩山云："如是，如是。"

---

① "吟吟"，大正本作"哈哈"。
② 自"黄檗普请"至此，大正本作："黄檗普请锄薏谷次，师在后行。黄檗回头，见师空手乃问：'镢头在什么处？'师云：'有人将去了也。'黄檗云：'近前来共汝商量。'师近前叉手。黄檗竖起镢头云：'只这个，天下人拈掇不起，还有人拈掇得么？'师就手掣得，竖起云：'为什么却在义玄手里？'黄檗云：'今日自有人普请。'便归院。"
③ "不死"，大正本作"走却"。
④ "罗"，大正本作"逻"。

师一日在黄檗僧堂里睡,黄檗入来,以拄杖于床边敲三下。师举首,见是和尚,却睡。黄檗打席三下。去上间,见第一坐,黄檗曰:"遮醉汉,岂不知下间禅客坐禅①,汝只管瞌睡。"上坐曰:"遮老和尚患风邪?"黄檗打之。沩山举问仰山:"只如黄檗意作么生?"仰山云:"一彩两赛。"

师与黄檗栽杉,黄檗曰:"深山里栽许多树作么?"师曰:"与后人作古记。"乃将锹拍地两下。黄檗拈起拄杖曰:"汝吃我棒了也。"师作嘘嘘声。黄檗曰:"吾宗到汝,此记方出。"② 沩山举问仰山:"且道黄檗后语,但嘱临济,为复别有意旨?"仰山云:"亦嘱临济,亦记向后。"沩山云:"向后作么生?"仰山云:"一人指南,吴越令行。"南塔和

---

① "不知",大正本作"不如"。
② 自"师于是大悟云"至此,东寺本、碛砂本作:"师于言下大悟云:'元来黄檗佛法无多子。'大愚扭住云:'者尿床鬼子,适来又道不会,如今却道黄檗佛法无多子。你见个什么道理?速道,速道!'师于大愚肋下筑三拳,大愚托开云:'汝师黄檗,非干我事。'师辞大愚,却回黄檗。黄檗云:'汝回太速生。'师云:'只为老婆心切。'便人事了。侍立次,黄檗云:'大愚有何言句?'师遂举前话,黄檗云:'这大愚老汉,待见痛与一顿。'师云:'说甚么待见,即今便与。'随后便打黄檗一掌,黄檗云:'这风颠汉,却来这里捋虎须。'师便喝,黄檗云:'侍者引这风颠汉参堂去。'后沩山举此话问仰山云:'临济当时得大愚力,得黄檗力?'仰山云:'非但骑虎头,亦解把虎尾。'师一日与黄檗赴普请,师在后行,黄檗回头,见师空手,乃问:'锹头在什么处?'师云:'有人将去了也。'黄檗云:'近前来,共汝商量个事。'师便近前,黄檗将锹锄地云:'我这个,天下人拈掇不起。'师就手掣得竖起云:'为什么却在某甲手里?'黄檗云:'今日自有人普请,我更不著去也。'便归院。后沩山举问仰山:'锹头在黄檗手里,为甚却被临济夺却?'仰山云:'贼是小人,智过君子。'师一日普请锄茶园,黄檗后至。师问讯,按锹而立。黄檗曰:'莫是困耶?'曰:'才锄地何言困?'黄檗举拄杖便打,师接杖,推倒和尚。黄檗呼:'维那,维那,拽起我来。'维那扶起云:'和尚争容得这风颠汉无礼。'黄檗却打维那。师自锄地云:'诸方即火葬,我这里活埋。'沩山问仰山:'只如黄檗与临济,此时意作么生?'仰山云:'正贼走却,罗赃人吃棒。'师一日在黄檗僧堂里睡,黄檗入来,以拄杖于床边敲三下。师举首见是和尚,却睡。黄檗打席三下去。却往上间,见首座坐禅,乃云:'下间后生却坐禅,汝这里妄想作什么?'首座云:'这老汉患风耶?'黄檗打板头一下,便出去。沩山举问仰山:'只如黄檗意作么生?'仰山云:'两彩一赛。'师与黄檗栽杉,黄檗曰:'深山里栽许多树作么?'师曰:'一与后人作古记,二与山门作标榜。'道了以锹头打地三下,黄檗云:'虽然如是,子已吃我棒了也。'师又以锹头打地三下,作嘘嘘声。黄檗云:'吾宗到汝,大兴于世。'"

尚注云:"独坐震威,此记方出。"又云:"若遇大风,此记亦出。"沩山云:"如是,如是。"师因半夏上黄檗山,见和尚看经。师曰:"我将谓是个人,元来是唵黑豆老和尚。"住数日乃辞去,黄檗曰:"汝破夏来,不终夏去?"曰:"某甲暂来礼拜和尚。"黄檗遂打趁令去。师行数里,疑此事,却回终夏。师一日辞黄檗,黄檗曰:"什么处去?"曰:"不是河南,即河北去。"黄檗拈起拄杖便打。师捉住拄杖曰:"遮老汉,莫盲枷瞎棒,已后错打人。"黄檗唤侍者:"把将几案禅板来。"师曰:"侍者,侍者,把将火来。"① 黄檗曰:"不然子但将去,已后坐断天下人舌头在。"师即便发去。

师到熊耳塔头,塔主问:"先礼佛,先礼祖?"师曰:"祖佛俱不礼。"塔主曰:"祖佛与长老有什么冤家,俱不礼?"师无对。又别举云:"师问塔主:'先礼佛,先礼祖?'塔主曰:'祖佛是什么人弟子?'师拂袖便去。"

师后还乡党,俯徇赵人之请,住子城南临济禅苑,学侣奔凑。一日,上堂曰:"汝等诸人,肉团心上有一无位真人②,常向诸人面门出入。汝若不识,但问老僧。"③ 时有僧问:"如何是无位真人?"师便打云:"无位真人是什么干屎橛?"④ 后雪峰闻,乃曰:"临济大似白拈贼。"师问乐普云:"从上来一人行棒,一人行喝,阿那个亲?"对曰:"总不亲。"师曰:"亲处作么生?"普便喝,师乃打。师问木口和尚:"如何是露地白牛?"木口曰:"吽。"师曰:"哑。"木口曰:"老兄作么生?"师曰:"遮畜生。"大觉到

---

① "侍者,侍者",东寺本、碛砂本、大正本作"侍者"。
② "肉团心",东寺本、碛砂本作"赤肉团"。
③ "汝若不识,但问老僧",东寺本、碛砂本作"未证据者看看"。
④ "师便打云:'无位真人是什么干屎橛?'"东寺本、碛砂本作:"师下禅床把住云:'道,道。'僧拟议,师托开云:'无位真人是什么干屎橛?'便归方丈。"

参,师举拂子,大觉敷坐具,师掷下拂子,大觉收坐具入僧堂。众僧曰:"遮僧莫是和尚亲故,不礼拜,又不吃棒。"师闻,令唤新到僧,大觉遂出。师曰:"大众道汝未参长老。"大觉云:"不审。"便自归众。麻谷第二世。到参,敷坐具问:"十二面观音,阿那面正?"师下绳床,一手收坐具,一手拗麻谷云:"十二面观音向什么处去也?"麻谷转身,拟坐绳床,师拈拄杖打。麻谷接却,相捉入方丈。

师上堂云:"大众,夫为法者不避丧身失命。我于黄檗和尚处,三遍吃棒①,一似等闲。如今更思渴一顿痛棒吃,阿谁为我下得手?"② 时有僧曰:"某甲下得手,和尚合吃多少?"师与拄杖,其僧拟接,师便打③。僧问:"如何是第一句?"师曰:"三要印开朱点窄,未容拟议主宾分。"曰:"如何是第二句?"师曰:"妙解岂容无著问,沤和争负截流机?"曰:"如何是第三句?"师曰:"看取棚头弄傀儡,抽牵全藉里边人。"④ 师又曰:"夫一句语须具三玄门,一玄门须具三要,有权有用,汝等诸人作么生会?"

师唐咸通七年丙戌四月十日将示灭,乃说传法偈曰⑤:"沿流不止问如何,真照无边说似他。离相离名如不禀,吹毛用了极还

---

① "遍",大正本作"度"。
② 此句,东寺本、碛砂本作:"我于黄檗先师处,三度问佛法的的大意,三度蒙他赐棒,如蒿枝拂著相似,如今更思一顿,谁为我行得?"
③ 此下,东寺本、碛砂本注:"后雪峰拈云:'临济大似白拈贼。'"
④ "里边",大正本作"里头"。
⑤ "乃说传法偈曰",东寺本、碛砂本作"上堂云:'吾灭后不得灭却吾正法眼藏。'三圣出云:'争敢灭却和尚正法眼藏?'师云:'已后有人问你,向他道什么?'三圣便喝,师云:'谁知吾正法眼藏向这瞎驴边灭却。'乃有颂曰"。

么。"① 偈毕坐逝②。敕谥慧照大师,塔曰澄灵。

陈尊宿,初居睦州龙兴寺,晦迹藏用。常制草屦,密置于道上,岁久人知,乃有"陈蒲鞋"之号焉。时有学人叩激,随问遽答,词语峻崄。既非循辙,故浅机之流,往往嗤之,唯玄学性敏者钦伏。由是诸方归慕,谓之陈尊宿。

师因晚参,谓众曰:"汝等诸人未得个入头,须得个入头③;若得个入头,已后不得孤负老僧。"时有僧出礼拜曰:"某甲终不敢孤负和尚。"师曰:"早是孤负我了也。"师又曰:"老僧在此住持,不曾见个无事人到来。汝等何不近前?"时有一僧方近前,师云:"维那不在,汝自领,去三门外与二十棒。"④ 僧云:"某甲过在什么处?"师云:"枷上更著杻。"师寻常或见衲僧来,即闭门。或见讲僧,乃召云:"坐主。"其僧应诺,师云:"担板汉。"或云:"遮里有桶,与我取水。"

师一日在廊阶上立,有僧来问云:"陈尊宿房在何处?"师脱草屦骞头打,僧便走。师召云:"大德。"僧回首。师指云:"却从那边去。"有僧扣门,师云:"阿谁?"僧云:"某甲。"师云:"秦时𨍏落钻。"⑤ 一日,有天使问:"三门俱开,从那门而入?"师唤:"尚书。"天使应诺,师云:"从信门入。"天使又见壁画,问云:"二尊者对谭何事?"师捆露柱云:"三身中那个不说法?"

---

① "极还么",丛刊本、碛砂本作"急还磨",大正本作"急须磨"。
② "偈",东寺本、碛砂本作"颂"。
③ "须得个入头",原本脱,据东寺本、碛砂本、大正本补。
④ "去",大正本作"出去"。
⑤ "𨍏落",径山本作"𨍏𨍏"。

师问坐主："汝莫是讲唯识否？"对曰："是。"师云："五戒不持。"师问一长老云："了即毛端滴巨海①，始知大地一微尘。长老作么生？"对云："问阿谁？"师云："问长老。"长老云："何不领话？"师云："汝不领话，我不领话？"

师见僧来云："见成公案，放汝三十棒。"僧云："某甲如是。"师云："三门金刚为什么举拳？"僧云："金刚尚乃如是。"师便打。问："如何是向上一路？"师云："要道有什么难？"僧云："请师道。"师云："初三十一，中九下七。"问："以一重去一重即不问，不以一重去一重如何？"②师云："昨朝栽茄子，今日种冬瓜。"问："如何是曹溪的的意？"师云："老僧爱嗔不爱喜。"僧云："为什么如是？"师云："路逢剑客须呈剑，不是诗人莫说诗。"僧到参，师问："什么处来？"僧云："浏阳。"师云："彼中老宿祇对佛法大意道什么？"云："遍地行无路。"师云："老宿实有此语否？"云："实有。"师拈拄杖打云："遮念言语汉。"

师问一长老："若有兄弟来，将什么祇对？"长老云："待他来。"师云："何不道？"长老云："和尚欠少什么？"师云："请不烦葛藤。"有僧参，师云："汝岂不是行脚僧？"云："是。"师云："礼佛也未？"云："礼那土堆作么？"师云："自领出去。"僧问："某甲讲兼行脚，不会教意时如何？"师云："实语当忏悔。"僧云："乞师指示。"师云："汝若不会，老僧即缄口无言。"僧云："便请道。"师云："心不负人，面无惭色。"问：

① "滴"，大正本作"吞"。
② "不去一重"，丛刊本、东寺本、碛砂本作"不去一重时"。

"一句道尽时如何？"师云："义堕也。"僧云："什么是学人义堕处？"①师云："三十棒教谁吃？"问："教意祖意，是同是别？"师云："青山自青山，白云自白云。"僧云："如何是青山？"师云："还我一滴雨来。"僧云："道不得，请师道。"师云："《法华》峰前阵②，《涅槃》句后收。"

师问僧："今夏在什么处？"云："待和尚有住处，即说似和尚。"师云："狐非师子类，灯非日月明。"师问新到僧："什么处来？"僧瞪目视之，师云："驴前马后汉。"僧云："请师鉴。"师云："驴前马后汉，道将一句来。"无对③。师看经次，陈操尚书问："和尚看什么经？"师云："《金刚经》。"尚书云："六朝翻译，此当第几译？"师举起经云："一切有为法，如梦幻泡影。"师又因看《涅槃经》，僧问："和尚看什么经？"师拈起经云："遮个是《荼毗品》最末后。"师问新到僧："今夏在什么处？"僧云："径山。"师云："多少人？"云："四百人。"师云："遮吃夜饭汉。"僧云："尊宿，丛林何言吃夜饭？"师乃棒趁出。

师闻一老宿难亲近，躬往相访。老宿见师才入方丈，便喝。师侧掌云："两重公案。"老宿云："过在什么处？"师云："遮野狐精。"便退。师问僧："近离什么处？"僧云："江西。"师云："踏破多少草鞋？"僧无对。师与讲僧吃茶，师云："我救汝不得也。"僧云："某甲不晓，乞师垂示。"师拈油饼示之云："遮个是什么？"僧云："色法。"师云："遮入镬汤汉。"有一紫衣大德

---

① "什么"，东寺本、碛砂本、大正本作"什么处"。
② "峰"，大正本作"锋"。
③ "无对"，东寺本、径山本作"僧无对"。

到，礼拜，师拈帽子带示之云："遮个唤作什么？"大德云："朝天帽。"师云："怎么即老僧不卸也。"师复问："所习何业？"云："唯识。"师云："作么生说？"云："三界唯心，万法唯识。"师指门扇云："遮个是什么？"云："是色法。"师云："帘前赐紫，对御谭经，何得不持五戒？"无对①。

僧问："某甲乍入丛林，乞指师示。"师云："你不解问。"云："和尚作么生？"师云："放汝三十棒，自领出去。"问："教意请师提纲。"师云："但问将来，与你道。"僧云："请和尚道。"师云："佛殿里烧香，三门外合掌。"问："如何是展演之言？"师云："量才补职。"僧云："如何得不落展演？"师云："伏惟尚飨。"② 师唤焦山："近前来。"又呼童子取斧来，童子取斧至云："未有绳墨，且斫粗。"师喝之。又唤童子云："作么生是你斧头？"童子遂作斫势。师云："斫你老邪头不得。"③ 问："如何是放一线道？"师云："量才补职。"又问："如何是不放一线道？"师云："伏惟尚飨。"新到僧参，师云："汝是新到否？"云："是。"师云："且放下葛藤，会么？"云："不会。"师云："担枷陈状，自领出去。"僧便出。师云："来，来，我实问你什么处来？"云："江西。"师云："渤潭和尚在你背后，怕你乱道，见么？"无对。问："寺门前金刚，托即乾坤大地，不托即丝发不逢时如何？"师云："吽，吽。我不曾见此问。先跳三千，倒退八百，你合作么生？"僧云："诺。"师云："先责一纸罪状好。"便

① "无对"，东寺本、径山本作"僧无对"。
② "飨"，原作"向"，据东寺本、碛砂本、大正本改。
③ "邪"，东寺本、碛砂本、大正本作"爷"。

打,其僧拟出。师云:"来,我共你葛藤。托即乾坤大地,你且道洞庭湖里水深多少?"僧云:"不曾量度。"师云:"洞庭湖又作么生?"僧云:"只为今时。"师云:"只遮葛藤尚不会。"乃打之。

问:"如何是触途无滞底句?"师云:"我不恁么道。"云:"师作么生道?"师云:"箭过西天十万里,向大唐国里等候。"① 有僧扣门,师云:"作么?"② 云:"己事未明,乞师指示。"师云:"遮里只有棒。"方开门,其僧拟问,师便捆其僧口。问:"以字不成,八字不是,是何章句?"师弹指一声云③:"会么?"云:"不会。"师云:"上来表赞无限胜因,蛤蟆跳上梵天,蚯蚓走过东海。"西峰长老来参,师致茶果,命之令坐,问云:"长老今夏在什么处安居?"云:"兰溪。"师云:"有多少徒众?"云:"七十来人。"师云:"时中将何示徒?"长老拈起甘子呈云④:"已了。"师云:"著什么死急。"有僧新到参⑤,方礼拜,师叱云:"阇梨因何偷常住果子吃?"僧云:"学人才到,和尚为什么道偷果子?"师云:"赃物见在。"师问僧:"近离什么处?"曰:"仰山。"师曰:"五戒也不持。"曰:"某甲什么处是妄语?"师云:"遮里不著沙弥。"

杭州千顷山楚南禅师,闽中人也,姓张氏。自髫龀投开元寺

---

① "向",东寺本、碛砂本、径山本作"却向"。
② "作么",碛砂本、径山本作"作什么"。
③ "声",东寺本、碛砂本、径山本作"下"。
④ "甘",东寺本、碛砂本、径山本作"柑"。
⑤ "有僧"前,大正本有"时"。

昙蔼禅师出家，迨乎冠岁落发，诣五台具戒，就赵郡学相部律，往上都听《净名经》。既精研法义，而未了玄机，遂谒芙蓉。芙蓉见曰："吾非汝师，汝师江外黄檗是也。"师礼辞而参黄檗，黄檗垂问曰："子未现三界影像时如何？"师曰："即今岂是有邪？"曰："有无且置，即今如何？"师曰："非今古。"曰："吾之法眼，已在汝躬。"师乃入室，执巾侍盥，晨晡请益。寻值唐武宗废教，师遂深窜林谷。暨大中初，相国裴公休出抚宛陵，请黄檗和尚出山，师随出。由兹抵姑苏报恩寺，精修禅定，仅二十余载，足不逾阈。俄为郡守请住宝林院，未几复请居支硎山，又住千顷慈云院，振黄檗玄风。

一日，师上堂曰："诸子设使解得三世佛教，如瓶注水，及得百千三昧，不如一念修无漏道，免被人天因果系绊。"时有僧问："无漏道如何修？"师曰："未有阇梨时体取。"曰："未有某甲时谁人体？"师曰："体者亦无。"问："如何是易？"师曰："著衣吃饭，不用读经看教，不用行道礼拜，烧身炼顶，岂不易邪？"曰："此既是易，如何是难？"师曰："微有念生，便具五阴三界，轮回生死，皆从汝一念生。所以佛教诸菩萨云：'佛所护念。'"

师虽应机无倦，而常俨然处定，或逾月，或浃旬。光启三年，钱王请下山供养①。昭宗闻其道化，就赐紫衣。文德六年五月②，辞众奄然而化，寿七十六，腊五十六。迁塔于院西隅。大顺二年壬子二月③，宣州孙儒寇钱塘，兵士发塔，睹全身不散，

---

① "钱王"，大正本作"钱氏"。
② "六年"，大正本作"元年"。《宋高僧传》"楚南传"作"六年"，大正本误。
③ "大顺二年"，大正本作"景福元年"，并注云："一作'大顺二年'。"按：大顺二年为辛亥，景福元年为壬子。孙儒寇钺康在大顺二年。

爪发俱长，谢罪忏悔而去。师平昔著《般若经品颂偈》一卷、《破邪论》一卷，见行于世。

福州乌石山灵观禅师，住本山薛老峰，亦云丁墓山，时称"老观和尚"。寻常扃户，人罕见之。唯一信士，每至食时送供方开。一日，雪峰伺便扣门，师出开门，雪峰蓦胸拦住云："是凡是圣？"师唾云："遮野狐精。"便推出，闭却门。雪峰云："也只要识老兄。"师因刬草次，问僧："汝何处去？"云："西院礼拜安和尚去。"时竹上有一青蛇子，师指蛇云："欲识西院老野狐精，只遮便是。"师一日问西院安和尚："此一片地，堪著什么物？"安云："好著个无相佛。"师云："好片地被兄放不净。"

师一日引水次，有僧来参，师以引水横抽示之，其僧便去。师至暮，问小师："适来僧在何处？"小师云："发去也。"师云："只得一橛。"玄觉云："什么处是少一橛？"问："如何是佛？"师出舌示之，其僧礼谢。师云："住，住。你见什么便礼拜？"僧云："谢和尚慈悲，出舌相示。"师云："老汉近日舌上生疮。"有僧到敲门，行者开门后便出去。其僧入礼拜，问："如何是西来意？"师云："适来出去者是什么人？"僧拟近前，师便托出，闭却门。曹山行脚时，问："如何是毗卢师、法身主？"师云："我若向你道即别有也。"曹山举似洞山，洞山云："好个话头，只欠进语。何不更去问'为什么不道'？"曹山乃却来，进前语，师云："若言我不道，即哑却我口；若言我道，即謇却我舌。"曹山归，举示洞山，洞山深肯之。

杭州罗汉院宗彻禅师，湖州吴兴县人也，姓吴氏。幼岁出家，依年受具，巡方参礼，依黄檗希运禅师法席。黄檗一见，便深器之，入室领旨。后至杭州，州牧刘彦慕其道，立精舍于府西，号罗汉院，化徒三百。师有时上堂，僧问："如何是西来意？"师曰："骨锉也。"师对机多用此语，故时人因号"骨锉和尚"。问："如何是南宗、北宗？"师曰："心为宗。"僧曰："还看教也无？"师曰："教是心。"问："性地多昏，如何了悟？"师曰："烦云风卷，太虚廓清。"曰："如何得明去？"师曰："一轮皎洁，万里腾光。"师后示疾迁化，门人塔于院之北隅。梁贞明五年，钱王广其院为安国罗汉寺，移师塔于大慈山坞。今寺与塔并存。

魏府大觉禅师，兴化存奖禅师为院宰时，师一日问曰："我常闻汝道：'向南行一回，拄杖头未曾拨著个会佛法底人。'汝凭什么道理，有此语？"兴化乃喝，师打之①，兴化又喝，师又打。来日，兴化从法堂过，师召曰："院主，我直下疑汝昨日行底喝，与我说来。"兴化曰："存奖平生于三圣处学得底，尽被和尚折倒了也，愿与存奖个安乐法门。"师曰："遮瞎驴②，卸却衲帔，待痛决一顿。"兴化即于语下领旨。虽同嗣临济，而常以师为助发之友。师临终时谓众曰："我有一只箭，要付与人。"时有一僧出云："请和尚箭。"师云："汝唤什么作箭？"僧喝，师打数下，自归方丈。却唤其僧入来，问云："汝适来会么？"僧云："不会。"师又

---

① "打之"，大正本作"便打"。
② 此下，大正本有"来遮里纳败缺"。

打数下，掷却拄杖云："已后遇明眼人，分明举似。"便乃告寂①。

裴休，字公美，河东闻喜人也②。守新安日，属运禅师初于黄檗山舍众入大安精舍，混迹劳侣，扫洒殿堂。公入寺烧香，主事祗接，因观壁画，乃问："是何图相？"主事对曰："高僧真仪。"公曰："真仪可观，高僧何在？"僧皆无对。公曰："此间有禅人否？"曰："近有一僧，投寺执役，颇似禅者。"公曰："可请来询问得否？"于是遽寻运师。公睹之，欣然曰："休适有一问，诸德吝辞，今请上人代酬一语。"师曰："请相公垂问。"公即举前问，师朗声曰："裴休。"公应诺，师曰："在什么处？"公当下知旨，如获髻珠。曰："吾师真善知识也，示人克的若是，何泪没于此乎？"时众愕然。

自此延入府署，留之供养，执弟子之礼，屡辞不已。复坚请住黄檗山，荐兴祖教。有暇即躬入山顶谒，或渴闻玄论，即请师入州。公既通彻祖心，复博综教相，诸方禅学咸谓：裴相不浪出黄檗之门也。至迁镇宣城，还思瞻礼，亦创精蓝迎请居之③。虽圭峰该通禅讲，为裴之所重，未若归心于黄檗而倾竭服膺者也。

---

① 大正本将此章移至临济下存奖禅师前。从文中"虽同嗣临济"一语来看，大觉确为临济法嗣。
② 此下，大正本注："《唐书》本传作'孟州济源人'。"
③ 此下，大正本注："唐新安郡，即歙州也。《唐史》裴相本传无出守明说，虽未必不经为歙州太守。然观其《传心法要序》，即知其初识运公于洪州，再见于宣州，皆迎请而来，非邂逅也。今本章述所问壁画高僧之处，必为差误。苟或果在歙州，则序中安得不言耶？据《广灯》以为在筠州，《四家录》又云在洪州，皆不然也。按《唐史》，武德中，以洪州高安县置靖州，更名筠州，寻废之。至南唐李景再置，中间岂得有郡守？以此知《广灯》之误也。又按《传心法要序》云：'予会昌二年，廉于钟陵，自山迎至州，憩龙兴寺。'以此知《四家录》亦误。其余在'黄檗章'中辨之也。"

又撰《圭峰碑》云：休与师于法为昆仲，于义为交友，于恩为善知识，于教为内外护。斯可见矣。仍集《黄檗语要》，亲书序引，冠于编首，留镇山门。又亲书大藏经五百函号，迄今宝之。又圭峰禅师著《禅源诸诠》《原人论》及《圆觉经疏注》《法界观》，公皆为之序。

公父肃，字中明，任越州观察使。应三百年谶记，重建龙兴寺大佛殿，自撰碑铭。先是越州沙门昙彦，身长五尺，眉垂数寸。与檀越许询字玄度，同造砖木大塔二所。彦有神异，天降相轮，能驻日倍工，复从地引其膊至塔顶①。塔未就，询亡，彦师寿长可百二十余岁，犹待得询后身为岳阳王来抚越州，盖愿力也。彦预告门人曰："许玄度来也。"弟子咸谓师老耄，言无准的。许玄度死已三十余载，何云更来也？时岳阳王早承志公密示，才到州，便入寺寻访。彦师出门伫望，遥见乃召曰："许玄度来何暮？昔日浮图今如故。"王曰："弟子姓萧名察，师何以许玄度呼之？"彦曰："未达宿命，焉得知之？"遂握手命入室席地，彦以三昧力加被，王忽悟前身造塔之事，宛若今日。由是二塔益资壮丽。时龙兴寺大殿堕坏，众请彦师重修。彦曰："非贫道缘力也。却后三百年有绯衣功德主来兴此殿，大作佛事。"寺众刻石记之。及期，裴太守赴任，兴隆三宝，倾施俸钱，修成大殿。方晓彦师悬记无忒。公遂笃志内典，深入法会，有发愿文传于世。

怀让禅师第五世
前袁州仰山慧寂禅师法嗣

仰山西塔光穆禅师，第二世住。僧问："如何是正闻？"师曰："不从耳入。"曰："作么生？"师曰："还闻么？"问："祖意与教

---

① "膊"，疑当作"砖"。

意同别？"师曰："同别且置，汝道瓶嘴里什么物出来入去？"问："如何是西来意？"师曰："汝无佛性。"问："如何是顿？"师作圆相示之。曰："如何是渐？"师以手空中拨三下。

晋州霍山景通禅师，初参仰山，仰山闭目坐。师曰："如是，如是，西天二十八祖亦如是，中华六祖亦如是，和尚亦如是，景通亦如是。"语讫，向右边翘一足而立。仰山起来，打四藤杖，师因此自称"集云峰下四藤条，天下大禅佛"。归宗下亦有大禅佛，名智通，终于五台。后住霍山。有行者问："如何是佛法大意？"师乃礼拜。行者曰："和尚为什么礼俗人？"师曰："汝不见道：尊重弟子。"师问僧："什么处来？"僧提起坐具。师云："龙头蛇尾。"僧问："如何是佛？"师打之，僧亦打师。师曰："汝打我有道理，我打汝无道理。"僧无对，师乃打趁。师化缘将毕，先备薪于郊野，遍辞檀信。食讫，行至薪所，谓弟子曰："日午当来报。"至日午，师自执烛①，登积薪上，以笠置顶后作圆光相，手执拄杖作降魔杵势，立终于红焰中。

杭州文喜禅师，嘉禾御儿人也，姓朱氏。七岁出家，唐开成二年赵郡具戒，初习《四分律》。属会昌废教，返服韬晦，大中初，例重忏度于盐官齐峰寺。后谒大慈山性空禅师，性空曰："子何不遍参乎？"咸通三年，至洪州观音院见仰山，言下顿了心契，仰山令典常住。一日，有异僧就求斋食，师减己分馈之。仰

---

① "烛"，丛刊本、大正本作"灯"。

山预知，问曰："适来果位人，汝给食否？"答曰："辍己回施。"仰山曰："汝大利益。"七年旋浙右，止千顷山，筑室而居。会巢寇之乱，避地湖州，住仁王院。光启三年，钱王请住龙泉廨署。今慈光院。

僧问："如何是涅槃相？"师曰："香烟尽处验。"问："如何是佛法大意？"师曰："唤院主来，遮师僧患颠。"问："如何是自己？"师默然，僧罔措。再问，师曰："青天蒙昧，不向月边飞。"大顺元年，钱王表荐赐紫衣。乾宁四年，又奏师号曰"无著"。光化三年示疾，十月二十七日夜子时，告众曰："三界心尽，即是涅槃。"言讫，跏趺而终，寿八十，腊六十。终时方丈发白光，竹树同色。十一月二十二日迁塔灵隐山西坞。天福二年①，宣城帅田頵应杭将许思叛换，纵兵大掠②，发师塔，睹肉身不坏，发爪俱长。武肃王奇之，遣神将邵志，重封瘗焉。

新罗五观山顺支，本国号"了悟大师"。僧问："如何是西来意？"师竖拂子。僧曰："莫遮个便是？"师放下拂子。问："以字不成，八字不是，是什么字？"师作圆相示之。有僧于师前作五花圆相，师画破，别作一圆相。

仰山南塔光涌禅师，僧问："文殊是七佛师，文殊有师否？"师云："遇缘即有。"曰："如何是文殊师？"师竖拂子示之。僧曰："莫遮个是么？"师放下拂子，叉手。问："如何是妙用一

---

① "天福"，丛刊本、东寺本、碛砂本、径山本、大正本作"天祐"。
② "将"，原作"换"，据南藏本、径山本改。

句?"师曰:"水到渠成。"问:"真佛住在何处?"师曰:"言下无相,也不在别处。"

仰山东塔和尚,僧问:"如何是君王剑?"师曰:"落缆不采功。"僧曰:"用者如何?"师曰:"不落时人手。"问:"法王与君王相见时如何?"师曰:"两掌无私。"曰:"见后如何?"师曰:"中间绝像。"

前临济义玄禅师法嗣

灌溪志闲禅师,魏府馆陶人也,姓史氏。幼从柏岩禅师披剃,二十受具。后见临济和尚,和尚挡住,良久放之,师曰:"领矣。"住后,谓众曰:"我见临济无言语,直至如今饱不饥。"问:"请师不借。"师曰:"我满口道不借。"师又曰:"大庾岭头佛不会,黄梅路上没众生。"师会下一僧去参石霜。石霜问:"什么处来?"云:"灌溪来。"石霜云:"我北山住不如他南山住。"僧无对。师闻云①:"但道修涅槃堂了也。"僧问:"久向灌溪,到来只见沤麻池。"师曰:"汝只见沤麻池,不见灌溪。"僧曰:"如何是灌溪?"师曰:"劈箭急。"② 后人举似玄沙,玄沙云:"更学三十年未会禅。"问:"如何是古人骨?"师曰:"安置不得。"曰:"为什么安置不得?"师曰:"金乌那教下碧天。"问:"金锁断后如何?"师曰:"正是法汝处。"问:"如何是细?"师曰:"回换不回换。"曰:"末后事如何?"师曰:"忌丈六口头。"问:"如何

---

① "闻",原作"问",据径山本、大正本改。丛刊本作"代"。
② "劈",大正本作"剪"。

是一色?"师曰:"不随。"曰:"一色后如何?"师曰:"有阇梨承当分也无?"问:"今日一会,抵敌何人?"师曰:"不为凡圣。"问:"一句如何?"师曰:"不落千圣机。"问:"如何是洞中水?"师曰:"不洗人。"师唐乾宁二年乙卯五月二十九日,问侍者曰:"坐死者谁?"曰:"僧伽。""立死者谁?"曰:"僧会。"乃行六七步,垂手而逝。

幽州谭空和尚,有尼欲开堂说法,师曰:"尼女家不用开堂。"尼曰:"龙女八岁成佛,又作么生?"师曰:"龙女有十八变,汝与老僧试一变看。"尼曰:"变得也是野狐精。"师乃打趁。宝寿和尚问:"除却中、上二根人来时,师兄作么生?"师曰:"汝适来举,早错也。"寿曰:"师兄也不得无过。"师曰:"汝却与我作师兄。"寿侧掌云:"遮老贼。"

镇州宝寿沼和尚,第一世住。僧问:"万境来侵时如何?"师曰:"莫管他。"僧礼拜,师曰:"不要动著,动著即打折汝腰。"赵州谂和尚来,师在禅床背面而坐。谂展坐具礼拜,师起,入方丈,谂收坐具而出。师问僧:"什么处来?"曰:"西山来。"师曰:"见猕猴么?"曰:"见。"师曰:"作什么伎俩。"曰:"见某甲,一个伎俩也作不得。"师打之。胡钉铰参,师问:"汝莫是胡钉铰?"曰:"不敢。"师曰:"还解钉得虚空否?"曰:"请和尚打破①,某甲与钉。"师以拄杖打之。胡曰:"和尚莫错打某甲。"

---

① "打",大正本作"折"。

师曰："向后有多口阿师，与汝点破在。"赵州云："只遮一缝，尚不奈何。"乃代云："且钉遮一缝。"问："万里无片云时如何？"师曰："青天亦须吃棒。"师将顺世，谓门人曰："汝还知我行履处否？"对曰："知和尚一生长坐不卧。"师又令近前，门人近前。师曰："去，非吾眷属。"言讫而化。

镇州三圣院慧然禅师，自临济受诀，遍历丛林。至仰山，仰山问："汝名什么？"师曰："名慧寂。"仰山曰："慧寂是我名。"师曰："我名慧然。"仰山大笑而已。师到香严，严问："什么处来？"师曰："临济。"① 严曰："将得临济剑来么？"师以坐具蓦口打而去。师到德山，才展坐具，德山云："莫展炊巾，遮里无馊饭。"师曰："纵有也无著处。"德山以拄杖打师。师接住，却推德山向禅床上，德山大笑，师哭"苍天"而去。师在雪峰，闻峰垂语云："人人尽有一面古镜，遮个猕猴亦有一面古镜。"师出问："历劫无名，和尚为什么立为古镜？"② 峰云："瑕生也。"师咄曰："遮老和尚，话头也不识。"峰云："罪过，老僧住持事多。"师见宝寿和尚开堂，师推出一僧在宝寿前，宝寿便打其僧，师曰："长老若恁么为人，瞎却镇州一城人眼在。"法眼云："什么是瞎却人眼处？"③

魏府兴化存奖禅师，问僧："什么处来？"曰："崔禅处来。"

---

① "临济"，东寺本、碛砂本、大正本作"临济来"。
② "立"，大正本注："一作'彰'。"
③ "什么"，东寺本、碛砂本作"什么处"。此下，大正本为"魏府大觉禅师"章。

师曰："将得崔禅喝来否？"曰："不将得来。"师曰："恁么即不从崔禅处来。"僧喝之，师遂打。师谓众曰："我只闻长廊下也喝①，后架里也喝②。诸子，汝莫盲喝乱喝，直饶喝得兴化向半天里住，却扑下来，气欲绝。待兴化苏息，起来向汝道'未在'，何以故？我未曾向紫罗帐里䙝真珠与汝诸人③，虚空里乱喝作什么？"师谓克宾维那曰："汝不久当为唱导之师。"④克宾曰："不入汝保社。"⑤师曰："会了不入，不会不入？"曰："没交涉。"师乃打之，白众曰："克宾维那法战不胜，令舍衣钵钱五贯文，设堂饭而趁出院。"⑥僧问："国师唤侍者意作么生？"师曰："一盲引众盲。"师有时唤僧："某甲。"僧应诺，师曰："点即不到。"又别唤一僧，僧应诺，师曰："到即不点。"师后为后唐庄宗师，庄宗一日谓师曰："朕收大梁，得一颗无价明珠，未有人酬价。"师曰："请陛下珠看。"帝以手舒开幞头脚，师曰："君王之宝，谁敢酬价？"玄觉征云："且道兴化肯同光，不肯同光？若肯同光，兴化眼在什么处？若不肯同光，过在什么处？"师灭后，敕谥广济大师，塔曰通寂。

---

① "下"，东寺本、碛砂本、大正本无。
② "里"，东寺本、碛砂本、大正本无。
③ 䙝，大正本作"撒"。
④ "导"，大正本作"道"。
⑤ "汝"，大正本作"者"，东寺本、碛砂本作"这"。
⑥ 自"曰没交涉"至此，东寺本、碛砂本作："曰：'没交涉。'师便打，乃白众曰：'克宾维那法战不胜，罚钱五贯，设饭一堂，仍不得吃饭，便赶出院。'"大正本作："宾云：'总不与么。'师便打，乃云：'克宾维那法战不胜，罚钱五贯，设饭一堂。'至明日，师自白槌云：'克宾维那法战不胜，罚钱五贯，设饭一堂，不得吃饭，即时出院。'"

定州善崔禅师，州将王公于衙署张坐，请师说法。师升坐，良久，谓众曰："出来也打，不出来也打。"① 时谭空和尚出曰："崔禅底?"② 师曰："久立，太尉，珍重。"便下坐。

镇州万岁和尚，僧问："大众上堂③，合谭何事?"师曰："序品第一。"问："僧家究竟如何?"师曰："本来只是吹灰法，却向坛头脱却衣。"④ 师访宝寿，初见便展坐具，宝寿即下禅床。师乃坐彼禅床，宝寿骤入方丈。少顷，知事白师曰："堂头和尚已关却门也，请和尚库头吃茶。"师乃归院。翌日，宝寿来复谒，师踞禅床。宝寿展坐具，师亦下禅床，宝寿还坐禅床，师归方丈闭关。宝寿入侍者寮内取灰，于方丈前围三道而退。

云山和尚，有僧从西京来，师问："还得西京主人书来否?"僧曰："不敢妄通消息。"师曰："作家师僧，天然有在。"僧曰："残羹残菜谁吃?"⑤ 师曰："独有阇梨不甘吃。"其僧乃作吐势，师唤侍者曰："扶出遮病僧著。"僧便出去。

桐峰庵主，僧问："和尚遮里忽遇大虫作么生?"师作吼声，僧作怖势，师大笑。僧曰："遮老贼。"师曰："争奈老僧何?"有僧到庵前便去，师曰："阇梨，阇梨。"僧回首便喝，师良久。僧

---

① "出来也打，不出来也打"，东寺本、碛砂本作"出来打，出来打"。
② "底"，东寺本、碛砂本作"吟"，大正本作"聻"。
③ "堂"，东寺本、碛砂本作"来"。
④ "坛头脱"，大正本作"滩头卸"。
⑤ "残菜"，东寺本、碛砂本、径山本作"馊饭"。

曰:"死却遮老汉。"师乃打之,僧无语,师呵呵大笑。有僧入庵把住师①,师曰:"杀人,杀人。"其僧推开曰:"叫作么?"师曰:"谁?"僧乃喝,师打之。僧出,回首曰:"且待,且待。"师大笑。

杉洋庵山主②,有僧到参,师问:"阿谁?"曰:"杉洋庵主。"师曰:"是我。"僧便喝,师作嘘声。僧曰:"犹要棒在。"师便打。僧问:"庵主得什么道理后住此山?"③ 师曰:"也欲通个来由,又恐遭人点检。"僧曰:"又争免得?"师乃喝之。僧曰:"恰是。"师乃打,其僧大笑而出。师曰:"今日大败,大败。"

涿州纸衣和尚,初问临济:"如何是夺人不夺境?"临济曰:"春煦发生铺地锦,婴儿垂发白如丝。"师曰:"如何是夺境不夺人?"曰:"王令已行天下遍,将军塞外绝烟尘。"师曰:"如何是人境俱不夺?"曰:"王登宝殿,野老讴歌。"师曰:"如何是人境俱夺?"曰:"并汾已信④,独处一方。"师于言下领旨,深入三玄三要四句之门,颇资化道。

虎溪庵主,僧到抽坐具相看,师不顾。僧曰:"知道庵主有此机风。"⑤ 师鸣指一声,僧曰:"是何宗旨?"师便掴之。僧曰:

---

① "把",东寺本、碛砂本、径山本作"挡"。
② "山",东寺本、碛砂本、径山本、大正本无。
③ "什",东寺本、径山本作"甚";"后",东寺本、碛砂本、径山本作"便"。
④ "已",大正本作"绝"。
⑤ "风",大正本作"锋"。

"知道今日落人便宜。"师曰："犹要棒在。"有僧才入门，师便喝，僧默然，师打之，僧却喝，师曰："好个草贼。"僧到不审，师曰："阿谁？"僧喝。师曰："得怎么无宾主？"僧曰："犹要第二喝在。"师乃喝之。有僧问："和尚何处人事？"师云："陇西人。"僧云："承闻陇西有鹦鹉，还实也无？"师云："是。"僧云："和尚莫不是也无？"师便作鹦鹉声，僧云："好个鹦鹉。"师便棒之。

覆盆庵主，问僧："什么处来？"曰："覆盆山下来。"师曰："还见庵主否？"僧便喝，师便掌。僧曰："作么？"师又喝。一日，有僧从山下哭上，师闭庵门①。僧于门上画一圆月相②，师从庵后出，却从山下哭上。僧喝曰："犹作遮个去就在。"师便换手搥胸曰："可惜先师，一场埋没。"僧曰："苦，苦！"师曰："庵主被谩。"

襄州历村和尚，煎茶次，僧问："如何是祖师西来意？"师举茶匙子。僧曰："莫只遮便当否？"师掷向火中。问："如何是观其音声而得解脱？"师将火箸打柴头问："汝还闻否？"曰："闻。"师曰："谁不解脱？"

沧州米仓和尚，州牧请师与宝寿和尚入厅供养，令人传语：

---

① "闭庵门"，东寺本、碛砂本、径山本作"闭却门"。
② "上"，东寺本、碛砂本、径山本作"下"；"圆月相"，东寺本、碛砂本、径山本作"圆相"。

"请二长老谭论佛法。"寿曰:"请师兄长老答话。"师喝之,寿曰:"某甲尚未借问,何便行喝?"师曰:"犹欠少在?"寿却与一喝。

睦州陈尊宿法嗣

睦州刺史陈操,与僧斋次,拈起糊饼问僧:"江西、湖南还有遮个么?"僧曰:"尚书适来吃什么?"陈曰:"敲钟谢响。"又一日斋僧次,躬行饼,僧展手接,陈乃缩手,僧无语。陈曰:"果然,果然。"异日问僧曰:"有个事与上坐商量,得么?"僧曰:"合取狗口。"陈自掴曰:"操罪过。"僧曰:"知过必改。"陈曰:"恁么即乞上坐口吃饭。"又斋僧,自行食次,曰:"上坐施食。"上坐曰:"三德六味。"陈曰:"错。"上坐无对。又与寮属登楼次,有数僧行来,一官人曰:"来者总是行脚僧。"陈曰:"不是。"曰:"焉知不是?"陈曰:"待近与问。"① 相次诸僧楼前行过,陈蓦唤:"上坐。"僧皆回顾,陈谓诸官曰:"不信道。"又与禅者颂曰:"禅者有玄机,机玄是复非②。欲了机前旨,咸于句下违。"

前香严智闲禅师法嗣

吉州止观和尚,问:"如何是毗卢师?"师拦胸与一托。问:"如何是顿?"师云:"非梁陈。"

---

① "待近",东寺本、碛砂本、径山本作"近前"。
② "机玄",丛刊本、东寺本、碛砂本、径山本作"玄机"。

寿州绍宗禅师，问："如何是西来意？"师曰："好事不出门，恶事行千里。"① 有官人谓师曰："见说江西不立宗？"师曰："遇缘即立。"曰："遇缘立个什么？"师曰："江西不立宗。"

襄州延庆法端，号**"绍真大师"**。官人问："蚯蚓斩两段，两头俱动，佛性在阿那头？"师展两手。洞山别云："即今问底在那个头？"②

益州南禅无染大师，问："无句之句，师还答也无？"师曰："从来只明恁么事。"僧曰："毕竟如何？"师曰："且问看。"

益州长平山和尚，问："视瞬不及处如何？"师曰："我眨眼也勿工夫。"问："如何是祖师意？"师曰："西天来，唐土去。"

益州崇福演教大师，问："如何是宽廓之言？"师曰："无口道得。"问："如何是西来意？"师曰："今日明日。"

安州大安山清幹禅师，问："从上诸圣，从何而证？"师乃斫额。问："如何是祖师西来意？"师曰："羊头车子推明月。"

终南山丰德寺和尚，问："如何是和尚家风？"师曰："触事面墙。"问："如何是本来事？"师曰："终不更问人。"

---

① "行"，东寺本、碛砂本、径山本作"传"。
② 此下，大正本注曰："此又收在十一卷沩山下，何也？"

均州武当山佛岩晖禅师，问："顷年有疾，又中毒药，请师医。"师曰："二宜汤一碗。"又问："如何是佛向上事？"曰："螺髻子。"

江州庐山双溪田道者①，问："如何是啐啄之机？"师以手作啄势。问："如何是西来意？"师曰："什么处得个问头来？"

前福州双峰和尚法嗣

双峰古禅师，第二世。本业讲经，因上双峰礼谒，双峰问："大德什么处住？"②曰："城里住。"双峰曰："寻常还思老僧否？"曰："常思和尚，无由礼觐。"双峰曰："只遮思底便是大德。"师从此领旨，即归本寺，舍所居，罢讲，入山执侍数年。后到石霜，但随众而已，更不参请。众佥谓："古侍者尝受双峰印记。"往往闻于石霜，霜欲诘其所悟，而未得其便。师因辞石霜，霜将拂子送出门首，召曰："古侍者。"师回首，石霜曰："拟著即差，是著即乖，不拟不是，亦莫作个会。除非知有，莫能知之。好去，好去。"师应喏喏，即前迈。寻属双峰归寂③，师乃继续住持。僧问："和尚当时祇对石霜，石霜怎么道，意作么生？"师曰："只教我不著是非。"玄觉云："且道他会石霜意不会？"

前径山第三世洪諲禅师法嗣

洪州米岭和尚，寻常垂语曰："莫过于此。"僧问："未审是

---

① "州"，碛砂本、大正本作"西"。
② "大德"，丛刊本无。
③ "归"，丛刊本作"示"。

什么莫过于此?"师曰:"不出是。"其僧后问长庆:"为什么不出是?"庆云:"汝拟唤作什么?"

前扬州光孝院慧觉和尚法嗣

道巘禅师,庐州人也,姓刘氏。初参侍觉和尚,便领悟微言,即于湖南大光山剃度。暨化缘弥盛,受请止升州长庆禅苑。师一日上堂,谓众曰:"弥勒世尊朝入伽蓝,暮成正觉,乃说偈云:'三界上下法,我说皆是心。离于诸心法,更无有可得。'看他怎么道,也大杀惺惺,若比吾徒,犹是钝汉。所以一念见道,三世情尽,如印印泥,更无前后。诸子,生死事大,快须荐取,莫为等闲。业识茫茫,盖为迷己逐物。世尊临入涅槃,文殊请佛再转法轮,世尊咄文殊言:'吾四十九年住世,不曾一字与人,汝请吾再转法轮,是谓吾曾转法轮也。'然今时众中建立个宾主问答,事不获已,盖为初心尔。"僧问:"如何是长庆境?"师曰:"阇梨履践看。"问:"如何是佛法大意?"师曰:"古人岂不道:今日三月三?"僧曰:"学人不会。"师曰:"止止不须说,我法妙难思。"便下坐。咸平二年归寂①。

怀让禅师第六世

前仰山南塔光涌禅师法嗣

越州清化全付禅师,吴都昆山人也②。父贾贩,师随至豫章。闻禅会之盛,遂启求出家,即诣江夏投清平大师。清平问曰:

---

① "归",丛刊本作"示"。
② "吴都",丛刊本作"吴郡"。

"汝来何求?"曰:"求法也。"清平异而摄受之①。寻登戒度,奉事弥谨。一旦自谓曰:"学无常师,岂宜匏系于此乎?"即辞抵宜春仰山,礼南塔涌和尚。涌问:"从何而来?"师曰:"鄂州来。"涌曰:"鄂州使君名什么?"曰:"化下不敢相触。"涌曰:"此地通不畏。"师曰:"大丈夫何必相试?"涌辗然而笑,遂蒙印可。乃游庐陵,安福县宰为建应国禅苑,迎以聚徒。本道上闻,赐名"清化"焉。僧问:"如何是和尚急切为人处?"师曰:"朝看东南,暮看西北。"僧曰:"不会。"师曰:"徒夸东阳客,不识西阳珍。"问:"如何是正法眼?"师曰:"不可青天白日尿床也。"

师后因同里僧勉还故国,钱氏文穆王特加礼重。晋天福二年丁酉岁,钱氏戍将辟云峰山建院,亦以"清化"为名,法侣臻萃。僧问:"如何是佛法大意?"师曰:"华表柱头木鹤飞。"问:"路逢达道人,不将语默对。未审将什么对?"师曰:"眼里瞳人吹叫子。"问:"和尚年多少?"师曰:"始见去年九月九,如今又见秋叶黄。"僧曰:"恁么即无数也。"师曰:"问取黄叶。"曰:"毕竟事如何?"师曰:"六只骰子满盆红。"问:"亡僧迁化,向什么处去?"师曰:"长江无间断,聚沫任风飘。"曰:"还受祭祀也无?"师曰:"祭祀不无。"② 僧曰:"如何祭祀?"师曰:"渔歌举棹,谷里闻声。"至忠献王赐以紫方袍,师不受,王改以衲衣,仍号"纯一禅师"。师曰:"吾非饰让也,虑后人仿吾而逞欲耳。"汉开运四年丁未秋七月示疾③,安然坐逝,有大风震摧林木。寿

---

① "摄受",丛刊本作"摄"。
② "不无",大正本作"即不无"。
③ "汉",大正本无。

六十六,腊四十五。

郢州芭蕉山慧清禅师,新罗人。问:"如何是芭蕉水?"师曰:"冬温夏凉。"问:"如何是吹毛剑?"师曰:"进前三步。"僧曰:"用者如何?"师曰:"退后三步。"问:"如何是和尚为人一句?"师曰:"只恐阇梨不问。"师上堂谓众曰:"会么?相悉者少,珍重。"问:"不语有问时如何?"师曰:"未出三门千里程。"问:"如何是自己?"师曰:"望南看北斗。"问:"光境俱亡,复是何物?"师曰:"知。"曰:"知个什么?"师曰:"建州九郎。"问:"如何是提婆宗?"师曰:"赤幡在左。"师问僧:"近离什么处?"曰:"请师试道看。"师曰:"将谓是舶上商人,元来是当州小客。"问:"不问二头三首,请师直指本来面目。"师默然正坐。问:"贼来须打,客来须看,忽遇客贼俱来时如何?"师曰:"屋里有一纳破草鞋。"曰:"只如破草鞋,还堪受用也无?"师曰:"汝若将去,前凶后不吉。"问:"北斗里藏身,意旨如何?"师曰:"九九八十一。"师又曰:"会么?"曰:"不会。"师曰:"一二三四五。"问:"古佛未出兴时如何?"师曰:"千年茄子根。"曰:"出兴后如何?"师曰:"金刚努出眼。"师上堂,良久曰:"也大相辱,珍重。"

韶州昌乐县黄连山义初,号**"明微大师"**。问:"三乘十二分教即不问,请师开口不答话。"师曰:"宝华台上定古今。"曰:"如何是宝华台上定古今?"师曰:"一点墨子,轮流不移。"曰:"学人全体不会,请师指示。"师曰:"灵觉虽转,空华不坠。"

问："古路无踪，如何进步？"师曰："金乌绕须弥，元与劫同时。"曰："恁么即得达于彼岸也。"师曰："黄河三千年一度清。"广南刘氏向师道化，请入府内说法。僧问："人王与法王相见时如何？"师曰："两镜相照，万象历然。"曰："法王心要，达磨西来，五祖付与曹溪，自此不传衣钵，未审碧玉阶前，将何付嘱？"师曰："石羊水上行，木马夜翻驹。"僧问："恁么即我王有感，万国归朝。"师曰："时人尽唱太平歌。"问："如何是佛？"师曰："胸题万字①，背负圆光。"僧问："如何是道？"师展两手示之。僧曰："佛之与道，相去几何？"师曰："如水如波。"

韶州慧林鸿究，号"妙济大师"。有僧问："千圣常行此路，如何是此路？"师曰："果然不见。"问："鲁祖面壁意如何？"师曰："有什么雪处？"问："如何是急切事？"师曰："钝汉。"问："如何是和尚家风？"师曰："诸方例大。"② 问："定慧等学，明见理性如何？"师曰："新修梵宇。"

前仰山西塔光穆禅师法嗣

吉州资福如宝禅师，僧问："如何是应机之句？"师默然。问："如何是玄旨？"师曰："汝与我掩却门。"问："鲁祖面壁意作么生？"师曰："勿交涉。"问："如何是从上真正眼？"师搥胸曰："苍天，苍天。"僧曰："借问又何妨？"师曰："困。"问："遮个还受学也无？"师曰："未曾镢地栽虚空。"问："如何是衲

---

① "万"，大正本作"卍"。
② "例大"，丛刊本作"大例"。

僧急切处？"师曰："不过此问。"僧曰："学人未问已前请师道。"师曰："噫！"问："诸方尽皆妙用，未审和尚此间如何？"师曰："噫！"问："古人拈搥竖拂，此理如何？"师曰："痖。"问："如何是一路涅槃门？"师弹指一声，又展开两手。僧曰："如何领会？"师曰："不是秋月明，子自横行八九。"问："如何是和尚家风？"师曰："饭后三碗茶。"师一日拈起蒲团，示众云："诸佛菩萨及入理圣人，皆从遮里出。"便掷下，擘胸开曰："作么生？"众无对。问："学人创入丛林，一夏将末，未蒙和尚指教，愿垂提拯。"师托开其僧，乃曰："老僧自住持来，未曾瞎却一僧眼。"师有时坐良久，周视左右曰："会么？"众曰："不会。"师曰："不会即谩汝去也。"师一日将蒲团于头上曰："汝诸人怎么时难共语。"众无对。师将坐却曰："犹较些子。"

前灌溪志闲禅师法嗣

池州鲁祖山教和尚，僧问："如何是目前事？"师曰："丝竹未将为乐器，架上葫芦犹未收。"问："如何是双林树？"师曰："有相身中无相身。"曰："如何是有相身中无相身？"师曰："金香山下铁昆仑。"[①] 问："如何是高峰孤宿底人？"师曰："半夜日头明，日午打三更。"问："如何是格外事？"师曰："化道缘终后[②]，虚空更那边。"问："进向无门时如何？"师曰："太钝生。"僧曰："不是钝根，直下进向无门时如何？"师曰："灵机未曾论边际，执法无边在暗中。"问："如何是学人著力处？"师曰："春

[①] "山"，南藏本、径山本作"炉"。
[②] "道"，大正本作"导"。

来草自青，月上已天明。"曰："如何是不著力处？"师曰："崩山石头落，平川烧火行。"

魏府兴教存奖禅师法嗣①

汝州宝应和尚，亦曰南院，第一世住②。上堂示众曰："赤肉团上，壁立千仞。"时有僧问："赤肉团上，壁立千仞。岂不是和尚道？"师曰："是。"其僧乃掀禅床，师曰："遮瞎驴。"便棒。师问僧："近离什么处？"曰："长水。"师曰："东流，西流？"曰："总不恁么。"师曰："作么生？"僧珍重，师打之，趁下法堂。僧到参，师举拂子。僧曰："今日败阙。"师放下拂子。僧曰："犹有遮个在。"师乃棒之。师问僧："近离什么处？"曰："近离襄州。"师曰："来作什么？"曰："特来礼拜和尚。"师曰："恰遇宝应老不在。"僧便喝。师曰："向汝道不在，又喝作什么？"僧又喝，师乃棒之，其僧礼拜。师曰："遮棒本分汝打我，我且打汝三五棒，要此话大行。"

思明和尚未住西院时到参，礼拜后白曰："别无好物人事，从许州买得一口江西剃刀来献和尚。"师云："汝从许州来，什么处得江西剃刀？"明把师手掐一下，师云："侍者收取。"明拂袖而去。师云："阿剌剌。"师上堂曰："诸方只具啐啄同时眼，不具啐啄同时用。"时有僧便问："如何是啐啄同时用？"师曰："作家相见不啐啄，啐啄同时失。"僧曰："此犹未是某甲问处？"师曰："汝问处又作么生？"僧曰："失。"师乃打之，其僧不肯。后

---

① "兴教"，大正本作"兴化"。
② "住"下，大正本有"颙禅师"。

于云门会下，闻别僧举此语，方悟旨，却回参省，师已圆寂，遂礼风穴和尚。风穴问曰："汝当时问先师啐啄话，后来还有省处也无？"僧曰："已见个道理也。"曰："作么生？"僧曰："某甲当时在灯影里行，照顾不著。"风穴云："汝会也。"①

前宝寿沼和尚法嗣

汝州西院思明禅师，有人问："如何是伽蓝？"师曰："荆棘丛林。"曰："如何是伽蓝中人？"师曰："獦儿、狢子。"问："如何是临济一喝？"师曰："千钧之弩，不为鼷鼠而发机。"曰："和尚慈悲何在？"师打之。僧从漪到法席，旬日乃曰："莫道会佛法人，觅个举话底人也无。"师闻而默之。漪异日上法堂次，师召："从漪。"漪举首，师曰："错。"漪进三两步，师又曰："错，从漪。"②漪复近前。师："适来两错，是上坐错，是思明老错？"③曰："是从漪错。"师曰："错。"又曰："上坐且遮里过夏，共汝商量遮两错。"④漪不肯，便去。后住相州天平山，每举前话曰⑤："我行脚时被恶风吹到汝州，有西院长老勘我，连下三个错⑥，便待留我过夏商量⑦。我不说恁时错，我当时发足

---

① 自"师乃打之"至此，大正本作："师乃打之，其僧不肯。后于云门会下，闻二僧举前因缘，一僧云：'当时南院棒折那？'僧闻此语，忽然大悟，方见南院答话处。其僧却来汝州省觐，值师已迁化，乃访风穴。风穴认得，便问：'上座是当时问南院啐啄同'话底么？'僧云：'是。'穴云：'会也未？'僧云：'会也。'穴云：'尔当时怎生会？'僧云：'某甲当时如在灯影里行相似。'穴云：'汝会也。'"
② "从漪"，东寺本、碛砂本、径山本无。
③ "思明老"，东寺本、碛砂本、径山本作"西院"。
④ "共"，东寺本、碛砂本、径山本作"待共"。
⑤ "每"，东寺本、碛砂本作"尝"，径山本作"当"。
⑥ "连下三个错"，东寺本、碛砂本、径山本作"连道三错"。
⑦ "便"，东寺本、碛砂本、大正本作"更"。

拟向南去，便知道错了也。"首山省念和尚云："据天平作恁么会解，未梦见西院在，何故？话在。"

宝寿和尚，第二世住。有僧问："如何是祖？"师曰："面黑眼睛白。"问："踏倒化城时如何？"师曰："死汉不斩。"僧曰："斩。"师乃打①。

前三圣慧然禅师法嗣

镇州大悲和尚，有僧问："除上去下，请师便道。"师曰："我开口即错。"僧曰："真是学人师。"师曰："今日向弟子手里死。"

淄州水陆和尚，有僧问："如何是学人用心处？"师曰："用心即错。"僧曰："不起一念时如何？"师曰："勿用处汉。"问："此事如何保任？"师曰："切忌。"问："如何是最初一句？"师便喝。问："狭路相逢时如何？"师便拦胸托一托。

前魏府大觉和尚法嗣

庐州大觉和尚，问："牛头未见四祖时，为什么鸟兽衔华？"师曰："有恁么畜生。"曰："见后为什么不来衔华？"师曰："无恁么畜生。"

庐州澄心院旻德和尚，在兴化时，遇兴化和尚示众云："若

---

① "打"，东寺本、碛砂本、径山本作"打之"。

是作家战将，便请单刀直入，更莫如何若何。"师便出①，礼三拜起而喝②，兴化亦喝，师再喝③，化亦喝，师乃作礼归众。化云："旻德今夜较却兴化二十棒。然虽如是，是他旻德会，旻德且不是喝。"④

汝州南院和尚，问："匹马单枪来时如何？"师曰："待我斫棒。"问："上上根器人还接否？"师曰："接。"僧曰："便请师接。"师曰："且得平交。"师问新到僧："近离什么处？"曰："汉上。"师曰："汝也罪过，我也罪过。"僧无语。师见新到僧，乃挡住曰："作么生，作么生？"僧无对。师曰："三十年马伎⑤，今日却被驴扑。"有僧新到，师曰："败也。"乃抛下柱杖。僧曰："恁么语话。"师便打。

---

① "便"，东寺本、碛砂本、大正本无。
② "礼三拜起而喝"，东寺本、碛砂本、径山本作"礼拜起便喝"。
③ "再"，东寺本、碛砂本、径山本作"又"。
④ "是他旻德会，旻德且不是喝"，东寺本、碛砂本、径山本作"赖遇他旻德长老一喝不作一喝用"。
⑤ "马伎"，东寺本、径山本作"弄马伎"，碛砂本作"弄马骑"，大正本作"马骑"，并注："一作'学马伎'，又作'弄马骑'。"

景德传灯录卷第十三

怀让禅师及曹溪别出共七十七人①

怀让第七世

郢州芭蕉山慧清禅师法嗣四人二人见录

  郢州兴阳清让禅师

  洪州幽谷山法满禅师

    郢州兴阳义深禅师、芭蕉山第二世住遇禅师　已上二人无机缘语句，不录

吉州资福如宝禅师法嗣四人三人见录

  吉州资福贞邃禅师

  吉州福寿和尚

  潭州鹿苑和尚

    潭州报慈德韶大师　一人无机缘语句，不录

汝州南院和尚法嗣②一人见录

  汝州风穴延昭禅师③

---

① 此下，大正注："怀让禅师第七世至第九世曹溪别出第二世至第六世。"
② "南院"，大正本作"宝应"；下注："即南院颙也。"
③ "延昭"，径山本、大正本作"延昭"，下同。

汝州西院思明禅师法嗣一人见录

　　郢州兴阳归静禅师

韶州慧林鸿究禅师法嗣一人见录

　　韶州灵瑞和尚

怀让第八世

汝州风穴延昭禅师法嗣四人二人见录

　　汝州广慧真禅师

　　汝州首山省念禅师

　　　凤翔长兴和尚、潭州灵泉和尚　已上二人无机缘语句，不录

潭州报慈归真大师德韶法嗣二人见录

　　蕲州三角山志谦禅师

　　郢州兴阳词铎禅师

怀让第九世

汝州首山省念禅师法嗣一人见录

　　汾州善昭禅师①

曹溪别出第二世

罗浮山定真和尚法嗣

　　　罗浮山灵运禅师　一人无机缘语句，不录

制空山道进和尚法嗣

　　　荆州玄觉禅师　一人无机缘语句，不录

韶州下回田善快和尚法嗣

　　　善悟禅师　一人无机缘语句，不录

司空山本净和尚法嗣

---

① 此下，大正本注："一人见录，赞颂附卷末。"

中使杨光庭　一人无机缘语句，不录

缘素和尚法嗣

韶州小道进禅师、韶州游寂禅师　已上二人无机缘语句，不录

祇陀和尚法嗣

衡州道情禅师　一人无机缘语句，不录

南阳慧忠国师法嗣五人一人见录

吉州耽源山真应禅师

唐肃宗皇帝、代宗皇帝①、开府孙知古②、邓州香严惟戒禅师　已上四人无机缘语句，不录

洛阳荷泽神会大师法嗣一十八人二人见录

黄州大石山福琳禅师

沂水蒙山光宝禅师

磁州法如禅师、怀安郡西隐山进平禅师、澧阳慧演禅师、河阳怀空禅师、南阳圆震禅师、宜春广敷禅师、江陵行觉禅师、五台山神英禅师、五台山无名禅师、南岳皓玉禅师、宣州志满禅师、涪州朗禅师、广陵灵坦禅师、宁州通隐禅师、益州南印禅师、河南尹李常　已上一十六人无机缘语句，不录

曹溪别出第三世

下回田善悟禅师法嗣

潭州无学禅师　一人无机缘语句，不录

衡州道情和尚法嗣

湖南如宝禅师　一人无机缘语句，不录

耽源山真应和尚法嗣

---

① "代宗"前，大正本有"唐"。
② "开府"，东寺本、碛砂本、径山本作"开封"。

　　　　　吉州贞遂禅师　一人无机缘语句，不录

磁州法如和尚法嗣

　　　　　荆南惟忠禅师　一人无机缘语句，不录

河阳怀空和尚法嗣

　　　　　蔡州道明禅师　一人无机缘语句，不录

乌牙山圆震禅师法嗣

　　　　　吴头陀、四面山法智禅师　已上二人无机缘语句，不录

五台山无名禅师法嗣

　　　　　五台华严澄观大师　一人无机缘语句，不录

益州南印和尚法嗣

　　　　　义俯禅师　一人无机缘语句，不录

曹溪别出第四世

荆南惟忠禅师法嗣

　　　　　道圆禅师、益州如一禅师、奉国神照禅师、庐山东林雅禅师　已
　　　　上四人无机缘语句，不录。忠师亦名南印

吴头陀法嗣

　　　　　玄固禅师　一人无机缘语句，不录

曹溪别出第五世

遂州道圆禅师法嗣一人见录

　　　　　终南山圭峰宗密禅师

奉国神照禅师法嗣

　　　　　镇州常一禅师、滑州智远禅师、鹿台玄邃禅师　已上三人无机缘
　　　　语句，不录

曹溪别出第六世

圭峰宗密禅师法嗣

圭峰温禅师、慈恩寺太恭禅师、兴善寺太锡禅师、万乘寺宗禅师、瑞圣寺觉禅师、化度寺仁瑜禅师　已上六人无机缘语句，不录

鹿台玄邃禅师法嗣

龙兴念禅师　一人无机缘语句，不录

滑州智远禅师法嗣

彭门审用禅师、圆绍禅师①、上方真禅师、东京法志禅师　已上四人无机缘语句，不录

怀让禅师第七世

前郢州芭蕉山慧清禅师法嗣

郢州兴阳山清让禅师，僧问："'大通智胜佛，十劫坐道场。佛法不现前，不得成佛道'时如何？"师曰："其问甚谛当。"僧曰："既是坐道场，为什么不得成佛道？"师曰："为伊不成佛。"

洪州幽谷山法满禅师，僧问："如何是道？"师良久曰："会么？"僧曰："学人不会。"师曰："话道语下无声，举扬奥旨丁宁。禅要如今会取，不须别后消停。"

前吉州资福如宝禅师法嗣

吉州资福贞邃禅师，第二世住。僧问："和尚见古人得何意旨便歇去？"师作圆相示之。问："如何是古人歌？"师作圆相示之。问："如何是最初一句？"师曰："未具世界时，阇梨亦在此。"

---

①　"绍"，东寺本、碛砂本、径山本作"照"。

问："百丈卷席意如何？"师良久。问："古人道'前三三，后三三'意如何？"师曰："汝名什么？"曰："某甲。"师曰："吃茶去。"师谓众曰："隔江见资福刹竿便回去，脚跟也好与三十棒，况过江来？"① 时有僧才出，师曰："不堪共语。"问："如何是古佛心？"师曰："山河大地。"

吉州福寿和尚，僧问："祖意教意同别？"师乃展手。问："文殊骑师子，普贤骑象，未审释迦骑什么？"师举手云："邪，邪。"

潭州鹿苑和尚，僧问："余国作佛，还有异名也无？"师作圆相示之。问："如何是鹿苑一路？"师曰："吉了舌头问将来。"② 问："如何是闭门造车？"师曰："南岳石桥。"僧曰："如何是出门合辙？"师曰："拄杖头鞋。"③ 师上堂展手云："天下老和尚、诸上坐命根总在遮里。"有一僧出曰："还收得也无？"师曰："天台石桥侧。"僧曰："某甲不恁么。"师曰："伏惟尚飨。"④ 问："如何是世尊不说说？"师曰："须弥山倒。"曰："如何是迦叶不闻闻？"师曰："大海枯竭。"

前汝州南院和尚法嗣⑤

汝州风穴延昭禅师，余杭人也。初发迹于越州镜清顺德大

---

① "况"，东寺本、碛砂本、大正本作"岂况"。
② "吉了"，南藏本、大正本作"吉嘹"。
③ "拄杖头鞋"，东寺本、碛砂本、径山本作"拄杖头上挂草鞋"。
④ "飨"，原作"向"，据东寺本、碛砂本、径山本、大正本改。
⑤ "南院"，大正本作"宝应"，并注："亦曰南院。"

师,未臻堂奥。寻诣襄州华严院,遇守廓上坐,即汝州南院侍者也,乃密探南院宗旨①。初见不礼拜,便问曰:"入门须辨主②,端的请师分。"南院以左手拊膝,师喝。南院以右手拊膝,师又喝。南院举左手曰:"遮个即从阇梨。"又举右手曰:"遮个又作么生?"师曰:"瞎。"南院拟拈拄杖次,师曰:"作什么?夺拄杖打著老和尚。莫言不道。"南院曰:"三十年住持,今日被黄面浙子上门罗织。"师曰:"和尚大似持钵不得,诈道不饥。"南院曰:"阇梨几时曾到南院来?"师曰:"是何言欤?"曰:"老僧端的问汝。"师曰:"也不得放过。"南院曰:"且坐吃茶。"师方叙师资之礼。自后应沩仰之悬记,出世聚徒,南院法道由是大振诸方矣。

师上堂曰:"祖师心印,此日全提。去即印住,住即印破。只如不去不住,印即是,不印即是?众中还有道得者么?"③ 上堂谓众曰:"夫参学眼目,临机直须大用见前,莫自拘于小节④。设使言前荐得,犹是滞巧迷封。纵然句下精通,未免触突狂见。观汝诸人从前依他学解,迷昧两蹊,而今与汝一齐扫却,个个作大师子儿,吒呀地哮吼一声,壁立千仞,谁敢正眼觑著?若觑著即

---

① 此下,大正本有"后至南院"。
② "辨",原作"辩",据大正本改。
③ "师上堂"至此,大正本无。东寺本、碛砂本作:"师上堂曰:'祖师心印,此日全提。去即印住,住即印破。只如不去不住,印即是,不印即是?众中还有道得者么?'时有卢陂长老问曰:'学人有铁牛之机,请师不搭印。'师曰:'惯钓鲸鲵澄巨浸,却嗟蜗步骤泥沙。'卢陂拟进语,师以拂子蓦口打,乃曰:'记得前语么?'卢陂曰:'记得。'师曰:'试举看。'卢陂欲开口,师又打一拂。"
④ "莫",大正本作"勿"。

瞽却一目也。"①

时有卢陂长老问曰②："学人有铁牛之机,请师不印。"③ 师云："惯钓鲸鲵澄巨浸,却嗟蜗步骧泥沙。"④ 卢陂拟进语,师以拂子蓦口打,乃曰："记得前语么？"卢陂曰："记得。"师曰："试举看。"卢陂欲开口,师又打一拂。⑤ 问："师唱谁家曲,宗风嗣阿谁？"师曰："超然迥出威音外,翘足徒劳赞底沙。"⑥ 问："古曲无音韵,如何和得齐？"师曰："木鸡啼子夜,刍狗吠天明。"问："如何是一称南无佛？"师曰："灯连凤翅当堂照,月影娥眉顿普米切⑦ 面看。"问："如何是佛？"师曰："如何不是佛？"问："未晓玄言,请师直指。"师曰："家住海门洲,扶桑最

---

① 自"观汝诸人"至此,大正本作:"观汝诸人,应是向来依他作解,明昧两岐,与尔一时扫却,直教个个如师子儿,咤呀地哮吼一声,壁立千仞。谁敢正眼觑着,觑着即瞎却渠眼。"东寺本末句作"觑着即瞎却渠眼"。
② 此句前,大正本有:"师又赴郢州衙内,升座示众云:'祖师心印,状似铁牛之机。去即印住,住即印破。只如不去不住,印即是,不印即是？还有人道得么？'"
③ "印",丛刊本同,碛砂本、大正本作"搭印"。
④ "蜗",丛刊本同,大正本作"蛙",并注:"卿公《事苑》云:'蛙'当作'洼',谓马出于渥洼水也。风穴所谓'骧'者,以良马出清水,而反骧卧于泥沙之中。是其意也。今录谓蛙者,虾蟆也,岂能为马步而骧卧邪？骧,张扇切。"
⑤ "卢陂拟进语"至此,大正本作"陂伫思,师喝云:'长老何不进语？'陂拟议,师打一拂子云:'还记得话头么？试举看。'陂拟开口,师又打一拂子。牧主云:'信知佛法与王法一般。'师云:'见什么道理？'牧主云:'当断不断,返招其乱。'师便下座。上堂,僧。"
⑥ 此下,大正本注:"《本生经》云:'过去久远有佛,名曰底沙。'时有二菩萨,一名释迦,二名弥勒。是佛观见释迦心未成熟,而诸弟子心皆纯熟,如是思惟:一人之心,易可速化,众人之心,难可疾治。即上雪山,入宝窟中,入大禅定。时释迦菩萨作外道仙人,上山采药,见底沙佛。见已欢喜,心生敬信,翘一脚立,叉手向佛,一心而观,目未曾瞬,七日七夜。以一偈赞佛曰:'天上天下无如佛,十方世界亦无比。世界所有我尽见,一切无有如佛者。'于是超越九劫,于九十一劫得阿耨菩提。"从刊本、东寺本同原本。
⑦ "普米切",大正本作"匹迷切,倾头也"。

先照。"问："明月当空时如何？"① 师曰："不曾天上辊②，任向地中埋。"问："如何是佛？"师曰："嘶风木马缘无绊，背角泥牛痛下鞭。"问："如何是广慧剑？"师曰："不斩死汉。"

问："古镜未磨时如何？"师曰："天魔胆裂。"僧曰："磨后如何？"师曰："轩辕无道。"僧曰："如何？"③ 师曰："不在团天④，且居羑里。"问："矛盾本成双翳病，帝网明珠事若何？"师曰："为山登九仞，捻土定千钧。"僧曰："如何？"师曰："如何。"问："干木奉文侯，知心有几人？"师曰："少年曾决龙蛇阵，老倒还听稚子歌。"⑤ 问："如何是清凉山中主？"师曰："一句不遑无著问，迄今犹作野盘僧。"问："句不当机，如何显道？"师曰："大昴纵同天，日轮不当午。"问："如何是和尚家风？"师曰："鹤有九皋难翥翼，马无千里漫追风。"问："如何是佛？"师曰："勿使异闻。"⑥ 问："未有之言，请师试道。"师曰："入市能长啸，归家著短衣。"问："夏终今日，师意如何？"师曰："不怜鹅护雪，且喜蜡人冰。"问："归乡无路时如何？"师曰："平窥红烂处，畅杀子平生。"

师赴州衙，请上堂。有僧问曰："人王与法王相见时如何？"师曰："大舞绕林泉，世间无有喜。"⑦ 僧曰："共谭何事？"师

---

① "明"，东寺本、碛砂本、大正本作"朗"。
② "曾"，东寺本、碛砂本、大正本作"从"。
③ "僧曰如何"，东寺本、碛砂本、大正本作"僧问：'朗月当空时如何？'"
④ 此下，大正本注："一作'圆天'。"
⑤ "老倒"，大正本作"潦倒"。
⑥ "异"，东寺本、碛砂本、大正本作"异人"。
⑦ "有喜"，东寺本、碛砂本、南藏本、径山本、大正本作"忧喜"，大正本并注："或作'有喜'。"

曰："虎豹岩前曾宴坐，隼鸹光里播真宗。"问："摘叶寻枝即不问，如何是直截根源？"师曰："赴供凌晨入，开堂带雨归。"①问："门门尽怪，请师直指根源。"② 师曰："罕逢穿耳客，多遇刻舟人。"问："正当恁么时如何？"师曰："盲龟值木虽优稳，枯木生华物外春。"问："如何是密室中事？"师曰："出袖谭今古③，回颜独皱眉。"问："骊龙颔下珠，如何取得？"师曰："曾向海边干竹刺，直至如今治素琴。"问："大舸摇空，如何举棹？"师曰："自在不点胸，浑家不喜见。"问："追风难把捉④，前程事若何？"师曰："波斯衣裘丘畏。解。"问："诞生王子还假及第否？"师曰："一句拟光禅子问⑤，三缄恐负古人机。"问："随缘不变者，急遇知音人时如何？"师曰："披莎侧笠千峰里，引水浇蔬五老前。"

问："刻舟求不得，当体事如何？"师曰："大勋不立赏，柴扉草自深。"问："从上古人，印印相契。如何是印底眼？"师曰："轻嚣道者知机变，拈与沾魂拭泪巾。"问："九夏赏劳，请师言荐。"师曰："出岫拂开龙洞雨，泛波僧涌钵囊华。"问："最初自恣，合对何人？"师曰："一把香刍拈未下，六环金锡响摇空。"问："西祖传来，请师端的。"师曰："一犬吠虚，千猱嗁实。"⑥问："王道与佛道，相去几何？"师曰："刍狗吠时天地合，木鸡

---

① "堂"下，大正本注："或作'塘'。"
② "门门尽怪，请师直指根源"，东寺本、碛砂本、大正本作"凡有所问，尽是捏怪，请师直指（大正本作'截'）根源。"
③ "袖"下，大正本注："当作'就'。"
④ "捉"，大正本作"促"。
⑤ "问"下，大正本注："或作'讶'。"
⑥ 此下，大正本注："'猱'当作'狋'，奴刀切，恶犬长毛也。猱，猴也，非义。'嗁'音崖，犬斗也。"

啼后祖灯辉。"问："祖师心印，请师拂拭。"师曰："祖月凌空圆圣智，何山松桧不青青？"问："大众云集，请师说法。"师曰："赤脚人趁兔，著靴人吃肉。"问："不曾博览空王教，略借玄机试道看。"师曰："白玉无瑕，卞和刖足。"问："如何是无为之句？"师曰："宝烛当轩显，红光烁太虚。"问："如何是临机一句？"师曰："因风吹火，用力不多。"问："素面相呈时如何？"师曰："拈却盖面帛。"问："如何是衲僧气息？"师曰："膝行肘步，大众见之。"

问："紫菊半开秋已至，月圆当户意如何？"师曰："月生蓬岛人皆望，昨夜遭霜子不知。"问："如何是直截一路？"师曰："直截迂曲。"问："如何是师子吼？"师曰："阿谁要汝野干鸣？"问："如何是谛实之言？"师曰："心悬壁上。"问："心不能缘，口不能言时如何？"师曰："逢人但恁么举看。"问："龙透清潭时如何？"师曰："印骏捺尾。"① 问："任性浮沈时如何？"师曰："牵牛不入栏。"问："有无俱无去处时如何？"师曰："三月懒游华下路，一家愁闭雨中门。"问："语默涉离微，肇法师《宝藏论·离微体净品》云：'其入离，其出微。知入离，外尘无所依；知出微，内心无所为。内心无所为，诸见不能移；外尘无所依，万有不能机。万有不能机，想虑不乘驰；诸见不能移，寂灭不思议。可谓本净体离微也。据入故名离，约用故名微，混而为一，无离无微。体净不可染，无染故无净。体微不可有，无有故无无。'如何通不犯？"师曰："常忆江南三月里，鹧鸪啼处野花香。"

问："百了千当时如何？"师曰："不许夜行，投明须到。"问："无地容身时如何？"师曰："熊耳塔开无叩客。"僧曰："如

---

① "骏"，大正本作"鬃"。

何即是？"师曰："恰须断却。"① 问："尽大地人来一时致问，如何祇对？"师曰："子期琴韵勿知音。"② 问："央堀逼佛时如何？"师曰："大家保护万回憨。"问："心印未明如何得入？"师曰："虽闻酋帅投归款，未见牵羊纳璧来。"问："如何是临济下事？"师曰："桀犬吠尧。"问："如何是啮镞事？"③ 师曰："孟浪借辞论马角。"问："不修定慧，为什么成佛无疑？"师曰："金鸡专报晓，漆桶黑光生。"问："一念万年时如何？"师曰："拂石仙衣破。"问："洪钟未击时如何？"师曰："充塞大千无不韵，妙含幽致岂能分？"僧曰："击后如何？"师曰："石壁山河无障碍，翳消开后好沾闻。"问："如何是西来意？"师曰："寻山水尽山无尽。"

问："大人相为什么不具足？"师曰："鸱枭夜半欺鹰隼。"问："古今才分④，请师密要。"师曰："截却重舌。"问："如何是大人相？"师曰："赫赤穷。"僧曰："未审和尚二时如何？"师曰："携箪挈杖。"问："如何是宾中主？"师曰："入市双瞳瞽。"曰："如何是主中宾？"师曰："回銮两曜新。"曰："如何是宾中宾？"师曰："攒眉坐白云。"曰："如何是主中主？"师曰："磨砻三尺刃，待斩不平人。"问："如何是钁头边意？"⑤ 师曰："山

---

① "恰"，东寺本、碛砂本、大正本作"快"。
② "子期琴韵勿"，大正本作"伯牙琴韵少"，"伯牙"下注："或作'子期'。"
③ 此下，大正本注："《太平广记》：隋末，有督君谟者，善闭目而射。志其目则中目，志其口则中口。有王灵智者，学射于谟，以为曲尽其妙，欲射杀谟，独擅其美。谟执一短刀，箭来辄截之。惟有一矢，谟张口承之，遂啮其镞。笑曰：'汝学三年，吾未教汝啮镞之法。'"
④ "古今"，东寺本、碛砂本、径山本作"今古"。
⑤ "意"，大正本作"事"。

前一片青。"问:"如何是佛师?"① 师曰:"杖林山下竹筋鞭。"②

前汝州西院思明禅师法嗣

郢州兴阳归静禅师,初参西院,乃问曰:"拟问不问时如何?"西院便打,师良久。西院云:"若唤作棒,眉须堕落。"师言下大悟③。僧问:"师唱谁家曲,宗风嗣阿谁?"师曰:"少室山前无异路。"④

前韶州慧林鸿究禅师法嗣

韶州灵瑞和尚,有人问:"如何是佛?"师喝云:"汝是村里人。"问:"如何是西来意?"师曰:"十万八千里。"问:"如何是本来心?"师曰:"坐却毗卢顶,出没太虚中。"

前风穴延昭禅师法嗣

汝州广慧真禅师,僧问:"如何是广慧境?"师曰:"小寺前头资庆后。"问:"如何是和尚家风?"师曰:"枕爬镂子。"

汝州首山省念禅师,莱州人也,姓狄氏。受业于本部南禅院,得法于风穴,初住首山,为第一世。开堂日,有僧问曰:

---

① "佛师",大正本作"佛"。
② 此下,大正本有注:"《西域记》云:昔摩竭陀国有婆罗门,闻释迦佛身长丈六,常怀疑惑,未之信也。乃以丈六竹杖,欲量佛身,恒于杖端,出过丈六。如是增高,莫能穷实。遂投杖而去,因植根焉。今竹林修茂,被山满谷。"另有:"师于大宋开宝六年癸酉八月旦日,升座说偈,至十五日,跏趺而化。前一日,手书别檀越。寿八十七,腊五十九。"
③ "师"下,东寺本、碛砂本、径山本有"于"。
④ "山",东寺本、碛砂本、径山本作"峰"。

"师唱谁家曲，宗风嗣阿谁？"师曰："少室岩前亲掌视。"僧曰："更请洪音和一声。"师曰："如今也要大家知。"师谓众曰："佛法付与国王、大臣、有力檀越，令灯灯相然，相续不断，至于今日。"大众且道："相续个什么？"师良久，又曰："今日须是迦叶师兄始得。"僧问："如何是和尚家风？"师曰："一言截断千江口，万仞峰前始得玄。"问："如何是首山境？"师曰："一任众人看。"僧曰："如何是境中人？"师曰："吃棒得也未？"僧礼拜，师曰："且待别时。"问："如何是祖师西来意？"师曰："风吹日炙。"问："从上诸圣，向什么处行履？"师曰："牵犁拽杷。"问："古人拈槌竖拂，意旨如何？"师曰："孤峰无宿客。"僧曰："未审意旨如何？"师曰："不是守株人。"

问："如何是菩提路？"师曰："此去襄县五里。"僧曰："向上事如何？"师曰："往来不易。"问："诸圣说不尽处，请师举唱。"师曰："万里神光都一照，谁人敢并日轮齐？"问："一树还开华也无？"师曰："开来久矣。"僧曰："未审还结子也无？"师曰："昨夜遭霜了。"问："临济喝、德山棒，未审明得什么边事？"师曰："汝试道看。"僧喝，师曰："瞎。"僧再喝，师曰："遮瞎汉，只么乱喝作么？"僧礼拜，师便打。问："四众围绕，师说何法？"师曰："打草蛇惊。"僧曰："未审怎么生下手？"①师曰："适来几合丧身失命？"问："二龙争珠，谁是得者？"师曰："得者失。"僧曰："不得者又如何？"师曰："珠在什么处？"问："维摩默然，文殊赞善，未审此意如何？"师曰："当时听众

---

① "怎么生"，丛刊本作"作么生"。

必不如是。"僧曰:"未审维摩默然,意旨如何?"师曰:"知恩者少,负恩者多。"

问:"一切诸佛皆从此经出,如何是此经?"师曰:"低声,低声。"僧曰:"如何受持?"师曰:"切不得污染。"问:"世尊灭后,法付何人?"师曰:"好个问头,无人答得。"问:"见色便见心,诸法无形,将何所见?"师曰:"一家有事百家忙。"僧曰:"学人不会,乞师再指。"师曰:"三日看取。"① 问:"'如人入京朝圣主,只到潼关便却回'时如何?"师曰:"犹是钝汉。"问:"路逢达道人,不将语默对。未审将什么对?"师曰:"瞥尔三千界。"问:"一句了然超百亿,如何是一句?"师曰:"到处举似人。"僧曰:"毕竟事如何?"师曰:"但知恁么道。"问:"如何是古佛心?"师曰:"镇州萝卜重三斤。"问:"虚心以何为体?"② 师曰:"老僧在汝脚底。"僧曰:"和尚为什么在学人脚底?"师曰:"知汝是个瞎汉。"

问:"如何是玄中的?"师曰:"有言须道却。"僧曰:"此意如何?"师曰:"无言鬼也嗔。"问:"如何是衲僧眼?"师曰:"此问犹不当。"僧曰:"当后如何?"师曰:"堪作么?"③ 问:"如何得离众缘去?"师曰:"千年一遇。"僧曰:"不离时如何?"师曰:"立在众人前。"问:"如何是大安乐人?"④ 师曰:"不见有一法。"僧曰:"将何为人?"师曰:"谢阇梨领话。"问:"如何是常在底人?"师曰:"乱走作么?"问:"一毫未发时如何?"

---

① "三日看取",东寺本、碛砂本、径山本作"三日后看取"。
② "心",大正本作"空"。
③ "作么",东寺本、碛砂本、径山本作"作什么"。
④ "大安乐人",东寺本、碛砂本、径山本作"大安乐底人"。

师曰:"路逢穿耳客。"僧曰:"发后如何?"师曰:"不用更迟疑。"问:"无弦琴请师音韵。"师良久曰:"还闻么?"僧曰:"不闻。"师曰:"何不高声问著。"问:"学人久处沈迷,请师一接。"师曰:"老僧无恁么闲功夫。"僧曰:"和尚为什么如此?"师曰:"要行即行,要坐即坐。"

问:"如何是离凡圣底句?"师曰:"嵩山安和尚。"僧曰:"莫便是和尚极则处否?"师曰:"南岳让禅师。"问:"学人乍入丛林,乞师指示。"师曰:"阇梨到此多少时也?"僧曰:"已经冬夏。"师曰:"莫错举似人。"问:"有一人荡尽来时,师还接否?"师曰:"荡尽即不无,那个是谁?"僧曰:"今日风高月冷。"师曰:"僧堂内几人坐卧?"僧无对。师曰:"赚杀老僧。"问:"如何是梵音相?"师曰:"驴鸣狗吠。"问:"如何是径截一路?"师曰:"或在山间,或在树下。"问:"曹溪一句天下人闻,未审和尚一句什么人得闻?"师曰:"不出三门外。"僧曰:"为什么不出三门外?"师曰:"举似天下人。"僧问:"如何是和尚不欺人眼?"师曰:"看看冬到来。"僧曰:"究竟如何?"师曰:"即便春风至。"问:"远闻和尚无丝可挂①,及至到来,为什么有山可守?"师曰:"道什么?"僧喝,师亦喝。僧礼拜,师曰:"放汝二十棒。"

师次住宝安山广教院,亦第一世。后徇众请,入城下宝应院,即南院第三世。三处法席,海众常臻。淳化三年十二月四日午时,上堂说偈示众曰:"今年六十七,老病随缘且遣日。今年记

---

① "无丝可挂",原作"无丝不挂",据东寺本、碛砂本改。大正本作"寸丝不挂"。

却来年事①，来年记著今朝日。"至四年，月日与时无爽前记，上堂辞众，仍说偈曰："白银世界金色身，情与非情共一真。明暗尽时俱不照，日轮午后是全身。"② 言讫安坐，日将昳而逝，寿六十有八。茶毗，收舍利。

前潭州报慈归真大师德韶法嗣

蕲州三角山志谦禅师，僧问："如何是佛？"师曰："速礼三拜。"

郢州兴阳词铎禅师，第三世住。僧问："佛界与众生界相去多少？"师曰："道不得。"僧曰："真个那？"师曰："有些子。"问："伞盖忽临于宝坐，师今何异鹊巢时？"师曰："道不得。"僧曰："即今底？"师曰："输汝一佛法。"

前汝州首山省念禅师法嗣

汾州善昭禅师，上堂谓众曰："凡一句语须具三玄门，每一玄门须具三要，有照有用。或先照后用，或先用后照，或照用同时，或照用不同时③。先照后用，且要共你商量；先用后照，你也须是个人始得；照用同时，你作么生当抵？照用不同时，你又作么生凑泊？"僧问："如何是大道之源？"师曰："掘地觅青天。"曰："何得如此？"师曰："识取幽玄。"问："如何是宾中

---

① "却"，径山本作"取"。
② "是"，大正本作"见"。
③ "照用不同时"，原本脱，据东寺本、碛砂本、大正本补。

宾?"师曰:"合掌庵前问世尊。"曰:"如何是宾中主?"师曰:"对面无俦侣。"曰:"如何是主中宾?"师曰:"阵云横海上,拔剑搅龙门。"曰:"如何是主中主?"师曰:"三头六臂擎天地①,忿怒那吒扑帝钟。"

曹溪别出第二世
前南阳慧忠国师法嗣

吉州耽源山真应禅师,为国师侍者时,一日,国师在法堂中。师入来,国师乃放下一足,师见便出。良久却回,国师曰:"适来意怎么生?"师云:"向阿谁说即得?"国师曰:"我问你。"师云:"什么处见某甲?"师又问:"百年后有人问极则事如何?"国师曰:"幸自可怜生,须要觅个护身符子作么?"异日,师携篮子归方丈,国师问:"篮里什么物?"师曰:"青梅。"国师曰:"将来何用?"师曰:"供养。"国师曰:"青在争堪供养?"师曰:"以此表献。"国师曰:"佛不受供养。"师曰:"某甲只恁么,和尚如何?"国师曰:"我不供养。"师曰:"为什么不供养?"国师曰:"我无果子。"百丈海和尚在泐潭山牵车次,师曰:"车在遮里,牛在什么处?"海斫额,师乃拭目。麻谷问:"十一面观音②,岂不是圣?"师曰:"是。"麻谷与师一掴,师曰:"想汝未到此境。"国师讳日设斋,有僧问曰:"国师还来否?"师曰:"未具他心。"曰:"又用设斋作么?"师曰:"不断世谛。"

---

① "擎",南藏本、大正本作"惊"。
② "一",大正本、径山本作"二"。

洛阳荷泽神会大师法嗣

黄州大石山福琳禅师,荆州人也,姓元氏。本儒家子,幼归释氏,就玄静寺谦著禅师剃度。登戒游方,遇荷泽师示"无念灵知,不从缘有",即焕然见谛。后抵黄州大石山结庵而居,四方禅侣,依之甚众。唐兴元二年入灭,寿八十有二。

沂水蒙山光宝禅师,并州人也,姓周氏。初谒荷泽和尚,服勤左右。荷泽一日谓之曰:"汝名光宝,名以定体。宝即已有,光非外来①。纵汝意用而无少乏,长夜蒙照而无间歇,汝还信否?"师曰:"信则信矣,未审光之与宝同邪,异邪?"荷泽曰:"光即宝,宝即光②,何有同异之名乎?"师曰:"眼耳缘声色时,为复抗行,为有回互?"荷泽曰:"抗、互且置,汝指何法为声色之体乎?"师曰:"如师所说,即无有声色可得。"荷泽曰:"汝若了声色体空,亦信眼耳诸根及与凡圣平等如幻,抗行回互,其理昭然。"师由是领悟,礼辞而去。初隐沂水蒙山,唐元和二年圆寂,寿年九十。

曹溪别出第五世
前遂州道圆禅师法嗣

终南山圭峰宗密禅师,果州西充人也,姓何氏,家本豪盛。髫龀通儒书,冠岁探释典。唐元和二年,将赴贡举,偶造圆和尚

---

① "来",大正本作"求"。
② "即",东寺本作"则"。

法席，欣然契会，遂求披削。当年进具。一日，随众僧斋于府吏任灌家，居下位，以次受经，得《圆觉》十二章，览未终轴，感悟流涕。归以所悟之旨告于圆，圆抚之曰："汝当大弘圆顿之教，此诸佛授汝耳，行矣，无自滞于一隅也。"师涕泣奉命，礼辞而去。因谒荆南张禅师，南印，张曰："传教人也，当宣导于帝都。"复见洛阳照禅师，奉国神照。照曰："菩萨人也，谁能识之？"寻抵襄汉，因病僧付《华严疏》，即上都澄观大师之所撰也。师未尝听习，一览而讲，自欣所遇曰："向者诸师述作，罕穷厥旨，未若此疏辞源流畅，幽赜焕然。吾禅遇南宗，教逢《圆觉》，一言之下心地开通，一轴之中义天朗耀。今复偶兹绝笔，罄竭于怀。"暨讲终，思见疏主。时属门人太恭断臂酬恩，师先赍书上疏主，遥叙师资，往复庆慰。寻太恭痊损，方随侍至上都，执弟子之礼。观曰："毗卢华藏，能随我游者其汝乎！"师预观之室，虽日新其德，而认筌执象之患永亡矣。

北游清凉山，回住鄠县草堂寺。未几，复入寺南圭峰兰若。大和中，征入内，赐紫衣。帝累问法要，朝士归慕。惟相国裴公休，深入堂奥，受教为外护。师以禅教学者互相非毁，遂著《禅源诸诠》，写录诸家所述，诠表禅门根源道理，文字句偈，集为一藏，或云：一百卷。以贻后代。

其《都序》略曰："禅是天竺之语，具云禅那，翻云思惟修，亦云静虑，皆是定慧之通称也。"源者，是一切众生本觉真性，亦名佛性，亦名心地。悟之名慧，修之名定，定慧通名为禅。此性是禅之本源，故云禅源，亦名禅那。理行者，此之本源是禅理，忘情契之是禅行，故云理行。然今所集诸家述作，多谭禅理，少说禅行，故且以禅源题之。今时有但目真性为禅者，是不达理行之旨，又不辨华竺之音也。然非离真性，别有禅体。但众生迷真合尘，即名散乱；背尘合真，名为禅定。若直论本性，即非真非妄，无背无合，无定无乱，谁言禅乎？况此真性，非唯是禅门之源，亦是万法之源，故名法性。亦是众生迷悟之源，故名如来藏藏识。出《楞伽经》。亦是诸佛万德之源，故名佛性。《涅槃》等经。亦是菩萨万行之源，故名心地。《梵网经·心地法门品》云："是诸佛之本源，行菩萨道之根本，是大众诸佛子之根本也。"万行不出六波罗蜜，禅门但是六中之一，当其第五，岂可都目真性为一禅行哉？

然禅定一行，最为神妙，能发起性上无漏智慧。一切妙用，万行万德，乃至神通光明，皆从定发。故三乘学人，欲求圣道，必须修禅。离此无门，离此无路。至于念佛求生净土，亦修十六观禅，及念佛三昧、般舟三昧。又真性即不垢不净，凡圣无差；禅则有浅有深，阶级殊等。谓带异计，欣上厌下而修者，是外道禅；正信因果，亦以欣厌而修者，是凡夫禅；悟我空偏真之理而修者，是小乘禅；悟我法二空所显真理而修者，是大乘禅。上四类皆有四色四空之异也。若顿悟自心本来清净，元无烦恼，无漏智性，本自具足，此心即佛，毕竟无异，依此而修者，是最上乘禅，亦名如来清净禅，亦名一行三昧，亦名真如三昧。此是一切三昧根本，若能念念修习，自然渐得百千三昧。达磨门下展转相传者，是此禅也。

达磨未到，古来诸家所解，皆是前四禅八定。诸高僧修之，皆得功用。南岳、天台令依三谛之理，修三止三观，教义虽最圆妙，然其趣入门户次第，亦只是前之诸禅行相。唯达磨所传者，顿同佛体，迥异诸门，故宗习者难得其旨。得即成圣，疾证菩提；失则成邪，速入涂炭。先祖革昧防失，故且人传一人；后代已有所凭，故任千灯千照。洎乎法久成弊，错谬者多，故经论学人，疑谤亦众。

原夫佛说顿教、渐教，禅开顿门、渐门。二教二门，各相符契。今讲者偏彰渐义，禅者偏播顿宗，禅讲相逢，胡越之隔。宗密不知宿生何作，熏得此心，自未解脱，欲解他缚，为法亡于躯命，愍人切于神情。亦如《净名》云："若自有缚，能解他缚，无有是处。然欲罢不能，验是宿习难改故。"每叹人与法差，法为人病，故别撰经律论疏，大开戒定慧门，显顿悟资于渐修，证师说符于佛意。意既本末而委示，文乃浩博而难寻。泛学虽多，秉志者少，况迹涉名相，谁辨金鍮？徒自疲劳，未见机感。虽佛说悲增是行，而自虑爱见难防，遂舍众入山，习定均慧，前后息虑，相继十年，云前后者，中间被敕追入内，住城二年，方却表请归山也。微细习情，起灭彰于静慧；差别法义，罗列现于空心。虚隙日光，纤埃扰扰；清潭水底，影像昭昭。岂比夫空守默之痴禅，但寻文之狂慧者也？

然本因了自心而辨诸教，故恳情于心宗；又因辨诸教而解修心，故虔诚于教义。教也者，诸佛菩萨所留经论也；禅也者，诸善知识所述句偈也。但佛经开张，罗大千八部之众；禅偈撮略，就此方一类之机。罗众则莽荡难依，就机则指的易用，今之纂集，意在斯焉。

裴休为之序曰："诸宗门下，皆有达人，然各安所习，通少局多。数十年中，师法益坏。以承禀为户牖，各自开张；以经论为干戈，互相攻击。情随函音含。矢而迁变，《周礼》曰："函人为甲。"孟子曰："矢人岂不仁于函人哉？函人唯恐伤人，矢人唯恐不伤人，盖所习之术使然也。"今学者但随宗徒，彼此相非耳。法逐人我以高低，是非纷拏，莫能辨析。则向者世尊、菩萨诸方教宗，适足以起净，后人增烦恼病，何利益之有哉？"圭山大师久而叹曰："吾丁此时，不可以默矣。"于是以如来三种教义，印禅宗三种法门，融瓶盘钗钏为一金，搅酥酪醍醐为一味。振纲领而举者皆顺。荀子云："如振裘领，屈五指而顿之，顺者不可胜数。"据会要而来者同趣。《周易略例》云："处会要以观方来，则六合辐辏，未足多也。"《都序》据圆教以印诸宗，虽百家亦无所不统。尚恐学者之难明也，又复直示宗源之本末，真妄之和合，空性之隐显，法义之差殊，顿渐之异同，遮表之回互，权实之深浅，通局之是非。若吾师者，捧佛日而委曲回照，疑噎尽除；顺佛心而横亘大悲，穷劫蒙益。则世尊为阐教之主，吾师为会教之人，本末相符，远近相照，可谓毕一代时教之能事矣。自世尊演教至今日，会而通之，能事方毕。

　　或曰："自如来未尝大都而通之，今一旦违宗趣而不守，废关防而不据，无乃乖秘藏密契之道乎？"答曰："如来初虽别说三乘，后乃通为一道。"三十年前或说小乘，或说空教，或说相教，或说性教。闻者各随机证悟，不相通知也。四十年后，坐灵鹫而会三乘，诣拘尸而显一性，前后之轨则也。故《涅槃经》："迦叶菩萨曰：'诸佛有密语，无密藏。'世尊赞之曰：'如来之言，开发显露，清净无翳。愚人不解，谓之秘藏；智者了达①，则不名藏。'此其证也。故王道兴，则外户不闭，而守在戎夷；佛道备，则诸法总持，而防在魔外。"《涅槃》圆教，和会诸法，唯简别魔说及外道邪宗耳。不当复执情攘臂于其

---

① "了达"，东寺本、碛砂本、大正本作"达了"。

间也。师又著《圆觉》大小二疏钞、《法界观门》、《原人》等论，皆裴休为之序引，盛行于世。

师会昌元年正月六日，于兴福塔院坐灭。二十二日，道俗等奉全身于圭峰。二月十三日，荼毗得舍利，明白润大。后门人泣而求之，皆得于煨烬，乃藏之石室。寿六十有二，腊三十四。遗诫令舁尸施鸟兽，焚其骨而散之，勿得悲慕以乱禅观。每清明上山，必讲道七日，其余住持仪则，当合律科，违者非吾弟子。持服四众数千百人，哀泣喧野。暨宣宗再辟真教，追谥定慧禅师，塔曰青莲。

萧俛相公呈己见解，请禅师注释曰："荷泽云：'见清净体于诸三昧，八万四千诸波罗蜜门，皆于见上一时起用，名为慧眼。'右当真如相应之时①。善恶不思，空有不念。"万化寂灭，万法俱从思想缘念而生，皆是虚空，故云化也。既一念不生，则万法不起，故不待泯之，自然寂灭也。此时更无所见见②。照体独立，梦智亡阶。三昧、诸波罗蜜门，亦一时空寂，更无所得。散乱与三昧，此岸与彼岸，是相待对治之说。若知心无念，见性无生，则定乱真妄，一时空寂。故无所得也。不审此是见上一时起用否。然见性圆明，理绝相累，即绝相为妙用，住相为执情。于八万法门，一一皆尔。一法有为一尘，一法空为一用。故云：见清净体，则一时起用矣。望于此后示及，俛状。

答史山人十问。问答各是一本，今参而写之。一问："云何是道？何以修之？为复必须修成，为复不假功用？"答："无碍是道，觉妄是修。道虽本圆，妄起为累，妄念都尽，即是修成。"二问：

---

① "右"，丛刊本作"又"，南藏本、径山本作"若"。
② "见见"，东寺本、大正本作"见"。

"道若因修而成,即是造作,便同世间法,虚伪不实,成而复坏,何名出世?"答:"造作是结业,名虚伪世间;无作是修行,即真实出世。"三问:"其所修者,为顿为渐?渐则忘前失后,何以集合而成?顿则万行多方,岂得一时圆满?"答:"真理即悟而顿圆,妄情息之而渐尽。顿圆如初生孩子,一日而肢体已全;渐修如长养成人,多年而志气方立。"四问:"凡修心地之法,为当悟心即了,为当别有行门?若别有行门,何名南宗顿旨?若悟即同诸佛,何不发神通光明?"答:"识冰池而全水,籍阳气而镕消;悟凡夫而即真,资法力而修习。冰消则水流润,方呈溉涤之功;妄尽则心灵通,始发通光之应。修心之外,无别行门。"五问:"若但修心而得佛者,何故诸经复说:必须庄严佛土,教化众生,方名成道?"答:"镜明而影像千差,心净而神通万应。影像类庄严佛国,神通则教化众生。庄严而即非庄严,影像而亦色非色。"六问:"诸经皆说度脱众生,且众生即非众生①,何故更劳度脱?"答:"众生若是实,度之则为劳。既自云'即非众生',何不例度而无度?"七问:"诸经说佛常住,或即说佛灭度。常即不灭,灭即非常,岂不相违?"答:"离一切相,即名诸佛,何有出世入灭之实乎?见出没者,在乎机缘。机缘应,则菩提树下而出现;机缘尽,则娑罗林间而涅槃。其犹净水无心,无像不现。像非我有,盖外质之去来;相非佛身,岂如来之出没?"八问:"云何佛化所生?吾如彼生佛既无生,生是何义?若言心生法生,心灭法灭,何以得无生法忍邪?"答:"既云如化,化即是空。空即无

---

① "且众生即非众生",东寺本、碛砂本作"众生且即非众生"。

生，何诘生义？生灭灭已，寂灭为真。忍可此法无生，名曰无生法忍。"九问："诸佛成道说法，只为度脱众生。众生既有六道，佛何但住在人中现化？又佛灭后付法于迦叶，以心传心，乃至此方七祖，每代只传一人。既云于一切众生皆得一子之地，何以传授不普？"答："日月丽天，六合俱照，而盲者不见，盆下不知。非日月不普，是障隔之咎也。度与不度，义类如斯。非局人天，拣于鬼畜，但人道能结集传授不绝，故只知佛现人中也。灭度后委付迦叶，展转相承一人者，此亦盖论当代为宗教主，如土无二王，非得度者唯尔数也。"十问："和尚因何发心？慕何法而出家？今如何修行？得何法味？所行得至何处地位？今住心邪，修心邪？若住心妨修心，若修心则动念不安，云何名为学道？若安心一定，则何异定性之徒？伏愿大德运大慈悲，如理如如，次第为说。"答："觉四大如坏幻，达六尘如空华，悟自心为佛心，见本性为法性，是发心也。知心无住，即是修行。无住而知，即为法味。住著于法，斯为动念，故如人入暗，则无所见；今无所住，不染不著，故如人有目，及日光明，见种种法。岂为定性之徒？既无所住著，何论处所？"

又山南温造尚书问："悟理息妄之人不结业，一期寿终之后，灵性何依者？"答："一切众生，无不具有觉性，灵明空寂，与佛无殊。但以无始劫来，未曾了悟，妄执身为我相，故生爱恶等情。随情造业，随业受报，生老病死，长劫轮回。然身中觉性未曾生死，如梦被驱役，而身本安闲；如水作冰，而湿性不易。若能悟此性即是法身，本自无生，何有依托？灵灵不昧，了了常知。无所从来，亦无所去。然多生妄执，习以性成①，喜怒哀乐，微细流注。真理虽然顿达，此情难以卒除。须长觉察，损之又损，如风顿止，波浪渐停，岂可一生所修，便同诸佛力用？但可以空寂为自体，勿认色身；以灵知为自心，勿认妄念。妄念若起，都不随之，即临命终时，自然业不能系。虽有中阴，所向自由，天上人间，随意寄托。若爱恶之念已泯，即不受分段之身，自能易短为长，易粗为妙。若微细流注，一切寂灭，唯圆觉大智，朗然独存。即随机应现千百亿身，度有缘众生，名之为佛。谨对。"

释曰："马鸣菩萨撮略百本大乘经宗旨，以造《大乘起信论》。"论中立宗，说一切众生心有觉义、不觉义。觉中复有本觉义、始觉义。上所述者，虽但约照理观心处言之②，而法义亦同。彼《论》谓从初至"与佛无殊"，是本觉也；从"但以无始"下③，是不觉也；从"若能悟此"下，是始觉也。始觉中复有顿悟渐修，从此次至"亦无所去"，是顿悟也；从"然多生妄执"下，是渐修也。渐修中，从初发心乃至成佛，有三位自在。从此至"随意寄托"者，是受生自在也；从"若爱恶之念"下，是变易自在；从"若微细流注"下至末，是究竟自在也。又从"但可以空寂为自体"至"自然业不能系"，正是悟理之人朝暮行心、修习止观之要节也。

宗密先有八句之偈，显示此意，曾于尚书处诵之，奉命解

---

① "习以性成"，东寺本、碛砂本、径山本作"习性以成"。
② "虽但约"，东寺本、碛砂本、径山本作"虽约但"。
③ "下"，大正本误作"事"。

释，今谨注释如后。偈曰："作有义事，是惺悟心。"义谓义理，非谓仁义、恩义意。明凡所作为，先详利害，须有所以当于道理，然后行之，方免同惛醉颠狂之人也。就佛法中有三种义即可为之：一资益色身之事，谓衣食、医药、房舍等世间义也。二资益法身，谓戒、定、慧、六波罗蜜等第一义也。三弘正法，利济群生也，乃至为法诸余缘事，通世、出世也。作无义事，是狂乱心。谓凡所作为，若不缘上三般事，即名无义也，是狂乱者。且如世间醉人、狂人，所往不拣处所，所作不量是非。今既不择有何义利，但纵信妄念①，要为即为，故如狂也。上四句述业因也，下四句述受果报云。狂乱随情念，临终被业牵。既随妄念，欲作即作，不以悟理之智，拣择是非，犹如狂人。故临终时，于业道被业所引，受当来报。故《涅槃经》云："无明郎主，贪爱魔王，役使身心，策如僮仆。"惺悟不由情，临终能转业。情中欲作，而察理不应，即须便止；情中不欲作，而照理相应，即须便作。但由是非之理，不由爱恶之情，即临命终时，业不能系，随意自在，天上人间也。通而言之。但朝暮之间所作，被情尘所牵，即临终被业所牵而受生；若所作为由于觉智，不由情尘，即临终由我，自在而受生，不由业也。当知欲验临终受生自在不自在，但验寻常行心于尘境自由不自由。

---

① "纵信"，东寺本、碛砂本作"纵性"，大正本作"纵情"。

景德传灯录卷第十四

吉州清原山行思禅师法嗣
第一世一人见录
 南岳石头希迁大师
第二世二十一人
南岳石头希迁大师法嗣二十一人—十三人见录
  荆州天皇寺道悟禅师
  京兆尸利禅师
  邓州丹霞天然禅师
  潭州招提慧朗禅师
  长沙兴国寺振朗禅师
  澧州药山惟俨禅师
  潭州大川和尚
  汾州石楼和尚
  凤翔法门寺佛陀和尚
  潭州华林和尚
  潮州大颠和尚
  潭州长髭旷禅师

水空和尚

宝通禅师、海陵大辩禅师、渚泾和尚、衡州道诜和尚①、汉州常清禅师、福州碎石和尚、商州商岭和尚、常州义兴和尚　已上八人无机缘语句，不录

第三世二十三人

荆州天皇道悟禅师法嗣一人见录

澧州龙潭崇信禅师

邓州丹霞山天然禅师法嗣七人五人见录

京兆翠微无学禅师

丹霞山义安禅师

吉州性空禅师

本童和尚

米仓和尚

扬州六合大隐禅师、丹霞山慧勤禅师　已上二人无机缘语句，不录

药山惟俨和尚法嗣十人六人见录

潭州道吾山圆智禅师

潭州云岩昙晟禅师

华亭船子德诚禅师

宣州椑树慧省禅师

药山高沙弥

鄂州百颜明哲禅师

---

① "和尚"，丛刊本、大正本作"禅师"。

郢州泾源山光虑禅师①、药山夔禅师、宣州落霞和尚、朗州刺史李翱　已上四人无机缘语句，不录

潭州长髭旷禅师法嗣一人见录

　　潭州石室善道和尚

潮州大颠和尚法嗣二人—人见录

　　漳州三平义忠禅师

　　　　吉州薯山和尚　一人无机缘语句，不录

潭州大川和尚法嗣二人见录

　　仙天和尚

　　福州普光和尚

行思禅师第一世

石头希迁大师，端州高要人也，姓陈氏。母初怀妊，不喜荤茹。师虽在孩提，不烦保母。既冠，然诺自许。乡洞獠民畏鬼神，多淫祀，杀牛酾酒，习以为常。师辄往，毁丛祠，夺牛而归，岁盈数十，乡老不能禁。后直造曹溪，六祖大师度为弟子。未具戒，属祖师圆寂，禀遗命谒于庐陵清原山思禅师，乃摄衣从之。缘会语句，如"思禅师章"叙之。一日，思问师曰："有人道岭南有消息。"师曰："有人不云云。"曰："若恁么，大藏、小藏从何而来？"师曰："尽从这里去，终不少他事。"思甚然之。

师于唐天宝初，荐之衡山南寺。寺之东有石状如台，乃结庵

---

① "源"，碛砂本、径山本作"原"。

其上，时号"石头和尚"。师一日上堂曰："吾之法门，先佛传受①，不论禅定精进，唯达佛之知见。即心即佛，心佛众生，菩提烦恼，名异体一。汝等当知：自己心灵，体离断常，性非垢净，湛然圆满，凡圣齐同。应用无方，离心意识。三界六道，唯自心现；水月镜像，岂有生灭？汝能知之，无所不备。"时门人道悟问："曹溪意旨谁人得？"师曰："会佛法人得。"曰："师还得否？"师曰："我不会佛法。"僧问："如何是解脱？"师曰："谁缚汝？"又问："如何是净土？"师曰："谁垢汝？"问："如何是涅槃？"师曰："谁将生死与汝？"

师问新到僧："从什么处来？"僧曰："江西来。"师曰："见马大师否？"僧曰："见。"师乃指一橛柴曰："马师何似这个？"僧无对。却回举似马大师，马曰："汝见橛柴大小？"僧曰："勿量大。"马曰："汝甚有力。"僧曰："何也？"马曰："汝从南岳负一橛柴来，岂不是有力。"②问："如何是西来意？"师曰："问取露柱。"曰："学人不会。"师曰："我更不会。"大颠问师："古人云：'道有道无是二谤。'请师除。"师曰："一物亦无，除个什么？"师却问："并却咽喉唇吻道将来。"颠曰："无这个。"师曰："若恁么，即汝得入门。"道悟问："如何是佛法大意？"师曰："不得不知。"悟曰："向上更有转处也无？"师曰："长空不碍白云飞。"问："如何是禅？"师曰："碌砖。"又问："如何是道？"师曰："木头。"自余门属领旨，所有问答，各于本章出焉。

师著《参同契》一篇，辞旨幽濬，颇有注解大行于世。南

---

① "受"，大正本作"授"。
② 此节注文，大正本作正文。

岳鬼神，多显迹听法，师皆与受戒①。广德二年，门人请下于梁端，广阐玄化。江西主大寂，湖南主石头，往来憧憧，并凑二大士之门矣。贞元六年庚午十二月二十五日顺世，寿九十一，腊六十三。门人建塔于东岭。长庆中谥无际大师，塔曰见相。

行思禅师第二世
前石头希迁法嗣②

荆州天皇道悟禅师，婺州东阳人也，姓张氏。神仪挺异，幼而生知，长而神俊。年十四，恳求出家，父母不听。遂誓志损减饮膳，日才一食，形体羸悴，父母不得已而许之。依明州大德披削，二十五，杭州竹林寺具戒。精修梵行，推为勇猛。或风雨昏夜，宴坐丘冢，身心安静，离诸怖畏。一日，游余杭，首谒径山国一禅师受心法，服勤五载。唐大历中，抵钟陵造马大师，重印前解，法无异说，复住二夏。乃谒石头迁大师，而致问曰："离却定慧，以何法示人？"石头曰："我这里无奴婢，离个什么？"曰："如何明得？"石头曰："汝还撮得空么？"曰："恁么即不从今日去也。"石头曰："未审汝早晚从那边来？"曰："道悟不是那边人。"石头曰："我早知汝来处。"曰："师何以赃诬于人？"石头曰："汝身见在。"曰："虽如是，毕竟如何示于后人？"石头曰："汝道阿谁是后人？"师从此顿悟，于前二哲匠言下有所得心，馨殚其迹。

---

① "受"，大正本作"授"。
② "前"，南藏本、径山本作"南岳"。

后卜于荆州当阳柴紫山①，五百罗汉翱翔之地也。学徒依附，驾肩接迹，都人士女，向风而至。时崇业寺上首以状闻于连帅，迎入城。郡之左有天皇寺②，乃名蓝也，因火而废。主寺僧灵鉴将谋修复，乃曰："苟得悟禅师为化主，必能福我。"乃中宵潜往哀请，肩舁而至③，遂居天皇。时江陵尹右仆射裴公稽首问法，致礼勤至。师素不迎送，客无贵贱，皆坐而揖之，裴公愈加归向。由是石头法道，盛于此席。僧问："如何是玄妙之说？"师曰："莫道我解佛法。"僧曰："争奈学人疑滞何？"师曰："何不问老僧？"僧曰："问了也。"师曰："去，不是汝存泊处。"

　　师元和丁亥四月示疾，命弟子先期告终。至晦日，大众问疾，师蓦召典座，典座近前，师曰："会么？"对曰："不会。"师乃拈枕子抛于地上，即便告寂。寿六十，腊三十五。以其年八月

---

① "卜"，碛砂本、径山本作"至"。
② "城。郡"，大正本作"郡。城"。
③ "舁"，大正本作"舆"。

五日塔于郡东①。

京兆尸利禅师。初问石头："如何是学人本分事？"石头曰："汝何从吾觅？"曰："不从师觅，如何即得？"石头曰："汝还曾

---

① 此下，大正本注："寂音尊者曰：荆州天王寺道悟禅师，如《景德传灯录》所载，则曰：道悟得法于石头，所居寺曰'天皇'，婺州东阳人，姓张氏。年十四出家，依明州大德披剃。年二十五，杭州竹林寺受具。首谒径山国一禅师，服勤五年。大历中，抵钟陵谒马大师，经二夏，乃造石头。元和丁亥四月示疾，寿六十，腊三十五。及观达观颖禅师所集《五家宗派》则曰：道悟嗣马祖。引唐丘玄素所撰碑文几千言，其略曰：师号道悟，渚宫人，姓崔氏，即子玉后胤也。年十五，于长沙寺礼昙翥律师出家。二十三，诣嵩山律德得尸罗。谒石头，扣寂二年，无所契悟。乃入长安亲忠国师。三十四，与侍者应真南还，谒马大师，大悟于言下。祝曰：他日莫离旧处，故复还渚宫。元和十三年戊戌岁四月初示疾，十三日归寂，寿八十二，腊六十三。考其传，正如两人然。玄素所载曰：有传法一人崇信，住澧州龙潭。《南岳让禅师碑》，唐闻人归登撰，列法孙数人于后，有道悟名。圭峰《答裴相国宗趣状》，列马祖之嗣六人，首曰江陵道悟。其下注曰：兼禀径山。今妄以云门、临济二宗竞者，可发一笑。出《林间录》○觉梦堂《重校五家宗派序》云：景德间，吴僧道原集《传灯录》三十卷，自曹溪下列为两派：一曰南岳让，让出马大师。一曰清原思，思出石头迁。自两派下又分五宗：马大师出八十四员善知识，内有百丈海。海出黄檗运、大沩祐二人。运下出临济玄，故号临济宗；祐下出仰山寂，故号沩仰宗。八十四人内又有天王悟，悟得龙潭信，信得德山鉴，鉴得雪峰存。存下出云门偃，号云门宗。次玄沙备，备出地藏琛，琛出清凉益，号法眼宗。次石头迁出药山俨、天皇悟二人。悟下得慧真，真得幽闲，闲得文贲，三世便绝。唯药山得云严晟，晟得洞山价，价得曹山章（冯按当作寂），是为曹洞宗。今《传灯》却收云门、法眼两宗，归石头下，误矣。缘同时道悟有两人，一曰江陵城西天王寺道悟者，渚宫人也，崔子玉之后，嗣马祖。元和十三年四月十三日化。正议大夫丘玄素撰塔铭，文几千言。其略云：马祖祝曰：他日莫离旧处。故复还渚宫。一曰江陵城东天皇寺道悟者，婺州东阳人也，姓张氏，嗣石头。元和二年丁亥化。叶律郎符载撰塔铭。二碑所载生缘出处甚详，但缘道原采集《传灯》之日，非非一一亲往讨寻（冯按：疑衍一非），不过宛转托人捃拾，而得其误，可知也。自景德至今，天下四海以《传灯》为据。虽列刹据位立宗者，不能略加究办。惟丞相无尽居士张公，及吕夏卿二君子，每会议宗门中事。尝曰：石头得药山，药山得曹洞一宗，教理行果，言说宛转。且天皇道悟下出个周金刚，呵风骂雨，虽佛祖不敢婴其锋。恐自天皇处，或有差误。寂音尊者亦尝疑之云：道悟似有两人。无尽居士后于达观颖禅师处，得唐符载所撰《天皇道悟塔记》，又讨得丘玄素所作《天王道悟塔记》，赍以遍示诸方曰：吾尝疑：德山、洞山同出石头下，因甚垂手处作用，杀活不同。今以丘、符二《记》证之，朗然明白，方信吾择法验人之不谬耳。寂音曰：圭峰《答裴相国宗趣状》，列马祖之嗣六人，首曰江陵道悟。其下注曰：兼禀径山。今妄以云门、临济二宗竞者，可发一笑。略书梗概以传明达者，庶知五家之正派如是而已。"

失却么?"师乃契会厥旨。

邓州丹霞天然禅师，不知何许人也。初习儒学，将入长安应举。方宿于逆旅，忽梦白光满室，占者曰："解空之祥也。"偶一禅客，问曰："仁者何往?"曰："选官去。"禅客曰："选官何如选佛?"曰："选佛当往何所?"禅客曰："今江西马大师出世，是选佛之场，仁者可往。"遂直造江西，才见马大师，以手托幞头额。马顾视良久，曰："南岳石头是汝师也。"遽抵南岳，还以前意投之。石头曰："著槽厂去。"师礼谢，入行者房。随次执爨役，凡三年。忽一日，石头告众曰："来日划佛殿前草。"至来日，大众、诸童行各备锹钁划草。独师以盆盛水净头，于和尚前胡跪。石头见而笑之，便与剃发。又为说戒法，师乃掩耳而出。便往江西，再谒马师。未参礼，便入僧堂内，骑圣僧颈而坐。时大众惊愕，遽报马师。马躬入堂视之曰："我子天然。"师即下地礼拜曰："谢师赐法号。"因名"天然"。马师问："从什么处来?"师云："石头。"马云："石头路滑，还跶倒汝么?"师曰："若跶倒即不来。"乃杖锡观方，居天台华顶峰三年，往余杭径山礼国一禅师。

唐元和中，至洛京龙门香山，与伏牛和尚为莫逆之友。后于慧林寺，遇天大寒，师取木佛焚之。人或讥之，师曰："吾烧取舍利。"人曰："木头何有?"师曰："若尔者，何责我乎?"师一日谒忠国师，先问侍者："国师在否?"曰："在即在，不见客。"师曰："太深远生。"曰："佛眼亦觑不见。"师曰："龙生龙子，凤生凤儿。"国师睡起，侍者以告，国师乃鞭侍者二十棒遣出。

后丹霞闻之，乃云："不谬为南阳国师。"至明日，却往礼拜。见国师，便展坐具，国师云："不用，不用。"师退步。国师云："如是，如是。"师却进前。国师云："不是，不是。"师绕国师一匝便出。国师云："去圣时遥，人多懈怠，三十年后觅此汉也还难得。"师访庞居士，见女子取菜次。师云："居士在否？"女子放下篮子，敛手而立。师又云："居士在否？"女子便提篮子去。

元和三年，师于天津桥横卧，会留守郑公出，呵之不起。吏问其故，师徐而对曰①："无事僧。"留守异之，奉束素及衣两袭，日给米面，洛下翕然归信。至十五年春，告门人言："吾思林泉终老之所。"时门人令齐、静方卜南阳丹霞山，结庵以奉事。三年间，玄学者至盈三百众，构成大院。师上堂曰："阿你浑家，切须保护，一灵之物，不是你造作名邈得②，更说什么荐与不荐？吾往日见石头和尚，亦只教切须自保护。此事不是你谭话得。阿你浑家，各有一坐具地，更疑什么？禅可是你解底物？岂有佛可成？佛之一字，永不喜闻。阿你自看，善巧方便，慈悲喜舍，不从外得，不著方寸。善巧是文殊，方便是普贤，你更拟趁逐什么物？不用经求，落空去。今时学者纷纷扰扰，皆是参禅问道。吾此间无道可修，无法可证，一饮一啄，各自有分，不用疑虑。在在处处，有恁么底。若识得，释迦即老凡夫是③。阿你须自看取，莫一盲引众盲，相将入火坑。夜里暗双陆，赛彩若为生？无事，珍重。"

① "而对"，丛刊本、大正本无。
② "邈"，大正本作"貌"。
③ "老"，径山本作"者"，大正本作"这"。

有僧到参，于山下见师，乃问："丹霞山向什么处去？"师指山曰："青黯黯处。"① 僧曰："莫只这个便是么？"师曰："真师子儿，一拨便转。"师问僧："什么处宿？"云："山下宿。"师曰："什么处吃饭？"曰："山下吃饭。"师曰："将饭与阇梨吃底人，还具眼也无？"僧无对。长庆举问保福："将饭与人吃，感恩有分，为什么不具眼？"保福云："施者受者，二俱瞎汉。"长庆云："尽其机来又作么生？"保福云："道某甲瞎得么？"玄觉征云："且道长庆明丹霞意，为复自用家财？"师以长庆四年六月二十三日告门人曰："备汤沐，吾欲行矣。"乃戴笠策杖授履②，垂一足，未及地而化，寿八十六。门人斫石为塔。敕谥智通禅师，塔号妙觉。

潭州招提慧朗禅师，始兴曲江人也，姓欧阳氏。年十三，依邓林寺模禅师披剃。十七游南岳，二十于岳寺受具。往虔州龚公山谒大寂，大寂问曰："汝来何求？"师曰："求佛知见。"曰："佛无知见，知见乃魔界。汝从南岳来，似未见石头曹溪心要尔，汝应却归。"师承命回岳，造于石头。问："如何是佛？"石头曰："汝无佛性。"曰："蠢动含灵又作么生？"石头曰："蠢动含灵却有佛性。"曰："慧朗为什么却无？"石头曰："为汝不肯承当。"师于言下信入。后住梁端招提寺，不出户三十余年。凡参学者至，皆曰："去，去，汝无佛性。"其接机大约如此。时谓"大朗禅师"。

---

① "处"，丛刊本、大正本作"地"。
② "授"，大正本作"受"。

长沙兴国寺振朗禅师，初参石头，问："如何是祖师西来意？"石头曰："问取露柱。"曰："振朗不会。"石头曰："我更不会。"师俄然省悟。住后，有僧来参，师乃召曰："上座。"僧应诺，师曰："孤负去也。"曰："师何不鉴？"师乃拭目而视之，僧无语。时谓"小朗禅师"。

澧州药山惟俨禅师，绛州人，姓韩氏。年十七，依潮阳西山慧照禅师出家。唐大历八年，纳戒于衡岳希操律师。乃曰："大丈夫当离法自净，岂能屑屑事细行于布巾耶？"即谒石头，密领玄旨。一日师坐次，石头睹之，问曰："汝在这里作么？"曰："一切不为。"石头曰："恁么即闲坐也。"曰："若闲坐即为也。"石头曰："汝道不为，且不为个什么？"①曰："千圣亦不识。"石头以偈赞曰："从来共住不知名，任运相将只么行。自古上贤犹不识，造次凡流岂可明？"石头有时垂语曰："言语动用勿交涉。"师曰："不言语动用，亦勿交涉。"石头曰："这里针札不入。"师曰："这里如石上栽华。"石头然之。

师后居澧州药山，海众云会。广语见别卷。一日，师看经次，柏岩曰："和尚休猱人得也。"师卷却经曰："日头早晚？"曰："正当午。"师曰："犹有这个文彩在。"曰："某甲无亦无。"师曰："汝大杀聪明。"曰："某甲只恁么，和尚尊意如何？"师曰："我跛跛挈挈，百丑千拙，且恁么过。"师与道吾说："茗溪上世为节察来。"吾曰："和尚上世曾为什么？"师曰："我痿痿羸羸，

---

① "汝道不为，且不为个什么"，丛刊本作"汝道不为个什么"。

且怎么过时。"吾曰:"凭何如此?"师曰:"我不曾展他书卷。"石霜别云:"书卷不曾展。"院主报:"打钟也,请和尚上堂。"师曰:"汝与我擎钵盂去。"曰:"和尚无手来多少时?"师曰:"汝只是枉披袈裟。"曰:"某甲只怎么,和尚如何?"师曰:"我无这个眷属。"

师见园头栽菜次,师曰:"栽即不障汝栽,莫教根生。"曰:"既不教根生,大众吃什么?"师曰:"汝还有口么?"僧无对。僧问:"如何不被诸境惑?"师曰:"听他何碍汝?"曰:"不会。"师曰:"何境惑汝?"僧问:"如何是道中至宝?"师曰:"莫谄曲。"曰:"不谄曲时如何?"师曰:"倾国不换。"有僧再来依附,师问:"阿谁?"曰:"常坦。"师呵曰:"前也是常坦,后也是常坦。"一日,院主请师上堂。大众才集,师良久,便归方丈,闭却门①。院主逐后曰:"和尚许某甲上堂,为什么却归方丈?"师曰:"院主,经有经师,论有论师,律有律师。又争怪得老僧?"师问云岩:"作什么?"岩曰:"担屎。"师曰:"那个底?"②岩曰:"在。"师曰:"汝来去为谁?"曰:"替他东西。"师曰:"何不教并行?"曰:"和尚莫谤他。"师曰:"不合恁么道。"曰:"如何道?"师曰:"还曾担么?"

师坐次,有僧问:"兀兀地思量什么?"师曰:"思量个不思量底。"曰:"不思量底如何思量?"师曰:"非思量。"僧问:"学人拟归乡时如何?"师曰:"汝父母遍身红烂,卧在荆棘林中,汝归何所?"僧曰:"恁么即不归去也。"师曰:"汝却须归去。汝

---

① "却",丛刊本、大正本无。
② "底",大正本作"聻"。

若归乡,我示汝个休粮方。"僧曰:"便请。"师曰:"二时上堂,不得咬破一粒米。"僧问:"如何是涅槃?"师曰:"汝未开口时唤作什么?"师见遵布衲洗佛,乃问:"这个从汝洗,还洗得那个么?"遵曰:"把将那个来。"师乃休。长庆云:"邪法难扶。"玄觉云:"且道长庆恁么道,在宾在主?众中唤作洗佛语,亦云兼带语。且道尽善不尽善?"僧问曰:"学人有疑请师决。"师曰:"待上堂时来,与阇梨决疑。"至晚间上堂,大众集定。师曰:"今日请决疑上座在什么处?"其僧出众而立,师下禅床把却曰:"大众,这僧有疑。"便托开归方丈。玄觉云:"且道与伊决疑否?若决疑,什么处是决疑?若不与决疑,又道待上堂时与汝决疑。"

师问饭头:"汝在此多少时也?"曰:"三年。"师曰:"我总不识汝。"饭头罔测,发愤而去。僧问:"身命急处如何?"师曰:"莫种杂种。"曰:"将何供养?"师曰:"无物者。"师令供养主钞化,甘行者问:"什么处来?"僧曰:"药山来。"甘曰:"来怎么?"僧云:"教化。"甘云:"还将得药来么?"① 僧曰:"行者有什么病?"甘便舍银两铤曰:"若有人即却送来②,无人即休。"师怪僧归太急,僧曰:"问佛法相当,得两铤银。"师令举其语,举已,师令僧速还行者家③。行者见僧回,云:"犹来。"遂添银施之。同安代云:"早知行者恁么问,终不道药山来。"师问僧:"见说汝解算虚实?"曰:"不敢。"师曰:"汝试算老僧看。"僧无对。云岩后来举问洞山:"汝作么生?"洞山云:"请和尚生日。"师书佛字问道吾:"是什么字?"吾云:"佛字。"师云:"多口阿师。"僧问:"己事

---

① "还",丛刊本、大正本无。
② "若有人即却送来",丛刊本作"有人即却送来",大正本作"有人即送来"。
③ "还",丛刊本、大正本作"送还"。

未明，乞和尚指示。"师良久曰："吾今为汝道一句亦不难，只宜汝于言下便见去，犹较些子。若更入思量，却成吾罪过。不如且各合口，免相累及。"

大众夜参，不点灯，师垂语曰："我有一句子，待特牛生儿，即向汝道。"时有僧曰："特牛生儿也，何以不道？"师云："侍者，把灯来。"① 其僧抽身入众②。云岩后举似洞山，洞山云："其僧却会③，只是不肯礼拜。"僧问："达磨未来时，此土还有祖师意也无？"④ 师曰："有。"僧曰："既有祖师意，又来作什么？"师曰："只为有，所以来。"师看经，有僧问："和尚寻常不许人看经，为什么却自看？"师曰："我只图遮眼。"曰："某甲学和尚，还得也无？"师曰："若是汝，牛皮也须看透。"长庆云："眼有何过？"玄觉云："且道长庆会药山意，不会药山意？"

朗州刺史李翱，向师玄化，屡请不起，乃躬入山谒之。师执经卷不顾，侍者白曰："太守在此。"翱性褊急，乃言曰："见面不如闻名。"师呼太守，翱应诺。师曰："何得贵耳贱目。"翱拱手谢之。问曰："如何是道？"师以手指上下曰："会么？"翱曰："不会。"师曰："云在天，水在瓶。"翱乃欣惬作礼，而述一偈曰："练得身形似鹤形，千株松下两函经。我来问道无余说，云在青天水在瓶。"玄觉云："且道李太守是赞他语，明他语？须是行脚眼始得⑤。"翱又问："如何是戒定慧？"师曰："贫道这里无此闲家

---

① "侍者，把灯来"，丛刊本作"把灯来把灯来"，大正本作"把灯来"。
② "抽身"，丛刊本作"退"，大正本作"抽退"。
③ "其"，丛刊本、碛砂本、大正本作"遮"。
④ 此句，丛刊本、大正本作"祖师未到此土，此土还有祖师意否"。
⑤ "是"，大正本作"具"。

具。"翱莫测玄旨。师曰:"太守欲得保任此事,直须向高高山顶坐,深深海底行。闺阁中物舍不得,便为渗漏。"师一夜登山经行,忽云开见月,大笑一声,应澧阳东九十许里,居民尽谓东家。明晨,迭相推问,直至药山。徒众云:"昨夜和尚山顶大笑。"李翱再赠诗曰:"选得幽居惬野情,终年无送亦无迎。有时直上孤峰顶,月下披云笑一声。"

师大和八年二月临顺世,叫云:"法堂倒,法堂倒。"众皆持柱撑之,师举手云:"子不会我意。"乃告寂。寿八十有四,腊六十。入室弟子冲虚建塔于院东隅,敕谥弘道大师,塔曰化城。

潭州大川和尚,亦名大湖。有江陵僧新到,礼拜了,在一边立。师曰:"几时发江陵?"僧拈起坐具。师曰:"谢子远来,下去。"僧便出。师曰:"若不恁么,争知眼自端的?"僧拊掌曰①:"苦杀人,几错判诸方老宿。"师肯之。僧举似丹霞,霞曰:"于大川法道即得,于我这里即不然。"僧曰:"未审此间怎么生?"霞曰:"犹较大川三步。"其僧礼拜,霞曰:"错判诸方底甚多,甚多。"② 洞山闻之曰:"不是丹霞,难分玉石。"

汾州石楼和尚,师上堂,有僧出问曰:"未识本生师③,乞师方便指。"曰:"石楼无耳朵。"僧曰:"某甲自知非。"师曰:"老僧还有过么?"④ 僧曰:"和尚过在什么处?"曰:"过在汝非

---

① "拊",径山本作"抚"。
② "甚多",丛刊本、大正本无。
③ "师",原脱,据丛刊本补。大正本作"未识本来生"。
④ "么",丛刊本、大正本无。

处。"僧礼拜,师乃打之。师问僧:"近离什么处?"① 曰:"汉国。"师曰:"汉国主人还重佛法么?"② 曰:"赖遇问著某甲③,若问著别人即祸生。"④ 师云:"作么生?"⑤ 僧云:"人尚不见⑥,有何佛法可重?"师曰:"汝受戒得多少夏?"⑦ 僧曰:"三十夏。"师曰:"大好不见有人。"便打之。

凤翔府法门寺佛陀和尚,师常持一串数珠,念三种名号曰:"一释迦,二元和,三佛陀。自余是什么碗跶丘。"一个过,终而复始,事迹异常,时人不可测。

潭州华林和尚,僧到参,方展坐具。师曰:"缓,缓。"僧曰:"和尚见什么?"师曰:"可惜许磕破钟楼。"其僧大悟。

潮州大颠和尚,初参石头。石头问师曰:"那个是汝心?"师曰:"言语者是。"便被石头喝出⑧。经旬日,师却问曰:"前者既不是,除此外何者是心?"石头曰:"除却扬眉动目将心来。"师曰:"无心可将来。"石头曰:"元来有心,何言无心?无心尽同谤。"师言下大悟。异日侍立次,石头问曰:"汝是参禅僧,是

---

① "近离什么处",大正本作"发足何处"。
② "主人",大正本作"天子"。
③ "赖"前,南藏本、大正本有"苦哉苦哉"。
④ "若",大正本无。"即",大正本作"则"。
⑤ "作么生",大正本作"作什么呒"。
⑥ "师云作么生僧云人尚不见",丛刊本作"尚不见人更"。
⑦ "汝",大正本作"阇梨"。"得",大正本作"来"。
⑧ "石头",丛刊本、大正本无。

州县白踏僧?"师曰:"是参禅僧。"石头曰:"何者是禅?"师曰:"扬眉动目。"石头曰:"除却扬眉动目外,将你本来面目呈看。"师曰:"请和尚除扬眉动目外鉴某甲。"石头曰:"我除竟。"师曰:"将呈和尚了也。"石头曰:"汝既将呈,我心如何?"师曰:"不异和尚。"石头曰:"不关汝事。"师曰:"本无物。"石头曰:"汝亦无物。"师曰:"既无物,即真物。"石头曰:"真物不可得。汝心见量意旨如此,也大须护持。"

师后辞,往潮州灵山隐居,学者四集。师上堂示众曰:"夫学道人须识自家本心,将心相示,方可见道。多见时辈只认扬眉动目,一语一默,蓦头印可,以为心要。此实未了。吾今为汝诸人分明说出,各须听受。但除却一切妄运、想念、见量,即汝真心。此心与尘境及守认静默时,全无交涉。即心是佛,不待修治。何以故?应机随照,泠泠自用,穷其用处,了不可得,唤作妙用,乃是本心。大须护持,不可容易。"僧问:"其中人相见时如何?"师曰:"早不其中也。"僧曰:"其中者如何?"师曰:"不作个问。"问:"苦海波深,以何为船筏?"师曰:"以木为船筏。"曰:"恁么即得渡也。"① 师曰:"盲者依前盲,哑者依前哑。"

潭州攸县长髭旷禅师,初往曹溪礼祖塔,回参石头。石头问:"什么处来?"曰:"岭南来。"石头曰:"岭头一尊,功德成就也未?"师曰:"成就久矣,只欠点眼在。"石头曰:"莫要点眼

---

① "渡",丛刊本、大正本作"度"。

么?"师曰:"便请。"石头乃翘一足,师礼拜。石头曰:"汝见什么道理便礼拜?"师曰:"据某甲所见,如洪炉上一点雪。"玄觉云:"且道长髭具眼祇对,不具眼祇对?若具眼,为什么请他点眼?若不具眼,又道成就久矣。且作么生商量?"法灯代云:"和尚可谓眼昏。"

水空和尚,师一日廊下逢见一僧,乃问:"时中事作么生?"僧良久,师曰:"只恁便得么?"僧曰:"头上更安头。"师便打之曰:"去,去,已后惑乱人家男女在。"

行思禅师第三世
荆州天皇道悟禅师法嗣

澧州龙潭崇信禅师,本渚宫卖饼家子也,未详姓氏,少而英异。初悟和尚为灵鉴潜请,居天皇寺,人莫测①。师家居于寺巷,常日以十饼馈之。悟受之,每食毕,常留一饼曰:"吾惠汝,以荫子孙。"师一日自念曰:"饼是我持去,何以返遗我耶?其别有旨乎?"遂造而问焉,悟曰:"是汝持来,复汝何咎?"师闻之,顿晓玄旨②,因投出家③。悟曰:"汝昔崇善④,今信吾言,可名崇信。"由是服勤左右。一日问曰:"某自到来,不蒙指示心要。"悟曰:"自汝到来,吾未尝不指示汝心要。"⑤师曰:"何处指示?"悟曰:"汝擎茶来,吾为汝接;汝行食来,吾为汝受;汝和

---

① "测"上,丛刊本、大正本有"之"。
② "顿",丛刊本、南藏本、大正本作"颇"。
③ "投",丛刊本、大正本作"请"。
④ "善"上,丛刊本、大正本有"福善"。
⑤ "示",丛刊本、大正本无。

南时，吾便低首。何处不指示心要？"师低头良久，悟曰："见则直下便见，拟思即差。"师当下开解。乃复问："如何保任？"悟曰："任性逍遥，随缘放旷，但尽凡心，无别胜解。"

师后诣澧阳龙潭栖止。僧问："髻中珠谁人得？"师曰："不赏玩者得。"僧曰："安著何处？"师曰："有处即道来。"① 尼众问："如何得为僧去？"师曰："作尼来多少时也？"尼曰："还有为僧时也无？"师曰："汝即今是什么？"尼曰："现是尼身，何得不识？"师曰："谁识汝？"李翱问："如何是真如般若？"师曰："我无真如般若。"翱曰："幸遇和尚。"师曰："此犹是分外之言。"德山问："久向龙潭，到来潭又不见，龙亦不现。"师曰："子亲到龙潭。"德山即休。玄觉云："且道德山肯龙潭，不肯龙潭？若肯龙潭，德山眼在什么处？若不肯，为什么承嗣他？"

邓州丹霞山天然禅师法嗣

京兆终南山翠微无学禅师，初问丹霞："如何是诸佛师？"丹霞咄曰："幸自可怜生，须要执巾寻作么？"师退三步。丹霞曰："错。"师却进前②。丹霞曰："错，错。"师翘一足，旋身一转而出。丹霞曰："得即得，辜他诸佛。"③ 师由是领旨。住翠微。

投子问："未审二祖初见达磨，当何所得？"师曰："汝今见吾，复何所得？"一日，师在法堂内行，投子进前接礼而问曰："西来密旨，和尚如何示人？"师驻步，少时又曰："乞师垂示。"

---

① 此句前，原本衍"师曰有处"四字，据丛刊本删。
② "却"，丛刊本、大正本作"即"。
③ "辜"，南藏本、径山本作"孤负"，丛刊本、大正本作"孤"。

师曰:"更要第二杓恶水作么?"投子礼谢而退。师曰:"莫垛却。"投子曰:"时至根苗自生。"师因供养罗汉,有僧问曰:"丹霞烧木佛,和尚为什么供养罗汉?"师曰:"烧也不烧著,供养亦一任供养。"又问:"供养罗汉,罗汉还来也无?"师曰:"汝每日还吃么?"僧无语。师曰:"少有灵利底。"

丹霞山义安禅师,第二世住。僧问:"如何是佛?"师曰:"如何是上座?"曰:"恁么即无异去也。"师曰:"向汝道。"

吉州性空禅师,有一僧来参,师乃展手示之。僧近前却退,师曰:"父母俱丧,略不惨颜。"僧呵呵大笑。师曰:"少间与阇梨举哀。"其僧打筋斗而出,师曰:"苍天,苍天。"

本童和尚,因门僧写师真呈师,师曰:"此若是我,更呈阿谁?"僧曰:"岂可分外?"师曰:"若不分外,汝却收取这个。"僧便拟收,师打云:"正是分外强为。"僧曰:"若怎么,即须呈于师。"师曰:"收取,收取。"

米仓和尚,有僧新到参,绕师三匝,敲禅床曰:"不见主人翁,终不下参众。"师曰:"什么处情识去来?"僧曰:"果然不在。"师打一拄杖。僧曰:"几落情识,呵呵!"师曰:"村草步头逢著一个,有什么话处?"僧曰:"且参众去。"

前药山惟俨禅师法嗣

潭州道吾山圆智禅师，豫章海昏人也，姓张氏。幼依槃和尚受教，登戒，预药山法会，密契心印。一日药山问："子去何处来？"曰："游山来。"药山曰："不离此室，速道将来。"曰："山上鸟儿白似雪，涧底游鱼忙不彻。"师与云岩侍立次，药山曰："智不到处，切忌道著，道著即头角生。智头陀怎么生？"师便出去。云岩问药山曰："智师兄为什么不祗对和尚？"药山曰："我今日背痛。是他却会，汝去问取。"云岩即来问师曰："师兄适来为什么不祗对和尚？"师曰："汝却去问取和尚。"僧问云居："切忌道著意怎么生？"云居云："此语最毒。"僧云："如何是最毒底语？"云居云："一棒打杀龙蛇。"云岩临迁化时，遣人送辞书到。师展书览之曰："云岩不知有，悔当时不向伊道。然虽如是，要且不违药山之子。"玄觉云："古人恁么道，还有也未？"又云："云岩当时不会，且道什么处是伊不会处？"

药山上堂云："我有一句子，未曾说向人。"师出云："相随来也。"僧问药山："一句子如何说？"药山曰："非言说。"师曰："早言说了也。"师卧次，椑树云："作甚么？"师云："盖覆。"椑云："卧是，坐是？"师云："不在两头。"椑云："争奈盖覆？"师云："莫乱道。"师见椑树坐次，师云："作甚么？"①椑云："和南。"师云："隔阔来多少时？"椑云："恰是。"乃拂袖出。师提笠子出，云岩云："作甚么？"师云："有用处。"② 岩

---

① "甚"，大正本作"什"。
② "有用处"，原作"有处"，据大正本改。

云:"风雨来怎么生?"师云:"盖覆著。"岩云:"他还受盖覆么?"师云:"虽然如此,且无遗漏。"

因沩山问云岩:"菩提以何为坐?"云岩曰:"以无为为坐。"云岩却问沩山,沩山曰:"以诸法空为坐。"沩山又问师:"怎么生?"师曰:"坐也听伊坐,卧也听伊卧。有一人不坐不卧,速道,速道。"沩山问师:"什么处去来?"师曰:"看病来。"曰:"有几人病?"师曰:"有病底,有不病底。"曰:"不病底莫是智头陀否?"师曰:"病与不病,总不干他事。急道,急道。"僧问:"万里无云,未是本来天,如何是本来天?"师曰:"今日好晒麦。"问:"无神通菩萨,为什么足迹难寻?"师曰:"同道方知。"曰:"和尚知否?"师曰:"不知。"曰:"为什么不知?"师曰:"汝不识我语。"云岩问:"师兄家风作么生?"师曰:"教汝指点著,堪作什么?"曰:"无这个来多少时也?"师曰:"牙根犹带生涩在。"又问:"如何是今时著力处?"师曰:"千人唤不回头,方有少分。"曰:"忽然火起时如何?"师曰:"能烧大地。"师问僧:"除却星及焰,阿那个是火?"僧曰:"不是火。"别一僧却问师:"还见火否?"师曰:"见。"曰:"见从何处起?"①师曰:"除却行住坐卧,更请一问。"

南泉示众云:"法身具四大否?有人道得,与他一腰裈。"②师云:"性地非空,空非性地,此是地大。四大亦然。"③南泉不违前言,乃与师裈。师见云岩不安,乃谓曰:"离此壳漏子,向

---

① "处",丛刊本、大正本无。
② "腰",大正本作"褲"。
③ "四",大正本作"三",并注:"一本作'四'。"

什么处相见?"岩云:"不生不灭处相见。"师曰:"何不道,非不生不灭处,亦不求相见?"师见云岩补草鞋,云:"作甚么?"岩云:"将败坏补败坏。"师云:"何不道,即败坏非败坏?"师闻僧念《维摩经》云:"八千菩萨、五百声闻,皆欲随从文殊师利。"师云:"甚么处去?"其僧无对,师便打。后僧问禾山,禾山代云:"给侍者方谐。"师下山到五峰,五峰问:"还识药山老宿否?"师曰:"不识。"五峰曰:"为甚么不识?"师曰:"不识,不识。"问:"如何是和尚家风?"师下禅床,作女人拜曰:"谢子远来,都无祇待。"问:"如何是祖师西来意?"师曰:"东土不曾逢。"

问:"设先师斋,未审先师还来也无?"师曰:"汝诸人设斋作么生?"问:"'头上宝盖生,不得道我是'如何?"师曰:"听他。"曰:"和尚如何?"师曰:"我无这个。"石霜问师:"百年后有人问极则事,作么生向他道?"师唤沙弥,沙弥应诺。师曰:"添却净瓶水著。"师良久,却问石霜:"适来问什么?"石霜再举,师便起去。石霜异日又问:"和尚一片骨,敲著似铜鸣。向什么处去也?"师唤侍者,侍者应诺。师曰:"驴年去。"

师唐大和九年乙卯九月示疾,有苦。僧众慰问体候,师曰:"有受非偿,子知之乎?"众皆愀然。十一日将行,谓众曰:"吾当西迈,理无东移。"言讫告寂,寿六十有七。阇维,得灵骨数片,建塔于石霜山之阳。敕谥修一大师,塔曰宝相。

潭州云岩昙晟禅师,钟陵建昌人也,姓王氏。少出家于石门,初参百丈海禅师,未悟玄旨,侍左右二十年。百丈归寂,师乃谒药山，言下契会。语见"药山章"。一日药山问："汝除在百丈，更到什么处来？"师曰："曾到广南来。"曰："见说广州城东门外有一团石，被州主移却，是否？"师曰："非但州主，阖国人移亦不动。"药山乃又问："闻汝解弄师子，是否？"师曰："是。"曰："弄得几出？"师曰："弄得六出。"曰："我亦弄得。"师曰："和尚弄得几出？"曰："我弄得一出。"师曰："一即六，六即一。"师后到沩山，沩山问曰："承长老在药山弄师子，是否？"师曰："是。"曰："长弄么①，还有置时？"师曰："要弄即弄，要置即置。"曰："置时师子在什么处？"师曰："置也，置也。"

问："从上诸圣什么处去？"师良久云："作么，作么？"问："暂时不在，如同死人时如何？"② 师云："好埋却。"问："大保任底人与那个，是一是二？"师云："一机之绢是一段，是两段？"洞山闻云："如人接树。"师煎茶次，道吾问："煎与阿谁？"师曰："有一人要。"曰："何不教伊自煎？"师曰："幸有某甲在。"师问石霜："什么处来？"霜云："沩山来。"师云："在彼中得多少时？"霜云："粗经冬夏。"师云："恁么即成山长也。"霜云："虽在彼中却不知。"师云："他家亦非知非识。"霜无对。后道吾闻云："得恁么无佛法身心。"③

师后居潭州攸县云岩山④。一日谓众曰："有个人家儿子，问著无有道不得底。"洞山问："他屋里有多少典籍？"师曰："一字也无。"曰："争得恁么多知？"师曰："日夜不曾眠。"曰："问

---

① "么"，大正本作"耶"。
② "时"，丛刊本、大正本无。
③ "么"，丛刊本、大正本无。
④ "攸县"，丛刊本无。

一段事还得否?"师曰:"道得却不道。"师问僧:"什么处来?"僧曰:"添香来。"师曰:"见佛否?"曰:"见。"师曰:"什么处见?"曰:"下界见。"师曰:"古佛,古佛。"道吾问:"大悲千手眼,那个是正眼?"① 师曰:"如无灯时,把得枕子怎么生?"道吾曰:"我会也,我会也。"师曰:"怎么生会?"道吾曰:"通身是眼。"师扫地次,沩山云:"太驱驱生。"师云:"须知有不驱驱者。"沩山云②:"恁么即有第二月也。"师竖起扫帚云:"这个是第几月?"③ 沩山低头而去④。玄沙闻云:"正是第二月。"

师问僧:"什么处来?"僧曰:"石上语话来。"师曰:"石还点头也无?"僧无对。师曰:"未问时却点头。"师作鞋次,洞山问:"就师乞眼睛,未审还得也无?"⑤ 师曰:"汝底与阿谁去也?"曰:"良价无。"师曰:"设有⑥,汝向什么著?"洞山无语。师曰:"乞眼睛底是眼否?"曰:"非眼。"师咄之。师问尼众:"汝爷在否?"曰:"在。"师曰:"年多少?"曰:"年八十。"师曰:"汝有个爷不年八十,还知否?"曰:"莫是恁么来者。"师曰:"犹是儿孙在。"⑦ 洞山云:"直是不恁么来者,亦是儿孙。"⑧ 僧问:"一念瞥起便落魔界时如何?"师曰:"汝因什么从佛界而来?"僧无对。师曰:"会么?"曰:"不会。"师曰:"莫道体不得,设使体得,也只是左之右之。"师问僧:"闻汝解卜是否?"曰:

---

① "那个是正眼",丛刊本、大正本作"如何"。
② "山",丛刊本、大正本无。
③ "这个",丛刊本、大正本无。
④ "沩山",丛刊本、大正本作"师"。
⑤ "未审还得也无",丛刊本无。
⑥ "设",丛刊本、大正本无。
⑦ "儿孙在",丛刊本、大正本作"儿子"。
⑧ "孙",大正本作"子"。

"是。"师曰:"试卜老僧看。"僧无对。洞山代云:"请和尚生月。"

师唐会昌元年辛酉十月示疾,二十六日沐身竟,唤主事僧令备斋,"来日有上座发去"。至二十七日,并无人去。及夜,师归寂,寿六十。荼毗,得舍利一千余粒,瘗于石坟。敕谥无住大师,塔曰净胜。

华亭船子和尚,名德诚,嗣药山。尝于华亭吴江泛一小舟,时谓之"船子和尚"。师尝谓同参道吾曰:"他后有灵利座主指一个来。"道吾后激勉京口和尚善会参礼师,师问曰:"座主住甚寺?"① 会曰:"寺即不住,住即不似。"② 师曰:"不似又不似个什么?"③ 会曰:"目前无相似。"④ 师曰:"何处学得来?"曰:"非耳目之所到。"师笑曰:"一句合头语,万劫系驴橛。垂丝千尺⑤,意在深潭。离钩三寸,速道速道。"会拟开口,师便以篙撞在水中,因而大悟。师当下弃舟而逝,莫知其终。

宣州桴树慧省禅师,洞山参师,师问曰:"来作什么?"洞山曰:"来亲近和尚。"师曰:"若是亲近,用动两片皮作么?"洞山无对,曹山后闻,乃云:"一子亲得。"僧问:"如何是佛?"师曰:"猫儿上露柱。"曰:"学人不会。"师曰:"问取露柱去。"

---

① "座主住甚寺",丛刊本作"坐主甚么处住寺"。
② "住即不似",原本脱,据大正本补。
③ "又不",大正本无。
④ "目前无相似",丛刊本作"目前无一物可似"。
⑤ "尺",原本作"赤",丛刊本作"丈",据碛砂本、大正本改。此句前,丛刊本有"师又曰"。

高沙弥，药山住庵。初参药山。药山问师："什么处来？"师曰："南岳来。"山云："何处去？"师曰："江陵受戒去。"山云①："受戒图什么？"师曰："图免生死。"山云："有一人不受戒，亦免生死。汝还知否？"师曰："恁么即佛戒何用？"山云："犹挂唇齿在。"便召维那云："这跛脚沙弥，不任僧务，安排向后庵著。"药山又谓云岩、道吾曰："适来一个沙弥却有来由。"道吾云："未可全信，更勘始得。"药乃再问师曰："见说长安甚闹。"师曰："我国晏然。"法眼别云："见谁说？"山云："汝从看经得，请益得？"师曰："不从看经得，亦不从请益得。"山云："大有人不看经，不请益，为什么不得？"师曰："不道他无，只是他不肯承当。"

师乃辞药山住庵，山云："生死事大，何不受戒去？"师曰："知是这般事，唤什么作戒？"药咄："这饶舌沙弥②！入来，近处住庵，时复要相见。"师住庵后，雨里来相看。山云："你来也。"师曰："是。"山云："可晒湿？"③ 师曰："不打这个鼓笛。"云岩云："皮也无，打什么鼓？"道吾云："鼓也无，打什么皮？"山云："今日大好曲调。"僧问："一句子还有该不到处否？"师云："不顺世。"药山斋时，自打鼓，高沙弥捧钵作舞入堂，药山便掷下鼓槌云："是第几和？"高曰："第二和。"曰："如何是第一和？"高就桶内舀一杓饭，便出去。

---

① "山"，丛刊本、大正本作"药"，下同。
② "饶舌沙弥"，丛刊本、大正本作"沙弥饶舌"。
③ "晒"，大正本作"杀"。

鄂州百颜明哲禅师，洞山与密师伯到参，师问曰："阇梨近离什么处？"洞山曰："近离湖南。"师曰："观察使姓什么？"曰："不得姓。"师曰："名什么？"曰："不得名。"师曰："还治事也无？"曰："自有郎幕在。"师曰："岂不出入？"洞山便拂袖去。师明日入僧堂，曰："昨日对二阇梨一转语不稳①，今请二阇梨道。若道得，老僧便开粥饭②，相伴过夏。速道，速道。"洞山曰："太尊贵生。"师乃开粥饭③，共过一夏。

潭州长髭旷禅师法嗣

潭州石室善道和尚，嗣攸县长髭旷禅师。作沙弥时，长髭遣令受戒，谓之曰："汝回日，须到石头礼拜。"师受戒后，回参石头。一日，随石头游山次，石头曰："汝与我斫却面前头树子，碍我。"师曰："不将刀来。"石头乃抽刀倒与师，师云："不过那头来？"石头曰："你用那头作什么？"师即大悟，便归。长髭问："汝到石头否？"师曰："到即到，不通号。"长髭曰："从谁受戒？"师曰："不依他。"长髭曰："在彼即怎么，来我这里作么生？"师曰："不违背。"长髭曰："太忉忉生。"师曰："舌头未曾点著在。"长髭咄曰："沙弥，出去。"师便出。长髭曰："争得不遇于人。"

师寻值沙汰，乃作行者，居于石室。每见僧，便竖起杖子云："三世诸佛尽由这个。"对者少得冥契。长沙闻之，乃云：

---

① "稳"，原作"稔"，据丛刊本改。
② "饭"，丛刊本无。
③ "饭"，丛刊本、大正本无。

"我若见，即令放下杖子，别通个消息。"三圣将此语到石室祗对，被师认破是长沙语。杏山闻三圣失机，又亲到石室。师见杏山僧众相随，潜往碓米。杏山曰："行者不易，贫道难消。"师曰："无心碗子盛将来，无缝合盘合取去。说什么难消？"杏山便休。

仰山问："佛之与道，相去几何？"师曰："道如展手，佛似握拳。"曰："毕竟如何的当，可信可依？"师以手拨空三两下曰："无怎么事，无怎么事。"曰："还假看教否？"师曰："三乘十二分教是分外之事。若与他作对，即是心境两法，能所双行，便有种种见解，亦是狂慧，未足为道。若不与他作对，一事也无。所以祖师云：'本来无一物。'汝不见小儿出胎时，可道我解看教，不解看教？当怎么时，亦不知有佛性义，无佛性义。及至长大，便学种种知解，出来便道'我能，我解'，不知是客尘烦恼。十六行中，婴儿行为最，哆哆和和，时喻学道之人，离分别、取舍心，故赞叹婴儿，可况取之①。若谓婴儿是道，今时错会。"师一夕与仰山玩月，仰山问曰："这个月尖时，圆相什么处去？圆时，尖相又什么处去？"师曰："尖时圆相隐，圆时尖相在。"云岩云："尖时圆相在，圆时无尖相。"道吾云："尖时亦不尖，圆时亦不圆。"仰山辞，师送出门，乃召曰："阇梨。"仰山应诺，师曰："莫一向去，已后却回这边来。"②僧问："师曾到五台山否？"师曰："曾到。"僧曰："还见文殊么？"师曰："见。"僧曰："文殊向行者道什

---

① "可况取之"，丛刊本作"可况喻取之"，碛砂本作"何况取之"，大正本作"何况喻取之"。
② "已后"，丛刊本、大正本无。

么?"师曰:"文殊道:阇梨父母生在村草里。"

潮州大颠和尚法嗣

漳州三平义忠禅师,福州人也,姓杨氏。初参石巩,石巩常张弓架箭以待学徒。师诣法席次①,石巩曰:"看箭。"师乃披襟当之,石巩曰:"三十年张弓架箭,只射得半个汉。"② 师后参大颠,往漳州住三平山。

示众曰:"今时出来,尽学驰求走作,将当自己眼目,有什么相当?阿你欲学么?不要诸余,汝等各有本分事,何不体取?怎么心愤愤③,口啡啡,有什么利益?分明说若要修行路,及诸圣建立化门,自有大藏教文在。若是宗门中事④,汝切不得错用心。"时有僧出问:"还有学路也无?"师曰:"有一路滑如苔。"僧曰:"学人蹑得否?"师曰:"不拟心,汝自看。"有人问:"黑豆未生芽时如何?"⑤ 师曰:"佛亦不知。"讲僧问:"三乘十二分教,某甲不疑,如何是祖师西来意?"师曰:"龟毛拂子,兔角挂杖,大德藏向什么处?"僧曰:"龟毛兔角,岂是有耶?"师曰:"肉重千斤,智无铢两。"师又示众曰:"诸人若未曾见知识即不可,若曾见作者来,便合体取些子意度,向岩谷间木食草衣。怎么去,方有少分相应。若驰求知解义句,即万里望乡关去也。

---

① "次",大正本无。
② 自"师乃披襟"至此,大正本作:"师乃拨开胸云:'此是杀人箭,活人箭又作么生?'巩乃扣弓弦三下,师便作礼。巩云:'三十年一张弓、两只箭,只谢得半个圣人。'遂拗折弓箭。师后举似大颠,颠云:'既是活人箭,为什么向弓弦上辨?'师无对。颠云:'三十年后,要人举此话也难。'"
③ "恁",丛刊本、大正本作"作"。
④ "事"下,丛刊本作"事宜"。
⑤ "芽",丛刊本、大正本作"牙"。

珍重。"

潭州大川和尚法嗣

仙天和尚，新罗僧到参，方展坐具拟礼拜，师捉住云："未发本国时，道取一句。"其僧无语。师便推出云："问伊一句，便道两句。"又有一僧至，拟礼拜，师云："野狐鬼，见什么了便礼拜？"僧云："老秃奴，见什么了即便恁问？"① 师云："苦哉，苦哉！仙天今日忘前失后。"僧云："要且得时，终不补失。"师云："争不如此？"僧云："谁？"师乃呵呵云②："远即远矣。"

福州普光和尚，有僧立次，师以手开胸云："还委老僧事么？"僧云："犹有这个在。"师却掩胸云："不妨太显。"僧云："有什么避处？"师云："的是无避处。"僧云："即今作么生？"师便打。

---

① "即"，大正本无。
② "乃呵呵云"，丛刊本、大正本作"云呵呵"。

景德传灯录卷第十五

吉州清原山行思禅师法嗣

第四世一十七人

澧州龙潭崇信禅师法嗣二人见录

  朗州德山宣鉴禅师

  洪山泐潭宝峰和尚

吉州性空禅师法嗣二人见录

  歙州茂源和尚

  枣山光仁禅师

京兆翠微无学禅师法嗣四人见录

  鄂州清平山令遵禅师

  舒州投子山大同禅师

  湖州道场山如讷禅师

  建州白云约禅师

    伏牛山元通禅师　一人无机缘语句，不录

潭州道吾山圆智禅师法嗣三人见录

  潭州石霜山庆诸禅师

  潭州渐源仲兴禅师

禄清和尚

潭州云岩昙晟禅师法嗣四人见录

筠州洞山良价禅师

涿州杏山鉴洪禅师

潭州神山僧密禅师

幽溪和尚

华亭船子德诚禅师法嗣一人见录

澧州夹山善会禅师

第五世①一十四人

舒州投子山大同禅师法嗣一十三人一十二人见录②

投子温禅师

福州牛头微禅师

西川香山澄照大师

陕府天福和尚

濠州思明和尚

凤翔府招福和尚

兴元中梁山遵古禅师

襄州谷隐和尚

安州九嵕山和尚

幽州盘山第二世和尚

九嵕山敬慧禅师

东京观音院岩俊禅师

---

① "世"下，丛刊本、大正本有"上"。
② "二"，原作"一"，据东寺本改。

　　　　桂阳龙福真禅师　一人无机缘语句,不录
　　鄂州清平山令遵禅师法嗣一人见录
　　　蕲州三角山令珪禅师

行思禅师第四世
前澧州龙潭崇信禅师法嗣

朗州德山宣鉴禅师,剑南人也,姓周氏。丱岁出家,依年受具,精究律藏。于性相诸经,贯通旨趣。常讲《金刚般若》,时谓之"周金刚"。厥后访寻禅宗,因谓同学曰:"一毛吞海,海性无亏,纤芥投锋,锋利不动。学与无学,唯我知焉。"因造龙潭信禅师,问答皆一语而已。前章出之。师即时辞去①,龙潭留之,一夕,于室外默坐。龙问:"何不归来?"师对曰:"黑。"龙乃点烛与师,师拟接,龙便吹灭,师乃礼拜。龙曰:"见什么?"曰:"从今向去,不疑天下老和尚舌头也。"至明日便发,龙潭谓诸徒曰:"可中有一个汉,眼如剑②,口似血盆,一棒打不回头,他时向孤峰顶上立吾道在。"

师抵于沩山,从法堂西过东,回视方丈,沩山无语。师曰:"无也,无也。"便出至僧堂前,乃曰:"然虽如此,不得草草。"遂具威仪上参③,才跨门,提起坐具唤曰:"和尚。"沩山拟取拂子,师喝之,扬袂而出。沩山晚间问大众:"今日新到僧何在?"对曰:"那僧见和尚了,更不顾僧堂,便去也。"沩山问众:"还

---

① "即",大正本作"实"。
② "眼如剑",东寺本、碛砂本作"眼如利剑",南藏本、径山本、大正本作"牙如剑树"。
③ "上参",大正本作"上再参",南藏本、径山本作"再参"。

识遮阿师也无？"① 众曰："不识。"沩曰："是伊将来有把茅盖头②，骂佛骂祖去在。"③

师住澧阳三十年，属唐武宗废教，避难于独浮山之石室。大中初，武陵太守薛廷望再崇德山精舍，号"古德禅院"。相国裴休题额见存。将访求哲匠住持，聆师道行，屡请不下山。廷望乃设诡计，遣吏以茶盐诬之，言犯禁法，取师入州瞻礼，坚请居之，大阐宗风。总印禅师开山创院，鉴即第二世住也。师上堂谓众曰："于己无事，则勿妄求，妄求而得④，亦非得⑤。汝但无事于心，无心于事，则虚而灵，空而妙⑥。若毛端许言之本末者，皆为自欺。毫氂系念，三涂业因，瞥尔生情，万劫羁锁。圣名凡号，尽是虚声，殊相劣形，皆为幻色。汝欲求之，得无累乎？及其厌之，又成大患，终而无益。"⑦

师上堂曰："今夜不得问话，问话者三十拄杖。"时有僧出，方礼拜，师乃打之。僧曰："某甲话也未问，和尚因什么打某甲？"师曰："汝是什么处人？"曰："新罗人。"师曰："汝上船时⑧，便好与三十拄杖。"法眼云："大小德山，语作两橛。"⑨ 玄觉云："丛林中唤作'隔下语'且从，只如德山道'问话者三十拄杖'意作么生？"有僧到参，师问维那："今日几人新到？"对曰："八人。"师曰：

---

① "阿"，丛刊本作"个"。
② "伊"，南藏本、径山本作"子"。
③ "骂佛"，南藏本、径山本作"呵佛"。
④ "妄求"，原本脱，据大正本补。
⑤ "得"下，大正本有"也"。
⑥ "空"，南藏本、径山本作"寂"。
⑦ "而"，南藏本、径山本作"为"。
⑧ "上船"，大正本作"未跨船舷"。
⑨ "语"，径山本作"话"。

"将来一时生案著。"龙牙问:"学人仗镆铘剑,拟取师头时如何?"师引颈。法眼别云:"汝向什么处下手?"龙牙曰:"头落也。"师微笑。龙牙后到洞山举前语,洞山曰:"德山道什么?"云:"德山无语。"洞山曰:"莫道无语,且将德山落底头呈似老僧。"龙牙省过忏谢。有人举似师,师曰:"洞山老人,不识好恶,遮个汉死来多少时,救得有什么用处?"

僧问:"如何是菩提?"师打曰:"出去,莫向遮里屙。"僧问:"如何是佛?"师曰:"佛即是西天老比丘。"雪峰问:"从上宗风,以何法示人?"师曰:"我宗无语句,实无一法与人。"岩头闻之曰:"德山老人一条脊梁骨,硬似铁,拗不折。然虽如此,于唱教门中犹较些子。"保福拈问招庆:"只如岩头出世,有何言教过于德山,便怎么道?"庆云:"汝不见岩头道:如人学射,久久方中。"福云:"中时如何?"庆云:"展阇黎,莫不识痛痒。"福云:"和尚今日非唯举话。"庆云:"展阇黎是什么心行?"明昭云:"大小招庆,错下名言。"师寻常遇僧到参,多以拄杖打。临济闻之,遣侍者来参,教令:德山若打汝,但接取拄杖,当胸一拄。侍者到,方礼拜,师乃打,侍者接得拄杖与一拄,师归方丈。侍者回,举似临济,济云:"从来疑遮个汉。"岩头云:"德山老人寻常只据目前一个杖子①,佛来亦打,祖来亦打,争奈较些子。"东禅齐云:"只如临济道'我从前疑遮汉'②,是肯底语,不肯语?为当别有道理,试断看。"

师上堂曰:"问即有过,不问又乖。"有僧出礼拜,师便打。僧曰:"某甲始礼拜,为什么便打?"师曰:"待汝开口,堪作什

---

① "个",径山本作"木"。
② "从前",径山本作"从来"。

么?"师令侍者唤义存即雪峰也,存上来。师曰:"我自唤义存,汝又来作什么?"存无对。师见僧来,乃闭门,其僧敲门。师曰:"阿谁?"曰:"师子儿。"师乃开门。僧礼拜,师便骑项曰:"遮畜生,什么处去来?"雪峰问:"古人斩猫儿意如何?"师乃打趁,却唤曰:"会么?"峰曰:"不会。"师曰:"我恁么老婆也不会。"僧问:"凡圣相去多少?"师便喝。师因疾,有僧问:"还有不病者无?"师曰:"有。"曰:"如何是不病者?"师曰:"阿邪,阿邪!"① 师复告诸徒曰:"扣空追响,劳汝心神。梦觉觉非,竟有何事?"言讫,安坐而化,即唐咸通六年乙酉十二月三日也。寿八十六,腊六十五。敕谥见性大师。

洪州泐潭宝峰和尚,有僧新到,师谓曰:"其中事即易道,不落其中事,始终难道。"僧曰:"某甲在途时,便知有此一问。"师曰:"更与二十年行脚,也不较多。"曰:"莫不契和尚意么?"师曰:"苦瓜那堪待客?"师问僧:"古人有一路接后进初心,汝还知否?"曰:"请师指出古人一路。"师曰:"恁么即阇梨知了也?"曰:"头上更安头。"师曰:"宝峰不合问仁者?"曰:"问又何妨?"师曰:"遮里不曾有人乱说道理。出去!"

前吉州性空禅师法嗣
歙州茂源和尚,平田来参,师欲起身,平田乃把住曰:"开口即失,闭口即丧,去却恁么时请师道。"师以手掩耳而已。平

---

① "邪",南藏本、径山本作"爷"。

田放手曰："一步易，两步难。"师曰："有什么死急？"平田曰："若非此个师，不免诸方点检。"

枣山光仁禅师①，上堂次，大众集，师从方丈出，未至禅床，谓众曰："不负平生行脚眼目，致个问讯将来，还有么？"方乃升堂坐。时有僧出礼拜，师曰："不负我且从，大众何也？"便归方丈。翌日，有别僧请辨前语意旨如何，师曰："斋时有饭与汝吃，夜后有床与汝眠，一向煎迫我作什么？"僧礼拜，师曰："苦，苦。"僧曰："请师直指。"师乃垂足曰："舒缩一任老僧。"

前京兆翠微无学禅师法嗣

鄂州清平山令遵禅师，东平人也，姓王氏。少依本州北菩提寺，唐咸通六年落发。后诣滑州开元寺受具，攻律学。一旦谓同流曰："夫沙门应决彻死生，玄通佛理。若乃孜孜卷轴，役役拘文，悉数海沙，徒劳片心。"遂罢所业，远参禅会。至江陵白马寺，堂中遇一老宿，名曰慧勤。师亲近询请，勤曰："吾久侍丹霞，今既垂老，倦于提诱。汝可往谒翠微，彼即吾同参也。"师礼辞而去。造于翠微之堂，问："如何是西来的的意？"翠微曰："待无人即向汝说。"师良久曰："无人也，请师说。"翠微下禅床，引师入竹园。师又曰："无人也，请和尚说。"翠微指竹曰："遮竿得恁么长，那竿得恁么短？"师虽领其微言，犹未彻其玄旨。文德元年抵上蔡，会州将重法，创大通禅苑，请阐宗要。师

---

① "枣"，东寺本、碛砂本、南藏本、径山本作"疏"。

自举初见翠微语句，谓众曰："先师入泥入水为我，自是我不识好恶。"师自此化导将十稔，至光化中，领徒百余游鄂州。从节度使杜洪请，居清平山安乐院。

上堂曰："诸上坐，夫出家人须会佛意始得。若会佛意，不在僧俗、男女、贵贱，但随家丰俭，安乐便得。诸上坐尽是久处丛林，遍参尊宿，且作么生会佛意？试出来大家商量。莫空气高，至后一事无成，一生空度。若未会佛意，直饶头上出水，足下出火，烧身炼臂，聪慧多辩，聚徒一千二千，说法如云如雨，讲得天华乱坠，只成个邪说，争竞是非，去佛法大远在。诸人幸值色身安健，不值诸难，何妨近前著些功夫，体取佛意好。"

时有僧问："如何是大乘？"师曰："麻索。"曰："如何是小乘？"师曰："钱贯。"问："如何是清平家风？"师曰："一斗面作三个蒸饼。"问："如何是禅？"师曰："胡孙上树尾连颠。"问："如何是有漏？"师曰："筦篱。"曰："如何是无漏？"师曰："木杓。"问："觌面相呈时如何？"师曰："分付与典坐。"自余逗机方便，靡徇时情，逆顺卷舒，语超格量。天祐十六年正月二十五日午时归寂，寿七十有五。周显德六年，敕谥法喜禅师，塔曰善应。

舒州投子山大同禅师，本州怀宁人也，姓刘氏。幼岁依洛下保唐满禅师出家，初习安般观，次阅华严教，发明性海。复谒翠微山法席，顿悟宗旨。语见"翠微章"。由是放任周游，归旋故土，隐投子山，结茅而居。一日赵州谂和尚至桐城县，师亦出山，途中相遇未相识。赵州潜问俗士，知是投子，乃逆而问曰："莫是投子山主么?"师曰:"茶盐钱乞一个。"赵州即先到庵中坐,师后携一瓶油归庵。赵州曰:"久向投子,到来只见个卖油翁。"师曰:"汝只见卖油翁,且不识投子。"曰:"如何是投子?"师曰:"油,油。"赵州问:"死中得活时如何?"师曰:"不许夜行,投明须到。"赵州曰:"我早侯白,伊更侯黑。"同、谂二师互相问酬,广如本集。其辞句简捷①,意趣玄险,诸方谓赵州、投子得逸群之用。自尔师道闻于天下②,云水之侣竞奔凑焉。

师谓众曰:"汝诸人来遮里,拟觅新鲜语句,攒华四六,口里贵有可道。我老人气力稍劣,唇舌迟钝。汝若问我,我便随汝答对,也无玄妙可及于汝,亦不教汝垛根,终不说向上向下、有佛有法、有凡有圣,亦不存坐系缚汝诸人。变现千般,总是汝生解自担带将来,自作自受。遮里无可与汝,不敢诳吓汝。无表无里,可得说似。汝诸人还知么?"时有僧问:"表里不收时如何?"师曰:"汝拟向遮里垛根。"僧问:"大藏教中,还有奇特事也无?"师曰:"演出大藏教。"问:"如何是眼未开时事?"师曰:"目净修广如青莲。"问:"一切诸佛及诸佛法,皆从此经出,如何是此经?"师曰:"以是名字,汝当奉持。"

问:"枯木中还有龙吟也无?"师曰:"我道髑髅里有师子吼。"问:"一法普润一切群生,如何是一法?"师曰:"雨下也。"问:"一尘含法界时如何?"师曰:"早是数尘也。"问:"金锁未开时如何?"师曰:"开也。"问:"学人欲修行时如何?"

---

① "捷",大正本作"健"。
② "于",大正本无。

师曰："虚空不曾烂坏。"雪峰侍立，师指庵前一块石曰①："三世诸佛，总在里许。"雪峰曰："须知有不在里许者。"师乃归庵中坐。一日雪峰随师访龙眼庵主，雪峰问："龙眼路向什么处去？"师以拄杖指前面。雪峰曰："东边去，西边去？"师曰："漆桶。"雪峰异日又问："一槌便成时如何？"师曰："不是性敏汉。"②雪峰曰："不假一槌时如何？"师曰："漆桶。"师一日庵中坐，雪峰问："和尚此间还有人参否？"师于床下拈镢头，抛向面前。雪峰曰："恁么即当处掘去也。"师曰："漆桶不快。"雪峰辞去，师出门送，蓦召曰："道者。"雪峰回首应诺，师曰："途中善为。"

僧问："故岁已去，新岁到来，还有不涉此二途者无？"③师曰："有。"僧曰："如何是不涉者？"④师曰："元正启祚，万物惟新。"问："依俙似半月，罔象若三星⑤。乾坤收不得，师向何处明？"师曰："道什么？"僧曰："想师只有湛水之波，且无滔天之浪。"师曰："闲言语。"问："类中来时如何？"师曰："人类中来，马类中来？"问："佛佛授手，祖祖相传，传个什么法？"⑥师曰："老僧不解谩语。"问："如何是出门不见佛？"师曰："无所睹。"曰："如何是入室别爷娘？"师曰："无所生。"问："如何是火焰里藏身？"师曰："有什么掩处？"曰："如何是炭堆里藏

---

① "庵"，碛砂本作"庭"。
② "敏"，大正本作"愍"，并注音"苏到切"。东寺本、碛砂本作"懆"。
③ "此二途者无"，东寺本、碛砂本作"二途者也无"。
④ "不涉者"，东寺本、碛砂本作"不涉二途者"。
⑤ "罔象"，大正本作"仿象"。
⑥ "传"上，东寺本、碛砂本有"未审"。

身？"师曰："我道汝黑似漆。"问："的的不明时如何？"师曰："明也。"问："如何是末后一句？"师曰："最初明不得。"

问："从苗辨地，因语识人，未审将何辨识？"师曰："引不著。"问："院里三百人，还有不在数者无？"师曰："一百年前、五十年后看取。"师问僧："久向疏山姜头，莫便是否？"无对。法眼代云："向重和尚日久。"僧问："抱璞投师，请师雕琢。"师曰："不为栋梁材。"曰："恁么即下和无出身处也。"师曰："担带即伶俜辛苦。"曰："不担带时如何？"师曰："不教汝抱璞投师，更请雕琢。"问："那吒太子析骨还父，析肉还母，如何是那吒本来身？"师放下手中杖子。问："佛、法二字，如何辨得清浊？"师曰："佛法清浊。"曰："学人不会。"师曰："汝适来问什么？"问："一等是水，为什么海咸河淡？"师曰："天上星，地下木。"法眼别云："大似相违。"问："如何是祖师意？"师曰："弥勒觅个受记处不得。"问："和尚住此来，有何境界？"师曰："卯角女子白头丝。"

问："如何是无情说法？"师曰："恶。"问："如何是毗卢？"师曰："已有名字。"曰："如何是毗卢师？"师曰："未有毗卢时会取。"问："历落一句请师道。"师曰："好。"问："四山相逼时如何？"师曰："五蕴皆空。"问："一念未生时如何？"师曰："真个谩语。"问："凡圣相去几何？"师下禅床立。问："学人一问即和尚答，忽若千问万问时如何？"师曰："如鸡抱卵。"问："天上天下，唯我独尊。如何是我？"师曰："推倒遮老胡，有什么过？"问："如何是和尚师？"师曰："迎之不见其首，随之不见其形。"问："塑像未成，未审身在什么处？"师曰："莫乱造作。"僧曰:"争奈现不现何?"师曰:"隐在什么处?"问:"无目底人如何进步?"师曰:"遍十方。"僧曰:"无目为什么遍十方?"师曰:"著得目也无?"问:"如何是西来意?"师曰:"不讳。"问:"月未圆时如何?"师曰:"吞却两三个。"僧曰:"圆后如何?"师曰:"吐却七八个。"问:"日月未明,佛与众生在什么处?"师曰:"见老僧嗔便道嗔,见老僧喜便道喜。"

师问僧:"什么处来?"曰:"东西山礼祖师来。"师曰:"祖师不在东西山。"僧无语。法眼代云:"和尚识祖师。"问:"如何是玄中的?"师曰:"不到汝口里道。"问:"牛头未见四祖时如何?"师曰:"与人为师。"又问:"见后如何?"师曰:"不与人为师。"问:"诸佛出世,惟以一大事因缘。如何是一大事因缘?"师曰:"尹司空为老僧开堂。"① 问:"如何是佛?"师曰:"幻不可求。"问:"千里寻师,乞师一接。"师曰:"今日老僧腰痛。"菜头入方丈请益,师曰:"且去,待无人时来为阇梨说。"菜头明日伺得无人,又来请和尚说。师曰:"近前来。"菜头近前,师曰:"辄不得举似于人。"问:"并却咽喉唇吻请师道。"师曰:"汝只要我道不得。"问:"达磨未来时如何?"师曰:"遍天遍地。"曰:"来后如何?"师曰:"盖覆不得。"

问:"和尚未见先师时如何?"师曰:"通身不奈何。"曰:"见先师后如何?"师曰:"通身扑不碎。"曰:"还从师得也无?"师曰:"终不相孤负。"曰:"恁么即从师得也。"师曰:"自著眼趁取。"曰:"恁么即孤负先师也。"师曰:"非但孤负先师,亦乃

---

① "为",东寺本、碛砂本、径山本作"请"。

孤负老僧。"问:"七佛是文殊弟子,文殊还有师也无?"师曰:"适来恁么道,也大似屈已推人。"问:"金鸡未鸣时如何?"师曰:"无遮个音响。"曰:"鸣后如何?"师曰:"各自知时。"问:"师子是兽中之王,为什么被六尘吞?"师曰:"不作大,无人我。"

师居投子山三十余载,往来激发请益者常盈于室。师纵之以无畏辩,随问遽答,啐啄同时,微言颇多。今略录少分而已。唐中和年,巢寇暴起,天下丧乱。有狂徒持刃上山,问师:"住此何为?"① 师乃随宜说法,魁渠闻而拜伏,脱身服施之而去。师乾化四年甲戌四月六日示有微疾,大众请医,师谓众曰:"四大动作,聚散常程,汝等勿虑,吾自保矣。"言讫,跏趺坐亡,寿九十有六。诏谥慈济大师,塔曰真寂。

湖州道场山如讷禅师,僧问:"如何是教意?"师曰:"汝自看。"僧礼拜。师曰:"明月铺霄汉,山川势自分。"问:"如何得闻性不随缘去?"师曰:"汝听看。"僧礼拜。师曰:"聋人也唱胡筮调,好恶高低自不闻。"僧曰:"恁么即闻性宛然也。"师曰:"石从空里立,火向水中焚。"问:"虚空还有边际否?"师曰:"汝也太多知。"僧礼拜。师曰:"三尺杖头挑日月,一尘飞起任遮天。"问:"如何是道人?"师曰:"行运无踪迹,起坐绝人知。"僧曰:"如何即是?"师曰:"三炉力尽无烟焰,万顷平田水不流。"问:"一念不生时如何?"师曰:"堪作什么?"僧无语。

---

① "问师住此",大正本作"问师曰此"。

师又曰:"透出龙门云雨合,山川大地入无踪。"师目有重瞳,垂手过膝。自翠微受诀,乃止于道场山,薙草卓庵,学徒四至,遂成禅苑,广阐法化。所遗坏衲三事,及开山拄杖、木屐,今在影堂中①。

建州白云约禅师,曾住江州东禅院。僧问:"不坐遍空堂②,不居无学位。此人合向什么处安置?"师曰:"青天无电影。"天台韶和尚参,师问:"什么处来?"韶曰:"江北来。"师曰:"船来,陆来?"曰:"船来。"师曰:"还逢见鱼鳖么?"曰:"往往遇之。"师曰:"遇时作么生?"韶曰:"咄!缩头去。"师大笑。

潭州前道吾山圆智禅师法嗣

潭州石霜山庆诸禅师,庐陵新淦人也,姓陈氏。年十三,依洪井西山绍銮禅师落发。二十三,嵩岳受具,就洛下学毗尼之教。虽知听制,终为渐宗。回抵大沩山法会为米头。一日,师在米寮内筛米,沩山云:"施主物莫抛撒。"师曰:"不抛撒。"沩山于地上拾得一粒云:"汝道不抛撒,遮个什么处得来?"师无对。沩山又云:"莫欺遮一粒子,百千粒从遮一粒生。"师曰:"百千粒从遮一粒生,未审遮一粒从什么处生?"沩山呵呵笑,归方丈。晚后上堂云:"大众,米里有虫。"

师后参道吾,问:"如何是触目菩提?"道吾唤沙弥,沙弥应

---

① 此下,大正本注:"按《塔铭》云,师姓许氏,吴兴人。七岁去氏于乌墩光福寺,八年如京师受具戒,抵豫章,得心印于翠微。后结庐于道场山,猛挚之兽,驯戢如奉教。"
② "遍",径山本、大正本作"偏"。

诺。吾曰："添净瓶水著。"吾却问师："汝适来问什么?"师乃举前问，道吾便起去，师从此省觉①。道吾曰："我疾作，将欲去世，心中有物，久而为患。谁可除之?"师曰："心物俱非，除之益患。"道吾曰："贤哉，贤哉!"于时始为二夏之僧。因避世混俗于长沙浏阳陶家坊，朝游夕处，人莫能识。后因洞山价和尚遣僧访寻，囊锥始露。乃举之住石霜山。他日道吾将舍众顺世，以师为嫡嗣，躬至石霜而就之。师日勤执侍，全于师礼。暨道吾归寂，学侣云集，盈五百众。广语出别卷。

一日谓众曰："一代时教，整理时人脚手，凡有其由，皆落在今时，直至法身非身，此是教家极则，我辈沙门全无肯路。若分即差，不分即坐著泥水，但由心意，妄说见闻。"僧问："如何是西来意?"师曰："空中一片石。"僧礼拜，师曰："会么?"曰："不会。"师曰："赖汝不会，若会即打破你头。"问："如何是和尚本分事?"师曰："石头还汗出么?"问："到遮里为什么却道不得?"师曰："脚底著口。"问："真身还出世也无?"师曰："不出世。"曰："争奈真身何?"师曰："琉璃瓶子口。"师居方丈，有僧在明窗外问："咫尺之间，为什么不睹师颜?"师曰："我道遍界不曾藏。"僧举问雪峰："遍界不曾藏，意旨如何?"雪峰曰："什么处不是石霜?"僧回，举雪峰之语呈师，师曰："老大汉，有什么死急?"东禅齐云："只如雪峰是会石霜意，不会石霜意? 若会也，他为什么道'死急'? 若不会，作么生②? 雪峰岂可不会? 然法且无异，奈以师承不同，解之差别。他云'遍界不曾藏'也须曾学来始得会，乱说即不可。"

---

① "省"，大正本作"惺"。
② "作"，原作"什"，据东寺本、碛砂本、大正本改。

云盖问："万户俱闭即不问，万户俱开时如何？"师曰："堂中事作么生？"曰："无人接得渠。"师曰："道也大杀道，也只道得八九成。"曰："未审和尚作么生道？"师曰："无人接得渠。"①东禅齐云："只如石霜意作么生？若道一般，前来为什么不许伊？若道别有道理，又只重说一遍？且道古人意作么生？"问："佛性如虚空如何？"师曰："卧时即有，坐时即无。"问："忘收一足时如何？"师曰："不共汝同盘。"问："风生浪起时如何？"师曰："湖南城里大杀闹，有人不肯过江西。"因僧举："洞山参次，示众曰：'兄弟，秋初夏末，或东去西去，直须向万里无寸草处去始得。'又曰：'只如万里无寸草处，且作么生去？'"师闻之，乃曰："出门便是草。"僧举似洞山，洞山曰："大唐国内，能有几人？"东禅齐拈云："且道石霜会洞山意否？若道会去，只如诸上坐每日折旋俯仰，迎来送去，为当是落路下草②，为复一一合辙③？若言不会洞山意，又争解恁么下语？还有会处么？上坐拟什么处去？于此若明得，可谓还乡曲也。不见也曾著个语云④：'恁么即不去也。'"

　　师止石霜山二十年间，学众有长坐不卧，屹若株杌，天下谓之"枯木众"也。唐僖宗闻师道誉，遣使赍赐紫衣，师牢让不受。光启四年戊申二月二十日己亥示疾告寂，寿八十有二，腊五十九。三月十五日葬于院之西北隅。敕谥普会大师，塔曰见相。

　　潭州渐源仲兴禅师，在道吾处为典坐。一日随道吾往檀越家

---

① "接"，大正本作"识"。
② "是"，大正本无。
③ "复"，大正本作"当"。
④ "曾"，大正本无。

吊丧，师以手拊棺曰："生邪，死邪？"道吾曰："生也不道，死也不道。"师曰："为什么不道？"道吾曰："不道，不道。"吊毕，同回途次，师曰："和尚今日须与仲兴道，傥更不道，即打去也。"道吾曰："打即任打，生也不道，死也不道。"师遂打道吾数拳。道吾归院，令师："且去，少间主事知了，打汝。"师乃礼辞。往石霜，举前语及打道吾之事，"今请和尚道"。石霜曰："汝不见道吾道：'生也不道，死也不道。'"师于此大悟，乃设斋忏悔。师一日将锹子于法堂上①，石霜曰："作么？"师曰："觅先师灵骨来。"② 石霜曰："洪波浩渺，白浪滔天，觅什么灵骨？"师曰："正好著力。"石霜曰："遮里针劄不入，著什么力？"太原孚上坐代云："先师灵骨犹在。"③

禄清和尚，僧问："不落道吾机，请师道。"师云："庭前红苋树，生叶不生华。"良久云："会么？"僧云："不会。"师云："正是道吾机，因什么不会？"僧礼拜，师便打云："须是老僧打你始得。"

潭州前云岩昙晟禅师法嗣

筠州洞山良价禅师，会稽人也，姓俞氏。幼岁从师，因念《般若心经》，以无根尘义问其师。其师骇异曰："吾非汝师。"即指往五洩山礼默禅师披剃。年二十一，嵩山具戒。游方，首谒南

---

① "堂上"下，东寺本、碛砂本有"从东过西从西过东"。
② "来"，东寺本、碛砂本无。
③ "在"，大正本作"存"。

泉。值马祖讳辰修斋次,南泉垂问众僧曰:"来日设马师斋,未审马师还来否?"众皆无对。师乃出,对曰:"待有伴即来。"南泉闻已,赞曰:"此子虽后生,甚堪雕琢。"师曰:"和尚莫压良为贱。"

次参沩山,问曰:"顷闻忠国师有'无情说法',良价未究其微。"沩山曰:"我遮里亦有,只是难得其人。"曰:"便请师道。"沩山曰:"父母所生口,终不敢道。"曰:"还有与师同时慕道者否?"沩山曰:"此去石室相连,有云岩道人,若能拨草瞻风,必为子之所重。"

既到云岩,问:"无情说法,什么人得闻?"云岩曰:"无情说法,无情得闻。"师曰:"和尚闻否?"云岩曰:"我若闻,汝即不得闻吾说法也。"曰:"若怎么即良价不闻和尚说法也。"云岩曰:"我说汝尚不闻①,何况无情说法也?"师乃述偈呈云岩曰:"也大奇,也大奇,无情解说不思议②。若将耳听声不现③,眼处闻声方得知④。"遂辞云岩,云岩曰:"什么处去?"师曰:"虽离和尚,未卜所止。"曰:"莫湖南去?"师曰:"无。"曰:"莫归乡去?"师曰:"无。"曰:"早晚却来?"师曰:"待和尚有住处即来。"曰:"自此一去,难得相见。"师曰:"难得不相见。"又问云岩:"和尚百年后,忽有人问:'还邈得师真?'⑤如何祗对?"云岩曰:"但向伊道:'即遮个是。'⑥"师良久,云岩曰:

---

① "我说",大正本作"我说法"。
② "解说",径山本作"说法"。
③ "声不现",径山本作"终难会"。
④ "得",径山本、大正本作"可"。
⑤ "真"下,径山本、大正本有"不"。
⑥ "即",径山本作"只"。

"承当遮个事，大须审细。"师犹涉疑。后因过水睹影，大悟前旨，因有一偈曰："切忌从他觅，迢迢与我疏。我今独自往，处处得逢渠。渠今正是我，我今不是渠。应须恁么会，方得契如如。"

他日因供养云岩真，有僧问曰："先师道'只遮是'，莫便是否？"师曰："是。"僧曰："意旨如何？"师曰："当时几错会先师语。"曰："未审先师还知有也无？"师曰："若不知有，争解恁么道？若知有，争肯恁么道？"长庆稜云："既知有，为什么恁么道？"又云："养子方知父慈。"师在渤潭见初上坐示众云："也大奇，也大奇，佛界道界不思议。"师曰："佛界道界即不问，且如说佛界道界是什么人？只请一言。"初良久无对。师曰："何不急道？"初曰："争即不得。"师曰："道也未曾道，说什么争即不得？"初无对。师曰："佛之与道只是名字，何不引教？"初曰："教道什么？"师曰："得意忘言。"初曰："犹将教意向心头作病在？"师曰："说佛界道界病大小？"初因此迁化。

师至唐大中末，于新丰山接诱学徒，厥后盛化豫章高安之洞山。今筠州也。因为云岩讳日营斋，有僧问："和尚于先师处得何指示？"师曰："虽在彼中，不蒙他指示。"僧曰："既不蒙指示，又用设斋作什么？"师曰："然虽如此①，焉敢违背于他？"僧问："和尚初见南泉发迹，为什么与云岩设斋？"师曰："我不重先师道德，亦不为佛法，只重不为我说破。"又因设忌斋，僧问："和尚为先师设斋，还肯先师也无？"师曰："半肯半不肯。"曰："为

---

① "然虽"，碛砂本作"虽然"。

什么不全肯?"师曰:"若全肯,即孤负先师也。"僧问:"欲见和尚本来师,如何得见?"曰:"年涯相似即无阻矣。"僧再举所疑,师曰:"不蹑前踪,更请一问。"僧无对。云居代云:"恁么即某甲不见和尚本来师也。"后皎上坐拈问长庆:"如何是年涯相似者?"长庆云:"古人恁么道,皎阇梨又向这里觅个什么?"师又曰:"还有不报四恩三有者无?若不体此意,何超始终之患?直须心心不触物,步步无处所,常不间断,稍得相应。"

师问僧:"什么处来?"曰:"游山来。"师曰:"还到顶否?"曰:"到。"师曰:"顶上还有人否?"曰:"无人。"师曰:"恁么即阇梨不到顶也。"曰:"若不到顶,争知无人?"师曰:"阇梨何不且住?"曰:"某甲不辞住①,西天有人不肯。"师问太长老曰:"有一物上拄天,下拄地,常在动用中,黑如漆②,过在什么处?"太曰:"过在动用。"同安显别云:"不知。"师乃咄云:"出去。"问:"如何是西来意?"师曰:"大似骇鸡犀。"师问雪峰:"从什么处来?"雪峰曰:"天台来。"师曰:"见智者否?"曰:"义存吃铁棒有分。"僧问:"蛇吞虾蟆,救即是,不救即是?"师曰:"救即双目不睹,不救即形影不彰。"因夜间不点灯,有僧出问话,退后。师令侍者点灯,乃召适来问话僧出来,其僧近前,师曰:"将取三两粉来,与遮个上坐。"其僧拂袖而退,自此省发玄旨③,遂罄舍衣资设斋。得三年后,辞师,师曰:"善为。"时雪峰侍立次,问曰:"只如遮僧辞去,几时却来?"师曰:"他只知一去,

---

① "住",丛刊本作"往"。
② "常在动用中""黑如漆",大正本倒乙。
③ "省",大正本作"惺"。

不解再来。"其僧归堂,就衣钵下坐化。雪峰上报师,师曰:"虽然如此,犹较老僧三生在。"

雪峰上问讯,师曰:"入门来须得语,不得道'早个入了也'。"雪峰曰:"义存无口。"师曰:"无口且从,还我眼来。"雪峰无语。云居膺别前语云:"待某甲有口即道。"长庆稜别云:"恁么即某甲谨退。"师问僧:"什么处来?"曰:"三祖塔头来。"师曰:"既从祖师处来,又要见老僧作什么?"曰:"祖师即别,学人与和尚不别。"师曰:"老僧欲见阇梨本来师,还得否?"曰:"亦须待和尚自出头来始得。"师曰:"老僧适来,暂时不在。"云居问:"如何是祖师西来意?"师曰:"阇梨向后有把茅盖头,或有人问阇梨,且作么生向伊道?"官人问:"有人修行否?"师曰:"待公作男子即修行。"

僧问:"承古有言'相逢不擎出,举意便知有'时如何?"师乃合掌顶戴。师问德山侍者:"从何方来?"曰:"德山来。"师曰:"来作什么?"曰:"孝顺和尚来。"师曰:"世间什么物最孝顺?"侍者无对。师有时云:"体得佛向上事,方有些子语话分。"僧便问:"如何是语话?"师曰:"语话时阇梨不闻。"曰:"和尚还闻否?"师曰:"待我不语话时即闻。"僧问:"如何是正问正答?"师曰:"不从口里道。"曰:"若有人问,师还答否?"师曰:"也未曾问。"① 问:"如何是从门入者非宝?"师曰:"便休,便休。"师问讲《维摩经》僧曰:"不可以智知,不可以识识,唤作什么语?"对曰:"赞法身语。"师曰:"法身是赞,何用

---

① "曾",碛砂本、大正本无。

更赞？"

师有时垂语曰："直道本来无一物，犹未消得他钵袋子。"僧便问："什么人合得？"师曰："不入门者。"僧曰："只如不入门者还得也无？"师曰："虽然如此，不得不与他。"师又曰："直道本来无一物，犹未消得他衣钵。遮里合下得一转语，且道下得什么语？"有一上坐，下语九十六转，不惬师意。末后一转，始可师意，师曰："阇梨何不早恁么道？"有一僧闻，请举，如是三年执侍巾瓶，终不为举。上坐因有疾，其僧曰："某甲三年请举前话，不蒙慈悲。善取不得，恶取。"遂持刀向之曰："若不为某甲举，即便杀上坐也。"上坐悚然曰："阇梨且待我为汝举。"乃曰："直饶将来，亦无处著。"其僧礼谢。

僧问："师寻常教学人行鸟道，未审如何是鸟道？"师曰："不逢一人。"曰："如何行？"师曰："直须足下无丝去。"曰："只如行鸟道，莫便是本来面目否？"师曰："阇梨因什么颠倒？"曰："什么处是学人颠倒？"师曰："若不颠倒，因什么认奴作郎？"曰："如何是本来面目？"师曰："不行鸟道。"师谓众曰："知有佛向上人，方有语话分。"时有僧问："如何是佛向上人？"师曰："非常。"保福别云："佛非。"法眼别云："方便呼为佛。"师问僧："去什么处来？"僧曰："制鞋来。"师曰："自解，依他？"僧曰："依他。"师曰："他还指教阇梨也无？"僧曰："允即不违。"僧来，举："问茱萸：'如何是沙门行？'茱萸曰：'行即不无，人觉即乖。'"师令彼僧去进语曰："未审是什么行？"茱萸曰："佛行，佛行。"僧回举似师，师曰："幽州犹似可，最苦是新罗。"东禅齐拈云："此语还有疑讹也无？若有，且道什么处不得？若无，他又道'最苦是新罗？'还点检得出么①？他道'行即不无，人觉即乖'，师令再问：'是什么行？'又道'佛行'，那僧是会了问，不会而问？请断看。"僧却问师："如何是沙门行？"师曰："头长三尺，颈长二寸。"有僧举问归宗权和尚："只如洞山意作么生？"权云："封皮厚二寸。"

师见幽上坐来，遽起向禅床后立。幽曰："和尚为什么回避学人？"师曰："将谓阇梨觅老僧。"问："如何是玄中又玄？"师曰："如死人舌。"师洗钵次，见两乌争虾蟆，有僧便问曰："遮个因什么到恁么地？"师曰："只为阇梨。"僧问："如何是毗卢师、法身主？"师曰："禾茎粟干。"问："三身之中，阿那身未堕众数？"②师曰："吾常于此切。"僧问曹山："先师道'吾常于此切'意作么生？"曹山云："要头即斫将去。"又问雪峰，雪峰以拄杖拟之云："我亦曾到洞山来。"师因看稻田次，朗上坐牵牛曰③："遮个牛须好看，恐吃稻去。"师曰④："若是好牛，应不吃稻。"师问僧："世间何物最苦？"僧曰："地狱最苦。"师曰："不然。"曰："师意如何？"师曰："在此衣线下不明大事，是名最苦。"师问僧："名什么？"僧曰："某甲。"师曰："阿那个是阇梨主人公？"僧曰："见祇对次。"师曰："苦哉，苦哉。今时人例皆如此，只是认得驴前马后将为自己，佛法平沈，此之是也。客中辨主尚未分，如何辨得主中主？"僧便问："如何是主中主？"师曰："阇梨自道取。"僧曰："某甲道得即是客中主，如何是主中主？"师曰："恁么道即易，相续也大难。"云居别云："某甲道得，不是客中主。"

---

① "点检"，碛砂本作"检点"。
② "未"，碛砂本、大正本作"不"。
③ "曰"，碛砂本、大正本作"师曰"。
④ "师"，碛砂本、大正本作"朗"。

师示疾，令沙弥去云居传语，又曰："他忽问汝：'和尚有何言句？'但道：'云岩路欲绝也。'汝下此语须远立，恐他打汝去。"沙弥领旨去，语未终，早被云居打一棒，沙弥无语。同安显代云："怎么即云岩一枝不坠也。"后云居锡云："上坐，且道云岩路绝不绝？"崇寿稠云："古人打此一棒意作么生？"师将圆寂，谓众曰："吾有闲名在世，谁为吾除得？"① 众皆无对。时沙弥出曰："请和尚法号。"师曰："吾闲名已谢。"② 石霜云："无人得他肯。"云居云："若有闲名，非吾先师。"曹山云："从古至今，无人辨得。"疏山云："龙有出水之机，无人辨得。"问："和尚违和③，还有不病者也无？"师曰："有。"僧曰："不病者还看和尚否？"师曰："老僧看他有分。"曰："和尚争得看他？"师曰："老僧看时即不见有病。"师又曰："离此壳漏子，向什么处与吾相见？"众无对。

唐咸通十年三月，命剃发披衣，令击钟，俨然坐化。时大众号恸移晷，师忽开目而起曰："夫出家之人，心不附物，是真修行。劳生息死，于悲何有？"乃召主事僧，令办愚痴斋一中，盖责其恋情也。众犹恋慕不已，延至七日，食具方备。师亦随斋毕，曰："僧家勿事，大率临行之际喧动如斯。"至八日，浴讫，端坐长往。寿六十有三，腊四十二。敕谥悟本大师，塔曰慧觉。师昔在澧潭寻绎大藏④，纂出《大乘经要》一卷，并激励道俗、偈、颂诫等流布诸方。

---

① "得"，碛砂本、径山本无。
② "闲"，碛砂本、径山本无。
③ "和尚违和"，大正本作"和尚遗和"，径山本作"和尚病"。
④ "绎"，原作"译"，据《筠州洞山悟本禅师语录》改。

涿州杏山鉴洪禅师，临济问："如何是露地白牛？"师曰："吽。"济曰："哑却杏山口。"师曰："老兄作么生？"济曰："遮畜生。"师乃休。与石室问答，如彼章出之。师有《五咏》《十秀》，皆畅玄风。灭后茶毗，收五色舍利。

潭州神山僧密禅师，师在南泉打罗次，南泉问："作什么？"师曰："打罗。"曰："汝以手打脚打？"师曰："却请和尚道。"南泉曰："分明记取，向后遇明眼作家，但怎么举似。"云岩代云："无手脚者，始解打。"师与洞山渡水，洞山曰："莫错下脚。"师曰："错即过不得也。"洞山曰："不错底事作么生？"师曰："共长老过水。"一日与洞山锄茶园，洞山掷下钁头曰："我今日困，一点气力也无。"师曰："若无气力，争解怎么道得？"洞山曰："汝将谓有气力底是也？"

裴大夫问僧："供养佛，还吃否？"僧曰："如大夫祭家神。"大夫举似云岩，云岩代曰："有几般饭食，但一时下来。"云岩却问师："一时下来后作么生？"师曰："合取钵盂。"岩肯之。僧问："如何是无所闻者，乃曰听经？"师曰："要会么？"僧曰："要会。"师曰："未解听经在。"问："一地不见，二地如何？"师曰："汝莫错否？汝是何地？"有行者问："生死事乞师一言。"师曰："汝何时生死去来？"曰："某甲不会，请师说。"师曰："不会，须死一场去。"

幽溪和尚，僧问："大用现前，不存轨则时如何？"师起绕禅床一匝而坐。僧欲进语，师与一踏，僧归位而立。师曰："汝恁么,我不恁么;汝不恁么,我却恁么。"僧再拟进语,师又与一踏,曰:"三十年后,吾道大行。"

前华亭船子德诚禅师法嗣

澧州夹山善会禅师,广州岘亭人也,姓廖氏。九岁于潭州龙牙山出家,依年受戒。往江陵听习经论,该练三学。遂参禅会,励力参承。初住澧州①,一夕道吾策杖而至。遇师上堂,僧问:"如何是法身?"师曰:"法身无相。"曰:"如何是法眼?"师曰:"法眼无瑕。"师又曰:"目前无法,意在目前,不是目前法,非耳目所到。"道吾乃笑。师乃生疑,问吾何笑,吾曰:"和尚一等出世,未有师,可往浙中华亭县参船子和尚去。"师曰:"访得获否?"道吾曰:"彼师上无片瓦遮头,下无卓锥之地。"师遂易服,直诣华亭。会船子鼓棹而至,师资道契,微朕不留。语见船子章。

师比遁世忘机,寻以学者交凑,庐室星布,晓夕参依。唐咸通十一年庚寅,海众卜于夹山,遽成院宇。师上堂示众曰:"夫有祖以来,时人错会。相承至今,以佛祖句为人师范,如此却成狂人②、无智人去。他只指示汝:'无法本是道,道无一法。无佛可成,无道可得,无法可舍。'故云'目前无法,意在目前'。他不是目前法,若向佛祖边学,此人未有眼目,皆属所依之法,不得自在。本只为生死茫茫,识性无自由分,千里万里求善知识,须有正眼,永脱虚谬之见,定取目前生死,为复实有?为复实无?若有人定得,许汝出头。上根之人言下明道,中下根器波波

---

① "澧州",大正本作"京口"。
② "狂",丛刊本作"诳"。

浪走，何不向生死中定当取？何处更疑佛疑祖，替汝生死？有智人笑汝。"偈曰："劳持生死法，唯向佛边求。目前迷正理，拨火觅浮沤。"

僧问："从上立祖意、教意，和尚此间为什么言无？"师曰："三年不食饭，目前无饥人。"曰："既无饥人，某甲为什么不悟？"师曰："只为悟迷却阇梨。"师说颂曰："明明无悟法，悟法却迷人。长舒两脚睡，无伪亦无真。"僧问："如何是道？"师曰："太阳溢目，万里不挂片云。"曰："如何得会？"师曰："清净之水，游鱼自迷。"问："如何是本？"师曰："饮水不迷源。"问："古人布发掩泥，当为何事？"师曰："九乌射尽，一翳犹存。一箭堕地，天下不黑。"问："祖意与教意同别？"师曰："风吹荷叶满池青，十里行人较一程。"

师有小师随侍日久，师住后，遣令行脚。游历禅肆，无所用心。闻师聚众，道播他室，回归省觐，而问曰："和尚有如是奇特事，何不早向某甲说？"师曰："汝蒸饭，吾著火，汝行益，吾展钵，什么处是孤负汝处？"小师从此悟入。师一日吃茶了，自烹一碗过与侍者，侍者拟接，师乃缩手曰："是什么？"侍者无对。有一大德来，问师："若是教意，某甲即不疑，只如禅门中事如何？"师曰："老僧也只解变生为熟。"问："如何是实际之理？"师曰："石上无根树，山含不动云。"问："如何是出窟师子？"师曰："虚空无影象①，足下野云生。"西川首坐游方至白马，举华严教语问曰："一尘含法界无边时如何？"白马曰："如

---

① "象"，径山本作"像"。

鸟二翼，如车二轮。"首坐曰："将谓禅门别有奇特事，元来不出教乘。"乃回本地。寻向夹山盛化，遣小师持前语而问师，师曰："雕沙无镂玉之谭，结草乖道人之思。"小师回，举似首坐，首坐乃赞："将谓禅门与教意不殊，元来有奇特之事。"问："如何是夹山境？"师曰："猿抱子归青嶂里，鸟衔华落碧岩前。"师再辟玄枢，逮于一纪。

唐中和元年辛丑十一月七日召主事曰："吾与众僧话道累岁①，佛法深旨，各应自知。吾今幻质，时尽即去，汝等善保护，如吾在日。勿得雷同世人，辄生惆怅。"言讫，至子夜②，奄然而逝。其月二十九日塔于本山，寿七十七，腊五十七，敕谥传明大师，塔曰永济。

行思禅师第五世
前舒州投子山大同禅师法嗣

投子感温禅师，第二世住。僧问："师登宝座，接示何人？"师曰："如月覆千溪。"僧曰："恁么即满地不亏也。"师曰："莫恁么道。"僧问："父不投，为什么却投子？"师曰："岂是别人屋里事？"僧曰："父与子，还属功也无？"师曰："不属。"曰："不属功底如何？"师曰："父子各自脱。"曰："为什么如此？"师曰："汝与我会。"师游山，见蝉蜕壳，侍者问曰："壳在遮里，蝉子向什么处去也？"师拈壳就耳畔摇三五下，作蝉响声，其僧于是开悟。

---

① "话"，径山本作"语"。
② "子"，大正本作"于"。

福州牛头微禅师，师上堂示众曰："三世诸佛，用一点伎俩不得，天下老师口似匾担，诸人作么生？大不容易，除非知有，莫能知之。"僧问："如何是和尚家风？"师曰："山畲粟米饭，野菜淡黄齑。"僧曰："忽遇上客来，又作么生？"师曰："吃即从君吃，不吃任东西。"问："不问骊龙颔下珠，如何识得家中宝？"师曰："忙中争得作闲人？"

　　西川青城香山澄照大师，僧问："诸佛有难，向火焰里藏身，未审衲僧有难，向什么处藏身？"师曰："水精瓮里著波斯。"问："如何是初生月？"师曰："太半人不见。"

　　陕府天福和尚，僧问："如何是佛法大意？"师曰："黄河无滴水，华岳总平沈。"①

　　濠州思明和尚，在投子众时，有僧问："如何是上坐沙弥、童行？"师曰："诺。"僧问："如何是清净法身？"师曰："屎里蛆儿，头出头没。"

　　凤翔府招福和尚，僧问："东牙、乌牙皆出队，和尚为什么不出队？"师曰："住持各不同，阇梨争得怪？"

---

① "沈"，原作"治"，据碛砂本、径山本改。

兴元府中梁山遵古禅师，问："空劫无人能问法，即今有问法何安？"师曰："大悲菩萨瓮里坐。"问："如何是祖师西来意？"师曰："道士担漏卮。"

襄州谷隐和尚，僧问："如何是不触白云机？"师曰："鹤带鸦颜，浮生不弃。"

安州九嵕山和尚，僧问："如何是佛？"师曰："即汝是。"问："远闻九嵕，及至到来只见一嵕。"师曰："阇梨只见一嵕，不见九嵕。"曰："如何是九嵕？"师曰："水急浪华粗。"

盘山和尚，幽州，第二世住。僧问："如何出得三界？"师曰："在里头来多少时邪？"曰："如何出得？"师曰："青山不碍白云飞。"问："承教有言'如化人烦恼，如石女儿'，此理如何？"师曰："阇梨直如石女儿去。"①

安州九嵕敬慧禅师，第二世住。僧问："解脱深坑，如何过得？"师曰："不求过。"僧曰："如何过得？"师曰："求过亦非。"

东京观音院岩俊禅师，邢台人也，姓廉氏。初参祖席，遍历衡庐岷蜀。尝经凤林深谷，欻睹珍宝发现，同侣相顾，意将取

---

① "如"，碛砂本、径山本作"须"。

之。师曰："古人锄园，触黄金若瓦砾。待吾营覆顶①，须此供四方僧。"言讫舍去。造谒投子，投子问曰："子昨宿何处？"师曰："在不动道场。"曰："既言不动，曷由至此？"师曰："至此岂是动邪？"曰："元来宿不著处。"然投子默认许之。寻抵东京，会有梁少保李资②，即河阳节度使罕之兄也。雅信内典，尤重于师。因舍宅建院，曰"观音明圣"，请师居之。周高祖、世宗二帝潜隐时，每登方丈，必施跪礼。及即位，特赐紫，号"净戒大师"。众常数百。乾德丙寅三月示疾，垂诫门人讫，怡颜合掌而灭。寿八十五，腊六十五。其年四月八日，塔于东郊丰台村。

前鄂州清平山令遵禅师法嗣③

蕲州三角山令珪禅师，初参清平，清平问曰："来作么？"师曰："来礼拜。"曰："礼拜阿谁？"师曰："特来礼拜和尚。"清平咄曰："遮钝根阿师。"师乃礼拜，清平于师颈上以手斫一下，师从此抠衣，密领宗旨。住后僧问："如何是佛？"师曰："明日来向汝道，如今道不得。"

---

① "营"，碛砂本、大正本作"营茅"。
② "资"，丛刊本、大正本作"鄩"。冯按：《册府元龟》卷九百二十七载："梁李鄩为太子太傅。"末帝诏曰："李鄩多因释教，诳惑群情，此后不得出入无常。"
③ "清"，原本脱，据碛砂本、大正本补。

景德传灯录卷第十六

吉州清原山行思禅师第五世七十二人①

朗州德山宣鉴禅师法嗣九人六人见录

  鄂州岩头全豁禅师

  福州雪峰义存禅师

  天台瑞龙院慧恭禅师

  泉州瓦棺和尚

  襄州高亭简禅师

  洪州感潭资国和尚

    德山鹅湖绍奭大师、凤翔府无垢和尚②、益州双流尉迟和尚 已上三人无机缘语句，不录

潭州石霜庆诸禅师法嗣四十一人二十一人见录

  河中南际山僧一禅师

  潭州大光山居诲禅师

  庐山怀祐禅师

  筠州九峰道虔禅师

---

① "世"下，丛刊本、大正本有"中"。

② "无"，东寺本、碛砂本无。

台州涌泉景欣禅师

潭州云盖山志元禅师

潭州谷山藏禅师

福州覆船山洪荐禅师

朗州德山存德慧空禅师

吉州崇恩和尚

石霜第三世辉禅师

郢州芭蕉和尚

潭州肥田伏和尚

潭州鹿苑晖禅师

潭州宝盖约禅师

越州云门海晏禅师

湖南文殊和尚

凤翔府石柱和尚

潭州中云盖和尚

河中栖岩存寿禅师

南岳玄泰上坐

> 杭州龙泉敬禅师、潞府盘亭宗敏禅师、新罗钦忠禅师、新罗行寂禅师、洪州鹿源和尚、郢州大阳山和尚、滑州观音和尚、郓州正觉和尚、商州高明和尚、许州庆寿和尚、镇州万岁和尚第二世、镇州灵寿和尚、镇州洪济禅师、吉州简之禅师、大梁洪方禅师、邛州守闲禅师、新罗朗禅师、新罗清虚禅师、汾州爽禅师、余杭通禅师 已上二十人无机缘语句,不录

澧州夹山善会禅师法嗣二十二人—十一人见录

澧州乐普山元安禅师

洪州上蓝令超禅师

郓州四禅和尚

江西逍遥山怀忠禅师

袁州盘龙山可文禅师

抚州黄山月轮禅师

洛京韶山寰普禅师

太原海湖和尚

嘉州白水寺和尚

凤翔府天盖山幽禅师

洪州同安和尚

韶州昙普禅师、吉州仙居山和尚、太原资福端禅师、洪州卢仙山延庆和尚、越州越峰和尚、朗州祇阇山和尚、益州栖穆和尚、嵩山全禅师、益州夹山院和尚、西京云岩和尚、安福延休和尚　已上一十一人无机缘语句，不录

前朗州德山宣鉴禅师法嗣①

鄂州岩头全豁禅师，泉州人也，姓柯氏。少礼清原谊公落发，往长安宝寿寺禀戒，习经律诸部。优游禅苑，与雪峰义存、钦山文邃为友。自余杭大慈山，迤逦造于临济。属临济归寂，乃谒仰山。才入门，提起坐具曰："和尚。"仰山取拂子拟举之，师曰："不妨好手。"后参德山和尚，执坐具上法堂瞻视，德山曰："作么？"师咄之，德山曰："老僧过在什么处？"师曰："两重公案。"乃下参堂。德山曰："遮个阿师，稍似个行脚人。"至来日

---

① 此前，大正本有"行思禅师第五世中"。

上问讯，德山曰："阇梨是昨日新到否？"曰："是。"德山曰："什么处学得遮个虚头来？"师曰："全豁终不自谩。"德山曰："他后不得孤负老僧。"

他日参，师入方丈门，侧身问："是凡是圣？"德山喝，师礼拜。有人举似洞山，洞山曰："若不是豁上座，大难承当。"师闻之乃曰："洞山老人不识好恶，错下名言。我当时一手抬，一手搦。"雪峰在德山作饭头，一日饭迟，德山擎钵下法堂，雪峰晒饭巾次，见德山乃曰："钟未鸣，鼓未打，老和尚向什么处去？"德山却归方丈。师在堂中闻之，拊掌曰："大小德山，犹未会句在。"时大众骇之，白德山曰："豁上坐不肯和尚，请勘过。"德山令侍者唤入方丈，问曰："上坐今日道老人未会句在，且作么生？"师密而启述，德山明日说法竟，大众下堂，师于僧堂前拊掌曰："惭愧大众，喜德山老人会句也，他后天下人近不得。然虽如此，也只得三年。"① 德山果三年后示灭。

一日与雪峰义存②、钦山文邃三人聚话。存蓦然指一碗水，邃曰："水清月现。"存曰："水清月不现。"师踢却水碗而去。自

---

① 自"德山擎钵"至此，东寺本作："德山擎钵下法堂，雪峰晒饭巾次，见德山乃曰：'钟未鸣，鼓未打，老和尚向什么处去？'德山却归方丈。师在堂中闻之，拊掌曰：'大小德山，犹未会末后句。'德山闻举，令侍者唤岩头去问：'你不肯老僧那？'岩头密启其意。师来日上堂说话，异于寻常。岩头到僧堂，抚掌大笑云：'且喜得堂头老汉会末后句，他后天下人不奈何。虽然如此，也只得三年。'三年后果然迁化矣。"大正本作："德山掌钵至法堂上，峰晒饭巾次，见德山便云：'这老汉，钟未鸣，鼓未响，托钵向什么处去？'德山便归方丈。峰举似师，师云：'大小德山，不会末后句。'山闻，令侍者唤师至方丈，问：'尔不肯老僧那？'师密启其意。德山至来日上堂，与寻常不同。师到僧堂前，抚掌大笑云：'且喜得老汉会末后句，他后天下人不奈何。虽然如此，也只得三年。'"

② "一日"前，大正本有"师"。

此遂师于洞山①,存、豁二士同嗣德山。师与存同辞德山,德山问:"什么处去?"师曰:"暂辞和尚下山去。"德山曰:"子他后作么生?"师曰:"不忘。"曰:"子凭何有此说?"师曰:"岂不闻:智慧过师,方堪传教。其或智慧齐等,他后恐减师半德。"②曰:"如是,如是。当善护持。"二士礼拜而退。存返闽川,居象骨山之雪峰。师庵于洞庭卧龙山,徒侣臻萃。

僧问:"无师还有出身处也无?"师曰:"声前古毳烂。"问:"堂堂来时如何?"师曰:"刺破眼。"问:"如何是祖师意?"师曰:"移取庐山来,向汝道。"师一日上堂,谓诸徒曰:"吾尝究《涅槃经》七八年,睹三两段文,似衲僧说话。"又曰:"休,休。"时有一僧出礼拜,请师举。师曰:"吾教意如伊字三点:第一向东方下一点,点开诸菩萨眼。第二向西方下一点,点诸菩萨命根。第三向上方下一点,点诸菩萨顶。此是第一段义。"又曰:"吾教意如摩醯首罗劈开面门,竖亚一只眼。此是第二段义。"又曰:"吾教意犹如毒涂鼓③,击一声远近闻者皆丧,亦云俱死。此是第三段义。"时小严上坐问:"如何是毒涂鼓?"师以两手按膝,亚身曰:"韩信临朝底。"严无语。

夹山会下一僧到石霜,入门便道"不审",石霜曰:"不必,阇梨。"僧曰:"恁么即珍重。"又到岩头,如前道"不审"。师曰:"嘘。"僧曰:"恁么即珍重。"方回步,师曰:"虽是后生,亦能管带。"其僧归,举似夹山。夹山曰:"大众,还会么?"众

---

① "于",东寺本、碛砂本无。
② 自"智慧过师"至此,大正本作:"智过于师,方堪传授;智与师齐,减师半德。"
③ "毒涂",大正本作"涂毒"。

无对。夹山曰："若无人道，老僧不惜两茎眉毛道去也。"乃曰："石霜虽有杀人刀，且无活人剑。"师与罗山卜塔基，罗山中路忽曰："和尚。"师回顾曰："作么？"罗山举手曰："遮里好片地。"师咄曰："瓜州卖瓜汉。"又行数里，徘徊间，罗山礼拜问曰："和尚岂不是三十年在洞山，而不肯洞山？"师曰："是。"又曰："和尚岂不是法嗣德山，又不肯德山？"师曰："是。"曰："不肯德山即不问，只如洞山有何所阙？"师良久曰："洞山好个佛，只是无光。"

僧问："利剑斩天下，谁是当头者？"师曰："暗拟。"再问，师咄曰："遮钝汉，出去。"问："不历古今时如何？"师曰："卓朔地。"曰："古今事如何？"师曰："任烂。"师问僧："什么处来？"曰："西京来。"师曰："黄巢过后，还收得剑么？"曰："收得。"师作引颈受刃声①，僧曰："师头落也。"师大笑，其僧后到雪峰，举前语，被拄杖打趁下山。问："二龙争珠，谁是得者？"师曰："俱错。"僧问雪峰："声闻人见性如夜见月，菩萨人见性如昼见日。未审和尚见性如何？"峰以拄杖打三下。其僧后举前语问师，师与三掴。问："如何是三界主？"师曰："汝还解吃铁棒么？"瑞岩问："如何是毗卢师？"师曰："道什么？"瑞岩再问之，师曰："汝年十七八未？"②

问："尘中如何辨主？"师曰："铜钞锣里盛油。"③ 问："弓折箭尽时如何？"师曰："去。"问："如何是岩中的的意？"师

---

① "作引颈受刃声"，大正本作"引颈作受刃势"。
② "十七八"，丛刊本作"二七八"，东寺本、碛砂本作"七七八"。
③ "盛油"，大正本作"满盛油"。

曰："谢指示。"僧曰："请和尚答话。"师曰："珍重。"问："如何是道？"师曰："破草鞋与抛向湖里著。"问："万丈井中，如何得到底？"师曰："吽。"僧再问，师曰："脚下过也。"问："古帆不挂时如何？"师曰："后园驴吃草。"尔后人或问佛、问法、问道、问禅者，师皆作嘘声。而常谓众曰："老汉去时，大吼一声了去。"唐光启之后，中原盗起，众皆避地，师端居晏如也。一日，贼大至，责以无供馈，遂俦刃焉。师神色自若，大叫一声而终，声闻数十里，即光启三年丁未四月八日也。门人后焚之，获舍利四十九粒，众为起塔。寿六十。僖宗谥清严大师，塔曰出尘。

福州雪峰义存禅师，泉州南安人也，姓曾氏。家世奉佛，师生，恶荤茹。于襁褓中，闻钟梵之声，或见幡华像设，必为之动容。年十二，从其父游莆田玉涧寺①，见庆玄律师，遽拜曰："我师也。"遂留侍焉。十七落发，谒芙蓉山常照大师，照抚而器之。后往幽州宝刹寺受具足戒，久历禅会，缘契德山。唐咸通中回闽中，登象骨山雪峰创院，徒侣翕然。懿宗赐号真觉大师，仍赐紫袈裟。

僧问："祖意与教意，是同是别？"师曰："雷声震地，室内不闻。"又曰："阇梨行脚为什么事？"问："我眼本正，因师故邪时如何？"师曰："迷逢达磨。"曰："我眼何在？"师曰："得不从师。"问："剃发染衣，受佛依荫。为什么不许认佛？"师曰：

---

① "涧"，原作"润"，据丛刊本、东寺本、碛砂本及《福州雪峰山故真觉大师碑铭》改。

"好事不如无。"师问坐主:"'如是'两字,尽是科文,作么生是本文?"坐主无对。五云和尚代云:"更分三段著。"问:"有人问:'三身中那个身不堕诸数?'古人云'吾常于此切',意旨如何?"师曰:"老汉九转上洞山。"僧拟再问,师曰:"拽出此僧著。"问:"如何是觌面事?"师曰:"千里未是远。"问:"如何是大人相?"师曰:"瞻仰即有分。"问:"文殊与维摩对谭何事?"师曰:"义堕也。"

僧问:"寂然无依时如何?"师曰:"犹是病。"曰:"转后如何?"师曰:"船子下扬州。"问:"承古有言……"师便作卧势,良久起曰:"问什么?"僧再举,师曰:"虚生浪死汉。"问:"箭露投锋时如何?"师曰:"好手不中的。"僧曰:"尽眼勿摽的时如何?"师曰:"不妨随分好手。"问:"古人道:'路逢达道人,不将语默对。'未审将什么对?"师曰:"吃茶去。"师问僧:"什么处来?"对曰:"神光来。"师曰:"昼唤作日光,夜唤作火光,作么生是神光?"僧无对。师自代曰:"日光,火光。"栖典坐问:"古人有言:'知有佛向上事,方有语话分。'如何是语话?"师把住曰:"道,道。"栖无对,师踏倒,栖起来汗流。师问僧:"什么处来?"僧曰:"近离浙中。"师曰:"船来,陆来?"曰:"二途俱不涉。"师曰:"争得到遮里?"曰:"有什么隔碍?"师便打。

问:"古人道觌面相呈?"① 师曰:"是。"曰:"如何是觌面相呈?"师曰:"苍天,苍天。"师问僧:"此水牯牛年多少?"僧

---

① "相呈",东寺本、碛砂本作"相呈时如何"。

无对，师自代曰："七十七也。"僧曰："和尚为什么作水牯牛？"师曰："有什么罪过？"僧辞，师问："什么处去？"曰："礼拜径山和尚去。"师曰："径山若问汝此间佛法如何，作么生道？"曰："待问即道。"师以拄杖打。寻举问道怤怤即镜清顺德大师。："遮僧过在什么处，便吃棒？"怤曰："问得径山彻困也。"① 师曰："径山在浙中，因什么问得彻困？"怤曰："不见道：远问近对。"师乃休。东禅齐云："那僧若会雪峰意，为什么被打？若不会，又打伊作什么？且道过在什么处？镜清虽即子父与他分析，也大似成就其丑拙。还会么？且如雪峰便休，是肯伊不肯伊？"

师一日谓慧稜曰：稜即长庆。"吾见沩山问仰山：'诸圣什么处去②？'他道：'或在天上③，或在人间。'汝道仰山意作么生？"稜曰："若问诸圣出没处，恁么道即不可。"师曰："汝浑不肯？忽有人问，汝作么生道？"稜曰："但道错。"师曰："是汝不错。"稜曰："何异于错？"师问僧："什么处来？"对曰："离江西。"师曰："江西与此间相去多少？"曰："不遥。"师竖起拂子曰："还隔遮个么？"曰："若隔遮个，即遥去也。"师便打。问："学人乍入丛林，乞师指示个入路。"师曰："宁自碎身如微尘，终不敢瞎却一僧眼。"问："四十九年后事即不问，四十九年前事如何？"师以拂子蓦口打。

有僧辞去，参灵云问："佛未出世时如何？"灵云举拂子。又问："出世后如何？"灵云亦举拂子。其僧却回，师问："阇梨近去，返太速生！"僧曰："某甲到彼，问佛法不相当，乃回。"师

---

① "问得径山"，东寺本、碛砂本作"问径山得"。
② "诸圣"，东寺本、碛砂本作"从上诸圣"。
③ "天上"，原作"上"，据东寺本、碛砂本改。

曰：“汝问什么事？”僧举前话，师曰：“汝问，我为汝道。”僧便问：“佛未出世时如何？”师举拂子。又问：“出世后如何？”师放下拂子。僧礼拜，师便打。后僧举似玄沙，玄沙云：“汝欲得会么？我与汝说个喻：如人卖一片园，东西南北一时结契总了也①，中心有个树子，犹属我在。”崇寿稠云：“为当打伊解处，别有道理？”因举：“六祖云：'不是风动，不是幡动，仁者心动。'”师曰：“大小祖师，龙头蛇尾②，好与二十拄杖。”时太原孚上坐侍立，闻之咬齿。师又曰：“我适来恁么道，也好与二十拄杖。”云居锡云：“什么处是祖师龙头蛇尾，便好吃棒？只如雪峰自道'我也好吃拄杖'③，且道佛法意旨作么生？久在众上坐，无有不知，初机兄弟，且作么生会？”东禅齐云：“雪峰怎么道？为当点检④，别有落处？众中唤作自抽让，抽过且置，祖师道'不是风动，不是幡动'，作么生？”

　　师问慧全：“汝得入处作么生？”全曰：“共和尚商量了。”师曰：“什么处商量？”曰：“什么处去来？”师曰：“汝得入处又作么生？”全无对，师打之。全坦问：“平洋浅草，麈鹿成群，如何射得麈中主？”师唤：“全坦。”坦应诺，师曰：“吃茶去。”师问僧：“近离什么处？”僧曰：“离沩山。曾问：'如何是祖师西来意？'沩山据坐。”师曰：“汝肯他否？”僧曰：“某甲不肯他。”师曰：“沩山古佛子，速去礼拜忏悔。”玄沙曰：“山头老汉蹉过沩山也。”⑤ 东禅齐云：“什么处是蹉过⑥？的当蹉过，莫便恁么会也无？若恁么会，即未会沩山意在。只如雪峰云'沩山古佛子'，教去忏悔，⑦ 是证明沩山，

---

① "结契总"，东寺本、碛砂本作"总结契"。
② "尾"，大正本作"足"。
③ "也"，东寺本、碛砂本无。
④ "点检"，东寺本、碛砂本作"检点"。
⑤ "沩山"，东寺本、碛砂本作"沩山事"。
⑥ "是"，东寺本、碛砂本无。
⑦ "教"，大正本作"速"。

是赞叹沩山。古事也难①，子细好，见去也不难。"问："学人道不得处，请师道。"师曰："我为法惜人。"师举拂子示一僧，其僧便出去②。长庆稜举似泉州王延彬，乃曰："此僧合唤转，与一顿棒。"彬曰："和尚是什么心行？"稜曰："几放过。"

师问慧稜："古人道'前三三，后三三'意作么生？"稜便出去。鹅湖别云："诺。"师问僧："什么处来？"对曰："蓝田来。"师曰："何不入草？"长庆稜云："险。"问："大事作么生？"师执僧手曰："上坐将此问谁？"有僧礼拜，师打五棒。僧曰："过在什么处？"师又打五棒，喝出。师问僧："什么处来？"僧曰："岭外来。"师曰："还逢达磨也无？"僧曰："青天白日。"师曰："自己作么生？"僧曰："更作么生？"师便打。师送僧出，行三五步，召曰："上坐。"僧回首，师曰："途中善为。"僧问："拈搥竖拂，不当宗乘，和尚如何？"师竖起拂子，其僧自把头出③，师乃不顾。法眼代云："大众，看此一员战将。"僧问："三乘十二分教，为凡夫开演，不为凡夫开演？"师曰："不消一曲杨柳枝。"师谓镜清曰："古来有老宿引官人巡堂云：'此一众尽是学佛法僧。'官人云：'金屑虽贵，又作么生？'老宿无对。"镜清代曰："比来抛砖引玉。"法眼别云："官人何得贵耳而贱目？"

师上堂，举拂子曰："遮个为中下。"④ 僧问："上上人来如何？"师举拂子。僧曰："遮个为中下。"师打之。问："国师三唤

---

① "古"，丛刊本、南藏本、径山本作"去"，大正本作"此"。
② "出去"，东寺本、碛砂本作"去"。
③ "把头"，碛砂本作"低头"。
④ "中下"，东寺本、碛砂本作"中下人"。

侍者意如何？"① 师乃起②，入方丈。师问僧："今夏在什么处？"曰："涌泉。"师曰："长时涌，暂时涌？"曰："和尚问不著。"师曰："我问不著？"曰："是。"师乃打③。普请往寺庄④，路逢猕猴，师曰："遮畜生，一人背一面古镜⑤，摘山僧稻禾。"僧曰："旷劫无名，为什么章为古镜？"⑥ 师曰："瑕生也。"僧曰："有什么死急，话端也不识。"⑦ 师曰："老僧罪过。"闽帅施银交床，僧问："和尚受大王如此供养，将何报答？"师以手托地曰："少打我。"僧问疏山曰："雪峰道'少打我'意作么生？"疏山云："头上插瓜䕡，垂尾脚跟齐。"问："吞尽毗卢时如何？"师曰："福堂归德平善否？"⑧ 师谓众曰："我若东道西道，汝则寻言逐句；我若羚羊挂角，汝向什么处扪摹？"⑨ 僧问保福："只如雪峰有什么言教，便似羚羊挂角？"时保福云："莫是与雪峰作小师不得么？"

师住闽川四十余年，学者冬夏不减千五百人。梁开平二年戊辰春三月示疾，闽帅命医诊视，师曰："吾非疾也。"竟不服其药。遗偈付法，夏五月二日朝游蓝田，暮归澡身，中夜入灭。寿八十七，腊五十九。

天台瑞龙院慧恭禅师，福州人也，姓罗氏。家世为儒，年十

---

① "意"，东寺本、碛砂本作"意旨"。
② "乃"，东寺本、碛砂本作"乃便"。
③ "打"，东寺本、碛砂本作"打之"。
④ "普请往寺庄"，东寺本、碛砂本作"因普请往庄中"。
⑤ "一人"，东寺本、碛砂本作"一个"。
⑥ "章"，大正本作"彰"。
⑦ "话端"，碛砂本作"话头"。
⑧ "福堂归德"，东寺本、碛砂本、大正本作"福唐归得"。
⑨ "扪摹"，大正本作"摸"。

七,举进士,随计京师。因游终南山奉日寺,睹祖师遗像,遂求出家,二十二受戒。游方,谒德山鉴禅师,鉴问曰:"会么?"恭曰:"作么?"鉴曰:"请相见。"恭曰:"识么?"鉴大笑,遂入室焉。暨鉴顺世,与门人之天台瑞龙院,大开法席。唐天复三年癸亥十二月二日午时,命众声钟,顾左右曰:"去。"言讫,跏趺而化,寿八十四,腊六十二。门人建塔。

泉州瓦棺和尚,德山问曰:"汝还会么?"师曰:"不会。"德山曰:"汝成持取个不会好。"① 师曰:"不会,成持个什么?"② 德山曰:"汝似一团铁。"③ 师遂抠衣德山。

襄州高亭简禅师,初隔江见德山,遥合掌呼云④:"不审。"德山以手中扇子再招之⑤,师忽开悟。乃横趋而去,更不回顾。后于襄州开法,嗣德山。

洪州大宁感潭资国和尚,白兆问:"家内停丧,请师慰问。"师曰:"苦痛,苍天!"兆曰:"死却爷,死却娘?"师打而趁之。师凡遇僧来,亦多以拄杖打趁。

前潭州石霜山庆诸禅师法嗣

河中南际山僧一禅师,僧问:"幸获亲近,乞师指示。"师

---

① "成持",大正本作"成褫",下同。
② "成持",东寺本作"又成持"。
③ "似一团铁",东寺本、碛砂本作"大似个铁橛"。
④ "呼",东寺本、碛砂本无。
⑤ "再",东寺本、碛砂本无。

曰："我若指示，即屈著汝。"僧曰："教学人作么生即是？"师曰："切忌是非。"问："如何是衲僧气息？"师曰："还曾熏著汝也无？"问："类即不问，如何是异？"师曰："要头即一任斫将去。"问："如何是法身主？"师曰："不过来。"又问："如何是毗卢师？"师曰："不超越。"师初居末山，后闽帅请开法于长庆禅苑。卒，谥本净大师，塔曰无尘。

潭州大光山居诲禅师，京兆人也，姓王氏。初造于石霜之室，函丈请益，经二载。又令主北塔，麻衣草屦，殆忘身意。一日，石霜将试其所得，垂问曰："国家每年放举人及第，朝门还得拜也无？"师曰："有人不求进。"曰："凭何？"师曰："且不为名。"石霜又因疾问曰："除却今日，别更有时也无？"师曰："渠亦不道今日是。"石霜甚然之。如是征诘数四，酬对无爽。盘桓二十余祀。

浏阳信士胡公请居大光山，提唱宗致①。有僧问："只如达磨是祖否？"师曰："不是祖。"僧曰："既不是祖，又来作什么？"师曰："为汝不荐祖。"僧曰："荐后如何？"师曰："方知不是祖。"问："混沌未分时如何？"师曰："时教阿谁叙②？"师又曰："一代时教，只是收拾一代时人。直饶剥彻底，也只是成得个了③，汝不可便将当却衲衣下事。所以道：四十九年明不尽，四十九年标不起。"凡示学徒，大要如此。唐天复三年癸亥九月三

---

① "宗致"，丛刊本、东寺本、碛砂本作"宗教"。
② "时教"，东寺本、碛砂本作"一代时教"。
③ "成得个了"，东寺本、碛砂本、南藏本作"成得个边事"，径山本、大正本作"成得个了事人"。

日归寂,寿六十有七。

庐山栖贤怀祐禅师,泉州仙游人也。受业于九坐山陈禅师,寻参学,预石霜之室。既承奥旨,居于谢山,其道未震。复迁止栖贤,徒侣臻萃。僧问:"如何是五老峰前句?"师曰:"万古千秋。"僧曰:"怎么莫成嗣绝也无?"师曰:"踌躇欲与谁?"僧问:"自远而来,请师激发。"师曰:"他不凭时。"[1] 曰:"请师凭时。"师曰:"我亦不换。"问:"如何是法法无差?"师曰:"雪上更加霜。"师后终于庐山,谥玄悟大师,塔曰传灯。

筠州九峰道虔禅师,福州侯官人也,姓刘氏。遍历法会,后受石霜印记,化徒于九峰焉。师上堂,有僧问:"无间中人,行什么行?"师曰:"畜生行。"曰:"畜生复行什么行?"师曰:"无间行。"曰:"此犹是长生路上人。"师曰:"汝须知有不共命者。"曰:"不共什么命?"师曰:"长生气不常。"师又曰:"诸兄弟,还识得命么?欲知命,流泉是命,湛寂是身。千波竞涌,是文殊境界,一亘晴空,是普贤床榻。其次借一句子是指月,于中事是话月。从上宗门中事,如节度使信旗。且如诸方先德,未建许多名目指陈已前,诸兄弟约什么体格商量?到遮里不假三寸,试话会看;不假耳根,试采听看;不假眼,试辨白看。所以道:声前抛不出,句后不藏形。尽乾坤都来是汝当人个体,向什么处安眼耳鼻舌?莫但向意根下图度作解,尽未来际亦未有休歇

---

[1] "他",丛刊本、大正本作"也"。

分。所以古人道'拟将心意学玄宗,状似西行却向东'。"

时有僧问:"九重无信,恩赦何来?"师曰:"流光虽遍,阃内不周。"曰:"流光与阃内,相去多少?"师曰:"渌水腾波,青山秀色。"问:"人人尽言请益,未审师将何拯济?"师曰:"汝道巨岳还曾乏寸土也无?"曰:"怎么即四海参寻,当为何事?"师曰:"演若迷头心自狂。"曰:"还有不狂者也无?"师曰:"有。"曰:"如何是不狂者?"师曰:"突晓途中眼不开。"问:"如何是学人自己?"师曰:"更问阿谁?"曰:"便怎么承当时如何?"①师曰:"须弥还更戴须弥么?"② 问:"祖祖相传,复传何法?"师曰:"释迦悭,迦叶富。"曰:"毕竟传底事作么生?"师曰:"同岁老人分夜灯。"③ 问:"诸佛非我道,如何是我道?"师曰:"我道非诸佛。"曰:"既非诸佛,为什么却立我道?"师曰:"适来暂唤来,如今却遣出。"曰:"为什么却遣出?"师曰:"若不遣出,眼里尘生。"

问:"一切处觅不得,岂不是圣?"师曰:"是什么圣?"曰:"牛头未见四祖时,岂不是圣?"师曰:"是圣境未忘。"曰:"二圣相去几何?"师曰:"尘中虽有隐形术,争奈全身入帝乡。"问:"承古有言,真心妄心?"④ 师曰:"是立真显妄。"曰:"如何是真心?"师曰:"不杂食。"曰:"如何是妄心?"师曰:"攀缘起倒是。"曰:"离此二途,如何是学人本体?"师曰:"本体不离。"曰:"为什么不离?"师曰:"不敬功德天,谁嫌黑暗女?"

---

① "便怎么",东寺本、碛砂本作"怎么便"。
② 前一"须弥",丛刊本无。
③ "同岁",径山本作"百岁"。
④ "心"下,东寺本、碛砂本、大正本有"是如何"。

问："承古有言'尽乾坤都来是个眼',如何是乾坤眼?"师曰："乾坤在里许。"曰："乾坤眼何在?"师曰："正是乾坤眼。"曰："还照瞩也无?"师曰："不借三光势。"曰："既不借三光势,凭何唤作乾坤眼?"师曰："若不如是,髑髅前见鬼人无数。"问："一笔丹青,为什么邈不得?"师曰："僧繇却许志公。"曰："未审僧繇得什么人证旨,却许志公?"师曰："乌龟稽首须弥柱。"问："动容沈古路,身没乃方知,此意如何?"师曰："偷佛钱,买佛香。"曰："学人不会。"师曰："不会即烧香供养本邪娘。"师后住泐潭而终,谥大觉禅师,塔曰圆寂。

台州涌泉景欣禅师,泉州仙游人也。本白云山受业,得石霜开示,而止丹丘涌泉之兰若。一日,师不披袈裟吃饭,有僧问："莫成俗否?"师曰："即今岂是僧邪?"有强、德二禅客到,于路次见师骑牛,不识师,乃曰："蹄角甚分明,争奈骑者不识?"师骤牛而去。二禅客憩于树下煎茶,师回,下牛近前不审,与坐吃茶。师问曰："二禅客近离什么处?"曰："离那边。"师曰："那边事作么生?"彼提起茶盏。师曰："此犹是遮边,那边事作么生?"二人无对,师曰："莫道骑者不识好。"

潭州云盖山志元,号"**圆净大师**"。游方时,问云居曰："志元不奈何时如何?"云居曰："只为阇梨功力不到处。"[①] 师不礼拜而退。遂参石霜,亦如前问,石霜曰："非但阇梨,老僧亦不

[①] "只为阇梨",东寺本、碛砂本作"阇黎只为"。

奈何。"师曰:"和尚为什么不奈何?"石霜曰:"老僧若奈何,拄过汝不奈何。"别有问答,"石霜章"出之。有僧问:"如何是佛?"师曰:"黄面底是。"曰:"如何是法?"师曰:"藏里是。"问:"然灯未出时如何?"师曰:"昧不得。"问:"蛇子为什么吞师?"①师曰:"通身色不同。"问:"如何是衲僧?"师曰:"参寻访道。"

潭州谷山藏禅师,僧问:"祖意教意,是一是二?"师曰:"青天白日,夜半浓霜。"②

福州覆船山洪荐禅师,僧问:"如何是本来面目?"师闭目吐舌,又开目吐舌。僧曰:"本来有如许多面目?"师曰:"适来见什么?"问:"路逢达道人,不将语默对。未审将什么对?"师曰:"老僧也恁么。"师将示灭,三日前令侍者唤第一坐来。师卧,出气一声,第一坐唤侍者曰:"和尚渴,要汤水吃。"师乃面壁而卧。临终令集众,乃展两手,出舌示之。时第三坐曰:"诸人,和尚舌根硬也。"师曰:"苦哉,苦哉!诚如第三坐所言,舌根硬去也。"再言之而告寂。谥绍隆大师,塔曰广济。

朗州德山存德,号**"慧空大师"**。第六世住。僧问③:"如何是一句?"师曰:"更请问。"问:"如何是和尚先陀婆?"④师曰:"昨夜三更见月明。"

---

① "师",东寺本、碛砂本作"蛇师"。
② "霜",碛砂本作"云"。
③ "僧",原作"师",据丛刊本、东寺本改。
④ "先",东寺本、碛砂本、大正本作"仙"。

吉州崇恩和尚，僧问："祖意教意，是一是二？"师曰："少林虽有月，葱岭不穿云。"

石霜辉禅师，第三世住。僧问："佛出世，先度五俱轮，和尚出世，先度何人？"师曰："总不度。"曰："为什么不度？"师曰："为伊不是五俱轮。"问："如何是和尚家风？"师曰："竹箸瓦碗。"

郢州芭蕉和尚，僧问："从上宗乘，如何举唱？"师曰："已被冷眼人觑破了。"问："不落诸缘，请师直指。"师曰："有问有答。"问："如何是和尚为人一句？"师曰："只恐阇梨不问。"

潭州肥田伏和尚，号"慧觉大师"。僧问："此地名什么？"师曰："肥田。"曰："宜什么？"师以拄杖打而趁之。

潭州鹿苑晖禅师，[①] 僧问："不假诸缘，请师道。"师敲火炉。僧曰："亲切处更请一言。"师曰："莫睡语。"问："牛头未见四祖时如何？"师曰："如月在水。"曰："见后如何？"师曰："如水在月。"问："祖祖相传，未审传个什么？"师曰："汝问我，我问汝？"僧曰："恁么即缁素不分也。"师曰："什么处去来？"

[①] "晖"，丛刊本作"辉"。

潭州宝盖约禅师，僧问："宝盖高高挂，其中事若何？请师言下旨，一句不消多。"师曰："宝盖挂空中，有路不曾通。傥求言下旨，便是有西东。"

越州云门山拯迷寺海晏禅师，僧问："如何是衲衣下事？"师曰："如人咬硬石头。"问："如何是古寺一炉香？"师曰："广大勿人嗅。"曰："嗅者如何？"师曰："六根俱不到。"问："久向拯迷，到来为什么不见拯迷？"师曰："阇梨不识拯迷。"

湖南文殊和尚，僧问："僧繇为什么邈志公不得？"师曰："非但僧繇，志公也邈不成。"曰："志公为什么邈不成？"师曰："彩缋不将来。"曰："和尚还邈得也无？"师曰："我亦邈不得。"曰："和尚为什么邈不得？"师曰："渠不以苟我颜色①，教我作么生邈？"问："如何是密室？"师曰："紧不就。"曰："如何是密室中人？"师曰："不坐上牛。"

凤翔府石柱和尚，游方时，遇洞山和尚。第二世。② 垂语曰："有四种人：一人说过佛祖，一步行不得；一人行过祖佛，一句说不得；一人说得行得；一人说不得行不得。阿那个是其人？"师出众而对曰："一人说过祖佛，行不得者，只是无舌不许行。一人行过祖佛，一句说不得者，只是无足不许说。一人说得行得

---

① "以"，丛刊本作"似"。
② "二"，丛刊本、东寺本、碛砂本、大正本作"三"。

者，即是函盖相称。一人说不得行不得，若有断命而求活①，此是石女披枷带锁。"洞山曰："阇梨自己作么生？"师曰："该通会上，卓卓宁彰。"洞山曰："只如'海上明公秀'又作么生？"师曰："幻人相逢，拊掌呵呵。"

潭州中云盖和尚，僧问："和尚开堂，当为何事？"师曰："为汝驴汉。"曰："诸佛出世，当为何事？"师曰："为汝驴汉。"问："祖佛未出世时如何？"师曰："像不得。"曰："出世后如何？"师曰："阇梨也须侧身始得。"问："如何是向上一句？"师曰："文殊失却口。"曰："如何是门头一句？"师曰："头上插花子。"问："如何是超百亿？"师曰："超人不得肯。"

河中府栖岩山大通院存寿禅师，不知何许人也，姓梅氏。初讲经论，后入石霜之室。随缘诱化，抵于蒲坂，缁素归心。僧问："莲华未出水时如何？"师曰："汝莫问出水后莲华事么？"僧无语。师平居罕言，叩之则应。度弟子四百人，尼众百数。终寿九十有三，谥真寂大师。

南岳玄泰上坐，不知何许人也。沉静寡言，未尝衣帛，众谓之"泰布衲"。始见德山鉴禅师，升于堂矣。后谒石霜普会禅师，遂入室焉。所居兰若，在衡山之东，号七宝台。誓不立门徒，四方后进依附，皆用交友之礼。尝以衡山多被山民斩木烧畲②，为

---

① "有"，东寺本、碛砂本、大正本无。
② "以"，东寺本、碛砂本作"谓"。

害滋甚，乃作《畲山谣》，远迩传播，达于九重，有诏禁止。故岳中兰若无复延燎①，师之力也②。将示灭，并无僧至，乃自出门，召一僧入。付嘱令备薪蒸，又留偈曰："今年六十五，四大将离主。其道自玄玄，个中无佛祖。不用剃头，不须澡浴，一堆猛火，千足万足。"偈终，端坐垂一足而逝。阇维，收舍利。于坚固禅师塔左，营小浮图置之。寿六十有五。

前澧州夹山善会禅师法嗣

澧州乐普山元安禅师，凤翔麟游人也，姓淡氏。卯年出家，依本郡怀恩寺祐律师披削，具戒，通经论。首问道于翠微、临济。临济常对众美之曰："临济门下一只箭，谁敢当锋？"师蒙许可，自谓已足③。寻之夹山卓庵，后得夹山书，发而览之，不觉竦然。乃弃庵，至夹山礼拜，端身而立。夹山曰："鸡栖凤巢，非其同类。出去。"师问曰："自远趋风，请师一接。"夹山曰："目前无阇梨，夹山无老僧。"④ 师曰："错也。"夹山曰："住，住，阇梨且莫草草匆速⑤，云月是同，溪山各异⑥。阇梨掐却天下

---

① "延"，东寺本、碛砂本作"然"。
② 此下，大正本注："《畲山谣》：畲山儿，无所知，年年斫断青山嵋。就中最好衡岳色，杉松利斧摧贞枝。灵禽野鹤无因依，白云回避青烟飞。猿猱路绝岩崔出，芝朮失根茅草肥。年年斫罢仍栽锄，千秋终是难□初。又道今年种不多，来年更斫当阳坡。国家寿岳尚如此，不知此理如之何？"
③ "自谓"，东寺本、碛砂本作"谓自"。
④ "夹山"，东寺本、碛砂本作"此间"。
⑤ "匆速"，东寺本、碛砂本、径山本、大正本作"匆匆"。
⑥ "云月是同，溪山各异"，东寺本、碛砂本作"溪山各异，云月是同"。

人舌头即得①,如何却教无舌人解语?"② 师茫然无对,夹山遂打③。师因兹服膺数载。兴化代云:"但知作佛,莫愁众生。"

师一日问夹山:"佛魔不到处,如何体会?"夹山曰:"烛明千里像,暗室老僧迷。"又问:"朝阳已升,夜月不现时如何?"夹山曰:"龙衔海珠,游鱼不顾。"夹山将示灭,垂语于众曰:"石头一枝,看看即灭矣。"师对曰:"不然。"夹山曰:"何也?"曰:"自有青山在。"夹山:"苟如是,即吾道不坠矣。"暨夹山顺世,师抵于浔阳。遇故人,因话武陵事,故人问曰:"倏忽数年,何处逃难?"师曰:"只在阛阓中。"曰:"何不无人处去?"师曰:"无人处有何难?"曰:"阛阓中如何逃避?"师曰:"虽在阛阓中,人且不识。"故人罔测。又问曰:"承西天有二十八祖,至于此土,人传一人。且如彼此不垂曲者如何?"师曰:"野老门前,不话朝堂之事。"曰:"合谭何事?"师曰:"未逢别者,终不开拳。"曰:"有人不从朝堂来④,相逢还话否?"师曰:"量外之机,徒劳目击。"无对⑤。

师寻之澧阳乐普山,卜于宴处。后迁止朗州苏溪,四方玄侣,憧憧奔凑。师示众曰:"末后一句,始到牢关,锁断要津,不通凡圣。欲知上流之士,不将祖佛见解贴在额头,如灵龟负图,自取丧身之本。"又曰:"指南一路,智者知疏。"问:"瞥然

---

① "掐",东寺本、碛砂本、大正本作"坐"。"即得",东寺本、碛砂本、大正本作"即不无"。
② "如何却教",东寺本、碛砂本、大正本作"争教"。
③ "遂",东寺本、碛砂本作"便"。
④ "人",东寺本、碛砂本、大正本无。
⑤ "无对",东寺本、碛砂本、大正本作"僧无对"。

便见时如何？"师曰："晓星分曙色，争似太阳辉。"问："恁么来不立，恁么去不泯时如何？"师曰："鬻薪樵子贵，衣锦道人轻。"问："经云：饭百千诸佛，不如饭一无修无证者。未审百千诸佛有何过？无修无证者有何德？"师曰："一片白云横谷口，几多归鸟夜迷巢。"问："日未出时如何？"师曰："水竭沧溟龙自隐，云腾碧汉凤犹飞。"

问："如何是本来事？"师曰："一粒在荒田，不耘苗自秀。"曰："若一向不耘，莫草里埋没却也无？"师曰："肌骨异刍荛，秭稗终难映。"问："不伤物命者如何？"师曰："眼花山影转，迷者谩彷徨。"问："不谭今古时如何？"师曰："灵龟无卦兆，空壳不劳钻。"问："不挂明暗时如何？"师曰："玄中易举，意外难提。"问："不生如来家，不坐华王坐时如何？"师曰："汝道火炉重多少？"问："祖意与教意，是一是二？"师曰："师子窟中无异兽，象王行处绝狐踪。"问："行到不思议处如何？"师曰："青山常举足，白日不移轮。"问："枯尽荒田独立事如何？"师曰："鹭倚雪巢犹可辨，乌投漆笠事难分。"① 问："如何是宾主双举？"师曰："枯树无横枝，鸟来难措足。"问："终日朦胧时如何？"师曰："掷宝混沙中②，识者天然异。"曰："恁么即展手不逢师也。"师曰："莫将鹤唳误作莺啼。"

问："圆伊三点人皆重，乐普家风事若何？"师曰："雷霆一震，布鼓声销。"问："停午时如何？"师曰："停午犹亏半，乌沈始得圆。"问："如何是西来意？"师曰："飒飒当轩竹，经霜不自

---

① "笠"，原作"立"，据丛刊本改。
② "掷"，丛刊本作"将"。

寒。"僧拟再问，师曰："只闻风击响，不知几千竿。"师上堂谓众曰："孙宾收铺去也，有卜者出来。"时有僧出曰："请和尚一卦。"师曰："汝家邪死。"僧无语。法眼代拊掌三下。问："如何是西来意？"师敲禅床曰："会么？"曰："不会。"师曰："天上忽雷惊宇宙，井底虾蟆不举头。"问："佛魔不到处，如何辨得？"师曰："演若头非失，镜中认取乖。"问："如何是救离生死？"师曰："执水苟延生①，不闻天乐妙。"问："四大从何而有？"② 师曰："湛水无波，沤因风击。"曰："沤灭归水时如何？"师曰："不浑不浊，鱼龙任跃。"

问："生死事如何？"师曰："一念忘机，太虚无点。"问："如何是道？"师曰："存机犹滞迹，去瓦却通途。"③ 问："如何是一藏收不得者？"师曰："雨滋三草秀，片玉本来辉。"问："一毫吞尽巨海，于中更复何言？"师曰："家有白泽之图，必无如是妖怪。"保福别云："家无白泽之图，亦无如是之怪。"问："凝然时如何？"师曰："时雷应节，震岳惊蛰。"曰："千般运动，不异个凝然时如何？"师曰："灵鹤翥空外，钝鸟不离巢。"曰："如何？"师曰："白首拜少年，举世人难信。"问："诸圣怎么来，将何供养？"师曰："土宿虽持锡，不是婆罗门。"问："祖意与教意同别？"④ 师曰："日月并轮空，谁家别有路？"曰："恁么即显晦殊途，事非一概也。"师曰："但自不亡羊，何须泣岐路？"

问："学人拟归乡时如何？"师曰："家破人亡，子归何处？"

---

① "水"，径山本作"承"。
② "从何"，碛砂本、大正本作"如何"。
③ "瓦"，大正本作"兀"，南藏本、径山本作"杌"。
④ "同别"，东寺本、碛砂本、大正本作"是同是别"。

曰："恁么即不归去也。"师曰："庭前残雪日轮消,室中游尘遣谁扫?"① 问："动是法王苗,寂是法王根。根苗即不问,如何是法王?"师举拂子。僧曰："此犹是法王苗。"师曰："龙不出洞,谁人奈何?"

师二山开法,语播诸方。唐光化元年戊午秋八月,诫主事曰："出家之法,长物不留,播种之时,切宜减省,缔构之务,悉从废停。流光迅速,大道深玄,苟或因循,曷由体悟?"虽激励恳切,众以为常,略不相儆。至冬,师示有微疾,亦不倦参请。十二月一日,告众曰:"吾非明即后也。今有一事问汝等:若道遮个是,即头上安头;若道遮个不是,即斩头求活。"时第一坐对曰:"青山不举足,日下不挑灯。"师曰:"遮里是什么时节,作遮个语话?"时有彦从上坐别对曰:"离此二途,请和尚不问。"师曰:"未在,更道。"曰:"彦从道不尽。"师曰:"我不管汝尽不尽。"曰:"彦从无侍者祇对和尚。"师乃下堂。

至夜,令侍者唤彦从入方丈,曰:"阇梨今日祇对老僧,甚有道理,据汝合体先师意旨。先师道'目前无法,意在目前,不是目前法,非耳目之所到',且道那句是主句?若择得出,分付钵袋子。"曰:"彦从不会。"师曰:"汝合会,但道。"曰:"彦从实不知。"师喝出,乃曰:"苦,苦!"玄觉云:"且道从上坐实不会,是怕见钵袋子粘著伊?"二日午时,别僧举前语问师,师自代曰:"慈舟不棹清波上,剑峡徒劳效木鹅。"② 便告寂,寿六十有五,腊四十六。塔于寺西北隅。

---

① "中",东寺本、碛砂本作"内"。
② "效",南藏本、径山本、大正本作"放"。

洪州上蓝令超禅师，初住筠州上蓝山，说夹山之禅，学侣俱会。后于洪井创禅苑居之，还以"上蓝"为名，化道益盛①。僧问："如何是上蓝本分事？"师曰："不从千圣借，岂向万机求？"曰："只如不借不求时如何？"师曰："不可拈放汝手里得么？"问："锋前如何辨事？"师曰："锋前不露影，莫向舌头寻。"问："二龙争珠，谁是得者？"师曰："其珠遍地，目睹如泥。"问："善财见文殊，却往南方意如何？"师曰："学凭入室，知乃通方。"曰："为什么弥勒遣见文殊？"师曰："道广无涯，逢人不尽。"至唐大顺庚戌岁正月初，召众僧而告曰："吾本约住此十年，今化事既毕，当欲行矣。"十五日斋毕，声钟，端坐长往。谥元真大师，塔曰本空。

郢州四禅和尚，僧问："古人有请不背，今请和尚入井，还去也无？"师曰："深深无别源，饮者消诸患。"问："如何是和尚家风？"师曰："会得底人意，须知月色寒。"

江西逍遥山怀忠禅师，僧问："不似之句，还有人道得否？"师曰："或即五日斋前，或即五日斋后。"问："剑镜明利，毫毛何惑？"师曰："不空罥索。"问："洪炉猛焰，烹锻何物？"师曰："烹佛烹祖。"曰："佛祖作么生烹？"师曰："业在其中。"曰："唤作什么业？"师曰："佛力不如。"问："四十九年不说一句，

① "化道"，大正本作"化导"。

如何是不说底一句?"师曰:"只履西行,道人不顾。"曰:"莫便是和尚消停处也无?"师曰:"马是官马不用印。"问:"如何是一老一不老?"师曰:"三从六义。"曰:"如何是奇特一句?"师曰:"坐佛床,斫佛朴。"问:"祖与佛,阿那个最亲?"师曰:"真金不肯博,谁肯换泥丸?"曰:"恁么即有不肯也。"师曰:"汝贵我贱。"问:"如何是悬剑万年松?"师曰:"非言不可及。"曰:"当为何事?"师曰:"只汝道话。"曰:"言外之事,如何明得?"师曰:"日久年多筋骨成。"问:"不敌魔军,如何证道?"师曰:"海水不劳杓子舀。"问:"不住有云山,常居无底船时如何?"师曰:"果熟自然。"曰:"更请师道。"师曰:"门前真佛子。"曰:"学人为什么不见?"师曰:"处处王老师。"

袁州盘龙山可文禅师,僧问:"亡僧迁化,向什么处去也?"师曰:"石牛沿江路,日里夜明灯。"问:"如何是佛?"师曰:"痴儿舍父逃。"师后居上蓝院。

抚州黄山月轮禅师,福州福唐人也,姓许氏。志学之岁,诣本郡黄檗山寺投观禅师禀教。及圆戒品,遂游方,抵涂水,谒三峰和尚,虽问答有序,而机缘靡契。寻闻夹山盛化,乃往叩之。夹山问师:"名什么?"师曰:"名月轮。"夹山作一圆相曰:"何似遮个?"师曰:"和尚恁么语话,诸方大有人不肯在。"曰:"贫道即恁么,阇梨作么生?"师曰:"还见月轮么?"曰:"阇梨恁么道,此间大有人不肯诸方。"师乃服膺参讯。一日,夹山抗声问曰:"子是什么处人?"师曰:"闽中人。"曰:"还识老僧否?"

师曰:"和尚还识学人否?"曰:"不然,子且还老僧草鞋价,然后老僧还子江陵米价。"师曰:"怎么即不识和尚,未委江陵米作么价?"夹山曰:"子善能哮吼。"乃入室受印,依附七年。方辞往抚州,卜龙济山隐居,玄侣云集。师遂演夹山奥旨,名闻诸方。后归临川,乐栖黄山,谓诸徒曰:"吾居此山,颇谐素志矣。"

师上堂谓众曰:"祖师西来,特唱此事,自是诸人不荐,向外驰求。投赤水以寻珠,就荆山而觅玉。所以道:从门入者,不是家珍;认影为头,岂非大错?"时有僧问:"如何是祖师意?"师曰:"梁殿不施功,魏邦绝心迹。"问:"如何是道?"师曰:"石牛频吐三春雾,木马嘶声满道途。"问:"如何得见本来面目?"师曰:"不劳悬石镜,天晓自鸡鸣。"问:"宗乘一句,请师商量。"师曰:"黄峰独脱物外秀,年来月往冷飕飕。"问:"不辨中言,如何指拨?"师曰:"剑去远矣,尔方刻舟。"问:"如何是衲衣下事?"师曰:"石牛水上卧,东西得自由。"问:"如何是目前意?"师曰:"秋风有韵,片月无方。"问:"如何是学人用心处?"师曰:"觉户不掩①,对月莫迷。"问:"如何是青霄路?"师曰:"鹤栖云外树,不倦苦风霜。"问:"过去事如何?"师曰:"龙叫清潭,波澜自肃。"

师住黄山仅十三载,学者来无虚往。以后唐同光三年十二月二十一日示有微恙②,至二十六日午时,奄然坐化。寿七十二,腊五十三。明年正月二十日,塔于院西北隅。

---

① "掩",丛刊本作"桧"。
② "三年",碛砂本作"二年"。

洛京韶山寰普禅师。有僧到参，礼拜起立。师曰："大才藏拙户。"僧过一边立，师曰："丧却栋梁材。"① 遵布衲山下见师，乃问："韶山在什么处？"师曰："青青翠竹处。"② 遵曰："莫只遮便是否？"师曰："是即是，阇梨有什么事？"曰："拟申一问③，未审师还答否？"师云："看君不是金牙作，争解弯弓射尉迟。"遵曰："凤皇直入烟霄路④，谁怕林中野鹊儿？"⑤ 师曰："当轩画鼓从君击，试展家风似老僧。"遵曰："一句迥超今古格，松萝不与月轮齐。"师曰："饶君直得威音外⑥，犹较韶山半月程。"遵曰："过在什么处？"师曰："偶傥之辞，时人知有。"遵曰："恁么即真玉泥中异⑦，不拨万机尘。"师曰："鲁般门下，徒施巧妙。"遵云："学人即恁么⑧，师意如何？"⑨ 师曰："玉女夜抛梭，寄锦于西舍。"⑩ 遵曰："莫便是和尚家风也无？"师曰："耕夫置玉楼⑪，不是行家作。"遵曰："此是文言，和尚家风如

---

① 此下，东寺本、碛砂本有："师问僧：'莫是多口白头遵么？'遵云：'不敢。'云：'多少口？'遵云：'通身是。'师云：'寻常向什么处屙？'遵云：'向韶山口里屙。'师云：'有韶山口，向韶山里；无韶山口，向什么处屙？'遵无对，师便打。"
② "翠竹"，东寺本、碛砂本作"郁郁"。"处"下，东寺本、碛砂本、大正本有"是"。
③ "申"，东寺本作"伸"。
④ "路"，东寺本、碛砂本、大正本作"去"。
⑤ "中"，东寺本、碛砂本、大正本作"间"。
⑥ "得"，东寺本、碛砂本、大正本作"出"。
⑦ "恁么"，东寺本、碛砂本、大正本作"与么"。
⑧ "恁么"，东寺本、碛砂本作"与么"。
⑨ "如何"，东寺本、碛砂本作"又如何"。
⑩ "寄"，径山本作"织"。
⑪ "玉楼"，东寺本、碛砂本、大正本作"玉漏"。此下，大正本注："卿公《事苑》云：当作'玉耧'，谓楼犁也，耕人用耧所以布子种。禅录所谓'看缕打耧'，正谓是也。《魏略》曰：皇甫阴为炖煌太守，民不晓耕种，因教民作楼犁，省力过半。然楼乃陆种之具，南人多不识之，故详出焉。音楼。"

何?"师曰:"横身当宇宙,谁是出头人?"① 终谥无畏禅师②。

太原海湖和尚,因有人请灌顶三藏供养,敷坐讫,师乃就彼位坐。时有云涉坐主问曰:"和尚什么年行道?"师曰:"坐主近前来。"涉近前,师曰:"只如憍陈如是什么年行道?"涉茫然。师咄曰:"遮尿床鬼。"僧问:"和尚院内人何太少,定水院人何太多?"师曰:"草深多野鹿,岩高獬豸稀。"③

嘉州白水寺和尚,僧问:"如何是西来意?"师曰:"四溟无窟宅,一滴润乾坤。"问:"曹溪一路,合谭何事?"师曰:"涧松千载鹤来聚,月中香桂凤皇归。"

凤翔天盖山幽禅师,僧问:"如何是天盖水?"师曰:"四海滂浤,不犯涓滴。"问:"学人拟看经时如何?"师曰:"既是大商,何求小利?"

洪州建昌凤栖山同安和尚,第一世住。僧问:"如何是和尚家风?"师曰:"金鸡抱子归霄汉,玉兔怀胎入紫微。"僧曰:"忽遇客来,将何祇待?"师曰:"金果早朝猿摘去,玉华晚后凤衔来。"

---

① 此下,东寺本有:"遵不礼拜。一日,又问:'阇黎有冲天之计,老僧有入地之谋。阇黎横吞巨海,老僧背负须弥。阇黎横剑上来,老僧亚枪相待。向上一路,速道,速道!'遵云:'明镜当台请一鉴。'师云:'不鉴。'遵云:'为什么不鉴?'师云:'浅水无鱼,徒劳下钓。'遵无语,师便打,遵方礼拜师。"
② "终谥无畏禅师",东寺本作"后谥无畏大师"。
③ "稀",原作"希",据东寺本、碛砂本、南藏本、径山本、大正本改。

问："终日在潭，为什么钓不得？"师曰："玄源不隐无生宝，莫谩垂钩向碧潭。"问："澄机一句，晓露不逢时如何？"师曰："太阳门下无星月，天子殿前无贫儿。"问："如何是同安转身处？"师曰："旷劫不曾沈玉露，目前岂滞太阳机？"问："险恶道中，如何进步？"师曰："玄身透过千差路，碧海无波往即难。"问："如何是衲衣下事？"师曰："一片玉轮今古在，岂同渔父夜沈钩？"问："如何是大勿惭愧底人？"师曰："空王不坐无生殿，迦叶堂前不点灯。"

景德传灯录卷第十七

吉州清原山行思禅师法嗣①
第五世②二十六人
袁州洞山良价禅师法嗣二十六人—十八人见录
　　洪州云居山道膺禅师
　　抚州曹山本寂禅师
　　洞山第二世道全禅师
　　湖南龙牙山居遁禅师
　　京兆华严寺休静禅师
　　京兆蚬子和尚
　　筠州九峰普满大师
　　台州幽栖道幽禅师
　　洞山第三世师虔禅师
　　洛京白马遁儒禅师③
　　越州乾峰和尚

---

① "法嗣"，径山本无。
② "世"下，大正本有"下"。
③ "京"，东寺本、碛砂本作"州"。

吉州禾山和尚

明州天童山咸启禅师①

潭州宝盖山和尚

益州北院通禅师

高安白水本仁禅师

抚州疏山光仁禅师

澧州钦山文邃禅师

  明州天童山义禅师、太原资圣方禅师、新罗国金藏和尚、益州白禅师、潭州文殊和尚、舒州白水山和尚、邵州西湖和尚、青阳通玄和尚　已上八人无机缘语句，不录

第六世四十三人②

鄂州岩头全豁禅师法嗣九人六人见录

  台州瑞岩师彦禅师

  怀州玄泉彦禅师

  吉州灵岩慧宗禅师

  福州罗山道闲禅师

  福州香溪从范禅师

  福州罗源圣寿严禅师

    洪州大宁海一禅师、信州鹅湖山韶和尚、洪州大宁讷和尚　已上三人无机缘语句，不录

洪州感潭资国和尚法嗣一人见录

  安州白兆山志圆禅师

---

① 此下，大正本注："十一卷有目无传。"
② "世"下，大正本有"之一"。

濠州思明和尚法嗣一人见录

  襄州鹫岭善本禅师

潭州大光山居诲禅师法嗣一十三人七人见录

  潭州谷山有缘禅师

  潭州龙兴和尚

  潭州伏龙山第一世和尚

  京兆白云善藏禅师

  潭州伏龙山第二世和尚

  陕府龙峻山和尚

  潭州伏龙山第三世和尚

    大光山玄禅师、漳州藤霞和尚、宋州净觉和尚、华州崇胜证和尚、鄂州永寿和尚、鄂州灵竹和尚　已上六人无机缘语句，不录

筠州九峰道虔禅师法嗣一十人见录

  新罗清院和尚

  洪州泐潭神党禅师

  吉州南源山行修禅师

  洪州泐潭明禅师

  吉州秋山和尚

  洪州泐潭延茂禅师

  洪州同安常察禅师

  洪州泐潭悟禅师

  吉州禾山无殷禅师

  洪州泐潭牟和尚

台州涌泉景欣禅师法嗣一人见录

台州六通院绍禅师

潭州云盖山志元禅师法嗣三人见录

云盖山志罕禅师

新罗卧龙和尚

彭州天台和尚

潭州谷山藏禅师法嗣三人见录

新罗瑞岩和尚

新罗泊严和尚

新罗大岭和尚

潭州中云盖山和尚法嗣一人见录

云盖山景和尚

河中府栖岩存寿禅师法嗣

一人道德禅师　无机缘语句，不录

吉州清原行思禅师第五世
袁州洞山良价禅师法嗣

洪州云居道膺禅师，幽州玉田人也，姓王氏。童卯依师禀教，二十五，受具于范阳延寿寺。本师令习声闻篇聚，乃叹曰："大丈夫岂可桎梏于律仪邪？"乃去诣翠微山问道。经三载，有云游僧自豫章来，盛称洞山价禅师法席，师遂造焉。洞山问曰："阇梨名什么？"曰："道膺。"洞山云："向上更道。"师云："向上道，即不名道膺。"洞山曰："与吾在云岩时祇对无异也。"后师问："如何是祖师意？"洞山曰："阇梨他后有一把茅盖头，忽有人问，阇梨如何祇对？"曰："道膺罪过。"洞山有时谓师曰：

"吾闻思大和尚生倭国作王,虚实?"曰:"若是思大,佛亦不作,况乎国王?"洞山然之。一日,洞山问:"什么处去来?"师曰:"踏山来。"洞山曰:"阿那个山堪住?"曰:"阿那个山不堪住?"洞山曰:"恁么即国内总被阇梨占却也。"曰:"不然。"洞山曰:"恁么即子得个入路?"曰:"无路。"洞山曰:"若无路,争得与老僧相见?"曰:"若有路,即与和尚隔生去也。"洞山曰:"此子已后,千人万人把不住。"

师随洞山渡水,洞山问:"水深浅?"曰:"不湿。"洞山曰:"粗人。"曰:"请师道。"洞山曰:"不干。"洞山谓师曰:"昔南泉问讲《弥勒下生经》。僧曰:'弥勒什么时下生?'曰:'见在天宫,当来下生。'南泉曰:'天上无弥勒,地下无弥勒。'"师随举而问曰:"只如天上无弥勒,地下无弥勒,未审谁与安字?"洞山直得禅床震动,乃曰:"膺阇梨。"师合酱次,洞山问:"作什么?"师曰:"合酱。"洞山曰:"用多少盐?"曰:"旋入。"洞山:"作何滋味?"师曰:"得。"洞山问:"大阐提人杀父害母,出佛身血,破和合僧,如是种种,孝养何在?"师曰:"始得孝养。"自尔洞山许之,为室中领袖。

初止三峰,其化未广,后开云居山,四众臻萃。一日上堂,因举:"古人云:'地狱未是苦,向此衣服下不明大事①,失却最苦。'"师乃谓众曰:"汝等既在遮个行流,十分去九不较多也,更著些力,便是上坐不屈平生行脚,不孤负丛林。古人道:欲得保任此事,须向高高山顶立,深深水底行,方有些子气力。汝若

---

① "衣服",东寺本、碛砂本作"袈裟"。

大事未办，且须履践玄途。"问："如何是沙门所重？"师曰："心识不到处。"问："佛与祖有何阶级？"师曰："俱是阶级。"问："如何是西来意？"师曰："古路不逢人。"可观上坐问："的罢标指，请师速接。"师曰："即今作么生？"观曰："道即不无，莫领话好。"师曰："何必，阇梨。"问："如何是口诀？"师曰："近前来，向汝道。"僧近前曰："请师道。"师曰："也知，也知。"

师掷拂和问众："还会么？"众曰："不会。"师曰："趁雀儿也不会。"问："如何得不恼乱和尚？"师曰："与我唤处德来。"僧遂去唤来，师曰："与我闭却门。"问："马祖出八十八人善知识①，未审和尚出多少人？"师展手示之。问："如何是向上人行履处？"师曰："天下太平。"问："游子归家时如何？"师曰："且喜归来。"曰："将何奉献？"师曰："朝打三千，暮打八百。"师谓众曰："如好猎狗，只解寻得有纵迹底，忽遇羚羊挂角，莫道迹，气亦不识。"僧问："羚羊挂角时如何？"师曰："六六三十六。"又曰："会么？"僧曰："不会。"师曰："不见道无踪迹。"有僧举似赵州，赵州云："云居师兄犹在。"僧乃问："羚羊挂角时如何？"赵州云："六六三十六。"众僧夜参，侍者持灯来，见影在壁上，有僧便问："两个相似时如何？"师曰："一个是影。"问："学人拟欲归乡时如何？"师曰："只遮是。"

新罗僧问："佛陀波利见文殊，为什么却回去？"师曰："只为不将来，所以却回去。"师谓众曰："学佛法底人，如斩钉截铁始得。"时一僧出曰："便请和尚钉铁。"师曰："口里底是什么？"僧问："承教有言：是人先世罪业，应堕恶道，以今世人轻

---

① "八十八"，径山本作"八十四"。

贱,此意如何?"师曰:"动即应堕恶道,静即为人轻贱。"崇寿稠答云:"心外有法,应堕恶道;守住自己,为人轻贱。"僧问:"香积之饭,什么人得吃?"师曰:"须知得吃底人,入口也须挑出。"① 有一僧在房内念经,师隔窗问:"阇梨念者是什么经?"对曰:"《维摩经》。"师曰:"不问《维摩经》,念者是什么经?"其僧从此得入。

问:"孤迥且巍巍时如何?"② 师曰:"孤迥且巍巍。"僧曰:"不会。"师曰:"面前桉山子也不会。"③ 新罗僧问:"是什么得恁么难道?"师曰:"有什么难道?"曰:"便请和尚道。"师曰:"新罗,新罗。"问:"明眼人为什么黑如漆?"师曰:"何怪?"荆南节度使成汭遣大将入山送供,问曰:"世尊有密语,迦叶不覆藏。如何是世尊密语?"师召曰:"尚书。"其人应诺,师曰:"会么?"曰:"不会。"师曰:"汝若不会,世尊有密语④;汝若会,迦叶不覆藏。"僧问:"才生为什么不知有?"师曰:"不同生。"曰:"未生时如何?"师曰:"不曾灭。"曰:"未生时在什么处?"师曰:"有处不收。"曰:"什么人受灭?"师曰:"是灭不得者。"

师谓众曰:"汝等师僧家发言吐气,须有来由。凡问事须识好恶、尊卑、良贱,信口无益,傍家到处觅相似语。所以寻常向兄弟道:莫怪不相似,恐同学太多去。第一莫将来,将来不相似⑤。八十老人出场屋,不是小儿戏。一言参差,千里万里,难为收摄。直至敲骨打髓,须有来由。言语如钳夹钩锁,相续不

---

① "挑出",碛砂本、大正本作"抉出"。
② "且",大正本作"峭",下同。
③ "桉",大正本作"案"。
④ "世尊有密语",原作"世尊密语",据东寺本、碛砂本改。
⑤ "将来不相似",原作"不相似",据碛砂本、大正本改。

断，始得头头上具，物物上新，可不是精得妙底事？道汝知有底人，终不取次。十度拟发言，九度却休去，为什么如此？恐怕无利益。体得底人，心如腊月扇，口边直得醝出，不是汝强为，任运如此。欲得怎么事，须是怎么人，既是怎么人，何愁怎么事？学佛边事，是错用心，假饶解千经万论，讲得天花落，石点头，亦不干自己事，况乎其余，有何用处？若将有限心识，作无限中用，如将方木逗圆孔，多少差讹。设使攒花簇锦，事事及得，及尽一切事，亦只唤作了事人，无过人，终不唤作尊贵。将知尊贵边著得什么物？不见：从门入者非宝，棒上不成龙，知么？"

师如是三十年开发玄键①，徒众常及千五百之数。南昌钟氏，尤所钦风。唐天复元年秋示微疾，十二月二十八日为大众开最后方便，叙出世始卒之意，众皆怆然。越明年正月三日，跏趺长往。今本山影堂存焉。敕谥弘觉大师，塔曰圆寂。

抚州曹山本寂禅师，泉州莆田人也，姓黄氏。少慕儒学，年十九出家，入福州福唐县灵石山，二十五登戒。唐咸通初，禅宗兴盛，会洞山价禅师坐道场，往来请益。洞山问："阇梨名什么？"对曰："本寂。"曰："向上更道。"师曰："不道。"曰："为什么不道？"师曰："不名本寂。"洞山深器之。师自此入室，密印所解。盘桓数载，乃辞洞山。洞山问："什么处去？"曰："不变异处去。"洞山云："不变异，岂有去邪？"师曰："去亦不变异。"遂辞去，随缘放旷。初受请，止于抚州曹山，后居荷玉

---

① "键"，大正本作"楗"，径山本作"键"。

山。二处法席，学者云集。

问："不与万法为侣者是什么人？"师曰："汝道洪州里许多人，什么处去也？"问："眉与目还相识也无？"师曰："不相识。"曰："为什么不相识？"师曰："为同在一处。"曰："恁么即不分也。"师曰："眉且不是目。"曰："如何是目？"师曰："端的去。"曰："如何是眉？"师曰："曹山却疑。"曰："和尚为什么却疑？"师曰："若不疑，即端的去也。"问："于相何真？"师曰："即相即真。"曰："当何显示？"师提起托子。问："幻本何真？"师曰："幻本元真。"法眼别云："幻本不真。"曰："当幻何显？"师曰："即幻即显。"法眼别云："幻即无当。"曰："恁么即始终不离于幻也。"师曰："觅幻相不可得。"

问："如何是常在底人？"师曰："恰遇曹山暂出。"曰："如何是常不在底人？"师曰："难得。"僧清锐问："某甲孤贫，乞师拯济。"师曰："锐阇梨，近前来。"锐近前，师曰："泉州白家酒三盏，犹道未沾唇。"玄觉云："什么处是与他酒吃？"问："拟岂不是类？"师曰："直是不拟，亦是类。"曰："如何是异？"师曰："莫不识痛痒。"镜清问："清虚之理，毕竟无身时如何？"师曰："理即如此，事作么生？"曰："如理如事。"师曰："谩曹山一人即得，争奈诸圣眼何？"曰："若无诸圣眼，争鉴得个不恁么？"师曰："官不容针，私通车马。"云门问："不改易底人来，师还接否？"师曰："曹山无恁么闲功夫。"人问："古人云：人人尽有。弟子在尘蒙，还有也无？"师曰："过手来。"乃点指曰："一二三四五，足。"

问："鲁祖面壁，用表何事？"师以手掩耳。问："承古有言：

未有一人倒地，不因地而起。如何是倒？"师曰："肯即是。"曰："如何是起？"师曰："起也。"问："承教有言：大海不宿死尸。如何是海？"师曰："包含万有。"曰："为什么不宿死尸？"师曰："绝气者不著。"曰："既是包含万有，为什么绝气者不著？"师曰："万有非其功，绝气有其德。"曰："向上还有事也无？"师曰："道有道无即得，争奈龙王按剑何？"问："具何知解，善能对众问难？"师曰："不呈句。"曰："问难个什么？"师曰："刀斧斫不入。"曰："能恁么问难，还更有不肯者也无？"师曰："有。"曰："是什么人？"师曰："曹山。"问："无言如何显？"师曰："莫向遮里显。"曰："向什么处显？"师曰："昨夜三更床头，失却三文钱。"

问："日未出时如何？"师曰："曹山也曾恁么来。"曰："日出后如何？"师曰："犹较曹山半月粮①。"师问僧："作什么？"曰："扫地。"师曰："佛前扫，佛后扫？"曰："前后一时扫。"师曰："与曹山过鞰鞋来。"师问强德上坐曰："菩萨在定，闻香象渡河，出什么经？"曰："出《涅槃经》。"师曰："定前闻，定后闻？"曰："和尚流也。"师曰："道也大杀道，始道得一半。"曰："和尚如何？"师曰："滩下接取。"问："学人十二时中，如何保任？"师曰："如经蛊毒之乡，水不得沾著一滴。"问："如何是法身主？"师曰："谓秦无人。"曰："遮个莫便是否？"师曰："斩。"问："亲近什么道伴，即得常闻于未闻？"师曰："同共一被盖。"曰："此犹是和尚得闻，如何是常闻于未闻？"师曰："不同于木石。"曰：

---

① "粮"，碛砂本、大正本作"程"。

"何者在先,何者在后?"师曰:"不见道:常闻于未闻。"

问:"国内按剑者是谁?"师曰:"曹山。"法灯别云:"汝不是恁么人?"曰:"拟杀何人?"师曰:"但有一切总杀。"曰:"忽逢本父母作么生?"① 师曰:"拣什么?"曰:"争奈自己何?"师曰:"谁奈我何?"曰:"为什么不杀?"师曰:"勿下手处。"问:"一牛饮水,五马不嘶时如何?"师曰:"曹山解忌口。"又别云:"曹山老满。"② 问:"常在生死海中沉没者,是什么人?"师曰:"第二月。"曰:"还求出离也无?"师曰:"也求出离,只是无路。"曰:"出离什么人接得伊?"师曰:"担铁枷者。"僧举:"药山问僧:'年多少?'僧曰:'七十二。'药山曰:'是年七十二么?'曰:'是。'药山便打。此意如何?"师曰:"前箭犹似可,后箭射人深。"僧曰:"如何免得棒?"师曰:"正敕既行,诸侯避道。"东禅齐云:"曹山是明药山意,自出手,为复别有道理?还断得么?只如遮僧举问曹山,伊还有会处么?忽尔问:'上坐年多少?'别作么生祇对?"

问:"如何是佛法大意?"曰:"填沟塞壑。"问:"如何是师子?"师曰:"众兽近不得。"曰:"如何是师子儿?"师曰:"能吞父母。"曰:"既是众兽近不得,为什么被儿吞?"师曰:"子若哮吼,祖父母俱尽。"曰:"只如祖父母还尽也无?"师曰:"亦尽?"曰:"尽后如何?"师曰:"全身归父。"曰:"前来为什么道祖父亦尽。"师曰:"不见道:王子能成一国事,枯木上更采些子华。"问:"才有是非,纷然失心如何?"③ 师曰:"斩,斩。"僧举:"有人问香严:'如何是道?'答曰:'枯木里龙吟。'学

---

① "逢",东寺本、碛砂本作"遇"。
② "老满",东寺本、碛砂本作"老汉",大正本作"孝满"。
③ "失心如何",东寺本、碛砂本作"失心时如何"。

云：'不会。'曰：'髑髅里眼睛。'后问石霜：'如何是枯木里龙吟？'石霜云：'犹带喜在。'又问：'如何是髑髅里眼睛？'石霜云：'犹带识在。'"师因而颂曰："枯木龙吟真见道，髑髅无识眼初明。喜识尽时消不尽①，当人那辨浊中清？"其僧却问师②："如何是枯木里龙吟？"师曰："血脉不断。"曰："如何是髑髅里眼睛？"师曰："干不尽。"曰："未审还有得闻者无？"师曰："尽大地未有一个不闻。"曰："未审龙吟是何章句？"师曰："也不知是何章句，闻者皆丧。"

师如是启发上机，曾无轨辙可寻，及受洞山五位铨量，特为丛林标准。时洪州钟氏屡请不起，但写大梅和尚《山居颂》一首答之。天复辛酉季夏夜，师问知事僧："今是何日月？"对曰："六月十五日。"师曰："曹山一生行脚到处，只管九十日为一夏。"至明日辰时告寂，寿六十有二，腊三十有七。门人奉真骨树塔，敕谥元证大师，塔曰福圆。

洞山道全禅师，第二世住，亦云中洞山。初问洞山价和尚："如何是出离之要？"洞山曰："阇梨足下烟生。"师当下契悟，更不他游。云居膺进语云："终不敢孤负和尚足下烟生。"洞山云："步步玄者，即是功到。"暨价和尚圆寂，众请踵迹住持，海众悦服，玄风不坠。僧问："佛入王宫，岂不是大圣再来？"师曰："护明不下生。"僧曰："既是大圣再来，何更六年苦行？"师曰："幻人呈幻事。"曰："非幻者如何？"师曰："王宫觅不得。"问："清净行者，不

---

① "消不尽"，碛砂本作 "消息尽"。
② "却"，碛砂本作 "复"。

入涅槃；破戒比丘，不入地狱如何？"师曰："度尽无遗影，还他越涅槃。"问："极目千里，是什么风范？"师曰："是阇梨风范。"曰："未审和尚风范如何？"师曰："不布婆娑眼。"

湖南龙牙山居遁禅师，抚州南城人也，姓郭氏。年十四，于吉州满田寺出家，后往嵩岳受戒。乃杖锡游诸禅会，因参翠微和尚。问曰："学人自到和尚法席一个余月，每日和尚上堂，不蒙一法示诲，意在于何？"翠微曰："嫌什么？"有僧举前语问洞山，洞山云："阇梨争怪得老僧？"法眼别云："祖师来也。"东禅齐云："此三人尊宿语，还有亲疏也无？若有，阿那个亲？若无，亲疏眼在什么处？"又谒德山，问曰："远闻德山一句佛法，及乎到来，未曾见和尚说一句佛法。"德山曰："嫌什么？"师不肯，乃造洞山，如前问之。洞山曰："争怪得老僧？"师复举德山"头落"语，因自省过①，遂止于洞山，随众参请。一日问："如何是祖师意？"洞山曰："待洞水泝流②，即向汝道。"师从此始悟厥旨，复抠衣八稔。受湖南马氏请，住龙牙山妙济禅苑，号证空大师。有徒五百余众，法无虚席。

上堂示众曰："夫参学人须透过祖佛始得。新丰和尚云：祖教佛教，似生怨家，始有学分。若透祖佛不得，即被祖佛谩去。"时有僧问："祖佛还有谩人之心也无？"师曰："汝道江湖还有碍人之心也无？"又曰："江湖虽无碍人之心，为时人过不得，江湖成碍人去，不得道江湖不碍人。祖佛虽无谩人之心，为时人透不得，祖佛成谩人去，不得道祖佛不谩人。若透得祖佛过，此人过

---

① "因自"，丛刊本作"因而"。
② "泝"，东寺本、碛砂本注曰："音素，逆水也。"大正本作"逆"。

却祖佛也，始是体得祖佛意，方与向上古人同。如未透得，但学佛学祖，则万劫无有得期。"又问："如何得不被祖佛谩去？"师曰："则须自悟去。"

师在翠微时，问："如何是祖师意？"翠微曰："与我将禅板来。"师遂过禅板，翠微接得便打。师曰："打即任和尚打①，且无祖师意。"②又问临济："如何是祖师意？"临济曰："与我将蒲团来。"师乃过蒲团，临济接得便打。师曰："打即任和尚打③，且无祖师意。"④后有僧问："和尚行脚时，问二尊宿祖师意，未审二尊宿道眼明也未？"师曰："明即明也，要且无祖师意。"东禅齐云："众中道佛法即有，只是无祖师意，若恁么会，有何交涉？别作么生会'无祖师意'底道理？"

问："如何是道？"师曰："无异人心是。"又曰："若人体得道无异人心，始是道人，若是言说，则勿交涉。道者，汝知打底道人否？十二时中，除却著衣吃饭，无丝发异于人心，无诳人心，此个始是道人。若道我得、我会，则勿交涉。大不容易。"问："如何是祖师西来意？"师曰："待石乌龟解语，即向汝道。"曰："石乌龟语也。"师曰："向汝道什么？"问："古人得个什么便休去？"师曰："如贼入空室。"问："无边身菩萨，为什么不见如来顶相？"师曰："汝道如来还有顶相么？"问："大庾岭头提不起时如何？"师曰："六祖为什么将得去？"问："二鼠侵藤时如何？"师曰："须有隐身处始得。"曰："如何是隐身处？"师曰：

---

① "和尚"，大正本无。
② "且"，大正本作"要且"。
③ "和尚"，大正本无。
④ "且"，大正本作"要且"。

"还见侬家么？"

问："维摩掌擎世界，未审维摩向什么处立？"师曰："道者，汝道维摩掌擎世界？"问："知有底人，还有生死也无？"师曰："恰似道者未悟时。"问："如何是西来意？"师曰："此一问最苦。"报慈云："此一问最好。"① 问："祖意与教意同别？"师曰："祖师在后来。"问："祖师是无事沙门？"师曰："若是沙门，不得无事。"曰："为什么不得无事？"师曰："觅一个难得。"问："蟾蜍无返照之光，玉兔无伴月之意时如何？"师曰："尧舜之君，犹有化在。"东禅齐云："是什么问讯与上坐，十二时中是什么时节？"问："如何得此身安去？"师曰："不被别身谩始得。"法眼别云："谁恼乱汝？"师梁龙德三年癸未八月②，示有微疾。九月十三日夜半，大星陨于方丈前，诘旦，端坐而逝，寿八十有九。

京兆华严寺休静禅师，师曾在乐普作维那，白槌普请曰："上间般柴，下间锄地。"时第一坐问："圣僧作么生？"师曰："当堂不正坐，不赴两头机。"师在洞山时，问曰："学人未见理路，未免情识。"洞山曰："汝还见理路也无？"曰："见无理路。"洞山曰："什么处得情识来？"曰："学人实问。"洞山曰："恁么须向万里无寸草处立。"曰："无寸草处，还许立也无？"洞山曰："直须恁么去。"般柴次，洞山把住柴问："狭路相逢时作么生？"曰："反仄何幸。"洞山曰："汝记吾言：汝向南住有一千人，若向北住，即三二百而已。"

---

① "一问"，大正本作"问"。
② "梁"，丛刊本、东寺本作"唐"。"龙德"，后梁年号。

师初住福州东山之华严，未几，属后唐庄宗皇帝征入辇下，大阐玄风，其徒果三百矣。问："祖意与教意同别？"师曰："探尽龙宫藏，众义不能诠。"问："大悟底人为什么却迷？"师曰："破镜不重照，落花难上枝。"问："大军设天王斋求胜，贼军亦设天王斋求胜，未审天王赴阿谁愿？"师曰："天垂雨露，不拣荣枯。"一日，车驾入寺烧香，帝问曰："遮个是什么神？"师对曰："护法善神。"帝曰："沙汰时什么处去来？"师曰："天垂玉露①，不为荣枯。"师后游河朔，于平阳示灭。茶毗，获舍利，建四浮图：一晋州，二房州，三终南山逍遥园，四终南山华严寺。敕谥宝智大师，无为之塔。

京兆蚬子和尚，不知何许人也，事迹颇异，居无定所。自印心于洞山，混俗于闽川。不畜道具，不循律仪，常日沿江岸采掇虾蚬以充腹，暮即卧东山白马庙纸钱中，居民目为"蚬子和尚"。华严静师闻之，欲决真假，先潜入纸钱中。深夜师归，静把住问曰："如何是祖师西来意？"师遽答曰："神前酒台盘。"静奇之，忏谢而退。后静师化行京都，师亦至焉。竟不聚徒演法，惟佯狂而已。

筠州九峰普满大师，问僧："离什么处？"曰："闽中。"师曰："远涉不易。"曰："不难，动步便到。"师曰："有不动步者么？"僧曰："有。"师曰："争得到此间？"僧无对。师曰："赚杀人。"问："如何是和尚家风？"师曰："即今是什么？"曰：

----

① "玉露"，东寺本、碛砂本作"雨露"。

"学人不会。"师曰:"十字路上马蔺华。"

台州幽栖道幽禅师,镜清问:"如何是少父?"师曰:"无标的。"曰:"无标的以为少父邪?"师曰:"有什么过?"曰:"只如少父作么生?"师曰:"道者是什么心行?"问:"如何是佛?"师曰:"汝不信是众生?"曰:"学人大信。"师曰:"若作胜解,即受群邪。"师将示灭,有僧问曰:"和尚百年后,向什么处去?"师曰:"调然,调然。"言讫坐亡。

后洞山师虔禅师,第三世住也,亦号"青林和尚"。初自夹山来参,先洞山价和尚问曰:"近离什么处?"师曰:"武陵。"曰:"武陵法道,何似此间?"师曰:"胡地冬抽笋。"价曰:"别甑炊香饭,供养于此人。"师乃出去。洞山曰:"此子向后,走杀天下人在。"师在洞山栽松,有刘翁者从师求偈。师作偈曰:"长长三尺余,郁郁覆荒草。不知何代人,得见此松老?"刘翁得偈,呈于洞山。洞山曰:"贺翁翁喜,只此人是第三世也。"

师先住随州土门小青林兰若,后果回洞山接踵。凡有新到僧,先令般柴三转,然后参堂。有一僧不肯,问曰:"三转内即不问,三转外如何?"师曰:"铁轮天子寰中旨。"僧无对,师便打令去。僧问:"昔年疾苦又中毒,请师医。"师曰:"金鎞拨破脑,顶上灌醍醐。"曰:"恁么即谢师医。"师便打。问:"久负不逢时如何?"师曰:"古皇尺一寸。"问:"请师答话。"师曰:"修罗掌于日月。"师上堂谓众曰:"祖师宗旨,今日施行,法令已彰,复有何事?"时有僧问:"正法眼藏,祖祖同印。未审和尚传付何人?"师曰:"灵苗生有地,大悟不存师。"问:"如何是道?"师曰:"回牛寻远涧。"曰:"如何是道中人?"师曰:"拥雪首扬眉。"问:"千差路别,如何顿晓?"师曰:"足下背骊珠,空怨长天月。"

洛京白马遁儒禅师,问:"如何是衲僧本分事?"师曰:"十道不通风,哑子传远信。"曰:"传什么信?"师乃合掌顶戴。问:"如何是密室中人?"师曰:"才生不可得,不贵未生时。"曰:"是个什么不贵未生时?"师曰:"是汝阿邪。"问:"三千里外向白马,及乎到来,为什么不见?"师曰:"是汝不见,干老僧什么事?"曰:"请和尚指示。"师曰:"指即勿交涉。"问:"如何是学人本分事?"师曰:"昨夜三更日正午。"问:"如何是法身向上事?"师曰:"井底蛤蟆吞却月。"僧问黄龙:"如何是井底蛤蟆吞却月?"黄龙云:"不奈何。"僧云:"恁即吞却去也?"① 黄龙云:"一任吞。"僧云:"吞后如何?"黄龙云:"好蛤蟆。"问:"如何是学人急切处?"师曰:"俊鸟犹嫌钝,瞥然早已迟。"问:"如何是西来意?"师曰:"点额猢狲探月波。"

越州乾峰和尚,或云瑞峰。问僧:"什么处来?"曰:"天台。"师曰:"见说石桥作两段,是否?"曰:"和尚什么处来得遮消息来?"② 师曰:"将谓华顶峰前客,元是平田庄里人。"③ 问:"如

---

① "恁",东寺本、碛砂本作"恁么"。
② 前"来",东寺本、碛砂本、大正本无。
③ "元是",东寺本、碛砂本作"无来"。

何得出三界？"师曰："唤院主来趁出遮僧著。"师问众僧："轮回六趣，具什么眼？"众无对。问："如何是超佛越祖之谈？"师曰："老僧问汝。"曰："和尚且置。"师曰："老僧一问尚自不会，问什么超佛越祖之谈？"

吉州禾山和尚，僧问："学人欲申一问，师还容许否？"① 师曰："禾山答汝了也。"问："如何是西来意？"师曰："禾山大顶。"问："如何是和尚家风？"师曰："满目青山起白云。"

明州天童山咸启禅师，先住苏州宝花山。僧问："如何是本无物？"师曰："石润无含玉，矿异自生金。"伏龙山和尚来，师问："什么处来？"曰："伏龙来。"师曰："还伏得龙么？"曰："不曾伏遮畜生。"师曰："吃茶去。"简大德问："学人卓卓上来，请师的的。"师曰："我遮里一屙便了，有什么卓卓的的？"曰："和尚怎么对话，更买草鞋行脚好。"师曰："近前来。"简近前，师曰："只如老僧怎么对，过在什么处？"简无对，师便打②。

潭州宝盖山和尚，僧问："一间无漏舍，合是何人居？"师曰："无名不挂体。"曰："还有位也无？"师曰："不处。"问："如何是宝盖？"师曰："不从人天得。"曰："如何是宝盖中人？"师曰："不与时人知。"僧："佛来时如何？"师曰："觅他路不得。"问："切切时为什么不立人？"师曰："归亦踏不著。"曰：

---

① "容许"，东寺本、碛砂本作"答"。
② 此下，大正本注："十一卷又收在径山鉴宗下，何也？"。

"恁么时如何成立?"师曰:"不与时人知。"问:"世界坏时,此个何处去?"师曰:"千圣寻不得。"曰:"时人如何归向?"师曰:"直须似去。"曰:"还有的也无?"师曰:"不立标则。"

益州北院通禅师,在夹山时,一日夹山上堂曰:"坐断主人公,不落第二见。"师出曰:"须知有一人不合伴。"夹山曰:"犹是第二见。"师乃掀倒禅床,夹山曰:"老兄作么生?"师曰:"待某甲舌头烂,即向和尚道。"异日,师又问夹山曰:"'目前无法,意在目前,不是目前法,非耳目之所到',岂不是和尚语?"夹山曰:"是。"师乃掀倒禅床,叉手立地。夹山起来,打一拄杖,师便下去。法眼云:"是他掀倒禅床,何不便去?须待夹山打一棒了去,意在什么处?"师在洞山,随众参请,未契旨。遂辞洞山,拟入岭去,洞山曰:"善为。飞猿岭峻好看。"师沈吟良久,洞山曰:"通阇梨。"师应诺,洞山曰:"何不入岭去?"师因此不入岭①,师事于洞山。时号"镢头通"。

住后,上堂示众曰:"诸上坐,有什么事出来论量取。若上上根机②,不假如斯;若是中下之流,直须团削门户,索索地莫教入泥水。第一速疾省事,应须无心。若不无心,举得千般万般,只成知解,与此衲僧门下③,有什么交涉?"僧问:"如何是无心?"师曰:"不管系。"问:"二龙争珠,谁是得者?"师曰:"得即失。"曰:"不失如何?"师曰:"还我珠来。"问:"如何是

---

① "因此"下,东寺本、碛砂本、大正本有"惺悟更"。
② "若",东寺本、碛砂本作"若是"。
③ "此",东寺本、碛砂本无。

清净法身?"师曰:"无点污。"问:"转不得时如何?"师曰:"功不到。"问:"如何是大富贵底人?"师曰:"如轮王宝藏。"曰:"如何是赤穷底人?"师曰:"如酒店腰带。"问:"水洒不著时如何?"师曰:"干剥剥地。"问:"一槌便成时如何?"师曰:"不是偶然。"示灭后,敕谥证真大师。

高安白水本仁禅师,自洞山受记,唐天复中,迁止洪井高安白水院,众盈三百,玄言流播。因设洞山忌斋,有僧问:"供养先师,先师还来也无?"师曰:"更下一分供养著。"洪州西山众行者来礼拜,问曰:"今日不为别事,乞师指示。"师曰:"汝诸人求指示邪?"对曰:"是。"师曰:"教我委付阿谁?"镜清行脚到,师谓之曰:"时寒,道者。"清曰:"不敢。"师曰:"还有卧单得盖否?"曰:"设有,亦无展底功夫。"师曰:"直饶道者滴水滴冻,亦不干他事。"曰:"滴水冰生,事不相涉?"师曰:"是。"曰:"此人意作么生?"师曰:"此人不落意。"曰:"不落意,此人那?"师曰:"高山顶上,无可与道者唼啄。"

问:"如何是西来意?"师曰:"还见庭前杉橃树否?"① 曰:"恁么即和尚今日,因学人致得是非。"师曰:"多口。"坐主皎然去后,师知是雪峰禅客,乃曰:"盗法之人,终不成器。"皎然后住长生山,有僧问:"从上宗乘,如何举唱?"然曰:"不可为阇梨一人,荒却长生山也。"玄沙闻之曰:"然师兄佛法即大行,受记之缘亦就矣。"厥后众缘不备,果如仁和尚所记②。僧问:"如何是不迁义?"师曰:"落花随流水,

---

① "树",大正本无。
② "记",碛砂本作"说"。

明月上孤岑。"师将顺世,四众俱集,营斋声钟,焚香白众曰:"香烟绝处,是吾涅槃时也。"言讫,跏趺而坐,息随烟灭。

抚州疏山光仁禅师,身相短陋,精辩冠众。洞山门下,时有啮镞之机,激扬玄奥,咸以仁为能诠量者①,诸方三昧,可以询乎"矬师叔"。僧问:"如何是诸佛师?"师曰:"何不问疏山老汉?"僧无对。师手握木蛇,有僧问:"手中是什么?"师提起曰:"曹家女。"问:"如何是和尚家风?"师曰:"尺五头巾。"曰:"如何是尺五头巾?"师曰:"圆中取不得。"师举香严语问镜清:"肯重不得全,恁道者作么生会?"怠曰:"全归肯重。"师曰:"不得全肯者,作么生?"怠曰:"个中无肯路。"师曰:"始惬病僧意。"

因鼓山举"威音王佛师",师乃问:"作么生是威音王佛师?"鼓山曰:"莫无惭愧好。"师曰:"阇梨恁么道即得,若约病僧即不然。"曰:"作么生是威音王佛师?"师曰:"不坐无贵位。"洞山第四世。问:"如何是一句?"师曰:"不道。"曰:"为什么不道?"师曰:"少时辈。"问:"恁么时如何?"师曰:"将军不上便桥,金牙徒劳拈筈。"问:"如何是直指?"师曰:"珠中有水君不信②,拟向天边问太阳。"冬至夜,有僧上堂问③:"如何是冬来意?"师曰:"京中出大黄。"问:"和尚百年后,向什么处去?"师曰:"背底芒丛,四脚指天。"师迁化时,有偈曰:"我路碧空外,白云无处闲。世有无根树,黄叶风送还。"偈终而逝。

---

① "诠",大正本作"铨"。
② "君",大正本作"若"。
③ "有僧上堂",东寺本、碛砂本作"上堂有僧"。

又著《四大》等颂，略《华严长者论》，流传于世。

澧州钦山文邃禅师，福州人也。少依杭州大慈山寰中禅师受业。时岩头、雪峰在众，睹师吐论，知是法器，相率游方。二士缘契德山，各承印记。师虽屡激扬，而终然凝滞。一日，问德山曰："天皇也恁么道，龙潭也恁么道，未审德山作么生道？"德山曰："汝试举天皇、龙潭道底来？"师方欲进语，德山以拄杖打，异入涅槃堂。师曰："是即是，打我太杀。"法眼别云："是即是，错打我。"更有语句，如德山、岩头章出焉。师后于洞山言下发解，乃为洞山之嗣。

年二十七，止于钦山，对大众前自省过。举：初参洞山时，洞山问："什么处来？"师曰："大慈来。"曰："还见大慈么？"师曰："见。"曰："色前见，色后见？"师曰："非前后见。"洞山默置。师乃曰："离师太早，不尽师意。"问："如何是祖师西来意？"师曰："梁公曲尺，志公剪刀。"问："一切诸佛法，皆从此经出，如何是此经？"师曰："常转。"曰："未审经中说什么？"师曰："有疑请问。"问："如何是和尚家风？"师曰："锦帐银香囊，风吹满路香。"有僧写师真呈，师问："还似我也无？"僧无对。师自代曰："众僧看取。"一日，师入浴院，见僧踏水轮。僧见师，乃下不审。师曰："幸自碌碌地转，何须却恁么？"僧云："不恁么又争得？"师曰："若恁么，钦山眼堪作什么也？"僧云："作么生是师眼？"师乃以手作拨眉势。僧云："和尚又得恁么？"师曰："是，是。为我恁么，便不得恁么。"僧无对。师曰："索战无功，一场气闷。"良久乃问僧云："会么？"僧云："不会。"师云："钦山为汝担一半。"

师与雪峰、岩头因过江西，到一茶店内吃茶次。师曰："不会转身通气者，今日不得茶吃。"岩头云："若恁么，我定不得茶吃也。"雪峰云："某甲亦然。"师曰："两人老汉俱不识语在。"①岩头云："什么处去也？"师曰："布袋里老鸦，虽活如死。"岩头云："退后著，退后著。"师曰："豁兄且置，存公作么生？"雪峰以手画个圆相。师曰："不得不问。"岩头呵呵云："太远生。"师曰："有口不吃茶人多。"② 岩头、雪峰俱无语。

有良禅客参次，才礼拜后，便问云："一箭射三关时如何？"师曰："放出关中主看。"良云："恁么即知过必改去也？"师云："更待何时？"良云："好只箭，放不著所在。"便出去。师曰："拟射三关且从，试为钦山发箭。"良近前，良久而退，师乃打良七拄杖，良乃出去。师曰："且听个乱统汉心内疑三十年。"有人举似同安和尚，安云："良公虽发箭，要且未中的。"其僧便问同安云："未审如何得中的去？"安云："关中主是什么人？"其僧却回举向师，师曰："良公若解恁么，也免得钦山口也。然虽如此，同安不是好心，亦须看始得。"

僧参，师竖起拳头云："若开成掌，即五指参差；如今为拳，必无高下。汝道钦山通商量，不通商量？"其僧近前，却竖拳而已。师曰："便恁么，只是个无开合汉。"③ 僧云："未审和尚如何接人？"师曰："我若接人，共汝一般去也。"僧云："特参于师，也须吐露宗风。"师曰："汝若特来，我须吐露。"僧云："便

---

① "两人"，东寺本、碛砂本作"两个"。
② "不"，东寺本、碛砂本作"不得"。
③ "只"，大正本作"合"。"开合"，碛砂本作"开口"。

请。"师乃打之,其僧无语。师曰:"守株待兔,枉用心神。"

行思禅师第六世
前岩头全豁禅师法嗣

台州瑞岩师彦禅师,闽越人也,姓许氏。自幼披缁,秉戒无缺。初礼岩头,致问曰:"如何是本常理?"岩头曰:"动也。"曰:"动时如何?"岩头曰:"不是本常理。"师沈思良久,岩头曰:"肯即未脱根尘,不肯即永沈生死。"师遂领悟,身心皎如①。岩头频召与语,征酬无忒。师复谒夹山会和尚,会问:"什么处来?"曰:"卧龙来。"会曰:"来时龙还起未?"师乃顾视之。会曰:"炙疮上更著艾燋。"曰:"和尚又苦如此作什么?"会便休。师寻抵丹丘,终日如愚。四众钦慕,请住瑞岩。统众严整,江表称之。

僧问:"头上宝盖现,足下云生时如何?"师:"披枷带锁汉。"曰:"头上无宝盖,足下无云生时如何?"师曰:"犹有杻在。"曰:"毕竟如何?"师曰:"斋后困。"镜清问:"天不能覆,地不能载,岂不是?"师曰:"若是,即被覆载。"清曰:"若不是瑞岩,几遭也。"师自称曰:"师彦。"问:"如何是佛?"师曰:"石牛。"曰:"如何是法?"师曰:"石牛儿。"曰:"恁么即不同也?"师曰:"合不得。"曰:"为什么合不得?"师曰:"无同可同,合什么?"问:"作么生商量,即得不落阶级?"师曰:"排不出。"曰:"为什么排不出?"师曰:"他从前无阶级。"曰:"未审居何位次?"师曰:"不坐普光殿。"曰:"还理化也无?"师

---

① "皎如",径山本作"皎然"。

曰："名闻三界重，何处不归朝？"一日，有村媪来作礼，师曰："汝疾归去，救取数千物命。"媪忽忙至舍，乃见儿妇提竹器拾田螺归。媪接取，放诸水滨。师之异迹颇多，存诸别录。

怀州玄泉彦禅师，僧问："如何是道中人？"师曰："日落投孤店。"问："如何是佛？"师曰："张家三个儿。"曰："学人不会。"师曰："孟、仲、季，便不会。"问："如何是声前一句？"师曰："吽。"曰："转后如何？"师曰："是什么？"

吉州灵岩慧宗禅师，福州长溪人也，姓陈氏。受业于龟山。僧问："如何是灵岩境？"师曰："松桧森森密密遮。"曰："如何是境中人？"师曰："夜夜有猿啼。"问："如何是学人自己本分事？"师曰："抛却真金，拾瓦砾作么？"师后住禾山而终。

福州罗山道闲禅师，郡之长溪人也，姓陈氏。出家于龟山，年满受具，遍历诸方。尝谒石霜，问："去住不宁时如何？"石霜曰："直须尽却。"师不惬意，乃参岩头，问同前语。岩头曰："从他去住，管他作么？"师于是服膺。寻游清凉山。闽帅饮其法味，请居罗山，号"法宝大师"。

初上堂日，方升座敛衣，乃曰："珍重。"少顷又曰："未识底近前来。"时有僧出礼拜，师抗声曰："也大苦。"僧起拟伸问，师乃喝出。问："如何是奇特一句？"师曰："道什么？"问："佛放眉间白毫光，照万八千世界。如何是光？"师曰："高声道。"僧曰："照何世界？"师乃喝出。问："急急相投，请师一接。"师曰："会么？"曰："不会。"师曰："箭过也。"问："九女不携，谁是哀提者？"师曰："高声问。"僧拟再问，师曰："什么处去也？"问："如何是宗门流布？"师展足示之。问："当锋事如何辨明？"师举如意。僧曰："乞和尚垂慈。"师曰："大远也。"问："如何是最妙一句？"师曰："披露识么？"僧拟进语，师曰："话堕也。"

定慧上坐参，师问："什么处来？"曰："远离西蜀，近发开元。"又进前问："即今作么生？"师曰："吃茶去。"慧犹未退，师曰："秋气稍暖去。"慧出法堂外叹曰："今日拟打罗山寨，弓折箭尽也。休，休。"乃下参众。明日，师上堂，慧出问："豁开户牖，当轩者谁？"师乃喝，慧无语。师又曰："毛羽未备，且去。"僧举寒山诗问师曰："'百鸟衔苦华'时如何？"师曰："贞女室中吟。"曰："'千里作一息'时如何？"师曰："送客游庭外。"曰："'欲往蓬莱山'时如何？"师曰："敧枕觑猕猴。"曰："'将此充粮食'时如何？"师曰："古剑髑髅前。"问："如何是百草头上，尽是祖师意？"师曰："刺破汝眼。"问："'声前古毳烂'意作么生？"师曰："倚著壁。"问："前是万丈洪崖，后是虎狼师子，正当恁么时如何？"师曰："自在。"问："三界谁为主？"师曰："还解吃饭么？"师临迁化，上堂集众，良久展左手。主事罔测，乃令东边师僧退后。又展右手，又令西边师僧退后。师谓众曰："欲报佛恩，无过流通大教。归去也，归去也，珍重。"言讫，莞尔而寂。

福州香溪从范禅师，僧到参，师曰："汝岂不是鼓山僧？"对曰："是。"师曰："额上珠为何不见？"无对。僧辞，师门送，召曰："上坐。"僧回首。师曰："满肚是禅。"曰："和尚是什么心行？"师大笑而已。师因僧披衲衣，示偈曰："迦叶上名衣，披来须捷机。才分招的箭，密露不藏龟。"

福州罗源圣寿严和尚，有僧自泉州回，来参。师补衲次，提起示之曰："山僧一衲衣，展似众人见。云水请两条，莫教露针线。快道！"僧无对。师曰："如许多时在彼作什么？"

前洪州感潭资国和尚法嗣

安州白兆山竺乾院志圆，号"**显教大师**"。僧问："诸佛心印，什么人传得？"师曰："达磨大师。"曰："达磨争能传得？"师曰："汝道什么人传得？"问："如何是直截一路？"师曰："截。"问："如何是佛法大意？"师曰："苦。"问："如何是道？"师曰："普。"问："如何是学人自己？"师曰："失。"问："如何是得无山河大地去？"[①]师曰："不起见。"玄则问："如何是佛？"师曰："丙丁童子来求火。"则师后参法眼，方明厥旨，住金陵报恩院。问："如何是毕钵罗窟、迦叶道场中人？"师曰："释迦牟尼佛。"问："如何是朱顶王菩萨？"师曰："问那个赤头汉作么？"

前濠州思明和尚法嗣

襄州鹫岭善本禅师，因入浴室。有僧问："和尚是离垢底人，为什么却浴？"师曰："定水湛然满，浴此无垢人。"问："祖意教

[①] "是"，大正本无，并注："一有'是'字。"

意,是同是别?"师曰:"鹫岭峰上青草森天,鹿野苑中狐兔交横。"

前潭州大光山居诲禅师法嗣

潭州谷山有缘禅师,僧问:"伶俜之子,如何归向?"师曰:"会人路不通。"曰:"恁么即无奉重处也?"师曰:"我道你钵盂落地拈不起。"问:"一拨便转时如何?"师曰:"野马走时鞭辔断,石人抚掌笑呵呵。"

潭州龙兴和尚,僧问:"一拨便转时如何?"师曰:"根不利。"问:"得坐披衣时如何?"师曰:"不端严。"曰:"为什么不端严?"师曰:"不从证得。"问:"如何是道中人?"师曰:"终日寂攒眉。"

潭州伏龙山和尚,第一世住。僧问:"搅长河为酥酪,变大地为黄金时如何?"师曰:"臂长衫袖短。"问:"随缘认果,如何是果?"师曰:"雪内牡丹花。"问:"如何是祖师西来意?"师曰:"你得恁么不识痛痒。"

京兆白云善藏禅师,僧问:"如何是深深处?"师曰:"矮子渡深溪。"问:"赤脚时如何?"师曰:"何不脱却。"问:"如何是法法不生?"师曰:"万水千山。"

潭州伏龙山和尚,第二世住。僧问:"随缘认得时如何?"师曰："汝道兴国门楼高多少？"问："子不谭父德时如何？"师曰："低声，低声。"

陕府龙峻山和尚，僧问："如何是龙峻山？"师曰："佛眼看不见。"曰："如何是山中人？"师曰："作么？"问："如何是不知善恶底人？"师曰："千圣近不得。"曰："此人还知有向上事也无？"师曰："不知。"曰："为什么不知？"师曰："不识善恶，说什么向上事？"曰："如何？"师曰："不见道犴狳上俄寒切，下音欲。"问："如何是佛向上人？"师曰："不戴容。"问："凡有展拓，尽落今时，不展拓时如何？"师曰："不展，不展。"曰："毕竟如何？"师曰："不拓，不拓。"

潭州伏龙山和尚，第三世住。问："行尽千山路，玄机事若何？"师曰："鸟道不曾栖。"

前筠州九峰道虔禅师法嗣

新罗清院和尚，问："奔马争球，谁是得者？"师曰："谁是不得者？"曰："恁么即不争是也？"师曰："直得不争，亦有过在。"曰："如何免得此过？"师曰："要且不曾失。"曰："不失处如何锻炼？"师曰："两手捧不起。"

洪州泐潭宝峰神党禅师，僧问："四威仪中如何辨主？"师曰："正遇宝峰不脱鞋。"问："如何是佛法大意？"师曰："虚空驾铁船，岳顶浪滔天。"

吉州南源山行修，号"慧观禅师"，亦云"光睦和尚"。僧问："如何是南源境致？"师曰："几处峰峦猿鸟啸，一带平川游子迷。"问："如何是南源深深处？"师曰："众人皆见。"曰："恁么即浅去也？"师曰："也是两头遥。"

洪州泐潭明禅师，一日下到客位，众请师归方丈。师曰："道得即去。"时牟和尚对曰："大众请师。"乃上法堂。问："非思量处，识情难测时如何？"师曰："我不欲违古人。"曰："不违古人意作么生？"师曰："也合消得礼三拜。"僧问："碓捣磨磨，不得忘却，此意如何？"师曰："虎口里活雀儿。"问："如何是道者？"师曰："毛氍氀。"曰："如何是道者家风？"师曰："佛殿前逢尊者。"问："如何是和尚终日事？"师曰："钵盂里无折箸。"曰："如何是沙门终日事？"师曰："轰轰不借万人。"①

吉州秋山和尚，僧问："如何是祖师西来意？"师曰："杉树子。"

洪州泐潭延茂禅师，僧问："如何是古佛心？"师曰："终不道土木瓦砾是。"问："日落西山去，林中事若何？"师曰："庭前红华秀，室内不知春。"

---

① "万人"，碛砂本、径山本作"万人机"。

洪州凤栖山同安院常察禅师，僧问："如何是凤栖家风？"师曰："凤栖无家风。"曰："既是凤栖，为什么却无家风？"师曰："不迎宾，不待客。"曰："怎么即四海参寻，当为何事？"师曰："盘飣自有旁人施。"问："如何是凤栖境？"师曰："千峰连岳秀，万嶂不知春。"曰："如何是境中人？"师曰："孤岩倚石坐，不下白云心。"

洪州泐潭匡悟禅师①，第四世住。僧问："如何是直截一路？"师曰："恰好消息。"曰："还通向上事也无？"师曰："鱼从下过。"问："如何是闭门造车？"师曰："活计一物无。"曰："如何是出门合辙？"师曰："坐地进长安。"问："香烟馥郁，大张法筵，从上宗乘，如何举唱？"师曰："莫错举似人。"曰："怎么即总应如是？"师曰："还是没交涉。"问："六叶芬芳，师传何叶？"师曰："六叶不相续，华开果不成。"曰："岂无今日事？"师曰："若是今日即有。"曰："今日事如何？"师曰："叶叶连枝秀，花开处处芳。"

吉州禾山无殷禅师者，福州人也，姓吴氏。七岁依雪峰真觉大师出家，年满受戒。游方抵筠阳，谒九峰，峰许入室。一日谓之曰："汝远远而来，晖晖音衮。随众②，见何境界，而可修行？由何径路，而能出离？"师对曰："重昏廓辟，盲者自盲。"峰初未许，师于是发明厥旨，顿忘知见。先受请止吉州禾山大智院，

---

① "匡"，原作"住"，据东寺本、碛砂本、大正本、《祖堂集》卷十二改。
② "音衮"，大正本作"音混"。

学徒济济。尝述《垂诫》十篇，诸方叹伏，咸谓："禾山可以为丛林表则。"时江南李氏召而问曰："和尚何处来？"师曰："禾山来。"曰："山在什么处？"师曰："人来朝凤阙，山岳不曾移。"国主重之，命居扬州祥光院。复乞入山，以翠岩院乃江西之胜概，遂栖心焉①。时上蓝院复虚其室，命师来往阐化，号"澄源禅师"。

僧问："学人乍入丛林，乞师指示。"师曰："于汝不惜。"问："仰山插锹意作么生？"师曰："汝问我。"曰："玄沙踏倒锹意作么生？"师曰："我问汝。"问："未辨真宗，如何体悉？"师曰："头大尾尖。"问："咫尺之间，为什么不睹师颜？"师曰："且与阇梨道一半。"曰："为什么不全道？"师曰："尽法无民。"曰："不怕无民，请师尽法。"师曰："为知己丧身。"曰："为什么却丧身？"师曰："好心无好报。"问："尊者拨眉击目视育王时如何？"师曰："即今也怎么。"曰："学人如何领会？"师曰："莫非摩利支山。"

问："摩尼宝殿有四角，一角常露。如何是露底角？"师举手曰："汝打我。"却问："汝还会么？"曰："不会。"师曰："汝争解打得我？"问："如何是西来意？"师曰："扑破著。"问："已在红焰，请师烹炼。"师曰："槌下成器。"曰："恁么即烹炼去也。"师曰："池州和尚。"问："四壁打禾，中行划草，和尚赴阿那头？"师曰："什么处不赴？"曰："恁么即同于众去也？"师曰："小师弟子。"师建隆元年庚申二月示有微疾，三月二日，令

---

① "栖心"，碛砂本、大正本作"栖止"。

侍者启方丈，集大众。告辞曰："后来学者，未识禾山，即今识取。珍重。"先是大众为立生藏，本国谥法性禅师，塔曰妙相。

洪州泐潭牟和尚，问："如何是学人著力处？"师曰："正是著力。"问："古人卷席意如何？"师曰："珍重。"便下堂。

前台州涌泉景欣禅师法嗣

台州六通院绍禅师，初参涌泉和尚，入室领旨。一日烧畲归院，泉问："去什么处来？"①师曰："烧畲来。"泉曰："火后事作么生？"绍曰："铁蛇钻不入。"泉许之。后居六通院，玄侣依附。僧问："不出咽喉唇吻事如何？"师曰："待汝一镢劚断巾子山，我亦不向汝道。"问："南山有一毒龙，如何近得？"师曰："非但阇梨，千圣亦近不得。"人问："承闻南方有一剑话，如何是一剑？"师曰："不当锋。"曰："头落又作么生？"师曰："我道不当锋，有什么头？"其人礼谢而去。师休夏入天台山华顶峰晦迹，莫知所终。

前潭州云盖山志元禅师法嗣

潭州云盖山志罕禅师，僧问："如何是岳顶浪滔天？"师曰："文殊正作闹。"曰："正作闹时如何？"曰："不向机前展大悲。"

新罗卧龙和尚，问："如何是大人相？"师曰："紫罗帐里不

---

① "什么"，东寺本、碛砂本作"甚"。

垂手。"曰："为什么不垂手？"师曰："不尊贵。"问："十二时中如何用心？"师曰："猢狲吃毛虫。"

彭州天台和尚，先住天台。问："古佛向什么处去？"师曰："中央甲第高，岁岁出灵苗。"问："古镜未磨时如何？"师曰："不施功。"曰："磨后如何？"师曰："不照烛。"

前潭州谷山藏禅师法嗣

新罗瑞岩和尚，问："黑白两亡开佛眼时如何？"师曰："恐你守内。"问："如何是诞生王子？"师曰："深宫引不出。"

新罗泊严和尚，问："如何是禅？"师曰："古冢不为家。"问："如何是道？"师曰："徒劳车马迹。"问："如何是教？"师曰："贝叶收不尽。"

新罗大岭和尚，僧问："只到潼关便却休时如何？"师曰："只是途中活计。"曰："其中活计如何？"师曰："体即得，当即不得。"曰："体得为什么当不得？"师曰："体是什么人分上事？"曰："其中事如何？"师曰："不作尊贵。"

前潭州中云盖和尚法嗣

潭州云盖山景和尚，号"证觉禅师"。僧问："国土晏清，功归何处？"师曰："银台门下不贺。"曰："转为无功时如何？"师曰："王家事可然。"

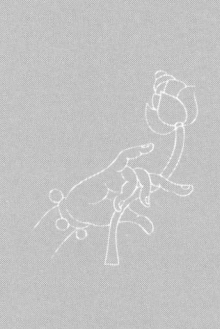

中国禅宗典籍丛刊

景德传灯录 下

〔北宋〕释道原　撰
冯国栋　点校

中州古籍出版社
·郑州·

景德传灯录卷第十八

吉州清原山行思禅师第六世①

福州雪峰义存禅师法嗣一十四人见录

　　福州玄沙师备禅师

　　福州长庆慧稜禅师

　　福州大普山玄通禅师

　　杭州龙册寺道怤禅师

　　福州长生山皎然禅师

　　信州鹅湖山智孚禅师

　　漳州报恩怀岳禅师

　　杭州西兴化度师郁禅师

　　福州鼓山神晏国师

　　漳州隆寿绍卿禅师

　　福州仙宗行瑫禅师

　　福州莲华山永福从弇禅师

　　杭州龙华寺灵照禅师②

---

① "世"下，大正本有"之二一十四人"。
② "灵照"，碛砂本作"照"。

明州翠岩令参禅师

福州雪峰义存禅师法嗣

福州玄沙宗一大师,法名师备,福州闽县人也,姓谢氏。幼好垂钓,泛小艇于南台江,狎诸渔者。唐咸通初,年甫三十,忽慕出尘。乃弃钓舟,投芙蓉山灵训禅师落发,往豫章开元寺道玄律师受具。布衲芒屦,食才接气,常终日宴坐,众皆异之。与雪峰义存本法门昆仲,而亲近若师资。雪峰以其苦行,呼为头陀。一日,雪峰问曰:"阿那个是备头陀?"对曰:"终不敢诳于人。"异日雪峰召曰:"备头陀,何不遍参去?"师曰:"达磨不来东土,二祖不往西天。"雪峰然之。暨登象骨山,乃与师同力缔构,玄徒臻萃。师入室咨决,罔替晨昏。又阅《楞严经》发明心地。由是应机敏捷,与修多罗冥契。诸方玄学有所未决,必从之请益。至若与雪峰和尚征诘,亦当仁不让。雪峰曰:"备头陀,其再来人也。"一日,雪峰上堂曰:"要会此事,犹如古镜当台,胡来胡现,汉来汉现。"师曰:"忽遇明镜来时如何?"① 雪峰曰:"胡汉俱隐。"师曰:"老和尚脚跟犹未点地。"

师上堂时久,大众尽谓不说法,一时各归。师乃呵云:"看!总是一样底,无一个有智慧。但见我开遮两片皮,尽来簇著,觅言语意度②。是我真实为他,却总不知。看,恁么大难,大难。"师有时云:"诸禅德,汝诸人尽巡方行脚来,称我参禅学道,为有奇特去处?为当只怎么东问西问?若有,试通来,我为汝证明

---

① "来时",径山本作"破时"。
② "言语",碛砂本作"语言"。

是非，我尽识得，还有么？若无，当知只是趁谩。古困切。是汝既到遮里来，我今问汝，汝诸人还有眼么？若有，即今便合识得。还识得么？若不识，便被我唤作生盲生聋底人。还是么？肯怎么道么？禅德，亦莫自屈，是汝真实，何曾是恁么人？十方诸佛，把汝向顶上著，不敢错误著一分子。只道此事，唯我能知，会么？如今相绍继，尽道承他释迦，我道释迦与我同参。汝道参阿谁？会么？大不容易知。莫非大悟，始解得知。若是限剂所悟，亦莫能觑。汝还识大悟么？不可是汝向髑髅前认他鉴照，不可是汝说空说无，说遮边那边。有世间法，有一个不是世间法。和尚子，虚空犹从迷妄幻生，如今若是大肯去，何处有遮个称说？尚无虚空消息，何处有三界业次、父母缘生与汝桩立前后？如今道无，尚是诳语，岂况是有？知么？是汝多时行脚，和尚子，称道有觉悟底事。我今问汝：只如巅山岩崖，迥绝人处，还有佛法么？还裁辩得么①？若辩不得，卒未在。我寻常道：亡僧面前，正是触目菩提，万里神光顶后相，若人觑得，不妨出得阴界，脱汝髑髅前意想，都来只是汝真实人体，何处更别有一法解盖覆？汝知么？还信得么？解承当得么？大须努力。"

师又云："我今问汝诸人，且承得个什么事？在何世界安身立命？还辩得么？若辩不得，恰似揑目生花，见事便差。知么？如今现前见有山河大地、色空明暗、种种诸物，皆是狂劳花相，唤作颠倒知见。夫出家人识心达本，故号沙门。汝今既已剃发披衣，为沙门相，即合有自利利他分。如今看著尽黑漫漫地，如黑

---

① "辩"，丛刊本、大正本作"辨"。

汁相似，自救尚不得，争解为得他人？仁者，佛法因缘事大，莫作等闲①，相聚头乱说杂话，趁谩过时。光阴难得，可惜许大丈夫儿，何不自省察，看是什么事？只如从上宗风，是诸佛顶族，汝既承当不得，所以我方便劝汝，但从迦叶门接续顿超去。此一门超汝凡圣因果，超他毗卢妙庄严世界海，超他释迦方便门，直下永劫，不教有一物与汝作眼见。何不急急究取？未必道：我且待三生、两生、久积净业。仁者，汝宗乘是什么事？不可由汝身心用工庄严便得去，不可他心、宿命便得去。会么？只如释迦出头来，作如许多变弄，说十二分教，如瓶灌水，大作一场佛事。向汝此门中用一点不得，用一毛头伎俩不得。知么？如同梦事，亦如谵语。沙门不应得出头来，盖为识得。知么？识得即是大出脱，大出头。所以道：超凡越圣，出生离死，离因离果，超毗卢，越释迦，不被凡圣因果所谩，一切处无人识得汝。知么？莫只长恋生死爱网，被善恶业拘将去，无自由分。饶汝炼得身心同空去，饶汝得到精明湛不摇处，不出他识阴。古人唤作如急流水，流急不觉，妄为澹净。恁么修行，尽不出他轮回际，依前被轮转去。所以道：诸行无常，直是三乘功果。如是可畏，若无道眼，亦不为究竟。何如从今日博地凡夫，不用一毫功夫，便顿超去？解省心力么？还愿乐么？劝汝：我如今立地待汝觑去，不用汝加功练行。如今不恁么，更待何时？还肯么？还肯么？"

师有时上堂，谓众曰："是汝真实如是。"又有时云："达磨如今现在，汝诸人还见么？"师云："是诸人见有险恶，见有大

---

① "作"，丛刊本、大正本作"当"。

虫、刀剑诸事逼汝身命，便生无限怕怖。如似什么？恰似世间画师一般，自画作地狱变相，作大虫、刀剑了，好好地看了，却自生怕怖。汝今诸人，亦复如是。百般见有，是汝自幻出，自生怕怖，亦不是别人与汝为过。汝今欲觉此幻惑么？但识取汝金刚眼睛。若识得，不曾教汝有纤尘可得露现，何处更有虎狼、刀剑解胁吓得汝？直至释迦如是伎俩，亦觅出头处不得。所以我向汝道：沙门眼把定世界，函盖乾坤，不漏丝发，何处更有一物为汝知见？知么？如是出脱，如是奇特，何不究取？"

师云："汝诸人如似在大海里坐，没头水浸却了，更展手问人乞水吃。还会么？夫学般若菩萨，是大根器，有大智慧始得。若有智慧，即今便得出脱；若是根机迟钝，直须勤苦志①，耐日夜，忘疲失食，如丧考妣相似。恁么急切，尽一生去，更得人荷挟，克骨究实，不妨亦得觑去。且况如今，谁是堪任受学底人？仁者，莫只是记言记语，恰似念陀罗尼相似。踏步向前来，口里哆哆啝啝地，被人把住诘问著，没去处，便嗔道：和尚不为我答话。恁么学，事大苦！知么？有一般坐绳床和尚，称为善知识。问著便动身、动手、点眼、吐舌、瞪视，更有一般便说'昭昭灵灵，灵台智性，能见能闻，向五蕴身田里作主宰'。恁么为善知识，大赚人。知么？我今问汝：汝若认昭昭灵灵是汝真实，为什么瞌睡时又不成昭昭灵灵？若瞌睡时不是，为什么有昭昭时？汝还会么？遮个唤作认贼为子，是生死根本，妄想缘气。汝欲识此根由么？我向汝道：汝昭昭灵灵，只因前尘色声香等法，而有分

---

① "志"，碛砂本、大正本作"忍"。

别,便道此是昭昭灵灵。若无前尘,汝此昭昭灵灵同于龟毛兔角。仁者,真实在什么处?汝今欲得出他五蕴身田主宰,但识取汝秘密金刚体。古人向汝道:圆成正遍,遍周沙界。我今少分为汝,智者可以譬喻得解。汝见此南阎浮提日么?世间人所作兴营、养身、活命,种种心行作业,莫非承他日光成立。只如日体还有多般及心行么?还有不周遍处么?欲识此金刚体,亦如是。只如今山河大地,十方国土,色空明暗,及汝身心,莫非尽承汝圆成威光所现。直是天人群生类,所作业次,受生果报,有性无情,莫非承汝威光。乃至诸佛成道成果,接物利生,莫非尽承汝威光。只如金刚体还有凡夫、诸佛么?有汝心行么?不可道无,便得当去也①。知么?汝既有如是奇特当阳出身处,何不发明取?便随他向五蕴身田中、鬼趣里作活计,直下自谩却去。忽然无常杀境到来②,眼目诪张,身见命见,恁么时大难枝荷,如生脱龟筒相似,大苦!仁者,莫把瞌睡见解便当却去,未解盖覆得毛头许。汝还知么?三界无安,犹如火宅,且汝未是得安乐底人。只大作群队,干他人世,遮边那边飞走,野鹿相似,但知求衣为食。若恁么,争行他王道?知么?国王大臣不拘汝,父母放汝出家,十方施主供汝衣食,土地龙神护汝,也须具惭愧,知恩始得,莫孤负人好。长连床上排行著地销将去,道是安乐,未在!皆是粥饭将养得汝烂冬瓜相似,变将去,土里埋将去。业识茫茫,无本可据。沙门因什么到恁么地?只如大地上蠢蠢者,我唤

---

① "得当",碛砂本作"当得"。
② "杀",径山本作"鬼"。

作地狱劫住。如今若不了，明朝后日看变入驴胎马肚里，牵犁拽把①，衔铁负鞍，碓捣磨磨，水火里烧煮去，大不容易受，大须恐惧好！是汝自累。知么？若是了去，直下永劫，不曾教汝有遮个消息；若不了此，烦恼恶业因缘，未是一劫、两劫得休，直与汝金刚齐寿。知么？"

南际长老到雪峰，雪峰令访于师②。师问曰："古人道'此事唯我能知'，长老作么生？"南际曰："须知有不求知者。"归宗柔别拊掌三下。师曰："山头和尚吃许多辛苦作么？"雪峰因普请畬田，见一蛇，以杖挑起，召众曰："看，看。"以刀芟为两段，师以杖抛于背后，更不顾视，众愕然。雪峰曰："俊哉！"师一日随侍雪峰游山，雪峰指一片地曰："此处造得一所无缝塔。"师曰："高多少？"雪峰乃顾视上下，师曰："人天依报，即不如和尚③，若是灵山受记，大远在。"雪峰曰："世界阔一尺，古镜阔一尺，世界阔一丈，古镜阔一丈。"师指火炉曰："火炉阔多少？"雪峰曰："如古镜阔。"师曰："老和尚脚跟未点地。"

师初受请，住梅溪场普应院，中间迁止玄沙山。自是天下丛林海众，皆望风而宾之。闽帅王公请演无上乘，待以师礼。学徒余八百，室户不闭。师上堂，良久谓众曰："我为汝得彻困也，还会么？"僧问："寂寂无言时如何？"师曰："寐语作么？"曰："本分事请师道。"师曰："瞌睡作么？"④曰："学人即瞌睡，和

---

① "把"，丛刊本、东寺本、碛砂本作"杷"。
② "雪峰"，碛砂本作"峰"。
③ "即"，碛砂本作"只"。
④ "瞌"，东寺本作"瞌"，下同。

尚如何？"师曰："争得恁么不识痛痒？"又曰："可惜如许大师僧，千道万里行脚到遮里①，不消个瞌睡寱语，便屈却去。"问："如何是学人自己？"师曰："用自己作么？"

僧问："从上宗门中事，师此间如何言论？"师曰："少人听。"僧曰："请和尚直道。"师曰："患聋作么？"又曰："仁者，如今事不获已，教我抑下如是威光，苦口相劝，百千方便，道如此如彼，共汝相知闻，尽成颠倒知见。将此咽喉唇吻，只成得个野狐精业谩汝。我还肯么？只如有过无过，唯我自知，汝争得会？若是恁么人出头来，甘伏呵责。夫为人师匠，大不易，须是善知识始得知。我如今恁么方便助汝，犹尚不能觑得，可中纯举宗乘，是汝向什么处措②？还会么？四十九年是方便，只如灵山会有百万众③，唯有迦叶一人亲闻，余尽不闻。汝道迦叶亲闻事作么生④？不可道'如来无说说，迦叶不闻闻'便得当⑤。不可是汝修因成果，福智庄严底事。知么？且如道'吾有正法眼，付嘱大迦叶'，我道犹如话月。曹溪竖拂子，还如指月。所以道：大唐国内，宗乘中事，未曾见有一人举唱。设有人举唱，尽大地人失却性命，如无孔铁槌相似，一时亡锋结舌去。汝诸人赖遇我不惜身命，共汝颠倒知见，随汝狂意，方有申问处。我若不共汝恁么知闻去⑥，汝向什么处得见我？会么？大难。努力，珍重。"乃有偈曰："万里神光顶后相，没顶之时何处望？事已成，意亦

---

① "千道"，碛砂本作"千里"。
② "措"，东寺本、碛砂本作"安措"。
③ "会"，东寺本作"会上"。
④ "亲闻事"，东寺本作"亲闻底事"。
⑤ "得当"，东寺本作"得当去"，碛砂本、南藏本作"当得"，径山本作"当得去"。
⑥ "知闻"，大正本作"有闻"。

休,此个来踪触处周①。智者撩著便提取,莫待须臾失却头。"又偈曰:"玄沙游径别,时人切须知。三冬阳气盛,六月降霜时。有语非关舌,无言切要词。会我最后句,出世少人知。"

问:"四威仪外,如何奉王?"师曰:"汝是王法罪人,争会问事?"问:"古人拈槌竖拂,还当宗乘中事也无?"师曰:"不当。"曰:"古人意作么生?"师举拂子。僧曰:"宗乘中事如何?"师曰:"待汝悟始得。"问:"如何是金刚力士?"师乃吹之。文桶头下山,师问:"桶头下山几时归?"曰:"三五日。"师曰:"归时有无底桶子将一担归。"文无对。归宗柔代云:"和尚用作什么?"师有时垂语曰:"诸方老宿,尽道接物利生。且问汝:只如盲、聋、哑三种病人,汝作么生接?若拈槌竖拂,他眼且不见;共他说话,耳又不闻,口复哑。若接不得,佛法尽无灵验。"时有僧出曰:"三种病人,和尚还许人商量否?"师曰:"许,汝作么生商量?"其僧珍重出。师曰:"不是,不是。"法眼云:"我当时见罗汉和尚举此僧语,我便会三种病人。"云居锡云:"只如此僧会不会?若道会,玄沙又道不是;若道不会,法眼为什么道:我因此僧语,便会三种病人?上坐,无事上来商量,大家要知。"罗汉云:"桂琛见有眼耳,和尚作么生接?"中塔云:"三种病人即今在什么处?"又一僧云:"非唯谩他,兼亦自谩。"

长庆棱来,师问:"除却药忌,作么生道?"棱曰:"憨作么?"师曰:"雪峰山橡子拾食,来遮里雀儿放粪。"师见僧来礼拜,乃曰:"礼拜著,因我得礼拜汝。"一日,普请往海坑斫柴,

---

① "来踪",东寺本作"元来"。

见一虎。僧曰:"和尚虎。"师曰:"是汝虎。"归院后,僧问:"适来见虎云是汝,未审尊意如何?"师曰:"娑婆世界有四重障,若人透得,许汝出阴界。"东禅齐云:"上坐,古人见了道:我身心如大地虚空。如今人还透得么?"师问长生然和尚:"维摩观佛前际不来,后际不去,今则无住。汝怎么生观?"对曰:"放皎然过,有商量。"师曰:"放汝过作么生?"长生良久。师曰:"教阿谁委?"曰:"徒劳侧耳。"师曰:"情知汝向山鬼窟里作活计。"崇寿稠别长生云:"唤什么作如来?"僧问师:"学人为什么道不得?"师曰:"冨塞汝口,争解道得?"法眼云:"古人恁么道,甚奇特!且问:上坐口是什么?"问:"凡有言句,尽落卷樻①。不落卷樻,请和尚商量。"师曰:"拗折秤衡来,与汝商量。"问:"古人瞬视接人,和尚如何接人?"师曰:"我不瞬视接人。"僧问:"是什么,得恁么难见?"师曰:"只为太近。"法眼云:"也无可得近,直下是上坐。"

师在雪峰时,光侍者谓师曰:"师叔若学得禅,某甲打铁船下海去。"师住后问曰:"光侍者打得铁船也未?"光无对。法眼代云:"和尚终不恁么。"法灯代云:"请和尚下船。"玄觉代云:"贫儿思旧债。"师一日遣僧送书上雪峰和尚,雪峰开缄,唯白纸三幅。问僧:"会么?"曰:"不会。"雪峰曰:"不见道:君子千里同风。"其僧回,举似于师,师曰:"遮老和尚,蹉过也不知。"东禅齐云:"什么处蹉过?若的蹉过,师岂不会弟子意?若不恁么会,只如玄沙意作么生?若会,便参取玄沙。"师问镜清:"教中道:菩萨摩诃萨,不见一法为大过失。且道不见什么法?"镜清指露柱云:"莫是不见遮个法么?"同安显别云:"也知和尚不造次。"师曰:"浙中清水白米从汝吃,佛法

---

① "卷樻",径山本作"圈襀",下同。

未会在。"玄觉云:"且道玄沙恁么道,意在什么处?不见僧问洞山云:'不见一法为大过失,此意如何?'洞山云:'不见一法,好言语,上坐。'一宿觉云:'不见一法即如来,方得名为观自在。'普贤菩萨又云:'不见一法为大过失。'是一个,是两个?试断看。"僧问:"承和尚有言:尽十方世界是一颗明珠。学人如何得会?"师曰:"尽十方世界是一颗明珠,用会作么?"师来日却问其僧:"尽十方世界是一颗明珠,汝作么生会?"对曰:"尽十方世界是一颗明珠,用会作么?"师曰:"知汝向山鬼窟里作活计。"玄觉云:"一般恁么道,为什么却成山鬼窟去?"

  问:"如何是无缝塔?"师曰:"遮一缝大小?"玄觉云:"丛林中道:恁么来,何处得无缝?还会得著不著?"韦监军来谒,举:"曹山和尚甚奇怪。"师乃问:"抚州取曹山多少?"韦指傍僧云:"上坐曾到曹山否?"曰:"曾到。"韦曰:"抚州取曹山多少?"曰:"一百二十。"① 韦曰:"恁么即上坐不到曹山。"② 韦却起礼拜师,师曰:"监军却须礼此僧,此僧却具惭愧。"云居锡云:"什么处是此僧具惭愧?若检得出,许上坐有行脚眼。"西天有声明三藏到,闽帅令与师相见。师以火箸敲铜炉,问:"是什么声?"三藏对曰:"铜铁声。"法眼别云:"请大师,为大王。"法灯别云:"听和尚问。"师曰:"大王莫受外国人谩。"三藏无对。法眼代云:"大师久受大王供养。"法灯代云:"却是和尚谩大王。"

  师南游,莆田县排百戏迎接。来日,师问小塘长老:"昨日许多喧闹,向什么处去也?"小塘提起衲衣角。师曰:"料掉勿交涉。"法眼别云:"昨日有多少喧闹?"法灯别云:"今日更好笑。"师问僧:

---

① "二十",丛刊本、大正本作"二十里"。
② "不到",碛砂本作"不曾到"。

"乾闼婆城,汝作么生会?"僧曰:"如梦如幻。"法眼别敲物示之。师与地藏琛在方丈内说话,夜深,侍者闭却门。师曰:"门总闭了,汝作么生得出去?"琛曰:"唤什么作门?"法灯别云:"和尚莫欲歇去。"师一日以杖拄地,问长生曰:"僧见、俗见、男见、女见,汝作么生见?"长生曰:"和尚还见皎然见处么?"师曰:"相识满天下。"问:"承和尚有言:闻性遍周法界。雪峰打鼓,遮里为什么不闻?"师曰:"谁知不闻?"问:"险恶道中,以何为津梁?"师曰:"以汝眼为津梁。"曰:"未得者如何?"师曰:"快救取。"

师与韦监军吃果子,韦问:"如何是日用而不知?"师拈起果子曰:"吃。"韦吃果子了,再问之,师曰:"只首是日用而不知。"[①] 普请般柴,师曰:"汝诸人尽承吾力。"一僧曰:"既承师力,何用普请?"师叱之曰:"不普请,争得柴归?"师问明真大师:"善财参弥勒,弥勒指归文殊,文殊指归佛处。汝道佛指归什么处?"对曰:"不知。"师曰:"情知汝不知。"法眼别云:"唤什么作佛?"大普玄通到礼觐,师谓曰:"汝在彼住,莫诳惑人家男女。"对曰:"玄通只是开个供养门,晚来朝去,争敢作怎么事?"师曰:"事难。"曰:"其情是难。"师曰:"什么处是难处?"曰:"为伊不肯承当。"师便入方丈,拄却门。问:"学人乍入丛林,乞师指个入路。"师曰:"还闻堰溪水声否?"[②] 曰:"闻。"师曰:"是汝入处。"

泉守王公请师登楼,先语客司曰:"待我引大师到楼前,便异却梯。"客司禀旨,公曰:"请大师登楼。"师视楼,复视其人,

[①] "只首",东寺本作"只守"。
[②] "堰溪",大正本作"偃溪"。

乃曰："佛法不是此道理。"法眼云："未异梯时，一日几度登楼？"师与泉守在室中说话，有一沙弥揭帘入见，却退步而出。师曰："那沙弥，好与二十拄杖。"曰："恁么即某甲罪过。"同安显别云："祖师来也。"师曰："佛法不恁么。"镜清云："不为打水①。"有僧问："不为打水意作么生？"镜清云："青山碾为尘，敢保勿闲人。"东禅齐云："只如玄沙意作么生？或云：直饶恁么去，也好与拄杖。或云：事在当机。或云：拈破会处。此三说，还会玄沙意也无？"师应机接物仅三十祀，致清原、石头之浚流，迨今不绝，转导来际。所演法要，有大、小录，行于海内。自余语句，各随门弟子章及诸方征举出焉。梁开平二年戊辰十一月二十七日示疾而终，寿七十有四，腊四十有四。闽帅为之树塔。

福州长庆慧稜禅师，杭州盐官人也，姓孙氏。幼岁禀性淳澹，年十三，于苏州通玄寺出家登戒，历参禅肆。唐乾符五年，入闽中谒西院，访灵云，尚有凝滞。后之雪峰，疑情冰释。因问："从上诸圣传受一路，请垂指示。"雪峰默然，师设礼而退，雪峰莞尔而笑。异日，雪峰谓师曰："我寻常向师僧道：南山有一条鳖鼻蛇，汝诸人好看取。"对曰："今日堂中，大有人丧身失命。"雪峰然之。师入方丈参，雪峰曰："是什么？"师曰："今日天晴好普请。"自此酬问，未尝爽于玄旨。乃述悟解颂曰："万象之中独露身，唯人自肯乃方亲。昔时谬向途中觅，今日看如火里冰。"

师在西院，问诜上坐曰："遮里有象骨山，汝曾到么？"曰：

---

① "打水"，原作"打水打水"，据大正本改。

"不曾到。"师曰:"为什不到?"① 曰:"自有本分事。"师曰:"作么生是上坐本分事?"诜乃提起衲衣角。师曰:"为当只遮个,别更有?"曰:"上坐见什么?"师曰:"何得龙头蛇尾?"师在宣州保福,后辞归雪峰。保福问师曰:"山头和尚或问上坐信,作么生祇对?"师曰:"不避腥膻,亦有少许。"曰:"信道什么?"师曰:"教我分付阿谁?"曰:"从展虽有此语,未必有恁么事。"师曰:"若然者,前程全自阇梨。"师与保福游山,保福问:"古人道妙峰山顶,莫即遮个便是也无?"师曰:"是即是,可惜许。"

僧问鼓山:"只如稜和尚怎么道,意作么生?"鼓山云:"孙公若无此语,可谓髑髅遍野,白骨连山。"

师来往雪峰二十九载,至天祐三年,受泉州刺史王延彬请,住招庆。初开堂日,公朝服趋隅曰:"请师说法。"师曰:"还闻么?"公设拜。师曰:"虽然如此,虑恐有人不肯。"于是敷扬祖意,随机与夺,故毳客憧憧②,日资道化。后闽帅请去长乐府之西院,奏额曰"长庆",号"超觉大师"。上堂,良久谓众曰:"还有人相悉么?若不相悉,欺谩兄弟去。只今有什么事?莫有窒塞也无?复是谁家屋里事?不肯当荷,更待何时?若是利根参学,不到遮里来。还会么?如今有一般行脚人,耳里总满也,假饶收拾得底,还当诸人行脚事么?"时有僧问:"行脚事如何学?"师曰:"但知就人索取。"又问:"如何是独脱一路?"师曰:"何烦更问?"又问:"名言妙义,教有所诠,不涉三科,请师直道。"师曰:"珍重。"师乃谓众曰:"明明歌咏汝尚不会,忽被暗来底

---

① "什",丛刊本、东寺本作"什么"。
② "客",东寺本作"旅"。

事，汝作么生？"又僧问："如何是暗来底事？"师曰："吃茶去。"中塔云："便请和尚相伴。"

问："如何是不隔毫端底事？"师曰："当不当？"问："如何得不疑不惑去？"师乃展两手，僧不进语。师曰："汝更问，我与汝道。"僧再问之，师露脾而坐。僧礼拜，师曰："汝作么生会？"僧曰："今日风起。"师曰："怎么道未定人见解。汝于古今中，有什么节要齐得长庆？若举得，许汝作话主。"其僧但立而已。师却问："汝是什么处人？"曰："向北人。"师曰："南北三千里外，学妄语作么？"僧无对。师上堂，良久曰："莫道今夜较些子。"便下坐。问："如何是合圣之言？"师曰："大小长庆，被汝一问，口似匾担。"僧曰："何故如此？"师曰："适来问什么？"师谓众曰："我若纯举唱宗乘，须闭却法堂门，所以尽法无民。"时有僧曰："不怕无民，请师尽法。"师曰："还委落处么？"问："如何是西来意？"师曰："香严道底，一时坐却。"师有时示众曰："总似今夜，老狐有望。"① 保福闻之，乃曰："总似今夜，老狐绝望。"玄觉云："怎么道是相见语，不是相见语？"东禅齐云："此二尊宿语一般，各有道理？众中道总似如此，嫌什么？又道总似今夜，堪作什么？若如此会，欠悟在。"

安国瑫和尚新得师号，师去贺，瑫出接。师问曰："师号来邪？"曰："来也。"师曰："是什么号？"曰："明真。"师乃展手。瑫曰："什么处去来？"师曰："几不问过。"师问僧："什么处来？"曰："鼓山来。"师曰："鼓山有不跨石门底句，有人借问，汝作么生道？"曰："昨夜报慈宿。"师曰："拍脊棒，汝又作

---

① "老狐"，南藏本、径山本、大正本作"老胡"。

么生?"曰:"和尚若行此棒,不虚受人天供养。"师曰:"几放过。"问:"古人有言'相逢不擎出①,举意便知有'时如何?"师曰:"知有也未?"僧将前语问保福,福云:"此是谁语?"僧云:"丹霞语。"福云:"去,莫妨我打睡。"师入僧堂,举起疏头曰:"见即不见,还见么?"众无对。法眼代云:"纵受得,到别处亦不敢呈人。"师到罗山,见新制毳子,师以杖敲之曰:"大煞豫备。"② 罗山曰:"拙布置。"师曰:"还肯入也无?"罗山曰:"吽。"

师上堂,大众集定,师乃拽出一僧曰:"大众,礼拜此僧。"又曰:"此僧有什么长处,便教大众礼拜?"众无对。问:"如何是文彩未生时事?"师曰:"汝先举,我后举。"其僧但立而已。法眼别云:"请和尚举。"师曰:"汝作么生举?"僧曰:"某甲截舌有分。"保福迁化,人问师:"保福抛却壳漏子,向什么处去也?"师曰:"且道保福在那个壳漏子里?"法眼别云:"那个是保福壳漏子?"闽帅夫人崔氏奉道,自称练师。遣使送衣物至,云:"练师令就大师请取回信。"师曰:"传语练师,领取回信。"须臾,使却来师前唱喏便回。师明日入府,练师曰:"昨日谢大师回信。"师曰:"却请昨日回信看。"练师展两手。闽帅问师曰:"练师适来呈信,还惬大师意否?"师曰:"犹较些子。"法眼别云:"遮一转语,大王自道取。"曰:"未审大师意旨如何?"师良久,帅曰:"不可思议,大师佛法深远。"僧举:"高丽有僧,造一观音像,于明州上船,众力舁不起,因请入开元寺供养。"问师:"无刹不现身,为什么不肯去高丽?"师曰:"现身虽普,睹相生偏。"法眼别云:"汝识得观音

---

① "擎出",南藏本、径山本作"拈出"。
② "煞",东寺本作"眯",大正本作"杀"。

未?"有人问僧:"点什么灯?"曰:"长明灯。"曰:"什么时点?"曰:"去年点。"曰:"长明何在?"僧无语。师代曰:"若不如此,争知公不受人谩。"法眼别云:"利动君子。"师两处开法,徒众一千五百,化行闽越二十七载。后唐长兴三年壬辰五月十七日归寂,寿七十有九,腊六十。王氏建塔。

福州大普山玄通禅师,福州福唐人也,受业于兜率山。师事雪峰,经数稔,受心法,止于大普焉。僧问:"骊龙颔下珠,如何取得?"师乃拊掌瞬视。问:"方便以前事如何?"师托出其僧。问:"如何是祖师西来意?"师曰:"咬骨头汉,出去!"问:"拨尘见佛时如何?"师曰:"脱柳来商量。"问:"急急相投,请师接。"师曰:"钝汉。"

杭州龙册寺顺德大师道怤,永嘉人也,姓陈氏。卯岁不食荤茹,亲党强唊以枯鱼,随即呕乌没。哕乙孑。遂求出家,于本州开元寺受具。游方抵闽川,谒雪峰。峰问:"什么处人?"曰:"温州人。"雪峰曰:"恁么即与一宿觉是乡人也?"曰:"只如一宿觉是什么处人?"雪峰曰:"好吃一顿棒,且放过。"一日师问:"只如古德岂不是以心传心?"雪峰曰:"兼不立文字语句。"曰:"只如不立文字语句,师如何传?"雪峰良久,师礼谢。雪峰曰:"更问我一转,岂不好?"曰:"就和尚请一转问头。"雪峰曰:"只恁么,为别有商量?"曰:"和尚恁么即得。"雪峰曰:"于汝作么生?"曰:"孤负杀人。"

雪峰有时谓众曰:"堂堂密密地。"师出问曰:"是什么堂堂密密？"雪峰起立曰："道什么？"师退步而立。雪峰垂语曰："此事得恁么尊贵，得恁么绵密？"对曰："道忩自到来数年，不闻和尚恁么示诲。"雪峰曰："我向前虽无，如今已有，莫有所妨么？"曰："不敢，此是和尚不已而已。"雪峰曰："致使我如此。"师从此信入，而且随众，闽中谓之"小忩布衲"。因普请处，雪峰举沩山"见色便见心"语，问师："还有过也无？"曰："古人为什么事？"雪峰曰："虽然如此，要共汝商量。"曰："恁么即不如道忩锄地去。"一日，雪峰问师："何处来？"曰："从外来。"雪峰曰："什么处逢见达磨？"曰："更什么处？"雪峰曰："未信汝在。"曰："和尚莫恁么粘腻好。"雪峰肯之。师后遍历诸方，益资权智。因访曹山，寂和尚问："什么处来？"曰："昨日离明水。"寂曰："什么时到明水？"曰："和尚到时到。"寂曰："汝道我什么时到？"曰："适来犹记得。"寂曰："如是，如是。"

　　师罢参受请，止越州镜清禅苑，唱雪峰之旨，学者奔凑。副使皮光业者，日休之子也，辞学宏赡，屡击难之。退谓人曰："忩师之高论，人莫窥其极也。"新到僧参，师拈起拂子。僧曰："久向镜清，犹有遮个在。"师曰："今日遇人又不遇人。"问："如何是灵源一直道？"师曰："镜湖水可杀深。"师问僧："什么处来？"曰："应天来。"师曰："还见鳗鲎鱼么？"曰："不见。"师曰："阇梨不见鳗鲎，鳗鲎不见阇梨？"曰："总不恁么。"师曰："阇梨只解慎初护末。"问："学人未达其原，请师方便。"师曰："是什么原？"僧曰："其原。"师曰："若是其原，争受方便？"僧礼拜退后。侍者问："和尚适来莫是成他问否？"师曰："无。"曰："莫是不成他问否？"师曰："无。"曰："未审毕竟意作么生?"师曰:"一点水墨,两处成龙。"师在帐中坐,有僧问讯,师拨帐开①,曰:"当断不断,反招其乱。"僧曰:"既是当断,为什么不断?"师曰:"我若尽法,直恐无民。"曰:"不怕无民,请师尽法。"师曰:"维那,拽出此僧著。"又曰:"休,休,我在南方识伊和尚来。"

因普请锄草次,浴头请师浴,师不顾。如是三请,师举锹作打势,浴头乃走。师召曰:"来,来。"浴头回首,师曰:"向后遇作家,分明举似。"其僧后至保福,举前语未了,保福以手掩其僧口②。僧却回,举似师,师曰:"饶汝恁么,也未作家。"师问荷玉:"什么处来?"曰:"天台来。"师曰:"我岂是问汝天台?"曰:"和尚何得龙头蛇尾?"师曰:"镜清今日失利。"师看经,僧问:"和尚看什么经?"师曰:"我与古人斗百草。"师却问:"汝会么?"曰:"小年也曾恁么来。"③师曰:"如今作么生?"僧举拳,师曰:"我输汝也。"僧到参,师问:"阇梨从什么处来?"曰:"佛国来。"师曰:"佛以何为国?"曰:"清净庄严为国。"师曰:"国以何为佛?"曰:"妙净真常为佛。"师曰:"阇梨从妙净来,庄严来?"曰:"无不答对。"师曰:"嘘,嘘,别处有人问汝,不可作遮个语话。"

钱王欲广府中禅会,命居天龙寺。始见师,乃曰:"真道人也。"致礼勤厚。由是吴越盛于玄学。其后又创龙册寺,延请居焉。师上堂曰:"如今事不得已向汝道,若自验著,实个亲切到

---

① "开",碛砂本、大正本作"问"。
② "僧口",碛砂本作"口"。
③ "曾",大正本作"会"。

汝分上，因何特地生疏？只为抛家日久，流浪年深，一向缘尘，致见如此。所以唤作背觉合尘，亦名舍父逃逝。今劝兄弟未歇歇去好，未彻彻去好。大丈夫儿得恁么无气概，还惆怅么？终日茫茫地，何不且觅取个管带路好。也无人问我管带一路。"时有僧问："如何是管带一路？"师曰："嘘，嘘，要棒即道。"曰："恁么即学人罪过也。"师曰："几被汝打破蔡州。"问："无源有路不归时如何？"师曰："遮个师僧，得坐便坐。"问："如何是心？"师曰："是即二头。"曰："不是如何？"师曰："又不成是头。"曰："是不是总不恁么时如何？"师曰："更多饶过。"问："十二时中，以何为验？"师曰："得力即向我道。"僧曰："诺。"师曰："十万八千犹可近。"

问："如何是方便门，速易成就？"师曰："速易成就。"曰："争奈学人领览未的。"师曰："代得也代却。"问："如何是玄中玄？"师曰："不是是什么？"曰："还得当也无？"师曰："木头也解语。"问："如何是人无心合道？"师曰："何不问道无心合人？"曰："如何是道无心合人？"师曰："白云乍可来青嶂，明月那教下碧天？"问："学人问不到处，请师不答。和尚答不到处，学人即不问。"师乃擲住曰："是我道理，是汝道理？"曰："和尚若打学人，学人也即却打也。"师曰："得对相耕去。"僧举①："有僧辞归宗，宗问：'什么处去？'曰：'百丈学五味禅去。'归宗不语。"师乃曰："缘归宗单行底事。"僧问："如何是归宗单行底事？"师曰："棒了，趁出院。"僧礼拜，师曰："作么生会？"

---

① "举"，碛砂本作"举问"。

曰:"学人罪过。"师曰:"料汝恁么去。"

问:"承师有言:诸方若不是走作人①,便是笼人、罩人②。未审和尚如何?"师曰:"被汝致此一问,直得当门齿落。"问:"如何是亲的密密底事?"师曰:"常用及人。"曰:"不知者如何?"师曰:"好晴好雨。"师问僧:"门外什么声?"曰:"雨滴声。"师曰:"众生颠倒,迷己逐物。"法眼别云:"画出。"僧问:"如何是同相?"师将火箸插向炉中。僧又问:"如何是别相?"师又将火箸插向一边。法眼别云:"问不当理。"有僧引童子到,曰:"此儿子常爱问僧佛法,请和尚验看。"师乃令点茶,童子点茶来,师啜讫,过盏托与童子。童子近前接,师却缩手曰:"还道得么?"童子曰:"问将来。"法眼别云:"和尚更吃茶否?"③ 僧问:"和尚,此儿子见解如何?"师曰:"也只是一两生持戒僧。"师三处开法,语要随门人编录,今但梗概而已。晋天福二年丁酉八月示灭,寿七十四。黑白哀号制服者甚众,荼毗于大慈山,获舍利,就龙母山之阳建塔。

福州长生山皎然禅师,本郡人。入雪峰室,密受心印,执侍经十载。因与僧斫树,雪峰曰:"斫到心且住。"师曰:"斫却著。"雪峰曰:"古人以心传心,汝为什么道斫却?"师掷下斧子曰:"传。"雪峰打一拄杖而去。僧问雪峰:"如何是第一句?"雪峰良久。僧退,举似于师,师曰:"此是第二句。"雪峰再令其僧

---

① "走作人",原作"走人",据丛刊本改。大正本作"走作"。
② "笼人、罩人",丛刊本、大正本作"笼罩人"。
③ "否",碛砂本作"去"。

来问："如何是第一句？"师曰："苍天，苍天。"雪峰普请般柴，问师曰："古人道：谁知席帽下，元是昔愁人。古人意作么生？"师侧戴笠子曰："遮个是什么人语？"雪峰问师："持经者能荷担如来，作么生是荷担如来？"师乃捧雪峰向禅床上著。雪峰普请归，自将一束藤，路逢一僧①，放下藤叉手立。其僧近前拈，雪峰即踏其僧，归院。后举示于师曰："我今日踏那僧得怎么快？"师对曰："和尚却替那僧入涅槃堂。"法眼住崇寿②，时有二僧各说道理，请师断。法眼云："汝两僧一时入涅槃堂。"玄觉云："什么处是替那僧入涅槃堂处？"崇寿稠云："此一转语，却还老兄。"东禅齐云："只如长生意作么生？"③

师尝访一庵主款话，庵主曰："近有一僧问某甲西来意，遂举拂子示之，不知还得也无？"师曰："争敢道得与不得？有人问庵主：此事有人保任，如虎头带角；有人嫌弃，则不直一文钱。此事为什么毁誉不同？请试拣出看。"曰："适来出自偶然，争拣得出？"师曰："若恁么，此后不得为人。"玄觉云："一等是恁么事，为什么有得有失？上坐若无智眼，难辨得失。"雪峰问师："光境俱亡，复是何物？"师曰："放皎然过，敢有商量。"雪峰曰："许汝过④，作么生商量？"曰："皎然亦放和尚过。"雪峰深许之。

寻受记，止于长生山分化焉。僧问："从上宗乘，如何举唱？"师曰："不可为阇梨荒却长生山也。"问："古人有言：无明即佛性，烦恼不须除。如何是无明即佛性？"师忿然作色，举拳呵曰："今日打遮师僧去也。"僧曰："如何是烦恼不须除？"师以

---

① "路"，碛砂本作"路上"。
② "崇寿"，丛刊本、大正本作"崇寿寺"。
③ "只如"，碛砂本作"如"。
④ "许"，南藏本、径山本作"放"。

手挐头曰①："遮师僧，得怎么发人业。"问："路逢达道人，不将语默对。未审将什么对？"师曰："上纸墨堪作什么？"闽帅署禅主大师，莫知所终。

信州鹅湖智孚禅师，福州人也。始依讲肆，肄业于长安。因思玄极之理，乃造雪峰，师事数年。既领心诀，随缘而止鹅湖，大张法席。僧问："万法归一，一归何所？"师曰："非但阇梨一人忙。"问："虚空讲经，以何为宗？"师曰："阇梨不是听众，出去！"问："五逆之子，还受父约也无？"师曰："虽有自裁，未免伤己。"问："如何是佛向上人？"师曰："情知阇梨不奈何。"曰："为什么不奈何？"师曰："未必小儿，得见君子。"有人报云："径山和尚迁化也。"僧问："径山迁化，向什么处去？"师曰："大有灵利底过于阇梨。"

问："在先一句请师道。"师曰："脚跟下探取什么？"曰："即今见问。"师曰："看阇梨变身不得。"问："雪峰抛下拄杖意作么生？"师以香匙抛下地。僧曰："未审此意如何？"师曰："不是好种，出去！"问："如何是鹅湖第一句？"师曰："道什么？"曰："如何即是？"师曰："妨我打睡。"问："不问不答时如何？"师曰："问人焉知？"问："迷子未归家时如何？"师曰："不在途。"曰："归后如何？"师曰："正迷。"问："如何是源头事？"师曰："途中觅什么？"问："如何是一句？"师曰："会么？"曰："恁么莫便是否？"师曰："苍天，苍天。"镜清问："如何是即今

---

① "挐"，原本作"挈"，据丛刊本改，丛刊本下注"女余切，音如，牵引也"。

底?"师曰:"何更即今?"清曰:"几就支荷。"师曰:"语逆言顺。"

漳州报恩院怀岳禅师,泉州人也,少依本州圣寿院受业。罢参雪峰,止龙溪,玄侣奔凑。僧问:"十二时中如何行履?"师曰:"动即死。"曰:"不动时如何?"师曰:"犹是守古冢鬼。"问:"如何是学人出身处?"师曰:"有什么物缠缚阇梨?"曰:"争奈出身不得何?"师曰:"过在阿谁?"问:"如何是报恩一灵物?"师曰:"吃如许多酒糟作么?"曰:"还露脚手也无?"师曰:"遮里是什么处所?"僧问:"牛头未见四祖时如何?"师曰:"万里一片云。"曰:"见后如何?"师曰:"廓落地。"僧问:"如何是佛法大意?"师曰:"昨夜三更失却火。"问:"黑云斗暗①,谁当雨者?"师曰:"峻处先倾。"问:"宗乘不却,如何举唱?"师曰:"山不自称,水无间断。"问:"佛未出世时如何?"师曰:"汝争得知?"问:"拨尘见佛时如何?"师曰:"什么年中得见来?"问:"师子在窟时如何?"师曰:"师子是什么家具?"又问:"师子出窟时如何?"师曰:"师子在什么处?"问:"如何是目前佛?"师曰:"快礼拜。"师临迁化,上堂示众曰:"山僧十二年来举提宗教②,诸人怪我什么处?若要听三经五论,此去开元寺咫尺。"言讫告寂。

杭州西兴化度悟真大师师郁,泉州人也。自得雪峰心印,化

---

① "斗",碛砂本作"陟"。
② "举提",碛砂本作"举唱"。

缘盛于杭越之间。后居西兴镇之化度院,法席大兴。僧问:"如何是西来意?"师举拂子。僧曰:"学人不会。"师曰:"吃茶去。"问:"如何是无缝塔?"师曰:"五尺、六尺。"问:"如何是一尘?"师曰:"九世刹那分。"曰:"如何含得法界?"师曰:"法界在什么处?"问:"溪谷各异,师何明一?"师曰:"汝喘作么?"问:"学人初机,乞和尚指示入路。"师曰:"汝怪化度什么处?"问:"如何是随色摩尼珠?"师曰:"青黄赤白。"曰:"如何是不随色摩尼珠?"师曰:"青黄赤白。"问:"如何是西来意?"师曰:"是东来、西来①?"问:"牛头未见四祖时如何?"师曰:"鸟兽俱迷。"曰:"见后如何?"师曰:"山深水冷。"问:"维摩与文殊对谈何事?"师曰:"唯有门前镜湖水,清风不改旧时波。"师自是声闻于遐迩②,钱王钦其道德,奏紫衣、师号。

福州鼓山兴圣国师神晏,大梁人也,姓李氏。幼恶荤膻,乐闻钟梵。年十二时,有白气数道腾于所居屋壁。师即挥毫书其壁曰:"白道从兹速改张,休来显现作妖祥。定祛邪行归真见,必得超凡入圣乡。"题罢,气即随灭。年甫志学,遘疾甚亟,梦神人与药,觉而顿愈。明年又梦梵僧告云:"出家时至矣。"遂依卫州白鹿山道规禅师披削,嵩岳受具。谓同学曰:"古德云:白四羯磨后,全体戒定慧。岂准绳而可拘也?"于是杖锡遍叩禅关,而但记语言,存乎知解。及造雪岭,朗然符契。一日参雪峰,雪峰知其缘熟,忽起搊住曰:"是什么?"师释然了悟,亦忘其了

---

① "西来",碛砂本作"是西来"。
② "师",碛砂本无。

心，唯举手摇曳而已。雪峰曰："子作道理邪？"师曰："何道理之有？"雪峰审其悬解，抚而印之。

暨雪峰归寂，闽帅于府城之左二十里，开鼓山，创禅宫，请扬宗致①。师上堂，众集，良久曰："南泉在日，亦有人举，要且不识南泉。即今还有识南泉者么？试出来对众验看。"时有僧出礼拜才起，师曰："作么生？"僧近前曰："咨和尚。"师曰："不才，请退。"又曰："经有经师，论有论师，律有律师。有函有号，有部有帙，各有人传持。且佛法是建立教，禅道乃止啼之说。他诸圣兴来，盖为人心不等，巧开方便，遂有多门，受疾不同，处方还异。在有破有，居空叱空，二患既除，中道须遣。鼓山所以道：句不当机，言非展事，承言者丧，滞句者迷。不唱言前，宁谭句后？直至释迦掩室，净名杜口，大士梁时童子，当日一问二问三问，尽有人了也。诸仁者作么生？"时有僧礼拜，师曰："高声问。"僧曰："学人咨和尚。"师乃喝出。问："己事未明，以何为验？"师抗音："似未闻。"其僧再问，师曰："一点随流，食咸不重。"

问："如何是包尽乾坤底句？"师曰："近前。"僧近前，师曰："钝置杀人。"问："如何绍得？"师曰："犴狖无风②，徒劳展掌。"曰："如何即是？"师曰："错。"问："学人便承当时如何？"师曰："汝作么生承当？"法灯别云："莫费力。"问："如何是学人正立处？"师曰："不从诸圣行。"法灯别云："汝拟乱走？"问："千山万山，阿那个是正山？"师曰："用正山作么？"法灯云："千

---

① "宗致"，南藏本、径山本作"宗教"。
② 此下，丛刊本、大正本有音释："犴寒岸，二音。狖音欲。"

山万山。"师与招庆相遇,招庆曰:"家常。"师曰:"无厌生。"招庆曰:"且款款。"师却云:"家常。"招庆曰:"今日未有火。"师曰:"太鄙吝生。"招庆曰:"稳便将取去。"东禅齐拈云:"此二尊宿语,还有得失也无?若有,阿那个得,阿那个失?若无得失,诸人未具行脚眼在。"问:"如何免得轮回生死?"师曰:"把将生死来。"问:"如何是宗门中事?"师侧掌曰:"吽,吽。"问:"如何是向上一关棙子?"师乃打之。

问:"如何是鼓山正主?"师曰:"瞎作么?"师问保福:"古人道'非不非,是不是',意作么生?"保福拈起茶盏。师曰:"莫是非好。"问:"如何是真实人体?"师曰:"即今是什么体?"曰:"究竟如何?"师曰:"争得到恁么地?"问:"如何是佛法大意?"师曰:"金乌一点,万里无云。"师问僧:"鼓山有不跨石门句,汝作么生道?"僧曰:"请。"师乃打之。问:"如何是古人省心力处?"师曰:"汝何费力?"问:"言满天下无口过。如何是无口过?"师曰:"有什么过?"问:"如何是省要处?"师曰:"还自耻么?"师与闽帅瞻仰佛像,闽帅问:"是什么佛?"曰:"请大王鉴。"曰:"鉴即不是佛。"曰:"是什么?"无对。长庆代云:"久承大师在众,何得造次?"

问:"从上宗乘,如何举唱?"师以拂子蓦口打。问:"如何是教外别传底事?"师曰:"吃茶去。"又曰:"今为诸仁者刺头入他诸圣化门里,斗薮不出①。所以向仁者道:教排不到,祖不西来,三世诸佛不能唱,十二分教载不起,凡圣摄不得,古今传不得。忽尔是个汉,未通个消息,向他怎么道,被他蓦口掴。还怪

---

① "斗薮",丛刊本、大正本作"抖擞"。

得他么？虽然如此，也不得乱捆。鼓山寻常道：更有一人，不跨石门，须有不跨石门句。作么生是不跨石门句？鼓山自住三十余年，五湖四海来者，向高山顶上看山玩水，未见一人快利通得。如今还有人通得，也不昧兄弟。珍重。"乃有偈示众曰："直下犹难会，寻言转更赊。若论佛与祖，特地隔天涯。"闽帅礼重，常询法要焉。

漳州隆寿兴法大师绍卿，泉州人也，姓陈氏。幼于灵岩寺习经论，讲业既就，而深慕禅那，乃问法于雪峰之室。服勤数载，从缘开悟。因侍经行，见芊叶动，雪峰指动叶视之。师对曰："绍卿甚生怕怖。"雪峰曰："是汝屋里底，怕怖什么？"师于是洗然省悟①，顿息他游。寻受请居龙溪焉。僧问："古人道：摩尼殿有四角，一角常露。如何是常露底角？"师举拂子。问："粮不畜一粒，如何济得万人饥？"师曰："侠客面前如夺剑，看君不是點儿郎。"问："大拍盲底人来，师还接否？"师曰："前后大应得此便也。"曰："莫便是接否？"师曰："遮汉，来遮里插嘴。"问："耳目不到处如何？"师曰："汝无此作。"曰："恁么即闻也。"师曰："真个聋。"汉漳守王公钦尚祖风，为奏紫衣、师名。

福州仙宗院仁慧大师行瑫，泉州人也，姓王氏。本州开元寺受业，预雪峰禅会，声闻四远。闽帅请转法轮，玄徒奔至。上堂曰："我与释迦同参，汝道参什么人？"时一僧出礼拜②，拟伸问，

---

① "洗然省悟"，大正本作"恍然惺悟"。
② "时"，碛砂本作"时有"。"出"，东寺本作"入"。

师曰："错。"问："如何是西来意？"师曰："熊耳不曾藏。"问："直下事乞师方便。"师曰："不因汝问，我亦不道。"问："如何是西来意？"师曰："白日无闲人。"

福州莲华山永福院超证大师从弇，先住漳州报恩院。僧问："儒门以五常为极则，未审宗门以何为极则？"师良久。僧曰："恁么即学人造次也。"师曰："好与拄杖。"问："教云：唯有一乘法。如何是一乘法？"师曰："汝道我在遮里作什么？"曰："恁么即不知教意也。"师曰："虽然如此，却不孤负汝。"问："不向问处领，犹是学人问处，和尚如何？"师曰："吃茶去。"长庆常云："尽法无民。"师曰："永福即不然，若不尽法，又争得民？"时有僧曰："请师尽法。"师曰："我不要汝纳税。"问："诸余即不问，聊径处乞师垂慈。"师曰："不快礼三拜。"师上堂曰："咄，咄，看箭。"便归方丈。问："请师尽令。"师曰："莫埋没。"问："大众云集，请师说法。"师曰："闻么？"曰："若更伫思，应难得及。"师曰："实即得。"问："摩尼殿有四角，一角常露。如何是常露底角？"师曰："不可更点。"师上堂于坐边立，谓众曰："二尊不并化。"便归方丈。

杭州龙华寺真觉大师灵照，高丽人也。萍游闽越，升雪峰之堂，冥符玄旨。居唯一衲，服勤众务，闽中谓之"照布衲"。一夕，指半月问溥上坐："那一片什么处去也？"溥曰："莫妄想。"师曰："失却一片也。"众虽叹美，而恬澹自持。

初止婺州齐云山，上堂良久，忽舒手视其众曰："乞取些子，乞取些子。"又曰:"一人传虚,万人传实。"僧问:"草童能歌舞,未审今时还有无?"师下坐作舞曰:"沙弥会么?"僧曰:"不会。"师曰:"山僧踏曲子也不会?"问:"灵山会上,法法相传。未审齐云将何付嘱?"师曰:"不可为汝一人,荒却齐云也。"曰:"莫便是亲付嘱也无?"师曰:"莫令大众笑。"问:"还丹一粒,点铁成金。至理一言,点凡成圣。请师一点?"师曰:"还知齐云点金成铁么?"曰:"点金成铁,未之前闻。至理一言,敢希垂示。"师曰:"句下不荐,后悔难追。"

师次居越州镜清院,海众悦随。一日,谓众曰:"尽令去也。"僧曰:"请师尽令。"师曰:"吽,吽。"问:"如何是学人本分事?"师曰:"镜清不惜口。"问:"请师雕琢。"师曰:"八成。"曰:"为什么不十成?"师曰:"还知镜清生修理么?"师问僧:"什么处来?"曰:"五峰来。"师曰:"来作什么?"曰:"礼拜和尚。"师曰:"何不自礼?"曰:"礼了也。"师曰:"镜湖水浅。"问:"如何是第一句?"师曰:"莫错下名言。"曰:"师岂无方便?"师曰:"乌头养雀儿。"问:"向上一路,千圣不传。未审什么人传得?"师曰:"千圣也疑我。"曰:"莫便是传也无?"师曰:"晋帝斩嵇康。"问:"释迦掩室于摩竭,净名杜口于毗邪。此意如何?"师曰:"东廊下两两三三①。"师谓众曰:"诸方以毗卢法身为极则,镜清遮里即不然,须知毗卢有师,法身有主。"问:"如何是毗卢师、法身主?"师曰:"二公争敢论?"

问:"古人道:见色便见心,此即是色,阿那个是心?"师

---

① "廊",原作"廓",据东寺本、碛砂本、大正本改。

曰:"恁么问,莫欺山僧么?"问:"未剖以前请师断。"师曰:"落在什么处?"曰:"恁么即失口也。"师曰:"寒山送沩山。"又曰:"住,住,阇梨失口,山僧失口?"曰:"恶虎不食子。"师曰:"驴头出,马头回。"师蓦问一僧:"记得么?"曰:"记得。"师曰:"道什么?"曰:"道什么?"师曰:"淮南小儿入寺。"问:"是什么即俊鹰、俊鹞趁不及?"师曰:"阇梨别问,山僧别答。"曰:"请师别答。"师曰:"十里行人较一程。"问:"金屑虽贵,眼里著不得时如何?"师曰:"著不得,还著得么?"僧礼拜。师曰:"深沙神。"问:"菩提树下度众生,如何是菩提树?"师曰:"大似苦练树。"曰:"为什么似苦练树?"师曰:"素非良马,何劳鞭影?"

后湖守钱公卜杭之西关,创报慈院,延请开法,禅众翕然依附。寻而钱王建龙华寺,迎金华傅大士灵骨道具置焉,命师住持。晋天福十二年丁未闰七月一十六日终于本寺①,寿七十八。塔于大慈山。

明州翠岩永明大师令参,湖州人也。自雪峰受记,止于翠岩,大张法席。问:"不借三寸请师道。"师曰:"茶堂里贬剥去。"问:"国师三唤侍者,意旨如何?"师曰:"抑逼人作么?"问:"诸余即不问。"师默之。僧曰:"如何举似于人?"师唤侍者:"点茶来。"师上堂曰:"今夏与诸兄弟语论看,翠岩眉毛还在么?"长庆闻举云②:"生也。"问:"凡有言句,尽是点污。如何是

---

① "一十六",丛刊本、东寺本、碛砂本、大正本作"二十六"。
② "闻举云",碛砂本作"闻云"。

向上事？"师曰："凡有言句，尽是点污。"问："如何是省要处？"师曰："大众笑汝。"问："坦然不滞锋铓时如何？"师云："大有人作此见解。"曰："毕竟如何？"师曰："坦然不滞锋铓。"问："古人拈槌竖拂，意旨如何？"师曰："邪法难扶。"问："僧繇为什么写志公真不得？"师曰："作么生合杀？"问："险恶道中，以何为津梁？"师曰："药山再三叮嘱。"问："不带凡圣①，当机何示？"师曰："莫向人道：翠岩灵利。"问："妙机言句，尽皆不当宗乘中事如何？"师曰："礼拜著。"曰："学人不会。"师曰："出家行脚，礼拜也不会。"钱王向师道风，请居龙册寺终焉。

---

① "带"，径山本作"滞"。

景德传灯录卷第十九

吉州清原山行思禅师第六世①

福州雪峰义存禅师法嗣②四十二人三十一人见录③

　　福州安国弘瑫禅师

　　襄州云盖山归本禅师

　　韶州林泉和尚

　　洛京南院和尚

　　越州洞岩可休禅师

　　定州法海院行周禅师

　　杭州龙井通禅师

　　漳州保福从展禅师

　　泉州睡龙道溥禅师

　　杭州龙兴寺宗靖禅师

　　福州南禅契璠禅师

　　越州越山师鼐禅师

---

① "世"下，大正本有"之三四十二人"。
② "法嗣"，大正本作"法嗣下"。
③ "三十一"，原作"二十一"，据丛刊本改。

南岳金轮可观禅师

泉州福清玄讷禅师

韶州云门文偃禅师

衢州南台仁禅师

泉州东禅和尚

余杭大钱山从袭禅师

福州永泰和尚

池州和龙山守讷禅师

建州梦笔和尚

福州古田极乐元俨禅师

福州芙蓉山如体禅师

洛京憩鹤山和尚

潭州沩山栖禅师

吉州潮山延宗禅师

益州普通山普明大师

随州双泉梁家庵永禅师

漳州保福超悟禅师

太原孚上坐

南岳惟劲禅师

> 台州十相审超禅师、江州庐山讷禅师、新罗国大无为禅师、潞州玄晖禅师、湖州清净和尚、益州永安雪峰和尚、卢仙德明禅师、抚州明水怀忠禅师、益州怀果禅师、杭州耳相行修禅师、嵩山安德禅师　已上一十一人无机缘语句，不录

清原山行思禅师第六世①

福州雪峰义存禅师法嗣②

福州安国院明真大师弘瑫，泉州人也，姓陈氏。幼绝荤茹，自誓出家。于龙华寺东禅始圆戒体，而造于雪峰。雪峰观其少俊，堪为法器，乃导以本心，信入过量。复遍参禅苑，获诸方三昧，却回雪峰。雪峰问："什么处来？"曰："江西来。"雪峰曰："什么处见达磨？"曰："分明向和尚道。"雪峰曰："道什么？"曰："什么处去来。"一日，雪峰见师，忽撷住曰："尽乾坤是个解脱门，把手教伊入，不肯入。"曰："和尚怪弘瑫不得。"雪峰曰："虽然如此，争奈背后许多师僧何？"

师因举国师碑文云"得之于心，伊兰作栴檀之树；失之于旨，甘露乃蒺藜之园"，拈问僧曰："一语须具得失两意，汝作么生道？"僧举拳曰："不可唤作拳头也。"师不肯，亦举拳，别云："只为唤遮个作拳头。"

师受请止困山，毳徒臻集。后闽帅向师道德，命居安国寺，大阐玄风，徒余八百矣。僧问："如何是西来意？"师曰："是即是，莫错会。"问："如何是第一句？"师曰："问，问。"问："学人上来，未尽其机，请师尽机。"师良久。僧礼拜，师曰："忽到别处人问，汝作么生举？"曰："终不敢错举。"师曰："未出门已见笑具。"问："如何是达磨传底心？"师曰："素非后躅。"问："如何是宗乘中事？"师曰："不可为老兄散却众也。"

---

① "世"下，大正本有"之三"。
② "法嗣"，大正本作"法嗣下"。

问："不落有无之机，请师全道。"师曰："汝试断看。"问："如何是一毛头事？"师拈起袈裟。僧曰："乞师指示。"师曰："抱璞不须频下泪，来朝更献楚王看。"

问："寂寂无言时如何？"师曰："更进一步。"问："凡有言句，皆落因缘方便。不落因缘方便事如何？"师曰："桔槔之士频逢，抱瓮之流罕遇。"问："向上一路，千圣不传。未审和尚如何传？"师曰："且留口吃饭著。"问："如何是高尚底人？"师曰："河滨无洗耳之叟，磻溪绝垂钓之人。"问："十二时中，如何救得生死？"师曰："执钵不须窥众乐，履冰何得步参差？"① 问："学人拟问宗乘，师还许也无？"师曰："但问。"僧拟问，师乃喝出。问："目前生死，如何免得？"师曰："把将生死来。"问："知有底人为什么道不得？"师曰："汝爷名什么？"

问："如何是活人之剑？"师曰："不敢瞒却汝。"曰："如何是杀人之刀？"② 师曰："只遮个是。"问："不犯锋铓，如何知音？"师曰："驴年去。"问："苦涩处乞师一言。"师曰："可杀沈吟。"曰："为什么如此？"师曰："也须相悉好。"问："常居正位底人，还消得人天供养否？"③ 师曰："消不得。"曰："为什么消不得？"师曰："是什么心行？"曰："什么人消得？"师曰："著衣吃饭底消得。"师举："稜和尚住招庆时，在法堂东角立，谓僧曰：'遮里好致一问。'僧便问：'和尚为何不居正位？'稜曰：'为汝怎么来。'曰：'即今作么生？'稜曰：'用汝眼作

---

① "何得"，东寺本、碛砂本作"何必"。
② "之刀"，东寺本、碛砂本作"刀"。
③ "消得"，东寺本、碛砂本作"消"。

么?'"师举毕,乃曰:"他家恁么问,别是个道理。如今作么生道?"后安国曰:"恁么即大众一时散去得也。"师亦自代曰:"恁么即大众一时礼拜。"

襄州云盖山双泉院归本禅师,亦曰"西双泉",以随州有东双泉故也。京兆府人也。幼出家,十六纳戒,念《法华经》。初礼雪峰,雪峰下禅床,跨背而坐,师于是省觉。僧问:"如何是双泉?"师曰:"可惜一双眉。"曰:"学人不会。"师曰:"不曾烦禹力,湍流事不知。"问:"如何是西来的的意?"师乃搊住,其僧变色。师曰:"我遮里无遮个。"师手指纤长,特异于人,号"手相大师"。

韶州林泉和尚,先住巘山。僧问:"如何是尘?"师曰:"不觉成丘山。"师谒白云慈光大师,辞出,白云门送,扶师下阶曰:"款款,莫教跶倒。"师曰:"忽然跶倒又作么生?"白云曰:"更不用扶也。"师大笑而退。

洛京南院和尚,问:"如何是法法不生?"师曰:"生也。"有儒士博览古今,时人呼为"张百会"。一日来谒师,师曰:"莫是张百会么?"曰:"不敢。"师以手于空画一画曰:"会么?"曰:"不会。"师曰:"一尚不会,什么处得百会来?"

越州洞岩可休禅师,问:"如何是洞岩正主?"师曰:"开著。"问:"如何是和尚亲切为人处?"师曰:"大海不宿尸。"①问:"如何是向上一路?"师举衣领示之。问:"学人远来,请师方便。"师曰:"方便了也。"

定州法海院行周禅师,问:"风恬浪静时如何?"师曰:"吹倒南墙。"问:"如何是道中宝?"师曰:"不露光。"曰:"莫便是否?"师曰:"是即露也。"

杭州龙井通禅师,处栖上坐问:"如何是龙井龙?"师曰:"意气天然别,神笔画不成。"②曰:"为什么画不成?"师曰:"出群不戴角,不与类中同。"曰:"还解行雨也无?"师曰:"普润无边际,处处皆结粒。"曰:"还有宗门中事也无?"师曰:"有。"曰:"如何是宗门中事?"师曰:"从来无形段,应物不曾亏。"问:"如何是吹毛剑?"师曰:"拽出死尸著。"

漳州保福院从展禅师,福州人也,姓陈氏。年十五,礼雪峰为受业师。十八,本州大中寺具戒,游吴楚间,后归执侍。雪峰一日忽召曰:"还会么?"师欲近前,雪峰以杖拄之,师当下知归,作礼而退。又常以古今方便询于长庆稜和尚,稜深许之。长庆稜和尚有时云:"宁说阿罗汉有三毒,不说如来有二种语。不道如来无语,只是无二种语。"师曰:"作么生是如来语?"曰:"聋人争得闻?"师曰:"情知和尚向第二头道。"长庆却问:"作

---

① "尸",东寺本、碛砂本作"死尸"。
② "神笔",东寺本、碛砂本作"神工"。

么生是如来语?"师曰:"吃茶去。"云居锡云:"什么处是长庆向第二头道处?"因举:"盘山云:'光境俱亡,复是何物?'洞山云:'光境未亡,复是何物?'"师曰:"据此二尊者商量,犹未得剿绝。"乃问长庆:"如今作么生道得剿绝?"长庆良久。师曰:"情知和尚向山鬼窟里作活计。"长庆却问:"作么生?"师曰:"两手将犁水过膝。"① 一日长庆问:"见色便见心,还见船子么?"师曰:"见。"曰:"船子且置,作么生是心?"师却指船子。归宗柔别云:"和尚只解问人。"雪峰谓众曰:"诸上坐,到望州亭与上坐相见了,到乌石岭与上坐相见了,到僧堂前与上坐相见了。"师举问鹅湖曰:"僧堂前相见即且置,只如望州亭、乌石岭,什么处是相见?"鹅湖骤步入方丈,师归僧堂。东禅齐云:"此二尊宿会古是相见②,不相见?试断看。"

梁贞明四年丁丑岁,漳州刺史王公钦承道誉,创保福禅苑,迎请居之。开堂日,王公礼跪三请,躬自扶掖升堂。师曰:"须起个笑端作么?然虽如此,再三不容推免。诸仁者,还识么?若识得,便与古佛齐肩。"时有僧出,方礼拜,师曰:"晴干不肯去,要待雨淋头。"僧乃申问曰:"郡守崇建精舍,大阐真风,便请和尚举扬宗教。"师曰:"还会么?"曰:"恁么即群生有赖也。"师曰:"莫把那不净涂污人好。"僧出礼拜,师曰:"大德好与③,莫覆却船子。"问:"泯默将何为则?"师曰:"落在什么处?"曰:"不会。"师曰:"瞢睡汉④,出去。"师见一僧,乃以

---

① "将犁",东寺本、碛砂本、大正本作"扶犁"。
② "会古",东寺本、碛砂本、大正本作"会处"。
③ "与",东寺本、碛砂本、大正本作"与么"。
④ "瞢",丛刊本、东寺本、碛砂本作"瞌",大正本下注"五合切"。

杖子打露柱,又打其僧头。僧作痛声①,师曰:"那个为什么不痛?"僧无对。玄觉代云:"贪行拄杖。"

问:"摩腾入汉,一藏分明,达磨西来,将何指示?"师曰:"上坐行脚事作么生?"曰:"不会。"师曰:"不会会取好,莫傍家取人处分。若是久在丛林,粗委些子远近,可以随处任真。其有初心后学,未知次序,山僧所以不惜口业向汝道:尘劫来事只在如今。还会么?然佛法付嘱国王、大臣、郡守,昔同佛会,今方如是。若是福禄荣贵,则且不论,只如当时受佛付嘱底事,还记得么?若识得,便与千圣齐肩;傥未识得,直须谛信此事不从人得,自己亦非。言多去道转远,直道言语道断,心行处灭,犹未是在。久立,珍重。"异日上堂,大众云集,师曰:"有人从佛殿后过,见是张三李四,从佛殿前过,为什么不见?且道佛法利害在什么处?"僧曰:"为有一分粗境,所以不见。"师乃叱之。自代曰:"若是佛殿即不见。"僧曰:"不是佛殿,还可见否?"师曰:"不是佛殿见什么?"

问:"十二时中,如何据验?"师曰:"恰好据验。"曰:"学人为什么不见?"师曰:"不可更捏目去也。"问:"主伴重重,极十方而齐唱。如何是极十方而齐唱?"师曰:"汝何不教别人问。"问:"因言辩意时如何?"师曰:"因什么言?"僧低头良久,师曰:"击电之机,徒劳伫思。"问:"欲入无为海,须乘般若船。如何是般若船?"师曰:"便请。"曰:"便怎么进去时如何?"师曰:"也是涅槃堂里汉。"师见僧吃饭,乃托钵曰:"家常。"僧

---

① "痛",东寺本、碛砂本作"忍痛"。

曰："和尚是什么心行？"有尼到参，师曰："阿谁？"侍者报曰："觉师姑。"师曰："既是觉师姑，用来作么？"尼曰："仁义道中即不无。"师自别云："和尚是什么心行？"玄觉因举："法眼见僧担土，乃以一块土放担上云：'吾助汝。'僧云：'谢和尚慈悲。'法眼不肯。有一僧别云：'和尚是什么心行？'法眼便休。"玄觉征云："此三则语一般①，别有道理？什么处是心行处？"

闽帅遣使送朱记到，师上堂曰："去即印住，住即印破。"僧曰："不去不住，用印奚为？"师乃打之。僧曰："恁么即山鬼窟里，全因今日也。"师默而已。玄觉云："什么处是山鬼窟？丛林中道：住在不去不住处，便是山鬼窟，所以打破。如此商量，正是鬼窟。且道：保福打伊，意作么生？"师问僧："什么处来？"曰："江西。"师曰："学得底那？"曰："拈不出。"师曰："作么生？"法眼别云："谩语。"僧无对。师举洞山真赞云："徒观纸与墨，不是山中人。"僧问："如何是山中人？"师曰："汝试邈掠看。"曰："若不黠儿，几成邈掠。"师曰："汝是黠儿？"曰："和尚是什么心行？"师曰："来言不丰。"

师见僧数钱，乃展手曰："乞我一钱。"曰："和尚因何到恁么地？"师曰："我到恁么地。"曰："若到恁么地，将取一文去。"师曰："汝为何到恁么地？"师问僧："什么处来？"曰："江西观音。"师曰："还见观音么？"曰："见。"师曰："左边见，右边见？"曰："见时不历左右。"法眼别云："如和尚见。"问："如何是入火不烧，入水不溺？"师曰："若是水火，即被烧溺。"师问饭头："镬阔多少？"曰："和尚试量看。"师以手作量势，

---

① "三"，径山本作"二"。

曰："和尚莫谩某甲。"师曰："却是汝谩我。"问："欲达无生路，应须识本源。如何是本源？"师良久，却问侍者："适来僧问什么？"其僧再举，师乃喝出，曰："我不患聋。"问："学人近入丛林，乞师全示入路。"师曰："若教全示，我却礼拜汝。"师见一僧，乃曰："汝作什么业来，得恁么长大？"曰："和尚短多少？"师蹲身作短势，僧曰："和尚莫谩人好。"师曰："却是汝谩我。"师令侍者屈隆寿长老云："但独自来，莫将侍者来。"寿曰："不许将来，争解离得？"师曰："大杀恩爱。"寿无对。师自代曰："更谢和尚上足传示。"

师住保福仅一纪，学众常不下七百。其接机利物，不可备录。闽帅礼重，为奏命服。唐天成三年戊子，示有微疾。僧入丈室问讯，师谓之曰："吾与汝相识年深，有何方术相救？"僧曰："方术甚有，闻说和尚不解忌口。"法灯别云："和尚解忌口么？"又谓众曰："吾旬日来气力困劣，别无他，只是时至。"僧问："时既至矣，师去即是，住即是？"师曰："道。"曰："恁么即某甲不敢造次。"师曰："失钱遭罪。"言讫，跏趺告寂，即三月二十一日也。

泉州睡龙山道溥，号**"弘教大师"**，福州福唐人也，姓郑氏。宝林院受业，自雪峰印心，住五峰。上堂曰："莫道空山无祇待。"便归方丈。僧问："凡有言句，不出大千顶。未审顶外事如何？"师曰："凡有言句，不是大千顶。"曰："如何是大千顶？"师曰："摩醯首罗天，犹是小千界。"问："初心后学，近入丛林，方便门中，乞师指示。"师敲门枋。僧曰："向上还有事也无？"

师曰："有。"曰："如何是向上事？"师再敲门枋。

杭州龙兴宗靖禅师，台州人也。初参雪峰，密承宗印，乃自誓充饭头，服劳逾十载。尝于众堂中袒一膊钉帘，雪峰睹而记曰："汝向后住持有千僧，其中无一人衲子也。"师悔过，辞归故乡，住六通院。钱王命居龙兴寺，有众千余，唯三学讲诵之徒，果如雪峰所志。周广顺初，年八十一，钱王请于寺之大殿演无上乘，黑白骈拥。僧问："如何是六通奇特之唱？"师曰："天下举去。"问："如何是六通家风？"师曰："一条布衲一斤有余。"僧问："如何是学人进前一路？"师曰："谁敢谩汝？"曰："岂无方便？"师曰："早是屈抑也。"问："如何是和尚家风？"师曰："早朝粥，斋时饭。"曰："更请和尚道。"师曰："老僧困。"曰："毕竟作么生？"师大笑而已。钱王特加礼重，屡延入府，以始住院署"六通大师"。显德元年甲寅季冬月示灭，寿八十四。塔于大慈山。

福州南禅契璠禅师，上堂曰："若是名言妙句，诸方总道了也。今日众中还有超第一义者，致得一句么？若有，即不孤负于人。"时有僧问："如何是第一义？"师曰："何不问第一义？"曰："见问。"① 师曰："已落第二义也。"问："古佛曲调请师和。"师曰："我不和汝杂乱底。"曰："未审为什么人和？"师曰："什么处去来？"

---

① "见问"，径山本作"现问"。

越州诸暨县越山师鼐，号"鉴真禅师"，初参雪峰而染指。后因闽王请于清风楼斋，坐久，举目忽睹日光，豁然顿晓，而有偈曰："清风楼上赴官斋，此日平生眼豁开。方知普通年远事，不从葱岭路将来。"归呈雪峰，雪峰然之。僧问："如何是佛身？"师曰："汝问那个佛身？"曰："释伽佛身。"师曰："舌覆三千界。"师临终时集众，示一偈曰："眼光随色尽，耳识逐声消。还源无别旨，今日与明朝。"偈毕，跏趺而逝。

南岳金轮可观禅师，福州福唐人也，姓薛氏①。依石佛寺齐合禅师披剃，戒度既圆，便参雪峰。雪峰曰："近前。"师方近前作礼，雪峰举足踏之，师忽然冥契，师事十二载。复历丛林，止南岳法轮峰。师上堂谓众曰："我在雪峰遭他一踏，直至如今眼不开，不知是何境界？"僧问："如何是西来意？"师曰："不是。"大众夜参后下堂，师召曰："大众。"众回首，师曰："看月。"大众看月，师曰："月似弯弓，少雨多风。"众无对。问："古人道：毗卢有师，法身有主。如何是毗卢师、法身主？"师曰："不可床上安床。"

问："如何是日用事？"师拊掌三下。僧曰："学人未领此意。"师曰："更待什么？"问："从上宗乘，如何为人？"师曰："我今日未吃茶。"曰："请师指示。"师曰："过也。"问："正则不问，请师傍指。"师曰："抱取猫儿去。"师问僧："什么处来？"曰："华光。"师即托出，闭门②，僧无对。问："路逢达道

---

① "薛"，大正本作"苏"。《五灯会元》亦作"薛"。
② "闭门"，东寺本、碛砂本作"闭却门"。

人,不将语默对,未审将何对?"师曰:"咄!出去。"师问僧:"作么生是觌面事?"曰:"请师鉴。"师曰:"恁么道还当么?"曰:"故为即不可。"师曰:"别是一著。"问:"如何是灵源一路?"师曰:"踏过作么?"雪峰院主有书来招师曰:"山头和尚年尊也,长老何不再入岭一转?"师回书曰:"待山头和尚别有见解即入岭。"有僧问:"如何是雪峰见解?"师曰:"我也惊。"

泉州福清院玄讷禅师,高丽人也。初住福清道场,传象骨之灯,学者归慕。泉守王公问:"如何是宗乘中事?"师叱之。僧问:"如何是触目菩提?"师曰:"阇梨失却半年粮。"曰:"为什么失却半年粮?"师曰:"只为图他一斗米。"问:"如何是清净法身?"师曰:"虾蟆曲蟮。"问:"教云:唯一坚密身,一切尘中现。如何是坚密身?"师曰:"驴马猫儿。"曰:"乞师指示。"师曰:"驴马也不会。"问:"如何是物物上辨明?"师展一足示之。师住福清三十年,大阐玄风,终于本山。

韶州云门山文偃禅师,姑苏嘉兴人也,姓张氏。初参睦州陈尊宿,发明大旨。后造雪峰,而益资玄要。因藏器混众,于韶州灵树敏禅师法席居第一坐。敏将灭度,遗书于广主,请接踵住持。师不忘本,以雪峰为师。开堂日,广主亲临曰:"弟子请益。"师曰:"目前无异路。"法眼别云:"不可无益于人。"师云:"莫道今日谩诸人好,扼理不得已①,向诸人道遮里作一场狼籍②。

---

① "扼理",东寺本、碛砂本、大正本作"抑"。
② "向诸人道遮里",东寺本、碛砂本作"向诸人前"。

忽遇明眼人见，谓之一场笑具，如今亦不能避得也。且问你诸人：从上来有什么事？欠少什么？向你道无事，亦是谩你也，须到遮田地始得。亦莫趁口头问①，自己心里黑漫漫地，明朝后日大有事在。你若是根性迟回，且向古人建化门庭东觑西觑，看是个什么道理？汝欲得会么？都缘是汝自家无量劫来，妄想浓厚，一期闻人说著，便生疑心，问佛问祖，向上向下，求觅解会，转没交涉。拟心即差，况复有言？莫是不拟心么②？更有什么事？珍重。"

师上堂云："我事不获已，向你诸人道'直下无事'，早是相埋没了也。你诸人更拟进步向前，寻言逐句，求觅解会。千差万巧，广设问难，只是赢得一场口滑，去道转远，有什么休歇时？此个事若在言语上，三乘十二分教岂是无言语，因什么更道教外别传？若从学解机智得，只如十地圣人说法如云如雨，犹被呵责：见性如隔罗縠。以此故，知一切有心，天地悬殊。虽然如此，若是得底人，道火不可烧③，终日说事，不曾挂着唇齿，未曾道著一字。终日著衣吃饭，早晚触一粒米④，挂一缕线。虽然如此，犹是门庭之说，也须实得恁么始得。若约衲僧门下，句里呈机，徒劳伫思。直饶一句下承当得，犹是瞌睡汉。"师云："三乘十二分教，横说竖说，天下老和尚纵横十字说，与我捻针锋说底道理来看⑤，恁么道早是死马医⑥。虽然如此，且有几个到此

---

① "头问"，东寺本、碛砂本、大正本作"乱问"。
② "么"，东寺本、碛砂本作"是么"。
③ "烧"，大正本作"烧口"。
④ "早晚触"，东寺本、碛砂本、大正本作"未尝触著"。
⑤ "针锋"，大正本作"针锋许"。
⑥ "早是"，原无，据东寺本、碛砂本补。

境界？不敢望汝言中有响，句里藏锋，瞬目千差，风恬浪静。伏惟尚飨。珍重。"

师上堂云："诸兄弟尽是诸方参寻知识，决择生死，到处岂无尊宿垂慈方便之词？还有透不得底句么？出来举看，老汉大家共你商量。"时有僧出来礼拜，拟举次，师云："去，去，西天路迢迢十万余。"师问①："学人簇簇地，商量个什么？"云②："大众久立。"师云："举一则语教汝直下承当，早是撒屎著汝头上③。直然捻一毫头④，尽大地一时明得，也是剜肉作疮。虽然如此，汝亦须实到遮个田地始得。若未切，不得掠虚。却退步向自己根脚下推寻⑤，看是个甚么道理？实无丝发与汝作解会，与汝作疑惑。汝等各各且当人一段事，大用现前，更不烦汝一毫头气力，便与祖佛无别。自是诸人信根浅薄，恶业浓厚，突然起得许多头角，担钵囊千乡万里受屈。且汝诸人有什么不足处？大丈夫汉阿谁无分？触目承当得，犹是不著便，不可受人欺谩，取人处分。才见老和尚动口，便好把特石蓦口塞⑥，便是屎上青蝇相似，斗竞接将去，三个五个聚头地商量。苦屈！兄弟！他古德一期为你诸人不奈何，所以方便垂一言半句，通汝入路。遮般事捻放一边⑦，独自著些子筋骨，岂不是有少许相亲处？快与，快与，时不待人，出息不保入息，更有什么身心别处闲用？切须在意，在

---

① "师问"，东寺本、碛砂本、大正本作"问"。
② "云"，东寺本、碛砂本作"师云"。
③ "屎"，大正本作"尿"。
④ "直然"，大正本作"直饶"。
⑤ "却"，大正本作"却须"。
⑥ "特"，东寺本、碛砂本作"将"。
⑦ "捻"，碛砂本、大正本作"拈"。

意！珍重。"

师云："尽乾坤一时把将来著汝眼睫上①，你诸人闻恁么道，不敢望你出来性燥，把老汉打一捆。且缓缓子细看，是有是无？是个什么道理②？直饶向遮里明得，若遇衲僧门下，好槌折两脚。汝若是个人，闻说道怎么处有老宿出世③，便好蓦面唾，污我耳目。汝若不见个脚手④，才闻人举，便当荷得，早落第二机也。汝且看他德山和尚，才见僧上来，拽拄杖便打趁。睦州和尚才见入门来，便云'且放汝三十棒'，或时云：'见成公案。'⑤自余之辈，合作么生？若是一般掠虚汉，食人涎唾，记得一堆一担骨幢⑥，到处逞驴唇马嘴⑦，夸我解问十转五转⑧。饶你从朝问到夜，论劫怎么，还曾梦见也未？什么处是与人著力处？似遮般底，有人屈衲僧斋，也道我得饭吃，堪什么共语？他日阎罗王面前，不取你口解说⑨。诸兄弟！若是得底人，他家依众遣日。若也未得，切莫容易过时，大须子细⑩。古人大有葛藤相为处，即如雪峰和尚道'尽是汝'⑪，夹山云'百草头识取老僧⑫，市门头

---

① "一时把"，原作"把一时"，据东寺本、碛砂本改。
② "是个什么道理"，原作"什么"，据东寺本、碛砂本、大正本改。
③ "恁么"，东寺本、碛砂本、大正本作"什么"。
④ "不见"，东寺本、碛砂本、大正本作"不是"。
⑤ "'且放汝三十棒'，或时云：'见成公案。'"东寺本、碛砂本作"现成公案，放汝三十棒"。
⑥ "骨幢"，东寺本、碛砂本作"楂柽"，大正本作"骨董"。
⑦ "逞"，东寺本、碛砂本作"驰骋"。
⑧ "转"下，东寺本、碛砂本、大正本有"话"。
⑨ "解说"，原作"解脱"，据东寺本、碛砂本、大正本改。
⑩ "子细"，碛砂本作"子细看"。
⑪ "尽是汝"，东寺本、碛砂本、大正本作"尽大地是汝"。
⑫ "百草头识"，东寺本、碛砂本作"百草头上荐"。

认取天子①',乐普云'一尘才举,大地全收,一毛师子②,全身总是'。汝把取翻覆思量,日久岁深,自然有个入路。此事无你替代处,莫非各在当人分上,老和尚出世,只是为你证明。汝若有少许来由,且昧你亦不得;你若实未得,方便拨汝则不可。兄弟,一等是踏破草鞋,抛却师僧父母行脚③,直须著些子精彩始得。实若有个人入头处,遇著一个咬猪狗脚手④,不惜性命,入泥入水相为,有可咬嚼。搓上眉毛⑤,高挂钵囊,拗折挂杖,十年二十年拟取彻头⑥,莫愁不成办。直是今生未得彻头,来生亦不失人身,向此个门中,亦乃省力。不虚孤负平生,亦不孤负师僧父母、十方施主。直须在意。莫空游州猎县,横担柱杖,一千二千里走趁,遮边经冬,那边过夏。好山水堪取性,多斋供,易得衣钵。苦屈!图他一粒米,失却半年粮。如此行脚,有什么利益?信心檀越把菜粒米,作么生消得?直须自看,时不待人。忽然一日眼光落地,到来前头将什么抵拟⑦?莫一似落汤螃蟹,手脚忙乱。无你掠虚说大话处,莫将等闲,空过时光。一失人身,万劫不复,不是小事,莫据目前。古人尚道⑧'朝闻⑨,夕死可矣',况我沙门,日夕合履践个什么事?大须努力,努力!珍重。"

---

① "市门头认",东寺本、碛砂本作"闹市里识"。
② "一毛",东寺本、碛砂本作"一毛头"。
③ "师僧",东寺本、碛砂本作"师长"。
④ "一个",东寺本、碛砂本无。
⑤ "搓",大正本作"扎",东寺本、碛砂本作"眨"。
⑥ "拟取",东寺本、碛砂本作"办取"。
⑦ "到来",东寺本、碛砂本无。
⑧ "古人",东寺本、碛砂本作"俗子"。
⑨ "朝闻",东寺本、碛砂本作"朝闻道"。

师云："汝等没可怎么了①，见人道著祖意，便问个超佛越祖之谈。汝且唤那个为佛，那个为祖？且说个超佛越祖底道理？问个出三界，你把将三界来看，有什么见闻觉知隔碍著②？什么声尘色可与你③？了了什么碗？以阿那个为差殊之见？他古圣不奈何，横身为物，道个举体全真物觌体不可得。我向你道'直下有什么事'，早是相埋没了也。实未有入头处④，且中思量⑤，独自参详。除却著衣吃饭、屙屎送尿，更有什么事？无端起得许多妄想作什么？更有一般底，恰似等闲相似，聚头学得个古人话路，识性记持，妄想卜度，道'我会佛法了也'。只管说葛藤，取性过时。更嫌不称意，千乡万里，抛却老邪娘、师僧和尚，遮般底去就⑥，遮打野菜秃，有什么死急行脚去！"⑦

师上堂云："故知时运浇漓，迨于像季。近日师僧北去礼文殊，南去游衡岳，若恁么行脚，名字比丘，徒消信施。苦哉，苦哉！问著黑似漆相似，只管取性过时。设使有三个两个，枉学多闻，记持话路，到处觅相似言语，印可老宿，轻忽上流，作薄福德业⑧。他日阎罗王钉你之时，莫道无人向你说。若是初心后学，直须著精神，莫空记人说处⑨。多虚不如少实，向后只是自赚。有什么事？近前。"师上堂，大众云集，师以拄杖指面前云："乾

---

① "恁么"，东寺本、碛砂本作"作"。
② "隔碍著"，东寺本作"隔碍著你"，大正本作"隔著尔"。
③ "什么声尘色"，碛砂本、大正本作"你有什么声色"。
④ "实"前，大正本有"尔若"。
⑤ "且中思量"，东寺本、碛砂本、大正本作"且中私"。
⑥ "去就"，原作"去去"，据东寺本、碛砂本、大正本改。
⑦ "去"，东寺本、碛砂本、南藏本、径山本无。
⑧ "德业"，东寺本、碛砂本作"业"。
⑨ "说处"，大正本作"说情"，东寺本作"说"。

坤大地微尘诸佛，总在遮里许争佛法①，各觅胜负。还有人谏得么？若无人谏得，待老汉与你谏。"时有僧出云："便请和尚谏。"师云："遮野狐精。"

师云："汝诸人傍家行脚，皆是河南海北。各各尽有生缘所在，还自知得②？试出来举看，老汉与汝证明。有么，有么？出来！汝若不知，老汉谩你去也。汝欲得知，若生缘在北，北有赵州和尚，五台山有文殊，总在遮里。若生缘在南，南有雪峰、卧龙、西堂、鼓山，总在遮里。汝欲得识么？欲得识③，向遮里识取；若不见，亦莫掠虚。见么，见么？且看老僧骑佛殿出去也。珍重。"师上堂云："天亲菩萨，无端变作一条椰楄木杖。"乃画地一下云："尘沙诸佛，尽向遮里葛藤。"便下堂。

师云："我看你诸人，二三机中不能拘得④，空披衲衣何益？汝还会么？与汝注破。久后诸方若见老宿举一指，竖一拂子，云是禅是道，拄杖打破头便行⑤。若不如此，尽是天魔眷属，坏灭吾宗。汝若不会，且向葛藤社里看。我寻常向汝道：微尘刹土，三世诸佛，西天二十八祖，唐土六祖，尽在拄杖头上说法。神通变现，声应十方，一任纵横。你还会么？若不会，且莫掠虚。然虽据实，实是谛见也未？直说到此田地⑥，未曾梦见衲僧沙弥在⑦。三家村里，不逢一人。"师蓦起，以拄杖划地一下云："总

---

① "遮里许"，东寺本、碛砂本、大正本作"里许"。
② "知得"，大正本作"知得么"。
③ "欲得识"，东寺本、碛砂本无。
④ "拘"，东寺本作"构"，大正本作"觏"。
⑤ "拄杖"，原作"什么"，据东寺本、碛砂本改，大正本作"拽拄杖"。
⑥ "直说"，东寺本、碛砂本作"直饶"。
⑦ "未曾"，原作"未审"，据大正本改。

在遮里。"又划一下云:"总从遮里出去也,珍重。"师上堂云:"和尚子衲僧直须明取衲僧鼻孔,且作么生是衲僧鼻孔?"众皆无对。师云:"摩诃般若波罗蜜,大普请①,下去。"

师上堂云:"诸和尚子,饶你有什么事②,犹是头上著头,雪上加霜,棺木里柽眼③,炙疮瘢著艾燋④。遮个一场狼籍,不是小事。你合作么生?各自觅取个托生处好。莫空游州打县⑤,只欲捉搦闲话。待和尚口动⑥,便问禅问道,向上向下,如何若何。大卷抄了,塞在皮袋里卜度,到处火炉边,三个五个聚头,口喃喃举,更道遮个是公才悟⑦,遮个是从里道出⑧,遮个是就事上道⑨,遮个是体悟⑩。体你屋里老邪老娘!噇却饭了,只管说梦,便道我会佛法了也。将知你行脚,驴年得个休歇么?更有一般底,才闻人说个休歇处,便向阴界里闭眉合眼,老鼠孔里作活计,黑山下坐,鬼趣里体当,便道得个入头路。梦见么?似遮般底,杀一万个有什么罪过⑪?唤作:打底不遇作家,至竟只是个掠虚汉。你若实有个见处,试捻来看,共你商量。莫空不识好恶⑫,矻矻地聚头说闲葛藤。莫教老汉见,捉来,勘不相当,搥

---

① "大普请",东寺本、碛砂本作"今日大普请"。
② "饶你",东寺本、碛砂本、大正本作"饶你道"。
③ "柽眼",碛砂本、大正本作"瞠眼"。
④ "炙疮瘢",原作"炙疮盘",据碛砂本、大正本改。
⑤ "打县",东寺本、碛砂本、大正本作"猎县"。
⑥ "和尚",东寺本、碛砂本作"老和尚"。
⑦ "悟",东寺本、碛砂本、大正本作"语"。
⑧ "出"下,大正本有"语";"里",径山本作"理"。
⑨ "道"下,大正本有"底语"。
⑩ "体悟",东寺本、大正本作"体语"。
⑪ "杀",东寺本、碛砂本作"打杀"。
⑫ "不识好恶",原作"不谢两恶",据东寺本、碛砂本、大正本改。

折脚。莫道不道,你还皮下有血么?"① 以拄杖一时趁下。

问:"如何是佛法大意?"师曰:"春来草自青。"师问新罗僧:"将什么物过海?"曰:"草贼败也。"师引手曰:"汝为什么在我遮里。"② 曰:"恰是。"师曰:"更蹦跳!"问:"牛头未见四祖时如何?"师曰:"家家观世音。"曰:"见后如何?"师曰:"火里蟭蟟吞大虫。"问:"如何是云门一句?"③ 师曰:"猎月二十五。"问:"如何是雪岭泥牛吼?"师曰:"天地黑。"曰:"如何是云门木马嘶?"师曰:"山河走。"问:"从上来事,请师提纲。"师曰:"朝看东南,暮看西北。"曰:"便怎么领会时如何?"师曰:"东屋里点灯,西屋里暗坐。"问:"十二时中,如何即得不空过?"师曰:"向什么处著此一问?"曰:"学人不会,请师举。"师曰:"将笔砚来。"僧乃取笔砚来,师作一颂曰:"举不顾,即差互。拟思量,何劫悟?"问:"如何是学人自己?"师曰:"游山玩水去。"④ 曰:"如何是和尚自己?"师曰:"赖遇维那不在。"问:"一口吞尽时如何?"师曰:"我在汝肚里。"曰:"和尚为什么在学人肚里?"师曰:"还我话头来。"

问:"如何道?"⑤ 师曰:"去。"曰:"学人不会,请师道。"师曰:"阇梨,公凭分明,何得重判?"问:"生死到来,如何排遣?"师展手曰:"还我生死来。"问:"如何是父母不听,不得出

---

① 此下,东寺本、碛砂本有"到处自受屈作么?者灭胡种,尽是野狐群队,总在这里作么"。
② "遮里",东寺本作"手里"。
③ "一句",东寺本、碛砂本作"一曲"。
④ "去",东寺本、碛砂本、大正本无。
⑤ "如何道",大正本作"如何是道"。

家?"师曰:"浅。"曰:"学人不会。"师曰:"深。"问:"如何是学人自己?"师曰:"汝怕我不知。"问:"万机俱尽时如何?"师曰:"与我拈却佛殿来,与汝商量。"曰:"佛殿岂关他事?"师喝曰:"遮谩语汉!"问:"如何是教外别传一句?"师曰:"对众将来。"① 曰:"直得恁么时如何?"师曰:"照从何立?"问:"如何是和尚家风?"师曰:"门前有人读书。"② 问:"如何是透法身句?"师曰:"北斗里藏身。"问:"如何是西来意?"师曰:"久雨不晴。"又曰:"粥饭气。"问:"古人横说竖说,犹未知向上一关棙子③。如何是向上一关棙子?"师曰:"西山岭青。"④ 问:"如何是西来意?"师曰:"河里失钱河里漉。"师有时坐良久,僧问:"何似释迦当时?"师曰:"大众立久,快礼三拜。"师尝有颂曰:"云门耸峻白云低,水急游鱼不敢栖。入门已知来见解⑤,何烦再举力中泥?"⑥

衢州南台仁禅师,问:"如何是南台境?"师曰:"不知贵。"曰:"毕竟如何?"师曰:"阇梨即今在什么处?"师后迁住本郡镇境寺而终。

泉州东禅和尚,初开堂。僧问:"仁王迎请⑦,法王出世。如

---

① "将来",东寺本作"问将来"。
② "有人读书",东寺本、碛砂本、大正本作"有读书人"。
③ "一",大正本无。
④ "岭青",东寺本、碛砂本、大正本作"东岭青"。
⑤ "入门",东寺本、碛砂本作"入户"。
⑥ "力",东寺本、碛砂本、大正本作"轹"。
⑦ "仁王",丛刊本作"人主",大正本作"人王"。

何提唱宗乘即得不谬于祖风?"师曰:"还奈得么?"曰:"若不下水,焉知有鱼?"师曰:"莫闲言语。"问:"如何是佛法最亲切处?"师曰:"过也。"问:"学人末后来,请师最先句。"师曰:"什么处来?"问:"如何是学人己分事?"师曰:"苦。"问:"如何是佛法大意?"师曰:"幸自可怜生,刚要异乡邑。"

余杭大钱山从袭禅师,雪峰之上足也。自本师印解,洞晓宗要。常曰:"击关南鼓,唱雪峰歌。"后入浙中谒钱王,王钦服道化,命居此山而阐法焉。僧问:"不因王请,不因众聚,请师直道西来的的意。"师曰:"那边师僧过遮边著。"曰:"学人不会,乞师指示。"师曰:"争得恁么不识好恶?"问:"闭门造车,出门合辙。如何是闭门造车?"师曰:"造车即不问,汝作么生是辙?"曰:"学人不会,乞师指示。"师曰:"巧匠施工,不露斤斧。"

福州永泰和尚,问:"承闻和尚见虎是否?"师作虎声,僧作打势。师曰:"遮死汉!"问:"如何是天真佛?"师乃拊掌曰:"不会,不会。"

池州和龙山寿昌院守讷,号**"妙空禅师"**,福州闽县人也,姓林氏。受业于古田寿峰。问:"未到龙门,如何凑泊?"师曰:"立命难存。"有新到僧参,师问:"近离什么处?"曰:"不离方寸。"师曰:"不易来。"僧亦曰:"不易来。"师与一掌。问:"如何是传底心?"师曰:"再三嘱汝,莫向人说。"问:"如何是从上宗乘?"师曰:"向阇梨口里著得么?"问:"省要处请师一接。"师曰:"甚是省要。"

建州梦笔和尚,问:"如何是佛?"师曰:"不诳汝。"曰:"莫便是否?"师曰:"汝诳他。"闽王请师斋,问:"和尚还将得笔来也无?"师曰:"不是稽山绣管,惭非月里兔毫。大王既垂顾问,山僧敢不通呈。"又问:"如何是法王?"师曰:"不是梦笔家风。"

福州古田极乐元俨禅师,问:"如何是极乐家风?"师曰:"满目看不尽。"问:"万法本无根,未审教学人承当什么?"师曰:"莫䜣语。"问:"久处暗室,未达其源。今日上来,乞师一接。"师曰:"莫闭眼作夜好。"曰:"恁么即优昙华坼①,曲为今时。向上宗风,如何垂示?"师曰:"汝还识也无?"曰:"恁么即息疑去也。"师曰:"莫向大众前䜣语。"② 问:"摩腾入汉即不问,达磨来梁时如何?"师曰:"如今岂谬?"曰:"恁么即理出三乘,华开五叶。"师曰:"说什么三乘五叶?出去。"

福州芙蓉山如体禅师,僧问:"如何是古人曲调?"师良久曰:"闻么?"曰:"不闻。"师示一颂曰:"古曲发声雄,今时韵亦同。若教第一指,祖佛尽迷踪。"

洛京憩鹤山和尚,柏谷长老来访,师曰:"太老去也。"谷

---

① "坼",大正本作"折"。
② "大众前",碛砂本作"大众"。

曰："还我不老底来。"师与一掴。问："骏马不入西秦时如何?"师曰："向什么处去?"

潭州沩山栖禅师，问："正恁么时如何亲近?"师曰："汝拟作么生亲近?"曰："岂无方便门?"师曰："开元龙兴，大藏小藏。"问："如何是速疾神通?"师曰："新衣成弊帛。"问："如何是黄寻桥?"师曰："赚却多少人?"问："不假切切，如何是和尚家风?"师曰："莫作野干声。"

吉州潮山延宗禅师，资福和尚来谒，师下禅床接。资福问曰："和尚住此山得几年也?"师曰："钝鸟栖芦，困鱼止箔。"曰："恁么即真道人也。"师曰："且坐吃茶。"问："如何是潮山?"师曰："不宿尸。"曰："如何是山中人?"师曰："石上种红莲。"问："如何是和尚家风?"师曰："切忌犯朝仪。"

益州普通山普明大师，问："如何是佛性?"师曰："汝无佛性。"曰："蠢动含灵，皆有佛性，学人为何却无?"师曰："为汝向外求。"问："如何是玄玄之珠?"师曰："遮个不是。"曰："如何是玄玄珠?"师曰："失却也。"

随州双泉山梁家庵永禅师，问："达磨九年面壁意如何?"师曰："睡不著。"护国长老来，师问："随阳一境，是男是女，各申一问，问问各别。长老将何祇对？"护国以手空中画圆相①。师曰："谢长老慈悲。"曰："不敢。"师低头不顾。问："如何得顿息诸缘去？"师曰："雪上更加霜。"

漳州保福院超悟禅师，第二世住。问："鱼未透龙门时如何？"师曰："养性深潭。"曰："透出时如何？"师曰："才升霄汉，众类难追。"曰："升后如何？"师曰："慈云普覆，润及大千。"曰："还有不受润者无？"师曰："有。"曰："如何是不受润者？"师曰："直机撑太阳。"

太原孚上坐，遍历诸方，名闻宇内。尝游浙中，登径山法会。一日于大佛殿前，有僧问："上坐曾到五台否？"师曰："曾到。"曰："还见文殊么？"师曰："见。"曰："什么处见？"师曰："径山佛殿前见。"其僧后适闽川，举似雪峰，曰："何不教伊入岭来。"师闻，乃趋装而迈。初上雪峰廨院憩锡，因分甘子与僧。长庆稜和尚问："什么处将来？"师曰："岭外将来。"曰："远涉不易，担负得来。"师曰："甘子，甘子。"方上参雪峰，礼拜讫，立于坐右，雪峰才顾视，师便下看主事。

异日雪峰见师，乃指日示之，师摇手而出。雪峰曰："汝不肯我。"师曰："和尚摇头，某甲摆尾。什么处不肯和尚？"②曰："到处也须讳却。"一日众僧晚参，雪峰在中庭卧，师曰："五州管内，只有遮和尚较些子。"雪峰便起去。雪峰尝问师曰："见说

---

① "圆相"，碛砂本作"一圆相"。
② "处"，碛砂本、南藏本、径山本无。

临济有三句,是否?"师曰:"是。"曰:"作么生是第一句?"师举目视之。雪峰曰:"此犹是第二句,如何是第一句?"师叉手而退。自此雪峰深器之,室中印解,师资道成。师更不他游,而掌浴室焉。

一日,玄沙上问讯,雪峰曰:"此间有个老鼠子,今在浴室里。"玄沙曰:"待与和尚勘破。"言讫,到浴室,遇师打水。玄沙曰:"相看上坐。"师曰:"已相见了。"玄沙曰:"什么劫中曾相见?"师曰:"瞌睡作么?"玄沙却入方丈,白雪峰曰:"已勘破了。"雪峰曰:"作么生勘伊?"玄沙举前语,雪峰曰:"汝著贼也。"鼓山晏和尚问师:"父母未生时,鼻孔在什么处?"师曰:"老兄先道。"晏曰:"如今生也,汝道在什么处?"师不肯。晏却问:"作么生?"师曰:"将手中扇子来。"晏与扇子,再征之,师默置,晏罔测,乃欧之一拳①。师在库前立,有僧问:"如何是触目菩提?"师踢狗子作声走。僧无对。师曰:"小狗子不消一踢。"师不出世,诸方目为太原孚上坐,终于维扬。

南岳般舟道场宝闻大师惟劲,福州人也。素持苦行,不衣缯纩,惟坏衲以度寒暑,时谓头陀焉。初参雪峰,深入渊奥,复问法玄沙之席,心印符会。一日谓鉴上坐曰:"闻汝注《楞严经》?"鉴曰:"不敢。"师曰:"二文殊汝作么生注?"曰:"请师鉴。"师乃扬袂而去。唐光化中,入南岳住报慈东藏。亦号"三生藏"。藏中有镜灯一坐,即华严第三祖贤首大师之所制也。师睹之,顿喻

———————
① "欧",东寺本作"殴",大正本作"驱"。

广大法界，重重帝网之门，佛佛罗光之像。因美之曰："此先哲之奇功，苟非具不思议善权之智，何以创焉？"乃著"五字颂"五章，览之者悟理事相融。后终于南岳。师于梁开平中，撰《续宝林传》四卷，纪贞元之后禅门继踵之源流也。又制七言《觉地颂》，广明诸教缘起，别著《南岳高僧传》，皆流传于世。

景德传灯录卷第二十

吉州清原山行思禅师第六世①一百六人
洪州云居山道膺禅师法嗣二十八人—十九人见录
  杭州佛日和尚
  苏州永光院真禅师
  洪州同安丕禅师
  庐山归宗澹权禅师
  池州广济和尚
  潭州水西南台和尚
  歙州朱溪谦禅师
  扬州丰化和尚
  云居山道简禅师
  庐山归宗怀恽禅师
  洪州大善慧海禅师
  朗州德山第七世和尚②
  南岳南台和尚

---

① "世"下,大正本有"之四"。
② "第七世和尚",东寺本作"和尚第七世"。

云居山昌禅师

池州嵇山章禅师

晋州大梵和尚

新罗云住和尚

云居山怀岳禅师

鸰珏和尚

①潭州龙兴寺悟空大师、建州白云减禅师②、潭州幕辅山和尚、舒州白水山玮禅师、庐州冶父山和尚③、南岳法志禅师、新罗庆猷禅师、新罗慧禅师、洪州凤栖山慧志禅师 已上九人无机缘语句，不录

抚州曹山本寂禅师法嗣十四人—十三人见录

抚州荷玉光慧禅师

筠州洞山道延禅师

衡州育王山弘通禅师

抚州金峰从志禅师

襄州鹿门处真禅师

抚州曹山慧霞大师

衡州华光范禅师

处州广利容禅师

泉州庐山小溪院行传禅师

西川布水岩和尚

蜀川西禅和尚

---

① "鸰"下，大正本释曰"与岭同"。
② "建州"，碛砂本作"建昌"。
③ "庐州"，碛砂本、大正本作"庐山"。

华州草庵法义禅师

韶州华严和尚一人

  庐山罗汉池隆山主和尚　无机缘语句，不录

潭州龙牙山居遁禅师法嗣五人二人见录

 潭州报慈藏屿禅师

 襄州含珠山审哲禅师

  凤翔白马弘寂禅师、抚州崇寿院道钦禅师、楚州观音院斌禅师

  已上三人无机缘语句，不录

京兆华严寺休静禅师法嗣三人一人见录

 凤翔府紫陵匡一禅师

  饶州北禅院惟直禅师、潍州化城和尚　已上二人无机缘语句，不录

筠州九峰普满大师法嗣一人见录

 洪州同安威禅师

青林师虔禅师法嗣六人五人见录

 韶州龙光和尚

 襄州石门寺献禅师

 襄州广德和尚

 郢州芭蕉和尚

 定州石藏慧炬禅师

  襄州延庆通性大师①　一人无机缘语句，不录

洛京白马遁儒禅师法嗣二人一人见录

 兴元府青锉山和尚一人

---

① "大师"，径山本作"禅师"。

京兆保福和尚　无机缘语句，不录

益州北院通禅师法嗣一人见录

　　京兆香城和尚

高安白水本仁禅师法嗣二人见录

　　京兆重云智晖禅师

　　杭州瑞龙幼璋禅师

抚州疏山匡仁禅师法嗣二十人—十二人见录

　　第二世疏山证禅师

　　洪州百丈安禅师

　　筠州黄檗慧禅师

　　随城山护国守澄禅师

　　洛京灵泉归仁禅师

　　延州延庆奉璘禅师

　　安州大安山省禅师

　　洪州百丈超禅师

　　洪州天王院和尚

　　常州正勤院蕴禅师

　　襄州后洞山和尚

　　京兆三相和尚

　　　　筠州五峰山行继禅师、商州高明和尚、华州西溪道泰禅师、抚州疏山和尚、筠州黄檗山令约禅师、扬州祥光远禅师、安州大安山传性大师、筠州黄檗山嬴禅师　已上八人无机缘语句，不录

澧州钦山文邃禅师法嗣二人无机缘语句，不录

　　　　洪州上蓝院自古禅师、澧州太守雷满

乐普山元安禅师法嗣十人六人见录

京兆永安善静禅师

蕲州乌牙山彦宾禅师

凤翔府青峰传楚禅师

邓州中度和尚

嘉州洞溪和尚

京兆卧龙和尚

> 嘉州黑水寺慧通大师、京兆盘龙和尚、单州东禅和尚、鄜州善雅和尚 已上四人无机缘语句,不录

江西逍遥山怀忠禅师法嗣二人见录

泉州福清师巍禅师

京兆白云无休禅师

袁州盘龙山可文禅师法嗣五人 三人见录

江州庐山永安净悟禅师

袁州木平山善道禅师

陕府龙溪和尚①

> 桂阳志通大师、庐山寿昌院净寂禅师 已上二人无机缘语句,不录

抚州黄山月轮禅师法嗣一人见录

郢州桐泉山和尚

洛京韶山寰普禅师法嗣二人 一人见录

潭州文殊和尚

> 一人祥州大岩白和尚② 无机缘语句,不录

---

① "陕府",碛砂本、大正本作"陕州"。
② "祥州",大正本作"洋州"。

洪州上蓝院令超禅师法嗣二人无机缘语句,不录

河东北院简禅师、洪州南平王钟传

清原山行思禅师第六世

前洪州云居山道膺禅师法嗣

杭州佛日和尚,初游天台山。尝曰:"如有人夺得我机者,即我师矣。"寻抵于江西,谒云居膺和尚。作礼而问曰:"二龙争珠,谁是得者?"云居曰:"卸却业身来相见。"对曰:"业身已卸。"曰:"珠在什么处?"师无对。同安代云:"回头即勿交涉。"① 师乃投诚入室,便礼云居为师。

后参夹山,才入门见维那,维那曰:"此间不著后生。"师曰:"某甲暂来礼谒和尚,不宿。"维那白夹山,夹山许见②,未升阶便问:"什么处来?"师曰:"云居来。"曰:"即今在什么处?"师曰:"在夹山顶上。"曰:"老僧行年在坎,五鬼临身。"师乃上阶礼拜。夹山又问:"阇梨与什么人为同行?"师曰:"木上坐。"③ 曰:"他何不来相看?"师曰:"和尚看他有分。"曰:"在什么处?"师曰:"在堂中。"夹山便共师下到堂中,师遂去取得拄杖④,掷于夹山面前。夹山曰:"莫从天台得来否?"师曰:"非五岳之所生。"曰:"莫从须弥山得来否?"师曰:"月宫亦不逢。"曰:"恁么即从他人得也。"师曰:"自己尚是怨家⑤,从人

---

① "勿",碛砂本作"没"。
② "许见",碛砂本作"许相见"。
③ "木上坐",丛刊本作"拄上坐"。
④ "拄杖",大正本作"柱枝"。
⑤ "怨家",大正本作"冤家"。

得堪作什么？"曰："冷灰里有一粒豆子爆。"唤维那来，令安排向明灯下著①。师却问："灯笼还解语也无？"夹山曰："待灯笼解语，即向汝道。"至明日，夹山入堂问："昨日新到上坐在什么处？"②师出应诺，夹山曰："子未到云居前在什么处？"对曰："天台国清。"夹山曰："天台有潺潺之瀑，渌渌之波，谢子远来，子意如何？"师曰："久居岩谷，不挂松萝。"夹山曰："此犹是春意，秋意如何？"师良久。夹山曰："看君只是撑船汉，终归不是弄潮人。"

一日大普请，维那请师送茶。师曰："某甲为佛法来，不为送茶来。"维那曰："和尚教上坐送茶。"曰："和尚尊命即得。"乃将茶去作务处，摇茶碗作声，夹山回顾，师曰："酽茶三五碗，意在镢头边。"夹山曰："瓶有倾茶意，篮中几个瓯？"师曰："瓶有倾茶意，篮中无一瓯。"便倾茶行之。时大众皆举目，师又问曰："大众鹤望，请师一言。"③夹山曰："路逢死蛇莫打杀，无底篮子盛将归。"师曰："手执夜明符，几个知天晓？"夹山曰："大众，有人，归去，归去。"从此住普请，归院，众皆仰叹。师后回浙西，住佛日而终。

苏州永光院真禅师，上堂谓众曰："言锋若差，乡关万里。直须悬崖撒手，自肯承当，绝后再苏，欺君不得。非常之旨，人焉廋哉？"问："道无横径，立者皆危，如何得不被横径所侵

---

① "明灯"，东寺本、碛砂本、大正本作"明窗"。
② "什么处"，碛砂本作"么"。
③ "请"，碛砂本作"乞"。

去？"① 师以拄杖蓦口拄。僧曰："此犹是横径。"师曰："合取。"

洪州凤栖山同安丕禅师，问："如何是无缝塔？"师曰："吽，吽。"僧曰："如何是塔中人？"师曰："今日大有人从建昌来。"问："一见便休去时如何？"师曰："是也，更来遮里作么？"问："如何是点额鱼？"师云："不透波澜。"僧曰："惭耻时如何？"师曰："终不仰面。"僧曰："怎么即不变其身也。"师曰："是也，青云事作么生？"问："如何是和尚家风？"师曰："金鸡抱子归霄汉，玉兔怀儿向紫微。"② 云："忽遇客来，将何祇待？"师曰："金果朝来猿去摘③，玉花晚后凤衔归。"问："路逢达道人，不将语默对。未审将什么对？"师曰："要踢要拳？"问："不伤王道如何？"师曰："吃粥吃饭。"曰："莫便是不伤王道也无？"师曰："迁流左降。"问："玉印开时何人受信？"师曰："不是怎么人。"曰："亲宫事如何？"师曰："道什么？"

问："如何是毗卢师？"师曰："阇梨在什么处出家？"问："如何是触目菩提？"师曰："面前佛殿。"问："片玉无瑕，请师不触。"师曰："落汝后。"问："玉印开时何人受信？"师云："不是小小。"问："如何是妙旨？"师曰："好。"问："迷头认影如何止？"师曰："告阿谁？"曰："如何即是？"师曰："从人觅即转远也。"曰："不从人觅时如何？"师曰："头在什么处？"问："如何是同安一只箭？"师曰："脑后看。"曰："脑后事如

---

① "所"，碛砂本、大正本作"取"。
② "怀儿"，碛砂本作"怀胎"。
③ "朝来猿去摘"，碛砂本作"早朝猿摘去"。

何?"师曰:"过也。"问:"亡僧衣众人唱,祖师衣什么人唱?"师曰:"打。"问:"将来不相似,不将来时如何?"师曰:"什么处著?"问:"未有遮个时,作么生行李?"① 师曰:"寻常又作么生?"曰:"恁么即不改旧时人也。"师曰:"作何行李?"

庐山归宗寺澹权禅师,第二世住。问:"金鸡未鸣时如何?"师曰:"失却威音王。"曰:"鸣后如何?"师曰:"三界平沈。"问:"尽身供养时如何?"师曰:"将得什么来?"曰:"所有不惜。"师曰:"供养什么人?"僧无语。问:"学人为佛法来,如何是佛法?"师曰:"正闲空。"曰:"便请商量。"师曰:"周匝有余。"问:"大众云集,合谭何事?"师曰:"三三两两。"问:"路逢达道人,不将语默对。未审将什么对?"师曰:"争能肯得人?"又曰:"会么?"曰:"不会。"师曰:"长安路,厕坑子。"问:"学人不问诸余,如何是佛法大意?"师曰:"三枷五棒。"问:"通通会底人如何道?"② 师曰:"只今事作么生?"③ 僧曰:"随流。"师曰:"不随流,争得息?"

池州广济和尚,问:"匹马单枪时如何?"师曰:"头落也。"问:"如何是方外之谭?"师曰:"汝道什么?"问:"如何是广济水?"师曰:"无饥渴。"曰:"恁么即学人不虚设也。"师曰:"情知你受人安排。"问:"远远来投,乞师指示。"师曰:"有口

---

① "行李",大正本作"行履"。
② "通通会",碛砂本作"通会"。
③ "只",径山本作"即"。

只解吃饭。"问:"温伯与仲尼相见时如何?"① 师曰:"此间无恁么人。"问:"不识不见,请师道出。"师曰:"不昧。"曰:"不昧时作么生?"师曰:"汝唤作什么?"

潭州水西南台和尚,僧问:"如何是此间一滴水?"师曰:"入口即㩭出。"问:"如何是西来意?"师曰:"靴头线绽。"问:"祖祖相传,未审传个什么?"② 师曰:"不因阇梨问,老僧亦不知。"

歙州朱溪谦禅师,饶州刺史与师造大藏殿,师与一僧同看殿次,师唤:"某甲。"僧应诺。师曰:"此殿著得多少佛?"曰:"著即不无,有人不肯。"师曰:"我不问遮个人。"曰:"恁么即某甲亦未曾祗对③。珍重。"师后住兜率山而终④。

扬州丰化和尚,问:"如何是敌国一著棋?"师曰:"下来。"问:"一棒打破虚空时如何?"师曰:"把一片来。"问:"上无片瓦,下无卓锥。学人向什么处立?"师曰:"莫飘露么?"

云居山昭化禅师道简,第二世住。范阳人也。久入云居之室,密受真印,而分掌寺务,典司樵爨。以腊高,居堂中为第一坐。属膺和尚将临顺寂,主事僧问:"谁堪继嗣?"⑤ 曰:"堂中简。"

---

① "温伯",南藏本、径山本、大正本作"温伯雪"。
② "传个什么",碛砂本作"作什么"。
③ "亦",碛砂本无。
④ "山",径山本无。
⑤ "堪",碛砂本作"当"。

主事僧虽承言，而未晓其旨，谓之"拣选"。乃与众僧佥议，举第二坐为化主。然且备礼，先请第一坐，必若谦让，即坚请第二坐焉。时简师既密承师记，略不辞免，即自持道具，入方丈摄众演法。主事僧等不惬素志，罔循规式，师察其情，乃弃院，潜下山。其夜山神号泣。诘旦，主事大众奔至麦庄，悔过哀请归院，众闻山神连声唱云："和尚来也。"

僧问："如何是和尚家风？"师曰："随处得自在。"问："维摩岂不是金粟如来？"师曰："是。"曰："为什么却预释迦会下听法？"师曰："他不争人我。"问："横身盖覆时如何？"师曰："还盖覆得么？"问："蛇子为什么却吞蛇师？"① 师曰："在里不伤。"问："诸圣道不得处，和尚还道得么？"师曰："汝道什么处诸圣道不得？"问："路逢猛虎时如何？"师曰："千人万人不逢，偏汝便逢。"问："孤峰独宿时如何？"师曰："闲著七间僧堂不宿②，阿谁教汝孤峰独宿？"师示灭后，庐州帅张崇施财建石塔于本山，至今存焉。

庐山归宗寺怀恽禅师，第三世住。问："无佛无众生时如何？"师曰："什么人如此？"问："水清鱼现时如何？"师曰："把一个来。"僧无对。同安代云："动即失。"问："如何是五老峰？"师曰："突兀地。"问："截水停轮时如何？"师曰："磨不转。"曰："如何是磨不转？"师曰："不停轮。"问："如何是尘中子？"师曰：

---

① "却吞"，碛砂本作"吞却"。
② "闲著七间僧堂不宿"，东寺本作"七间僧堂不打睡"。碛砂本、南藏本、径山本作"闲却七间僧堂不宿"。

"灰头土面。"同安代云:"不拂拭。"问:"'世尊无说说,迦叶不闻闻'事如何?"师曰:"正恁么时作么生?"曰:"不同无闻说。"师曰:"是什么人?"问:"学人不到处请师说。"师曰:"汝不到什么处来?"

洪州大善慧海禅师,问:"不坐青山时如何?"师曰:"是什么人?"问:"如何是解作客底人?"师曰:"不占上。"问:"灵泉忽逢时如何?"师曰:"从什么处来?"问:"如何道即不违于师?"师曰:"莫惜口。"曰:"道后如何?"师曰:"道什么?"问:"如何道得相亲去?"师曰:"快道。"曰:"恁么即不道也。"① 师曰:"用口作什么?"师后住百丈而终。

朗州德山和尚,第七世住。问:"路逢达道人,不将语默对。未审将什么对?"师曰:"只恁么。"僧良久。师曰:"汝更问。"僧再问,师乃喝出。

衡州南岳南台和尚,问:"直上融峰时如何?"师曰:"见么?"

云居山昌禅师,第三世住。问:"相逢不相识时如何?"师曰:"既相逢为什么不相识?"问:"红炉猛焰时如何?"师曰:"里头是什么?"问:"不受商量时如何?"师曰:"来作什么?"曰:

---

① "也",大正本作"之"。

"来亦不商量。"师曰:"空来何益?"问:"方丈前容身时如何?"师曰:"汝身大小?"

池州嵇山章禅师,曾在投子作柴头,投子吃茶次,谓师曰:"森罗万象,总在遮一碗茶里。"师便覆却茶云:"森罗万象在什么处?"投子曰:"可惜一碗茶。"师后谒雪峰和尚,雪峰问:"莫是章柴头么?"师乃作轮椎势,雪峰肯之。

晋州大梵和尚,僧问:"如何是学人顾望处?"师曰:"井底竖高楼。"曰:"恁么即超然也。"师曰:"何不摆手?"

新罗云住和尚,问:"诸佛道不得,什么人道得?"师曰:"老僧道得。"曰:"诸佛道不得,和尚作么生道?"师曰:"诸佛是我弟子。"曰:"请和尚道。"① 师曰:"不对君王,好与二十棒。"

云居山怀岳,号**"达空禅师"**,第四世住。问:"如何是大圆镜?"师曰:"不鉴照。"曰:"忽遇四方八面来怎么生?"师曰:"胡来胡现。"曰:"大好不鉴照。"师便打。问:"如何是一丸疗万病底药?"师曰:"汝患什么?"

阤珏和尚,问:"学人不负师机,还免披毛戴角也无?"师

---

① "和尚",碛砂本作"师"。

曰："阇梨也可畏，对面不相识。"曰："恁么即吞尽百川水，方明一点心。"师曰："虽脱毛衣，犹披鳞甲。"曰："好来和尚具大慈悲。"师曰："尽力道，也出老僧格不得。"

前抚州曹山本寂禅师法嗣

抚州荷玉山玄悟大师光慧，初住龙泉，上堂谓众曰："雪峰和尚为人，如金翅鸟入海取龙相似。"时有僧问："和尚如何？"师曰："什么处去来？"问："如何是西来的的意？"师曰："不礼拜更待何时？"问："如何是密传底心？"师良久。僧曰："恁么即徒劳侧耳。"师唤侍者云："来烧火著。"问："古人道'若记一句，论劫作野狐精'，未审古人意如何？"师曰："龙泉僧堂未曾锁。"曰："和尚如何？"师曰："风吹耳朵。"问："路逢猛兽时如何？"师曰："憨作么？"问："如何是声前一句？"师曰："恰似不道。"问："古人云'如红炉上一点雪'，意旨如何？"师曰："惜取眉毛好。"问："如何指示，即得不昧于时中？"师曰："不可雪上更加霜。"曰："恁么即全因和尚去也。"师曰："因什么？"问："如何履践，即得不昧于宗风？"师曰："须道龙泉好手。"曰："请和尚好手。"师曰："却忆钟期。"

问："古人道'生也不道，死也不道'意如何？"师良久，僧礼拜。师曰："会么？"曰："不会。"师曰："也是厨寒甑足尘。"师有时举拄杖示众曰："从上皆留此一路，方便接人。"时有僧出曰："和尚又是从头起也。"师曰："谢相悉。"问："机关不转，请师商量。"师曰："哑得我口么？"问："如何是文殊？"师曰："不可有第二月也。"曰："即今事如何？"师曰："正是第二月。"

问："如何是如来语？"师曰："猛风可绳缚。"问："如何是妙明真性？"师曰："宽宽莫搯损。"师上堂，良久，有僧出曰："为众竭力，祸出私门。未审放过不放过？"师默然。问："如何是和尚为人一句？"师曰："汝是九色鹿。"问："抱璞投师时如何？"师曰："不是自家珍。"曰："如何是自家珍？"师曰："不琢不成珍。"

筠州洞山道延禅师，第四世住，时号"鹿头和尚"。始因曹山和尚垂语云："有一人向万丈崖头腾身掷下，此是什么人？"众皆无对。师出对曰："不存。"曹山曰："不存个什么？"曰："始得扑不碎。"曹山深肯之。僧问："请和尚密付真心。"师曰："欺遮里无人作么？"

衡州常宁县育王山弘通禅师，僧问："混沌未分时如何？"师曰："混沌。"僧云："分后如何？"师曰："混沌。"上堂示众曰："释迦如来出世四十九年说不到底句，今夜某甲不避羞耻，与诸尊者共谭。"师良久云①："莫道错，珍重。"僧问："学人有病请师医。"师曰："将病来与汝医。"曰："便请师医。"师曰："还老僧药价钱来。"问："曹源一路即不问，衡阳江畔事如何？"师曰："红炉焰上无根草，碧潭深处不逢鱼。"问："心法双亡时如何？"② 师曰："三脚虾蟆背大象。"问："如何是西来意？"师曰："老僧毛竖。"问："如何是佛法大意？"师曰："直待文殊过，即

---

① "师"，碛砂本无。
② "亡"，碛砂本、大正本作"忘"。

向你道。"曰："文殊过也，请和尚道。"师便打。问："如何是和尚家风？"师曰："浑身不直五分钱。"曰："太恁贫寒生。"师曰："古代如是。"曰："如何施设？"师曰："随家丰俭。"

抚州金峰从志，号**"玄明大师"**。有进上坐问："如何是金峰正主？"师曰："此去镇县不遥，阇梨莫造次。"进曰："何不道？"师曰："口如碌磐。"问："千峰万峰，如何是金峰？"师乃斫额而已。问："千山无云①，万里绝霞时如何？"师曰："飞猿岭那边，何不猛吐却？"问："如何是西来意？"师曰："壁边有鼠耳。"问："如何是和尚家风？"师曰："金峰门前无五里牌。"师后住金陵报恩院入灭，谥圆广禅师，塔曰归寂。

襄州鹿门山华严院处真禅师，问："如何是和尚家风？"师曰："有盐无醋。"问："如何是道人？"师曰："有口似鼻孔。"曰："忽遇客来时②，将何祇对？"师曰："柴门草户，谢汝经过。"问："祖祖相传，是什么物？"师曰："金襕袈裟。"问："如何是函中般若？"师曰："佛殿挟头六百卷。"问："和尚百年后，向什么处去？"师曰："山下李家使牛去。"③曰："还许学人相随也无？"师曰："汝若相随，莫同头角。"曰："诺。"师曰："合到什么处？"曰："佛眼辨不得。"师曰："若不放过，亦是茫茫。"问："如何是鹿门高峻处？"师曰："汝还曾上主山也无？"

---

① "千山"，碛砂本作"千峰"。
② "时"，碛砂本无。
③ "使"，大正本作"作"，下注"有本作'使'"。

问："如何是禅？"师曰："鸾凤入鸡笼。"曰："如何是道？"师曰："藕丝牵大象。"问："劫坏时，此个还坏也无？"师曰："临崖觑虎眼，特地一场愁。"问："如何是和尚转身处？"师曰："昨夜三更，失却枕子。"问："一句下豁然时如何？"师曰："汝是谁家生？"师有一偈示众曰："一片凝然光灿烂，拟意追寻卒难见。炳然掷著豁人情，大事分明皆总办。是快活，无系绊，万两黄金终不换。任他千圣出头来，从是向渠影中现。"

抚州曹山慧霞了悟大师①，第二世住，先住荷玉山。问："佛未出世时如何？"师曰："曹山不如。"曰："佛出世后如何？"②师曰："不如曹山。"问："四山相逼时如何？"师曰："曹山在里许。"曰："还求出也无？"师曰："若在里许即求出。"僧侍立，师曰："道者可杀炎热。"曰："是。"师曰："只如炎热向什么处回避得？"曰："向镬汤炉炭里回避。"师曰："只如镬汤炉炭作么生回避得？"曰："众苦不能到。"师默置。

衡州华光范禅师，问："如何是无缝塔？"师指僧堂曰："此间僧堂无门户。"师问僧："曾到紫陵无？"曰："曾到。"师曰："曾到鹿门无？"曰："曾到。"师曰："嗣紫陵即是，嗣鹿门即是？"曰："即今嗣和尚得么？"师曰："人情不打即不可。"问："非隐现是学人，阿那个是和尚？"师曰："尽乾坤。"曰："此犹是学人，阿那个是和尚？"师曰："适来道不错。"

---

① "了悟大师"，碛砂本作"大师了悟"。
② "佛"，碛砂本无。

处州广利容禅师, 先住贞溪。有僧新到,师举拂子曰:"贞溪老师还具眼么?"曰:"某甲不敢见人过。"师曰:"死在阇梨手里也。"问:"如何是和尚家风?"师曰:"谢阇梨道破。"问:"西院拍手笑嘘嘘,意作么生?"师曰:"卷上帘子著。"问:"自己不明,如何明得?"师曰:"不明。"曰:"为什么不明?"师曰:"不见道自己事?"问:"鲁祖面壁意作么生?"师良久曰:"还会么?"曰:"不会。"师曰:"鲁祖面壁。"因郡守受代归①,师出送。接话次,郡守问:"和尚远出山门,将什么物来?"师曰:"无尽之宝呈献。"太守无对。后有人进语曰:"便请。"师曰:"太守尊严。"问:"千途路绝,语思不通时如何?"师曰:"犹是阶下汉。"师谓众曰:"若来到广利门下②,须道得第一句,即开一线道,与兄弟商量。"时有僧出礼拜,师曰:"将谓是异国舶主,元来是此郡商人。"

泉州庐山小溪院行传禅师, 清原人也,姓周氏。本州石钟院出家,福州太平寺受戒。自曹山印可,而居小溪。僧问:"久向庐山石门,为什么入不得?"师曰:"钝汉。"曰:"忽逢猛利者,还许也无?"师曰:"吃茶去。"

西川布水岩和尚, 问:"如何是西来意?"师曰:"一回思著一伤心。"问:"宝剑未磨时如何?"师曰:"用不得。"曰:"磨

---

① "因",碛砂本无。
② "来到",碛砂本作"到来"。

后如何？"师曰："触不得。"

蜀川西禅和尚，问："佛是摩邪降，未审和尚是谁家子？"师曰："水上卓红旗。"①问："三十六路，阿那个一路最妙？"师曰："不出第一手。"曰："忽被出头时如何？"师曰："脊著地也不难。"

华州草庵法义禅师，问："如何是祖师西来意？"师曰："烂炒浮沤饱满吃。"问："拟心即差，动念即乖。学人如何进道？"师曰："有人常拟，为什么不差？"曰："即今事如何？"师曰："早成差也。"

韶州华严和尚，问："既是华严，还将得来么？"师曰："孤峰顶上千华秀，一句当机对圣明。"问："如何是道？"师曰："灵树无横枝，天机道合同。"

前潭州龙牙山居遁禅师法嗣

潭州报慈藏屿匡化大师，僧问："心眼相见时如何？"师曰："向汝道什么？"问："如何是实见处？"师曰："丝毫不隔。"②曰："恁么即见也。"师曰："南泉甚好去处。"问："如何是西来意？"师曰："昨夜三更送过江。"问："临机便用时如何？"师曰："海东有果树头心。"问："如何是真如佛性？"师曰："阿谁

---

① "卓"，丛刊本作"车"。
② "毫"，原作"豪"，据东寺本改。

无?"问:"如何是向上一路?"师曰:"郴、连、道、永。"问:"和尚年多少?"师曰:"秋来黄叶落,春到便开花。"①

师尝著真赞曰:"日出连山,月圆当户。不是无身,不欲全露。"一日,师在帐内坐,僧问:"承师有言'不是无身,不欲全露',请师全露。"师乃拨开帐。法眼别云:"饱丛林。"问:"如何是湖南境?"师曰:"楼船战棹。"曰:"还许学人游玩也无?"师曰:"一任阇梨打趁。"问:"和尚百年后,有人问,如何祇对?"师曰:"分明记取。"问:"如何是龙牙山?"师曰:"益阳那边。"曰:"如何即是?"师曰:"不拟。"曰:"如何是不拟去?"师曰:"恁么即不是。"问:"古人面壁意如何?"师良久,却唤:"某甲。"学人应诺②。师曰:"你去,别时来。"师垂语曰:"一句遍大地,一句才问便道,一句问亦不道。"问:"如何是遍大地句?"师曰:"无空缺。""如何是才问便道句?"师曰:"低声,低声。""如何是问亦不道句?"师曰:"便合知时。"

襄州含珠山审哲禅师,僧问:"如何是深深处?"师曰:"寸钉入木,八牛拽不出。"问:"如何是正法眼?"师曰:"三门前神子。"问:"如何是佛法大意?"师曰:"贫女抱子渡,恩爱竟随流。"师问僧曰:"有亦不是,无亦不是,不有不无俱不是,汝本来名个什么?"曰:"学人已具名了。"师曰:"具名即不无,名个什么?"曰:"只遮莫便是否?"师曰:"且喜没交涉。"曰:"如何即是?"师曰:"亲切处更请一问。"曰:"学人道不得,请和尚

---

① "开花",碛砂本作"花开"。
② "学人",碛砂本作"僧"。

道。"师曰:"别日来,与汝道。"曰:"即今为什么不道?"师曰:"觅个领话人不可得。"师又问一僧曰:"姓王、姓张、姓李俱不是,汝本来姓什么?"曰:"与和尚同姓。"师曰:"同姓即且从,本来姓个什么?"曰:"待汉水逆流,即向和尚道。"师曰:"即今为什么不道?"曰:"汉水逆流也未?"师乃休。

前京兆华严寺休静禅师法嗣

凤翔府紫陵匡一定觉大师①,师到盘龙,见僧问盘龙云:"碧潭清似镜,盘龙何处安?"龙曰:"沈沙不见底,浮浪足巉岏。"师不肯,自答曰:"金龙迥透青霄外②,潭中岂晓玉轮机?"盘龙肯之。师住后,僧问曰:"未作人身已前,作个什么来?"师曰:"石牛步步火中行③,返顾休衔日中草。"

前筠州九峰普满大师法嗣

洪州凤栖山同安院威禅师,僧问:"牛头未见四祖时如何?"师曰:"路边神庙子④,见者尽勤拳。"⑤曰:"见后如何?"师曰:"室内无灵床,浑家不著孝。"问:"祖意教意如何?"师曰:"玉兔不曾知晓意,金乌争肯夜头明?"问:"如何是同安一曲?"师曰:"灵琴不引人间韵,知音岂度伯牙门?"⑥曰:"谁人知得?"师曰:"木马嘶时从彼听,石人拊掌阿谁闻?"曰:"知音如何?"

---

① "定觉",碛砂本无。
② "金龙迥透",大正本作"金刚回透"。
③ "火中",大正本作"水中"。
④ "路边",径山本作"路逢"。
⑤ "勤",大正本作"擎"。
⑥ "岂",碛砂本作"肯"。

师曰:"知音不度耳,达者岂同闻?"

前青林师虔禅师洞山第三世住。法嗣

韶州龙光和尚,僧问:"人王与法王相见时如何?"师曰:"越国君王不按剑,龙光一句不曾亏。"师上堂,良久云:"不烦,珍重。"问:"如何是西来意?"师曰:"胡风一扇,汉地成机。"问:"拨尘见佛时如何?"师拊掌顾视。问:"如何是龙光一句子?"师曰:"不空罥索。"曰:"学人不会。"师曰:"唵。"问:"如何是极则为人处?"师曰:"殷勤付嘱后人看。"问:"宾头卢一身,为什么赴四天供?"①师曰:"千江同一月②,万户尽逢春。"师有偈曰:"龙光山顶宝月轮,照耀乾坤烁暗云。尊者不移元一质,千家影现万家春。"③

襄州凤凰山石门寺献禅师,京兆人也。自青林受记,两处开法。凡对机多云"好好大哥",时谓"大哥和尚"。初居衡岳,宴坐岩室。属夹山和尚归寂④,众请师住持,师遂至潭州。时楚王马氏出城延接,王问:"如何是祖师西来大道?"师曰:"好好大哥,御驾六龙千古秀,玉阶排仗出金门。"王仰重,延入天册府,供养数日,方至夹山坐道场⑤。僧问:"今日一会,何异灵山?"师曰:"天垂宝盖重重异,地涌金莲叶叶新。"曰:"未审将何法

---

① "四天",碛砂本作"四天下"。
② "同",碛砂本作"共"。
③ "千家",碛砂本作"千江"。
④ "归寂",碛砂本作"示寂"。
⑤ "坐道场",碛砂本无。

示人?"师曰:"无弦琴韵流沙界,清和普应大千机。"问:"师唱谁家曲,宗风嗣阿谁?"师曰:"一曲宫商看品弄,辨宝须知碧眼胡。"曰:"恁么即清流分洞下,满月照青林。"师曰:"多子塔前分的意,至今异世度洪音。"

师自夹山迁至石门,开山创寺,再阐玄风。上堂示众曰①:"琉璃殿上光辉之日,日无私;七宝山中晃耀之头,头有据。泥牛运步,木马嘶声,野老讴歌,樵人舞袖。太阳路上,古曲玄音,林下相逢,复有何事?"僧问:"月生云际时如何?"师曰:"三个童儿抱华鼓,好好大哥,莫拦我球门路。"问:"如何是和尚家风?"师曰:"骑骏马,骤高楼,铁鞭指尽胡人路。"问:"如何是石门境?"师曰:"遍界黄金无异色,往来游子罢追寻。"曰:"如何是境中人?"师曰:"无相不居凡圣位,经行鸟道没踪由。"问:"众手淘金,谁是得者?"师曰:"张三李四出金门,遍握乾坤石人在。"曰:"恁么即不从人得也。"师曰:"三公九卿排班位,看取金鸡竖也无?"问:"道界无穷际,通身绝点痕时如何?"师曰:"渺渺白云漫雪岳,转身玄路莫迟迟。"曰:"未审转身路在什么处?"师曰:"石人举手分明记,万年枯骨笑时看。"问:"如如不动时如何?"师曰:"有什么了日?"曰:"如何即是?"师曰:"石户非关锁。"问:"如何是石门境?"师曰:"乌鸢飞叫频。"曰:"如何是境中人?"师曰:"风射旧帘笼。"② 因般若寺遭焚,有人问曰:"既是般若,为什么被火烧?"师曰:"万里一条铁。"

---

① "示众",碛砂本作"示徒"。
② "笼",大正本作"栊"。

襄州万铜山广德和尚，第一世住。僧问："如何是和尚家风？"师曰："山前人不住，山后更忙忙。"① 问："如何是透法身句？"师曰："无力登山水，茅户绝知音。"问："如何是佛法大意？"师曰："始嗟黄叶落，又见柳条青。"问："尽大地是一个死尸，向什么处葬？"师曰："北邙山下，千丘万丘。"师因不安，僧问："和尚患个什么，太羸瘦生？"师曰："无思不坠的。"曰："恁么即知和尚病源也。"师曰："你道老僧患什么？"曰："和尚忌口好。"师便打。

郢州芭蕉和尚，问："十二时中，如何用心？"师曰："桄榔一木盆。"

定州石藏慧炬和尚，问："如何是伽蓝？"师曰："只遮个。"曰："如何是伽蓝中人？"师曰："作么，作么？"曰："忽遇客来，将何祗待？"师曰："吃茶去。"

前洛京白马遁儒禅师法嗣

兴元府青锉山和尚，僧问："如何是和尚家风？"师曰："无底篮子拾生菜。"问："如何是白马境？"师曰："三冬华木秀，九夏雪霜飞。"

---

① "忙忙"，碛砂本、大正本作"茫茫"。

前益州北院通禅师法嗣

京兆香城和尚，初参通和尚，问："一似两个时如何？"通曰："一个赚汝。"师乃省悟。僧问："三光景色谢，照烛事如何？"师曰："朝邑峰前卓五彩。"曰："不涉文彩事作么生？"师曰："如今特地过江来。"问："向上路①，请师举唱。"师曰："钓丝钩不出。"问："牛头还得四祖意否？"师曰："沙书下点落千字。"② 曰："下点后如何？"师曰："别将一撮俵人天。"曰："恁么即人人有也。"③ 师曰："汝又作么生？"问："囊无系蚁之丝，厨绝聚蝇之糁时如何？"师曰："日舍不求，思从妄得。"

前高安白水本仁禅师法嗣

京兆重云智晖禅师，咸秦人也，姓高氏。总角之岁，好游佛宇，誓志出家，父不能止。礼圭峰温和尚剃度，后谒高安仁和尚，独领微言，潜通秘键。寻回洛，卜于中滩，创温室院，常施药。有比丘患白癞，众恶之，唯师延迎供养，与摩洗垢秽。斯须有神光异香，既而辞去，遂失所在。所遗疮痂，馨香酷烈，遂聚而塑观音像以藏之。梁开平五年，忽思林泉，乃归终南圭峰旧居。师一日闲步岩岫间，倏睹摩衲、数珠、铜瓶、棕笠，触之即坏。谓侍者曰："此吾前身道具耳。欲就兹建寺，以酬昔因。"当薙草开基，有祥云蔽日，屯于峰顶，久而不散，因目为"重云

---

① "路"，碛砂本、大正本作"一路"。
② "下点"，原作"不点"，据径山本及下文改。
③ "有"，碛砂本、大正本作"有分"。

山"。先是，谷多猛兽，皆自引去。及塞龙潭以通径，潭中龙亦徙他所。后唐明宗赐额曰"长兴"，学侣臻萃。

师上堂，有僧问："如何是归根得旨？"师曰："早是忘却。"问："不意尘生，如何是进身一路？"师曰："足下已生草，前程万丈坑。"问："要路坦然，如何履践？"师曰："我若指汝，则东西南北去也。"① 问："佛未出世时如何？"师曰："一堆泥土。"问："如何是重云称？"师曰："任将天下勘。"问："如何是截铁之言？"师曰："宁死不犯。"问："如何是重云境？"师曰："四时不开华，三冬盛芳草。"师再归故山，创寺聚徒，涉四十五年②。诲人之暇，撰歌颂千余首，度弟子一千五百人。

永兴节度使王彦超，早游师户庭，尝欲披缁。师止之曰："汝后当荣显③，为教门外护则可矣。"厥后果如师言。及镇永兴，与师再会，益加尊礼。周显德三年丙辰夏六月，师诣府辞王公，属以山门事。至七月二十四日，体中无恙。垂诫门人，并示一偈曰："我有一间舍，父母为修盖。住来八十年，近来觉损坏。早拟移住处④，事涉有憎爱。待他摧毁时，彼此无相碍。"跏坐而逝⑤，寿八十有四，腊六十四。塔于本山。

杭州瑞龙院幼璋禅师，唐相国夏侯孜之犹子也。大中初，伯父司空出镇广陵。师方七岁，游慧照寺，闻讽《莲经》⑥，志求出

---

① "东西南北"，碛砂本作"南北东西"。
② "年"，碛砂本作"寒暑"。
③ "后当"，碛砂本作"当后"。
④ "住处"，南藏本、径山本作"他处"。
⑤ "跏坐"，碛砂本作"跏趺"。
⑥ "讽"，碛砂本作"诵"。

家。伯父初不允，因绝不饮食，不得已而许之，礼慧远为师。十七具戒，二十五游诸禅会，薯山、白水咸受心诀，二宗匠深器之。咸通十三年至江陵，会腾腾和尚嘱之曰："汝往天台，寻静而栖，遇安即止。"又值憨憨和尚，抚而记曰："汝却后四十年，有巾子下菩萨王于江南①，当此时吾道昌矣。"二逸士各有密言授之。寻抵天台山，于静安乡创福唐院，乃契腾腾之言，又众请住隐龙院。

中和四年，浙东饥疫，师于温、台、明三郡收瘗遗骸数千，时谓"悲增大士"。乾宁中，雪峰和尚经游，遗师棕榈拂子而去。天祐三年，钱尚父遣使童建赍衣服、香药，入山致请。师领徒至府庭，署"志德大师"，就功臣堂安置，日亲问法②。师请每年于天台山建金光明道场③，诸郡黑白大会，逾月而散。光明大会始于师也。④ 师将辞归山，王加恋慕，于府城建瑞龙院，文穆王改为宝山院。延请开法。时禅门兴盛，斯则憨憨悬记应矣。

师上堂谓众曰："老僧顷年游历江外、岭南、荆湖，但有知识丛林，无不参问来，盖为今日与诸人聚会⑤，各要知个去处。然诸方终无异说，只教当人歇却狂心，休从他觅。但随方任真，亦无真可任；随时受用，亦无时可用。设垂慈苦口，且不可呼昼作夜；更饶善巧，终不能指东为西。脱或能尔，自是神通作怪，非干我事。若是学语之辈，不自省己知非，直欲向空里采华，波

---

① "巾子"，碛砂本作"巾子峰"。
② "亲问法"，碛砂本作"请说法要"。
③ "每年于天台山"，碛砂本作"于每年"。
④ "光明大会"，碛砂本作"天台光明大会"。
⑤ "聚会"，碛砂本作"聚话"。

中取月,还著得心力么?汝今各且退思,忽然肯去,始知瑞龙老汉事不获已,迂回太甚。还肯么?"时有僧问①:"如何是瑞龙境?"师曰:"道汝不见得么?"②曰:"如何是境中人?"师曰:"后生可畏。"问:"廓然无云,如何是中秋月?"师曰:"最好是无云。"曰:"怎么即一轮高挂,万国同观去也。"师曰:"捏目之子,难与言。"

至天成二年丁亥夏四月,师乞坟塔。尚父命陆仁璋于西关选胜地③,建塔创院,赐名额,令僧守护。仍改天台隐龙为隐迹。修塔毕,师入府庭,辞尚父,嘱以护法恤民之事,克期顺寂。尚父悲悼,遣僧主集在城宿德,迎引入塔。寿八十有七,腊七十。

前抚州疏山匡仁禅师法嗣

疏山证禅师,第二世住。初参仁和尚。得旨后游历诸方,谒投子同禅师。投子问曰:"近离什么处?"④曰:"延平来。"投子曰:"还将得剑来么?"曰:"将得来。"投子曰:"呈似老僧看。"师乃指面前地上,投子便休,师遂去。三日后,投子问主事:"新到僧在什么处?"曰:"当时去也。"投子曰:"三十年学马伎,昨日被驴扑。"师住后,僧问:"如何是就事学?"师曰:"著衣扫地。"曰:"如何是就理学?"师曰:"骑牛去秽。"曰:"向上事如何?"师曰:"溥际不收。"问:"如何是声色中混融一句?"师曰:"不辨消不及。"曰:"如何是声色外别行一句?"师

---

① "时有僧",碛砂本无。
② "道汝",碛砂本、大正本作"汝道"。
③ "胜地",碛砂本作"地"。
④ "什么",碛砂本作"甚"。

曰："难逢不可得。"

洪州百丈安和尚，号"明照禅师"。第十世住。问："一藏圆光，如何是体？"师曰："劳汝远来。"曰："莫是一藏圆光么？"师曰："更吃一碗茶。"问："如何是和尚家风？"师曰："手巾寸半布。"问："万法归一，一归何处？"师曰："未有一个不问。"问："如何是极则事？"师曰："空王殿里登九五①，野老门前不立人。"问："随缘认得时如何？"师曰："未认得时作么生？"师本新罗国人，自百丈统众，所度弟子道亘等凡七人，各从参嗣，金化一方。师灭后，门人写影，法眼赞曰："对目谁写，蟾辉碧池。日面月面，轮圆须弥。须弥一指，月面豪芒。明照禅师，讵曰违方。方尘不指，大悲何起？我谓玄功，胡是非是。"

筠州黄檗山慧禅师，洛阳人也。少出家，业经论学，因增受菩萨戒而叹曰："大士摄律仪，与吾本受声闻戒，俱止持作犯也。然于篇聚增减，支本通别，制意且殊。既微细难防，复于摄善中未尝行于少分，况饶益有情乎？且世间泡幻身命，何可留恋哉？"由是置讲课，欲以身捐于水中，饲鳞甲之类。念已将行，偶二禅者接之款话，谓："南方颇多知识，师何滞于一隅也？"师从此回志参寻②。属关津严紧，乃谓守吏曰："吾非玩山水，誓求祖道，他日必不忘恩也。"守者察其志，遂不苟留。且谓之曰："师既为

---

① "里"，碛砂本作"上"。
② "志"，碛砂本作"意"。

法忘身①，回时愿无矣所闻。"师欣谢，直造疏山。时仁和尚坐法堂受参，师先顾视大众，然后致问曰："刹那便去时如何？"疏山曰："冒塞虚空，汝作么生去？"师曰："冒塞虚空，不如不去。"疏山便休。师下堂，参第一坐。第一坐曰②："适观坐主祗对和尚语甚奇特。"③ 师曰："此乃率尔，实自偶然。敢望慈悲，开示愚迷。"第一坐曰："一刹那间，还有拟议否？"师于言下顿省，礼谢。退于茶堂，悲喜交盈，如是三日。寻住黄檗山，聚众开法，第二世住。终于本山。今塔中全身如生。

随州随城山护国院守澄净果大师，问："如何是佛？"师曰："遮驴汉。"问："尽大地是一只眼底人来，师如何？"师曰："阶下汉。"问："诸佛不到处，什么人履践？"师曰："聘耳鬜头。"曰："何人通得彼中信？"师曰："驴面兽腮。"问："随缘认得时如何？"师曰："错。"问："如何是西来意？"师曰："一人传虚，万人传实。"问："不落于将手，如何是太阿？"师曰："七星光采耀，六国罢烟尘④。"

洛京长水灵泉归仁禅师，问："如何是祖师意？"师曰："仰面独扬眉，回头自拍手。"问："如何是祖师西来的的意？"师曰："洛河水逆流。"问："如何是和尚家风？"师曰："骑牛戴席帽，

---

① "身"，碛砂本作"躯"。
② "第一坐"，碛砂本作"坐"，下同。
③ "奇特"，原作"奇持"，据丛刊本、东寺本、碛砂本改。
④ "烟"，原作"灯"，据东寺本、碛砂本、大正本改。

过水著靴衫。"

延州伏龙山延庆院奉璘禅师，问："如何是和尚家风?"师曰："横身卧海，日里挑灯。"问："如何是伏龙境?"师曰："山峻水流急，三春足异华。"问："和尚还爱财色也无?"师曰："爱。"曰："既是善知识，为什么却爱财爱色?"① 师曰："知恩者少，负恩者多。"师问火头："培火了未?"曰："低声。"师曰："什么处得遮消息来?"曰："不假多言。"师曰："省钱易饱，吃了还饥。"问："如何是和尚家风?"师曰："长斋冷饭。"曰："又太寂寞生。"师曰："僧家合如是。"

安州大安山省禅师，第三世住。问："失路迷人，请师直指。"师曰："三门前去。"问："举步临危，请师指月。"师曰："不指月。"曰："为什么不指月?"师曰："临坑不推人。"问："离四句，绝百非，请和尚道。"师曰："我王库内无如是刀。"问："重重关锁，信息不通时如何?"师曰："争得到遮里?"曰："到后如何?"师曰："彼中事作么生?"问："如何是真中真?"师曰："十字路头泥佛子。"

洪州大雄山百丈超禅师，海东人也。问："祖意与教意同别?"师曰："金鸡玉兔，听绕须弥。"问："日落西山去，林中事若何?"师曰："洞深云出晚，涧曲水流迟。"僧辞，问曰："今日下

---

① "爱财爱色"，碛砂本作"爱财色"。

山,有人问'和尚说什么法',向他道什么?"师曰:"但向他道:大雄山上虎生师子儿。"

洪州天王院和尚,问:"国内按剑者是谁?"师曰:"天王。"问:"百骸俱溃散,一物镇长灵如何?"师曰:"不堕无坏烂。"问:"如何是佛?"师曰:"错。"

常州正勤院蕴禅师,第一世住。魏府人也,姓韩氏。幼而出家,老有童颜,得法于疏山之室。僧问:"师唱谁家曲,宗风事若何?"①师曰:"适然箫韶外,六律不能过。"曰:"不过底事作么生?"师曰:"声前拍不散,句后觅无踪。"僧问:"如何是正勤一条路?"师曰:"泥深三尺。"曰:"如何得到?"师曰:"阇梨从什么处来?"问:"如何是禅?"师曰:"石里莲华火里泉。"曰:"如何是道?"师曰:"楞伽峰顶一茎草。"曰:"禅道相去多少?"师曰:"泥人落水木人捞。"师晋天福中将顺寂,预告大众。及期,阖城士女奔走至院,师嘱付讫,怡然坐化。门人葬于院后,经二稔,发塔,睹全身俨然,发爪俱长。乃于城东阇维,收舍利真骨,重建塔。

襄州后洞山和尚,问:"道有又无时如何?"师曰:"龙头蛇尾,腰间一剑。"

---

① "事若何",碛砂本作"嗣阿谁"。

京兆三相和尚,问:"如何是无缝塔?"师曰:"觅缝不得。"曰:"如何是塔中人?"师曰:"对面不得见。"

前乐普元安禅师法嗣

京兆永安院善静禅师,京兆人也,姓王氏。父任牧守,母因梦金像而觉有娠①。师幼习儒学,博通群言②。年二十七,忽厌浮幻,潜诣终南山,礼广度禅师披削受具。唐天复中,南谒乐普安禅师。师器之③,容其入室,仍典园务,力营众事。有僧辞乐普,乐普曰④:"四面是山,阇梨向什么处去?"僧无对。乐普曰:"限汝十日内下语,得中即从汝发去。"⑤其僧冥搜久之,无语。因经行,偶入园中,师怪问曰:"上坐岂不是辞去,今何在此?"僧具陈所以,坚请代语。师不得已,代曰:"竹密岂妨流水过⑥,山高那阻野云飞?"其僧喜踊,师嘱之曰:"祇对和尚⑦,不须言是善静语也。"僧遂白乐普。乐普曰:"谁下此语?"曰:"某甲。"乐普曰:"非汝之语。"僧具言园头所教⑧。乐普至晚上堂,谓众曰:"莫轻园头,他日住一城隍,五百人常随也。"

师寻辞乐普,北还故山,结庐而止,道俗归向。复游峨眉,回住兴元,连帅王公礼重。后归故乡,属兵火之后,旧寺荒废,节帅创永安禅苑以居之,徒众五百余。僧问:"知有道不得时如

---

① "而觉",碛砂本、大正本作"觉而"。
② "言",碛砂本作"书"。
③ "师",碛砂本作"安"。
④ "乐普",碛砂本作"普"。
⑤ "发去",碛砂本作"去"。
⑥ "岂",碛砂本作"不"。
⑦ "和尚"下,碛砂本有"时"。
⑧ "僧",大正本作"其僧"。

何？"师曰："知有个什么？"曰："不可无也。"师曰："恁么即合道得。"曰："道即不无，争奈语偏。"师曰："水冻鱼难跃，山寒花发迟。"问："如何是衲衣向上事？"师曰："龙鱼不出海，水月不吞光。"问："不可以智知，不可以识识时如何？"师曰："鹤鹭并头踏雪睡，月明惊起两迟疑。"问："如何是西来意？"师曰："壁上画枯松，蜂来不见蕊。"问："牛头未见四祖时如何？"师曰："异境灵松，睹者皆羡。"曰："见后如何？"师曰："叶落已枝摧，风来不得韵。"问："如何得生如来家？"师曰："披衣望晓，论劫不明。"曰："劫后如何明？"师曰："一句不可得。"

师往游棘道，避昭宗蒙尘之乱①。以汉开运丙午岁冬②，鸣犍椎集僧嘱累③，入方丈，东向右胁而化。寿八十有九，腊六十。敕谥净悟禅师。

蕲州乌牙山彦宾禅师，问："未作人身以前，作什么来？"师曰："三脚石牛坡上走，一枝瑞气月前分。"问："匹马单枪直入时如何？"师曰："饶你雄信解拈枪，犹较秦王一步在。"问："久战沙场，为什么功名不就？"师曰："双雕随箭落，李广不当名。"问："百步穿杨，中的者谁？"师曰："将军不上便桥，金牙徒劳拈笞。"问："蟛蜞饮云根时如何？"师曰："金轮天子下阎浮，铁馒头上金花异。"④

---

① "避"，南藏本、径山本作"被"。
② "汉"，径山本作"晋"。开运为后晋年号。
③ "椎"，原作"稚"，据径山本改。
④ "馒"，原作"漫"，据东寺本、碛砂本、大正本改。

凤翔府青峰山传楚禅师，泾州人也。性淳貌古，眼有三角。承乐普开示心地，俾宰于众事。一日，乐普问曰："院主，汝去什么处来？"师曰："扫雪来。"曰："雪深多少？"师曰："树上总是。"曰："得即也得，汝向后有山，住个雪窟定矣。"自受记，乃访于白水。白水问："乐普有生机一路，是否？"师曰："是。"白水曰："止却生路，向熟路上来。"师曰："生路上死人无数，熟路上不著活汉。"白水曰："此是乐普底，你作么生？"师曰："非但乐普，夹山亦不奈何。"曰："夹山为什么不奈何？"师曰："不见道生机一路？"师住后，有僧问："佛魔未现，向什么处应？"师曰："诸上坐听祗对。"问："如何是临机一句？"师曰："便道将来。"曰："请和尚道。"师曰："穿过髑髅，不知痛处。"问："如何是明了底人一句？"师曰："骏马寸步不移，钝鸟升腾出路。"

邓州中度和尚，问："海内不逢师，如何是寰中主？"师曰："金鸡常报晓，时人不自知。"问："如何是暗中明镜？"师曰："万机昧不得。"曰："未审照何物？"师曰："什么物不照？"问："如何是实际理地，不受一尘？佛事门中，不舍一法？"师曰："真常尘不染，海内百川流。"问："请和尚离声色外答。"师曰："木人常对语，有性不能言。"

嘉州洞溪和尚，初问乐普："月树无根枝覆荫，请师直指妙幽微。"乐普曰："森罗秀处，事不相依，渌水千波，孤峰自异。"师于是领旨承嗣。问："蛇师为什么被蛇吞？"师曰："几度扣问拈不出。"①

京兆卧龙和尚，初开堂，有僧问："杲日符天际，珠光照旧都。浦津通法海，今日意如何？"师曰："宝剑挥时②，岂该明暗？"

前江西逍遥山怀忠禅师法嗣

泉州福清院师巍和尚，号"通玄禅师"。僧问："枝分夹岭，的绍逍遥，宝座既登，法雷请震。"师曰："逍遥迥物外，物外霞不生。"问："如何是西来的的意？"师曰："立雪未为劳，断臂方为的。"曰："怎么即一华开五叶，芬芳直至今。"师曰："因圆三界外，果满十方知。"

京兆白云无休禅师，问："路逢猛虎，如何降伏？"师曰："归依佛，归依法，归依僧。"问："如何是白云境？"师曰："月夜楼边海客愁。"

前袁州盘龙山可文禅师法嗣

江州庐山永安净悟禅师，僧问："如何是出家底事？"师曰："万丈悬崖撒手去。"曰："如何是不出家底事？"师曰："迥殊雪岭安巢节，有异许由挂一瓢。"问："六门不通，如何通信？"师曰："阇梨外边与谁相识？"问："脱笼头，卸角驮来时如何？"师

---

① "扣问"，大正本作"扣门"。
② "挥"，大正本作"晖"。

曰:"换骨洗肠投紫塞,洪门切忌更衔芦。"问:"从上诸圣,将何示人?"师曰:"有异祖龙行化节,迥超栖凤越扬尘。"问:"如何是解作客底人?"师曰:"宝御珍床犹尚弃,谁能历劫傍他门?"问:"众手淘金,谁是得者?"师曰:"黄帝不曾游赤水,珠承罔象也虚然。"问:"雪覆芦华时如何?"师曰:"虽则沍凝呈瑞色,太阳晖后却迷人。"

袁州木平山善道禅师,初谒乐普,问:"一沤未发已前,如何辨其水脉?"乐普曰:"移舟谙水势,举棹别波澜。"师不惬意,乃参盘龙,语同前问,盘龙曰:"移舟不辨水,举棹即迷源。"师从此悟入。

僧问:"如何是西来意?"师曰:"石羊头子向东看。"问:"如何是正法眼?"师曰:"拄杖孔。"问:"如何是不动尊?"师曰:"浪浪宕宕。"问:"如何是木平一句?"师曰:"冨塞虚空。"曰:"冨塞虚空即不问,如何是一句?"师乃打之。师凡有新到僧,未许参礼,先令运土三担,而示偈曰:"南山路仄东山低,新到莫辞三转泥①。嗟汝在途经日久,明明不晓却成迷。"

师肉髻螺纹②,金陵李氏向其道誉,迎请供养,待以师礼。尝问:"如何是木平?"师曰:"不动斤斧。"曰:"如何不动斤斧?"师曰:"木平。"时大法眼禅师有偈赠曰:"木平山里人,貌古言复少③。相看陌路同,论心秋月皎。坏衲线非蚕,助歌声有

---

① "转",碛砂本作"担"。
② "螺纹",碛砂本作"罗纹"。
③ "言",碛砂本作"年"。

鸟。城阙今日来，一沤曾已晓。"师异迹颇多，此不繁述。灭后门人建塔，刊石影。本国谥真寂禅师，塔曰普慧。

陕府龙溪和尚，上堂谓众曰："直饶说似个无缝塔，也不免老僧下一个橛。作么生免得下橛?"众无对，师自代曰："下去。"僧问："如何是无缝塔?"师曰："百宝庄严今已了，四门开豁已多时。"

前抚州黄山月轮禅师法嗣

鄂州桐泉山和尚，初参，黄山问："天门一合，十方无路。有人道得，摆手出漳江。"师对曰："蛰户不开，龙无龙句。"黄山曰："是你恁么道?"师曰："是即直言是，不是直言不是。"黄山曰："摆手出漳江。"黄山复问："卞和到处荆山秀，玉印从他天子传时如何?"师曰："灵鹤不于林下憩，野老不重太平年。"黄山深肯之。师住后，僧问："如何是相传底事?"师曰："龙吐长生水，鱼吞无尽沤。"问："请师挑掭他狄切。"师曰："擂鼓转船头，棹挑波里月。"

前洛京韶山寰普禅师法嗣

潭州文殊和尚，僧问："如何是祝融峰前事?"师曰："岩前瑞草生。"问："仁王登位，万姓沾恩，和尚出世何如?"师曰："万里长沙驾铁船。"问："如何是本尔庄严?"师曰："菊华原上景，行人去路长。"

景德传灯录卷第二十一

行思和尚第七世①

福州玄沙师备禅师法嗣十三人见录

  漳州罗汉院桂琛禅师

  福州安国慧球禅师

  杭州天龙重机禅师

  福州仙宗契符禅师

  婺州国泰瑫禅师

  衡岳南台诚禅师

  福州白龙道希禅师

  福州螺峰冲奥禅师

  泉州睡龙山和尚

  天台云峰光绪禅师

  福州大章山契如庵主

  福州永兴禄和尚

  天台国清师静上座

---

① "和尚",大正本作"禅师"。"世"下,径山本、大正本有"上"。

福州长庆慧稜禅师法嗣二十六人见录
　　泉州招庆道匡禅师
　　杭州龙华彦球禅师
　　杭州保安连禅师
　　福州报慈光云禅师
　　庐山开先绍宗禅师
　　婺州报恩宝资禅师
　　杭州倾心法瑶禅师
　　福州水陆洪俨禅师
　　杭州广严咸泽禅师
　　福州报慈慧朗禅师
　　福州长庆常慧禅师
　　福州石佛院静禅师
　　处州翠峰从欣禅师
　　福州枕峰青换禅师
　　福州东禅契讷禅师
　　福州长庆弘辩大师
　　福州东禅可隆大师
　　福州仙宗守玭禅师
　　抚州永安怀烈大师①
　　福州闽山令含禅师

---

① "大师",丛刊本作"禅师"。

新罗龟山和尚

吉州龙须山道殷禅师

福州祥光澄静禅师

襄州鹫岭明远禅师

杭州报慈从瓌禅师

杭州龙华契盈禅师

杭州龙册寺道怤禅师法嗣五人三人见录

越州清化山师讷禅师

衢州南禅遇缘禅师

复州资福智远禅师①

筠州洞山龟端禅师、温州景丰禅师　已上二人无机缘语句，不录

信州鹅湖智孚禅师法嗣

法进禅师一人　无机缘语句，不录

漳州报恩怀岳禅师法嗣一人见录

潭州妙济师浩禅师

福州鼓山神晏禅师法嗣一十一人见录

杭州天竺山子仪禅师

建州白云智作禅师

福州鼓山智严禅师

福州龙山智嵩禅师

泉州凤凰山强禅师

福州龙山文义禅师

福州鼓山智岳禅师

---

① "福"，碛砂本作"启"。

襄州定慧和尚

福州鼓山清谔禅师

金陵净德冲煦禅师

金陵报恩院清护禅师

行思和尚第七世
前福州玄沙师备禅师法嗣

漳州罗汉院桂琛禅师，常山人也，姓李氏。为童儿时，日一素食，出言有异。既冠，辞亲，事本府万岁寺无相大师披削，登戒学毗尼。一日，为众升台宣戒本布萨已，乃曰："持犯但律身而已，非真解脱也。依文作解，岂发圣乎？"于是访南宗。初谒云居、雪峰，参讯勤恪，然犹未有所见。后造玄沙宗一大师，一言启发，廓尔无惑。玄沙尝问曰①："三界唯心，汝作么生会？"师指倚子曰："和尚唤这个作什么？"② 玄沙曰："倚子。"曰："和尚不会三界唯心。"玄沙曰："我唤这个作竹木，汝唤作什么？"曰③："桂琛亦唤作竹木。"玄沙曰："尽大地觅一个会佛法底人不可得。"师自尔愈加激励。玄沙每因诱迪学者，流出诸三昧，皆命师为助发。师虽处众韬晦，然声誉甚远。

时漳牧王公请于闽城西之石山，建精舍曰"地藏"，请师驻锡焉，仅逾一纪。后迁止漳州罗汉院，大阐玄要，学徒臻凑。师上堂曰："宗门玄妙，为当只恁么也，更别有奇特？若别有奇特，

---

① "问"，原作"闻"，据大正本改。
② "这"，丛刊本、大正本作"遮"，下同。
③ "曰"，原作"问曰"，据大正本改。

汝且举个什么？若无去，不可将三个字便当却宗乘也。何者三个字？谓宗、教、乘也。汝才道著宗乘便是宗乘，道著教乘便是教乘。禅德，佛法宗乘，元来由汝口里安立名字，作取说取便是也，斯须向这里说平、说实、说圆、说常。禅德，汝唤什么作平实？把什么作圆常？傍家行脚，理须甄别，莫相埋没。得些声色名字，贮在心头，道我会解，善能拣辨。汝且会个什么？拣个什么？记持得底是名字，拣辨得底是声色。若不是声色名字，汝又作么生记持拣辨？风吹松树也是声，虾蟆老鸦也是声，何不那里听取拣择去？若那里有个意度模样，只如老师口里，又有多少意度与上坐？莫错！即今声色拟拟地，为当相及，不相及？若相及，即汝灵性金刚秘密应有坏灭去也。何以如此？为声贯破汝耳，色穿破汝眼，缘即塞却汝，幻妄走杀汝，声色体尔不容也。若不相及，又什么处得声色来？会么？相及不相及，试裁辨看。"少间又道："是圆常平实，什么人恁么道？未是黄夷村里汉解恁么说，是他古圣，垂些子相助显发。今时不识好恶，便安圆实，道我别有宗风玄妙。释迦佛无舌头，不如汝些子，便恁么点胸？若论杀盗淫罪，虽重犹轻，尚有歇时。此个谤般若，瞎却众生眼，入阿鼻地狱，吞铁丸，莫将为等闲。所以古人道：过在化主，不干汝事。珍重。"

僧问："如何是罗汉一句？"师曰："我若向你道①，成两句也。"问："不会底人来，师还接否？"师曰："谁是不会者？"曰："适来道了也。"师曰："莫自屈。"问："八字不成，以字不

---

① "你"，大正本作"尔"，下同。

是时如何?"师曰:"汝实不会?"曰:"学人实不会。"师曰:"看取下头注脚。"问:"如何是沙门正命食?"师曰:"吃得么?"曰:"欲吃此食,作何方便?"师曰:"塞却你口。"问:"如何是罗汉家风?"师曰:"不向你道。"曰:"为什么不道?"师曰:"是我家风。"问:"如何是法王身?"师曰:"汝今是什么身?"曰:"怎么即无身也。"师曰:"苦痛深。"师上堂才坐,有二僧一时礼拜,师曰:"俱错。"问:"如何是扑不破底句?"师曰:"扑。"问:"一佛出世普为群生,和尚今日为个什么?"师曰:"什么处遇一佛?"曰:"怎么即学人罪过。"师曰:"谨退。"问:"如何是罗汉家风?"师曰:"表里看取。"问:"如何是诸圣玄旨?"师曰:"四楞塌地。"① 问:"大事未肯时如何?"师曰:"由汝。"问:"如何是十方眼?"师曰:"眨上眉毛著。"

因请保福斋,令人去传语曰:"请和尚慈悲降重。"保福曰:"慈悲为阿谁?"师曰:"和尚怎么道,浑是不慈悲。"师玩月乃曰:"云动有雨去。"有僧曰:"不是云动是风动。"师曰:"我道云亦不动,风亦不动。"僧曰:"和尚适来又道云动。"师曰:"阿谁罪过?"师见僧来,举拂子曰:"还会么?"僧曰:"谢和尚慈悲示学人。"师曰:"见我竖拂子,便道示学人。汝每日见山见水,可不示汝?"师又见僧来,举拂子,其僧赞叹礼拜。师曰:"见我竖拂子便礼拜赞叹,那里扫地竖起扫帚,为什么不赞叹?"玄觉云:"一般竖起拂子,拈一种物,有肯底,有不肯底道理。且道利害在什么处?"僧问:"承教有言:若见诸相非相,则见如来。如何是非相?"师

---

① "塌",丛刊本作"榻"。

曰："灯笼子。"问："如何是出家？"师曰："唤什么作家？"师问僧："什么处来？"曰："秦州来。"师曰："将得什么物来？"曰："不将得物来。"师曰："汝为什么对众漫语？"其僧无语。师却问："秦州岂不是出鹦鹉？"僧曰："鹦鹉出在陇州。"师曰："也不较多。"

师问僧："什么处来？"曰："报恩来。"师曰："何不且在彼中？"僧曰："僧家不定。"师曰："既是僧家，为什么不定？"僧无对。玄觉代云："谢和尚顾问。"师住地藏时，僧报云："保福和尚已迁化也。"师曰："保福迁化，地藏入塔。"僧问法眼："古人意旨如何？"法眼云："苍天，苍天！"后王公上雪峰施众僧衣，时有从弈上座者不在，有师弟代上名受衣。弈归，师弟曰："某甲为师兄上名了。"弈曰："汝道我名什么？"师弟无对。师代云："师兄得恁么贪？"又云："什么处是贪处？"师又代云："两度上名。"云居锡云："什么处是弈上坐两度上名处？"师与长庆、保福入州，见牡丹障子。保福云："好一朵牡丹花。"长庆云："莫眼花。"师曰："可惜许一朵花。"玄觉云："三尊宿语，还有亲疏也无？只如罗汉恁么道，落在什么处？"

师问僧："汝在招庆，有什么异闻底事？试举看。"僧曰："不敢错举。"师曰："真实底事作么生举？"僧曰："和尚因什么如此？"师曰："汝话堕也。"众僧晚参，闻角声，师曰："罗汉三日一度上堂，王太傅二时相助。"僧问："如何是学人本来心？"①曰："是汝本来心。"僧问："师居宝座说法度人，未审度什么人？"师曰："汝也居宝座，度什么人？"僧问："镜里看形见不

---

① "心"，大正本作"师"。

难,如何是镜?"师曰:"还见形么?"僧问:"但得本,莫愁末,如何是末?"师曰:"总有也。"师因疾,僧问:"和尚尊候较否?"师以杖拄地曰:"汝道这个还痛否?"僧曰:"和尚问阿谁?"师曰:"问汝。"僧曰:"还痛否?"师曰:"元来共我作道理。"师后唐天成三年戊子秋,复届闽城旧止,遍游近城梵宇已,俄示疾数日,安坐告终。寿六十有二,腊四十。茶毗,收舍利建塔于院之西隅,禀遗教也。清泰二年乙未十二月望日入塔。谥曰真应禅师。

福州卧龙山安国院慧球寂照禅师,第二世住,亦曰"中塔"。泉州莆田人也。龟洋山出家,玄沙室中参讯居首。因问:"如何是第一月?"玄沙曰:"用汝个月作么?"师从此悟入。梁开平二年,玄沙将示灭,闽帅王氏遣子至问疾,仍请密示:"继踵说法者谁乎?"玄沙曰:"球子得。"王氏默记遗旨,乃问鼓山国师曰:"卧龙法席,孰当其任?"鼓山举城下宿德具道眼者十有二人,皆堪出世,王氏亦默之。至开堂日,官寮与僧侣俱会法筵。王氏忽问众曰:"谁是球上座?"于是众人指出师,王氏便请升座。师良久,谓众曰:"莫嫌寂寞,莫道不堪,未详涯际,作么生论量?所以寻常用其音响聊拨一两下,助他发机①。道尽十方世界,觅一人为伴侣不可得。"僧问:"佛法大意,从何方便顿入?"师曰:"入是方便。"问:"云自何山起,风从何涧生?"师曰:"尽力施为,不离中塔。"

---

① "发机",大正本作"机发"。

师上堂，谓众曰："我此间粥饭因缘，为兄弟举唱，终是不常。欲得省要，却是山河大地与汝发明。其道既常，亦能究竟。若从文殊门入者，一切无为，土木瓦砾，助汝发机。若从观音门入者，一切音响，虾蟆蚯蚓，助汝发机。若从普贤门入者，不动步而到。我以此三门方便示汝，如将一只折箸搅大海水，令彼鱼龙知水为命。会么？若无智眼而审谛之，任汝百般巧妙，不为究竟。"僧问："学人近入丛林，不明己事，乞师指示。"师以杖指之曰："会么？"曰："不会。"师曰："我怎么为汝，却成抑屈人。还知么？若约当人分上从来底事，不论初入丛林，及过去诸佛，不曾乏少。如大海水，一切鱼龙，初生及至老死，所受用水，悉皆平等。"问："不谬正宗，请师真实。"师曰："汝替我道。"僧曰："或有不辨者作么生？"师曰："待不辨者来。"问："诸佛还有师否？"师曰："有。"僧曰："如何是诸佛师？"师曰："一切人识不得。"

师上堂良久，有僧出礼拜。师曰："莫教髑髅挦损。"问："如何是灵山会上事？"师曰："少得灵利底。"僧曰："忽遇灵利底作么生？"师曰："这懵懂汉。"① 师上堂，示众："诸人若要商量，向髑髅后通取消息来相共商量，这里不曾障人光明。"问："从上宗乘事如何？"师良久。僧再问，师便喝出。问："如何是大庾岭头事？"师曰："料汝承当不得。"僧曰："重多少？"师曰："这般底论劫不奈何。"师问了院主："只如先师道：尽十方世界是真实人体。你还见僧堂么？"② 了曰："和尚莫眼花。"师

---

① "汉"，丛刊本、大正本无。
② "你"，大正本作"尔"，下同。

曰：" 先师迁化，肉犹暖在。" 师唐乾化三年癸酉八月十七日①，不疾而逝。

杭州天龙寺重机明真大师，台州黄岩人也。自玄沙得法，回入浙中，钱武肃王请说法住持。上堂示众曰："若直举宗风，独唱本分事，便同于顽石。若言绝凡圣消息，无大地山河，尽十方世界都是一只眼，此乃事不获已怎么道。所以常说：盲聋瘖哑是仙陀，满眼时人不奈何。只向目前须体妙，身心万象与森罗。"僧问："如何是璇机不动？"② 师曰："青山数重。"僧曰："如何是寂尔无垠？"③ 师曰："白云一带。"问："如何是归根得旨？"师曰："兔角生也。"僧曰："如何是随照失宗？"师曰："龟毛落也。"问："莲华未出水时如何？"师曰："谁人不知有？"僧曰："出水后如何？"师曰："馨香目击。"问："朗月辉空时如何？"师曰："正是分光景，何消指玉楼？"

福州仙宗院契符清法大师，初开堂日，有僧问："师登宝座，合谈何事？"师曰："剔开耳孔著。"僧曰："古人为什么道非耳目之所到？"师曰："金樱树上不生梨子。"僧曰："古今不到处请师道。"师曰："汝作么生问？"问："众手淘金，谁是得者？"师曰："举手隔千里，休功任意看。"问："飞岫岩边华子秀，仙境台前事若何？"师曰："无价大宝光中现，暗客惛惛争奈何？"僧

---

① "唐"，大正本作 "梁"。乾化为后梁年号。
② "机"，大正本作 "玑"。
③ "垠"，丛刊本、大正本作 "根"。

曰："优昙华坼人皆睹①，向上宗乘意若何？"师曰："阇梨若问宗乘意，不如静处萨婆诃。"问："如何是大闽国中诸佛境界？"师曰："造化终难测，春风徒自轻。"问："如何是道中宝？"师曰："云孙泪亦垂。"问："诸圣收光归源后如何？"师曰："三声猿屡断，万里客愁听。"僧曰："未审今时人，如何凑得古人机？"师曰："好心向子道，切忌未生时。"

婺州金华山国泰院瑫禅师，上堂曰："不离当处，咸是妙明真心。所以玄沙和尚道：会我最后句，出世少人知。争似国泰有末头一句？"僧问："如何是国泰末头一句？"师曰："阇梨上太迟生。"问："如何是毗卢师？"②师曰："某甲与老兄是弟子。"问："达磨来唐土即不问，如何是未来时事？"师曰："亲遇梁王。"问："古镜未磨时如何？"师曰："古镜。"僧曰："磨后如何？"师曰："古镜。"

衡岳南台诚禅师，僧问："玄沙宗旨，请师举扬。"师曰："什么处得此消息？"僧曰："垂接者何？"师曰："得人不迷己。"问："潭清月现，是何人境界？"师曰："不干你事。"僧曰："相借问，又何妨？"师曰："觅潭月不可得。"问："离地四指，为什么却有鱼纹？"师曰："有圣量在。"僧曰："此量为什么人施？"师曰："不为圣人。"

---

① "坼"，丛刊本、大正本作"拆"。
② "师"，原脱，据径山本补。

福州升山白龙院道希禅师,福州闽县人也。师上堂曰:"不要举足,是谁威光?还会么?若道自家去处本自如是,切喜勿交涉。"① 问:"如何是西来意?"师曰:"汝从什么处来?"问:"如何是佛法大意?"师曰:"汝早礼三拜。"问:"不责上来,请师直道。"师曰:"得。"问:"如何是正真道?"师曰:"骑驴觅驴。"问:"请师答无宾主话。"师曰:"昔年曾记得。"僧曰:"即今如何?"师曰:"非但耳聋,亦兼眼暗。"问:"情忘体合时如何?"师曰:"别更梦见个什么?"问:"学人拟申一问,请师裁。"师曰:"不裁。"僧曰:"为什么不裁?"师曰:"须知好手。"问:"大众云集,请师举扬宗教。"师曰:"少遇听者。"问:"不涉唇锋,乞师指示。"师曰:"不涉唇锋问将来。"僧曰:"恁么即群生有赖。"师曰:"莫闲言语。"问:"请和尚生机答话。"师曰:"把纸笔来录将去。"问:"如何是思大口?"师曰:"出来向你道。"僧曰:"学人即今见出。"师曰:"曾赚几人来?"问:"承古人有言:髑髅常干世界,鼻孔毛触家风。如何是髑髅常干世界?"师曰:"近前来,向你道。"僧曰:"如何是鼻孔毛触家风?"师曰:"退后去,别时来。"

福州螺峰冲奥明法大师,先住白龙,师上堂曰:"人人具足,人人成见,争怪得山僧?珍重。"僧问:"诸法寂灭相,不可以言宣。如何是寂灭相?"师曰:"问答俱备。"僧问:"恁么即真如法界,无自无他。"师曰:"特地令人愁。"问:"牛头未见四祖时如

---

① "切",径山本作"且"。

何?"师曰:"德重鬼神钦。"曰:"见后如何?"师曰:"通身圣莫测。"问:"如何是螺峰一句?"师曰:"苦。"问:"如何是本来人?"师曰:"惆怅松萝境界危。"

泉州睡龙山和尚,僧问:"如何是触目菩提?"师以杖趁之,僧乃走。师曰:"住,住,向后遇作家举看。"师上堂,举拄杖云:"三十年住山,得此拄杖气力。"时有僧问:"和尚得他什么气力?"师曰:"过溪过岭,东拄西拄。"招庆闻云:"我不恁么道。"僧问:"和尚作么生道?"招庆以杖下地拄行。

天台山云峰光绪至德大师,上堂曰:"但以众生日用而不知,譬如三千大千世界、日月星辰、江河淮济、一切含灵,从一毛孔入一毛孔,毛孔不小,世界不大,其中众生不觉不知。若要易会,上坐日用亦复不知?"僧问:"日里僧驮像,夜里像驮僧。未审此意如何?"师曰:"阇梨岂不是从茶堂里来?"

福州大章山契如庵主,福州永泰人也,泉州百丈村兜率院受业。素蕴孤操,志探祖道,预玄沙之室①,颖悟幽旨。玄沙记曰:"子禅已逸格则,他后要一人侍立也无。"师自此不务聚徒,不畜童侍,隐于小界山。刳大朽杉若小庵,但容身而已。凡经游僧至,随叩而应,无定开示。

僧问:"生死到来,如何回避?"师曰:"符到奉行。"曰:

---

① "室",原作"宫",据丛刊本改。

"恁么即被生死拘将去也?"师曰:"阿耶耶!"① 问:"西天持锡意作么生?"师拈锡杖,卓地振之。僧曰:"未审此是什么义?"师曰:"这个是张家打。"僧拟进语,师以锡撺。苍峦切之。清豁、冲煦二长老向师名②,未尝会遇,一旦同访之,值师采粟。豁问曰:"道者,如庵主在何所?"师曰:"从什么处来?"曰:"山下来。"师曰:"因什么得到这里?"曰:"这里是什么处所?"师揖曰:"去那下吃茶去。"二公方省是师,遂诣庵所,颇味高论。晤坐于左右,不觉及夜,睹豺虎奔至庵前,自然驯扰。豁因有诗曰:"行不等闲行,谁知去住情。一餐犹未饱,万户勿聊生。非道应难伏,空拳莫与争。龙吟云起处,闲啸两三声。"二公寻于大章山创庵,请师居之。两处孤坐,垂五十二载而卒。豁虽承指喻,而后于睡龙印可,乃嗣睡龙,住漳州保福。

福州莲华山永兴禄和尚,闽王请师开堂日,未升座,先于座前立云:"大王、大众听,已有真正举扬也。此一会总是得闻,岂有不闻者?若有不闻,彼此相谩去也。"方乃登座。僧问:"国王请师出世,未委今日一会,何似灵山?"师曰:"彻古传今。"问:"如何是和尚家风?"师曰:"毛头显沙界,日月现其中。"

天台山国清寺师静上座,始遇玄沙和尚示众云:"汝诸人但能一生如丧考妣,吾保汝究得彻去。"师乃蹑前语而问曰:"只如教中'不得以所知心,测度如来无上知见',又作么生?"玄沙

---

① "耶耶",丛刊本、大正本作"邪邪"。
② "向",原作"响",据丛刊本、大正本改。

曰："汝道究得彻底所知心，还测度得及否？"师从此信入。后居天台，三十余载不下山。博综三学，操行孤立，禅寂之余，常阅龙藏。遐迩钦重，时谓"大静上座"。

尝有人问曰："弟子每当夜坐，心念纷飞，未明摄伏之方，愿垂示诲。"师答曰："如或夜间安坐，心念纷飞，却将纷飞之心以究纷飞之处，究之无处，则纷飞之念何存？返究究心，则能究之心安在？又能照之智本空，所缘之境亦寂。寂而非寂者，盖无能寂之人也；照而非照者，盖无所照之境也。境智俱寂，心虑安然，外不寻枝，内不住定，二途俱泯，一性怡然。此乃还源之要道也。"师因睹教中幻义，乃述一偈问诸学流，偈曰："若道法皆如幻有，造诸过恶应无咎。云何所作业不亡，而借佛慈兴接诱？"时有小静上座答曰："幻人兴幻幻轮围，幻业能招幻所治。不了幻生诸幻苦，觉知如幻幻无为。"二静上座并终于本山，今国清寺遗踪在焉。

前福州长庆院慧稜禅师法嗣

泉州招庆院道匡禅师，潮州人也。自稜和尚始居招庆，师乃入室参侍。暨稜和尚召入长乐府，盛化于西院，师继踵住于招庆，学众如故。师上堂曰："声前荐得，孤负平生；句后投机，殊乖道体。为什么如此？大众且道：从来合作么生？"又谓众曰："招庆今夜与诸人一时道却，还委落处么？"时有僧出曰："大众一时散去，还称师意也无？"师曰："好与拄杖。"僧礼拜。师曰："虽有盲龟之意，且无晓月之程。"僧曰："如何是晓月之程？"师曰："此是盲龟之意。"问："如何是沙门行？"师曰："非行不行。"问:"如何是西来意?"师曰:"蚊子上铁牛。"问:"如何是在匣剑?"师良久,僧罔措。师曰:"也须感荷招庆始得。"问:"如何是提宗一句?"师曰:"不得昧著招庆。"其僧礼拜起,师又曰:"'不得昧著招庆'嘱汝,作么生是提宗一句?"僧无对。

问:"文殊剑下不承当时如何?"师曰:"未是好手人。"僧曰:"如何是好手人?"师曰:"是汝话堕也。"问:"如何是招庆家风?"师曰:"宁可清贫自乐,不作浊富多忧。"问:"如何是南泉一线道?"师曰:"不辞向汝道,恐较中更较去。"问:"如何是佛法大意?"师曰:"七颠八倒。"问:"学人根思迟回,乞师曲运慈悲,开一线道。"师曰:"这个是老婆心。"僧曰:"悲华剖坼以领尊慈①,从上宗乘事如何?"师曰:"恁么须得汝亲问始得。"师问僧:"什么处去来?"僧曰:"劈柴来。"师曰:"还有劈不破底也无?"僧曰:"有。"师曰:"作么生是劈不破底?"僧无语。师曰:"汝若道不得,问我,我与汝道。"僧曰:"作么生是劈不破底?"师曰:"赚杀人。"

因地动,僧问:"还有不动者无?"师曰:"有。"僧曰:"如何是不动者?"师曰:"动从东来,却归西去。"问:"法雨普沾,还有不润处否?"师曰:"有。"僧曰:"如何是不润处?"师曰:"水洒不著。"问:"如何是招庆深深处?"师曰:"和汝没却。"问:"如何是九重城里人?"师曰:"还共汝知闻么?"师上堂,僧众拥法座,师曰:"这里无物,诸人苦恁么相促相拶作么?拟心早勿交涉,更上门户,千里万里。今既上来,各著精彩,招庆一

---

① "坼",大正本作"拆"。

时抛与诸人好么?"师复问:"还接得也未?"众无对。师曰:"劳而无功,汝诸人得恁么钝?看他古人一两个得恁么快①,才见便负将去,亦较些子。若有此个人,非但四事供养,便以琉璃为地,白银为壁,亦未为贵。帝释引前,梵王从后,搅长河为酥酪②,变大地为黄金,亦未为足。直得如是,犹更有一级在,还委得么?珍重。"

杭州龙华寺彦球实相得一大师,开堂日,谓众曰:"今日既升法座,又争解讳得?只如不讳底事,此众还有人与作证明么?若有,即出来相共作个榜样。"时有僧问:"郡尊请师,如何举扬宗指?"师曰:"汝到别处③,切忌谬传。"问:"此座为从天降下,为从地涌出?"师曰:"是什么?"僧曰:"此座高广,如何升得?"师曰:"今日几被汝安顿著。"问:"灵山一会,迦叶亲闻,今日一会,何人得闻?"师曰:"同我者击其大节。"僧曰:"酌然,俊哉!"师曰:"去般水浆,茶堂里用去。"师又曰:"从前佛法付嘱国王、大臣,及有力檀越,今日郡尊及诸官寮特垂相请,不胜荷愧。山僧更有末后一句子,贱卖与诸人。"师乃起身立云:"还有人买么?若有人买,即出来;若无人买,即贱货自收。久立,珍重。"师有时上堂云:"好时好日,速道速道。"又曰:"大众近前来,听老汉说第一义。"大众近前,师便打趁。问:"如何是学人自己?"师曰:"雪上更加霜。"

---

① "一",碛砂本无。
② "搅",大正本作"揽"。
③ "汝",大正本作"法"。

杭州临安县保安连禅师，僧问："如何是保安家风？"师曰："问有什么难？"问："如何是吹毛剑？"师曰："豫章铁柱坚。"僧曰："学人不会。"师曰："漳江亲到来。"问："如何是沙门行？"师曰："师僧头上戴冠子。"问："如何是西来意？"师曰："死虎足人看。"问："一问一答，彼此兴来，如何是保安不惊人之句？"师曰："汝到别处，怎么生举？"

福州报慈院光云慧觉大师，上堂云："瘥病之药①，不假驴驮。若据今夜，各自归堂去也。珍重。"僧问："承闻超觉有锁口诀②，如何示人？"师曰："赖我拄杖不在手。"僧曰："怎么即深领尊慈也。"师曰："待我肯汝即得。"师入府，闽王问："报慈与神泉相去近远？"师曰："若说近远，不如亲到。"师却问曰："大王日应千差，是什么心？"王曰："什么处得心来？"师曰："岂有无心者？"王曰："那边事作么生？"师曰："请向那边问。"王曰："道师谩别人即得。"问："大众臻凑，请师举扬。"师曰："更有几人未闻？"曰："怎么即不假上来也。"师曰："不上来且从，汝向什么处会？"曰："若有处所，即孤负和尚。"师曰："即恐不辨精粗。"问："夫说法者，当如法说。此意如何？"师曰："有什么疑讹？"问："古人面壁意如何？"③ 师打之。问："不假言诠，请师径直。"师曰："何必更待商量？"

---

① "瘥"，丛刊本、大正本作"差"。
② "超"，径山本、大正本作"慧"。
③ "古"，原作"故"，据丛刊本改。

庐山开先寺绍宗圆智禅师，姑苏人也。禀性朴野，不群流俗。少依本郡流水寺出家受具①，入长庆之室，密契真要。初结庵于虔州丫山二十载②，道声遐布。江南国主李氏建寺，请转法轮，玄徒辐凑。暨国主巡达洪井③，躬入山瞻谒，请上堂，令僧出问："如何是开先境？"师曰："最好是一条界破青山色。"僧曰："如何是境中人？"师曰："拾枯柴，煮布水。"国主益加钦重。后终于山寺，灵塔存焉。

婺州金鳞报恩院宝资晓悟大师，上堂，大众立久。师曰："诸兄弟各诣山门来，主人口如匾担相似，莫成相违负也无？久在众兄弟也未要怪讶著，若带参学眼，何烦久立？各自归堂。珍重。"师开方丈基，僧问："丈基已成，如何通信？"师曰："不可昧兄弟此问。"僧曰："不昧底事作么生？"师曰："青天白日。"问："学人初心，请师示个入路。"师遂侧掌示之曰："还会么？"僧曰："不会。"师曰："独掌不浪鸣。"问："如何是报恩家风？"师曰："也知阇梨入众日浅。"问："古人拈搥竖拂意如何？"师曰："报恩截舌有分。"僧曰："为什么如此？"师曰："屈著作么？"

问："如何是文殊剑？"师曰："不知。"僧曰："只如一剑下活得底人作么生？"师曰："山僧只管二时斋粥。"问："如何是触目菩提？"师曰："背后是什么立地？"僧曰："学人不会，乞师再

---

① "郡"，碛砂本作"部"。
② "丫"，丛刊本、大正本作"了"。
③ "达"，丛刊本、径山本、大正本作"幸"。

示。"师提拄杖曰:"汝不会,合吃多少拄杖?"问:"如何是具大惭愧底人?"师曰:"开口取合不得。"僧曰:"此人行履如何?"师曰:"逢茶即茶,遇饭即饭。"问:"如何是金刚一只箭?"师曰:"道什么?"其僧再问,师曰:"过新罗国去也。"问:"波腾鼎沸,起必全真。未审古人意如何?"师乃叱之。僧:"恁么即非次也。"师曰:"你话堕也。"① 又曰:"我话亦堕,汝作么生?"僧无对。问:"去却赏罚,如何是吹毛剑?"师曰:"延平属剑州。"僧曰:"恁么即丧身失命去也。"师曰:"钱塘江里潮。"

杭州倾心寺法瑫宗一禅师,上堂云:"大众,不待一句语便归堂去,还有绍继宗风分也无?还有人酬得此问么?若有人酬得去也,这里与诸人为怪笑。若酬不得去也,诸人与这里为怪笑。珍重。"问:"如何揲文甲切。实,免见虚头?"② 师曰:"汝问若当,众人尽鉴。"问:"恁么来皆不丈夫,只如不恁么来,还有绍继宗风分也无?"师曰:"出两头致一问来。"僧曰:"什么人辨得?"师曰:"波斯养儿。"问:"佛法去处,乞师全示。"师曰:"汝但全致一问来。"僧曰:"为什么却拈此问去?"师曰:"汝适来问什么?"僧曰:"若不遇于师,几成走作。"师曰:"贼去后关门。"问:"别传一句,如何分付?"师曰:"可惜许问。"僧曰:"恁么即别酬亦不当去也。"师曰:"也是闲辞。"问:"如何是不朝天子,不羡王侯底人?"师曰:"每日三条线,长年一衲衣。"僧曰:"未审此人还绍宗风也无?"师曰:"鹊来头上语,云向眼

---

① "话",原作"语",据径山本、大正本及下文改。
② "见",径山本作"得"。

前飞。"问："承古人有言：不断烦恼，此意如何？"师曰："又是发人业。"僧曰："如何得不发业？"师曰："你话堕也。"问："请去赏罚，如何是吹毛剑？"师曰："如法礼三拜。"师后住龙册寺归寂。

福州水陆院洪俨禅师，上堂，大众集定，师下座，捧香炉巡行大众前曰："供养十方诸佛。"便归丈室。僧问："离却百非兼四句，请师尽力为提纲。"师曰："落在什么处？"僧曰："恁么即人天有赖也。"① 师曰："莫将恶水浇泼人好。"

杭州灵隐山广严院咸泽禅师，初参保福展和尚。保福问曰："汝名什么？"曰："咸泽。"保福曰："忽遇枯涸者如何？"师云："谁是枯涸者？"保福曰："我是。"师曰："和尚莫谩人好。"保福曰："却是汝谩我。"师后承长庆印记，住广严道场。僧问："如何是觌面相呈事？"师下禅床曰："尊体起居万福。"问："不与万法为侣者是什么人？"师曰："城中青史楼，云外高峰塔。"问："如何是佛法大意？"师曰："幽涧泉清，高峰月白。"问："如何是广严家风？"师曰："一坞白云，三间茅屋。"僧曰："毕竟作么生？"师曰："既无维那，兼无典座。"问："如何是广严家风？"师曰："师子石前灵水响，鸡笼山上白猿啼。"

福州报慈院慧朗禅师，上堂曰："从上诸圣为一大事因缘，

---

① "也"，丛刊本、大正本无。

故出现于世，递相告报。是汝诸人还会么？若不会，大不容易。"僧问："如何是一大事？"师曰："莫错相告报么？"僧曰："恁么即学人不疑也。"师曰："争奈一翳在目何？"问："三世诸佛，尽是传语人。未审传什么人语？"师曰："听。"僧曰："未审是什么语？"师曰："你不是钟期。"问："如何是学人眼？"师曰："不可更撒沙。"

福州怡山长庆常慧禅师，僧问："王侯请命，法嗣怡山，锁口之言，请师不谬。"师曰："得。"僧曰："恁么即深领尊慈。"师曰："好与，莫钝置人！"问："不犯宗风，不伤物议，请师满口道。"师曰："今日岂不是开堂？"问："焰续雪峰，印传超觉，不违于物，不负于人，不在当头，即今何道？"师曰："违负即道。"僧曰："恁么即善副来言，浅深已辨。"师曰："也须识好恶。"

福州石佛院静禅师，上堂曰："若道素面相呈，犹添脂粉①，纵离添过，犹有负恁。诸人且作么生体悉？"僧问："学人欲见和尚本来师时如何？"师曰："洞上有言亲体取。"僧曰："恁么即不得见去也。"师曰："灼然，客路如天远，侯门似海深。"

处州翠峰从欣禅师，上堂曰："更不展席，珍重。"却问僧："还会么？"僧曰："不会。"师曰："将谓阇梨到百丈。"

---

① "粉"，原作"纷"，据丛刊本、碛砂本改。

福州枕峰观音院清换禅师，上堂曰："诸禅德，若要论禅说道，举唱宗风，只如当人分上，以一毛端里有无量诸佛转大法轮，于一尘中现宝王刹。佛说、众生说、山河大地一时说，未尝间断。如毗沙门王，始终未求外宝。既各有如是家风，阿谁欠少？不可更就别人取处分也。"僧问："如何是法界性？"师曰："汝身中有万象。"僧曰："如何体得？"师曰："不可谷里寻声，更求本末。"

福州东禅契讷禅师，上堂曰："未曾暂失，全体现前。恁么道，亦是分外。既恁么道不得，向兄弟前合作么生道？莫无道处不受道么？莫错会好。"僧问："如何是现前三昧？"师曰："何必更待道？"问："己事未明，乞师指示。"师曰："何不礼谢？"问："如何是东禅家风？"师曰："一人传虚，万人传实。"

福州长庆院弘辩妙果大师，一日上堂，于座侧立云："大众各归堂得也未？还会得么？若也未会得，山僧谩诸人去也。"遂乃升座。僧问："海众云臻，请师开方便门，示真实相。"师曰："这个是方便门。"僧曰："恁么即大众侧聆去也。"师曰："空侧聆作么？"问："超觉后焰，妙果传灯，去却语默动静，如何相示？"师曰："还解怪得么？"

福州东禅院可隆了空大师，初开堂，有僧问："远弃九峰丈室，来坐东禅道场，人天瞻仰于尊颜，愿赐一言而演说。"师曰："尧风千载，了空不昧于阇梨。"曰："恁么即人天有赖。"师曰：

"当不当?"问:"如何是道?"师曰:"正是道。"曰:"如何是道中人?"师曰:"分明向汝道。"师上堂曰:"大好省要,自不仙陀。若是听响之流,不如归堂向火。珍重。"问:"如何是普贤第一句?"师曰:"落第二句也。"

福州仙宗院守玭禅师,一日不上堂,大众入方丈参。师曰:"今夜与大众同请假,未审还给假也无?若未闻给假,即先言者负。珍重。"僧问:"十二时中常在底人,还消得人天供养也无?"师曰:"消不得。"僧曰:"为什么消不得?"师曰:"为汝常在。"僧曰:"只如常不在底人,还消得也无?"师曰:"驴年去。"僧问:"请师答无宾主话。"师曰:"向无宾主处问将来。"

抚州永安院怀烈净悟禅师,上堂众集,师顾视左右曰:"患聋作么?"便归方丈。又一日,上堂良久曰:"幸自可怜生,又被污却也。"又曰:"大众,正是著力处,莫容易。"僧问:"怡山亲闻一句,请师为学人道。"师曰:"向后莫错举似人。"

福州闽山令含禅师,初住永福院,上堂曰:"还恩恩满,赛愿愿圆。"便归方丈。僧问:"既到妙峰顶,谁人为伴侣?"①师曰:"到。"僧曰:"什么人为伴侣?"师曰:"吃茶去。"问:"明明不会,乞师指示。"师曰:"指示且置,作么生是你明明底事?"僧曰:"学人不会,再乞师指示。"师曰:"七棒十三。"

---

① "人为",原本作"为人",据丛刊本、大正本乙正。

新罗龟山和尚，有举："相国裴公休启建法会，问看经僧：'是什么经？'僧曰：'《无言童子经》。'公曰：'有几卷？'僧曰：'两卷。'公曰：'既是无言，为什么却有两卷？'僧无对。"师代曰："若论无言，非唯两卷。"

吉州龙须山资国院道殷禅师，僧问："如何是祖师西来意？"师曰："普通八年遭梁怪，直至如今不得雪。"问："千山万山，如何是龙须山？"师曰："千山万山。"僧曰："如何是山中人？"师曰："对面千里。"问："不落有无，请师道。"师曰："汝作么生问？"

福州祥光院澄静禅师，僧问："如何是道？"师曰："长安鼎沸。"僧曰："向上事如何？"师曰："谷声万籁起，松老五云披。"问："如何是和尚家风？"师曰："门下平章事，宫闱较几重。"

襄州鹫岭明远禅师，初参长庆。长庆问曰："汝名什么？"师曰："明远。"庆曰："那边事作么生？"师曰："明远退两步。"庆曰："汝无端退两步作么？"师无语。长庆代云："若不退步，争知明远？"师乃喻旨。师住后，僧问："无一法当前，应用无亏时如何？"师以手卓火，其僧因尔有悟。

杭州报慈院从瓌禅师，福州人也，姓陈氏。少投石梯出家，初住越州称心寺，后住兹院。僧问："古人有言：今人看古教，未免心中闹。欲免心中闹,应须看古教。如何是古教?"师曰:"如是我闻。"僧曰:"如何是心中闹?"师曰:"那畔雀儿声。"师开宝六年癸酉六月十四日辰时,沐浴易衣,告门人,付嘱讫,右胁而逝。

杭州龙华寺契盈广辩周智大师,本福州黄檗山受业,于长庆领旨。住后,僧问:"如何是龙华境?"师曰:"翠竹摇风,寒松锁月。"僧曰:"如何是境中人?"师曰:"切莫唐突。"问:"如何是三世诸佛道场?"师曰:"莫别瞻礼。"僧曰:"恁么则亘古亘今。"师曰:"是什么年中?"问:"如何是黄檗山主?"师曰:"谢仁者相访。"问:"如何是黄檗境?"师曰:"龙吟瀑布水,云起翠微峰。"

前杭州龙册寺道怤禅师法嗣

越州清化山师讷禅师,僧问:"十二时中,如何得不疑不惑去?"师曰:"好。"僧曰:"恁么则得遇于师也。"师曰:"珍重。"有僧来礼拜,师曰:"子亦善问,吾亦善答。"僧曰:"恁么则大众久立。"① 师曰:"抑逼大众作什么?"问:"去却赏罚,如何是吹毛剑?"师曰:"钱塘江里好渡船。"问:"如何是西来意?"师曰:"可杀新鲜。"

衢州南禅遇缘禅师,有俗士,时谓之"铁脚",忽因骑马,

---

① "则",丛刊本、大正本作"即"。

有僧问师："既是铁脚，为什么却骑马？"师曰："腰带不因遮腹痛，幞头岂是御天寒？"有俗官问："和尚恁后生，为什么却为尊宿？"师云："千岁只言朱顶鹤，朝生便是凤凰儿。"师有时云："此个事得恁难道？"有僧出曰："请师道。"师曰："睦州溪苔，锦军石耳。"

复州资福院智远禅师，福州连江人也。童蒙出家，诣峡山观音院法宣禅师落发受具。给侍勤恪，专于诵持。一日，宣禅师谓曰："观汝上根，堪任大事，何不遍参，而滞于此乎？"师遂礼辞，历诸方。至越州镜清，礼顺德大师，因问曰："如何是诸佛出身处？"顺德曰："大家要知。"师曰："斯则众眼难谩。"顺德曰："理能缚豹。"师因此发悟玄旨。

周显德三年丙辰，复州刺史率僚吏及缁黄千众，请师于资福院开堂说法时谓"东禅院"。僧问："师唱谁家曲，宗风嗣阿谁？"师曰："雪岭峰前月，镜湖波里明。"问："诸佛出世，天雨四华，地摇六动。和尚今日，有何祯祥？"师曰："一物不生全体露，目前光彩阿谁知？"问："如何是直示一句？"师曰："是什么？"师又曰："还会么？会去即今便了，不会尘沙算劫。只据诸贤分上，古佛心源，明露现前，匝天遍地，森罗万象，自己家风，佛与众生本无差别，涅槃生死，幻化所为。性地真常，不劳修证。"师又曰："要知此事，当阳显露，并无寸草盖覆，便承当取，最省心力。"师如是为众，涉于二十二载。太平兴国二年丁丑九月十六日，声钟辞众。至二十七日辰时，恬然坐化。寿八十三，腊六十三。

前漳州报恩院怀岳禅师法嗣

潭州妙济院师浩传心大师，曾住郴州香山。僧问："拟即第二头，不拟即第三首。如何是第一头？"师曰："收。"僧问："古人断臂，当为何事？"师曰："我宁可断臂。"问："如何是学人眼？"师曰："须知我好心。"问："如何是香山剑？"师曰："异。"僧曰："还露也无？"师曰："不忍见。"问："如何是松门第一句？"师曰："切不得错举。"问："如何是妙济家风？"师曰："左右人太多。"问："如何是佛法大意？"师曰："两口无一舌。"问："如何是香山一路？"师曰："滔滔地。"僧曰："到者如何？"师曰："息汝平生。"问："如何是世尊密语？"师曰："阿难亦不知。"僧曰："为什么不知？"师曰："莫非仙陀。"问："如何是香山宝？"师曰："碧眼胡人不敢定。"僧曰："露者如何？"师曰："龙王捧不起。"因僧举"圣僧塑像被虎咬"，乃问师："既是圣僧，为什么被大虫咬？"师曰："疑杀天下人。"问："如何是无惭愧底人？"师曰："阇梨合吃棒。"

前福州鼓山神晏国师法嗣

杭州天竺山子仪心印水月大师，温州乐清县人也，姓陈氏。初游方，谒鼓山，因问曰："子仪三千里外，远投法席，今日非时上来，乞师非时答话。"鼓山曰："不可钝置仁者。"师曰："省力处如何？"鼓山曰："汝何费力？"师自此承言领旨，便往浙中。

钱忠懿王聆其道誉，命开法于罗汉①、光福二道场，海众臻凑。

师上堂示众曰："久立，大众。更待什么？不辞展拓，却恐误于禅德，转迷归路。时寒，珍重。"僧问："如何是从上来事？"师曰："住。"僧曰："如何荐？"师曰："可惜龙头，翻成蛇尾。"有僧礼拜起，将问话，师曰："如何且置？"其僧乃问："只如兴圣之子，还有相亲分也无？"师曰："只待局终，不知柯烂。"问："如何是维摩默？"师曰："谤。"僧曰："文殊因何赞？"师曰："同案领过。"僧曰："维摩又如何？"师曰："头上三尺巾，手里一枝拂。"问："如何是诸佛出身处？"师曰："大洋海里一星火。"僧曰："学人不会。"师曰："烧尽鱼龙。"问："丹霞烧木佛，意旨如何？"师曰："寒即围炉向猛火。"僧曰："还有过也无？"师曰："热即竹林溪畔坐。"

问："如何是法界义宗？"师曰："九月九日浙江潮。"问："诸余即不问，如何是光福门下超毗卢、越释迦底人？"师曰："诸余奉纳。"僧曰："恁么即平生庆幸去也。"师曰："庆幸事作么生？"其僧罔措，师喝之。师将下堂，僧问："下堂一句，乞师分付。"师曰："携履已归西国去，此山空有老猿啼。"问："鼓山有掣鼓夺旗之说，师且如何？"师曰："败将不忍诛。"僧曰："或遇良将又如何？"师曰："念子孤魂，赐汝三奠。"问："世尊入灭，当归何所？"师曰："鹤林空变色，真归无所归。"僧曰："夫子必定何之？"师曰："朱实殒劲风，繁英落素秋。"僧曰："我师将来，复归何所？"师曰："子今欲识吾归处，东西南北柳成丝。"

---

① "于"，原作"宇"，据径山本、大正本改。

问："如何修行，即得与道相应？"师曰："高卷吟中箔，浓煎睡后茶。"师回故里，雍熙三年示灭。门人阇维，收舍利建塔。

建州白云智作真寂禅师，永贞人也，姓朱氏。容若梵僧，礼鼓山国师披剃，二十四具戒。一日，鼓山上堂，召大众，众皆回眸。鼓山披襟示之，众罔措。唯师朗悟厥旨，入室印证。又参次，鼓山召令近前，问曰："南泉唤院主意作么生？"师敛手端容，退立而已，鼓山莞然奇之。自尔游吴楚，却复闽川。初住南峰，次住建州白云院。

师上堂曰："还有人向宗乘中致得一问么？待山僧向宗乘中答。"时有僧礼拜才起，师便归方丈。问："如何是枯木里龙吟？"师曰："火里莲生。"僧曰："如何是髑髅里眼睛？"师曰："泥牛入水。"问："如何是主中主？"师曰："汝还具眼么？"僧曰："恁么则学人归堂去也。"① 师曰："猢狲入布袋。"问："如何是延平津？"师曰："万古水溶溶。"僧曰："如何是延平剑？"师曰："速须退步。"僧曰："未审津与剑，是同是异？"师曰："可惜这汉。"②

乾祐二年己酉，江南国主李氏延居奉先，赐紫衣、师名。上堂升坐，众咸侧聆，师曰："相谩去也，还知得么？可不闻昔日灵山多少士众，只道迦叶亲闻。今日叨奉恩命，俾扬宗教，不可异于灵山也。既不异灵山，诸仁者作么生相体悉？也莫泥他古今，但彼此著些精彩。大家验看，是什么？"僧问："灵山一会，

---

① "则"，丛刊本、大正本作"即"。
② "这汉"，丛刊本作"许汉"，大正本作"许"。

不异而今。未审亲闻底事如何？"师曰："更举。"曰："恁么即人天有赖。"师曰："阇梨且作么生？"问："贤王请命，大展法筵，祖师西来①，如何指示？"师曰："分明记取。"曰："终不敢辜负和尚。"② 师曰："也未在。"僧问："如何是奉先境？"师曰："一任观看。"僧曰："如何是境中人？"师曰："莫无礼。"问："如何是奉先家风？"师曰："即今在什么处？"僧曰："恁么即大众有赖也。"师曰："关汝什么事？"问："如何是为人一句？"师曰："不是奉先道不得。"

鼓山智严了觉大师，第二世住。师上堂曰："多言复多语，由来返相误。珍重。"僧问："石门之句即不敢问，请师方便。"师曰："问取露柱。"问："国王出世三边静，法王出世有何恩？"师曰："还会么？"僧曰："幸遇明朝，辄伸呈献。"师曰："吐却著。"僧曰："若不礼拜，几成无孔铁锤。"师曰："何异无孔铁锤？"

福州龙山智嵩妙空大师，师上堂曰："幸自分明，须作这个节目作么？到这里便成节目，便成增语，便成尘坫。未有如许多时作么生？"僧问："古佛化导，今祖重兴。人天辐凑于禅庭，至理若为于开示？"师曰："亦不敢辜负大众。"僧曰："恁么即人天不谬殷勤请，顿使凡心作佛心。"师曰："仁者作么生？"僧曰："退身礼拜，随众上下。"师曰："我识得汝也。"

---

① "师"，丛刊本、大正本作"嗣"。
② "辜"，丛刊本、大正本作"孤"，下同。

泉州凤凰山疆禅师,① 僧问:"灯传鼓峤,道霸温陵。不跨石门,请师通信。"师曰:"若不是今日,拦胸撞出。"僧曰:"恁么即今日亲闻师子吼,他时终作凤凰儿。"师曰:"又向这里涂污人。"问:"白浪滔天境,何人住太虚?"师曰:"静夜思尧鼓,回头闻舜琴。"

福州龙山文义禅师,上堂曰:"若举宗乘,即院寂径荒。若留委问,更待个什么?还有人委么?出来验看。若无人委,莫略虚好。"僧问:"如何是人王?"② 师曰:"威风人尽惧。"僧曰:"如何是法王?"师曰:"一句令当行。"僧曰:"二王还分不分?"师曰:"适来道什么?"

福州鼓山智岳了宗大师,福州人也。初游方,至鄂州黄龙。问曰:"久向黄龙,到来只见赤班蛇。"③ 黄龙曰:"汝只见赤班蛇,且不识黄龙。"师曰:"如何是?"黄龙曰:"滔滔地。"师曰:"忽遇金翅鸟来,又作么生?"曰:"性命难存。"师曰:"恁么即被他吞却也。"曰:"谢阇梨供养。"师当下未省觉。寻回受业山,礼觐国师和尚,启发微旨,而后次补山门,为第三世。上堂曰:"我若全举宗乘,汝向什么处领会?所以向汝道:古今常露,体用无妨。"僧问:"诸余即不问,如何是诞生王种?"师曰:

---

① "疆",丛刊本作"强"。
② "何",原缺,据丛刊本、大正本补。
③ "班",大正本作"斑"。下同。

"金枝玉叶不相似是作么生?"僧曰:"恁么即同中不得异。"师曰:"不得异事作么生?"僧曰:"金枝争能续?"师曰:"犹是阃外之辞。"问:"虚空还解作用也无?"师拈起拄杖曰:"这个师僧,好打。"僧无语。

襄州定慧和尚,僧问:"如何是佛向上事?"师曰:"无人不惊。"僧曰:"学人未委在。"师曰:"不妨难向。"问:"不借时机用,如何话祖宗?"师曰:"阇梨还具惭愧么?"僧便喝,师无语。

福州鼓山清谔宗晓禅师,得法于受业和尚,鼓山第四世住。问:"亡僧迁化,向什么处去也?"师曰:"时寒不出手。"

金陵净德道场冲煦慧悟禅师,福州人也,姓和氏。幼不染薰血①,自誓出家。登鼓山剃度,得法受记。年二十四,于洪州丰城为众开演,时谓"小长老"。周显德中,江南国主延住光睦。僧问:"如何是大道?"师曰:"我无小径。"曰:"如何是小径?"师曰:"我不知有大道。"师次住庐山开先,后居净德,并聚徒说法。开宝八年归寂。

金陵报恩院清护禅师,福州长乐人也,姓陈氏。六岁辞亲,礼鼓山披削,十五纳戒。于国师言下,发明真趣。暨国师圆寂,

---

① "薰",径山本、大正本作"荤"。

乃之建州白云，闽帅王氏奏赐紫，号"崇因大师"。晋天福八年，金陵兴师入建城，时统军查文徽至院①，师出延接。查问曰："此中相见时如何？"师曰："恼乱将军。"查后请师归金陵，国主命居长庆院摄众。

　　周显德初，退归建州卓庵。时节度使陈诲创显亲报恩禅苑，坚请住持。开堂日，僧问："诸佛出世，天华乱坠。未审和尚出世，有何祥瑞？"师曰："昨日新雷发，今朝细雨飞。"问："如何是诸佛玄旨？"师曰："草鞋木履。"开宝三年五月，江南后主再请入住报恩、净德二道场，来往说法，改号"妙行禅师"。当年十一月示疾，预辞国主。二十日平旦，声钟召大众，嘱付讫，俨然坐亡。寿五十有五，腊四十。国主厚礼荼毗，收舍利三百余粒，并灵骨归葬于建州鸡足山卧云院，建塔。师风神清洒，操行孤标，二十年不服绵绢，唯衣纸布。辞藻札翰，并皆冠众。五处语要、偈颂，别行于世。

---

① "文"，原作"元"，据大正本改。

景德传灯录卷第二十二

　　　吉州清原山行思禅师第七世①
　　　杭州龙华寺灵照禅师法嗣七人见录
　　　　　台州瑞岩师进禅师
　　　　　台州六通院志球禅师
　　　　　杭州云龙院归禅师
　　　　　杭州余杭功臣院道闲禅师
　　　　　衢州镇境遇缘禅师
　　　　　福州报国院照禅师
　　　　　台州白云逈禅师
　　　明州翠岩令参禅师法嗣二人见录
　　　　　杭州龙册寺子兴禅师
　　　　　温州佛㠘知默禅师
　　　福州安国院弘瑫禅师法嗣九人见录
　　　　　福州白鹿师贵禅师
　　　　　福州罗山义聪禅师

---

①　"世"下，径山本、大正本有"中"。

福州安国从贵禅师

福州怡山藏用禅师

福州永隆彦端禅师

福州林阳志端禅师

福州兴圣满禅师

福州仙宗明禅师

福州安国祥和尚

漳州保福院从展禅师法嗣二十五人—十九人见录

泉州招庆省僜禅师①

漳州保福可俦禅师

舒州白水如新禅师

洪州漳江慧廉禅师

福州报慈文钦禅师

泉州万安清运禅师

漳州报恩熙禅师

泉州凤凰山从琛禅师

福州永隆瀛和尚

洪州清泉山守清禅师

漳州报恩院行崇禅师

潭州岳麓和尚

朗州德山德海禅师

泉州后昭庆和尚

---

① "招",大正本作"昭"。

朗州梁山简禅师

洪州建山澄禅师

福州康山契稳禅师

潭州延寿慧轮大师

泉州西明琛禅师

  福州升山柔禅师、福州枕峰和尚、朗州法操禅师、襄州鹫岭和尚、睦州敬连和尚、潭州谷山句禅师　已上六人无机缘语句，不录

南岳金轮观禅师法嗣一人见录

  后衡岳金轮和尚

泉州睡龙山道溥禅师法嗣一人见录

  漳州保福院清豁禅师

韶州云门山文偃禅师法嗣六十一人二十五人见录，三十五人见第二十三卷

  韶州白云祥和尚

  朗州德山缘密禅师

  潭州南台道遵禅师

  韶州双峰山竟钦和尚

  韶州资福和尚

  广州黄云元禅师

  广州龙境伦禅师

  韶州云门爽禅师

  韶州白云闻和尚

  韶州披云智寂禅师

韶州净法章和尚

韶州温门山满禅师

岳州巴陵颢鉴大师

连州地藏慧慈大师

英州大容诨禅师

广州罗山崇禅师

韶州云门宝禅师

郢州临溪竟脱和尚

广州华严慧禅师

韶州舜峰韶和尚

随州双泉师宽禅师①

英州观音和尚

韶州林泉和尚

韶州云门煦和尚

益州香林澄远禅师

行思禅师第七世②
前杭州龙华寺灵照禅师法嗣

台州瑞岩师进禅师，师上堂，大众立久。师曰："愧诸禅德，已省提持。若是徇声听响，不如归堂向火。珍重。"僧问："如何是瑞岩境？"师云："重重迭嶂南来远，北向皇都咫尺间。"僧曰："如何是境中人？"师曰："万里白云朝瑞岳，微微细雨洒帘前。"

---

① "泉"，丛刊本作"峰"。
② "第七世"下，大正本有"中"。

僧曰："未审如何亲近此人？"师曰："将谓阇梨亲入室，元来犹隔万重关。"

台州六通院志球禅师，僧问："全身佩剑时如何？"师曰："落。"僧曰："当者如何？"师曰："熏天炙地。"问："如何是六通境？"师曰："满目江山一任看。"僧曰："如何是境中人？"师曰："古今自去来。"僧曰："离二途，还有向上事也无？"师曰："有。"僧曰："如何是向上事？"师曰："云水千徒与万徒。"问："拥毳玄徒，请师指示。"师曰："红垆不坠雁门关①。"僧曰："如何是红垆不坠雁门关？"师曰："青霄岂恪众人攀？"僧曰："还有不知者也无？"师曰："有。"僧曰："如何是不知者？"师曰："金榜上无名。"问："如何是和尚家风？"师曰："万家明月朗。"问："如何是第二月？"师曰："山河大地。"

杭州云龙院归禅师，僧问："久战沙场，为什么功名不就？"师曰："过在遮边。"僧曰："还有进处也无？"师曰："冰消瓦解。"

杭州余杭功臣院道闲禅师，僧问："如何是功臣家风？"师曰："俗人东畔立，僧众在西边。"问："如何是学人自己？"师曰："如汝与我。"僧曰："恁么即无二去也。"师曰："十万八千。"

---

① "垆"，丛刊本、东寺本作"炉"，下同。

衢州镇境遇缘禅师，僧问："众手淘金，谁是得者？"师曰："溪畔披砂徒自困，家中有宝速须还。"僧曰："怎么即始终不从人得去也。"师曰："饶君便有擎山力，未免肩头有担胝。"

福州报国院照禅师，师上堂曰："我若全机，汝向什么处摸索？盖为根器不等，便成不具惭愧。还委得么？如今与诸仁者作个入底门路。"乃敲绳床两下云："还见么？还闻么？若见便见，若闻便闻。莫向意识里卜度，却成妄想颠倒，无有出期。珍重。"因佛塔被雷霹，有人问："祖佛塔庙，为什么却被雷霹？"师曰："通天作用。"僧曰："既是通天作用，为什么却霹佛？"师曰："作用何处见有佛？"僧曰："争奈狼籍何？"师曰："见什么？"

台州白云遁禅师，僧问："荆山有玉非为宝，囊内真金赐一言。"师曰："我家贫。"僧曰："慈悲何在？"师曰："空惭道者名。"

前明州翠岩令参禅师法嗣①

杭州龙册寺子兴明悟大师，僧问："正位中还有人成佛否？"师曰："谁是众生？"僧曰："若怎么即总成佛去也。"师曰："还我正位来。"僧曰："如何是正位？"师曰："汝是众生。"问："如何是无价珍？"师曰："卞和空抱璞。"僧曰："忽遇楚王，还进也无？"师曰："凡圣相继续。"问："古人拈布毛意作么生？"

---

① "参"，原作"慘"，据卷十八、本卷目录改。

师曰："阇梨举不全。"僧曰："如何举得？"师乃拈起袈裟。

温州云山佛嶴院知默禅师，第二世住。师上堂曰："山僧如今看见诸上坐怎么行脚，吃辛吃苦，盘山涉涧，终不为观看州县，参寻名山圣迹，莫非为此一大事。如今且要诸人于本参中通个消息来，云山敢与证明。非但云山证明，乃至禅林、佛刹亦与证明。"僧问："如何是佛嶴家风？"师曰："送客不离三步内，邀宾只在草堂前。"

前福州安国院弘瑫明真大师法嗣

福州白鹿师贵禅师，开堂日，有僧问："西峡一派，不异马头。白鹿千峰，何似鸡足？"师曰："大众一时验看。"问："如何是白鹿家风？"师曰："向汝道什么？"僧曰："恁么即学人知时去也。"师曰："知时底人，合到什么田地？"僧曰："不可更喃喃地。"师曰："放过即不可。"问："牛头未见四祖时，百鸟衔华供养①，见后为什么不来？"师曰："曙色未分人尽望，及乎天晓也如常。"

福州罗山义聪禅师，师上堂，大众立久，师曰："若有分付处，罗山即不具眼；若无分付处，即劳而无功。所以维摩昔日对文殊，且道如今会也无？"僧问："如何是出窟师子？"师曰："什么处不震裂？"僧曰："作何音响？"师曰："聋者不闻。"问：

---

① "华"，东寺本作"花"。

"手指天地,唯我独尊,为什么却被傍者责?"师曰:"谓言胡须赤。"僧曰:"只如傍者有什么长处?"师曰:"路见不平,所以按剑。"

福州安国院从贵禅师,僧问:"禅宫大敞,法众云臻,向上一路,请师决择。"师曰:"素非时流。"师有时上堂示众云:"禅之与道,拈向一边著;佛之与祖,是什么破草鞋?恁么告报,莫屈著诸人么?若道屈著,即且行脚去;若道不屈著,也须合取口始得。珍重。"又有时上堂曰:"直是不遇梁朝,安国也谩不过。珍重。"僧问:"请师举唱宗乘。"师曰:"今日打禾,明日搬柴。"问:"牛头未见四祖时如何?"师曰:"香炉对绳床。"僧曰:"见后如何?"师曰:"门扇对露柱。"问:"如何是和尚家风?"师曰:"若问家风,即答家风。"僧曰:"学人不问家风时作么生?"师曰:"胡来汉去。"问:"诸余即不问,省要处乞师一言。"师曰:"还得省要么?"师下堂曰:"纯陀献供。珍重。"

福州怡山长庆藏用禅师,师上堂,众集,师以扇子抛向地上曰:"愚人谓金是土,智者作么生?后生可畏,不可总守愚去也。还有么?出来道看。"时有僧出礼拜,退后而立。师曰:"别更作么生?"僧曰:"和尚明鉴。"师曰:"千年桃核。"问:"如何是伽蓝?"师曰:"长溪莆田。"僧曰:"如何是伽蓝中人?"师曰:"新罗白水。"问:"如何是灵泉正主?"师曰:"南山北山。"问:

"如何是和尚家风？"师曰："斋前厨蒸南国饭①，午后垆煎北苑茶。"问："法身还受苦也无？"师曰："地狱岂是天堂？"僧曰："恁么即受苦去也。"师曰："有什么罪过？"

福州永隆院彦端禅师，师上堂，大众云集，师从座起作舞，谓大众曰："会么？"众曰："不会。"师曰："山僧不舍道法而现凡夫事，作么生不会？"问："本自圆成，为什么却分明晦？"师曰："汝自检责看。"

福州林阳山瑞峰院志端禅师，福州人也。依本部南涧寺受业，年二十四，谒明真大师。一日，有僧问："如何是万象之中独露身？"明真举一指，其僧不荐，师于是冥契玄旨。乃入室白曰："适来那僧问话，志端今有省处。"明真曰："汝见什么道理？"师亦举一指曰："遮个是什么？"明真甚然之。

师上堂，举拂子云："曹溪用不尽底，时人唤作头角生，山僧拈来拂蚊子，荐得乾坤陷落。"问："如何是西来意？"师曰："木马走似烟，石人趁不及。"问："如何是禅？"师曰："今年旱去年。"僧曰："如何是道？"师曰："冬田半折耗。"问："如何是学人自己？"师便与一踏，僧作接势，师便与一掴，僧无对。师曰："赚杀人。"问："如何是迥绝人烟处佛法？"师曰："巅山峭峙碧芬芳。"僧曰："怎么即一真之理，华野不殊。"师曰："不是遮个道理。"问："如何是佛法大意？"师曰："竹箸一文一

---

① "国"，原作"白"，据南藏本、径山本改。

双。"有僧夜参,师曰:"阿谁?"僧曰:"某甲。"师曰:"泉州沙糖,舶上槟榔。"僧良久,师曰:"会么?"僧曰:"不会。"师曰:"你若会,即廓清五蕴,吞尽十方。"

师开宝元年八月内遗偈曰:"年来二月二①,别汝暂相弃。爇灰散四林,勿占檀那地。"此偈因侍者传于外,四众咸写而记之。至明年正月二十八日,州民竞入山瞻礼,师身无恙,参问如常。至二月一日,州主率诸官同至山,侦伺经宵,院中如市。二日,师斋罢,上堂辞众。时有圆应长老出众作礼,问曰:"云愁雾惨,大众鸣呼,请赐一言②,未在告别。"师垂一足,应曰:"法镜不临于此土,宝月又照于何方?"师曰:"非君境界。"应曰:"怎么即沤生沤灭还归水,师去师来是本常。"师作嘘声。复有僧问数则语,师皆酬答,然后下座,归方丈。安坐至亥时,问众曰:"世尊灭度,是何时节?"众曰:"二月十五日子时。"师曰:"吾今日子时前。"③ 言讫长往。

福州兴圣满禅师,师上堂曰:"觌面分付,不待文宣,具眼投机,唤作参玄上士。若能如此,所以宗风不坠。"僧问:"昔日灵山会里,今朝兴圣筵中④,和尚亲传,如何举唱?"师曰:"欠汝一问。"

福州仙宗院明禅师,师上堂曰:"幸有如是门风,何不烜赫

---

① "年来",东寺本作"来年"。
② "赐",碛砂本、大正本作"师"。
③ "子",原作"前",据大正本改。
④ "朝",碛砂本、南藏本作"日"。

地绍续取去?若也绍得,不在三界。若出三界,即坏三界;若在三界,即碍三界。不碍不坏,是出三界,是不出三界?怎么彻去,堪为佛法种子,人天有赖。"有僧问:"擎云不假风雷便,迅浪如何透得身?"师曰:"何得弃本逐末?"

福州安国院祥和尚,师上堂,顷间乃失声云:"大是无端!虽然如此,事不得已。于中若有未觏者,更开方便。还会么?"僧问:"不涉方便,乞师垂慈。"师曰:"汝问我答是方便。"问:"应物现形如水中月,如何是月?"师提起拂子。僧曰:"古人为什么道水月无形?"师曰:"见什么?"问:"如何是宗乘中事?"师曰:"淮军散后。"问:"如何是和尚家风?"师曰:"众眼难谩。"

前漳州保福院从展禅师法嗣

泉州招庆院省僜净修大师,师初参保福,问答冥符。一日,保福入大殿睹佛像,乃举手问师曰:"佛怎么意作么生?"师对曰:"和尚也是横身。"曰:"一橛我自收取。"师曰:"和尚非唯横身。"保福然之。

后住招庆。初开堂升坐,少顷曰:"大众,向后到处遇道伴,作么生举似他?若有人举得,试对众举看。若举得,免孤负上祖①,亦免埋没后来。古人道:通心君子,文外相见。还有遮个人么?况是曹溪门下子孙,合作么生理论?合作么生提唱?"僧

---

① "孤",东寺本作"辜"。

问："昔日觉城东际，象王回旋；今日闽岭南方，如何提接？"师曰："会么？"曰："恁么即一机启处，四句难追。未委从上宗门，成得什么边事？"师曰："退后礼拜，随众上下。"问："全提不到，请师商量。"师曰："拊掌得么？"僧曰："恁么即领会去也。"师曰："莫错。"问："如何得不伤于己，不负于人？"师曰："莫屈著汝遮问么？"僧曰："恁么上来，已蒙师指也。"师曰："汝又屈著我作么？"问："当锋一句请师道。"师曰："嘎。"僧再问，师曰："瞌睡汉。"

师问僧："离什么处？"曰："报恩。"师曰："僧堂大小？"曰："和尚试道看。"师曰："何不待问？"问："学人全身不会，请师指示。"师曰："还解笑得么？"师又曰："丛林先达者，不敢相触忤。若是初心后学，未信直须信取，未省直须省取，不受略虚①。诸人本分去处，未有一时不显露，未有一物解盖覆得。如今若要知不用移丝发地，不用少许功夫，但向博地位中承当取，岂不省心力？既能省得，便与诸佛齐肩，依而行之。缘此事是个白净去处，今日须得白净身心合他始得，自然合古合今，脱生离死。古人云：识心达本，解无为法，方号沙门。如今诸官大众，各须体取好，莫全推过师僧分上。佛法平等，上至诸佛，下至一切，共同此事。既然如此，谁有谁无？勤王之外，亦须努力。适来说如许多般，盖不得已而已，莫道从上宗门，合恁么语话。只如从上宗门合作么生？还相悉么？若有人相悉，山僧今日得雪去也。久立大众，珍重。"

---

① "略"，大正本作"掠"。

漳州保福院可俦明辩大师，僧问："如何是和尚家风？"师曰："云在青天水在瓶。"问："如何是吹毛剑？"师曰："瞥落也。"僧曰："还用也无？"师曰："莫鬼语。"

舒州白水海会院如新禅师，师上堂，良久乃曰："礼烦即乱。"僧问："从上宗乘，如何举唱？"师曰："转见孤独。"僧曰："亲切处乞师一言。"师曰："不得雪也听他。"问："如何是迦叶顿领底事？"师曰："汝若领得，我即不恡。"僧："恁么即不烦于师去也。"师曰："又须著棒，争得不烦？"僧问："古人横说竖说，犹未知向上一关棙子①。如何是向上一关棙子？"师曰："赖遇娘生臂短。"问："如何是祖师意？"师曰："要道何难？"僧曰："便请师道。"师曰："将谓灵利，又不仙陀。"问："羚羊挂角时如何？"师曰："恁么来，又恁么去。"僧曰："为什么如此？"师曰："只见好笑，不知为什么如此。"

洪州漳江慧廉禅师，师初开堂，有僧问："昔日梵王请佛，盖为奉法之心；今日朱紫临筵，未审师如何拯济？"师曰："别不施行。"僧曰："为什么不施行？"师曰："什么处去来？"问："师登宝座，曲为今时，四众攀瞻，请师接引。"师曰："什么处屈汝？"僧曰："恁么即垂慈方便路②，直下不孤人也。"师曰："也须收取好。"问："如何是漳江境？"师曰："地藏皱眉。"曰："如何是境中人？"师曰："普贤掺袂。"问："如何是漳江水？"

---

① "棙"，大正本作"椊"，下同。
② "路"，丛刊本无，"直下"上，丛刊本有"即"。

师曰:"苦。"问:"如何是漳江第一句?"师曰:"到别处不得错举。"

福州报慈院文钦禅师,问:"如何是诸佛境?"师曰:"雨来云雾暗,晴乾日月明。"问:"如何是妙觉明心?"师曰:"今冬好晚稻,出自秋雨成。"问:"如何是妙用河沙?"① 师曰:"云生碧岫,雨降青天。"问:"如何是平常心合道?"师曰:"吃茶吃饭随时过,看水看山实畅情。"

泉州万安院清运资化禅师,僧问:"龙溪一派,晋水分灯,万安临筵,如何指示?"师曰:"作么生折合?"僧曰:"未审师还许也无?"师曰:"更作么生?"僧曰:"昔日龙溪密旨,今朝万安显扬。人天侧聆,愿垂开演。"师曰:"还闻么?"僧曰:"恁么即五众已蒙师指的,不异城东十眼开。"师曰:"五众且置,仁者作么生?"问:"久处幽冥,全身不会,乞师指示。"师曰:"莫屈著汝问么?"曰:"恁么即礼拜,随众上下,师还许也无?"② 师曰:"静处萨婆诃。"问:"诸佛出世,震动乾坤,和尚出世,未审如何?"师曰:"向汝恁么道。"僧曰:"恁么即不异诸圣去也。"师曰:"莫乱道。"问:"如何是万安家风?"师曰:"苔羹仓米饭。"僧曰:"忽遇上客来,将何祇待?"师曰:"饭后三巡茶。"问:"如何是万安境?"师曰:"一塔松萝望海清。"

---

① "妙用河沙",大正本作"妙觉闻心"。
② "师"下,原有"曰",据碛砂本、大正本删。

漳州报恩院道熙禅师， 初与保福送书往泉州王太尉处，太尉问："漳南和尚近日还为人也无？"师曰："若道为人，即屈著和尚；若道不为人，又屈著太尉来问。"太尉曰："道取一句，待铁牛能啮草，木马解含烟。"师曰："某甲惜口吃饭。"① 太尉良久，又问："驴来马来？"师曰："驴马不同途。"太尉曰："争得到遮里？"师曰："特谢太尉领话。"② 僧问："名言妙句即不问，请师真实。"师曰："不阻来意。"

泉州凤凰山从琛洪忍禅师， 问："如何是和尚家风？"师曰："门风相似，即无阻矣。学人不是其人。"僧曰："忽遇恁么人时如何？"师曰："不可预搔而待痒。"问："学人根思迟回，方便门中，乞师傍瞥。"师曰："傍瞥。"僧曰："深领师旨，安敢言乎？"师曰："太多也。"师有时上堂，有僧出来礼拜，退后立。师曰："我不如汝。"僧应诺，师曰："无人处放下著。"问："昔日灵山会上，佛以一音演说。今日请师一音演说。"师良久。僧曰："恁么即大众顿息疑网去也。"师曰："莫涂污大众好。"问："诸佛皆以大事因缘故，出现于世。未审和尚如何拯济？"师曰："大好风凉。"问："如何是学人自己事？"师曰："暗算流年事可知。"问："如何是凤凰境？"师曰："雪夜观明月。"问："如何是西来意？"师曰："作人丑差。"僧曰："为人何在？"师曰："莫屈著汝么？"

---

① "惜"，大正本、碛砂本作"借"。
② "特"，丛刊本无。

福州永隆院瀛和尚明慧禅师，师上堂曰："谓言侵早起，更有夜行人。似即似，是即不是。珍重。"问："无为无事人，为什么却是金锁难？"师曰："为断粗纤，贵重难留。"曰："为什么道无为无事人，逍遥实快乐？"师曰："为闹乱，且要断送。"有僧参，师曰："不要得许多般数，速道，速道！"僧无对。师有时示众曰："日出卯，用处不须生善巧。"问："如何进向，得达本源？"师曰："依而行之。"

洪州清泉山守清禅师，福州闽县人也，姓林氏，出家于岩背山。悟心之后，受请居清泉，玄侣臻集。问："如何是佛？"师曰："问。"僧曰："如何是祖？"师曰："答。"僧问："和尚见古人得个什么，便住此山？"师曰："情知汝不肯。"僧曰："争知某甲不肯？"师曰："鉴貌辨色。"问："亲切处乞师一言。"师曰："莫过此。"问："古人面壁为何事？"师曰："屈。"曰："怎么即省心力。"师曰："何处有怎么人？"①问："诸余即不问，如何是向上事？"师曰："消汝三拜，不消汝三拜？"

漳州报恩院行崇禅师，问："如何是佛法大意？"师曰："碓捣磨磨。"问："曹溪一路，请师举扬。"师曰："莫屈著曹溪么？"曰："怎么即群生有赖。"师曰："汝也是老鼠吃盐。"问："不涉公私，如何言论？"师曰："吃茶去。"问："丹霞烧木佛，意作么生？"师曰："时寒烧火向。"曰："翠微迎罗汉，意作么

---

① "人"，丛刊本作"来"。

生？"师曰："别是一家春。"

潭州岳麓山和尚，师上堂良久，谓众曰："昔日毗卢，今朝岳麓。珍重。"问："如何是声色外句？"师曰："猿啼鸟叫。"问："师唱谁家曲，宗风嗣阿谁？"师曰："五音六律。"问："截舌之句，请师举扬。"师曰："日能热，月能凉。"

朗州德山德海禅师，僧问："灵山一会，何人得闻？"师曰："阇梨得闻。"曰："未审灵山说个什么？"师曰："即阇梨会。"问："如何是该天括地句？"师曰："千界摇动。"问："从上宗乘，以何为验？"师曰："从上且置，即今作么生验？"曰："大众总见。"师曰："话堕也。"问："如何是祖师西来意？"师曰："擘。"

泉州后招庆和尚，问："末后一句，请师商量。"师曰："尘中人自老，天际月常明。"问："如何是和尚家风？"师曰："一瓶兼一钵，到处是生涯。"问："如何是佛法大意？"师曰："扰扰匆匆，晨鸡暮钟。"

朗州梁山简禅师，师问新到僧："什么处来？"曰："药山来。"师曰："还将得药来么？"僧曰："和尚住山不错。"

洪州高安县建山澄禅师，开堂日，有僧问："牧长请命，和尚如何举扬宗教？"师曰："还闻么？"僧曰："恁么即大众有赖。"师曰:"还是不闻。"问:"如何是法王剑?"师曰:"可惜许。"曰:"如何是人王剑?"师曰:"尘埋床下履,风动架头巾。"问:"一代时教,接引今时,未审祖宗如何示人?"师曰:"一代时教已有人问了也。"曰:"和尚如何示人?"师曰:"惆怅庭前红苋树,年年生叶不生华。"问:"故岁已去,新岁到来,还有不受岁者无?"师曰:"作么生?"僧曰:"恁么即不受岁也。"师曰:"城上已吹新岁角,窗前犹点旧年灯。"僧曰:"如何是旧年灯?"师曰:"腊月三十日。"

福州康山契稳法宝大师,初开堂,有僧问:"威音王已后,次第相承,未审师今一会,法嗣何方?"师曰:"象骨举手,龙溪点头。"问:"圆明湛寂非师旨,学人因底却不明?"① 师曰:"辨得未?"僧曰:"恁么即识性无根去也。"师曰:"隔靴搔痒。"

潭州延寿寺慧轮大师,僧问:"宝剑未出匣时如何?"师曰:"不在外。"曰:"出匣后如何?"师曰:"不在内。"问:"如何是一色?"师曰:"青黄赤白。"曰:"大好一色。"师曰:"将谓无人,也有一个半个。"

泉州西明院琛禅师,僧问:"如何是和尚家风?"师曰:"竹箸瓦碗。"僧曰:"忽遇上客来时,如何祇待?"师曰:"黄虀仓米饭。"问:"如何是祖师西来意?"师曰:"问取露柱看。"

---

① "因",径山本作"困"。

前南岳金轮可观禅师法嗣

后南岳金轮和尚，僧问："如何是金轮第一句？"师曰："钝汉。"问："如何是金轮一只箭？"师曰："过也。"曰："临机一箭，谁是当者？"师曰："倒也。"

前泉州睡龙山道溥禅师法嗣

漳州保福院清豁禅师，福州永泰人也。少而聪敏，礼鼓山兴圣国师落发禀具。初谒大章山契如庵主，有语句①，如"庵主章"出焉。后参睡龙。睡龙一日问曰："豁阇梨，见何尊宿来？还悟也未？"曰："清豁尝访大章，得个信处。"睡龙于是上堂集大众，召曰："请豁阇梨出，对众烧香说悟处，老僧与汝证明。"师乃拈香曰："香已拈，悟即不悟。"睡龙大悦而许之。

上堂谓众曰："山僧今与诸人作个和头，和者默然，不和者说。"有顷间，又曰："和与不和，切在如今。山僧带些子事，珍重。"僧问："家贫遭劫时如何？"师曰："不能尽底去。"曰："为什么不尽底去？"师曰："贼是家亲。"曰："既是家亲，为什么翻成家贼？"师曰："内既无应，外不能为。"曰："忽然捉败，功归何所？"师曰："赏亦未曾闻。"曰："恁么即劳而无功。"师曰："功即不无，成而不处。"曰："既是成功，为什么不处？"师曰："不见道：太平本是将军致，不使将军见太平。"问："如何是西来意？"师曰："胡人泣，汉人悲。"

---

① "句"，南藏本、径山本、大正本作"具"。

师将顺世，舍众，欲入山待灭。过苎溪石桥，乃遗偈言："世人休说路行难，鸟道羊肠咫尺间。珍重苎溪溪畔水，汝归沧海我归山。"即往贵湖卓庵①。未几，谓门人曰："吾灭后，将遗骸施诸虫蚁，勿置坟塔。"言讫，潜入湖头山，坐磐石，俨然长往。弟子戒因入山寻见，禀遗命延留七日，竟无虫蚁之所侵食。遂就阇维，散于林野。今泉州开元寺净土院影堂存焉。

前韶州云门山文偃禅师法嗣

韶州白云祥和尚实性大师，初住慈光院，广主刘氏召入府说法。时有僧问："觉华才绽，正遇明时。不昧宗风，乞师方便。"师曰："我王有令。"问："教意祖意同别？"师曰："不别。"曰："恁么即同也。"师曰："不妨领话。"问："诸佛未出世，普遍大千，白云一会如何？"师曰："赚却几人来。"曰："恁么即四众何依？"师曰："勿交涉。"问："即心即佛，示诲之辞。不涉前言，如何指教？"师曰："东西且置，南北作么生？"问："如何是和尚家风？"师曰："石桥那畔有，遮边无，会么？"僧曰："不会。"师曰："且作丁公吟。"问："衣到六祖，为什么不传？"师曰："海晏河清。"问："如何是和尚接人一路？"师曰："来朝更献楚王看。"问："从上宗乘，如何举扬？"师曰："今日未吃茶。"

师上堂谓众曰："诸人会么？但街头市尾、屠儿魁脍、地狱镬汤处会取。若恁么会，堪与人为师为匠；若向衲僧门下，天地悬殊。更有一般底，只向长连床上作好人去。汝道此两般人，那

---

① "湖"，径山本作"溪"。

个有长处？无事，珍重。"师问僧："什么处来？"曰："云门来。"师曰："里许有多少水牛？"曰："一个、两个。"师曰："好水牛。"师问僧："不坏假名而谭实相作么生？"僧曰："遮个是椅子。"师以手拨云："将鞋袋来。"僧无对。云门和尚闻之，乃云："须是他始得。"师将示灭，白众曰："某甲虽提祖印，未尽其中。诸仁者，且道其中事作么生？莫是无边、中间、内外已否？如是会解，即大地如铺沙。去此即他方相见。"言讫告寂。

朗州德山第九世缘密圆明大师，师上堂示众曰："僧堂前事，时人知有，佛殿后事作么生？"师又曰："德山有三句语：一句函盖乾坤，一句随波逐浪，一句截断众流。"时有僧问："如何是透法身句？"师曰："三尺杖子搅黄河。"问："百花未发时如何？"师曰："黄河水浑流。"曰："发后如何？"师曰："幡竿头指天。"问："不犯辞锋时如何？"师曰："天台、南岳。"曰："便怎么去如何？"师曰："江西、湖南。"问："佛未出世时如何？"师曰："河里尽是木头船。"曰："出世后如何？"师曰："遮头踏著那头轩。"问："己事未明，如何辨得？"师曰："须弥山顶上。"曰："直恁么去如何？"师曰："脚下水浅深。"问："达磨未来时如何？"师曰："千年松倒挂。"曰："来后如何？"师曰："金刚努起拳。"问："师未出世时如何？"师曰："佛殿正南开。"曰："师出世后如何？"师曰："白云山上起。"曰："出与未出，还分不分？"师曰："静处萨婆诃。"

问："如何是和尚家风？"师曰："南山起云，北山下雨。"问："如何是应用之机？"师喝。僧曰："只遮个，为复别有？"师乃打之。问："大用现前，不存轨则时如何？"师曰："黑地打破瓮。"僧退步，师乃打。问："佛未出世时如何？"师曰："猢狲系露柱。"曰："出世后如何？"师曰："猢狲入布袋。"问："文殊与维摩对谈何事？"师曰："并汝三人，无绳自缚。"问："如何是佛？"师曰："满目荒榛。"曰："学人不会。"师曰："劳而无功。"问："尽大地致一问不得时如何？"师曰："话堕也。"曰："大众总见。"师便打。

潭州水西南台道遵和尚法云大师，师上堂，谓众曰："从上宗乘，合作么生提纲？合作么生言论？将佛法两字当得么？真如解脱当得么？虽然如是，细不通风，大通车马。若约理化门中，一言启口，振动乾坤①，山河大地，海晏河清。三世诸佛，说法现前。若也分明，古佛殿前，同登彼岸。无事，珍重。"问："如何是西来意？"师曰："下坡不走。"问："牛头未见四祖时如何？"师曰："著衣吃饭。"曰："见后如何？"师曰："钵盂壁上挂。"问："如何是真如含一切？"师曰："分明。"曰："为什么有利钝？"师曰："四天打鼓②，楼上击钟。"问："如何是南台境？"师云："金刚手指天。"问："如何是色空？"师曰："道士著真红。"问："十二时中，时时不离如何？"师曰："谛。"

韶州双峰山兴福院竟钦和尚慧真广悟禅师，益州人也。受业于峨眉洞溪山黑水寺，观方慕道，预云门法席，密承指喻。乃开

---

① "振"，大正本作"震"。
② "四"，径山本作"西"。

山创院，渐成丛林。开堂日，云门和尚躬临证明。僧问："如何是佛法大意？"师曰："日出方知天下朗，无油那点佛前灯？"问："如何是双峰境？"师曰："夜听水流庵后竹，昼看云起面前山。"问："如何是法王剑？"师曰："铅刀徒逞，不若龙泉。"曰："用者如何？"师曰："藏锋犹不许，露刃更何堪？"问："宾头卢应供四天下，还得遍也无？"师曰："如月入水。"问："如何是用而不杂？"师曰："明月堂前垂玉露，水精殿里槃真珠。"① 有行者问："某甲遇贼来时，若杀即违佛教，不杀又违王敕。未审师意如何？"师曰："官不容针，私通车马。"广主刘氏尝亲问法要。至太平兴国二年三月，戒门人曰："吾不久去世，汝可就本山顶预修坟塔。"至五月二十三日功毕，师曰："后日子时行矣。"及期，会云门爽和尚、温门、舜峰长老等七人夜话。侍者报三更，师索香焚之，合掌而逝。

韶州资福和尚，僧问："不问宗乘，请师心印。"师曰："不答遮个话。"曰："为什么不答？"师曰："不副前言。"问："觌面难逢处，如何顾险夷？乞师垂半偈，免使后人疑。"师曰："锋前一句超调御，拟问如何历劫违？"曰："恁么即东山西岭，时人知有。未审资福庭前，谁家风月？"师曰："领取前话。"

广州新会黄云元禅师，初开堂，以手拊绳床云："诸人还识广大须弥之座也无？若不识，看老僧。"乃升座。问："如何是大

---

① "槃"，大正本作"撒"。

汉国境?"师曰:"歌谣满路。"问:"教云:龙披一缕,金翅不吞。和尚三事全披如何?"师曰:"还免得么?"师上堂拈古人语云:"触目未曾无,临机何不道?"又云:"触目未曾无,临机道什么?"

广州义宁龙境伦禅师,初开堂,提起拂子曰:"还会么?若会,即头上更增头;若不会,即断头取活。"问:"如何是大汉国境?"师曰:"乱走作么?"曰:"恰是雨下天晴。"师便打。问:"如何是龙境水?"师曰:"腥臊臭秽。"曰:"饮者如何?"师曰:"七通八达。"问:"如何是龙境家风?"师曰:"虫狼虎豹。"问:"如何是佛?"师曰:"勤耕田。"曰:"学人不会。"师曰:"早收禾。"师问僧:"什么处来?"曰:"黄云来。"师曰:"作么生是黄云郎当媚痴抹跶为人一句?"僧无对。师上堂问众曰:"作么生是长连床上取性一句?道将来。"众无对。

韶州云门山爽和尚,师上堂,僧问:"如何是佛?"师曰:"圣躬万岁。"问:"如何是透法身句?"师曰:"银香台上生萝卜。"

韶州白云闻和尚,师上堂,良久。僧出曰:"白云一路,全因今日。"师曰:"不是,不是。"僧曰:"和尚如何?"师曰:"白云一路,草深一丈。"问:"学人拟申一问,未审师还答也无?"师曰:"皂荚树头悬,风吹曲不成。"问:"受施主供养,将何报答?"师曰:"作牛作马。"

韶州披云智寂禅师，僧问："如何是披云境？"师曰："白日没闲人。"问："以字不成，八字不是，未审是什么字？"师说偈答曰："以字不是八不成，森罗万象此中明。直饶巧说千般妙，不是讴歌不是经。"①

韶州净法章和尚禅想大师，广主刘氏问："如何是禅师？"师乃良久，广主罔测，因署其号。僧问："日月重明时如何？"师曰："日月虽明，不鉴覆盆之下。"问："既是金山，为什么凿石？"师曰："金山凿石。"问："如何是道？"师曰："去，去，迢迢十万余。"

韶州温门山满禅师，僧问："如何是佛？"师曰："胸题卍字。"曰："如何是祖？"师曰："不游西土。"有人见壁上画，问："既是千尺松，为什么却在屋下？"师曰："芥子纳须弥作么生？"问："隔墙见角，便知是牛如何？"师便打。师与一老宿在国门坐，老宿曰："紫衣、师号又得也，更要个什么？"师曰："要国师。"老宿曰："佛尚不作，岂况国师？"师乃笑曰："长老。"僧问："如何是和尚家风？"师曰："汝曾读书么？"僧问："太子初生，为什么不识父母？"师曰："迥然尊贵。"

岳州巴陵新开颢鉴大师，初在云门。云门举："雪峰和尚云：

---

① "讴歌"，径山本作"沤和"，大正本作"讴阿"。

'开却门,达磨来也。'"问师:"意作么生?"师曰:"筑著和尚鼻孔。"云门曰:"修罗王发业,打须弥山一掴,踍跳上梵天,报帝释,你为什么却去日本国里藏身?"师曰:"莫恁么心行好。"云门曰:"汝道筑著又作么生?"师住后,僧问:"祖意教意,是同是别?"师曰:"鸡寒上树,鸭寒入水。"①僧问:"三乘十二分教即不疑,如何是宗门中事?"师曰:"不是衲僧分上事。"曰:"如何是衲僧分上事?"师曰:"贪观白浪,失却手桡。"师将拂子遗人,人问曰:"本来清净,用拂子作什么?"师曰:"既知清净,莫忘却。"梁山别云:"也须拂却。"

连州地藏院慧慈明识大师,僧问:"既是地藏院,为什么塑炽盛光佛?"师曰:"过在什么处?"问:"如何是地藏境?"师曰:"无人不游。"

英州大容谭禅师,师上堂,僧问:"天锡六铢披挂后②,将何报答我皇恩?"师曰:"来披三事衲,归挂六铢衣。"问:"如何是大容水?"师曰:"还我一滴来。"问:"当来弥勒下生时如何?"师曰:"慈氏宫中三春草。"问:"如何是真空?"师曰:"拈却拒阳。"曰:"如何是妙用?"师乃握拳。僧曰:"真空妙用,相去几何?"师以手拨之。问:"长蛇偃月即不问,匹马单枪时如何?"师曰:"麻江桥下,会么?"曰:"不会。"师曰:"圣寿寺前。"

---

① "入",丛刊本作"下"。
② "锡",东寺本、碛砂本、大正本作"赐"。

问："既是大容，为什么趁出僧？"师曰："大海不容尘，小豁多搚摇①。上音罨，下音鞁。"问："如何是古佛一路？"师指地，僧曰："不问遮个。"师曰："去。"师与一老宿相期去别处，寻却因事不去。老宿曰："佛无二言。"师曰："法无一向。"

广州罗山崇禅师，僧问："如何是大汉国境？"师曰："玉狗吠时天未晓，金鸡啼后五更初。"问："丹霞访居士，女子不携篮时如何？"师曰："也要到遮里一转。"问："如何是罗山境？"师曰："布水千寻。"

韶州云门宝和尚，师上堂，示众曰："至道无难，唯嫌拣择。还有拣择么？珍重。"

鄞州临溪竟脱和尚②，僧问："如何是透法身句？"师曰："明眼人笑汝。"问："如何是法身？"师曰："四海五湖宾。"问："如何是本来人？"师曰："风吹满面尘。"问："牛头未见四祖时如何？"师曰："富有多宾客。"曰："见后如何？"师曰："贫穷绝往还。"问："如何是佛？"师曰："十字路头。"曰："如何是法？"师曰："三家村里。"曰："佛之与法，是一是二？"师曰："露柱渡三江，犹怀感恨长。"问："如何是无缝塔？"师曰："复州城。"曰："如何是塔中人？"师曰："龙兴寺。"

---

① "搚"下，大正本有"鸟合切"；"摇"下有"私盍切"。
② "临谿"，原作"林鸡"，据碛砂本、南藏本及目录改。

广州华严慧禅师，僧问："承古人有言：妄心无处即菩提。正当妄时，还有菩提也无？"师曰："来音已照。"僧曰："不会。"师曰："妄心无处即菩提。"

韶州舜峰韶和尚，初问云门和尚："宝月为什么于此分辉？"云门曰："千光同照。"师曰："谢和尚指示。"云门曰："见什么？"僧正入师方丈，乃曰："方丈得恁么黑？"师曰："老鼠窟。"僧正曰："放猫儿入好。"师曰："试放看。"僧正无对，师拊掌笑。师与老宿渡江次，师取钱与渡子。老宿曰："囊中若有青铜片。"师揖曰："长老莫笑。"

随州双泉山师宽明教大师，师上堂，举拂子曰："遮个接中下之人。"时有僧问："上上人来如何？"师曰："打鼓为三军。"问："向上宗乘，如何举唱？"师曰："不敢。"曰："恁么即含生有望。"师曰："脚下水深浅。"问："凡有言句，尽落有无，不落有无如何？"① 师曰："东弗于代。"曰："遮个犹落有无。"师曰："支过雪山西。"僧问洞山："如何是佛？"洞山云："麻三斤。"师闻之，乃曰："向南有竹，向北有木。"

师后住智门。僧问："不可以智知，不可以识识时如何？"师曰："不入遮个野狐群队。"问："如何是定？"师曰："虾蟆跳不出斗。"② 曰："如何出得去？"③ 师曰："南山起云，北山下雨。"

---

① "无"下，东寺本、碛砂本、南藏本有"时"。
② "虾"，大正本作"蝦"。"蟆"，东寺本、碛砂本、南藏本、径山本无。
③ "去"，丛刊本无。

问:"北斗里藏身,意旨如何?"师曰:"鸡寒上树,鸭寒入水。"① 问:"竖起杖子,意旨如何?"师曰:"一叶落知天下秋。"师后终于智门。

英州观音和尚,因穿井,僧问:"井深多少?"师曰:"没汝鼻孔。"问:"牛头未见四祖时如何?"师曰:"英州观音。"曰:"见后如何?"师曰:"英州观音。"问:"如何是观音妙智力?"师曰:"风射破窗。"②

韶州林泉和尚,僧问:"如何是林泉主?"师曰:"岩下白石。"曰:"如何是林泉家风?"师曰:"迎宾待客。"问:"如何是道?"师曰:"迢迢。"曰:"学人便领会时如何?"师曰:"久久忘缘者,宁怀去住情?"

韶州云门煦和尚,僧问:"如何是祖师西来意?"师曰:"今是什么意?"僧曰:"恰是。"师乃喝去。

益州青城香林院澄远禅师,初住西川导江县迎祥寺天王院,时谓"水精宫"。僧问:"美味醍醐,为什么变成毒药?"师曰:"导江纸。"问:"见色便见心时如何?"师曰:"适来什么处去来?"曰:"心境俱亡时如何?"师曰:"开眼坐睡。"

师后住青城香林。僧问:"北斗里藏身意如何?"师曰:"月

---

① "入",丛刊本作"下"。
② "窗"下,东寺本、碛砂本、南藏本、径山本有"鸣"。

似弯弓，少雨多风。"问："如何是诸佛心？"师曰："清即始终清。"曰："如何领会？"师曰："莫受人谩好。"问："如何是祖师西来意？"师曰："踏步者谁？"问："如何是和尚妙药？"师曰："不离众味。"曰："吃者如何？"师曰："咂唊看。"问："如何是室内一灯？"师曰："三人证龟成鳖。"问："如何是衲衣下事？"师曰："腊月火烧山。"问："大众云集，请师施设。"师曰："三不待两。"问："如何是学人时中事？"师曰："恰恰。"问："如何是玄？"师曰："今日来，明日去。"曰："如何是玄中玄？"师曰："长连床上。"问："如何是香林一脉泉？"师曰："念无间断。"曰："饮者如何？"师曰："随方斗秤。"

问："如何是衲僧正眼？"师曰："不分别。"曰："照用事如何？"师曰："行路人失脚。"问："万机俱泯迹，方识本来人时如何？"师曰："清机自显。"曰："恁么即不别人。"师曰："方见本来人。"问："鱼游陆地时如何？"师曰："发言必有后救。"僧曰："却下碧潭时如何？"师曰："头重尾轻。"问："但有言句尽是宾，如何是主？"师曰："长安城里。"曰："如何领会？"师曰："千家万户。"

景德传灯录卷第二十三

　　吉州清原山行思禅师第七世①
　　韶州云门山文偃禅师法嗣三十六人②二十六人见录
　　　　南岳般若启柔禅师
　　　　筠州黄檗法济禅师
　　　　襄州洞山守初大师
　　　　信州康国耀和尚
　　　　潭州谷山丰禅师
　　　　颖州罗汉匡果禅师
　　　　朗州沧溪璘和尚
　　　　筠州洞山清禀禅师
　　　　蕲州北禅寂和尚
　　　　洪州泐潭道谦禅师
　　　　庐州南天王永平禅师
　　　　湖南永安朗禅师
　　　　湖南潭明和尚

---

① "世"下，径山本、大正本有"下"。
② "嗣"下，大正本有"下"。

金陵清凉明禅师

金陵奉先深禅师

西川青城乘和尚

潞府妙胜臻禅师

兴元普通封和尚

韶州灯峰和尚

韶州大梵圆和尚

澧州药山圆光禅师

信州鹅湖云震禅师

庐山开先清耀禅师

襄州奉国清海禅师

韶州慈光和尚

潭州保安师密禅师

  洪州云居山融禅师、衡州大圣寺守贤禅师、庐州北天王徽禅师、郢州芭蕉山弘义禅师、眉州福化院光禅师、庐州东天王广慈禅师、信州西禅钦禅师、江州庆云真禅师、筠州洞山凛禅师、韶州双峰慧真大师　已上十人无机缘语句，不录

随州双泉山永禅师法嗣

  广州大通和尚　一人无机缘语句，不录

台州瑞岩师彦禅师法嗣二人见录

南岳横龙和尚

温州瑞峰院神禄禅师

怀州玄泉彦禅师法嗣五人见录

鄂州黄龙诲机大师①

洛京柏谷和尚

池州和龙和尚

怀州玄泉第二世和尚

潞府妙胜玄密禅师

福州罗山道闲禅师法嗣十九人十六人见录

洪州大宁隐微禅师

婺州明招德谦禅师

衡州华光范禅师

福州罗山绍孜禅师

西川慧禅师

建州白云令弇禅师

虔州天竺义证禅师

吉州清平惟旷禅师

婺州金柱义昭和尚

潭州谷山和尚

湖南道吾山从盛禅师

福州罗山义因禅师

灌州灵岩和尚

吉州匡山和尚

福州兴圣重满禅师

潭州宝应清进禅师

---

① "大",径山本作"禅"。

　　　　汉州绵竹县定慧禅师①、潭州龙会山鉴禅师、安州穆禅师　已上
　　　　三人无机缘语句，不录

安州白兆山志圆禅师法嗣十三人八人见录

　　朗州大龙山智洪禅师

　　襄州白马山行霭禅师

　　郢州大阳山行冲禅师

　　安州白兆山怀楚禅师

　　蕲州四祖山清皎禅师

　　蕲州三角山志操禅师

　　晋州兴教师普禅师

　　蕲州三角山真鉴禅师

　　　　郢州兴阳山和尚、郴州东禅玄偕禅师、新罗国慧云禅师、安州慧
　　　　日院玄谔禅师、京兆大秦寺彦宾禅师　已上五人无机缘语句，
　　　　不录

潭州藤霞和尚法嗣二人一人见录

　　澧州药山第七世和尚

　　　　潭州云盖山和尚　一人无机缘语句，不录

洪州凤栖山同安常察禅师法嗣②

　　　　袁州仰山良供禅师③　一人无机缘语句，不录

吉州禾山无殷禅师法嗣

　　　　庐山永安慧度禅师、抚州曹山义崇禅师、吉州禾山契云禅师、漳
　　　　州保福和尚、洪州翠严师阴禅师　已上五人无机缘语句，不录

---

①　"定"，大正作"延"。
②　"栖"，原作"楼"，据丛刊本改。
③　"供"，丛刊本作"洪"。

潭州云盖山景和尚法嗣三人见录

　　衡岳南台藏禅师

　　幽州潭柘水从实禅师

　　潭州云盖山证觉禅师①

庐山归宗寺淡权禅师法嗣②

　　　　鄂州黄龙蕴和尚、寿州泊山和尚　已上二人无机缘语句，不录

庐山归宗怀恽禅师法嗣二人一人见录

　　归宗第四世弘章禅师

　　　　归宗寺岩密禅师　一人无机缘语句，不录

池州嵇山章禅师法嗣一人

　　随州双泉山道虔禅师

洪州云居山怀岳禅师法嗣五人三人见录

　　扬州风化院令崇禅师

　　澧州药山忠彦禅师

　　梓州龙泉和尚

　　　　云居山住缘和尚、云居山住满和尚　已上二人无机缘语句，不录

抚州荷玉山光慧禅师法嗣

　　　　荷玉山福禅师　一人无机缘语句，不录

筠州洞山道延禅师法嗣二人一人见录

　　筠州上蓝庆禅师

　　　　洞山敏禅师第五世　一人无机缘语句，不录

抚州金峰从志大师法嗣二人

---

① "证"，丛刊本作"澄"。
② "宗"，原作"寂"，据径山本改。

洪州大宁神降禅师、澧州药山彦禅师　已上二人无机缘语句，不录

襄州鹿门山处真禅师法嗣六人四人见录

　　益州崇真和尚

　　鹿门山第二世谭和尚

　　襄州谷隐智静大师

　　庐山佛手岩行因禅师

　　襄州灵溪山明禅师、洪州大安寺真上坐　已上二人无机缘语句，不录

抚州曹山慧霞禅师法嗣三人一人见录

　　嘉州东汀和尚

　　雄州华严正慧大师①、泉州招庆院坚上座　已上二人无机缘语句，不录

华州草庵法义禅师法嗣一人见录

　　泉州龟洋慧忠禅师

潭州报慈藏屿禅师法嗣

　　益州圣兴寺存和尚　一人无机缘语句，不录

襄州含珠山审哲禅师法嗣六人四人见录

　　洋州龙穴山和尚

　　唐州大乘山和尚

　　襄州延庆归晓大师

　　襄州含珠山真和尚

　　含珠山璋禅师第二世、含珠山偃和尚　已上二人无机缘语句，

---

①　"正"，径山本作"止"。

不录

凤翔府紫陵匡一大师法嗣三人见录

　　并州广福道隐禅师

　　紫陵第二世微禅师

　　兴元府大浪和尚

洪州同安威禅师法嗣二人一人见录

　　陈州石境和尚①

　　　　中同安志和尚　一人无机缘语句，不录

襄州石门山献禅师法嗣一人见录

　　石门山第二世慧彻禅师

襄州广德义和尚法嗣三人一人见录

　　襄州广德第二世延和尚

　　　　荆州上泉和尚、广德周和尚　已上二人无机缘语句，不录

京兆香城和尚法嗣

　　　　邓州罗纹和尚　一人无机缘语句，不录

杭州瑞龙院幼璋禅师法嗣

　　　　西川德言禅师　一人无机缘语句，不录

随州护国守澄禅师法嗣八人六人见录

　　随州智门守钦大师

　　护国第二世知远大师

　　安州大安山能和尚

　　颖州荐福院思禅师

　　潭州延寿和尚

---

① "境"，大正本作"镜"。

护国第三世志朗大师

　　舒州香炉峰琼和尚、京兆盘龙山满和尚　已上二人无机缘语句，不录

洛京灵泉归仁禅师法嗣

　　襄州石门寺遵和尚、鄂州大阳山坚和尚　已上二人无机缘语句，不录

京兆永安院善静禅师法嗣

　　大明山和尚　一人无机缘语句，不录

蕲州乌牙山彦宾禅师法嗣三人二人见录

安州大安山兴古禅师

蕲州乌牙山行朗禅师

　　虢州卢氏常禅师①　一人无机缘语句，不录

凤翔府青峰和尚法嗣七人六人见录

西川灵龛和尚

京兆紫阁山端己禅师

房州开山怀昼禅师

幽州传法和尚

益州净众归信禅师

青峰第二世清免禅师

　　凤翔府长平山满禅师②　一人无机缘语句，不录

祥州大岩白和尚法嗣③

　　卭州碧云和尚　一人无机缘语句，不录

---

① "卢氏"，原作"卢山"，据下帙目录、丛刊本改。
② "府"，丛刊本、碛砂本无。
③ "祥"，大正本作"洋"。

吉州清原山行思禅师第七世下①
韶州云门山文偃禅师法嗣

南岳般若寺启柔禅师，僧问："西天以蜡人为验，此土如何？"师曰："新罗人草鞋。"问："如何是千圣同归底道理？"师曰："未达苦空境，无人不叹嗟。"师上堂，闻三下板声，大众始集。师因示一偈曰："妙哉三下板，诸德尽来参。既善分时节，今吾不再三。"师次住荆南延寿，后住京兆广教院示灭。

筠州黄檗山法济禅师，僧问："如何是和尚家风？"师曰："与天下人作榜样。"师上堂，示众曰："空生大觉中，如海一沤发。各各当人无事。"又上堂，良久曰："若识得黄檗帐子，平生行脚事毕。珍重。"

襄州洞山守初宗慧大师②，初参云门。云门问："近离什么处？"师曰："查渡。"③ 门曰④："夏在什么处？"⑤ 师曰："湖南报慈。"⑥ 门曰⑦："甚时离彼？"⑧ 师曰："去年八月。"⑨ 门曰⑩：

---

① "下"，径山本无。此句丛刊本作"行思禅师第七世"。
② "宗"，大正本作"崇"。
③ "渡"，丛刊本作"度"。
④ "门曰"，丛刊本作"云门曰"。
⑤ "什么"，大正本作"甚"。
⑥ "报慈"，丛刊本无。
⑦ "门"，丛刊本、大正本无。
⑧ "甚时离彼"，丛刊本作"什么时离湖南"。
⑨ "去年八月"，丛刊本作"去秋"，大正本作"八月二十五"。
⑩ "门"，丛刊本无。

"放汝三顿棒。"师至明日,却上问讯①:"昨日蒙和尚放三顿棒,不知过在什么处?"门曰:"饭袋子,江西、湖南便与么去。"②师于此大悟③。

师住后,僧问:"迢迢一路时如何?"师曰:"天晴不肯去,直待雨淋头。"曰:"诸圣作么生?"师曰:"入泥入水。"问:"心未生时,法在什么处?"师曰:"风吹荷叶动④,决定有鱼行。"问:"师登师子座,请师唱道情。"师曰:"晴干开水道,无事设曹司。"曰:"怎么即谢师指示。"师曰:"卖鞋老婆脚趄趄上郎击切,下七迹切。"问:"如何是三宝?"师曰:"商量不下。"问:"如何是无缝塔?"师曰:"十字街头石师子。"问:"如何是免得生死底法?"师曰:"见之不取,思之三年。"问:"离却心机意识,请师一句。"师曰:"道士著黄瓮里坐。"问:"非时亲觐,请师一句。"师曰:"到处怎生举?"曰:"据现定举。"师曰:"放汝三十棒。"曰:"过在什么处?"师曰:"罪不重科。"

问:"莲华未出水时如何?"师曰:"楚山头倒卓。"曰:"出水后如何?"师曰:"汉水正东流。"问:"如何是吹毛剑?"师曰:"金州客。"尼问:"车住牛不住时如何?"师曰:"用驾车汉作么?"问:"如何是衲僧分上事?"师曰:"云里楚山头,决定多

---

① "讯"下,大正本有"曰"。
② "去",大正本无。
③ "此",大正本作"言下"。"大悟"下,大正本有"遂云:'从今已去向十字街头,不畜一粒米,不种一茎菜,接待十方往来。一个个教伊拈却臙脂帽子,脱却鹘臭布衫,教伊洒洒落落地,作个明眼衲僧,岂不快哉?'云门云:'饭袋子,身如椰子大,开得许大口。'"。丛刊本"师至明日"至此作"师曰:'过在什么处?'曰:'江西、湖南便怎么。'师于言下顿首"。
④ "风吹",南藏本、径山本作"无风"。

风雨。"问:"海竭人亡时如何?"师曰:"难得。"曰:"便怎么去时如何?"师曰:"云在青天水在瓶。"问:"有无双泯,权实两忘,究竟如何?"师曰:"楚山头倒卓。"曰:"还许学人领会也无?"师曰:"也有方便。"曰:"请师方便。"师曰:"千里万里。"问:"牛头未见四祖时如何?"师曰:"椰栗木拄杖。"① 曰:"见后如何?"师曰:"窦八布衫。"

问:"如何是佛?"师曰:"灼然谛当。"问:"万缘俱息,意旨如何?"师曰:"瓮里石人卖枣团。"问:"如何是洞山剑?"师曰:"作么?"僧:"学人要知。"师曰:"罪过。"问:"乾坤休著意,宇宙不留心。学人只恁么,师又作么生?"师曰:"岘山亭起雾,滩峻不留船。"问:"大众云臻,请师撮其枢要,略举大纲。"师曰:"水上浮沤呈五色,海底虾蟆叫月明。"问:"正当恁么时,文殊、普贤在什么处?"师曰:"长者八十一,其树不生耳。"曰:"意旨如何?"师曰:"一则不成,二则不是。"

信州康国耀和尚,僧问:"文殊与维摩对谭何事?"师曰:"汝向髑髅后会始得。"曰:"古人道'髑髅里荐取',又如何?"师曰:"汝还荐得么?"曰:"恁么即远人得遇于师去也。"师曰:"莫漫语好。"

潭州谷山丰禅师,亦住兴元府普通院。僧问:"师唱谁家曲,宗风嗣阿谁?"师曰:"雪岭梅华绽,云洞老僧惊。"师上堂,示众

---

① "椰",原作"榔",据丛刊本改。

曰：" 俊马机前异，游人肘后悬。既参云外客，试为老僧看。"才有僧出，师便打云："何不早出头来？"

颖州罗汉匡果禅师，僧问："如何是吹毛剑？"师曰："了。"问："和尚百年后，忽有人问'和尚向什么处去'，如何酬对？"师曰："久后遇作家，分明举似。"曰："谁是知音者？"师曰："知音者即不恁么问。"问："如何是罗汉境？"师曰："松桧古貌。"问："凿壁偷光时如何？"师曰："错。"曰："争奈苦志专心？"师曰："错，错。"

朗州沧溪璘和尚，僧问："如何是沧溪境？"师曰："面前水，正东流。"问："如何是沧溪家风？"师曰："入来便见。"问："是法住法位，世间相常住。云门和尚向什么处去也？"师曰："见么？"曰："错。"师曰："错，错。"问："如何是西来意？"师曰："不错。"师因事有颂曰："天地指前径，时人莫强移。个中生解会，眉上更安眉。"

筠州洞山普利院第八世住清禀禅师，泉州仙游人也，姓李氏。幼礼中峰院鸿谧为师，年十六，福州太平寺受戒。初诣南岳，参惟劲头陀，未染指。及抵韶阳礼祖塔回，造云门。云门问曰："今日离什么处？"曰："慧林。"云门举拄杖曰："慧林大师恁么去，汝见么？"曰："深领此问。"云门顾左右，微笑而已，师自此入室印悟。乃之金陵，国主李氏请居光睦。未几，复命入澄心堂，集诸方语要。经十稔，迎住洞山。开堂日，维那白槌曰："法筵龙象众①，当观第一义。"师曰："也好消息，只恐汝错会。"僧问："云门一曲师亲唱，今日新丰事若何？"师曰："也要道却。"

蕲州北禅寂和尚悟通大师，师问僧："什么处来？"曰："黄州来。"师曰："在什么院？"曰："资福。"师曰："福将何资？"曰："两重公案。"师曰："争奈在北禅手里？"②曰："在手里即收取。"师便打。

洪州泐潭道谦禅师，僧问："如何是泐潭家风？"师曰："阇梨到来几日？"问："但有纤毫即是尘，不有时作么生？"师以手掩两目。问："当阳举唱，谁是闻者？"师曰："老僧不患耳聋。"

庐州南天王永平禅师，僧问："如何是西来意？"师曰："不撒沙。"问："如何是南天王境？"师曰："一任观看。"曰："如何是境中人？"师曰："且领前话。"问："久战沙场，为什么功名不就？"师曰："只为眠霜卧雪深。"曰："恁么即罢息干戈，束手归朝去也。"师曰："指挥使未到，你作？"

湖南永安朗禅师③。僧问："如何是洞阳家风？"师曰："入门便见。"曰："如何是入门便见？"师曰："客是相师。"问：

---

① "众"，原作"象"，据丛刊本改。
② "里"下，丛刊本、南藏本、径山本、大正本有"何"。
③ "湖南"，原作"潮南"，据目录、丛刊本改。

"如何是至极之谭？"师曰："爱别离苦。"

湖南潭明和尚，僧问："如何是湘潭境？"师曰："山连大岳，水接潇湘。"曰："如何是境中人？"师曰："便合知时。"问："如何是佛法大意？"师曰："百惑谩劳神。"

金陵清凉明禅师，江南国主请师上堂，小长老问："凡有言句，尽落方便。不落方便，请师速道。"师曰："国主在此，不敢无礼。"

金陵奉先深禅师，江南国主请开堂日，才升座，维那白槌曰："法筵龙象众，当观第一义。"师便云："果然不识，钝置杀人。"时有僧出礼拜，问："如何是第一义？"师曰："赖遇道了也。"曰："如何领会？"师曰："速礼三拜。"师又拈曰："大众，汝道钝置落阿谁分上？"

西川青城大面山乘和尚，僧问："如何是相轮峰？"师曰："直耸烟岚际。"曰："向上事如何？"师曰："入地三尺五。"问："如何是佛法大意？"师曰："兴义门前冬冬鼓。"曰："学人不会。"师曰："朝打三千，暮打八百。"

潞府妙胜臻禅师，僧问："如何是妙胜境？"师曰："龙藏开时，贝叶分明。"问："金粟如来，为什么却降释迦会里？"师曰："香山南，雪山北。"曰："南赡部洲事又作么生？"师曰："黄河水急浪华粗。"问："心心寂灭即不问，如何是向上一路？"师曰："一条济水贯新罗。"问："远向云门南北纵横，四维上下事作么生？"师曰："今日明日。"

兴元府普通封和尚，僧问："今日一会，何似灵山？"师曰："震动乾坤。"问："如何是普通境？"师曰："庭前有竹三冬秀，户内无灯午夜明。"

韶州灯峰净原和尚，师上堂，谓众曰："古人道：山河大地普真如。大众，若得真如者，即隐却他山河大地；若不得者，即违他古德至言。众中道得者出来。道不得，即各自归堂。珍重。"僧问："如何是和尚为人一句？"师曰："不著力。"

韶州大梵圆和尚，师上堂，示众曰："大众，好个时光，直须努力，时不待人，各自归堂参取本善知识去。"僧问："大众云集，请师举唱。"师曰："有疑请问。"师因见圣僧，便问僧："此个圣僧年多少？"僧曰："恰共和尚同年。"师喝之，曰："这竭斗，不易道得。"

澧州药山圆光禅师，僧问："药峤灯连，师当第几？"师曰："相逢尽道休官去，林下何曾见一人？"问："水陆不涉者，师还接否？"师曰："苏噜，苏噜。"师问新到僧："南来北来？"曰："北来。"师曰："不落言诠，速道！"曰："某甲是福建道人，善会乡谭。"师曰："参众去。"曰："灼然。"师曰："踔跳。"便打。问:"如何是祖师西来意?"师曰:"道什么?"

信州鹅湖山云震禅师,僧问:"如何是佛?"师曰:"阇梨不是。"师问僧:"近离什么处?"曰:"两浙。"师曰:"还将得吹毛剑来否?"僧展两手。师曰:"将谓是个烂柯仙,元来却是樗蒲汉。"问:"如何是鹅湖家风?"师曰:"客是主人相。"师曰:"怎么即谢师周旋。"师曰:"难下陈蕃之榻。"

庐山开先清耀禅师,僧问:"如何是灯灯不绝?"师曰:"青杨翻递植。"曰:"学人不会。"师曰:"无根树下唱虚名。"问:"披云一句师亲唱,长庆今朝事若何?"师曰:"家家观世音。"问:"如何是披云境?"师曰:"一瓶渌水安窗下,便当生涯度几秋。"问:"如何是长庆境?"师曰:"堂里老僧头雪白。"曰:"二境同归,应当别理?"师曰:"在处得人疑。"问:"古涧寒泉,谁人能到?"师曰:"干。"曰:"怎么即到也。"师曰:"深多少?"

襄州奉国清海禅师,僧问:"青青翠竹,尽是真如。如何是真如?"师曰:"点瓦成金客①,闻名不见形。"曰:"怎么即礼谢下去也。"师曰:"昔时妄想至今存。"问:"承古人云:见月休观指,归家罢问程。如何是家?"师曰:"试举话头看。"问:"放过即东道西说,不放过怎生道?"师曰:"二年同一春。"

---

① "点",径山本作"烧"。

韶州慈光和尚，僧问："即心即佛，诱诲之言。不涉前踪，如何指教？"师曰："东西且置，南北事作么生？"曰："恁么即学人罔测也。"师曰："龙头蛇尾。"

潭州保安师密禅师，僧问："辊芥投锋时如何？"师曰："落在什么处？"梁山云："落在汝眼里。"问："不犯辞锋时如何？"师曰："天台、南岳。"曰："便怎么时如何？"师曰："江西、湖南。"

前台州瑞岩师彦禅师法嗣

南岳横龙和尚，楚王马氏请住金轮，僧问："如何是金轮第一句？"师曰："钝汉。"问："如何是金轮一只箭？"师曰："过也。"问："如何是祖灯？"师曰："八风吹不灭。"曰："恁么即暗冥不生也。"师曰："白日闲人。"①

温州温岭瑞峰院神禄禅师，福州福清人也。本邑天竺寺出家，得法于瑞岩，久为侍者。后开山创院，学侣依附。师有偈曰："萧然独处意沈吟，谁信无弦发妙音？终日法堂唯静坐，更无人问本来心。"时有朋彦上坐，蹑前偈而问曰："如何是本来心？"师召曰："朋彦。"彦应诺。师曰："与老僧点茶来。"彦于是信入。朋彦即广法大师，后嗣天台国师，住苏州长寿。师太平兴国元年示灭，寿百有五岁。

---

① "日"下，丛刊本、南藏本、径山本、大正本有"没"。

前怀州玄泉彦禅师法嗣

鄂州黄龙山诲机禅师，清河人也，姓张氏。唐天祐中，游化至此山。节帅施俸钱，建法宇，奏赐紫衣，号"超慧大师"，大张法席。僧问："不问祖佛边事，如何是平常之事？"师曰："我住山得十五年。"问："如何是和尚家风？"师曰："琉璃钵盂无底。"问："如何是君王剑？"师曰："不伤万类。"曰："佩者如何？"师曰："血溅梵天。"曰："大好不伤万类。"师便打。问："佛在日，为众生说法，佛灭后，有人说法也无？"师曰："惭愧佛。"问："毛吞巨海，芥纳须弥，不是学人本分事。如何是学人本分事？"师曰："封了合盘市里揭。"问："切急相投，请师通信。"师曰："火烧裙带香。"问："如何是大疑底人？"师曰："对坐盘中弓落盏。"曰："如何是不疑底人？"师曰："再坐盘中弓落盏。"问："风恬浪静时如何？"师曰："百丈竿头五两垂。"[①]师将顺世，有僧问："百年后，钵囊子什么人将去？"师曰："一任将去。"曰："里面事如何？"师曰："线绽方知。"曰："什么人得？"师曰："待海燕雷声，即向汝道。"言讫告寂。

洛京柏谷和尚，僧问："普滋法雨时如何？"师曰："有道传天位，不汲凤凰池。"问："九旬禁足，三月事如何？"师曰："不坠蜡人机。"

[①] "丈"，径山本作"尺"。

池州和龙和尚，僧问："如何是祖祖相传底心？"师曰："再三嘱你。"问："如何是从上宗旨？"师曰："向阇梨口里著到得么？"问："省要处乞师一接。"师曰："甚是省要。"

怀州玄泉第二世和尚，僧问："辞穷理尽时如何？"师曰："不入理，岂同尽？"问："妙有玄珠，如何取得？"师曰："不似摩尼绝影艳，碧眼胡人岂能见？"曰："有口道不得时如何？"师曰："三寸不能齐鼓韵，哑人解唱木人歌。"

潞府妙胜玄密禅师，僧问："四山相向时如何？"师曰："红日不垂影，暗地莫知音。"曰："学人不会。"师曰："鹤透群峰，何伸向背？"问："二龙争珠时如何？"师曰："力士无心献，奋迅却沉光。"问："雪峰一曲千人唱，月里挑灯谁最明？"师曰："无音和不齐，明暗岂能收？"

前福州罗山道闲禅师法嗣

洪州大宁院隐微禅师，豫章新淦人也，姓杨氏。诞夕，有光明贯室。年七岁，依本邑石头院道坚禅师出家。二十，于开元寺智称律师受具，历参宗匠。至罗山，法宝大师导以'师子在窟出窟'之要，因之省悟①，盘桓数稔。寻回江表，会龙泉邑宰李孟俊请居十善道场，始扬宗致②。

师上堂，谓众曰："还有腾空底么？出来。"众无出者，师说

---

① "省"，大正本作"惺"。
② "致"，径山本作"教"。

偈曰："腾空正是时，应须眨上眉。从兹出伦去，莫待白头儿。"僧问："如何是十善桥？"师曰："险。"曰："过者如何？"师曰："丧。"问："资福和尚迁化，向什么处去也？"师曰："草鞋破。"问："如何是黄梅一句？"师曰："即今恁么生？"① 曰："如何是通信？"② 师曰："九江路绝。"问："初心后学，如何是学？"师曰："头戴天。"曰："毕竟如何？"师曰："脚蹈地。"问："如何是法王剑？"师曰："露。"曰："还杀人也无？"师曰："作么？"问："如何是龙泉剑？"师曰："不出匣。"曰："便请出之。"师曰："星辰失位。"问："国界安宁，为什么珠不现？"师曰："落在什么处？"周广顺元年辛亥，金陵李氏向德，召入，居龙光禅苑后改名奉先，署"觉寂禅师"。暨建隆二年辛酉，随江南李氏至洪井，住大宁精舍，重敷玄旨。其年十月示疾，二十七日剃发澡身，升堂辞众，安坐而逝。明年二月六日，归葬于吉州吉水县，遵遗诫也。寿七十有六，腊五十六。谥玄寂禅师，塔曰常寂。

婺州明招德谦禅师，受罗山印记，靡滞于一隅。激扬玄旨，诸耆宿皆畏其敏捷，后学鲜敢当其锋者。师在泉州招庆大殿上，以手指壁画问僧曰："那个是什么神？"③ 曰："护法善神。"师曰："沙汰时向什么处去来？"僧无对。师却令僧去问演侍者，演曰："汝什么劫中遭此难来？"其僧回，举似师。师曰："直饶演上座他后聚一千众，有什么用处？"僧乃礼拜，请别语。师曰：

---

① "恁"，丛刊本作"怎"。
② "是"，大正本无。
③ "什"，大正本作"甚"。

"什么处去也?"清上座举"仰山插锹"话问师:"古人意在叉手处,意在插锹处?"师曰:"清上座。"清应诺,师曰:"还曾梦见仰山么?"清曰:"不要下语,只要上座商量。"师曰:"若要商量,堂头自有一千五百人老师在。"

师到双岩,双岩长老睹师风彩,乃曰:"某甲致一问问阇梨,若道得,便舍院;道不得,即不舍。《金刚经》云:一切诸佛及诸佛法,皆从此经出。且道此经是何人说?"师曰:"说与不说,一时拈向那边著。只如和尚决定唤什么作此经?"双岩无对。师举:"经云:一切贤圣,皆以无为法而有差别。斯则以无为法为极则,凭何而有差别?且如差别,是过不是过?若是过,一切贤圣尽有过;若不是过,决定唤什么作差别?"双岩亦无语。师曰:"雪峰道底?"

师在婺州智者寺,居第一座,寻常不受净水。主事僧问曰:"因什么不识触净水?"① 师下床,拈起净瓶曰:"这个是净。"主事无语,师乃扑破净瓶。师自尔道声遐播,众请居明招山开法②,四来禅者,盈于堂室。师谓众曰:"希逢一个,下坡不走,快便难逢。若有同生同死③,何妨一展?"僧问:"师子未出窟时如何?"师曰:"俊鹞趁不及。"曰:"出窟后如何?"师曰:"万里正纷纷。"曰:"欲出不出时如何?"师曰:"崄。"曰:"向上事如何?"师曰:"眨。"问:"如何是透法身外一句子?"师曰:"北斗后翻身。"问:"十二时中如何趣向?"师曰:"抛向金刚地

---

① "水"下,丛刊本、南藏本、径山本、大正本有"不肯受"。
② "居",丛刊本无。
③ "同死",丛刊本无。

上著。"问:"文殊与维摩对谭何事?"师曰:"葛巾纱帽,已拈向那边著也。"问:"如何是和尚家风?"师曰:"咬得著,是好手。"问:"无烟之火,是什么人向得?"师曰:"不惜眉毛底。"曰:"和尚还向得么?"师曰:"汝道我有多少茎眉毛在?"

师见新到僧才上法堂,乃举拂子,却掷下。其僧珍重,便下去。师曰:"作家,作家。"问:"全身佩剑时如何?"师曰:"忽遇正恁么时,又作么生?"僧无对。师问国泰瑫和尚:"古人道:俱胝只念三行咒,便得名超一切人。作么生与他拈却三行咒,便得名超一切人?"国泰竖起一指。师曰:"不因今日,争识得瓜洲客?"师有师叔在廨院患甚,附书来问曰:"某甲有此大病,如今正受疼痛,一切处安置伊不得,还有人救得么?"师乃回信曰:"顶门上中此金刚箭,透过那边去也。"有一僧曾在师法席,辞去,住庵一年,后来礼拜曰:"古人道:三日不相见,莫作旧时看。"师乃露胸问曰:"汝道我有多少茎盖胆毛?"僧无对。师却问:"汝什么时离庵?"曰:"今朝。"师曰:"来时折脚铛子,分付与阿谁?"僧又无语,师乃喝出。

问:"承师有言:我住明招顶,兴传古佛心。如何是明招顶?"师曰:"换却眼。"曰:"如何是古佛心?"师曰:"汝还气急么?"问:"学人拏云攫浪上来,请师展钵。"师曰:"挼破汝顶。"曰:"也须仙陀去。"师乃棒趁出。师别有颂示众曰:"明招一拍和人希,此是真宗上妙机。石火瞥然何处去,朝生凤子合应知。"

师住明招山四十载,语句流布诸方。将欲迁化,上堂告众嘱付。其夜展足,问侍者曰:"昔释迦如来展开双足,放百宝光明。

汝道吾今放多少？"侍者曰："昔日鹤林，今日和尚。"师以手拂眉曰："莫孤负么？"又说偈曰："蓦刀丛里逞全威，汝等应当善护持。火里铁牛生犊子，临岐谁解凑吾机？"偈毕，安坐寂然长往。今塔院存焉。

衡州华光范禅师①。僧问："灵台不立，还有出身处也无？"师曰："有。"曰："如何是出身处？"师曰："出。"问："如何是西来意？"师曰："道。"问："如何是佛法大意？"师曰："验。"问："牛头未见四祖时如何？"师曰："自由自在。"曰："见后如何？"师曰："自由自在。"问："如何是佛法中事？"师曰："了。"

福州罗山绍孜禅师，上堂，有数僧争出问话。师曰："但一时出来问，待老僧一时答却。"僧便问："学人一齐问，请师一齐答。"师曰："得。"问："学人乍入丛林，祖师的的意，请师直指。"师曰："好。"

西川慧禅师，初参罗山②，罗山问："什么处来？"师曰："远离西蜀，近发开元。即今事作么生？"罗山揖曰："吃茶去。"师良久无言，罗山曰："秋气稍暖去。"罗山来日上堂，师出问："豁开户牖，当轩者谁？"罗山乃喝，师良久，罗山曰："毛羽未

---

① "华光范"，原作"华范光"，据丛刊本、大正本及目录改。
② "山"下，大正本注"见十七卷'罗山章'"。

备，且去。"① 师因而抠衣，久承印记。后谒台州胜光，光在绳床上坐，师直入到身边，叉手立。光问："什么处来？"师曰："犹待答话在。"师便下去。光拈得拄杖、拂子，下僧堂前见师，提起拂子问曰："阇梨唤遮个作什么？"师曰："敢死喘气。"光低头归方丈。

建州白云令弇和尚，师上堂，谓众曰："遣往先生门，谁云对丧主？珍重。"僧问："己事未明，以何为验？"师曰："木镜照素容。"② 曰："验后如何？"师曰："不争多。"问："三台有请，四众临筵，既处当仁，请师一唱。"师曰："要唱即不难。"曰："便请师唱。"师曰："夜静水清鱼不食，满船空载月明归。"

虔州天竺义澄常真禅师，初参罗山，栖泊数载。后因罗山在疾，师问："百年后，忽有人问，和尚以何指示？"罗山乃放身便倒，师从此契悟。僧问："如何是佛法大意？"师曰："寒暑相催。"问："圣皇请命，大众临筵，请师举。"师曰："领，领。"曰："恁么即人天有赖也。"师曰："汝作么生？"

---

① "去"下，大正本有"一本云：初参罗山，才礼拜起，山云：'甚处来？'师云：'远离西蜀，近发开元。'却近前云：'即今事作么生？'罗山揖云：'吃茶去。'师拟议间，罗山云：'秋气稍暖出去。'师到法堂，自叹云：'我在西川峨眉山脚下，拾得一只蓬蒿箭，拟拟（《联灯会要》卷二十五作"拟拨"，当从）乱天下，今日到福建道陈老师寨里，弓折箭尽去也。休休'。罗山明日升堂，师又出问："豁开户牖，当轩者谁？'山便喝，师无对。山云：'羽毛未备，翼梢未全，且去。'"

② "木"，碛砂本作"水"。

吉州清平惟旷真寂禅师，师上堂云："不动神情，便有输赢之意①。还有么？出来。"时有僧出礼拜，师云："不是作家，出去。"僧问："如何是第一句？"师曰："要头将取去。"问："如何是活人剑？"师曰："会么？"曰："如何是杀人刀？"师叱之。问："如何是师子儿？"师曰："毛头排宇宙。"

婺州金柱义昭和尚，②僧问："如何是和尚家风？"师曰："开门作活。"僧云："忽遇贼来，又怎么生？"师曰："然。"有新到僧参，师揭帘，以手作除帽子势。僧拟欲近前，师云："赚杀人。"师因事而有颂曰："虎头生角人难措，石火电光须密布。假饶烈士也应难，蒙底那能解差互？"

潭州谷山和尚，僧问："省要处乞师一言。"师乃起去。问："羚羊挂角时如何？"师曰："你向什么处觅？"曰："挂角后如何？"师曰："走。"

湖南浏阳道吾山从盛禅师，师初住高安龙回。有僧问："如何是觌面事？"师曰："新罗国去也。"问："如何是龙回家风？"师曰："纵横射直。"问："如何是灵源？"师曰："嫌什么？"曰："近者如何？"师曰："如人饮水。"问："穷子投师，乞师拯济。"师曰："莫是屈著汝么？"曰："争奈穷何？"师曰："大有人见。"

---

① "赢"，原作"羸"，据大正本改。
② "昭"下，原衍一"照"，据大正本及目录改。

福州罗山义因禅师，师上堂，示众曰："若是宗师门下客，必不怪于罗山。珍重。"僧问："承古人有言：自从认得曹溪路，了知生死不相关。曹溪即不问，如何是罗山路？"师展两手。僧曰："恁么即一路得通，诸路亦然。"曰："什么诸路？"僧近前立，师曰："灵鹤烟霄外，钝鸟不离窠。"问："承教中有言：顺法身，万象俱寂；随智用，万象齐生。如何是万象俱寂？"师曰："有什么？"曰："如何是万象齐生？"师曰："绳床椅子。"

灌州灵岩和尚，僧问："如何是道中宝？"师曰："地倾东南，天高西北。"曰："学人不会。"师曰："落照机前异。"师颂"石巩接三平"曰："解擘当胸箭，因何只半人？为从途路晓，所以不全身。"

吉州匡山和尚，师有《示徒颂》曰："匡山路，匡山路，岩崖崄峻人难措。游人拟议隔千山，一句分明超佛祖。"又有《白牛颂》曰："我有古坛真白牛，父子藏来经几秋。出门直透孤峰顶，回来暂跨虎溪头。"

福州兴圣重满禅师，上堂，示众曰："觌面分付，不待文宣，对眼投机，唤作参玄上士。若能如此，所以宗风不坠。"僧问："如何是宗风不坠底句？"师曰："老僧不忍。"问："昔日灵山会里，今朝兴圣筵中，和尚亲传，如何举唱？"师曰："欠汝一问。"

潭州宝应清进禅师，僧问："如何是实相？"师曰："没却汝。"问："至理无言，如何通信？"师曰："千差万别。"曰："得力处乞师指示。"师曰："瞌睡汉。"

前安州白兆山志圆禅师法嗣

朗州大龙山智洪弘济大师，僧问："如何是佛？"师曰："即汝是。"曰："如何领会？"师曰："更嫌钵盂无柄那？"问："如何是微妙？"师曰："风送水声来枕畔，月移山影到床边。"问："如何是极则处？"师曰："懊恼三春月，不及九秋光。"

襄州白马山行霭禅师，僧问："如何是清净法身？"师曰："井底虾蟆吞却月。"问："如何是白马正眼？"师曰："向南看北斗。"

郢州大阳山行冲禅师，第一世住。僧问："如何是无尽藏？"师良久，僧无语。师曰："近前来。"僧才近前，师曰："去。"

安州白兆山竺乾院怀楚禅师，第二世住。僧问："如何是句句须行玄路？"师曰："沿路直到湖南。"问："如何是师子儿？"师曰："德山嗣龙潭。"问："如何是和尚为人一句？"师曰："与汝素无冤雠，一句元在这里。"曰："未审在什么方所？"师曰："这钝汉。"

蕲州四祖山清皎禅师，福州人也，姓王氏。初住郢州大阳山，为第二世。僧问："师唱谁家曲，宗风嗣阿谁？"师曰："楷师岩畔祥云起，宝寿峰前震法雷。"师次住安州慧日院，后迁止蕲州四祖山，为第一世。年七十时，遗偈云："吾年八十八，满头垂白发。颙颙镇双峰，明明千江月。黄梅扬祖教，白兆承宗诀。日日告儿孙，勿令有断绝。"淳化四年癸巳八月二十三日入灭，年八十八。

蕲州三角山志操禅师①，第三世住。僧问："教法甚多，宗归一贯。和尚为什么说得许多周游者也？"师曰："为尔周游者也。"曰："请和尚即古即今。"师以手敲绳床。

晋州兴教师普禅师，僧问："盈龙宫、溢海藏真诠即不问，如何是教外别传底法？"师曰："眼里、耳里、鼻里。"曰："只此便是否？"师曰："是什么？"僧咄，师亦咄。问僧："近离什么处？"曰："下寨。"师曰："还逢著贼么？"曰："今日捉下。"师曰："放汝三十棒。"

蕲州三角山真鉴禅师，第四世住。僧问："师唱谁家曲，宗风嗣阿谁？"师曰："忽然行政令，便见下堂阶。"

前潭州藤霞和尚法嗣

澧州药山和尚，第七世住。师上堂，谓众曰："夫学般若菩萨，不惧得失，有事近前。"时有僧问："药山祖裔，请师举唱。"师

---

① "禅"，原脱，据大正本及目录补。

曰："万机挑不出。"曰："为什么万机挑不出？"师曰："他缘岸谷。"问："如何是药山家风？"师曰："叶落不如初。"问："法雷哮吼时如何？"师曰："宇宙不曾震。"曰："为什么不曾震？"师曰："遍地娑婆，未尝哮吼。"曰："不哮吼底事如何？"师曰："盖国无人知。"①

前潭州云盖山景和尚法嗣

衡岳南台寺藏禅师，问："远远投师，请师一接。"师曰："不隔户。"问："如何是南台境？"师曰："松韵拂时石不点，孤峰山下垒难齐。"曰："如何是境中人？"师曰："岩前栽野果，接待往来宾。"曰："恁么即谢供养。"师曰："怎生滋味？"问："如何是法堂？"师曰："无壁落。"问："不顾诸缘时如何？"师良久。

幽州潭柘水从实禅师，僧问："如何是道？"师曰："个中无紫皂。"曰："如何是禅？"师曰："不与白云连。"师问僧："作什么来？"曰："亲近来。"师曰："任汝白云朝岳顶，争奈青霄不展颜。"

潭州云盖山证觉禅师，僧问："如何是和尚家风？"师曰："四海不曾通。"问："如何是一尘含法界？"师曰："通身体不圆。"曰："如何是九世刹那分？"师曰："繁兴不布彩。"问："如何是宗门中的的意？"师曰："万里胡僧，不入波澜。"

---

① "盖"，大正本作"阖"。

前庐山归宗怀恽禅师法嗣

归宗寺弘章禅师,第四世住。僧问:"学人有疑时如何?"师曰:"疑来多少时也?"问:"小船渡大海时如何?"师曰:"较些子。"①曰:"如何得渡?"师曰:"不过来。"问:"枯木生华时如何?"师曰:"把一朵来。"问:"混然觅不得时如何?"师曰:"是什么?"

前池州嵇山章禅师法嗣

随州双泉山道虔禅师,僧问:"洪钟未扣时如何?"师曰:"绝音响。"曰:"扣后如何?"师曰:"绝音响。"问:"如何是在道底人?"师曰:"无异念。"问:"如何是希有底事?"师曰:"白莲华向半天开。"师后住安州法云院示灭。

前洪州云居第四世怀岳禅师法嗣

扬州风化院令崇禅师,第一世住。舒州宿松人。七岁出家,二十登戒。契缘于云居怀岳和尚②,开法于信州鹅湖。庐州节帅周本于维扬西南隅创院③,请师居之。僧问:"如何是敌国一著棋?"师曰:"下将来。"问:"一棒打破虚空时如何?"师曰:"把将一片来。"

---

① "较",丛刊本、碛砂本作"教"。
② "怀",原作"智",据南藏本、径山本、大正本改。
③ "本",原作"来",据丛刊本、大正本改。

澧州药山忠彦禅师，第八世住。僧问："教云：诸佛放光明，助发实相义。光明即不问，如何是助发实相义？"师曰："会么？"曰："莫便是否？"师曰："是什么？"问："师唱谁家曲，宗风嗣阿谁？"师曰："云岭龙昌月，神风洞上泉。"

梓州龙泉和尚，僧问："如何是祖师西来意？"师曰："不在阇梨分上。"问："学人欲跳万丈洪崖时如何？"师曰："扑杀。"

前筠州洞山道延禅师法嗣

筠州上蓝院庆禅师，初游方，问雪峰："如何是雪峰的的意？"雪峰以杖子敲师头，师应诺，峰大笑。师后承洞山印解，居于上蓝。僧问："如何是上蓝无刃剑？"师曰："无。"僧曰："为什么无？"师曰："阇梨，诸方有。"

前襄州鹿门山处真禅师法嗣

益州崇真和尚，僧问："如何是禅？"师曰："澄潭钓玉兔。"问："如何是大人相？"师曰："泥捏三官土地堂。"

襄州鹿门山第二世谭和尚志行大师，僧问："如何是实际理地？"师曰："南赡部洲，北郁单越。"曰："恁么则事同一家也。"① 师曰："隔须弥在。"问："远远投师，请师接。"师曰："从什么处来？"曰："江北来。"师曰："南堂里安下。"问："如

---

① "则"，丛刊本作"即"。

何是清净法身？"师曰："戌亥年生。"

襄州谷隐智静悟空大师，僧问："如何是和尚转身处？"师曰："卧单子下。"问："如何是道？"师曰："凤林关下。"曰："学人不会。"师曰："直至荆南。"问："如何是指归之路？"师曰："莫用伊。"曰："还使学人到也无？"师曰："什么处著得汝？"问："灵山一会，何异今时？"师曰："不异如今。"曰："不异底事作么生？"师曰："如来密旨，迦叶不传。"

庐山佛手岩行因禅师者，雁门人也，未详姓氏。早习儒学，一旦舍俗出家，志求真谛，乃游方。首谒襄阳鹿门山真禅师，师资道契。寻抵江淮，登庐山。山之北，有岩如五指，下有石窟，深邃可三丈余。师宴处其中，因号"佛手岩和尚"，不度弟子，有邻庵僧为之供侍。常有异鹿、锦囊鸟，驯绕其侧。江南国主李氏向仰，三遣使征召，不起。坚请就栖贤寺开法，不逾月，潜归岩室。僧问："如何是对现色身？"师竖起一指。法眼别云："还有也未？"一日，示有微疾，谓侍僧曰："日将午，吾去矣。"侍僧方对，师下床，行数步，屹立而化。岩顶上有松一株，同日枯瘁。寿七十余。国主命画工写影，备香薪焚爇，收遗骨，塔于岩之阴。

前抚州曹山第二世慧霞禅师法嗣

嘉州东汀和尚，僧问："如何是却去底人？"师曰："石女纺麻纩。"曰:"如何是却来底人?"师曰:"扇车关㮇良计。断①。"

前华州草庵法义禅师法嗣

泉州龟洋慧忠禅师,本州仙游县人也,姓陈氏。九岁依本山出家,既具戒,杖锡观方。谒草庵和尚,草庵问曰:"何方而来?"师曰:"六眸峰来。"草庵曰:"还具六通否?"师曰:"患非重瞳。"草庵然之。师回故山,属唐武宗废教,例为白衣。暨宣宗中兴,师曰:"古人有言:上升道士不受箓,成佛沙弥不具戒法。"遂过中不食,不字而禅。乃述偈三首曰:"雪后始谙松桂别,云收方见济河分。不因世主教还俗,那辨鸡群与鹤群?""多年尘事谩腾腾,虽著方袍未是僧。今日修行依善慧,满头留发后然灯。"②"形容虽变道常存,混俗心源亦不昏。更读善财巡礼偈,当时何处作沙门?"

师始从参礼,以至返初、示灭,未尝下山。葬于无了和尚塔之东隅二百步,目为东塔③。经数载,其塔忽坼裂,连阶丈余。时主塔僧将发之,于夜宴寂中,见西塔定身言曰:"吾之遗质,既劳汝重瘗,今东塔不烦更出也。"塔主禀乎灵感,召檀信重修补严饰,逮今香灯不绝,时谓陈、沈二真身是也。其无了禅师,嗣马祖,事迹广如别章。

---

① "良计",原作正文,据《五灯会元》卷十四此句作"扇车关㮇断",知"良计"二字乃㮇之音注。
② "后",南藏本、径山本、大正本作"候"。
③ "目",碛砂本作"起"。

前襄州含珠山审哲禅师法嗣

洋州龙穴山和尚，僧问："如何是祖师西来意？"师曰："骑虎唱巴歌。"问："大善知识为什么却与土地烧钱？"师曰："彼上人者，难为酬对。"

唐州大乘山和尚，问："枯树逢春时如何？"师曰："世间希有。"问："如何是四面上事？"师曰："升子里踔跳，斗子内转身。"

襄州凤山延庆院归晓慧广大师，僧问："言语道断时如何？"师曰："两重公案。"曰："如何领会？"师曰："分明举似洞山。"问："如何是凤山境？"师曰："好生看取。"曰："如何是境中人？"师曰："识么？"

襄州含珠山真和尚，第三世住。僧问："师唱谁家曲，宗风嗣阿谁？"师曰："含珠密意，同道者知。"曰："恁么即不假羽翼，便登翠岭也。"师曰："钝。"问："古镜未磨时如何？"师曰："昧不得。"曰："磨后如何？"师曰："黑似漆。"[1]

前凤翔府紫陵匡一大师法嗣

并州广福道隐禅师，僧问："如何是指南一路？"师曰："妙

---

[1] "似"，丛刊本、大正本作"如"。

引灵机事，澄波显异轮。"问："三家同到请，未审赴谁家？"师曰："月应千家水，门门尽有僧。"

紫陵微禅师，第二世住。僧问："如何是紫陵境？"师曰："寂照灯光夜已深。"曰："如何是境中人？"师曰："猿啼虎啸。"问："宝剑未出匣时如何？"师曰："盘陀石上栽松柏。"

兴元府大浪和尚，僧问："既是喝河神，为什么却被水推却？"师曰："随流始得妙，倚岸却成迷。"

前洪州凤栖山同安威禅师法嗣

陈州石镜和尚，僧问："石镜不磨，还照也无？"师曰："前生是因，今生是果。"

前襄州石门山献禅师法嗣

石门山乾明寺慧彻禅师，第二世住。问："金乌出海光天地，与此光阴事若何？"师曰："龙出洞兮风雨至，海岳倾时日月明。"问："从上诸圣，向什么处去也？"师曰："露柱挂灯笼。"问："师唱谁家曲，宗风嗣阿谁？"师曰："片云生凤岭，樵子处处明。"问："如何是和尚家风？"师曰："解接无根树，能挑海底灯。"①问："如何是祖师西来意？"师曰："少林澄九鼎，动浪百华新。"问："如何是佛法大意？"师曰："三门外松树子，见生见

---

① "挑"，丛刊本作"烧"。

长。"问:"一毫未发时如何?"师曰:"羿善不调弓,箭透三江口。"问:"如何是佛?"师曰:"樵子度荒郊,骑牛草不露。"

前襄州万铜山广德义和尚法嗣

襄州广德延和尚,第二世住。初谒广德义和尚,作礼而问曰:"如何是和尚深深处?"曰:"隐身不必须岩谷,阛阓堆堆睹者希。"师曰:"恁么即酌水献华也。"曰:"忽然云雾霭,阇梨作么生?"师曰:"采汲不虚施。"①曰:"大众,看取第二代广德。"师次踵山门,聚徒开法。僧问:"如何是祖师西来意?"师曰:"鱼跃无源水,莺啼万古松。"问:"如何是常在底人?"师曰:"腊月死蛇当大路,触著伤人不奈何。"问:"如何是大通智胜佛时?"师曰:"盛夏日轮新霁后,汝莫当辉瞪目观。"曰:"如何是大通智胜佛后?"师曰:"孤轮罢照鹫峰顶,汝报巴猿莫断肠。"问:"如何是作得无间业?"师曰:"猛火然铛煮佛喋。"师因事有颂曰:"才到洪山便垛根,四平八面不言论。他家自有眠云志,芦管横吹宇宙分。"

前随州随城山护国守澄禅师法嗣

随州龙居山智门寺守钦圆照大师,僧问:"两镜相对,为什么中间无像?"师曰:"自己亦须隐。"曰:"镜破台亡时如何?"师竖起拳。问:"如何是和尚家风?"师曰:"额上不帖榜。"

---

① "汲",丛刊本作"及"。

随城山护国知远演化大师，第二世住。僧问："举子入门时如何？"师曰："缘情体物是作么生？"问："乾坤休驻意，宇宙不留心时如何？"师曰："总是战争收拾得，却因歌舞破除休。"问："'直截根源佛所印，摘叶寻枝我不能'，意旨如何？"师曰："罢攀云树三秋果，休恋碧潭孤月轮。"

安州大安山能和尚崇教大师，僧问："师唱谁家曲，宗风嗣阿谁？"师曰："打起南山鼓，唱起北山歌。"问："如何是三冬境？"师曰："千山添翠色，万树锁银华。"

颖州荐福院思禅师，曾住唐州天目山①。僧问："古殿无佛时如何？"师曰："梵音何来？"又问："不假修证，如何得成？"师曰："修证即不成。"

潭州延寿和尚，僧问："师唱谁家曲，宗风嗣阿谁？"师曰："炀帝以汴水为荣，老僧以书湖池畔。"

随城山护国志朗圆明大师，第三世住。僧问："师唱谁家曲，宗风嗣阿谁？"师曰："净果嫡子，疏山之孙。"问："如何是万法之根源？"师曰："空中收不得，护国不能该。"

前蕲州乌牙山彦宾禅师法嗣

安州大安山兴古禅师，僧问："亡僧迁化，向什么处去也？"

---

① "住"，丛刊本作"在"。

师曰:"昨夜三更月上峰。"问:"维摩寂默,是说不是说?"师曰:"暗里石牛儿,超然不出户。"

蕲州乌牙山行朗禅师,僧问:"未作人身已前,作什么来?"师曰:"海上石牛歌三拍,一条红线掌间分。"问:"迦叶上行衣,何人合得披?"师曰:"天然无相子,不挂出尘衣。"

前凤翔府青峰和尚法嗣

西川灵龛和尚,僧问:"如何是诸佛出身处?"师曰:"出处非干佛,春来草自青。"问:"碌碌地时如何?"师曰:"试进一步看。"

京兆紫阁山端己禅师,僧问:"四相俱尽,立什么为真?"师曰:"尔什么处去来?"问:"渭水正东流时如何?"师曰:"从来无间断。"

房州开山怀昼禅师,僧问:"作何行业,即得不违千圣?"师曰:"妙行无伦匹,情玄体自殊。"问:"有耳不临清水洗,无心谁为白云幽?"师曰:"无木挂千金。"曰:"挂后如何?"师曰:"杳杳人难辨。"

幽州传法和尚,僧问:"教意与祖意,是同是别?"师曰:"华开金线秀,古洞白云深。"问:"别人为什么徒弟多,师为什么无徒弟?"师曰:"海岛龙多隐,茅茨凤不栖。"

益州净众寺归信禅师，僧问："莲华未出水时如何？"师曰："菡萏满池流。"曰："出水后如何？"师曰："叶落不知秋。"问："不假浮囊便登巨海时如何？"师曰："红嘴飞超三界外①，绿毛也解道煎茶。"

青峰山清免禅师，第二世住。僧问："久酝蒲萄酒，今日为谁开？"师曰："饮者方知。"问："如何是祖师西来意？"师曰："耨池无一滴，四海自滔滔。"

---

① "飞超三界"，碛砂本作"三飞超界"。

景德传灯录卷第二十四

吉州清原山行思禅师第八世七十四人
漳州罗汉院桂琛禅师法嗣七人见录
　　金陵清凉文益禅师
　　襄州清溪洪进禅师
　　金陵清凉休复禅师
　　抚州龙济绍修禅师
　　杭州天龙寺秀禅师
　　潞州延庆传殷禅师
　　衡岳南台守安禅师
福州仙宗契符大师法嗣二人见录
　　福州仙宗洞明大师
　　泉州福清行钦禅师
杭州天龙重机大师法嗣一人见录
　　高丽雪岳令光禅师
婺州国泰瑫禅师法嗣一人见录
　　婺州齐云宝胜禅师
福州升山白龙道希禅师法嗣五人见录

福州广平玄旨禅师

　　福州白龙清慕禅师

　　福州灵峰志恩禅师

　　福州东禅玄亮禅师

　　漳州报劬玄应禅师

泉州招庆法因大师法嗣七人六人见录

　　泉州报恩宗显大师

　　金陵龙光澄忋禅师

　　永兴北院可休禅师

　　郴州太平清海禅师

　　连州慈云慧深大师

　　郢州兴阳道钦禅师

　　　　漳州保福清溪禅师　一人无机缘语句，不录

婺州报恩宝资禅师法嗣一人见录

　　处州福林澄和尚

处州翠峰从欣禅师法嗣一人见录

　　处州报恩守真禅师

襄州鹫岭明远禅师法嗣一人见录

　　襄州鹫岭第二世通和尚

杭州龙华志球禅师法嗣一人见录

　　仁王院俊禅师

漳州保福可俦禅师法嗣一人见录

　　漳州隆寿无逸禅师

潭州延寿寺慧轮禅师法嗣二人见录

庐山归宗道诠禅师
　　潭州龙兴裕禅师
韶州白云祥和尚法嗣六人见录
　　韶州大历和尚
　　连州宝华和尚
　　韶州月华和尚
　　南雄州地藏和尚
　　英州乐净含匡禅师
　　韶州后白云和尚
朗州德山缘密大师法嗣二人见录
　　潭州鹿苑文袭禅师
　　澧州药山可琼禅师
西川青城香林澄远禅师法嗣一人见录
　　灌州罗汉和尚
襄州洞山守初禅师法嗣
　　　　潭州道崧禅师　一人无机缘语句，不录
鄂州黄龙诲机禅师法嗣九人[①]七人见录
　　洛京紫盖善沼禅师
　　眉州黄龙继达禅师
　　枣树第二世和尚
　　兴元府玄都山澄和尚
　　嘉州黑水和尚
　　鄂州黄龙智颙禅师

[①] "诲"，径山本、大正本作"晦"。

眉州福昌达和尚
> 常州慧山然和尚、洪州双岭悟海禅师　已上二人无机缘语句，不录

婺州明招德谦禅师法嗣六人五人见录

处州报恩契从禅师

婺州普照瑜和尚

婺州双溪保初禅师

处州涌泉究和尚

衢州罗汉义和尚

> 福州兴圣调和尚　一人无机缘语句，不录

郎州大龙山智洪禅师法嗣三人见录

大龙山景如禅师

大龙山楚勋禅师

兴元府普通院从善禅师

襄州白马行霭禅师法嗣一人见录

白马智伦禅师

安州白兆山怀楚禅师法嗣三人一人见录

唐州保寿匡祐禅师

> 蕲州自南禅师、果州永庆院继勋禅师　已上二人无机缘语句，不录

襄州谷隐智静禅师法嗣二人见录

谷隐知俨禅师

襄州普宁法显禅师

庐山归宗弘章禅师法嗣一人见录

东京普净院常觉禅师

凤翔府紫陵微禅师法嗣

    凤翔府大朗和尚、潭州新开和尚　二人无机缘语句，不录

襄州石门山慧彻禅师法嗣二人见录

   石门山绍远禅师

   鄂州灵竹守珍禅师

洪州同安志和尚法嗣二人一人见录

   朗州梁山缘观禅师

    陈州灵通和尚　一人无机缘语句，不录

襄州广德延和尚法嗣一人见录

   广德周禅师

益州净众寺归信禅师法嗣

    汉州灵龛山和尚　一人无机缘语句，不录

随州护国知远禅师法嗣

    东京开宝常普大师　一人无机缘语句，不录

行思禅师第八世①

前漳州罗汉桂琛禅师法嗣

升州清凉院文益禅师，余杭人也，姓鲁氏。七岁，依新定智通院全伟禅师落发，弱龄禀具于越州开元寺。属律匠希觉师盛化于明州鄮山育王寺，师往预听习，究其微旨。复傍探儒典，游文雅之场，觉师目为"我门之游、夏也"。师以玄机一发，杂务俱捐，振锡南迈，抵福州长庆法会，虽缘心未息，而海众推之。寻更结侣，拟之湖外。既行，值天雨忽作，溪流暴涨，暂寓城西地

---

① "行"上，径山本有"吉州清原山"。

藏院，因参琛和尚。琛问曰："上坐何往？"师曰："逦迤行脚去。"曰："行脚事作么生？"师曰："不知。"曰："不知最亲切。"师豁然开悟。与同行进山主等四人，因投诚咨决，悉皆契会，次第受记，各镇一方。师独于甘蔗洲卓庵，因议留止。进师等以江表丛林，欲期历览，命师同往。至临川，州牧请住崇寿院。

初开堂日，中坐茶筵未起，四众先围绕法坐。时僧正白师曰："四众已围绕和尚法坐了。"师曰："众人却参真善知识。"少顷升坐，大众礼请讫，师谓众曰①："众人既尽在此，山僧不可无言，与大众举一古人方便。珍重。"便下坐。时有僧出礼拜，师曰："好问著。"僧方申问次，师曰："长老未开堂，不答话。"子方上坐自长庆来，师举先长庆棱和尚偈而问曰："作么生是'万象之中独露身'？"子方举拂子。师曰："怎么会又争得？"曰："和尚尊意如何？"师曰："唤什么作万象？"曰："古人不拨万象。"师曰："万象之中独露身，说什么拨不拨？"子方豁然悟解，述偈投诚。自是诸方会下有存知解者，翕然而至。始则行行如也，师微以激发，皆渐而服膺。海参之众，常不减千计。

师上堂，大众立久，乃谓之曰："只怎么便散去，还有佛法也无？试说看。若无，又来遮里作么？若有，大市里人聚处亦有，何须到遮里？诸人各曾看《还源观》《百门义海》②《华严论》《涅槃经》诸多策子，阿那个教中有遮个时节？若有，试举看。莫是怎么，经里有怎么语是此时节么？有什么交涉？所以微

---

① "众曰"，东寺本、碛砂本、南藏本、径山本无。
② "百"，丛刊本作"法"。

言滞于心首，尝为缘虑之场①；实际居于目前，翻为名相之境。又作么生得翻去？若也翻去，又作么生得正去？还会么？莫只恁么念策子，有什么用处？"僧问："如何披露，则得与道相应？"师曰："汝几时披露，即与道不相应？"问："六处不知音时如何？"师曰："汝家眷属一群子。"师又曰："作么生会？莫道恁么来问，便是不得。汝道六处不知音，眼处不知音？耳处不知音？若也根本是有，争解无得？古人道：离声色著声色，离名字著名字。所以无想天修得，经八万大劫，一朝退堕，诸事俨然，盖为不知根本真实。次第修行，三生六十劫，四生一百劫，如是直到三祇果满。他古人犹道：不如一念缘起无生，超彼三乘权学等见。又道：弹指圆成八万门，刹那灭却三祇劫。也须体究！若如此，用多少气力？"僧问："指即不问，如何是月？"师曰："阿那个是汝不问底指？"又僧问："月即不问，如何是指？"师曰："月。"曰："学人问指，和尚为什么对月？"师曰："为汝问指。"

　　江南国主重师之道，迎入住报恩禅院，署"净慧禅师"。师上堂，谓众曰："古人道：我立地待汝觏去。山僧如今坐地待汝觏去，还有道理也无？那个亲，那个疏？试裁断看。"问："洪钟才击，大众云臻，请师如是。"师曰："大众会何似汝会？"问："如何是古佛家风？"师曰："什么处看不足？"问："十二时中如何行履，即得与道相应？"师曰："取舍之心成巧伪。"问："古人传衣，当记何人？"师曰："汝什么处见古人传衣？"问："十方贤圣，皆入此宗。如何是此宗？"师曰："十方贤圣皆入。"问："如

---

① "尝"，大正本作"常"。

何是佛向上人?"师曰:"方便呼为佛。"问:"声、色两字,什么人透得?"师却谓众曰:"诸上坐,且道遮个僧还透得也未?若会此问处,透声色即不难。"问:"求佛知见,何路最径?"师曰:"无过此。"问:"瑞草不凋时如何?"师曰:"谩语。"问:"大众云集,请师顿决疑网。"师曰:"寮舍内商量,茶堂内商量?"问:"云开见日时如何?"师曰:"谩语真个。"问:"如何是沙门所重处?"师曰:"若有纤毫所重,即不名沙门。"

问:"千百亿化身,于中如何是清净法身?"师曰:"总是。"问:"簇簇上来,师意如何?"师曰:"是眼不是眼?"问:"全身是义,请师一决。"师曰:"汝义自破。"问:"如何是古佛心?"师曰:"流出慈悲喜舍。"问:"百年暗室,一灯能破。如何是一灯?"师曰:"论什么百年?"问:"如何是正真之道?"师曰:"一愿也教汝行,二愿也教汝行。"问:"如何是一真之地?"师曰:"地则无一真。"曰:"如何卓立?"师曰:"转无交涉。"问:"如何是古佛?"师曰:"即今也无嫌处。"问:"十二时中,如何行履?"师曰:"步步踏著。"问:"古镜未开,如何显照?"师曰:"何必再三?"问:"如何是诸佛玄旨?"师曰:"是汝也有。"问:"承教有言:从无住本,立一切法。如何是无住本?"师曰:"形兴未质,名起未名。"问:"亡僧衣,众僧唱;祖师衣,什么人唱?"师曰:"汝唱得亡僧什么衣?"问:"荡子还乡时如何?"师曰:"将什么奉献?"曰:"无有一物。"师曰:"日给作么生?"

师后迁住清凉。上堂,示众曰:"出家人但随时及节,便得寒即寒,热即热。欲知佛性义,当观时节因缘。古今方便不少,不见石头和尚因看《肇论》云:会万物为己者,其唯圣人乎?他家便道：圣人无己，靡所不己。有一片言语，唤作《参同契》，末上云，'竺土大仙心'，无过此语也。中间也只随时说话，上坐今欲会万物为己去，盖为大地无一法可见。他又嘱人云：光阴莫虚度。适来向上坐道，但随时及节便得。若也移时失候，即是虚度光阴，于非色中作色解。上坐于非色中作色解，即是移时失候。且道色作非色解，还当不当？上坐若恁么会，便是没交涉，正是痴狂两头走，有什么用处？上坐但守分随时过好，珍重。"

问："如何是清凉家风？"师曰："汝到别处，但道到清凉来。"问："如何得诸法无当去？"师曰："什么法当著上坐？"曰："争奈日夕何？"师曰："闲言语。"问："观身如幻化，观内亦复然时如何？"师曰："还得恁么也无？"问："要急相应，唯言不二。如何是不二之言？"师曰："更添些子，得么？"问："如何是法身？"师曰："遮个是应身。"问："如何是第一义？"师曰："我向汝道，是第二义。"师问修山主："毫厘有差，天地悬隔，兄作么生会？"修曰："毫厘有差，天地悬隔。"师曰："恁么会，又争得？"修曰："和尚如何？"师曰："毫厘有差，天地悬隔。"修便礼拜。东禅齐拈云："山主怎么祇对，为什么不肯？及乎再请益，法眼亦只恁么道便得去。且道疑讹在什么处？若看得透，道上坐有来由。"师与悟空禅师向火，拈起香匙问悟空云："不得唤作香匙，兄唤作什么？"悟空云："香匙。"师不肯。悟空却后二十余日方明此语。东禅齐拈云："丛林中总道：悟空好语，法眼须有此语。若恁么会，还梦见也未？除此外，别作么生会法眼意？上坐，既不唤作香匙，唤作什么？别下一转子看，要知上坐平生眼。"

因僧斋前上参，师以手指帘。时有二僧同去卷帘，师曰：

"一得一失。"东禅齐拈云："上坐，且作么生会？有云：为伊不明旨，便去卷帘。亦有道指者即会，不指而去者即失。恁么会，还可不可？既不许恁么会，且问上坐，阿那个得，阿那个失？"因云门问僧："什么处来？"云："江西来。"云门云："江西一队老宿，寱语住也未？"僧无对。僧问师："不知云门意作么生？"师曰："大小云门，被遮僧勘破。"师问僧："什么处来？"曰："道场来。"师曰："明合暗合？"僧无语。师令僧取土添莲盆，僧取土到。师曰："桥东取，桥西取？"曰："桥东取。"师曰："是真实，是虚妄？"师问僧："什么处来？"曰："报恩来。"师曰："众僧还安否？"曰："安。"师曰："吃茶去。"师问僧："什么处来？"曰："泗州礼拜大圣来。"师曰："今年出塔否？"曰："出。"师却问傍僧："汝道伊到泗州不到？"

师问宝资长老："古人道：山河无隔碍，光明处处透。作么生是处处透底光？"资曰："东畔打罗声。"归宗柔别云："和尚拟隔碍。"师指竹问僧："还见么？"曰："见。"师曰："竹来眼里，眼到竹边？"僧曰："总不恁么。"法灯别云："当时但擘眼向师。"归宗别云："和尚只是不信某甲。"有俗士献师画障子，师看了，问曰："汝是手巧心巧？"曰："心巧。"师曰："那个是汝心？"俗士无对。归宗代云："某甲今日却成容易。"僧问："如何是第二月？"师曰："森罗万象。"曰："如何是第一月？"师曰："万象森罗。"

师缘被于金陵，三坐大道场，朝夕演旨。时诸方丛林，咸遵风化，异域有慕其法者，涉远而至。玄沙正宗，中兴于江表。师调机顺物，斥滞磨昏，凡举诸方三昧，或入室呈解，或叩激请益，皆应病与药。随根悟入者，不可胜纪。以周显德五年戊午七月十七日示疾，国主亲加礼问。闰月五日，剃发沐身，告众讫，跏趺而逝，颜貌如生。寿七十有四，腊五十四。城下诸寺院具威仪迎引，公卿李建勋已下素服，奉全身于江宁县丹阳乡起塔。谥大法眼禅师，塔曰"无相"。嗣子天台山德韶、吴越国师。文遂、江南国导师。慧炬高丽国师。等一十四人先出世，并为王侯礼重。次龙光泰钦等四十九人，后开法，各化一方，如本章叙之。后因门人行言署"玄觉导师"，请重谥"大智藏大导师"。三处法集及著偈颂、真赞、铭记、诠注等凡数万言，学者缮写，传布天下。

襄州清溪山洪进禅师，曾住邓州谷口。在地藏时，居第一坐。一日，有二僧礼拜，地藏和尚曰："俱错。"二僧无语。下堂请益修山主，修曰："汝自巍巍堂堂，却礼拜拟问他人，岂不是错？"师闻之不肯。修乃问曰："未审上坐作么生？"师曰："汝自迷暗，焉可为人？"修愤然上法堂，请益地藏。地藏指廊下曰："典坐入库头去也。"修乃省过。又一日，师问修山主曰："明知生不生性①，为什么为生之所留？"修曰："笋毕竟成竹去，如今作篾使，还得么？"师曰："汝向后自悟在。"② 曰："绍修所见只如此，上坐意旨如何？"师曰："遮个是监院房，那个是典坐房。"修礼谢。师住后③，有僧问："众盲摸象，各说异端。忽遇明眼人，又作么生？"师曰："汝但举似诸方。"师经行次，众僧随从，乃谓众曰："古人有什么言句，大家商量。"时有从猗上坐④，出众拟问次，

---

① "明知生不生性"，大正本作"明知生是不生之性"。
② "在"，径山本、大正本作"去"。
③ "住后"，丛刊本作"后住"。
④ "猗"，大正本作"漪"，下同。

师曰："遮勿毛驴。"猗涣然省悟,猗后住天平山。

升州清凉院休复悟空禅师,北海人,姓王氏。幼出家,十九纳戒。尝自谓曰:"苟尚能诠,则为滞筏;将趣凝寂,复患堕空。既进退莫决,舍二何之?"乃参寻宗匠,缘会地藏和尚,"法眼章"述之。后继法眼,住抚州崇寿。甲辰岁,江南国主创清凉大道场,延请居之。

上堂示众曰:"古圣才生下,便周行七步,目顾四方云:天上天下,唯我独尊。他便有遮个方便奇特。只如诸上坐初生下时,有个什么奇特?试举看。若道无,即对面讳却;若道有,又作么生通得个消息?还会么?上坐幸然有奇特事,因什么不知去?珍重。"僧问:"如何是佛?"师曰:"汝是众生。"曰:"还肯也无?"师曰:"虚施此问。"问:"如何是西来意?"师曰:"汝道此土还有么?"问:"省要处乞师一言。"师曰:"珍重。"问:"如何是道?"师曰:"本来无一物,何处有尘埃?"僧礼拜,师曰:"莫错会。"

问:"如何是一尘入正受?"师曰:"色即空。"曰:"如何是诸尘三昧起?"师曰:"空即色。"问:"诸余即不问,如何是悟空一句?"师曰:"两句也。"问:"牛头未见四祖时,为什么百鸟衔华?"师曰:"未见四祖。"曰:"见后为什么不衔华?"师曰:"见四祖。"问:"如何是自己事?"师曰:"几处问人来?"问:"古人得个什么,即便休歇去?"师曰:"汝得个什么,即不休歇去?"问:"如何是学人出身处?"师曰:"千般比不得,万般况不及。"曰:"请和尚道。"师曰:"古亦有,今亦有。"问:"如何是亡僧面前触目菩提？"师曰："问取髑髅后人。"问："如何是诸佛本源？"师曰："汝唤什么作诸佛？"问："雨华动地，始起雷音，未审和尚此日称扬何事？"师曰："向上坐道什么？"曰："怎么即得遇清凉也。"师曰："实即得。"问："毒龙奋迅，万象同然时如何？"师曰："你什么处得遮个问头？"

师平日居方丈，唯毳一袄，每哂同参法眼多为偈颂。晋天福八年癸卯十月朔日，遣僧往报恩院，命法眼禅师至方丈嘱付。又致书辞国主，取三日夜子时入灭。国主屡遣使候问，令本院至时击钟。及期，大众并集，师端坐警众曰："无弃光影。"语绝告寂。时国主闻钟，登高台，遥礼清凉，深加哀慕，仍致祭。茶毗，收舍利建塔。

抚州龙济山主绍修禅师，初与大法眼禅师同参地藏，所得谓已臻极。暨同辞至建阳，途中谭次，法眼忽问曰："古人道：万象之中独露身。是拨万象，不拨万象？"师曰："不拨万象。"法眼曰："说什么拨不拨？"师懵然，却回地藏。地藏问曰："子去未久，何以却来？"① 师曰："有事未决，岂惮跋涉山川？"地藏曰："汝跋涉许多山川，也还不恶。"师未喻旨。乃问曰："古人道：万象之中独露身，意旨如何？"地藏曰："汝道古人拨万象，不拨万象？"师曰："不拨。"地藏曰："两个也。"师骇然沈思，而却问曰："未审古人拨万象，不拨万象？"地藏曰："汝唤什么作万象？"师方省悟。再辞地藏，觐于法眼。法眼语意与地藏开

---

① "来"，大正本作"回"。

示，前后如一。故法眼先住抚州崇寿，大振宗风。师后居龙济山，不务聚徒，而学者奔至。

师上堂，示众曰："具足凡夫法，凡夫不知；具足圣人法，圣人不会。圣人若会，即是凡夫；凡夫若知，即是圣人。此两语，一理二义，若人辨得，不妨于佛法中有个入处。若辨不得，莫道不疑。"问："见色便见心，露柱是色，如何是心？"师曰："幸然未会，且莫诈明头。"问："如何得出三界？"师曰："汝恁问①，不妨出得三界。"问："当阳举唱，谁是委者？"师曰："非汝不委。"问："如何是万法主？"师曰："唤什么作万法？"问："教云：须弥纳芥子，芥子纳须弥。如何是须弥？"师曰："穿破汝心。"曰："如何是芥子？"师曰："塞却汝眼。"曰："如何纳？"师曰："把将须弥与芥子来。"曰："前言何在？"师曰："前有什么言？"师有时示众曰："声色不到，病在见闻；言诠不及，过在唇舌。"僧问："离却声色，请和尚道。"师曰："声色里问将来。"问："如何是学人心？"师曰："阿谁恁么问？"

问："劫火洞然，大千俱坏。未审这个还坏也无？"师曰："不坏。"曰："为什么不坏？"师曰："同于大千。"② 问："如何是触目菩提？"师曰："特地令人愁。"问："如何是西来意？"师曰："待汝问西来意，我即向汝道。"问："巨夜之中，以何为眼？"师曰："暗。"问："纤毫不隔，为什么觑之不见？"师曰："作家弄影汉。"问："古镜未磨时如何？"师曰："照破天地。"曰："磨后如何？"师曰："黑似漆。"问："如何是普眼？"师曰：

---

① "恁"，大正本作"恁么"。
② "同"上，大正本有"为"。

"纤毫觑不见。"曰:"为什么觑不见?"师曰:"为伊眼太大。"问:"如何是大败坏底人?"师曰:"劫坏不曾迁。"曰:"此人还知有佛法也无?"师曰:"若知有佛法,浑成颠倒。"曰:"如何得不颠倒?"师曰:"直须知有佛法。"曰:"如何是佛法?"师曰:"大败坏。"问:"如何是学人常在底心?"师曰:"还曾问荷玉么?"曰:"学人不会。"师曰:"不会,夏末问曹山。"师著偈颂六十余首,及诸铭、论、群经略要等,并行于世。

杭州天龙寺秀禅师,先住岁丰。师上堂,谓众曰:"诸上坐,多少无事。十二时中,在何世界安身立命?且子细点检看。何不觅个歇处?因什么却与别人点检?若恁么去,早落第二头也。"时有僧问:"承师有言:恁么去早落第二头。学人总不恁么上来,师如何辨白?"师曰:"汝却作家。"曰:"恁么即今日得遇于师也。"师曰:"汝且莫诈明头。"问:"承古有言:二人俱错。未审古人意旨如何?"师曰:"汝何不自检责?"① 曰:"恁么即人天有赖也。"师曰:"汝不妨灵利。"本国署清慧大师。

潞州延庆院传殷禅师,僧问:"见色便见心,灯笼是色,那个是心?"师曰:"汝不会古人意。"曰:"如何是古人意?"师曰:"灯笼是心。"问:"若能转物,即同如来。未审转什么物?"师曰:"道什么?"僧拟进语,师曰:"遮漆桶。"

---

① "不",东寺本、碛砂本、南藏本、径山本作"人"。

衡岳南台守安禅师，初住江州悟空院。有僧问："人人尽有长安路，如何得到？"师曰："即今在什么处？"问："如何是西来意？"师曰："是什么意？"问："如何是本来身？"师曰："是什么身？"问："寂寂无依时如何？"师曰："寂寂底聻？"① 师因有颂曰："南台静坐一炉香，亘日凝然万事忘。不是息心除忘想，都缘无事可思量。"

前福州仙宗契符清法大师法嗣

福州仙宗洞明真觉大师，僧问："拏云不假风雷便，浚浪如何透得身？"师曰："何得弃本逐末？"

泉州福清广法大师行钦，初住云台院。师上堂，谓众曰："还有人鉴得出么？若有人鉴得，是什么湖里破草鞋？若也鉴不出，落地作金声。无事，久立。"僧问："如何是佛法大意？"师曰："诸上坐，大家道取。"问："如何是谭真逆俗？"师曰："客作汉，问什么？"曰："如何是顺俗违真？"师曰："吃茶去。"问："如何是然灯前？"师曰："然灯后。"曰："如何是然灯后？"师曰："然灯前。"曰："如何是正然灯？"师曰："吃茶去。"问："如何是第二月？"师曰："汝问我答。"师问僧："汝念什么经？"曰："《法华经》。"师曰："彼此话堕。"

前杭州天龙重机大师法嗣

高丽雪岳令光禅师，僧问："如何是和尚家风？"师曰："分

---

① "聻"，原作"你"，据大正本改。

明记取。"问："如何是诸法之根源？"师曰："谢指示。"

前婺州国泰瑫禅师法嗣

婺州齐云宝胜禅师，僧问："如何是齐云境？"师曰："龙潭彻底清，乌龟得继名。"曰："莫即遮个便是么？"师曰："道高龙虎伏，八仙连太平。"问："如何是齐云水？"师曰："龙潭常彻底，拟问即波澜。"曰："莫只遮个便是么？"师曰："古殿无香烟，谁人辨清浊？"曰："未审深深处如何？"师曰："阇梨欲识深深处，直须脚下绝云生。"

前福州升山白龙院道希禅师法嗣

福州广平玄旨禅师，曾住黄檗。上堂，示众曰："还有人证明么？若有人证明，亦免孤负上祖，埋没后来。若是寻言数句，大藏分明；若是祖宗门中，怪及什么处？恁么道，亦是傍臲之辞。"僧问："如何是广平境？"师曰："地擎名山秀，溪连海水清。"曰："如何是境中人？"师曰："汝问我答。"问："如何是法身体？"师曰："廓落虚空绝玷瑕。"曰："如何是体中物？"师曰："一轮明月散秋江。"曰："未审体与物分不分？"师曰："适来道什么？"曰："恁么即不分也。"师曰："穿耳胡僧笑点头。"

福州升山白龙清慕禅师，僧问："如何是白龙密用一机？"师曰："汝每日用什么？"曰："恁么即徒劳侧聆。"师便喝出。问："一切众生，日用而不知。如何是日用底？"师曰："别祇对你争得？"问："不责上来，声前一句，请师道。"师曰："莫是不辨么?"

福州灵峰志恩禅师，僧问："如何是吹毛剑?"师曰："我进前，汝退后。"曰："怎么即学人丧身命去也。"师曰："不打水，鱼自惊。"问："如何是佛?"师曰："更是阿谁?"曰："既然如此，为什么迷妄有差殊?"师曰："但自不亡羊，何须泣歧路?"问："如何是灵峰境?"师曰："万迭青山如钉出，两条绿水若图成。"曰："如何是境中人?"师曰："明明密密，密密明明。"

福州东禅玄亮禅师，僧问："本无迷悟，为什么却有众生?"师曰："话堕。"问："祖祖相传传法印，师今继嗣嗣何方?"师曰："特谢证明。"曰："怎么即白龙当时亲受记，今日应圣度迷津。"师曰："汝莫错认定盘星。"

漳州报劬院玄应定慧禅师，泉州晋江县人也，姓吴氏。幼出家于本州开元寺九佛院，禀具探律乘，阅大藏终帙。乃之福州，谒白龙希和尚，印可心地。却归本州清豁，会清豁长老罢唱保福，庵于贵湖，一见以同道相契。豁命檀信于庵之西青阳山创室，请师宴处，二十余载。

开宝三年，属泉州帅陈洪进仲子文颢任漳州刺史，于水南创大禅苑曰"报劬"，屡请师住持，固辞不往。师之兄仁济为军校，文颢因遣仁济入山，述意勤恳，师不得已出山①。时参学四集，

---

① "山"，丛刊本无。

仅千五百人,随从入院,大启法筵。僧问:"如何是第一义?"师曰:"如何是第一义?"曰:"学人请益,师何以倒问学人?"师曰:"汝适来请益什么?"曰:"第一义。"师曰:"汝谓之倒问邪?"问:"如何是古佛道场?"师曰:"今夏堂中千五百僧。"陈帅以师之道德闻于太祖皇帝,赐紫衣、师号。开宝八年将顺世,先七日遗书辞陈守,仍示一偈曰:"今年六十六,世寿有延促。无生火炽然,有为薪不续。出谷与归源,一时俱备足。"及期日,诫诸门人:"吾灭后,不得以丧服哭泣,有乱规矩。"言讫坐化。陈守伤叹,尽礼送终。荼毗,收灵骨,于院之后山建浮图。

前泉州招庆法因大师法嗣

泉州报恩院宗显明慧大师,初住兴国。有僧问:"新丰一派,兴国分流。祖嗣西来,请师举唱。"师曰:"也在新丰得些子时。"① 曰:"恁么即法雨霶霈,群生有赖也。"师曰:"莫闲言语。"问:"昔日灵山一会,迦叶亲闻。未审今日,谁是闻者?"师曰:"却忆七叶岩中尊。"问:"昔日觉城东际,象王回旋,五众咸臻。今日太守临筵②,如何提接?"师曰:"眨上眉毛著。"曰:"恁么即一机显处,万缘丧尽。"师曰:"何必繁辞?"问:"如何是西来意?"师曰:"日里看鸱毛。"

师后住报恩。有僧问:"学人都致一问,请师道。"师曰:"不是剏住,遮个师僧也难容。"问:"离四句,绝百非,请师道。"师曰:"青红华满庭。"问:"不涉思量处,从上宗乘,请师

---

① "时",南藏本、径山本、大正本作"问"。疑此字为衍文。
② "筵",大正本作"院"。

直道。"师良久。僧曰:"怎么即听响之流,徒劳侧耳。"师曰:"早是粘腻。"问:"不责上来,声前一句,请师直道。"师曰:"汝自何来?"曰:"怎么即得遇明师也。"① 师曰:"莫闲言语。"问:"如何是人王?"师曰:"奉对不敢造次。"曰:"如何是法王?"师曰:"莫孤负好。"曰:"未审人王与法王对谭何事?"师曰:"非汝所聆。"

金陵龙光院澄忔禅师,广州人也,姓陈氏。幼出家于本州观音院,年满,纳戒于韶州南华寺。寻游方,抵于泉州,参法因大师,印悟心地。后住舒州山谷寺。有僧新到,师问:"什么处来?"曰:"江南来。"师曰:"汝还礼渡江船子么?"曰:"和尚为什么教礼渡江船子?"师曰:"是汝善知识。"又住齐安、龙光,前后三处聚徒说法,终于龙光。

永兴北院可休禅师,第二世住。僧问:"如何是西来意?"师曰:"遍满天下。"僧曰:"莫便是么?"师曰:"是即牢收取。"问:"大作业底人来,师还接否?"师曰:"不接。"曰:"为什么不接?"师曰:"幸是好人家男女。"

郴州太平院清海禅师,僧问:"古人道'不从请益得',祖师为什么道'谁得作佛'?"师曰:"悟了方知。"问:"从上宗乘,次第指授。未审今日,如何举唱?"师曰:"透出白云深洞里②,

---

① "得",丛刊本作"是"。
② "透出白云",大正本作"白云透出"。

名华异草岭头生。"问："如何是句中人?"师曰："好辨。"

连州慈云普广大师慧深，僧问："匿王请佛，既奉法于当时；我后延师，盖兴宗于此日。幸施方便，无吝举扬。"师曰："不烦再问。"问："如何是大圆镜?"师曰："著。"问："如何是向上事?"师曰："分明听取。"

鄂州兴阳山道钦禅师，第二世住。僧问："如何是兴阳境?"师曰："松竹乍栽山影绿，水流穿过院庭中。"问："如何是佛?"师曰："更是什么?"

前婺州报恩宝资禅师法嗣

处州福林澄和尚①，僧问："如何是伽蓝?"师曰："勿幡帧。"曰："如何是伽蓝中人?"师曰："瞻礼即有分。"问："下堂一句，请师不吝。"师曰："闲吟唯忆庞居士，天上人间不可陪。"

前处州翠峰从欣禅师法嗣

处州报恩守真禅师，僧问："诸官已结人天会，报恩今日事如何?"师曰："阇梨到诸方分明举。"问："如何是佛法大意?"师曰："闪烁乌飞急，奔腾兔走频。"

前襄州鹫岭明远禅师法嗣

襄州鹫岭通和尚，第二世住。僧问："世尊得道，地神报虚空

---

① "林"，原脱，据南藏本、径山本、大正本及目录补。

前杭州龙华寺志球禅师法嗣

杭州仁王院俊禅师，僧问："承古有言：向上一路，千圣不传。如何是向上不传底事？"师曰："向上问将来。"曰："恁么即上来不当去也。"师曰："既知如此，踏步上来作什么？"

前漳州保福院可俦禅师法嗣

漳州隆寿无逸禅师，初开堂，升坐良久，谓众曰："诸上坐，若是上根之士，早已掩耳；中下之流，竞头侧听。虽然如此，犹是不得已而言。诸上坐，他时后日到处，有人问著今日事，且作么生举似他？若也举得，舌头鼓，舌头论。若也举不得，如无三寸，且作么生举？"僧问："绝妙宗风，请师垂示。"师良久。僧曰："恁么即顿决疑情，便契心源。向上宗乘，如何言论？"师曰："待汝自悟始得。"

前潭州延寿寺慧轮禅师法嗣

庐山归宗第十二世道诠禅师，吉州安福人也，姓刘氏。生恶荤血，髫龀礼本州思和尚受业。闻慧轮和尚化被长沙，时马氏僭窃①，与建康接壤。师年二十五，结友冒险，远来参寻。后马氏灭②，刘言有其地，王逵复代刘言③。逵疑师江表谍者，乃令捕

---

① "僭窃"，大正本作"窃据荆楚"。
② "后"，大正本作"会"。
③ "王逵复代刘言"，大正本作"以王逵代刘言领其事"。

执,将沈于江。师怡然无怖,逵异之,且询轮和尚。轮曰:"斯皆为法忘躯之人也。闻老僧虚誉,故来决择耳。"逵悦而释之,仍加礼重。师栖泊延寿经十稔,轮和尚归寂,乃回庐山开先驻锡。乾德初,于山东南牛首峰下结茅为室。开宝五年,洪帅林仁肇请居筠阳九峰隆济院,阐扬宗旨,本国赐大沙门号。

僧问:"承闻和尚亲见延寿来,是否?"师曰:"山前麦熟也未?"问:"九峰山中,还有佛法也无?"师曰:"有。"曰:"如何是九峰山中佛法?"师曰:"山中石头,大底大,小底小。"寻属江南国绝,僧徒例试经业,师之徒众,并习禅观,乃述一偈,闻于州牧曰:"比拟忘言合太虚,免教和气有亲疏。谁知道德全无用,今日为僧贵识书。"时州牧阅之,与僚佐议曰:"旃檀林中必无杂树。"唯师一院,特奏免试经。

太平兴国九年,南康知军张南金先具疏白师,然后集道俗迎请①,坐归宗道场。僧问:"如何是归宗境?"师曰:"千邪不如一直。"问:"如何是佛?"师曰:"待得雪消后,自然春到来。"问:"如何是学人自己?"师曰:"床窄先卧,粥稀后坐。"问:"古人道'不是风动,不是幡动'如何?"师曰:"来日路口有市。"师雍熙二年十一月二十八日中夜趺坐,白众而顺寂。寿五十六,腊三十七。茶毗,舍利塔于牛首庵所。师颇有歌颂,流传于世。

潭州龙兴裕禅师,僧问:"如何是学人自己?"师曰:"张三李四。"曰:"比来问自己,为什么道张三李四?"师曰:"汝且莫

---

① "后"脱,据大正本补。

草草。"问:"诸余即不问,如何是和尚家风?"师曰:"家风即且置,阿那个是汝不问底诸余?"

前韶州白云祥和尚法嗣

韶州大历和尚,初参白云,白云举拳曰:"我近来不恁么也。"师领旨礼拜,自此入室。住后,僧问:"如何是西来意?"师曰:"破草鞋。"问:"如何是无为?"师乃摆手。问:"施主供养,将何报答?"师以手捻髭。僧曰:"有髭即捻,无髭如何?"师曰:"非公境界。"师在暗室坐,有僧来不审,师乃与一掌,僧不测。

连州宝华和尚,师上堂,示众曰:"看天看地,新罗国里。和南不审,日消万两黄金。虽然如是,犹是少分。"又曰:"尽十方世界是个木罗汉,幡竿头上道将一句来。"又曰:"天上龙飞凤走,山间虎啸猿啼,拈向鼻孔①,道将一句来。"僧问:"如何是宝华境?"师曰:"前头渌水②,后面青山。"僧曰:"不会。"师曰:"末后一句。"师问僧:"什么处来?"曰:"大容来。"师曰:"大容近日作么生?"曰:"近来合得一瓮酱。"师曰:"沙弥将一碗水来,与遮僧照影。"因有僧问大容云:"天赐六铢披挂后,将何报答我皇恩?"大容云:"来披三事衲,归挂六铢衣。"师闻之,乃曰:"遮老冻醲!作恁么语话。"大容闻,令人传语云:"何似奴缘不断。"师曰:"比为抛砖,只图引玉。"师见一僧从法堂阶下过,师乃敲绳床。僧曰:"若是遮个,不请拈出。"师喜,下地

---

① "向",东寺本、碛砂本、南藏本、径山本作"却"。
② "渌",大正本作"绿"。

问之,并无说处,师乃打。师有时戴冠子,谓众曰:"若道是俗,且身披袈裟;若道是僧,又头戴冠子。"大众无对。

韶州月华和尚,初谒白云。云问曰:"业个什么?"师对曰:"念《孔雀经》。"白云曰:"好个人家男子,随鸟雀后。"师闻语惊异,遂依附。久之乃契旨,寻住月华。有僧问:"如何是月华家风?"师曰:"若问家风,即答家风。"曰:"学人问家风。"师曰:"金铜罗汉。"师问僧:"什么处来?"曰:"大容来。"师曰:"东路来,西路来?"曰:"西路来。"师曰:"还见弥陀么?"僧良久,礼拜。师曰:"礼拜月华作么?"师入京上堂,有一官人出,礼拜起,低头良久。师曰:"击电之机①,徒劳伫思。"有老宿入到法堂,顾视东西曰:"好个法堂,且无主。"师在方丈,闻之曰:"且坐。"老宿问曰:"玄中最的,犹是龟毛兔角,不向二谛中修,如何密用?"师曰:"侧。"曰:"恁么则拗折拄杖,割断草鞋去也。"师曰:"细而详之。"

南雄州地藏和尚,上堂,有僧问:"既是地藏,地藏还来否?"师曰:"打开佛殿门,装香换水。"师与大容和尚在白云开火路,大容曰:"三道宝阶,何似个火路?"师曰:"甚么处不是?"

英州乐净含匡禅师,开堂日,谓众曰:"摩竭提国,亲行此令,去却担簦,请截流相见。"僧问:"如何是西来意?"师曰:

---

① "电",丛刊本作"雷"。

"侧耳无功。"问:"如何是乐净家风?"师曰:"天地养人。"问:"如何是乐净境?"师曰:"有功贪种竹,无暇不栽松。"曰:"忽遇客来,将何供养?"师曰:"满园秋果熟,要者近前尝。"问:"不坐菩提坐,直过那边如何?"师曰:"放过。"问:"师唱谁家曲,宗风嗣阿谁?"师曰:"斩新世界,特地乾坤。"问:"龙门有意透者如何?"师曰:"滩下接取。"曰:"学人不会。"师曰:"唤行头来。"问:"但得本,莫愁末,如何是本?"师曰:"不要问人。"曰:"如何是末?"师乃竖指。问:"如何是乐净境?"师曰:"满月团圆菩萨面,庭前棕树夜叉头。"有僧辞,师问:"什么处去?"曰:"大容去。"师曰:"大容若问乐净近日有何言教,汝作么生只对?"僧无语。师代曰:"但道乐净近日不肯大容。"因普请打篱次,有僧问:"古人种种开方便门,和尚为什么却拦截?"师曰:"牢下橛著。"

韶州后白云和尚,初开堂登坐,谓众曰:"不审!从上宗风,不容伫思。然念诸佛初心敬礼,后代相承事,须有方便。三十年后,不得埋没。若是高贤上士,不在其流,后学初心,示汝个入路:看取大众头上。若也不会,听葛藤去也。"师良久,又曰:"上至诸佛,下至含识,共个真心。且阿那个是诸人心?莫是情与无情共一体么?恁么见解,何似三家村里?既如是不得,又作么生会?直下会得,早是自相钝置。若据祖师门下,岂立遮个阶梯?眨上眉毛,早是蹉过,何况声前荐得,句后投机?会中还有知音么①？去却担簦，请截流相见。"时有僧礼拜，师曰："俊哉！龙象蹴踏润无边，三乘五性皆惺悟。"僧拟再伸问，师曰："去。"

问："古琴绝韵请师弹。"师曰："伯牙虽妙手，时人听者稀。"曰："恁么即再遇子期也。"师曰："笑发惊弦断，宁知调不同。"

问："昔日灵山一会，梵王为主，未审白云什么人为主？"师曰："有常侍在。"曰："恁么即法雨霏霏，群生有赖。"师曰："汝莫遮里卖栀子。"

前朗州德山缘密大师法嗣

潭州鹿苑文袭禅师，僧问："远远投师，请师接。"师曰："五门巷里无消息。"僧良久，师曰："会么？"曰："不会。"师曰："长乐坡头信不通。"

澧州药山可琼禅师，第九世住。② 后住江陵延寿。僧问："请师答话。"师曰："好。"曰："还当得也无？"③ 师曰："更问。"僧问曰："巨岳不曾乏寸土，师今苦口为何人？"师曰："延寿也要道过。"曰："不申此问，焉辨我师？"师喝，其僧礼拜，师便打。

前西川青城香林澄远禅师法嗣

灌州罗汉和尚，僧问："如何是佛法大意？"师曰："井中红焰，日里浮沤。"曰："如何领会？"师曰："遥指浮桑日那边。"④

---

① "音"下，碛砂本、南藏本、大正本有"者"。
② "住"，东寺本、碛砂本、南藏本无。
③ "当得"，碛砂本作"得当"。
④ "浮"，南藏本、径山本作"扶"。

问:"如何是罗汉境?"师曰:"地连香积水,门对圣峰山。"问:"既是罗汉,为什么却受人转动?"师曰:"换却眼睛,转却髑髅。"

前鄂州黄龙诲机禅师法嗣①

洛京长水紫盖善沼禅师,僧问:"死中得活时如何?"师曰:"抱镰刮骨熏天地,炮烈棺中求托生。"问:"才生便死时如何?"师曰:"赖得觉疾。"

眉州黄龙继达禅师,僧问:"如何是衲?"师曰:"针去线不回。"曰:"如何是帔?"师曰:"横铺四世界,竖盖一乾坤。"曰:"道满到来时如何?"师曰:"要羹与羹,要饭与饭。"问:"黄龙出世,金翅鸟满空飞时如何?"师曰:"问汝金翅鸟②,还得饱也无?"

枣树和尚,第二世住。问僧:"发足什么处?"曰:"闽中。"师曰:"俊哉!"曰:"谢师指示。"师曰:"屈哉!"僧锄地次,见师乃不审,师曰:"见阿谁了,便不审?"曰:"见师不问讯,礼式不全。"师曰:"却是孤负老僧。"其僧归堂,举似第一坐,第一坐曰:"和尚近日可畏为人切。"师闻之,乃打第一坐七棒。第一坐曰:"某甲怎么道,未有过,打怎么?"③师曰:"枉吃如许

---

① "诲",大正本作"晦"。
② "鸟",东寺本、碛砂本、南藏本、径山本作"疾"。
③ "怎么",丛刊本、东寺本作"怎么"。

多年盐醋。"又打七棒。

兴元府玄都山澄和尚，僧问："喜得趋方丈，家风事若何？"师曰："动风开晓露①，明月正当天。"曰："如何拯济？"师曰："金鸡楼上一下鼓。"问："如何是沙门行？"师曰："一切不如。"

嘉州黑水和尚，初参黄龙，问曰②："雪覆芦华时如何？"黄龙曰："猛烈。"师曰："不猛烈。"黄龙又曰："猛烈。"师又曰："不猛烈。"黄龙便打，师因而省觉。自尔契缘，化行黑水。

鄂州黄龙智颙禅师，第三世住。僧问："如何是黄龙家风？"师曰："待宾钉仙果。"僧问："如何是诸佛之本源？"师曰："即此一问是何源？"曰："恁么即诸佛无异路去也。"师曰："延平剑已成龙去，犹有刻舟求剑人。"

眉州昌福达和尚，僧问："学人来问师则对，不问时师意如何？"师曰："谢师兄指示。"问："本来则不问，如何是今日事？"师曰："师兄，遮问大好。"曰："学人不会时如何？"师曰："谩得即得。"问："国有宝刀，谁人得见？"师曰："师兄，远来不易。"曰："此刀作何形状？"师曰："要也道，不要也道。"曰："请师道。"师曰："难逢难遇。"问："石牛水上卧时

---

① "动"，东寺本、碛砂本作"薰"。
② "问"上，原衍"黄龙"，据东寺本、碛砂本改。

如何？"师曰："异中异①，妄计不浮沈。"曰："便恁么去时如何？"师曰："翘天日落，把土成金。"

前婺州明招德谦禅师法嗣

处州报恩契从禅师，初开堂，升坐欲坐，乃曰："烈士锋前，还有俊鹰、俊鹞儿么？放一个出来看。所以道：烈士锋前少人陪，云雷击鼓剑轮开。谁是大雄狮子种，满身锋刃但出来。"时有僧始出，师曰："看，好精彩。"僧拟申问，师曰："什么处去也？"问："狮子未出窟时如何？"师曰："锋铓难击。"曰："出窟后如何？"师曰："藏身无路。"曰："欲出不出时如何？"师曰："命似悬丝。"曰："向去事如何？"师曰："拶。"师后住南明，有僧问："如何是和尚家风？"师曰："还奈何么？"问："十二时中，如何即是？"师曰："金刚顶上看。"曰："怎么即人天有赖。"师曰："汝又诳谑人天作么？"

婺州普照瑜和尚，上堂未坐，谓众曰："三十年后，大有人向遮里亡锋结舌去在。还会么？的然②，若不是真师子儿，争识得上来机？"僧问："师子未出窟时如何？"师曰："众兽徒然。"曰："出窟后如何？"师曰："狐绝万里。"曰："欲出不出时如何？"曰："当衙者丧。"③ 问："向去事如何？"师曰："决在临锋。"师乃颂曰："决在临锋处，天然狮子机。嚬呻出三界，非祖

---

① "异中异"，《五灯会元》卷八作"异中还有异"。
② "的"，碛砂本、南藏本、径山本、大正本作"灼"。
③ "衙"，东寺本、碛砂本作"冲"。

莫能知。"

婺州双溪保初禅师，示众曰："未透彻，不须呈，十方世界廓然明。孤峰顶上通机照，不用看他北斗星。"僧问："九夏灵峰剑，请师不露锋。"师曰："未拍金锁前何不问？"僧曰："千般徒设用，难出髑髅前。"师曰："背后碍杀人。"

处州涌泉究和尚，师上堂，良久曰："还有虎狼禅客么？有则放出一个来。"时有僧才出，师曰："还知丧命处么？"曰："学人咨和尚。"师曰："什么处去也？"问："狮子未出窟时如何？"师曰："抖擞地。"曰："狮子出窟后如何？"师曰："盖天盖地。"曰："欲出不出时如何？"师曰："一切人辨不得。"问："向去事如何？"师曰："俊鹞亦迷踪。"

衢州罗汉义和尚，上堂，众集，有僧才出礼拜，师曰："不是好底。"僧曰："龙泉宝剑请师挥。"师曰："什么处去也？"曰："恁么即龙溪南面尽锋铓。"师曰："收取。"问："不落古今请师道。"师曰："还怪得么？"曰："犹落古今。"师曰："莫错。"

前朗州大龙山智洪禅师法嗣

大龙山景如禅师，第二世住。僧问："如何是佛法大意？"师喝。僧曰："尊意如何？"师曰："会么？"曰："不会。"师又喝。问："太阳一显人皆羡，鼓声才罢意如何？"师曰："季秋凝后好晴天。"

朗州大龙山楚勋禅师，第四世住。上堂，良久曰："大众，只恁么各自散去，已是重宣此义了也，久立又奚为？然久立有久立底道理。知了，经一小劫如一食顷，不知道理，便见茫然。还知么？有知者出来，大家相共商量。"时有僧出，展坐具曰："展即遍周沙界，缩即丝发不存。展即是，不展即是？"师曰："你从什么处得来？"曰："恁么即展去也。"师曰："勿交涉。"问："如何是大龙境？"师曰："诸方举似人。"曰："如何是境中人？"师曰："你为什么谩我？"问："亡僧迁化，向什么处去也？"师曰："阿弥陀佛。"僧问："善法堂中师子吼，未审法嗣嗣何人？"师曰："犹自恁么问。"

兴元府普通院从善禅师，僧问："法轮再转时如何？"师曰："助上坐喜。"曰："合谭何事？"师曰："异人掩耳。"曰："便恁么领会时如何？"师曰："错。"问："佩剑叩松关时如何？"师曰："莫乱作。"曰："谁不知有？"师曰："出。"

前襄州白马行霭禅师法嗣

襄州白马智伦禅师，僧问："如何是佛？"师曰："真金也须失色。"问："如何是和尚出身处？"师曰："牛抵墙。"曰："学人不会，意旨如何？"师曰："已成八字。"

前安州白兆山第二世怀楚禅师法嗣

唐州保寿匡祐禅师，僧问："如何是佛法大意？"师曰："近前来，近前来。"僧近前，师曰："会么？"曰："不会。"师曰："石火电光，已经尘劫。"僧问："如何是为人底一句？"师曰："开口入耳。"① 曰："如何理会？"师曰："逢人告人。"

前襄州谷隐智静禅师法嗣

谷隐知俨禅师，登州人也。受业于本州鹊山，得法于前谷隐知静禅师，继踵住持，玄侣臻萃。僧问："师唱谁家曲，宗风嗣阿谁？"师曰："白云南，伞盖北。"问："如何是迦叶亲闻底事？"师曰："速须作却。"问："如何是诸佛照不著处？"师曰："问遮山鬼窟作么？"曰："照著后如何？"师曰："咄！精怪。"问："千山万水，如何登涉？"师曰："举步便千里万里。"曰："不举步时如何？"师曰："亦千里万里。"

襄州普宁院法显禅师，僧问："曩劫共住，为什么不识亲疏？"师曰："谁？"曰："更待某甲道。"师曰："将谓不领话。"问："万水千山，如何登涉？"师曰："青霄无间路，到者不迷机。"

前庐山归宗第四世住弘章禅师法嗣

东京普净院常觉禅师者，陈留人也，姓李氏。幼习儒学，绝无干禄之意，志乐山水，颇以游览为务。至庐山归宗禅师会下，闻法省悟，遂求出家。未几，归宗将顺寂，命师，抚之曰："汝

---

① "开口入耳"，东寺本作"开耳口入"。

于法有缘，他后济众人，莫测其量也。"仍以披剃事嘱诸门人讫，然后示灭。师至唐乾化二年落发①，明年纳戒于东林寺甘露坛。寻游五台山，还上都，于丽景门外独居②。二载间，有北邻信士张生者，请师供养。张素探玄理，因叩师垂诲，师乃随宜开诱，张生于言下发悟，遂设榻留宿。至深夜，与妻窃窥之，见师体遍一榻，头足俱出。及令婢仆视之，即如常。张生倍加钦慕，曰："弟子夫妇垂老，今愿割宅之前堂，以禅丈室。"师欣然受之。至后唐天成三年，遂成大院，赐额曰"普净"。

师以时机浅昧，难任极旨，苟启之非器，令彼招谤讟之咎，我宁不务开法。每月三八，施浴僧道万计。师常谓诸徒曰："但得慧门无壅，则福何滞哉？"一日，给事中陶谷入院，致礼而问曰："经云：离一切相，则名诸佛。今目前诸相纷然，如何离得？"师曰："给事见个什么？"陶欣然仰重。自是王公大人，屡荐章服、师号，皆却而不受。以开宝四年十二月二日示疾，十一日告众嘱付讫，右胁而化。寿七十有六，腊五十有六。今法嗣继世住持弥盛。

前襄州石门山第三世慧彻禅师法嗣

石门山绍远禅师，第四世住。僧问："师唱谁家曲，宗风嗣阿谁？"师曰："十方无异类，揭觉凤林前。"问："先师归于雁塔，当仁一句，请师垂示。"师曰："修罗掌内擎日月，夜叉足下踏泥

---

① "唐"，径山本、大正本作"梁"。乾化为后梁年号。
② "外"，大正本作"内"。

龙。"问："金龙不吐凡间雾，请师举唱凤皇机？"① 师曰："白眉不展手，长安路坦平。"问："如何是西来意？"师曰："布袋盛乌龟。"问："如何是石门境？"师曰："孤峰对凤岭。"曰："如何是境中人？"师曰："岩中残雪，处处分辉。"问："如何是和尚家风？"师曰："滴沥非旨趣，千山不露身。"问："如何是古佛心？"师曰："白牛露地卧清溪。"问："生死之河，如何过得？"师曰："风吹荷叶浮萍草。"② 问："如何是三乘教外别传一句？"师曰："羊头车子入长安。"问："生死浪前，如何话道？"师曰："毛袋横身绝饮啄，青溪常卧太阳春。"问："如何是道？"师曰："山深水冷。"曰："如何是道中人？"师曰："金槌击金鼓。"问："天阴日不出，光辉何处去？"师曰："铁蛇横大路，通身黑似烟。"

鄂州灵竹守珍禅师，僧问："如何是西来意？"师曰："锡带胡中土，瓶添汉地泉。"问："迷悟不入诸境时如何？"师曰："境从何来？"曰："恁么即入诸境去也。"师曰："龙头蛇尾汉。"

前洪州同安志和尚法嗣

朗州梁山缘观禅师，僧问："如何是和尚家风？"师曰："资杨水急鱼行涩，白鹿松高鸟泊难。"问："大众云集，白鹿一句，请师阐扬。"师曰："近日居何国土？"又曰："梁山高挂秦时镜，光寿门风不假灯。"问："师唱谁家曲，宗风嗣阿谁？"师曰："龙

---

① "皇"，东寺本、碛砂本、大正本作"凰"。
② "荷"，原作"河"，据南藏本、径山本、大正本改。

生龙子,凤生凤儿。"问:"如何是西来意?"师曰:"葱岭不传唐土信,胡人谩说太平歌。"问:"如何是从上传来底事?"师曰:"渡水胡僧无膝袴,背驼梵夹不持经。"问:"如何是正法眼?"师曰:"南华里。"曰:"为什么在南华里?"师曰:"为汝问正法眼。"问:"如何是衲衣下事?"师曰:"密。"有端长老访师,晤坐谭话,时有僧问:"二尊不并化,为什么两人居方丈?"师曰:"一亦非。"师有颂曰:"梁山一曲歌,格外人难和。十载访知音,未尝逢一个。"又颂曰:"红焰藏吾身,何须塔用新①?有人相肯重,灰里邈全真。"②

前襄州广德第二世延和尚法嗣

襄州广德周禅师,僧问:"见话不学时如何?"师曰:"遍界没聋人,谁是知音者?"曰:"如何是知音者?"师曰:"断弦续不得,历劫响泠泠。"僧问:"承教有言:阿逸多不断烦恼,不修禅定,佛记此人,成佛无疑。此理如何?"师曰:"盐又尽,炭又无。"曰:"盐尽炭无时如何?"师曰:"愁人莫向愁人道,道愁人愁杀人。"③

---

① "用",径山本、大正本作"庙"。
② "邈",大正本作"貌"。
③ "道向",原作"向道",据丛刊本改。

景德传灯录卷第二十五

吉州清原山行思禅师第九世上

金陵清凉文益禅师法嗣①三十人见录

  天台山德韶国师

  杭州报恩寺慧明禅师

  漳州罗汉智依大师

  金陵章义道钦禅师

  金陵报恩匡逸禅师

  金陵报慈文遂导师②

  漳州罗汉守仁禅师

  杭州永明寺道潜禅师

  抚州黄山良匡禅师

  杭州灵隐清耸禅师

  金陵报恩玄则禅师

  金陵报慈行言导师

  金陵净德智筠禅师

---

① "嗣"下,大正本有"上"。
② "导",碛砂本、南藏本、径山本作"禅"。

高丽道峰慧炬国师

金陵清凉泰钦禅师

杭州宝塔寺绍岩禅师

金陵报恩法安禅师

抚州崇寿契稠禅师

洪州云居清锡禅师

洪州百丈道常禅师

天台般若敬遵禅师

庐山归宗策真禅师

洪州同安绍显禅师

庐山栖贤慧圆禅师

洪州观音从显禅师

庐州长安延规禅师

常州正勤希奉禅师

洛京兴善栖伦禅师

洪州新兴齐禅师

润州慈云匡达禅师

清原行思禅师第九世上
金陵清凉文益禅师法嗣

天台山德韶国师，处州龙泉人也，俗姓陈氏。母叶氏梦白光触体，因而有娠，及诞，尤多奇异。生十五①，有梵僧勉令出家。

---

① "生"，丛刊本、东寺本、碛砂本、大正本、径山本作"年"。

十七，依本州龙归寺受业。十八，纳戒于信州开元寺。后唐同光中游方①，诣投子山，见大同禅师，乃发心之始。次谒龙牙遁和尚，问："雄雄之尊，为什么近之不得？"龙牙曰："如火与火。"曰："忽遇水来又作么生？"龙牙曰："汝不会。"师又问："天不盖，地不载。此理如何？"龙牙曰："合如是。"师不喻旨，再请垂诲。龙牙曰："道者，汝向后自会去。"次问疏山曰："百匝千重，是何人境界？"疏山曰："左搓芒绳缚鬼子。"师进曰："不落古今请师说。"② 曰："不说。"师曰："为什么不说？"曰："个中不辨有无。"师曰："师今善说。"疏山骇之。师如是历参五十四善知识，皆法缘未契。最后至临川谒净慧禅师，净慧一见深器之。师以遍涉丛林，亦倦于参问，但随众而已。一日净慧上堂，有僧问："如何是曹源一滴水？"净慧曰："是曹源一滴水。"僧惘然而退。师于坐侧豁然开悟，平生凝滞③，涣若冰释。遂以所悟闻于净慧，净慧曰："汝向后当为国王所师，致祖道光大，吾不如也。"自是诸方异唱，古今玄键，与之决择，不留微迹。

寻回本道，游天台山，睹智者颛禅师遗踪，有若旧居。师复与智者同姓，时谓之后身也。初止白沙，时吴越忠懿王以国王子刺台州，向师之名，延请问道。师谓曰："他日为霸主，无忘佛恩。"汉乾祐元年戊申，王嗣国位，遣使迎之，申弟子之礼。有传天台智者教羲寂者，屡言于师曰："智者之教，年祀寝远，虑多散落。今新罗国其本甚备，自非和尚慈力，其孰能致之乎？"

---

① "后唐同光"，大正本作"梁开平"。《宋高僧传》"德韶"传作"同光中寻访名山"。
② "今"，丛刊本作"人"。
③ "凝"，大正本作"疑"。

师于是闻于忠懿王,王遣使及赍师之书,往彼国缮写,备足而回,迄今盛行于世矣。

师上堂曰:"古圣方便,犹如河沙。祖师道:非风幡动,仁者心动。斯乃无上心印法门,我辈是祖师门下客,合作么生会祖师意?莫道风幡不动,汝心妄动;莫道不拨风幡,就风幡通取;莫道风幡动处是什么?有云'附物明心,不须认物',有云'色即是空',有云'非风幡动,应须妙会',如是解会,与祖师意旨有何交涉?既不许如是会,诸上坐便合知悉。若于遮里彻底悟去,何法门而不明?百千诸佛方便,一时洞了,更有什么疑情?所以古人道:一了千明,一迷万惑。上坐,岂是今日会得一则,明日又不会也?莫是有一分向上事难会,有一分下劣凡夫不会?如此见解,设经尘劫,只自劳神之思①,无有是处。"

僧问:"诸法寂灭相,不可以言宣。和尚如何为人?"师曰:"汝到诸方更问一遍。"曰:"怎么即绝于言句去也。"师曰:"梦里惺惺。"问:"橹棹俱停,如何得到彼岸?"师曰:"庆汝平生。"问:"如何是三种病人?"师曰:"恰问著。"问:"如何是古佛心?"师曰:"此问不弱。"问:"如何是六相?"师曰:"即汝是。"问:"如何是方便?"师曰:"此问甚当。"问:"亡僧迁化,向什么处去也?"师曰:"终不向汝道。"曰:"为什么不向某甲道?"师曰:"恐汝不会。"问:"一华开五叶,结果自然成。如何是一华开五叶?"师曰:"日出月明。"曰:"如何是结果自然成?"师曰:"天地皎然。"问:"如何是无忧佛?"师曰:"愁杀

---

① "之",丛刊本、东寺本、碛砂本作"乏"。

人。"问:"一切山河大地,从何而起?"师曰:"此问从何而来?"问:"如何是数起底心?"师曰:"争讳得。"问:"如何是第二月?"师曰:"来处甚分明。"曰:"为什么不会?"师曰:"唤什么作第二月?"问:"如何是沙门眼?"师曰:"黑如漆。"问:"绝消息时如何?"师曰:"谢指示。"问:"如何是转物即同如来?"师曰:"汝唤什么作物?"曰:"恁么即同如来也。"师曰:"莫作野干鸣。"

问:"那吒太子析肉还母,析骨还父①,然后于莲华上为父母说法。未审如何是太子身?"师曰:"大家见上坐问。"曰:"恁么即大千同一真如性也。"师曰:"依希似曲才堪听②,又被吹将别调中。"③ 问:"六根俱泯,为什么理事不明?"师曰:"何处不明?"曰:"恁么即理事俱如也?"④ 师曰:"前言何在?"师有时谓众曰:"大凡言句,应须绝渗漏始得。"时有僧问:"如何是绝渗漏底句?"师曰:"汝口似鼻孔。"问:"如何是不证一法?"师曰:"待言语在。"曰:"如何是证诸法?"师曰:"醉作么?"师有时谓众曰:"只如山僧恁么对他,诸上坐作么生体会?莫是真实相么?莫是正恁么时,无一法可证么?莫是识伊来处么?莫是全体显露么⑤?莫错会好!如此见解,唤作依草附木,与佛法天地悬隔。假饶答话简辩如悬河,只成得个颠倒知见。若只贵答话简辩,有什么难?但恐无益于人,翻成赚误。如上坐从前所学

---

① "析",原作"折",据丛刊本、东寺本、碛砂本、大正本改。
② "希",径山本作"稀",大正本作"俙"。
③ "吹将",东寺本、碛砂本、南藏本、径山本作"风吹",大正本作"风吹将"。
④ "理事",丛刊本作"事理"。
⑤ "全",原作"金",据东寺本、碛砂本改。

简辩、问答、记持，说道理极多，为什么心疑不息？闻古圣方便，特地不会，只为多虚少实。上坐不如从脚跟下一时觑破，看是什么道理？有多少法门与上坐作疑求解？始知从前所学底事，只知生死根源，阴界里活计。所以古人道：见闻不脱①，如水里月。无事，珍重。"师有偈示众曰②："通玄峰顶，不是人间。心外无法，满目青山。"

师后于般若寺开堂说法十二会。第一会，师初开堂日，示众云："一毛吞海，海性无亏，纤芥投锋，锋利无动。见与不见，会与不会，惟我知焉。"乃有颂曰："暂下高峰已显扬，般若圆通遍十方。人天浩浩无差别，法界纵横处处彰。珍重。"师升堂日，有僧问："承古有言：若人见般若，即被般若缚；若人不见般若，亦被般若缚。既见般若，为什么却被缚？"师云："你道般若见什么？"学云："不见般若，为什么却被缚？"师云："你道般若什么处不见？"又云："若见般若，不名般若；不见般若，亦不名般若。般若且作么生说见不见？所以人道③：若欠一法，不成法身；若剩一法，不成法身；若有一法，不成法身；若无一法，不成法身。此是般若之真宗，诸上坐。"又僧问："乍离凝峰丈室，来坐般若道场。今日家风，请师一句。"师云："亏汝什么处？"学云："恁么即雷音震动乾坤地，人人无不尽沾恩。"师云："幸然未会，且莫探头，探头即不中。诸上坐相共证明，令法久住，国土安乐。珍重。"

---

① "脱"，丛刊本作"管"。
② "众"，丛刊本无。
③ "人"上，碛砂本、南藏本、径山本有"古"。

第二会，师上堂，有僧问："承教有言：归源性无二，方便有多门。如何是归源性？"师云："你问我答。"学云："如何是方便门？"师云："你答我问。"学云："如何趣向？"师云："颠倒作么？"又僧问："一身即无量身，无量身即一身。如何是无量身？"师云："一身。"学云："怎么即昔日灵山，今来亲睹。"师云："理当即行。"又云："三世诸佛一时证明上坐，上坐且作么生会？若会时不迁，无丝毫可得移易。何以故？为过去、未来、现在三际是上坐，上坐且非三际。泽霖大海，滴滴皆满。一尘空性，法界全收。珍重。"

第三会，师上堂，有僧问："四众云集，人天恭敬，目睹尊颜，愿宣般若。"师云："分明记取。"学云："师宣妙法，国王万岁，人民安乐。"师云："谁向你道？"学云："法尔如然。"师云："你灵利。"又僧问："三世诸佛不知有，狸奴白牯却知有。既是三世诸佛，为什么却不知有？"师云："却是你知有。"学云："狸奴白牯为什么却知有？"师云："你什么处见三世诸佛？"又僧问："承教有言：眼不见色尘，意不知诸法。如何是眼不见色尘？"师云："却是耳见。"学云："如何是意不知诸法？"师云："眼知。"学云："怎么即见闻路绝，声色喧然。"师云："谁向你道？"又云："夫一切问答，如针锋相投，无纤毫参差相，事无不通，理无不备。良由一切言语，一切三昧，横竖深浅，隐显去来，是诸佛实相门。只据如今，一时验取。珍重。"

第四会，师上堂举："古人云：如何是禅？三界绵绵；如何是道？十方浩浩。因什么道三界绵绵？何处是十方浩浩底道理？要会么？塞却眼，塞却耳，塞却舌、身、意。无空阙处，无转动处，上坐作么会①？横亦不得，竖亦不得，纵亦不得，夺亦不得，无用心处，亦无施设处。若如是会得，始会法门绝择，一切言语绝渗漏。曾有僧问②：'作么生是绝渗漏底语？'③ 向他道：'口似鼻孔甚好。'上坐，如此会，自然不通风去。如识得尽十方世界是金刚眼睛，无事，珍重。"

第五会，师上堂，有僧问云："天下太平，大王长寿，如何是王？"师云："日晓月明。"学云："如何领会？"师云："谁是学人？"又云："天下太平，大王长寿，国土丰乐，无诸患难。此是佛语，古不易今，不迁一言，可以定古定今。会取好，诸上坐。"又僧问："承古有言：有物先天地，无形本寂寥。如何是有物先天地？"师云："非同合。"学云："如何是无形本寂寥？"师云："谁问先天地？"学云："恁么即随静林间独自游。"师云："乱道作么？"又云："佛法不是遮个道理，要会么？言发非声，色前不物，始会天下太平，大王长寿。久立，珍重。"

第六会，师上堂示众云："佛法现成，一切具足。古人道：圆同太虚，无欠无余。若如是，且谁欠谁剩？谁是谁非？谁是会者？谁是不会者？所以道：东去亦是上坐，西去亦是上坐，南去亦是上坐，北去亦是上坐。上坐因什么得成东西南北？若会得，自然见闻觉知路绝，一切诸法现前。何故如此？为法身无相，触目皆形；般若无知，对缘而照。一时彻底会取好。诸上坐，出家儿合作么生？此是本有之理，未为分外。识心达本源，故名为沙

---

① "作么"，东寺本、碛砂本、南藏本作"作么生"。
② "有"下，大正本有"一"。
③ "生"，大正本无。

门①。若识心皎皎地，实无丝毫障碍。上坐，久立，珍重。"

第七会，师上堂，有僧问："欲入无为海，先乘般若船。如何是般若船？"师云："常无所住。""如何是无为海？"②师云："且会般若船。"又僧问："古德云：登天不借梯，遍地无行路。如何是登天不借梯？"师云："不遗丝发地。"学云："如何是遍地无行路？"师云："适来向你道什么？"师又云："百千三昧门，百千神通门，百千妙用门，尽不出得般若海中。何以故？为于无住本建立诸法。所以道：生灭、去来、邪正、动静、千变万化，是诸佛大定门，无过于此。诸上坐，大家究取，增于佛法寿命。珍重。"

第八会，师上堂，有僧问："世尊有正法眼，付嘱摩诃迦叶。只如迦叶在宾钵罗窟，未审付嘱何人？"师云："教我向谁说？"学云："恁么即灵山付嘱，不异今日。"师云："你什么处见灵山？"又僧问："净慧宝印，和尚亲传。未审今日一会，当付何人？"师云："冬冬鼓，一头打，两头鸣。"学云："恁么即千圣同俦，古今不异。"师云："禅河浪静，寻水迷源。"又僧清遇云："帝王请命，师赴王恩，般若会中，请师举唱。"师云："分明记取。"学云："恁么即云台宝网同演妙音。"师云："清遇何在？"学云："法王法如是。"师云："阿谁证明？"又云："灵山付嘱分明，诸上坐一时验取。若验得，更无别理，只是如今。譬如太虚，日明云暗，山河大地，一切有为世界，悉皆明现。乃至无为，亦复如是。世尊付嘱，迄至于今，并无丝毫差别，更付阿

---

① "名"，大正本作"号"。
② "如"上，东寺本、碛砂本、南藏本、径山本有"曰"。

谁？所以祖师道：心自本来心，本心非有法。法法有本心，非心非本法。此是灵山付嘱榜样，诸上坐，彻底会取好，莫虚度时光。国王恩难报，诸佛恩难报，父母师长恩难报，十方施主恩难报。况建置如是次第，佛法兴隆，若非国王恩力，焉得如此？若要报恩，应须明彻道眼，入般若性海始得。久立，珍重。"

第九会，师上堂，有僧问："承先德云：人空法亦空，二相本来同。如何是二相本来同？"师云："山河大地。"学云："不会，乞师方便。"师云："什么处是不方便处？"又僧问："承教有言：心清净故法界清净。如何是清净心？"师云："迦陵频伽共命之鸟。"学云："心与法界，是一是二？"师云："你自问，别人问？"师又云："大道廓然，讵齐今古？无名无相，是法是修。良由法界无边，心亦无际，无事不彰，无言不显。如是会得，唤作般若现前，理极同真际，一切山河大地，森罗万象，墙壁瓦砾，并无丝毫可得亏阙。无事，久立，珍重。"

第十会，师上堂，有僧问："承师有言：九天擎玉印，七佛兆前心。如何是印？"师云："不露文。""如何是心？"师云："你名安嗣。"又云："法界性海，如函如盖，如钩如锁，如金与金色，位位皆齐，无纤毫参差，不相混滥，非一非异，非同非别。若归实地去，法法皆到底。不是上来问个如何若何便是，不问时便非。在长连床上坐时是有，不坐时是无。只如诸方老宿言教在世，如恒河沙。如来一大藏经，卷卷皆说佛理，句句尽言佛心。因什么得不会去？若一向织络言教，意识解会，饶上坐经尘沙劫，亦不能得彻。此唤作颠倒知见，识心活计，并无得力处，此盖为根脚下不明①。若究尽诸佛法源，河沙大藏，一时现前，不欠丝毫，不剩丝毫。诸佛时常出世，时常说法度人，未曾间歇。乃至猿啼鸟叫、草木、丛林，常助上坐发机，未有一时不为上坐。有如是奇特处，可惜许！诸上坐，大家究取，令法久住世间，增益人天寿命，国王安乐。无事，久立，珍重。"

第十一会，师上堂，举："古人云：吾有一言，天上人间。若人不会，绿水青山。且作么生是一言底道理？古人语须是晓达始得，若是将言而名于言，未有个会处。良由究尽诸法根蒂，始会一言，不是一言半句思量解会唤作一言。若会言语道断，心行处灭，始到古人境界。亦不是闭目藏眼②，暗睹无所见，唤作言语道断。且莫赚会！佛法不是遮个道理。要会么？假饶经尘沙劫说，亦未曾有半句到诸上坐；经尘沙劫不说，亦未曾欠少半句。应须彻底会去始得。若如是斟酌名言，空劳心力，并无用处。与诸上坐相共证明③，后学初心，速须究取。久立，珍重。"

第十二会，师上堂。有僧问："髑髅常干世界，鼻孔摩触家风。如何是髑髅常干世界？"师云："更待答话在。"学云："如何是鼻孔摩触家风？"师云："时复举一遍。"又僧问："一人执炬，自尽其身；一人抱冰，横尸于路。此二人，阿谁辨道？"师云："不遗者。"学云："不会，乞师指示。"师云："你名敬新。"学云："未审还有人证明也无？"师云："有。"学云："什么人证明？"师云："敬新证明。"又僧问："牛头未见四祖时如何？"师

---

① "根脚"，东寺本、碛砂本、南藏本、径山本作"脚根"。
② "眼"，东寺本、碛砂本、南藏本、径山本、大正本作"睛"。
③ "相共"，东寺本、碛砂本、南藏本、径山本作"共相"。

云：“异境灵踪，睹者皆羡。”僧又云：“见后如何？”师云：“适来向你道什么？”又僧问："承古有言：敲打虚空鸣毂毂，石人木人齐应诺。六月降雪落纷纷，此是如来大圆觉。如何是敲打虚空底？"师云："昆仑奴著铁袴，打一棒行一步。"学云："恁么即石人木人齐应诺也。"师云："你还闻么？"又云："诸佛法门，时常如是。譬如大海，千波万浪，未曾暂住，未常暂有①，未常暂无，浩浩地光明自在。宗三世于毛端②，圆古今于一念。应须彻底明达始得，不是问一则语，记一转话，巧作道理，风云水月，四六八对，便当佛法。莫自赚，诸上坐！究竟无益。若彻底会去，实无可隐藏，无刹不彰，无尘不现。直下凡夫，位齐诸佛，不用纤毫气力，一时会取好。无事，久立，珍重。"

开宝四年辛未，华顶西峰忽摧，声震一山。师曰："吾非久矣。"明年六月。大星陨于峰顶，林木变白。师乃示疾于莲华峰，参问如常。二十八日，集众言别，跏趺而逝③。寿八十二，腊六十五。

杭州报恩寺慧明禅师，姓蒋氏。幼出家，三学精练，志探玄旨，乃南游于闽越间。历诸禅会，莫契本心。后至临川，谒净慧禅师，师资道合，寻回鄞水大梅山庵居。时吴越部内，禅学者虽盛，而以玄沙正宗置之阃外，师欲整而导之。一日，有二禅客到。师问曰："上坐离什么处？"曰："都城。"师曰："上坐离都

---

① "常"，径山本、大正本作"尝"，下同。
② "于"下，大正本有"一"。
③ "趺"，原作"跌"，据丛刊本、东寺本改。

城到此山，则都城少上坐，此山剩上坐。剩则心外有法，少则心法不周。说得道理即住，不会即去。"其二禅客不能对。新到僧问："如何是大梅主？"师曰："阇梨今日离什么处？"僧无对。师寻迁于天台山白沙卓庵。时有朋彦上坐，博学强记，来访师，敌论宗乘。师曰："言多去道远矣。今有事借问，只如从上诸圣及诸先德，还有不悟者也无？"朋彦曰："若是诸圣先德，岂有不悟者哉？"① 师曰："一人发真归源，十方虚空悉皆消殒。今天台山巍然，如何得消殒去？"朋彦不知所措。自是他宗泛学来者，皆服膺矣。

汉乾祐中，吴越忠懿王延入王府问法，命住资崇院。师盛谈玄沙宗一大师及地藏、法眼宗旨臻极，王因命翠岩令参等诸禅匠及城下名公定其胜负。天龙禅师问曰："一切诸佛及佛法②，皆从此经出。未审此经从何而出？"师曰："道什么？"天龙方再问，师曰："过也。"资严长老问："如何是现前三昧？"③ 师曰："还闻么？"曰："某甲不患聋。"师曰："果然患聋。"师举《雪峰塔铭》问老宿云："夫从缘有者，始终而成坏；非从缘有者，历劫而长坚。坚之与坏即且置，雪峰只今在什么处？"④ 法眼别云："只今是成是坏？"众皆无对。设有对者，亦不能当其征诘。时群彦骈伏，王大悦，命师居之，署"圆通普照禅师"。

师上堂谓众曰："诸人还委得么？莫道语默动静无非佛事好。且莫错会！"僧问："如何是祖师西来意？"师曰："汝还见香台

---

① "有不"，丛刊本、东寺本作"不有"。
② "佛法"，东寺本、碛砂本、南藏本作"诸佛所说法"。
③ "前"，碛砂本、南藏本、径山本作"在"。
④ "只"，径山本作"即"。

么?"曰:"某甲未会,乞师指示。"师曰:"香台也不识。"问:"离却目前机,如何是西来意?"师曰:"汝何不问?"曰:"恁么即委时去也。"① 师曰:"也是虚施。"问:"如何是佛法大意?"师曰:"我见灯明佛,本光瑞如此。"问:"如何是学人自己?"师曰:"特地申问是什么意?"问:"如何是西来意?"师曰:"十万八千真跋涉,直下西来不到东。"问:"如何是第二月?"师曰:"捏目看花花数朵,见精明树几枝枝。"

漳州罗汉宣法大师智依,师上堂曰:"尽十方世界,无一微尘许法,与汝作见闻觉知。还信么?然虽如此,也须悟始得,莫将为等闲。不见道:单明自己,不悟目前,此人只具一只眼。还会么?"僧问:"纤尘不立,为什么好丑现前?"师曰:"分明记取,别处问人。"问:"大众云集,谁是得者?"师曰:"还曾失么?"问:"如何是佛?"师曰:"汝是行脚僧。"问:"如何是宝寿家风?"② 师曰:"一任观看。"曰:"恁么即太守有赖。"③ 师曰:"汝作么生?"曰:"终不敢谩大众。"师曰:"嫌少作么?"师问僧:"受业在什么处?"曰:"在佛迹。"师曰:"佛在什么处?"曰:"什么处不是?"师举起拳曰:"作么生?"曰:"和尚收取。"曰:"放阇梨七棒。"

师问僧:"今夏在什么处?"曰:"在无言上坐处。"师曰:"还曾问讯他否?"曰:"也曾问讯。"师曰:"无言作么生问得?"

---

① "时",丛刊本、东寺本作"是"。
② "宝寿",径山本作"和尚"。
③ "太守",南藏本、径山本、大正本作"大众"。

曰："若得无言，什么处不问得？"师喝之曰："恰似问老兄。"师与彦端长老吃饼餤①，端曰："百种千般，其体不二。"师曰："作么生是不二体？"端拈起饼餤。师曰："只首百种千般。"②端曰："也是和尚见处。"师曰："汝也是罗公咏梳头样。"师将示灭，乃谓众曰："今晚四大不和畅，云腾鸟飞，风动尘起，浩浩地，还有人治得么？若治得，永劫不相识；若治不得，时时常见我。"言讫告寂。

金陵钟山章义禅师道钦，太原人也。初住庐山栖贤，师上堂曰："道远乎哉？触事而真；圣远乎哉？体之则神。我寻常示汝，何不向衣钵下坐地直下参取，要须上来讨个什么③？既上来，我即事不获已，便举古德少许方便，抖薮些子龟毛兔角解落④。诸上坐欲得省要么？僧堂里、三门下、寮舍里参取好。还有会处也未？若有会处，试说看，与上坐证明。"僧问："如何是栖贤境？"师曰："栖贤有什么境？"⑤问："古人拈椎竖拂，还当宗乘中事也无？"师曰："古人道了也。"问："学人创入丛林，乞和尚指示。"师曰："一手指天，一手指地。"

江南国主请师居章义道场。示众曰："总来遮里立作什么？善知识如河沙数，常与汝为伴，行住坐卧，不相舍离。但长连床上稳坐地，十方善知识自来参，上坐何不信取，作得如许多难

---

① "餤"，大正本后有注"徒滥切。"
② "首"，东寺本、碛砂本作"守"。
③ "要须"，东寺本、碛砂本、南藏本、径山本作"须要"。
④ "抖"，东寺本作"斗"。"薮"，径山本、大正本作"擞"。
⑤ "栖贤"，碛砂本、南藏本、径山本无。

易?他古圣嗟见今时人不奈何了,乃曰:'伤夫人情之惑久矣①。'目对真而不觉②。此乃嗟汝诸人看却不知,且道看却什么不知?何不体察古人方便?只为信之不及,致得如此。诸上坐,但于佛法中留心,无不得者。无事体道去。"僧问:"如何是西来意?"师曰:"不东不西。"问:"百年暗室,一灯能破时如何?"师曰:"莫谩语。"问:"佛法还受变异也无?"师曰:"上坐是僧。"问:"大众云集,请师举扬宗旨。"师曰:"久矣。"问:"如何是玄旨?"师曰:"玄有什么旨?"

金陵报恩匡逸禅师,明州人也。初住润州慈云,江南国主请居上院,署"凝密禅师"。一日,上堂众集,师顾视大众曰:"依而行之,即无累矣。还信么?如太阳赫奕皎然地,更莫思量,思量不及。设尔思量得及,唤作分限智慧。不见先德云:人无心合道,道无心合人。人道既合,是名无事人。且自何而凡,自何而圣?此若未会,也只为迷情所覆,便去不得。迷时即有质碍③,为对为待,种种不同。忽然惺去,亦无所得。譬如演若达多认影为头,岂不是担头觅头。然正迷之时,头且不失;及乎悟去,亦不为得。何以故?人迷谓之失,人悟谓之得。得失在于人,何关于动静?"

僧问:"诸佛设法,普润群机。和尚设法,什么人得闻?"师曰:"只有汝不闻。"问:"如何是报恩一句?"师曰:"道不是得

---

① "惑",大正本作"感"。
② "不",东寺本、碛砂本、南藏本、径山本作"莫"。
③ "质",大正本作"窒"。

么?"问:"十二时中思量不到处,如何行履?"师曰:"汝如今在什么处?"问:"祖嗣西来①,如何举唱?"师曰:"不违所请。"问:"如何是一句?"师曰:"我答争似汝举。"问:"佛为一大事因缘出世,未审和尚出世如何?"师曰:"恰好。"曰:"恁么即大众有赖。"师曰:"莫错会。"

金陵报慈道场文遂导师,杭州人也,姓陆氏。乳抱中,父母徙家于宣城。才卯岁,挺然好学,乃礼池州僧正落发登戒。年十六观方,禅教俱习。尝究《首楞严经》十轴,甄分真妄缘起,本末精博。于是节科注释,文句交络。厥功既就,谒于净慧禅师,述已所业,深符经旨。净慧问曰:"《楞严》岂不是有八还义?"师曰:"是。"曰:"明还什么?"师曰:"明还日轮。"曰:"日还什么?"师懵然无对,净慧诫令焚其所注之文。师自此服膺请益,始忘知解。初住吉州止观,乾德二年,国主延入,居长庆。次清凉,次报慈大道场,署"雷音觉海大导师",礼待异乎他等。

师上堂,谓众曰:"天人群生类,皆承此恩力。威权三界,德被四生。共禀灵光,咸称妙义。十方诸佛常顶戴,汝谁敢是非?及乎向遮里唤作开方便门,对根设教,便有如此如彼,流出无穷。若能依而奉行,有何不可?所以清凉先师道:佛即是无事人。且如今觅个无事人也不可得。"僧问:"崇寿佛法,付嘱止观,止观佛法,付嘱何人?"师曰:"汝试举崇寿佛法看。"问:"巅山岩崖,还有佛法也无?"师曰:"汝唤什么作巅山岩崖?"

---

① "嗣",丛刊本、东寺本作"师"。

问:"如何是道?"师曰:"妄想颠倒。"① 师谓众曰:"老僧平生,百无所解,日日一般。虽住此间,随缘任运。今日诸上坐与本无异。"僧问:"如何是无异底事?"师曰:"千差万别。"僧再问,师曰:"止止不须说,且会取千差万别。"

问:"如何是和尚家风?"师曰:"方丈板门扇。"问:"如何是无相道场?"师曰:"四郎五郎庙。"问:"如何是吹毛剑?"师曰:"䉡面杖。"问:"如何是正直一路?"师曰:"远远近近。"曰:"便怎么去时如何?"师曰:"咄哉痴人!此是险路。"师问僧:"从什么处来?"曰:"抚州曹山来。"师曰:"几程到此?"曰:"七程。"师曰:"行却许多山林溪涧,何者是汝自己?"曰:"总是。"师曰:"众生颠倒,认物为己。"曰:"如何是学人自己?"师曰:"总是。"师又曰:"诸上坐,各在止观经冬过夏,还有人悟自己也无?止观与汝证明,令汝真见不被邪魔所惑。"问:"如何是学人自己?"师曰:"好个师僧,眼目甚分明。"

漳州罗汉院守仁禅师,泉州永春人也。初参净慧,后回故郡,止东安兴教寺上方院。示众曰:"只据如今,谁欠谁剩?然虽如此,犹是第二义门。上坐若明达得去也,且是一是二?更须子细看。"僧问:"如何是祖师西来的的意?"师曰:"即今是什么意?"问:"如何是涅槃?"师曰:"生死。"曰:"如何是生死?"师曰:"适来道什么?"僧众晚参,师谓众曰:"物物本来无处所,一轮明月印心池。"便归方丈。

---

① "妄",原作"忘",据丛刊本、东寺本改。

师次住漳州报恩院。谓众曰："报恩遮里不曾与人简话①，今日与诸上坐简一两则话，还愿乐么？诸上坐，鹤胫长，凫胫短，甘草甜，黄檗苦，怎么简辨，还惬雅意么？诸上坐莫道血脉不通，泥水有隔好。且莫错会！珍重。"僧问："如何是西来意？"师曰："唤什么作西来意？"曰："怎么即无西来也？"师曰："由汝口头道。"问："如何是报恩家风？"师曰："无汝著眼处。"问："学人未委禀承，请师方便。"师曰："莫相孤负么？"曰："怎么即有师资之分也。"师曰："丛林见多。"问："如何是佛法大意？"师曰："向汝道什么？"问："如何是无生之相？"师曰："舍身受身。"曰："怎么即生死无过也。"师曰："料汝怎么会。"师又曰："人人皆备理，一一尽圆常。"问："如何是圆常之理？"师曰："无事不参差。"曰："怎么即纵横法界也。"师曰："巧道有何难？"问："如何是不到三寸？"师曰："汝问我答。"师问僧："什么处来？"曰："福州来。"师曰："跋涉如许多山岭，阿那个是上坐自己？"曰："某甲亲离福州。"师曰："怎么商量，别有商量？"曰："更作么生商量？"师曰："汝话堕也。"问："不昧缘尘，请师一接。"师曰："唤什么作缘尘？"僧曰："若不伸问，焉息疑情？"师曰："若不是今日，便作官方。"

杭州永明寺道潜禅师，河中府人也，姓武氏。初诣临川，谒净慧禅师，一见异之，便容入室。一日，净慧问曰："子于参请外，看什么经？"师曰："看《华严经》。"净慧曰："总、别、

---

① "简"，东寺本、大正本作"拣"。

同、异、成、坏六相，是何门摄属？"师对曰："文在《十地品》中。据理，则世出、世间一切法，皆具六相。"曰："空还具六相也无？"师懵然无对。净慧曰："子却问吾。"师乃问曰："空还具六相也无？"净慧曰："空。"师于是开悟，踊跃礼谢。净慧曰："子作么生会？"师曰："空。"净慧然之。异日，因四众士女入院，净慧问师曰："律中道：隔壁闻钗钏声，即名破戒。见睹金银合杂，朱紫骈阗，是破戒，不是破戒？"师曰："好个入路。"净慧曰："子向后有五百毳徒，而为王侯所重在。"

师寻礼辞，驻锡于衢州古寺，阅大藏经而已。后忠懿王钱氏命入府受菩萨戒，署"慈化定慧禅师"。建大伽蓝，号慧日永明，请居之。师曰："欲请塔下罗汉铜像，过新寺供养。"王曰："善矣。予昨夜梦十六尊者乞随禅师入寺，何昭应之若是。"仍于师号加"应真"二字。师坐永明大道场，常五百众。师上堂，谓众曰："佛法显然，因什么却不会去？诸上坐欲会佛法，但问取张三李四；欲会世法，则参取古佛丛林。无事，久立。"僧问："如何是永明的的意？"师曰："今日十五，明朝十六。"曰："览师的的意。"师曰："何处览？"问："如何是永明家风？"师曰："早被上坐答了也。"问："三种病人如何接？"师曰："汝是聋人。"曰："请师方便。"师曰："是方便。"

问："牛头未见四祖时，为什么百鸟衔华？"师曰："见东见西。"曰："见后为什么不衔华？"师曰："见南见北。"曰："昔日作么生？"师曰："且会今日。"问："如何是第二月？"师曰："月。"问："如何是觌面事？"师曰："背后是什么？"问："文殊仗剑，拟杀何人？"师曰："止，止。"曰："如何是剑？"师曰：

"眼是。"问:"诸余即不问,向上宗乘亦且置,请师不答。"师曰:"好个师僧子。"曰:"怎么即礼拜去也。"师曰:"不要三拜,尽汝一生去。"一日,大众参,师指香炉曰:"汝诸人还见么?若见,一时礼拜,各自归堂。"僧问:"至道无言,借言显道。如何是显道之言?"师曰:"切忌拣择。"问:"如何是慧日祥光?"师曰:"此去报慈不远。"曰:"怎么即亲蒙照烛也。"师曰:"且喜没交涉。"

抚州黄山良匡禅师,吉州人也。上堂,谓众曰:"高山顶上空蔬饭,无可祇待诸道者,唯有金刚眼睛,凭助汝发明真心。汝若会得,能破无明黑暗;汝若不会,真个不坏。"便起归方丈。僧问:"如何是黄山家风?"师曰:"筑著汝鼻孔。"问:"如何是物不迁义?"师曰:"春夏秋冬。"问:"如何是一路涅槃门?"师曰:"汝问宗乘中一句,岂不是?"曰:"怎么即不哆哆。"师曰:"莫哆哆好。"问:"众星攒月时如何?"师曰:"唤什么作月?"曰:"莫即遮个便是也无?"师曰:"遮个是什么?"问:"明镜当台,森罗为什么不现?"师曰:"那里当台?"曰:"争奈即今何?"师曰:"又道不现。"问:"如何是禅?"师曰:"三界绵绵。"曰:"如何是道?"师曰:"四生浩浩。"

杭州灵隐山清耸禅师,福州福清县人也。初参净慧,一日,净慧指雨谓师曰:"滴滴落上坐眼里。"师初不喻旨,后因阅《华严经》感悟。承净慧印可,回止明州四明山卓庵。节度使钱亿,执师事之礼。忠懿王命于临安两处开法,后居灵隐上寺,署"了悟禅师"。师上堂，示众曰："十方诸佛，常在汝前。还见么？若言见，将心见，将眼见？所以道：一切法不生，一切法不灭。若能如是解，诸佛常现前。"又曰："见色便见心，且唤什么作心？山河大地、万象森罗、青黄赤白、男女等相，是心不是心？若是心，为什么却成物象去？若不是心，又道见色便见心。还会么？只为迷此，而成颠倒，种种不同，于无同异中，强生同异。且如今直下承当，顿豁本心皎然，无一物可作见闻。若离心别求解脱者，古人唤作迷波讨源，卒难晓悟。"

问："根尘俱泯，为什么事理不明？"师曰："事理且从，唤什么作俱泯底根尘？"问："如何是观音第一义？"师曰："错。"问："无明实性即佛性，如何是佛性？"师曰："唤什么作无明？"问："如何是和尚家风？"师曰："亘古亘今。"问："不问不答时如何？"师曰："寱语作么？"问："如何是巅山岩崖里佛法？"师曰："用巅山岩崖作么？"问："牛头未见四祖时如何？"师曰："青山绿水。"曰："见后如何？"师曰："绿水青山。"师问僧："汝会佛法么？"曰："不会。"师曰："汝端的不会？"曰："是。"师曰："且去，待别时来。"其僧珍重，师曰："不是遮个道理。"问："如何是摩诃般若？"师曰："雪落茫茫。"僧无语，师曰："会么？"曰："不会。"师遂有颂曰："摩诃般若，非取非舍。若人不会，风寒雪下。"

金陵报恩院玄则禅师，滑州卫南人也。初问青峰①："如何是

---

① "青峰"，大正本有注"有本云：白兆"。

佛?"① 青峰曰:"丙丁童子来求火。"师得此语,藏之于心。及谒净慧,净慧诘其悟旨②,师对曰:"丙丁是火,而更求火,亦似玄则,将佛问佛。"净慧曰:"几放过,元来错会。"师虽蒙开发,颇怀犹豫。复退思既殆,莫晓玄理,乃投诚请益。净慧曰:"汝问,我与汝道。"师乃问:"如何是佛?"净慧曰:"丙丁童子来求火。"师豁然知归。

后住报恩院。师上堂,顾视大众曰:"好个话头,只是无人解问得,所以劳他古人三度唤之。诸人即不劳他唤也,此即且从,古人意作么生?还说得么?千佛出世,亦不增一丝毫;六道轮回,也不减一丝毫。皎皎地现,无丝头罣碍。古人道:但有纤毫即是尘。且如今物象嶷然地,作么生消遣③?汝若于此消遣不得,便是凡夫境界。然也莫嫌朴实说话,也莫嫌说著祖佛。何以故?见说祖佛,便拟超越去,若恁么会,大没交涉。也须子细详究看。不见他古德究离生死,亦无剃头剪爪工夫。如今看见,大难继续。"

问:"了了见佛性,如何是佛性?"师曰:"不欲便道。"问:"如何是金刚大士?"师曰:"见也未?"问:"如何是诸圣密密处?"师曰:"却须会取自己。"曰:"如何是和尚密密处?"师曰:"待汝会始得。"师谓众曰:"诸上坐尽有常圆之月,各怀无价之珍。所以月在云中,虽明而不照;智隐惑内,虽真而不通。无事,久立。"问:"如何是不动尊?"师曰:"飞飞扬扬。"问:

---

① "佛",大正本有注"有本云:自己"。
② "净慧",大正本无。
③ "遣"下,大正本有"得"。

"如何是了然一句？"师曰："对汝又何难？"曰："怎么道，莫便是也无？"师曰："不对又何难？"曰："深领和尚怎么道。"师曰："汝道我道什么？"问："亡僧迁化，向什么处去也？"师曰："待汝生即道。"曰："宾主历然。"师曰："汝立地见亡僧。"问："如何是学人本来心？"师曰："汝还曾道著也未？"曰："只如道著如何体会？"师曰："待汝问始得。"问："教中有言：树能生果，作颇梨色。未审此果，何人得吃？"师曰："树从何来？"曰："学人有分。"师曰："去果八万四千。"问："如何是不迁？"师曰："江河竞注，日月旋流。"问："宗乘中玄要处，请师一言。"师曰："汝行脚来多少时也？"曰："不曾逢伴侣。"师曰："少瞌睡。"

金陵报慈道场玄觉导师行言，泉州晋江人也，得法于净慧禅师。上堂，示众曰："凡行脚人参善知识，到一丛林，放下瓶钵，可谓行菩萨道之能事毕矣①。何用更来遮里举论真如涅槃？此是非时之说。然古人有言：譬如披沙识宝，沙砾若除，真金自现，便唤作常住世间具足僧宝。亦如一味之雨，一般之地，生长万物，大小不同，甘辛有异。不可道地与雨有大小之名也。所以道：方即现方，圆即现圆。何以故？法尔无偏正②，随相应现，唤作对现色身。还见么？若不见，也莫闲坐地。"问："如何是祖师西来意？"师曰："此问不当。"问："坐却是非，如何合得本来人？"师曰："汝且作么生坐？"

---

① "道之"，丛刊本、东寺本作"之道"。
② "法尔"，原作"尔法"，据东寺本、碛砂本、径山本改。

江南国主新建报慈大道场，命师大阐宗猷，海会二千余众，别署导师之号。师谓众曰："此日英贤共会①，海众同臻，谅惟佛法之趣，无不备矣。若是英鉴之者，不须待言也。然言之本无，何以默矣？是以森罗万象，诸佛洪源。显明则海印光澄，冥昧则情迷自惑。苟非通心上士，逸格高人，则何以于诸尘中发扬妙极，卷舒物象，纵夺森罗？示生非生，应灭非灭，生灭洞已，乃曰真常。言假则影散千途，论真则一空绝迹，岂可以有无生灭而计之者哉？"问："国王再请，盖特荐先朝，和尚今日如何举唱？"师曰："汝不是问再唱人？"曰："恁么即天上人间无过此也。"师曰："勿交涉。"问："远远投师，请垂一接。"师曰："却依旧处去。"

金陵净德道场达观禅师智筠，河中府人也，姓王氏。弱龄迈俗，依普救寺昊大师披削。年满受具，始游方，谒抚州龙济修山主，亲附久之，机缘莫契。后诣金陵报恩道场，参净慧，顿悟玄旨。后住庐山栖贤寺，师上堂，谓众曰："从上诸圣方便门不少，大底只要诸仁者有个见处。然虽未见，且不参差一丝发许，诸仁者亦未尝违背一丝发许。何以故？烜赫地显露。如今便会取，更不费一豪气力。还省要么？设道毗卢有师，法身有主，斯乃抑扬，对机施设。诸仁者作么生会对底道理？若也会，且莫嫌他佛语，莫重祖师，直下是自己眼明始得。"僧问："如何是的的之言？"师曰："道什么？"问："纷然觅不得时如何？"师曰："觅

---

① "日"，原作"目"，据丛刊本、东寺本、径山本、大正本改。

个什么不得？"问："如何是祖师意？"师曰："用祖师意作什么？"问："今朝呈远瑞，正意为谁来？"师曰："大众尽见汝恁么问。"

乾德三年，江南国主仰师道化，于北苑建大道场曰净德，延请居之，署大禅师之号。上堂，谓众曰："夫欲慕道，也须上上根器始得。造次中下，不易承当。何以故？佛法非心意识境界，上坐莫恁么懱㩱地①。他古人道：沙门眼把定世界，函盖乾坤，绵绵不漏丝发。所以诸佛赞叹，赞叹不及；比喻，比喻不及。道上坐威光赫奕，亘古亘今，幸有如是家风，何不绍续取？为什么自生卑劣，枉受辛勤，不能晓悟？只为如此，所以诸佛出兴于世；只为如此，所以诸佛唱入涅槃；只为如此，所以祖师特地西来。"僧问："诸圣皆入不二法门，如何是不二法门？"师曰："但恁么入。"曰："恁么即今古同然去也。"师曰"汝道什么处是同？"问："如何是佛法大意？"师曰："恰问著。"曰："恁么即学人礼拜也。"师曰："汝作么生会？"问："如何是佛？"师曰："如何不是？"师复谓众曰："吾不能投身岩谷，灭迹市廛，而出入禁庭，以重烦世主，吾之过也。"遂屡辞归故山，国主锡以五峰栖玄兰若。开宝二年八月十七日，安坐告寂②。寿六十四，腊四十四。

高丽道峰山慧炬国师，始发机于净慧之室。本国主思慕，遣使来请，遂回故地。国主受心诀，礼待弥厚。一日，请入王府上

---

① "懱㩱"，大正本作"儱偅"，径山本作"㩱㩱"。
② "安"，东寺本、碛砂本、南藏本作"晏"，径山本作"宴"。

堂。师指威凤楼示众曰："威凤楼为诸上坐举扬了，诸上坐还会么？傥若会，且作么生会？若道不会，威凤楼作么生不会？珍重。"师之言教，未被中华，亦莫知所终。

金陵清凉法灯禅师泰钦，魏府人也。生而知道，辩才无碍。入净慧之室，海众归之，金曰"敏匠"。初受请，住洪州幽谷山双林院。上堂，未升坐乃曰："此山先代一二尊宿曾说法来，此坐高广，不才可升？昔古有言：作礼须弥灯王如来，乃可得坐。且道须弥灯王如来今在何处？大众要见么？一时礼拜。"师便升坐，良久曰："为大众只如此，也还有会处么？"僧问："如何是双林境？"师曰："画也不成。"曰："如何是境中人？"师曰："且去。"又曰："境也未识，且讨人。"问："一佛出世，震动乾坤；和尚出世，震动何方？"师曰："什么处见震动？"曰："争奈即今何？"师曰："今日有什么事？"有僧出礼拜，师曰："道者，前时谢汝请我，将什么与汝好？"僧拟问次，师曰："将谓相悉，却成不委。"问："如何是西来密密意？"师曰："苦。"问："一佛出世，普润群生；和尚出世，当为何人？"师曰："不徒然。"曰："恁么即大众有赖也。"师曰："何必？"师告众曰："且住得也，久立。官人及诸大众，今日相请勤重。此个殊功，比喻何及。所以道：未了之人听一言，只遮如今谁动口？"师便下坐，立倚拄杖而告众曰："还会么？天龙寂听而雨华，莫作须菩提帧子画将去，且恁么信受奉行。"

师次住上蓝护国院。僧问："十方俱击鼓，十处一时闻。如何是闻？"师曰："汝从那方来？"问："善行菩萨道，不染诸法相。如何是菩萨道?"师曰:"诸法相。"曰:"如何得不染去?"师曰:"染著什么处?"问:"不久开选场,还许学人选也无?"师曰:"汝是点额人。"又曰:"汝是什么科目?"问:"如何是演大法义?"师曰:"我演何似汝演?"

师次住金陵龙光院。上堂升坐,维那白椎云:"法筵龙象众,当观第一义。"师曰:"维那是第二义,长老只今是第几义?"①师又举衣袖,谓众曰:"会么?大众,此是山呼舞蹈,莫道五百生前曾为乐主来。或有疑情,请垂见示。"时有僧问:"如何是诸佛正宗?"师曰:"汝是什么宗?"曰:"如何?"师曰:"如何即不会。"问:"上蓝一曲师亲唱,今日龙光事若何?"师曰:"汝什么时到上蓝来?"曰:"谛当事如何?"师曰:"不谛当,即别处觅。"问:"如何是佛法大意?"师曰:"且问小意,却来与汝大意。"

师后入金陵住清凉大道场。上堂升坐,僧出问次,师曰:"遮僧最先出,为大众已了得国主深恩。"②问:"国主请命,祖席重开,学人上来,请师直指心源。"师曰:"上来却下去。"问:"法眼一灯,分照天下;和尚一灯,分付何人?"师曰:"法眼什么处分照来?"江南国主为郑王时,受心法于净慧之室,暨净慧入灭,复尝问于师③:"先师有什么不了底公案?"师对曰:"见分析次。"异日又问曰:"承闻长老于先师有异闻底事?"师作起身势。国主曰:"且坐。"师谓众曰:"先师法席五百众,今只

---

① "只",径山本作"即"。
② "得",丛刊本、东寺本作"答"。
③ "复",碛砂本、南藏本、径山本作"后"。

有十数人在诸方为导首,尔道莫有错指人路底么?若错指,教他入水入火,落坑落堑。然古人又道:我若向刀山,刀山自摧折;我若向镬汤,镬汤自消灭。且作么生商量?言语即熟,及问著便生疏去,何也?只为隔阔多时。上坐但会我什么处去不得,有去不得者,为眼等诸根,色等诸法。诸法且置,上坐开眼见什么?所以道:不见一法即如来,方得名为观自在。珍重。"

师开宝七年六月示疾,告众曰:"老僧卧疾,强牵拖与汝相见。如今随处道场,宛然化城。且道作么生是化城?不见古导师云:宝所非遥,须且前进①。及至城所,又道:我所化作。今汝诸人试说个道理看:是如来禅,祖师禅?还定得么?汝等虽是晚生,须知侥忝我国主凡所胜地建一道场,所须不阙,只要汝开口。如今不知阿那个是汝口,争答效他四恩三有?欲得会么?但识口,必无咎。纵有咎,因汝有。我今火风相逼,去住是常道。老僧住持将逾一纪,每承国主助发,至于檀越、十方道侣、主事、小师,皆赤心为我,默而难言。或披麻带布,此即顺俗,我道违真。且道顺好违好?然但顺我道,即无颠倒。我之遗骸,必于南山大智藏和尚左右乞一坟冢②,升沈皎然,不沦化也。努力,努力,珍重。"即其月二十四日,安坐而终。

杭州真身宝塔寺绍岩禅师,雍州人也,姓刘氏。七岁,依高安禅师出家,十八,进具于怀晖律师。暨游方,与天台韶国师同受记于临川。寻于浙右水心寺挂锡宴寂,后止越州法华山,续入

---

① "且",碛砂本、南藏本、径山本作"在"。
② "一",大正本作"二"。

居塔寺上方净院。吴越王命师开法，署"了空大智常照禅师"。

上堂谓众曰："山僧素寡知见，本期闲放，念经待死。岂谓今日大王勤重，苦勉山僧、效诸方宿德，施张法筵。然大王致请，也只图诸仁者明心，此外无别道理①。诸仁者还明心也未？莫不是语言谭笑时、凝然杜默时、参寻知识时、道伴商略时、观山玩水时、耳目绝对时，是汝心否？如上所解，尽为魔魅所摄，岂曰明心。更有一类人，离身中妄想外，别认遍十方世界，含日月，包太虚，谓是本来真心。斯亦外道所计，非明心也。诸仁者，要会么？心无是者，亦无不是者。汝拟执认，其可得乎？"问："六合澄清时如何？"师曰："大众谁信汝？"问："见月忘指时如何？"师曰："非见月。"曰："岂可认指为月邪？"师曰："汝参学来多少时也？"师开宝四年七月示疾，谓门弟子曰："诸行无常，即常住相。"言讫，跏趺而逝。寿七十三，腊五十五。

金陵报恩院法安慧济禅师，太和人也。印心于法眼之室，初住抚州曹山崇寿院，为第四世。上堂谓众曰："知幻即离，不作方便；离幻即觉，亦无渐次。诸上坐且作么生会？不作方便，又无渐次，古人意在什么处？若会得，诸佛常见前；若未会，莫向《圆觉经》里讨。夫佛法亘古亘今，未尝不见前，诸上坐一切时中②，咸承此威光。须具大信根，荷担得起始得。不见佛赞猛利底人堪为器用，亦不赏他向善久修净业者，要似他广额凶屠③，

---

① "无别"，径山本作"别无"。
② "诸"，东寺本、碛砂本、南藏本、径山本无。
③ "凶屠"，碛砂本、南藏本、径山本作"屠儿"。

抛下操刀，便证阿罗汉果。直须恁么始得。所以长者道：如将梵位，直授凡庸。"僧问："大众既临于法会，请师不吝句中玄。"师曰："谩得大众么？"曰："恁么即全应此问也。"师曰："不用得。"问："古人有言：一切法以不生为宗。如何是不生宗？"师曰："好个问处。"问："佛法中请师方便？"师曰："方便了也。"问："如何是古佛心？"师曰："何待问？"

江南国主请入居报恩，署号摄众。师上堂谓众曰："此日奉命，令住持当院，为众演法。适来见维那白槌了，多少好令，教当观第一义。且作么生是第一义？若遮里参得，多少省要，如今更别说个什么即得？然承恩旨，不可杜默去也。夫禅宗示要，法尔常规，圆明显露，亘古亘今。至于达磨西来，也只与诸人证明，亦无法可得与人。只道直下是，便教立地觑取。古人虽即道立地觑取，如今坐地还觑得也无？有疑请问。"僧问："三德奥枢从佛演，一音玄路请师明。"师曰："汝道有也未？"问："如何是报恩境？"师曰："大家见汝问。"师开宝中示灭于本院。

抚州崇寿院契稠禅师，泉州人也①。上堂升坐，僧问："四众谛观第一义，如何是第一义？"师曰："何劳更问？"师又曰："大众欲知佛性义，当观时节因缘。作么生是时节因缘？上坐，如今便散去，且道有也未？若无，因什么便散去；若有，作么生是第一义？上坐，第一义现成，何劳更观？恁么显明，得佛性常照，一切法常住。若见有法常住，犹未是法之真源，作么生是法之真

---

① "泉州"，大正本作"西州"。

源?上坐,不见古人道:一人发真归源①,十方虚空悉皆消殒。还有一法为意解么?古人有如是大事因缘,依而行之即是,何劳长老多说?众中有未知者,便请相示。"

僧问:"净慧之灯,亲然汝水,今日王侯请命,如何是净慧之灯?"师曰:"更请一问。"问:"古人见不齐处,请师方便。"师曰:"古人见什么处不齐?"问:"如何是佛?"师曰:"如何是佛。"曰:"如何领解?"师曰:"领解即不是。"问:"的的西来意,师当第几人?"师曰:"年年八月半中秋。"问:"如何是和尚为人一句?"师曰:"观音举,上蓝举?"师淳化三年示灭。

洪州云居山广平院清锡禅师②,泉州人也,初住龙须山广平院。有僧问:"如何是广平境?"师曰:"识取广平。"曰:"如何是境中人?"师曰:"验取。"次住云居山。僧问:"如何是云居境?"师曰:"汝唤什么作境?"曰:"如何是境中人?"师曰:"适来向汝道什么?"师后住泉州西明院,有廖天使入院,见供养法眼和尚真,乃问曰:"真前是什么果子?"师曰:"假果子。"天使曰:"既是假果子,为什么将供养真?"师曰:"也只要天使识假。"问:"如何是佛?"师曰:"容颜甚奇妙。"

洪州百丈山大智院道常禅师,本山出家,礼照明禅师披剃。寻参净慧,获预函丈。因请益问:"外道问佛:不问有言,不问无言……"叙语未终,净慧曰:"住,住,汝拟向世尊良久处会

---

① "源",大正本作"元"。
② "广平院",南藏本、径山本作"真如院",大正本无。

去?"师从此悟入。后本山请归住持,当第十一世,学者尤盛。

师上堂示众曰:"乘此宝乘,直至道场,每日劳诸上坐访及,无可祗延。时寒,不用久立,却请回车。珍重。"僧问:"如何是学人行脚事?"师曰:"拗折拄杖得也未?"问:"古人有言:释迦与我同参。未审参何人?"①师曰:"唯有同参方得知。"曰:"未审此人如何亲近?"师曰:"恁么即不解参也。"问:"如何是祖师西来意?"师曰:"往往问不著。"问:"还乡曲子作么生唱?"师曰:"设使唱,落汝后。"

问:"如何是百丈境?"师曰:"何似云居?"问:"如何是百丈为人一句?"师曰:"若到诸方,总须问过。"师又谓众曰:"实是无事,与上坐各各事佛,更有何疑,得到遮里?古人只道:十方同共聚②,个个学无为。此是选佛处③,心空及第归。心空是及第,且作么生会心空?不是那里闭目冷坐是心空,此正是识阴想解。上坐要心空么?但且识心。所以道:过去已过去,未来更莫算。兀然无事坐,何曾有人唤?设有人唤上坐,应他好,不应好?若应,阿谁唤上坐?若不应,不患聋也?三世体空,且不是木头。所以古人道:心空得见法王。还见法王么?也只是老病僧④,又莫是渠自伐么⑤?珍重。"僧问:"如何是佛?"师曰:"汝有多少事不问?"僧举:"人问玄沙曰:'三乘十二分教即不问,如何是祖师西来意?'玄沙曰:'三乘十二分教不要。'其僧

---

① "参",原脱,据东寺本、碛砂本、大正本补。
② "共聚",东寺本、碛砂本、南藏本、径山本作"聚会"。
③ "处",南藏本、径山本、大正本作"场"。
④ "老",碛砂本、南藏本、径山本无。
⑤ "伐",碛砂本、南藏本、径山本作"代"。

不会,请师为说。"师曰:"汝实不会?"曰:"实不会。"师示偈曰:"不要三乘要祖宗,三乘不要与君同。君今欲会通宗旨,后夜猿啼在乱峰。"师淳化二年示灭,塔于本山。

天台山般若寺通慧禅师敬遵,上堂,谓众曰:"皎皎炟赫地①,亘古亘今,也未曾有纤毫间断相,无时无节,长时拶定上坐,无通气处。所以道:山河大地是上坐善知识,放光动地,触处露现,实无丝头许法可作隔碍。如今因什么却不会,特地生疑去?无事,不用久立。"僧问:"优昙华坼人皆睹,般若家风赐一言。"师曰:"不因上坐问,不曾举似人。"曰:"怎么即般若雄峰,讵齐今古?"师曰:"也莫错会。"问:"牛头未见四祖时,为什么百鸟衔华?"师曰:"汝什么处见?"曰:"见后为什么不衔华?"师曰:"且领话好。"问:"灵山一会,迦叶亲闻。未审今日一会,何人得闻?"师曰:"汝试举迦叶闻底看。"曰:"怎么即迦叶亲闻去也。"师曰:"乱道作么?"师自述真赞曰:"真兮廖廓,郢人图䐾②。岳耸云空,澄潭月跃。"

庐山归宗寺法施禅师策真,曹州人也,姓魏氏,本名慧超。升净慧之堂,问:"如何是佛?"净慧曰:"汝是慧超。"师从此信入。其语播于诸方,初自庐山余家峰请下住归宗。上堂示众曰:"诸上坐,见闻觉知,只可一度。只如会了,是见闻觉知,不是见闻觉知?要会么?与诸上坐说破了也,待汝悟始得。久立,珍

---

① "炟",径山本、大正本作"烜"。
② "䐾",原作"䐝",据丛刊本、东寺本改。

重。"僧问:"如何是佛?"师曰:"我向汝道,即别有也。"问:"如何是归宗境?"师曰:"是汝见什么?"①曰:"如何是境中人?"师曰:"出去。"问:"国王请命,大启法筵,不落见闻,请师速道。"师曰:"闲言语。"曰:"师意如何?"师曰:"又乱说。"问:"承教有言:将此身心奉尘刹,是则名为报佛恩。尘刹即不问,如何是报佛恩?"师曰:"汝若是,即报佛恩。"问:"无情说法,大地得闻,狮子吼时如何?"师曰:"汝还闻么?"曰:"恁么即同无情也。"师曰:"汝不妨会。"问:"古人以不离见闻为宗,未审和尚以何为宗?"师曰:"此问甚好。"曰:"犹是三缘四缘。"师曰:"莫乱道。"

师次住金陵奉先寺,未几复迁止报恩道场,太平兴国四年归寂。

洪州凤栖山同安院绍显禅师,僧问:"王恩降旨师亲受,熊耳家风乞一言。"师曰:"已道了也。"问:"千里投师,请师一接。"师曰:"好入处。"云盖山僧乞瓦造殿,有官人问:"既是云盖,何用乞瓦?"无对。师代曰:"罕遇奇人。"

江州庐山栖贤寺慧圆禅师,上堂,示众曰:"出得僧堂门,见五老峰,一生参学事毕,何用更到遮里来?虽然如此,也劳上坐一转。无事,珍重。"僧问:"不是风动,不是幡动。未审古人意旨如何?"师曰:"大众一时会取。"又上堂,有僧拟问,师乃

---

① "见",大正本作"是"。

指其僧曰:"住,住。"其僧进步问①:"从上宗乘,请师举唱。"师曰:"前言不构,后语难追。"曰:"未审今日事如何?"师曰:"不会人言语。"问:"如何是佛法大意?"师曰:"好。"问:"如何是栖贤境?"师曰:"入得三门便合知。"问:"如何是祖师西来意?"师曰:"此欠少。"问:"祖灯重耀,不吝慈悲,更垂中下。"师曰:"委得么?"曰:"恁么即方便门已开。"师曰:"也赚。"

洪州观音院从显禅师,泉州莆田人也。少依本邑石梯山出家具戒,参法眼受记。初住升州妙果院,后住兹院,参学颇众。师上堂,众集,良久谓曰:"文殊深赞居士,未审居士受赞也无?若受赞,何处有居士邪?若不受赞,文殊不可虚发言。大众作么生会?若会,真个衲僧。"时有僧问:"居士默然,文殊深赞,此意如何?"师曰:"汝问我答。"曰:"恁么人出头来又作么生?"师曰:"行到水穷处,坐看云起时。"僧问:"如何是观音家风?"师曰:"眼前看取。"曰:"忽遇作者来,作么生见待?"师曰:"贫家只如此,未必便言归。"问:"久负没弦琴,请师弹一曲。"师曰:"作么生听?"其僧侧耳,师曰:"赚杀人。"

师谓众曰:"卢行者当时大庾岭头为明上坐言:莫思善,莫思恶,还我明上坐本来面目来。观音今日不恁么道,'还我明上坐来',恁么道,是曹溪子孙,不是曹溪子孙②?若是曹溪子孙,

---

① "进步",碛砂本、南藏本、径山本无。
② "不是曹溪子孙",原阙,据东寺本、碛砂本、径山本补。

又争合除却四字？若不是①，又过在什么处？试出来商量看。"良久，师又曰："此一众真行脚人也。珍重。"太平兴国八年九月中，师谓檀那袁长史曰："老僧三两日间归乡去。"袁曰："和尚尊年，何更思乡？"师曰："归乡图得好盐吃。"袁不测其言。翌日，师不疾而坐亡，寿七十有八。袁长史建塔于西山。

卢州长安院延规禅师，僧问："如何是庵中主？"师曰："到诸方，但道从长安来。"师化缘将毕，以住持付门人辩实，接武说法。乃归本院西堂示灭。

常州正勤院希奉禅师，苏州人也，姓谢氏，住本院为第二世。初上堂，示众曰："古圣道：圆同太虚，无欠无余。又云：一一法，一一宗；众多法，一法宗。又道：起唯法起，灭唯法灭。又云：起时不言我起，灭时不言我灭。据此说话，屈滞久在丛林上坐，若是初心兄弟，且须体道。人身难得，正法难闻，莫同等闲。施主衣食，不易消遣，若不明道，个个尽须还他。上坐要会道么？珍重。"僧问："如何是祖师西来意？"师曰："什么处得遮个消息？"问："如何是诸法空相？"师曰："山河大地。"问："僧众云集，请师举唱宗乘。"师曰："举来久矣。"问："佛法付嘱国王大臣，今日正勤将何付嘱？"师曰："万岁，万岁。"

问："古人有言：山河大地是汝真善知识。如何得山河大地为善知识去？"师曰："汝唤什么作山河大地？"问："如何是合道

---

① "不是"，原作"是"，据东寺本、碛砂本、径山本、大正本补。

之言？"师曰："汝问我答。"问："灵山会上，迦叶亲闻，未审今日，谁人得闻？"师曰："迦叶亲闻个什么？"问："古佛道场，学人如何得到？"师曰："汝今在什么处？"问："如何是和尚圆通？"师敲禅床三下。问："如何是脱却根尘？"师曰："莫妄想。"问："人王法王，是一是二？"师曰："人王法王。"问："如何是诸法寂灭相？"师曰："起唯法起，灭唯法灭。"问："如何是未曾生底法？"师曰："汝争得知？"问："无著见文殊，为什么不识？"师曰："汝道文殊还识无著么？"问："得意谁家新曲妙，正勤一句请师宣。"师曰："道什么？"曰："岂无方便也？"师曰："汝不会我语。"

洛京兴善栖伦禅师，僧问："如何是佛？"师曰："向汝怎么道即得。"问："如何是西来意？"师曰："适来犹记得。"因宫师致政李公继勋终世，有僧问："是法住法位，世间相常住。未审宫师李公向什么处去也？"师曰："恰被汝问著。"曰："恁么即虚申一问。"师曰："汝不妨灵利。"

洪州武宁严阳新兴齐禅师，僧问："如何得出三界去？"师曰："汝还信么？"曰："信即深信，乞和尚慈悲。"师曰："只此信心，亘古亘今。快须究取，何必沈吟。要出三界，三界唯心。"师因雪，谓众曰："诸上坐还见雪么？见即有眼，不见无眼。有眼即常，无眼即断。恁么会得，佛身充满。"僧问："学人辞去泐潭，乞和尚示个入路。"师曰："好个入路，道心坚固。随众参请，随众作务。要去即去，要住即住。去之与住，更无他故。若到泐潭,不审马祖。"

润州慈云匡达禅师,僧问:"佛以一大事因缘故,出现于世,未审和尚出世如何?"师曰:"恰好。"曰:"作么生?"师曰:"不好。"

景德传灯录卷第二十六

吉州清原山行思禅师第九世下至第十一世

第九世①

金陵清凉文益禅师法嗣三十三人②一十三人见录

  苏州荐福绍明禅师

  泽州古贤谨禅师

  宣州兴福可勋禅师

  洪州上蓝守讷禅师

  抚州覆船和尚

  杭州奉先法瑰禅师

  庐山化城慧朗禅师

  杭州永明道鸿禅师

  高丽灵鉴禅师

  荆门上泉和尚

  庐山大林僧遁禅师

  池州仁王缘胜禅师

---

① "世"下,大正本有"下"。
② "嗣"下,大正本有"下"。

庐山归宗义柔禅师

泉州上方慧英禅师、荆州护国迈禅师①、饶州芝岭照禅师、庐山归宗师慧禅师、庐山归宗省一禅师、襄州延庆通性大师、庐山归宗梦钦禅师、洪州舍利玄阐禅师、洪州永安明禅师、洪州禅溪可庄禅师、潭州石霜爽禅师、江西灵山和尚、庐山佛手岩因禅师、金陵保安止和尚、升州华严幽禅师、袁州木平道达禅师、洪州大宁道迈禅师、楚州龙兴德宾禅师、鄂州黄龙仁禅师、洪州西山道耸禅师　已上二十人无机缘语句，不录

襄州清溪洪进禅师法嗣二人见录

相州天平山从漪禅师

庐山圆通缘德禅师

金陵清凉休复禅师法嗣二人一人见录

金陵奉先慧同禅师

庐山宝庆庵道习禅师②　一人无机缘语句，不录

抚州龙济山绍修禅师法嗣一人见录

河东广原和尚

衡岳南台守安禅师法嗣二人一人见录

襄州鹫岭善美禅师

安州慧日院明禅师　一人无机缘语句，不录

漳州报劬院玄应禅师法嗣

报劬第二世仁义禅师　一人无机缘语句，不录

漳州隆寿无逸禅师法嗣一人见录

漳州隆寿法骞禅师

---

① "迈"，丛刊本作"遇"。
② "习"，径山本作"旨"。

庐山归宗道诠禅师法嗣一人见录

　　筠州九峰义诠禅师

眉州黄龙继达禅师法嗣一人见录

　　第二世黄龙和尚

朗州梁山缘观禅师法嗣一人见录

　　郢州大阳山警玄禅师

第十世

天台山德韶国师法嗣四十九人三十人见录

　　杭州永明寺延寿禅师

　　温州大宁可弘禅师

　　苏州长寿朋彦大师

　　杭州五云山志逢大师

　　杭州报恩法端禅师

　　杭州报恩绍安禅师

　　福州广平守威禅师

　　杭州报恩永安禅师

　　广州光圣师护禅师

　　杭州奉先清昱禅师

　　天台普闻智勤禅师

　　温州雁荡愿齐禅师

　　杭州普门希辩禅师

　　杭州光庆遇安禅师

　　天台般若友蟾禅师

　　婺州智者全肯禅师

福州玉泉义隆禅师

杭州龙册晓荣禅师

杭州功臣庆萧禅师

越州称心敬琎禅师

福州严峰师尤禅师

潞州华严慧达禅师

越州清泰道圆禅师

杭州九曲庆祥禅师

杭州开化行明大师

越州开善义圆禅师

温州瑞鹿遇安禅师

杭州龙华慧居禅师

婺州齐云遇臻禅师

温州瑞鹿寺本先禅师

  杭州报恩德谦禅师、杭州灵隐处先禅师、天台善建省义禅师、越州观音安禅师、婺州仁寿泽禅师、越州云门重曜禅师、越州大禹荣禅师、越州地藏琼禅师、杭州灵隐绍光禅师、杭州龙华绍銮禅师、越州碧泉行新禅师、越州象田默禅师、润州登云从坚禅师、越州观音朗禅师、越州诸暨五峰和尚、越州何山道孜禅师、越州大禹自广禅师①、筠州黄檗师逸禅师、苏州瑞光清表禅师　已上一十九人无机缘语句，不录

杭州报恩寺慧明禅师法嗣一人见录

  福州保明道诚大师

---

① "自"，碛砂本作"目"。

金陵报慈道场文遂导师法嗣

  常州齐云慧禅师、洪州双岭祥禅师、洪州观音真禅师、洪州龙沙
  茂禅师、洪州大宁奖禅师　五人无机缘语句①，不录

杭州永明道潜禅师法嗣三人见录

  杭州千光王璨省禅师

  衡州镇境志澄大师

  明州崇福庆祥禅师

杭州灵隐清耸禅师法嗣九人②八人见录

  杭州功臣院道慈禅师

  秀州罗汉愿昭禅师

  处州报恩师智禅师

  衢州瀫宁可先禅师

  杭州光孝道端禅师

  杭州保清遇宁禅师

  福州支提辩隆禅师

  杭州瑞龙希圆禅师

    杭州国泰德文禅师　一人无机缘语句，不录

金陵报慈行言导师法嗣二人一人见录

  洪州云居义能禅师

    饶州北禅清皎禅师　一人无机缘语句，不录

金陵清凉泰钦禅师法嗣二人一人见录

  洪州云居道齐禅师

---

① "五"上，径山本、大正本有"已上"。
② "耸"，原作"峰"，据南藏本、径山本、大正本改。

　　　　　庐山栖贤慧聪禅师　一人无机缘语句，不录

金陵报恩法安禅师法嗣二人见录

　　　庐山栖贤道坚禅师

　　　庐山归宗第十四世慧诚禅师

庐州长安院延规禅师法嗣①二人见录

　　　庐州长安辩实禅师

　　　潭州云盖用清禅师

第十一世

杭州永明寺延寿禅师法嗣

　　　　杭州富阳子蒙禅师、杭州朝明院津禅师　已上二人无机缘语句，不录

苏州长寿院朋彦大师法嗣一人见录

　　　长寿第二世法齐禅师

杭州普门寺希辩禅师法嗣②

　　　　高丽国慧洪禅师、越州上林胡智禅师　已上二人无机缘语句，不录

行思禅师第九世下③

金陵清凉文益禅师法嗣

　　苏州荐福院绍明禅师，州将钱仁奉请住持，乃问："如何是和尚家风？"师曰："一切处看取。"

---

① "州"，径山本作"山"。
② "门"，原作"明"，据南藏本、径山本、大正本及正文改。
③ "行"上，径山本有"吉州清原山"。

泽州古贤院谨禅师，师勘僧云："如来坚密身，一切尘中现①。如何是坚密身？"僧竖指，师云："现即现，你怎生会？"僧无语。师侍立次，见净慧问一僧云："自离此间，什么处去来？"曰："入岭来。"净慧曰："不易。"曰："虚涉他如许多山水。"净慧曰："如许多山水也不恶。"其僧无语，师于此言下大悟。僧问："如何是佛？"师曰："筑著汝鼻孔。"

宣州兴福院可勋禅师，建州建阳人也，姓朱氏。自净慧印心，遂开法住持。僧问："如何是兴福主？"师曰："阇梨不识。"曰："莫只这便是么？"师曰："纵未歇狂，头亦何失？"问："如何是道？"师曰："勤而行之。"问："何云法空？"师曰："不空。"师有偈示众曰："秋江烟岛晴，鸥鹭行行立。不念观世音，争知普门入？"

洪州上蓝院守讷禅师，上堂，谓众曰："尽令提纲，无人扫地。丛林兄弟，相共证明；晚进之流，有疑请问。"有僧问："愿开甘露门，当观第一义。不落有无中，请师垂指示。"师曰："大众证明。"曰："恁么即屈去也。"师曰："闲言语。"问："如何是佛？"师曰："更问阿谁？"

抚州覆船和尚，僧问："如何是佛？"师曰："不识。"问："如何是祖师西来意？"②师曰："莫谤祖师。"

---

① "切"，大正本误作"功"。
② "意"，丛刊本无。

杭州奉先寺法明普照禅师法瑰，僧问："释迦出世，天雨四华，地摇六动。未审和尚今日有何祥瑞？"师曰："大众尽见。"曰："法王法如是也。"师曰："人王见在。"问："净慧宝印，和尚亲传。今日一会，当付何人？"师曰："谁人无分？"曰："恁么即雷音普震无边刹也。"师曰："也须善听。"

庐山化城寺慧朗禅师，江南相宋齐丘请开堂，师升座曰："今日令公请山僧为众，莫非承佛付嘱，不忘佛恩。众中有问话者出来，为令公结缘。"僧问曰："令公亲降，大众云臻，从上宗乘，请师举唱。"师曰："莫是孤负令公么？"问："师常苦口，为什么学人己事不明？"师曰："阇梨什么处不明？"曰："不明处，请决断①。"师曰："适来向汝道什么？"曰："恁么即全因今日去也。"师曰："退后，礼三拜。"

杭州慧日永明寺通辩禅师道鸿，第三世住。僧问："远离天台境，来登慧日峰。久闻师子吼，今日请师通。"师曰："闻么？"曰："恁么即昔时崇寿，今日永明也。"师曰："幸自灵利，何须乱道？"师谓众曰："大道廓然，古今常尔，真心周遍，如量之智皎然。万象森罗，咸真实相，该天括地，亘古亘今。大众还会么？还辩白得么？"②问："国王嘉命，公贵临筵，未审今日当为何事？"师曰："验取。"曰："此意如何？"师曰："什么处去

---

① "请"下，丛刊本、大正本有"师"。
② "辩"，大正本作"辨"。

来?"曰:"怎么即犹成造次也。"师曰:"休乱道。"问:"诸佛出世,放百宝光明;师登宝座,有何祥瑞?"师曰:"可验。"曰:"法王法如是。"师曰:"也是虚言。"

高丽灵鉴禅师,僧问:"如何是清净伽蓝?"师曰:"牛栏是。"问:"如何是佛?"师曰:"拽出癫汉著。"

荆门上泉和尚,僧问:"二龙争珠,谁是得者?"师曰:"我得。"问:"远远投师,如何一接?"师按杖视之,其僧礼拜,师便喝。问:"尺璧无瑕时如何?"师曰:"我不重。"曰:"不重后如何?"师曰:"火里蝍蟟飞上天。"

庐山大林寺僧遁禅师,初住圆通。有僧举:"僧问玄沙和尚:'向上宗乘,此间如何言论?'玄沙云:'少人听。'今问师:不知玄沙意旨如何?"师曰:"待汝移却石耳峰,我即向汝道。"归宗柔别云:"且低声。"

池州仁王院缘胜禅师,僧问:"农家击壤时如何?"师曰:"僧家自有本分事。"曰:"不问僧家本分事,农家击壤时如何?"师曰:"话头何在?"

庐山归宗寺义柔禅师,第十三世住。师初上堂,升座,维那白槌曰:"法筵龙象众,当观第一义。"师曰:"若是第一义,且作么生观?怎么道,落在什么处?为是观,为复不许人观?先德上座，共相证明；后学初心，莫唤作返问语、倒靠语，有疑请问。"僧问："诸佛出世说法度人，感天动地，和尚出世，有何祥瑞？"师曰："人天大众前囈语作么？"问："诸官已集，大众侧聆，如何是出世一言之事？"师曰："大众证明。"问："香烟起处师登座，未审宗乘事若何？"师曰："教乘也怎么会。"问："优昙华坼人皆睹①，达本无心事若何？"师曰："谩语。"曰："怎么即南能别有深深旨，不是心心人不知。"师曰："事须饱丛林。"问："昔日余峰，今日归宗，未审是一是二？"师曰："谢汝证明。"问："智藏一箭，直射归宗；归宗一箭，当射何人？"师曰："莫谤我智藏。"

问："此日知军亲证法，师从何处答深恩？"师曰："教我道什么即得？"又曰②："一问一答，也无了期，佛法也不是怎么道理。大众，此日之事，故非本心，实谓：只个住山宁有意，向来成佛亦无心。盖缘是知军请命，寺众诚心，既到这里，且说个什么即得？还相悉么？此若不及，古人便道：相逢欲相唤，脉脉不能语。作么生会？若会，堪报不报之恩，足助无为之化；若也不会，莫道长老开堂，只举古人语。此之盛事，天高海深，况喻不及。更不敢赞祝皇风，回向清列，何以故？古人犹道吾祷久矣，岂况当今圣明者哉？久立，珍重。"僧问："如何是空王庙？"师曰："莫少神。"曰："如何是庙中人？"③ 师曰："适来不谩道。"问："灵龟未兆时如何？"师曰："是吉是凶？"问："未达其源，

---

① "坼"，径山本、大正本作"拆"。
② "又"上，丛刊本、大正本有"师"。
③ "庙"，碛砂本作"妙"。

乞师方便。"师曰："达也。"曰："达后如何？"师曰："终不恁么问。"问："久发大乘，心中忘此意。如何是此意？"师曰："又道中忘。"

前襄州清溪洪进禅师法嗣

相州天平山从漪禅师，有僧问："如何得出三界？"师曰："将三界来，与汝出。"僧问："如何是和尚家风？"师曰："显露地。"问："如何是佛？"师曰："不指天地。"曰："为什么不指天地？"师曰："唯我独尊。"问："如何是天平？"师曰："八凹九凸。"问："洞深杳杳清溪水，饮者如何不升坠？"师曰："更梦见什么？"问："大众云集，合谭何事？"师曰："香烟起处森罗见。"

庐山圆通院缘德禅师，钱塘人也，姓黄氏。初出家于临安朗瞻院，落发，依年往天台山受具。始习禅那于天龙顺德大师，寻往江表问道，值洪进山主印心。时江南国主于庐山建院，请师开法。师上堂，示众曰："诸上座，明取道眼好，是行脚僧本分事。道眼若未明，有什么用处？只是移盘吃饭。道眼若明，有何障碍？若未明得，强说多端也无用处。无事也好寻究。"僧问："如何是四不迁？"师曰："地水火风。"问："如何是古佛心？"师曰："水鸟树林。"曰："学人不会。"师曰："会取学人。"问："久负勿弦琴，请师弹一曲。"师曰："负来得多少时也？"曰："未审作何音调？"师曰："话堕也，珍重。"问："如何是佛法大意?"师云:"过去灯明佛本光瑞如是。"① 问:"如何是学人自己?"师云:"特地申问是什么意?"问:"如何是大梅主?"师云:"阇梨今日离什么处?"

前升州清凉休复禅师法嗣

升州奉先寺净照禅师慧同,魏府人也,姓张氏。幼岁出家,礼饶州北禅院惟直禅师披削,年满受具于抚州希操律师,于清凉得法。僧问:"唯一坚密身,一切尘中见②。又云:佛身充满于法界,普见一切群生前。于此二途,请师说。"师曰:"唯一坚密身,一切尘中见。"僧问:"如何是古佛心?"师曰:"汝疑阿那个不是?"问:"如何是常在底人?"师曰:"更问阿谁?"

前抚州龙济山绍修禅师法嗣

河东广原和尚,僧问:"如何是佛法大意?"师示偈曰:"刹刹现形仪,尘尘具觉知。性源常鼓浪,不悟未曾移。"

前衡岳南台守安禅师法嗣

襄州鹫岭善美禅师,第三世住。僧问:"如何是鹫岭境?"师曰:"岘胡典反③山对碧玉,江水往南流。"曰:"如何是境中人?"师曰:"有什么事?"问:"百川异流,还归大海,未审大海有几滴?"师曰:"汝还到海也未?"曰:"到海后如何?"师曰:"明

---

① "是",大正本作"此"。
② "见",大正本作"现",下同。
③ "胡典反",丛刊本无。

日来向汝道。"

前漳州隆寿院无逸禅师法嗣

隆寿法骞禅师，泉州晋江县人也，姓施氏。母廖氏始娠，顿恶荤腥。及长，舍于本州开元寺菩提院出家纳戒，诣漳州参逸和尚得旨。刺史陈洪铦请开堂住持，隆寿第三世住。上堂，谓众曰："今日隆寿出世，三世诸佛，森罗万象同时出世，同时转法轮。诸人还见么？"僧问："如何是隆寿境？"师曰："无汝插足处。"曰："如何是境中人？"师曰："未识境在。"有僧到参，至明日，入方丈请师心要。师曰："昨日相逢序起居，今朝相见事还如。如何却觅呈心要，心要如何特地疏。"

前庐山归宗寺道诠禅师法嗣

筠州九峰义诠禅师，僧问："如何是祖师西来意？"师曰："有力者负之而趋。"

前眉州黄龙继达禅师法嗣

眉州黄龙第二世和尚，① 僧问："如何是密室？"师曰："斫不开。"曰："如何是密室中人？"师曰："非男女相。"问："国内按剑者是谁？"师曰："昌福。"曰："忽遇尊贵时如何？"师曰："不遗。"

---

① "州"，碛砂本作"山"。

前朗州梁山缘观禅师法嗣

郢州大阳山警玄禅师,僧问:"丛林浩浩,法鼓喧喧,向上宗乘,如何举唱?"师曰:"他无个消息,争肯应当?"曰:"今日宗乘,已蒙师指示,未审法嗣嗣何人?"师曰:"梁山点出秦时镜,长庆峰前一样辉。"问:"如何是大阳境?"师曰:"孤鹤老猿啼谷韵①,瘦松寒竹锁青烟。"曰:"如何是境中人?"师曰:"作么,作么?"问:"如何是大阳家风?"师曰:"满瓶倾不出,大地勿饥人。"问:"如何是佛?"师曰:"汝何不是佛?"曰:"学人不会时如何?"师曰:"迢然不挂三秋月,一句当阳岂在灯?"问:"如何是祖师西来意?"师曰:"解问不当。"曰:"学人不会时如何?"师曰:"陕府铁牛人皆向,卞和得玉至今传。"问:"如何是大阳透法身底句?"师曰:"大洋海底红尘起,须弥顶上水横流。"问:"牛头未见四祖时,为什么百鸟衔华?"师曰:"出户乌鸡头戴雪。"曰:"见后为什么不衔华?"师曰:"杲日当天后,乌鸡出户飞。"

行思禅师第十世

前天台山德韶国师法嗣

杭州慧日永明寺智觉禅师延寿,余杭人也,姓王氏。总角之岁,归心佛乘。既冠,不茹荤,日唯一食。持《法华经》,七行俱下,才六旬,悉能诵之,感群羊跪听。年二十八,为华亭镇

---

① "老",径山本作"野"。

将，属翠岩永明大师迁止龙册寺，大阐玄化。时吴越文穆王知师慕道，乃从其志，放令出家。礼翠岩为师，执劳供众，都忘身宰。衣不缯纩，食无重味，野蔬布襦，以遣朝夕。寻往天台山天柱峰，九旬习定，有乌类尺鷃①，巢于衣褶之涉反②。中。暨谒韶国师，一见而深器之，密授玄旨。仍谓师曰："汝与元帅有缘，他日大兴佛事。"密受记。

初住明州雪窦山，学侣臻凑，咸平元年，赐额曰"资圣寺"。师上堂曰："雪窦遮里迅瀑千寻，不停纤粟；奇岩万仞，无立足处。汝等诸人向什么处进步？"时有僧问："雪窦一径，如何履践？"师曰："步步寒华结，言言彻底冰。"建隆元年，忠懿王请入居灵隐山新寺，为第一世。明年，复请住永明大道场，为第二世，众盈二千。僧问："如何是永明妙旨？"师曰："更添香著。"曰："谢师指示。"师曰："且喜勿交涉。"师有偈曰："欲识永明旨，门前一湖水。日照光明生，风来波浪起。"问："学人久在永明，为什么不会永明家风？"师曰："不会处会取。"曰："不会处如何会？"师曰："牛胎生象子，碧海起红尘。"问："成佛成祖亦出不得，六道轮回亦出不得，未审出个什么不得？"师曰："出汝问处不得。"问："承教有言：一切诸佛及佛法③，皆从此经出。如何是此经？"师曰："长时转不停，非义亦非声。"曰："如何受持？"师曰："若欲受持者，应须用眼听。"问："如何是大圆镜？"④ 师曰："破砂盆。"

---

① "乌"，南藏本、大正本作"鸟"。"尺"，南藏本作"斥"。
② "之涉反"，丛刊本、大正本无。
③ "佛法"，原作"诸佛"，据丛刊本、南藏本、径山本、大正本改。
④ "镜"，丛刊本作"境"。

师居永明道场十五载，度弟子一千七百人。开宝七年，入天台山度戒，约万余人。常与七众受菩萨戒，夜施鬼神食，朝放诸生类，不可称算。六时散华行道，余力念《法华经》一万三千部。著《宗镜录》一百卷，诗偈、赋咏凡千万言，播于海外。高丽国王览师言教，遣使赍书，叙弟子之礼，奉金线织成袈裟、紫水精数珠、金澡罐等。彼国僧三十六人，亲承印记，前后归本国，各化一方。以开宝八年乙亥十二月示疾，二十六日辰时，焚香告众，跏趺而亡。明年正月六日，塔于大慈山。寿七十二，腊四十二。太宗皇帝赐额曰"寿宁禅院"。

温州大宁院可弘禅师，僧问："如何是正真一路？"师曰："七颠八倒。"曰："恁么即法门无别去也。"师曰："我知汝错会去。"问："皎皎地无一丝头时如何？"师曰："话头已堕。"曰："乞师指示。"师曰："适来亦不虚设。"问："向上宗乘，请师举扬。"师曰："汝问太迟生。"曰："恁么即不仙陀去也。"师曰："深知汝恁么去。"

苏州安国长寿院朋彦大师，永嘉人也，姓秦氏。本州开元寺受业，初参婺州金鳞宝资和尚①。后因慧明禅师激发，而归于天台之室，悟正法眼，自此随缘阐法，盛化姑苏。节帅钱仁奉礼重创院②，请转法轮，本国赐紫衣，署"广法大师"。僧问："如何

---

① "鳞"，原作"陵"，据卷二十一"宝资"传、丛刊本、大正本改。
② "帅"，丛刊本作"使"。

是玄旨？"师曰："四稜㩁地。"① 问："如何是绝丝毫底法？"师曰："山河大地。"曰："恁么则即相而无相也。"师曰："也是狂言。"问："如何是径直之言？"师曰："千迂万曲。"曰："恁么即无不总是也。"师曰："是何言欤？"问："如何是道？"师曰："跋涉不易。"师建隆二年辛酉，以住持付门人法齐，继世说法。即其年四月六日示灭，寿四十九，腊三十五。

杭州五云山华严道场志逢大师，余杭人也。生恶荤血，肤体香洁。幼岁出家于本邑东山朗瞻院，依年受具，通贯三学，了达性相。尝梦升须弥山，睹三佛列坐，初释迦，次弥勒，皆礼其足。唯不识第三佛，但仰视而已。时释迦示之曰："此是补处弥勒师子月佛。"② 师方作礼。觉后，因阅大藏经，乃符所梦。天福中游方，抵天台山云居道场，参国师。宾主缘契，顿发玄秘。一日，因入普贤殿中宴坐，倏有一神人，跪膝于前。师问曰："汝其谁乎？"曰："护戒神也。"师曰："吾患有宿愆未殄，汝知之乎？"曰："师有何罪，唯一小过耳。"师曰："何也？"曰："凡折钵水，亦施主物。师每常倾弃，非所宜也。"言讫而隐。师自此洗钵水尽饮之，积久，因致脾胃疾，十载方愈。凡折退、饮食及涕唾、便利等，并宜鸣指，默念咒，发施心而倾弃之。

吴越国王向其道风，召赐紫，署"普觉大师"。初命住临安功臣院，玄侣辐凑。师上堂曰："诸上座舍一知识而参一知识，

---

① "㩁"，径山本、大正本作"塌"。
② "补处弥勒"，丛刊本、大正本作"弥勒补处"。

尽学善财礼游之式样也①。且问上座：只如善财礼辞文殊，拟登妙峰山谒德云比丘，及到彼所，何以德云却于别峰相见②？夫教意祖意，同一方便，终无别理。彼若明得，此亦昭然。诸上座即今簇著老僧，是相见，是不相见？此处是妙峰，是别峰？脱或从此省去，可谓不孤负老僧，亦常见德云比丘，未尝刹那相舍离。还信得及么？"僧问："丛林举唱，曲为今时。如何是功臣的的意？"师曰："见么？"曰："恁么即大众咸欣也。"师曰："将谓师子儿。"问："佛佛授手，祖祖传心，未审和尚传个什么？"师曰："汝承当得么？"曰："学人承当不得，还别有人承当得否？"师曰："大众笑汝。"问："如何是如来藏？"师曰："恰问著。"问："如何是诸佛机？"师曰："道是得么？"师一日上堂，良久曰："大众，看，看。"便下座归方丈。

开宝初，忠懿王创普门精舍，三请住持，再扬宗要，即普门第一世。师上堂曰："古德为法行脚，实不惮勤劳。如雪峰和尚三回到投子，九度上洞山，盘桓往返，尚求个入路不得。看汝近世参学人，才跨门来，便待老僧接引，指掌说禅。且汝欲造玄极之道，岂当等闲③？况此事悟亦有时，躁求焉得？汝等要知悟时么？如今各且下去，堂中静坐，直待仰家峰点头，老僧即为汝说。"④ 时有僧出曰："仰家峰点头也，请师说。"师曰："大众，且道此僧会老僧语，不会老僧语？"其僧礼拜，师曰："今日偶然

---

① "礼"，丛刊本、南藏本、大正本作"南"。
② "却"，丛刊本无。
③ "当"，丛刊本、大正本作"同"。
④ "说"，丛刊本、大正本作"分说"。

失鉴。"问："如何是普门家风？"师曰："几人观不足？"曰："如何是普门境？"师曰："汝到处，且问家风了休。"

师开宝四年固辞国主，称年老，愿依林泉颐养。时大将凌超以五云山新创华严道场，奉施为终老之所。雍熙二年乙酉十一月，忽示疾，二十五日，命侍僧办香水盥沐，跏趺而坐，良久告寂。寿七十七，腊五十八。塔曰"宝峰常照"。

杭州报恩光教寺慧月禅师法端，第三世住。师上堂曰："数夜与诸上座东语西话，犹未尽其源。今日与诸上座大开方便，一时说却，还愿乐也无？久立，珍重。"僧问："学人怎么上来，请师接。"师曰："不接。"曰："为什么不接？"师曰："为汝太灵利。"

杭州报恩光教寺通辨明达禅师绍安[①]，第四世住。师上堂曰："一句染神，万劫不朽。今日为诸上座举一句，分明记取。珍重。"僧问："大众侧聆，请师不吝。"师曰："奇怪。"曰："恁么即今日得遇于师也。"师曰："是何言欤？"师有时示众曰："幸有楼台匝地，常提祖印，不妨诸上座参取。久立，珍重。"问："如何是和尚家风？"师曰："一切处见成。"曰："恁么即亘古亘今也。"师曰："莫闲言语。"

福州广平院守威宗一禅师，福州侯官人也。西峰山受业，参

---

① "辨"，大正本作"辩"。

天台得旨，国师授之法衣。时有僧问曰："大庾岭头提不起，如何传授于师？"① 师拈起衣曰："有人敢道天台得么？"时吴越忠懿王向德，命阐法住持，署于师名，玄徒臻萃。上堂，示众曰："达磨大师云：吾法三千年后，不移丝发。山僧今日不移达磨丝发，先达之者，共相证明，若未达者，不移丝发。"僧问："洪钟韵绝，大众临筵，祖意西来，请师提唱。"师曰："洪钟韵绝，大众临筵。"问："古人云：任汝千圣见，我有天真佛。如何是天真佛？"师曰："千圣是弟。"问："如何是广平家风？"师曰："谁不受用？"

师后迁住怡山长庆，上堂，谓众曰："不用开经作梵，不用展钞牒科，还有理论处也无？设有，理论处乃是方便之谭，宗乘事作么生？"僧问："如何是西来意？"师曰："未曾有人答得。"曰："请师方便。"师曰："何不更问。"师后终于长庆。

杭州报恩光教寺第五世住永安禅师，温州永嘉人也，姓翁氏。幼岁依本郡汇征大师出家，后唐天成中随本师入国，吴越忠懿王命征为僧正。师尤不喜俗务，拟潜往闽川投访禅会，属路岐艰阻，遂回天台山结茅而止。寻遇韶国师开示，顿悟本心，乃辞出②。征师闻于忠懿王，初命住越州清泰院，次召居上寺，署"正觉空慧禅师"。

师上堂曰："十方诸佛一时云集，与诸上座证明。诸上座与诸佛一时证明，还信么？切忌卜度。"僧问："四众云臻，如何举

---

① "传授"下，丛刊本有"付"。
② "出"，大正本作"出山"。

唱?"师曰:"若到诸方,切莫错举。"曰:"非但学人,大众有赖。"师曰:"礼拜著。"僧问:"五乘三藏,委者颇多;祖意西来,乞师指示。"师曰:"五乘三藏。"曰:"向上还有事也无?"师曰:"汝却灵利。"问:"如何是大作佛事?"师曰:"嫌什么?"曰:"恁么即亲承摩顶去也。"师曰:"何处见世尊?"问:"如何是西来意?"师曰:"汝过遮边立。"僧移步,师曰:"会么?"曰:"不会。"师示偈曰:"汝问西来意,且过这边立。昨夜三更时,雨打虚空湿。电影豁然明,不似蚰蜒急。"

师开宝七年甲戌夏六月示疾,告众为别。时有僧问:"昔日如来正法,迦叶亲传;未审和尚玄风,百年后如何体会?"师曰:"汝什么处见迦叶来?"曰:"恁么即信受奉行,不忘斯旨也。"师曰:"佛法不是遮个道理。"言讫坐亡,寿六十四,腊四十四。既阇维,而舌不坏,柔软如红莲叶,今藏于普贤道场中。师以华严李长者《释论》旨趣宏奥,因将合经,成百二十卷雕印,遍行天下。

广州光圣道场师护禅师,闽越人也。自天台得法,化行岭表。国主刘氏待以师礼,创大伽蓝,请师居焉,署"大义"之号。僧问:"昔日梵王请佛,今日国主临筵,祖师西来①,如何举唱?"师曰:"不要西来,山僧已举唱了也。"曰:"岂无方便?"师曰:"适来岂不是方便?"问:"国王三请,来坐光圣道场,未审和尚法嗣何方?"师曰:"一声冬鼓,万户齐窥。"曰:"恁么即

---

① "师",丛刊本、大正本作"嗣"。

天台妙旨，光圣亲承也。"师曰："莫乱道。"问："学人乍入丛林，西来妙诀，乞师指示。"师曰："汝未入丛林，我已示汝了也。"曰："如何领会？"师曰："不要领会。"

杭州奉先寺清昱禅师，永嘉人也，得法于天台国师。吴越忠懿王召入问道，命军使薛温于西湖建大伽蓝曰"奉先"，建大佛宝阁，延请师居之，演畅宗旨，署"圆通妙觉禅师"。僧问："如何是西来意？"师曰："高声举似大众。"师开宝中示灭于本寺。

台州天台山紫凝普闻寺智勤禅师，僧问："如何是空手把锄头？"师曰："但恁么谛信。"曰："如何是步行骑水牛？"师曰："汝自何来？"师有颂，示众曰："今年五十五，脚未踏寸土。山河是眼睛，大海是我肚。"太平兴国四年，例试僧经业，山门老宿，各写法名，唯师不闲书札。时通判李宪问："禅师，世尊还解书也无？"师曰："天下人知。"至淳化初，不疾，命侍僧开浴。浴讫，垂诫徒众，安坐而逝，塔于本山。三年后，门人迁塔发龛，睹师全身不散，容仪俨若，髭发仍长，迎入新塔。

温州雁荡山愿齐禅师，钱塘人也，姓江氏。少依水心寺绍岩禅师出家受具，初习智者教，精研止观，圆融行门。后参天台国师，发明玄奥，乃住雁荡山。开宝五年，吴越王长子于西关建光庆寺，请师开法住持。仍于城下诸禅众中访求名行三百人，同入新寺。师上堂，有僧问："夜月舒光，为什么碧潭无影？"师曰："作家弄影汉。"其僧从东过西立，师曰："不唯弄影，兼乃怖头。"师居之未几，固辞入山。太平兴国中示灭。

杭州普门寺希辩禅师，苏州常熟人也。幼出家，礼本邑延福院启祥禅师落发。具戒，诣楞伽山听律，寻谒天台受心印。乾德初，吴越忠懿王命住越州清泰院，署"慧智禅师"。开宝中，复召入居普门寺，即第二世住。师上堂曰："山僧素乏知见，复寡闻持。顷虽侍坐于山中和尚，亦不蒙一句开示，以至今与诸仁者聚会，更无一法可相助发，何况能为诸仁者区别缁素，商量古今？还怪得山僧么？若有怪者，且道此人具眼，不具眼？有宾主义，无宾主义？晚学初机，必须审细。"时有僧问："如何是普门示现神通事？"师曰："恁么即阇梨怪老僧也。"曰："不怪时如何？"师曰："汝且下堂里思惟去。"

太平兴国三年，吴越王入觐，师随宝塔至，见于滋福殿，赐紫，号"慧明大师"。端拱中，上言愿还故里，诏从之，赐御制诗。及忠懿王施金，于常熟本山院创砖浮图七级，高二百尺。功既就，至道三年八月二十五日示疾而逝。寿七十七，腊六十三，塔于院之西北隅。

杭州光庆寺遇安禅师，钱塘人也，姓沈氏。卯岁出家于天台华顶峰，礼庵主重萧披剃，依年受具。寻遇本山韶国师，密契宗旨。乾德中，吴越忠懿王命住北关倾心院，又召入，居天龙寺。开宝七年甲戌，安僖王请于光庆寺摄众，署"善智禅师"。

初上堂，有僧问："无价宝珠，请师分付。"师曰："善能吐露。"曰："恁么即人人具足也。"师曰："珠在什么处？"僧乃礼拜。师曰："也是虚言。"问："提纲举领,尽立主宾,如何是主?"师曰："深委此问。"曰："如何是宾?"师曰："适来向汝道什么?"曰："宾主道合时如何?"师曰："其令不行。"问："心月孤圆,光吞万象。如何是吞万象底光?"师曰："大众总见汝恁么。"问曰："光吞万象从师道,心月孤圆意若何?"师曰："抖擞精神著。"曰："鹭倚雪巢犹可辨,光吞万象事难明。"师曰："谨退。"问："青山绿水,处处分明,和尚家风,乞垂一句。"师曰："尽被汝道了也。"曰："未必如斯,请师答话。"师曰："不用闲言。"又一僧方礼拜,师曰："问答俱备。"僧拟伸问,师乃叱之。

师有时示众曰："欲识曹溪旨,云飞前面山。分明真实个,不用别追攀。"问："承古德有言:井底红尘生,山头波浪起。未审此意如何?"师曰："若到诸方,但恁么问。"曰："和尚意旨如何?"师曰："适来向汝道什么?"师又曰："古今相承皆云:尘生井底,浪起山头。结子空华,生儿石女。且作么生会?莫是和声送事,就物呈心,句里藏锋,声前全露么?莫是有名无体,异唱玄谭么?上座自会即得,古人意旨不然。既恁么会不得,合作么生会?上座欲得会么?但看泥牛行处,阳焰翻波;木马嘶时,空华坠影。圣凡如此,道理分明,何须久立?珍重。"太平兴国三年,随宝塔见于滋福殿,赐紫,号"朗智大师"。淳化初,还光庆旧寺,三年九月二十一日归寂。

天台山般若寺友蟾禅师, 钱塘临安人也。幼岁出家,于本邑东山朗瞻院得度。闻天台国师盛化,远趋函丈,密印心地。初命住云居普贤院，僧侣咸凑。吴越忠懿王署"慈悟禅师"，迁止上寺，众盈五百。僧问："鼓声才动，大众云臻，向上宗乘，请师举唱。"师曰："亏汝什么？"曰："恁么即人人尽沾恩去也。"师曰："莫乱道。"雍熙三年，以山门大众付受业弟子隆一，继踵开法。至淳化初示灭，归葬于本山。

婺州智者寺全肯禅师，初参天台，天台问："汝名什么？"曰："全肯。"天台曰："肯个什么？"师乃礼拜。住后，有僧问："有人不肯，师还甘也无？"师曰："若人问我，即向伊道。"师太平兴国中，以住持付法嗣弟子绍忠，继世说法，寻于本寺归寂。

福州玉泉义隆禅师，上堂曰："山河大地，尽在诸人眼睛里，因什么说会与不会？"时有僧问曰："山河大地眼睛里，师今欲更指归谁？"师曰："只为上座去处分明。"曰："若不上来伸此问，焉知方便不虚施？"师曰："依俙似曲才堪听，又被风吹别调中。"

杭州龙册寺第五世住晓荣禅师，温州白鹿人也，姓邓氏。幼依瑞鹿寺出家登戒，闻天台国师盛化，遂入山参礼，受心法。初住杭州富阳净福院，后住龙册寺，二处皆聚徒开法。僧问："祖祖相传，未审和尚传阿谁？"师曰："汝还识得祖未？"僧慧文问："如何是真实沙门？"师曰："汝是慧文。"问："如何是般若大神珠？"师曰："般若大神珠，分形万亿躯。尘尘彰妙体①，刹刹尽

---

① "妙"，碛砂本作"如"。

毗卢。"问："日用事如何？"师曰："一念周沙界，日用万般通。湛然常寂灭，常转自家风。"师一日坐妙善台，受大众小参。有僧问："向上事即不问，如何是妙善台中的的意？"师曰："若到诸方，分明举似。"曰："恁么即云有出山势，水无投涧声。"师乃叱之。师淳化元年庚寅八月二十九日，于秀州灵光寺净土院归寂。预告门人，致书辞同道。寿七十一，腊五十六。

杭州临安县功臣院庆蕭禅师，僧问："如何是功臣家风？"师曰："明暗色空。"曰："恁么即诸法无生去也。"师曰："汝唤什么作诸法？"师乃颂曰："功臣家风，明暗色空。法法非异，心心自通。恁么会得，诸佛真宗。"

越州称心敬琎禅师，僧问："结束囊装，请师分付。"师曰："莫讳。"曰："什么处孤负和尚？"师曰："却是汝孤负我。"师后迁住杭州保安院示灭。

福州严峰师术禅师，初开堂，升座，时有极乐和尚问曰："大众颙望，请震法雷。"师曰："大众还会么？还辨得么？今日不异灵山。乃至诸佛国土，天上人间，总皆如是。亘古亘今，常无变异，作么生会无变异底道理？若会得，所以道：无边刹境，自他不隔于毫端；十世古今，始终不移于当念。"问："灵山一会，迦叶亲闻；今日严峰一会，谁是闻者？"师曰："问者不弱。"问："如何是文殊？"师曰："来处甚分明。"

潞州华严慧达禅师，僧问："如何是古佛心？"师曰："山河大地。"问："如何是华严境？"师曰："满目无形影。"

越州剡县清泰院道圆禅师，僧问："亡僧迁化，向什么处去也？"师曰："今日迁化。"岭中上座问："如何是祖师西来意？"师曰："不可向汝道庭前柏树子。"

杭州九曲观音院庆祥禅师，余杭人也，姓沈氏。身长七尺余，辩才冠众，多闻强记，时天台门下推为杰出。僧问："险恶道中，以何为津梁？"师曰："以此为津梁。"曰："如何是此？"师曰："筑著汝鼻孔。"

杭州开化寺传法大师行明，本州人也，姓于氏①。少投明州雪窦山智觉禅师披剃。及智觉迁住永明大道场，有徒二千，王臣钦仰，法化弥盛。师自天台受记，回永明翼赞本师，海众倾仰。开宝八年，智觉归寂，师遂住能仁寺。忠懿王又建大和寺，寻改名"六和寺"，后太宗皇帝赐号"开化"，延请住持，二处皆聚徒说法。僧问："如何是开化门中流出方便？"师曰："日日潮音两度闻。"问："如何是无尽灯？"师曰："谢阇梨照烛。"太宗皇帝赐紫衣、师号，咸平四年四月六日示灭。

越州萧山县渔浦开善寺义圆禅师，僧问："一年去，一年来，

---

① "于"，丛刊本作"千"。

方便门中请师开。"师曰:"分明记取。"曰:"恁么即昔时师子吼,今日象王回。"师曰:"且喜勿交涉。"

温州瑞鹿寺上方遇安禅师,福州人也。得法于天台,又常阅《首楞严了义》,时谓之"安楞严"也。至道元年季春月,将示灭,有法嗣弟子蕴仁侍坐,师乃说偈曰:"不是岭头携得事,岂从鸡足付将来?自古圣贤皆若此,非吾今日为君裁。"

师说偈付嘱,以香水沐身,易衣安坐,令昇棺至室。良久,自入棺。经三日,门人与本寺瑜阇梨辄启棺,睹师右胁吉祥而卧。四众哀恸,师乃再起,上堂说法,及诃责垂诫曰:"此度更启吾棺者,非吾之子。"言讫,复入棺长往。

杭州龙华寺慧居禅师,闽越人也。自天台领旨,吴越忠懿王命住上寺。初开堂,众集定,师曰:"从上宗乘,到此如何言论?又如何举唱?只如释迦如来说一代时教,如瓶注水。古德尚云:犹如梦事谵语一般。且道古德据什么道理,便恁么道?还会么?大施门开,何曾拥塞?生凡育圣,不漏纤尘。言凡则全凡,举圣则全圣,凡圣不相待,个个独尊。所以道:山河大地长时说法,长时放光。地水火风,一一如是。"时有僧出礼拜,师曰:"好个问头,如法问将来。"僧方进前,师曰:"又勿交涉也。"僧问:"诸佛出世,放光动地;和尚出世,有何祥瑞?"师曰:"话头自破。"异日上堂,谓众曰:"龙华遮里,也只是拈柴择菜,上来下去,晨朝一粥,斋时一饭,睡后吃茶,但恁么参取。珍重。"僧问:"学人未明自己,如何辨得浅深?"师曰:"识取自己眼。"

曰："如何是自己眼？"师曰："向汝道什么？"

婺州齐云山遇臻禅师，越州人也，姓杨氏。幼岁依本州大善寺出家，年满登具。预天台之室，亲承印记，住齐云山宴居，法侣咸凑。僧问："如何是无缝塔？"师曰："五六尺。"其僧礼拜，师曰："塔倒也。"问："圆明了知，为什么不因心念？"师曰："圆明了知。"曰："何异心念？"师曰："汝唤什么作心念？"师秋夕闲坐，偶成颂曰："秋庭肃肃风飀飀，寒星列空蟾魄高。搘颐静坐神不劳，鸟窠无端拈布毛。"其诸歌偈，皆触事而作，三百余首流行，见乎别录。至道中，卒于大善寺。

温州瑞鹿寺本先禅师，温州永嘉人也，姓郑氏。幼岁于本州集庆院出家，纳戒于天台国清寺，得法于天台韶国师。师初遇国师，国师导以"非风幡动，仁者心动"之语，师即时悟解。后乃示徒曰："吾初学天台法门，语下便荐。然千日之内，四仪之中，似物碍膺，如雠同所。千日之后，一日之中，物不碍膺，雠不同所，当下安乐，顿觉前咎。"乃述颂三首。一、《非风幡动仁者心动颂》曰："非风幡动唯心动，自古相传直至今。今后水云徒欲晓，祖师真实好知音。"二、《见色便见心颂》曰："若是见色便见心，人来问著方难答。求道理[①]，说多般，辜负平生三事衲。"三、《明自己颂》曰："旷大劫来只如是，如是同天亦同地。同地同天作么形？作么形兮无不是。"师自尔足不历城邑[②]，手不度财

[①] "求"，南藏本、大正本作"若求"，径山本作"更求"。
[②] "尔"，丛刊本、碛砂本作"迩"。

货，不设卧具，不衣茧丝。卯斋终日宴坐，申旦诲诱徒众。朝夕恳至，逾三十载，其志弥厉。

师示众云："尔等诸人，还见竹林、兰若、山水、院舍、人众么？若道见，则心外有法；若道不见，焉奈竹林、兰若、山水、院舍、人众现在揿然地？还会恁么告示么？若会，不妨灵利。无事，莫立。"师示众云："佛身充满于法界，普现一切群生前。随缘赴感靡不周，而常处此菩提座。若道佛身充满于法界去，菩萨界、缘觉界、声闻界、天界、修罗界、人界、畜生界、饿鬼、地狱界，如是等界，应须勿有踪迹去始得，为什么有此二三说？为道法界唯是佛身，便怎么道？恁么道既成二三，又作么生说？是充满法界底佛身，向遮里为你等乱道，还得么？于这个说话，若也荐得，不妨省心力。若也荐不得，你等且道：不历僧祇获法身，是个甚人？彼此出浴劳倦，不妨且退。"

师有时云："大凡参学佛法，未必学问话是参学，未必学拣话是参学，未必学代语是参学，未必学别语是参学，未必学捻破经论中奇特言语是参学，未必捻破诸祖师奇特言语是参学。若也于如是等参学，任你七通八达，于佛法中，傥无个实见处，唤作干慧之徒。岂不闻古德云：聪明不敌生死，干慧岂免苦轮？诸人若也参学，应须真实参学始得。真实参学也，行时行时参取，立时立时参取，坐时坐时参取，眠时眠时参取，语时语时参取，默时默时参取，一切作务时一切作务时参取。既向如是等时参，且道参个甚人？参个什么说？到这里须自有个明白处始得，若非明白处，唤作造次参学，则无究了。"又云："幽林鸟叫，碧涧鱼跳，云片展张，瀑声呜咽，你等还知得如是多景象，示尔等个入处么？若也知得，不妨参取好。"

又云："天台教中说文殊、观音、普贤三门。文殊门者，一切色；观音门者，一切声；普贤门者，不动步而到。我道：文殊门者，不是一切色；观音门者，不是一切声；普贤门者，是个什么？莫道别却天台教说话。无事，且退。"又云："南泉迁化，向甚处去？东家作驴，西家作马。若是求出三界修行底人，闻这个言语，不妨狐疑，不妨惊怛。南泉迁化，向甚处去？东家作驴，西家作马。或会云：千变万化，不出真常。南泉迁化，向甚处去？东家作驴，西家作马。或会云：须会异类中行，始会得这个言语。南泉迁化，向甚处去？东家作驴，西家作马。或会云：东家是南泉，西家是南泉。南泉迁化，向甚处去？东家作驴，西家作马。或会云：东家郎君子，西家郎君子。南泉迁化，向甚处去？东家作驴，西家作马。或会云：东家是什么，西家是什么？南泉迁化，向甚处去？东家作驴，西家作马。或会云：乃作驴叫，又作马嘶。南泉迁化，向甚处去？东家作驴，西家作马。或会云：唤什么作东家驴，唤甚么作西家马？南泉迁化，向甚处去？东家作驴，西家作马。或会云：既问迁化，答在问处。南泉迁化，向甚处去？东家作驴，西家作马。或会云：作露柱处去。南泉迁化，向甚处去？东家作驴，西家作马。或会云：东家作驴，亏南泉甚处？西家作马，亏南泉甚处？如是诸家会也，总于佛法有安乐处①。'南泉迁化，向甚处去？''东家作驴，西家作马。''学人不会。''要骑便骑，要下便下。'这个答话，不消得

---

① "于"，径山本作"知"。"有"，碛砂本作"多"。

多道理而会，若见法界性去，也勿多事。珍重。"

又云："晨朝起来洗手面，盥漱了吃茶，吃茶了佛前礼拜，佛前礼拜了和尚、主事处问讯，和尚、主事处问讯了僧堂里行益，僧堂里行益了上堂吃粥，上堂吃粥了归下处打睡，归下处打睡了起来洗手面盥漱，起来洗手面盥漱了吃茶，吃茶了东事西事，东事西事了斋时僧堂里行益，斋时僧堂里行益了上堂吃饭，上堂吃饭了盥漱，盥漱了吃茶，吃茶了东事西事，东事西事了黄昏唱礼，黄昏唱礼了僧堂前喝参，僧堂前喝参了主事处喝参，主事处喝参了和尚处问讯，和尚处问讯了初夜唱礼，初夜唱礼了僧堂前喝珍重，僧堂前喝珍重了和尚处问讯，和尚处问讯了礼拜、行道、诵经、念佛。如此之外，或往庄上，或入郡中，或归俗家，或到市肆。既有如是等运为，且作么生说个勿转动相底道理？且作么生说个那伽常在定，无有不定体底道理？还说得么？若也说得，一任说取。珍重。"

又云："鉴中形影，唯凭鉴光显现。你等诸人所作一切事，且道唯凭个什么显现？还知得么？若也知得，于参学中千足万足。无事，莫立。"又云："尔等诸人，夜间眠熟，不知一切。既不知一切，且问：尔等那时有本来性？若道那时有本来性，那时又不知一切，与死无异；若道那时无本来性，那时睡眠忽省①，觉知如故。还会么？不知一切，与死无异；睡眠忽省，觉知如故。如是等时，是个什么？若也不会，各自体究取。无事，莫立。"又云："诸法所生，唯心所现。如是言语，好个入底门户。

---

① "省"，大正本作"醒"。

且问："你等诸人眼见一切色，耳闻一切声，鼻嗅一切香，舌知一切味，身触一切软滑，意分别一切诸法，只如眼、耳、鼻、舌、身、意所对之物，为复唯是你等心，为复非是你等心？若道唯是你等心，何不与你等身都作一块了休？为什么所对之物却在你等眼、耳、鼻、舌、身、意外？你等若道眼、耳、鼻、舌、身、意所对之物，非是你等心，又焉奈'诸法所生，唯心所现，言语留在世间，何人不举著？你等见这个说话，还会么？若也不会，大家用心商量教会去。幸在其中，莫令厌学。无事，且退。"

大中祥符元年二月，师忽谓上足如昼曰："可造石龛，仲秋望日，吾将顺化。"如昼禀命，寻即成就。及期，远近士庶，奔趋瞻仰。是日参问如常，至午时，安坐方丈，手结宝印。复谓如昼曰："古人云：骑虎头，打虎尾，中央事作么生？"如昼答云："也只是如昼。"师云："你问我。"昼乃问："骑虎头，打虎尾，中央事和尚作么生？"师云："我也弄不出。"言讫，奄然开一目，微视而寂。寿六十七，腊四十二。长吏具以事闻，诏本州常加检视。如昼乃奉师尝所著《竹林集》十卷，诗篇歌辞共千余首，诣阙上进，诏藏秘阁。如昼特赐紫衣。

前杭州报恩寺慧明禅师法嗣

福州长溪保明院通法大师道诚，师上堂曰："如为一人，众多亦然。珍重。"僧问："如何是保明家风？"师曰："看。"问："圆音普震，三等齐闻，竺土仙心，请师密付。"师良久。僧曰："恁么即意马已成于宝马，心牛顿作于白牛。"师曰："七颠八倒。"曰："若不然者，几招哂笑。"师曰："礼拜，退后。"问：

"如何是和尚西来意？"师曰："我不曾到西天。"曰："如何是学人西来意？"师曰："汝在东土多少时？"

前杭州永明寺道潜禅师法嗣

杭州千光王寺瓌省禅师，温州陶山人也，姓郑氏。幼岁出家，精究律部。听《天台文句》，栖心于圆顿止观。后阅《楞严》，文理宏瀎，未能洞晓。一夕，诵经既久，就案若假寐，梦中见日轮自空降，开口吞之。自是倏然发悟，差别义门涣然无滞。后闻国城永明法席隆盛，专申参问，永明唯印前解，无别指喻。即以忠懿王所遗衲衣，授之表信物①。住湖西严净院，开宝三年，衢州刺史翁晟仰重师道，乃开西山，创大禅苑，太宗皇帝改赐"宝云寺"额。请师居之，学者臻萃。

师上堂曰："诸上座，佛法无事。昔之日月，今之日月，昔日风，今日风，昔日上座，今日上座。莫道举亦了，说亦了，一切成现好。珍重。"师开宝五年壬申七月示疾，不求医。三日前，有宝树、浴池现。师曰："凡所有相，皆是虚妄。"二十七日晡时，集众言别，安坐而逝，寿六十有七。阇维，舍利门人建塔。

衢州镇境志澄大尚，僧问："如何是定乾坤底剑？"师曰："不漏丝发。"曰："用者如何？"师曰："不知。"问："或因普请，锄头损伤虾蟆蚯蚓，还有罪也无？"师曰："阿谁是下手者？"曰："恁么即无罪过。"师曰："因果历然。"师后迁住杭州西山宝

---

① "物"，南藏本、径山本、大正本作"后"。

云寺说法，本国赐紫，署"积善大师"。

明州崇福院庆祥禅师，上堂曰："诸禅德，见性周遍，闻性亦然，洞彻十方，无内无外。所以古人道：随缘无作，动寂常真。如此施为，全真智用。"问："如何是本来人？"师曰："堂堂六尺甚分明。"曰："只如本来人，还作如此相貌也无？"师曰："汝唤什么作本来人？"曰："乞师方便。"师曰："教谁方便？"

前杭州灵隐寺清耸禅师法嗣

杭州临安功臣院道慈禅师，问："师登宝座，大众咸臻，请师举扬宗教。"师曰："大众证明上座。"曰："恁么即亘古亘今也。"师曰："也须领话始得。"

秀州罗汉院愿昭禅师，钱塘人也。依本部西山保清院受业，自灵隐发明，众请出世。师上堂曰："山河大地是真善知识，时常说法，时时度人，不妨诸上座参请，无事，久立。"僧问："罗汉家风，请师一句。"师曰："嘉禾合穗，上国传芳。"曰："此犹是嘉禾家风，如何是罗汉家风？"师曰："或到诸方，分明举似。"师后住杭州香严寺，僧问："不立纤尘，请师直道。"师曰："众人笑汝。"曰："如何领会？"师曰："还我话头来。"

处州报恩院师智禅师，僧问："如何是和尚家风？"师曰："谁人不见？"问："如何是一相三昧？"师曰："青黄赤白。"曰："一相何在？"师曰："汝却灵利。"问："祖祖相传传祖印，师今法嗣嗣何人？"师曰："灵鹫峰前，月轮皎皎。"

衢州瀫宁可先禅师，僧问："如何是瀫宁家风？"师曰："谢指示。"问："如何是西来意？"师曰："怪老僧什么处？"曰："学人不会，乞师方便。"师曰："适来岂不是问西来意？"①

杭州临安光孝院道端禅师，僧问："如何是佛？"师曰："高声问著。"曰："莫即便是也无？"师曰："勿交涉。"师后住灵隐寺示灭。

杭州西山保清院遇宁禅师，初开堂，升座，有二僧一时礼拜。师曰："二人俱错。"僧拟进语，师便下座。

福州支提山雍熙寺辩隆禅师，明州人也。依灵隐寺了悟禅师出家，遂受心印。师上堂曰："巍巍实相，逼塞虚空，金刚之体，无有破坏。大众还见不见？若言见也，且实相之体本非青黄赤白，长短方圆，亦非见闻觉知之法。且作么生说见底道理？若言不见，又道'巍巍实相，逼塞虚空'，为什么不见？"僧问："如何是向上一路？"师曰："脚下底。"曰："恁么即寻常履践。"师曰："莫错认。"问："如何是坚密身？"师曰："倮倮地。"曰："恁么即不密也。"师曰："见什么。"

---

① "问"，丛刊本无。

杭州瑞龙院希圆禅师，僧问："如何是和尚家风？"师曰："特谢阇梨借问。"曰："借问即不无，家风作么生？"师曰："瞌睡汉。"

前金陵报慈行言导师法嗣

洪州云居山义能禅师，第九世住。师上堂曰："不用上来，堂中憍陈如上座为诸上座转第一义法轮，还得么？若自信得，各自归堂参取。"师下堂后，却问一僧："只如山僧适来教上座参取圣僧，圣僧还道个什么？"僧曰："特谢和尚再举。"问："如何是佛？"师曰："即心是佛。"曰："学人不会，乞师方便。"师曰："方便呼为佛①，回光返照看，身心是何物？"

前金陵清凉泰钦禅师法嗣

洪州云居山第十一世住道齐禅师，洪州人也，姓金氏。礼百丈山明照禅师得度，遍历禅会，学心未息。后遇法灯禅师，机缘顿契。暨法灯住上蓝院，师乃主经藏。一日，侍立次，法灯谓师曰："藏主，我有一转西来意话，汝作么生会？"师对曰："不东不西。"法灯曰："有什么交涉？"曰："道齐只恁么，未审和尚尊意如何？"法灯曰："他家自有儿孙在。"师于是顿明厥旨。

初住筠州东禅院，僧问："如何是佛？"师曰："汝是阿谁？"问："荆棘林中无出路，请师方便为畲开。"师曰："汝拟去什么处？"曰："几不到此。"师曰："闲言语。"问："不免轮回，不

---

① "佛"，碛砂本作"师"。

求解脱时如何？"师曰："还曾问建山么？"曰："学人不会，乞师方便。"师曰："放你三十棒。"问："如何是三宝？"师曰："汝是什么宝？"曰："如何？"师曰："土木瓦砾。"

师次住洪州双林院，后住云居山，三处说法，著《语要》《搜玄》《拈古》《代别》等集，盛行诸方，此不繁录。至道三年丁酉九月示疾，八日申时，令声钟集众。维那白云："众已集。"师曰："老僧三处住持三十余年，十方兄弟相聚话道，主事、头首勤心赞助老僧。今日火风相逼，特与诸人相见。诸人还见么？今日若见，是末后方便，诸人向什么处见？为向四大五阴处见，六入十二处见？这里若见，便可谓云居山二十年间后学有赖。吾去后，山门大众付契瑰开堂住持，凡事更在勤而行之。各自努力，珍重。"大众才散，师归西挟告寂①。寿六十九，腊四十八。今塔存本山。

前金陵报恩院法安禅师法嗣

庐山栖贤寺道坚禅师，有官人问："某甲收金陵，布阵杀人无数，还有罪也无？"师曰："老僧只管看。"问："如何是祖师西来意？"师曰："洋澜、左里②，无风浪起。"问："如何是栖贤境？"师曰："栖贤有什么境？"

庐山归宗寺第十四世慧诚禅师，扬州人也，姓崔氏。幼出家于抚州明水院，受具游方，缘契慧济禅师，密承心印，庵于庐山

---

① "挟"，径山本作"掖"。
② "洋"，径山本、大正本作"扬"。"里"，径山本作"蠡"。

之余峰。淳化四年孟夏月，归宗柔和尚归寂，郡牧与山门徒众三请师开法住持。初上堂，未升座，谓众曰："天人得道以此为证①，恁么便散去，已是周遮。其如未晓，再为重敷。"方乃升座。僧问："郡主临筵，请师演法。"师曰："我不及汝。"问："如何是佛？"师曰："如何不是？"问："如何是祖师西来意？"师曰："不知。"师又曰："问话且住，诸上座问到穷劫问也不著，山僧答到穷劫答也不及。何以故？为上座各有本分事，圆满十方，亘古亘今。乃至诸佛也不敢错误上座，谓之顶族，只助发上座。所以道：十方法界诸有情，念念以证善逝果。彼既丈夫我亦尔，何得自轻而退屈。诸上座，不要退屈，信取便休。祖师西来，只道见性成佛，其余所说不及此说。更有个奇特方便举似诸人，分明记取，到诸方莫错举。久立，珍重。"

异日上堂，僧问："不通风处，如何过得？"师曰："汝从什么处来？"僧举："南泉云：'铜瓶是境，瓶中有水，不得动著境，与老僧将水来。'邓隐峰便拈瓶泻水，南泉乃休。"师曰："邓隐峰甚奇怪，要且乱泻。"师接武归宗十有四载，常聚五百余众。景德四年三月十八日，上堂辞众，安然而化。寿六十有七，腊五十二。全身塔于本山。

前庐州长安院延规禅师法嗣

庐州长安院辩实禅师，第二世住。僧问："如何是祖师西来意？"师曰："少室灵峰住九霄。"

---

① "以"，丛刊本、大正本无。

潭州云盖山海会寺用清禅师，河州人也，姓赵氏。本州出家，酷志求法，远参长安，潜契宗旨。先住韶州东平山，淳化二年，知潭州张茂宗请居云盖，第六世住。僧问："有一人在万丈井底，如何出得？"师曰："且喜得相见。"曰："恁么即穿云透月去也。"师曰："三十三天事作么生？"僧无语。问："如何是云盖境？"师曰："门外三泉井。"曰："如何是境中人？"师曰："童行作子。"师有颂示众曰："云盖锁口诀，拟议皆脑裂。拍手趁玄空，云露西山月。"僧问："如何是云盖锁口诀？"师曰："遍天遍地。"曰："恁么即石人点头，露柱拍手。"师曰："一瓶净水一炉香。"曰："此犹是井底虾蟆。"师曰："劳烦大众。"师常节饮食①，随众二时，但展钵而已。或逾年月，亦不调练服饵，无妨作务。有请必开，即便饱食，而亡拘执。至道二年四月二日示疾而逝，阇维，建塔于本山。

行思禅师第十一世
前苏州长寿院朋彦大师法嗣

长寿第二世法齐禅师，婺州人也②，姓丁氏也③。始讲《百法》《因明》二论，寻置讲游方，受心印于广法大师。建隆二年，广法归寂，付授住持。节使钱仁奉礼重，请扬真要。有《百法》座主问："令公请命，四众云臻，向上宗乘，请师举唱。"师曰："《百法明门论》。"曰："毕竟作么生？"师曰："一切法无我。"

---

① "饮"，丛刊本、大正本作"段"。
② "也"，碛砂本无。
③ "也"，丛刊本、径山本、大正本无。

问："城东老母与佛同生，为什么却不见佛？"师曰："不见即道。"曰："恁么即见去也。"师曰："城东老母与佛同生。"师太平兴国三年戊寅，舍众就本院创别室宴居。咸平三年庚子十二月十一日示灭，寿八十九，腊七十二。

景德传灯录卷第二十七

禅门达者，虽不出世，有名于时者十人①

  金陵宝志禅师

  婺州善慧大士

  南岳慧思禅师

  天台智𫖮禅师

  泗州僧伽和尚

  万回法云公

  天台丰干禅师

  天台寒山子

  天台拾得

  明州布袋和尚

诸方杂举征拈代别语

宝志禅师，金城人也②，姓朱氏。少出家，止道林寺修习禅

---

① "十"，大正本作"一十"。
② "城"，径山本作"陵"。

定。宋泰始初①，忽居止无定，饮食无时，发长数寸，徒跣执锡，杖头撅剪刀、尺、铜鉴，或挂一两尺帛。数日不食无饥容，时或歌吟，词如谶记，士庶皆共事之。齐建元中②，武帝谓师惑众，收付建康狱。既旦，人见其入市，及检狱，如故。建康令以事闻，帝延于宫中之后堂。师在华林园，忽一日，重著三布帽，亦不知于何所得之。俄豫章王、文惠太子相继薨③，齐亦以此季矣，由是禁师出入。

梁高祖即位，下诏曰："志公迹拘尘垢，神游冥寂，水火不能焦濡，蛇虎不能侵惧。语其佛理，则声闻以上；谭其隐沦，则遁仙高者。岂以俗士常情，空相拘制，何其鄙陋，一至于此！自今勿得复禁。"帝一日问师曰："弟子烦惑，何以治之？"师曰："十二。"识者以为十二因缘治惑药也。又问"十二"之旨，师曰："旨在书字时节刻漏中。"识者以为书之在《十二时》中。又问："弟子何时得静心修习？"师曰："安乐禁。"识者以为修习禁者止也，至安乐时乃止耳。又制《大乘赞》二十四首，盛行于世。余诸辞句④，与夫禅宗旨趣冥会，略录十首及师制《十二时颂》，编于别卷。

天监十三年冬，将卒，忽告众僧，令移寺金刚神像出置于外。乃密谓人曰⑤："菩萨将去。"未及旬日，无疾而终，举体香软。临亡，然一烛以付后阁舍人吴庆。庆以事闻，帝叹曰："大师不复留矣。烛者，将以后事嘱我乎？"因厚礼葬于钟山独龙阜，

---

① "泰"，原作"太"，据大正本改。
② "建元中"，大正本作"永明七年"。
③ "薨"下，大正本有"武帝寻厌世"。
④ "诸"，碛砂本、南藏本、径山本作"者"。
⑤ "乃"，原作"及"，据东寺本、碛砂本、径山本、大正本改。

仍立开善精舍，敕陆倕制铭于冢内，王筠勒碑于寺门，处处传其遗像焉。初师显迹之始，年可五六十许，及终亦不老，人莫测其年。有徐捷道者，年九十三，自言是志外舅弟，小志四年。计师亡时，盖年九十七矣，敕谥妙觉大师。

善慧大士者，婺州义乌县人也。齐建武四年丁丑五月八日，降于双林乡傅宣慈家，本名翕。梁天监十一年，年十六，纳刘氏女名妙光，生普建、普成二子。二十四，与里人稽亭浦漉鱼，获已，沈笼水中祝曰："去者适，止者留。"人或谓之愚。会有天竺僧达磨时谓"嵩头陀"。曰："我与汝毗婆尸佛所发誓，今兜率宫衣钵见在，何日当还？"因命临水观其影，见大士圆光宝盖。大士笑谓之曰："炉鞴之所多钝铁，良医之门足病人。度生为急，何思彼乐乎？"嵩指松山顶曰："此可栖矣。"大士躬耕而居之，乃说一偈曰："空手把锄头，步行骑水牛。人从桥上过，桥流水不流。"

有人盗菽麦瓜果，大士即与篮笼盛去。日常佣作，夜则行道，见释迦、金粟、定光三如来放光袭其体，大士乃曰："我得首楞严定，当舍田宅，设无遮大会。"大通二年，唱卖妻子，获钱五万以营法会。时有慧集法师，闻法悟解，言："我师，弥勒应身耳。"大士恐惑众，遂呵之。

六年正月二十八日，遣弟子傅暀致书于梁高祖。书曰："双林树下当来解脱善慧大士①，白国主救世菩萨：今欲条上、中、

---

① "下"，丛刊本无。

下善，希能受持。其上善：略以虚怀为本，不著为宗，亡相为因，涅槃为果。其中善：略以治身为本，治国为宗，天上人间，果报安乐。其下善：略以护养众生，胜残去杀，普令百姓，俱禀六斋。今闻皇帝崇法，欲伸论义，未遂襟怀，故遣弟子傅旺告白。"旺投太乐令何昌，昌曰："慧约国师，犹复置启，翕是国民，又非长老，殊不谦卑，岂敢呈达？"旺烧手御路，昌乃驰往同泰寺询皓法师，皓劝速呈。二月二十一日进书①，帝览之，遽遣诏迎。既至，帝问："从来师事谁邪？"曰："从无所从，来无所来。师事亦尔。"昭明问："大士何不论义？"曰："菩萨所说，非长非短，非广非狭，非有边非无边，如如正理，复有何言？"帝又问："何为真谛？"曰："息而不灭。"帝曰："若息而不灭，此则有色，有色故钝。若如是者，居士不免流俗。"曰："临财无苟得，临难无苟免。"帝曰："居士大识礼。"曰："一切诸法，不有不无。"帝曰："谨受居士来旨。"曰："大千世界，所有色象，莫不归空。百川丛注，不过于海；无量妙法，不出真如。如来何故于三界九十六道中独超其最？视一切众生有若赤子，有若自身。天下非道不安，非理不乐。"帝默然，大士辞退。

异日，帝于寿光殿请志公讲《金刚经》，志公曰："大士能耳。"帝请大士②，大士登座，执拍板唱经，成四十九颂。大同五年，奏舍宅于松山下，因双梼树而创寺，名曰双林。其树连理，祥烟周绕，有双鹤栖止。太清二年，大士誓不食，取佛生日，焚身供养。至日，白黑六十余人代不食、烧身，三百人刺心沥血和

---

① "一"，东寺本、碛砂本、南藏本、径山本作"二"。
② "志公曰大士能耳帝请大士"，大正本无。

香，请大士住世，大士愍而从之。承圣三年，复舍家资，为众生供养三宝，而说偈曰："倾舍为群品，奉供天中天。仰祈甘露雨，流澍普无边。"天嘉二年①，大士于松山顶绕连理树行道，感七佛相随，释迦引前，维摩接后。唯释尊数顾共语："为我补处也。"其山忽起黄云，盘旋若盖，因号"云黄山"。

时有慧和法师，不疾而终，嵩头陀于柯山灵岩寺入灭，大士悬知曰："嵩公兜率待我，决不可久留也。"时四侧华木，方当秀实，欻然枯悴。陈太建元年己丑四月二十四日②，示众曰："此身甚可厌恶，众苦所集，须慎三业，精勤六度。若坠地狱，卒难得脱。常须忏悔。"又曰："吾去已，不得移寝床。七日，有法猛上人持像及钟来镇于此。"弟子问："灭后形体若为？"曰："山顶焚之。"又问："不遂何如？"曰："慎勿棺敛，但垒甓作坛，移尸于上，屏风周绕，绛纱覆之。上建浮图，以弥勒像处其下。"又问："诸佛涅槃时，皆说功德，师之发迹，可得闻乎？"曰："我从第四天来，为度汝等，次补释迦。及傅普敏文殊、慧集观音、何昌阿难，同来赞助。故《大品经》云：有菩萨从兜率来，诸根猛利，疾与般若相应。即吾身是也。"言讫，趺坐而终，寿七十有三。寻猛师果将到，织成弥勒像及九乳钟留镇之，须臾不见。大士道具十余事见在。晋天福九年甲辰六月十七日，钱王遣使发塔，取灵骨一十六片，紫金色，及道具，至府城南龙山建龙华寺置之③，仍以灵骨塑其像。

---

① "天"上，大正本有"陈"字。
② "陈"，大正本无。
③ "至"，大正本作"乃"。"龙华寺"，大正本作"华寺"。

衡岳慧思禅师，武津人也，姓李氏。顶有肉髻，牛行象视，少以慈恕闻于闾里。尝梦梵僧劝出俗，乃辞亲入道。及禀具，常习坐，日唯一食，诵《法华》等经满千遍。又阅《妙胜定经》，叹禅那功德，遂发心寻友。时慧闻禅师有徒数百。闻禅师始因背手探藏，得《中观论》发明禅理。此论即西天第十四祖龙树大士所造，遂遥禀龙树。乃往受法。昼夜摄心坐夏，经三七日，获宿智通，倍加勇猛。寻有障起，四支缓弱，不能行步，自念曰："病从业生，业由心起，心源无起，外境何状？病业与身，都如云影。"如是观已，颠倒想灭，轻安如故。夏满，犹无所得，深怀惭愧，放身倚壁。背未至间，豁尔开悟。法华三昧，最上乘门，一念明达。研练逾久，前观转增。名行远闻，学侣日至，激励无倦，机感寔繁。乃以大小乘定慧等法，随根引喻，俾习慈忍行，奉菩萨三聚戒，衣服率用布，寒则加之以艾。

以北齐天保中，领徒南迈，值梁孝元之乱，权止大苏山。轻生重法者，相与冒险而至，填聚山林。师示众曰："道源不远，性海非遥，但向己求，莫从他觅。觅即不得，得亦不真。"偈曰："顿悟心源开宝藏，隐显灵通现真相。独行独坐常巍巍，百亿化身无数量。纵令偪塞满虚空，看时不见微尘相。可笑物兮无比况，口吐明珠光晃晃。寻常见说不思议，一语标名言下当。"又偈曰："天不能盖地不载，无去无来无障碍。无长无短无青黄，不在中间及内外。超群出众太虚玄①，指物传心人不会。"其他随叩而应。以道俗所施造金字《般若》《法华经》。时众请师讲二经，随文发解。复命门人智顗代讲，至"一心具万行"，有疑请

---

① "超"，原作"起"，据丛刊本、东寺本改。

决。师曰："汝所疑，乃《大品》次第意耳，未是《法华》圆顿旨也。吾昔于夏中一念顿发，诸法见前，吾既身证，不劳致疑。"顗即谘受法华行，三七日得悟。顗即天台教主智者大师，如下章出焉。

陈光大六年六月二十三日①，自大苏山将四十余僧径趣南岳，乃曰："吾寄此山，止期十载，已后必事远游。吾前身曾履此处。"巡至衡阳，值一处林泉胜异，师曰："此古寺也，吾昔曾居。"俾掘之，基址犹存。又指岩下曰："吾此坐禅，贼斩吾首。"寻得枯骸一聚。自此化道弥盛。陈主屡致慰劳供养，目为大禅师。

将欲顺世，谓门人曰："若有十人，不惜身命，常修法华、般舟、念佛三昧，方等忏悔，期于见证者，随有所须，吾自供给。如无此人，吾即远去矣。"时众以苦行事难，无有答者，师乃屏众，泯然而逝。小师云辩号叫，师开目曰："汝是恶魔！吾将行矣，何惊动妨乱吾邪？痴人，出去。"言讫长往。时异香满室，顶暖身软，颜色如常，即太建九年六月二十二日也，寿六十有四。凡有著述，皆口授，无所删改。撰《四十二字门》两卷、《无诤行门》两卷、《释论玄》《随自意》《安乐行》《次第禅要》《三智观门》等五部各一卷，并行于世。

天台山修禅寺智者禅师智顗，荆州华容人，姓陈氏。母徐氏始娠，梦香烟五色，萦绕于怀。诞生之夕，祥光烛于邻里。幼有奇相，肤不受垢。七岁入果愿寺，闻僧诵《法华经·普门品》即

---

① "六"，大正本作"元"。《佛祖统纪》卷六"智顗"传作光大元年。

随念之，忽自忆记七卷之文，宛如宿习。十五礼佛像，誓志出家，恍焉如梦，见大山临海际，峰顶有僧招手，复接入一伽蓝云："汝当居此，汝当终此。"十八丧二亲，于果愿寺依僧法绪出家，二十进具。陈乾明元年①，谒光州大苏山慧思禅师。思一见乃谓曰："昔灵鹫同听《法华经》，今复来矣。"即示以普贤道场，说四安乐行。师入观三七日，身心豁然，定慧融会，宿通潜发，唯自明了。以所悟白思，思曰："非汝弗证，非吾莫识②，此乃法华三昧前方便初旋陀罗尼也。纵令文字之师千万，不能穷汝之辩。汝可传灯，莫作最后断佛种人。"

师既承印可，太建元年礼辞，住金陵阐化③。凡说法，不立文字，以辩才故，昼夜无倦。七年乙未，谢遣徒众，隐天台山佛陇峰④。有定光禅师先居此峰，谓弟子曰："不久当有善知识领徒至此。"俄尔师至，光曰："还忆畴昔举手招引时否？"师即悟礼像之征，悲喜交怀，乃执手共至庵所。其夜闻空中钟磬之声，师曰："是何祥也？"光曰："此是犍稚集僧得住之相。此处金地，吾已居之。北峰银地，汝宜居焉。"开山后，宣帝建修禅寺，割始丰县租以充众费。及随炀帝请师受菩萨戒⑤，师为帝立法名，号总持，帝乃号师为"智者"。

师常谓："《法华》为一乘妙典，荡化城之执教，释草庵之滞情，开方便之权门，示真实之妙理。会众善之小行，归广大之一

---

① "陈"，径山本作"齐"。"乾明"，大正本作"天嘉"。陈无乾明年号，乾明为北齐年号。
② "吾"，东寺本作"汝"，径山本作"我"。
③ "住"，丛刊本、东寺本作"往"。
④ "陇"，原作"龙"，据东寺本、碛砂本、大正本改。
⑤ "随"，碛砂本、大正本作"隋"，下同。

乘。"遂出《玄义》曰：释名、辨体、明宗、论用、判教相之五重也。"名"则法、喻齐举，谓一乘妙法，即众生本性。在无明烦恼不为所染，如莲华处于淤泥，而体常净①，故以为名。此经开权显实，废权立实，会权归实，如莲之华有含容、开落之义，华之莲有隐现、成实之义。亦谓从本垂迹，因迹显本。夫经题不越法、喻、人、单、复、具足凡七种。单三、复三、具足一。摄一切名，妙法莲华即复之一也。法譬为复。"名"以召"体"②，"体"即实相，谓一切相离实相无体故。"宗"则一乘因果，开示悟入佛之知见，可尊尚故。"用"则力用，以开废会之义，有其力故。然后"判教相"者，以如来一代之说，总判为五时八教。五时者：一、佛初成道，为上根菩萨说《华严》时。二、为小机说《阿含》时。三、弹偏折小，叹大褒圆，说方等时。四、荡相遣执，说般若时。五、会权归实，授三乘人及一切众生成佛记，说《法华》《涅槃》时。八教者，谓化仪四教，即顿、渐、秘密、不定也；化法四教，即藏、生灭四谛、通、无生、别、无量、圆也。无作四谛，唯《法华》圆理，乃至治生产业，一色一香，无非实相。该三世如来所演，馨殚其致，四正三接，广如本教。舍此皆魔说故。

教理既明，非观行无以复性，乃依一心三谛之理真、俗、中。示三止三观。一一观心，念念不可得，先空，次假，后中，离二边而观一心，如云外之月者，此乃别教之行相也。尝云：破一切惑，莫盛乎空；建一切法，莫盛乎假；究竟一切性，莫大乎中。故一中一切中，无假无空而不中，空、假亦尔。即圆教之行相，

———

① "净"，丛刊本作"静"。
② "召"，疑当作"昭"。

如摩酰首罗天之三目，非纵横并别故。第十四祖龙树菩萨偈云："因缘所生法，我说即是空。亦名为假名，亦名中道义。"斯与《楞严》《圆觉经》说奢摩他、三摩钵底、禅那三观，名目虽殊，其致一也。达磨大师以心传心，不滞名数，直为上上根智，俾忘筌忘意，故与此教同而不同。智者禅师，穷理尽性，备足之门，故与禅宗异而非异也。三观圆成，法身不素，即免同贫子也。

尚虑学者昧于修性，或堕偏执，故复创六即之义，以绝斯患。一、理即佛者，十法界众生，下至蠕蠢，同禀妙性，从本以来，常住清净，觉体圆满，一理齐平故。执名相者，不信即心即佛，睹此而生信也。二、名字即佛者，虽理性坦平，而随流者日用不知，必假言教外熏，得闻名字，生信发解故。《起信论》云：以有妄想心故①，能知名义。自此已下，简暗证者。三、观行即佛者，既闻名开解，要假前之三观而返源故。圆教外凡也。圆观五阴为不思议境，即五品位，大师示居此位。别教十信，及藏、通教，皆名资粮位。四、相似即佛者，观行功深，发相似用故。内凡也。圆伏无明，入十信铁轮位，不断见思惑，至七信以去，见思惑自殒②，得六根清净。如经云：父母所生眼，悉见三千界云云。思大禅师示居此位。若别教，乃地前三十心也，藏、通皆名加行位。《楞严经》《唯识论》三十心后，别立四加行，名位虽同，诠旨迥异，惟通悟者善巧融会。五、分真即佛者，三心开发，得真如用，位位增胜故。发圆初住，即铜轮位也，如龙女一念成佛，现百界身。从此转胜至等觉位，凡四十一心，尽目真因，分位虽殊，圆理无别。若别教，即名十地，藏、通皆言见道位。六、究竟即佛者，无明永尽，觉心圆极，证无所证故。妙觉也。《起信》云：始本不二，名究竟觉。《仁王》名寂灭上忍也。别教权佛摄对圆行第二位耳，

---

① "妄"，原作"忘"，据东寺本、碛砂本、径山本改。
② "殒"，东寺本、碛砂本作"陨"。

藏、通二教佛可知。如上六位，既皆即佛，不屈不滥①。通具法、报、化三身为正，三宝三德，属对交络，乃至十种三法，含摄无遗。偈云：道识性般若，菩提大乘身。涅槃三宝德，一一皆三法。随居四土为依。四土者：一、常寂光。法性土也，法身居之，身土相称。二、实报无障碍。摄二受用也。自受用土，报佛自居；他受用土，登地菩萨所居。三、方便有余。四、净秽同居。并为应化土也。地前菩萨、二乘、凡夫所居。其实则非身非土，无优无劣。为对机故，假说身土，而分优劣。

师得身土互融，权实无碍，故三十余年，昼夜宣演，生四种益，具四悉檀。悉，遍也。檀，翻名施。禅师之法遍施有情，随根得益。如云"世界悉檀，生欢喜益"云云。门人灌顶日记万言而编结之，总目为天台教，别即分诸部类，《法华玄义》、《文句》、大小《止观》、《金光明》、《仁王》、《净名》、《涅槃》、《请观音》②、《十六观经》等，及《四教禅门》，凡百余轴。历代付授，盛于江浙。

隋开皇十七年十一月十七日，帝遣使诏师。将行，乃告门人曰："吾今往而不返，汝等当成就佛陇南寺，一依我图。"侍者曰："若非师力，岂能成办？"师曰："乃是王家所办，汝等见之，吾不见也。"师初欲建寺于石桥，禅寂见三神人，皂帻绛衣，从一老僧，谓师曰："若欲造寺，今非其时，三国成一，当有大力施主与师造寺。寺成国即清，宜号为国清。"言讫不见。开皇十八年，帝遣司马王弘入山，依图造寺，方应前志。师二十一日，到剡东石城寺百尺石像前不进，至二十四日，顾侍者曰："观音来迎，不久应去。"时门人智朗请曰："不审何位何

---

① "屈"，东寺本作"强"。
② "请观音"，大正本作"诸观章"。《请观音》，即《传教大师将来台州录》所载《请观音三昧行法》。

生?"师曰:"吾不领众,必净六根,损己利他①,获预五品耳。"五品弟子,即法华三昧前方便之位,与思大禅师昔语冥符。命笔作《观心偈》,唱诸法门纲要讫,趺坐而逝。寿六十,腊四十。弟子等迎归佛陇岩。大业元年九月,炀帝巡幸淮海,遣使送弟子智璪及题寺额入山,赴师忌斋。到日,集僧开石室,唯睹空榻。时会千僧,至时忽剩一人②,咸谓师化身来受国供。师始受禅教,终乎灭度,常披一坏衲,冬夏不释。来往居天台山二十二年,建造大道场一十二所,国清最居其后。及荆州玉泉寺等,共三十六所。度僧一万五千人,写经一十五藏,造金铜塑画像八十万尊。事迹甚广,如本传。

泗州僧伽大师者,世谓观音大士应化也。推本则过去阿僧祇殑伽沙劫,值观世音如来,从三慧门而入道,以音声为佛事。但以此土有缘之众,乃谓大师自西国来。唐高宗时,至长安、洛阳行化,历吴、楚间,手执杨枝,混于缁流。或问:"师何姓?"即答曰:"我姓何。"又问:"师是何国人?"师曰:"我何国人。"寻于泗上,欲构伽蓝。因宿州民贺跋氏舍所居,师曰:"此本为佛宇。"令掘地,果得古碑云"香积寺",即齐李龙建所创。又获金像,众谓然灯如来,师曰:"普光王佛也。"因以为寺额。

景龙二年,中宗遣使迎大师至辇毂,深加礼异。命住大荐福寺,帝及百官咸称弟子,与度慧俨、慧岸、木叉三人,御书寺额普光王寺。三年三月三日,大师示灭。敕令就荐福寺漆身起塔,

---

① "损",大正本作"捐"。
② "时",大正本无。

忽臭气满城。帝祝"送师归临淮",言讫,异香腾馥。帝问万回曰:"僧伽大师是何人邪?"曰:"观音化身耳。"乾符中,谥证圣大师。皇朝太平兴国中,太宗皇帝重创浮图,壮丽超绝。

万回法云公者,虢州阌乡人也,姓张氏。唐贞观六年五月五日生,始在弱龄,啸傲如狂,乡党莫测。一日,令家人洒扫云:"有胜客来。"是日,三藏玄奘自西国还,访之。公问印度风境,了如所见。奘作礼围绕,称是菩萨。有兄万年,久征辽左,母程氏思其音信。公曰:"此甚易尔。"乃告母而往,至暮而还,及持到书,邻里惊异。有龙兴寺沙门大明,少而相狎,公来往明师之室。属有正谏大夫明崇俨夜过寺,见公左右神兵侍卫,崇俨骇之。诘旦,言与明师,复厚施金缯,作礼而去。咸亨四年,高宗召入内。时有扶风僧蒙颁者,甚多灵迹,先在内,每曰:"回来,回来。"及公至,又曰:"替到,当去。"迨旬日而颁卒。景云二年乙亥十二月八日①,师卒于长安醴泉里②,寿八十。时异香氤氲,举体柔软。制赠司徒虢国公,丧事官给。三年正月十五日,窆于京西香积寺。

天台丰干禅师者,不知何许人也。居天台山国清寺,剪发齐眉,衣布裘。人或问佛理,止答"随时"二字。尝诵唱道歌,乘虎入松门,众僧惊畏。本寺厨中有二苦行,曰寒山子、拾得。二人执爨,终日晤语,潜听者都不体解,时谓风狂子,独与师相

---

① "乙亥",碛砂本、大正本作"辛亥"。按:景云二年确为辛亥。
② "师",径山本作"公"。

亲。一日，寒山问："古镜不磨，如何照烛？"师曰："冰壶无影像，猨猴探水月。"曰："此是不照烛也，更请师道。"师曰："万德不将来，教我道什么？"寒、拾俱礼拜。师寻独入五台山巡礼，逢一老翁，师问："莫是文殊否？"曰："岂可有二文殊？"师作礼未起，忽然不见。赵州沙弥举似和尚，赵州代丰干云："文殊，文殊。"后回天台山示灭。

初间丘公名犯太祖庙讳下字。出牧丹丘，将议巾车，忽患头疼，医莫能愈。师造之曰："贫道自天台来谒使君。"间丘且告之病，师乃索净器，咒水喷之，斯须立差①。间丘异之，乞一言示此去安危之兆。师曰："到任记谒文殊、普贤。"曰："此二菩萨何在？"师曰："国清寺执爨洗器者，寒山、拾得是也。"间丘拜辞乃行②，寻至山寺，问："此寺有丰干禅师否？寒山、拾得复是何人？"时有僧道翘对曰："丰干旧院在经藏后，今阒无人矣。寒、拾二人见在僧厨执役。"间丘入师房，唯见虎迹。复问道翘："丰干在此，作何行业？"翘曰："唯事舂谷供僧，闲则讽咏。"乃入厨寻访寒、拾，如下章叙之。

天台寒山子者，本无氏族。始丰县西七十里，有寒、暗二岩③，以其于寒岩中居止得名也。容貌枯悴，布襦零落，以桦皮为冠，曳大木屐④。时来国清寺，就拾得取众僧残食菜滓食之。或廊下徐行，或时叫噪，望空慢骂。寺僧以杖逼逐，翻身拊掌大

---

① "差"，大正本作"瘥"。
② "乃"，径山本、大正本作"方"。
③ "暗"，南藏本、径山本、大正本作"明"。
④ "屐"，大正本作"履"。

笑而去。虽出言如狂,而有意趣。一日,丰干告之曰:"汝与我游五台,即我同流;若不与我去,非我同流。"曰:"我不去。"丰干曰:"汝不是我同流。"寒山却问:"汝去五台作什么?"丰干曰:"我去礼文殊。"曰:"汝不是我同流。"

暨丰干灭后,闾丘公入山访之。见寒、拾二人围炉语笑,闾丘不觉致拜,二人连声咄叱。寺僧惊愕曰:"大官何拜风狂汉邪?"寒山复执闾丘手,笑而言曰:"丰干饶舌。"久而放之。自此寒、拾相携出松门,更不复入寺。闾丘又至寒岩礼谒,送衣服药物。二士高声喝之曰:"贼我。"① 便缩身入岩石缝中,唯曰:"汝诸人②,各各努力。"其石缝忽然而合。闾丘哀慕,令僧道翘寻其遗物,于林间得叶上所书辞颂,及题村墅人家屋壁,共三百余首,传布人间。曹山本寂禅师注释,谓之《对寒山子诗》。

天台拾得者,不言名氏。因丰干禅师山中经行,至赤城道侧,闻儿啼声,遂寻之。见一子,可数岁,初谓牧牛子。及问之,云:"孤弃于此。"丰干乃名为拾得,携至国清寺,付典座僧曰:"或人来认,必可还之。"后沙门灵熠摄受,令知食堂香灯。忽一日,辄登座③,与佛像对盘而餐。复于憍陈如上坐塑形前呼曰:"小果声闻。"僧驱之。灵熠忿然告尊宿等罢其所主,令厨内涤器。常日斋毕,澄滤食滓,以筒盛之。寒山来,即负之而去。

一日扫地,寺主问:"汝名拾得,丰干拾得汝归,汝毕竟姓

---

① "贼我",碛砂本作"贼贼"。
② "汝",大正本作"报汝"。
③ "辄"下,大正本有"尔"。

个什么？在何处住？"拾得放下扫帚，叉手而立，寺主罔测。寒山搥胸云："苍天，苍天。"拾得却问："汝作什么？"曰："岂不见道：东家人死，西家助哀。"二人作舞，哭笑而出。有护伽蓝神庙，每日僧厨下食，为乌所有①。拾得以杖抶之曰："汝食不能护，安能护伽蓝乎？"此夕，神附梦于合寺僧曰："拾得打我。"诘旦，诸僧说梦符同，一寺纷然。牒申州县，郡符至云："贤士隐遁，菩萨应身，宜用旌之，号拾得为贤士。"隐石而逝，见"寒山章"。时道翘纂录寒山文句，以拾得偈附之。今略录数篇，见别卷。

明州奉化县布袋和尚者，未详氏族，自称名"契此"。形裁腲鸟罪切。脮，奴罪切，蹙额皤腹，出语无定，寝卧随处。常以杖荷一布囊，凡供身之具，尽贮囊中。入廛肆聚落，见物则乞。或酰醢鱼菹，才接入口，分少许投囊中，时号"长汀子布袋师"也。尝雪中卧，雪不沾身，人以此奇之。或就人乞，其货则售，示人吉凶，必应期无忒。天将雨，即著湿草屦，途中骤行；遇亢阳，即曳高齿木屐②，市桥上竖膝而眠，居民以此验知。

有一僧在师前行，师乃拊僧背一下，僧回头，师曰："乞我一文钱。"曰："道得即与汝一文。"师放下布囊，叉手而立。白鹿和尚问："如何是布袋？"师便放下布袋。又问："如何是布袋下事？"师负之而去。先保福和尚问："如何是佛法大意？"师放下布袋叉手。保福曰："为只如此，为更有向上事？"师负之而

---

① "有"，东寺本、碛砂本、南藏本、径山本作"食"。
② "屐"，大正本作"履"。

去。师在街衢立,有僧问:"和尚在遮里作什么?"师曰:"等个人。"曰:"来也,来也。"归宗柔和尚别云:"归去来。"师曰:"汝不是遮个人。"曰:"如何是遮个人?"师曰:"乞我一文钱。"

师有歌曰:"只个心心心是佛,十方世界最灵物。纵横妙用可怜生,一切不如心真实。腾腾自在无所为,闲闲究竟出家儿。若睹目前真大道,不见纤毫也大奇。万法何殊心何异,何劳更用寻经义?心王本自绝多知①,智者只明无学地。非凡非圣复若乎②,不强分别圣情孤。无价心珠本圆净,凡是异相妄空呼。人能弘道道分明,无量清高称道情。携锡若登故国路,莫愁诸处不闻声。"又有偈曰:"一钵千家饭,孤身万里游。青目睹人少,问路白云头。"梁贞明三年丙子三月③,师将示灭,于岳林寺东廊下,端坐磐石而说偈曰:"弥勒真弥勒,分身千百亿。时时示时人,时人自不识。"偈毕,安然而化。其后,他州有人见师亦负布袋而行,于是四众竞图其像。今岳林寺大殿东堂全身见存。

诸方杂举征拈代别语

障蔽魔王领诸眷属,一千年随金刚齐菩萨觅起处不得。忽因一日得见,乃问云:"汝当于何住?我一千年领诸眷属觅汝起处不得。"金刚齐云:"我不依有住而住,不依无住而住,如是而住。"法眼举云:"障蔽魔王不见金刚齐即且从,只如金刚齐还见障蔽魔王么?"

---

① "知",碛砂本、南藏本、径山本作"和"。
② "非凡非圣",大正本作"非圣非凡"。
③ "三",大正本作"二"。

外道问佛云："不问有言，不问无言。"世尊良久，外道礼拜云："善哉世尊！大慈大悲，开我迷云，令我得入。"外道去已，阿难问佛云："外道以何所证，而言得入？"佛云："如世间良马，见鞭影而行。"玄觉征云："什么处是世尊举鞭处？"云居锡云："要会么？如今归堂去，复是阿谁？"东禅齐拈云："什么处是外道悟处？众中道：世尊良久时，便是举鞭处。恁么会，还得已否？"

紧那罗王奏无生乐供养世尊①，王敕有情、无情俱随王去。若有一物不随王，即去佛处不得。又无厌足王入大寂定，王敕有情、无情皆顺于王。如有一物不顺王，即入大寂定不得。云居锡云："有情去也且从，只如山河大地是无情之物，作么生说亦随王去底道理？"

罽宾国王秉剑诣师子尊者前，问曰："师得蕴空否？"师曰："已得蕴空。"曰："既得蕴空，离生死否？"师曰："已离生死。"曰："既离生死，就师乞头还得否？"师曰："身非我有，岂况于头？"王便斩之，出白乳，王臂自堕。玄觉征云："且道斩著斩不著？"玄沙云："大小师子尊者，不能与头作主？"玄觉又云："玄沙怎么道，要人作主，不要人作主？若也要人作主，蕴即不空；若不要人作主，玄沙怎么道，意在什么处？试断看。"

泗州塔头侍者及时锁门，有人问："既是三界大师，为什么被弟子锁？"侍者无对。法眼代云："弟子锁，大师锁？"法灯代云："还我锁匙来。"又老宿代云："吉州锁，虔州锁？"

----

① "生"，碛砂本、南藏本作"上"。

或问僧："承闻大德讲得《肇论》是否？"曰："不敢。"曰："肇有物不迁义，是否？"曰："是。"或人遂以茶盏就地扑破，曰："遮个是迁不迁？"无对。法眼代拊掌三下。

乐普侍者谓和尚曰："肇法师制得四论，甚奇怪！"乐普曰："肇公甚奇怪，要且不见祖师。"侍者无对。法灯代云："和尚什么处见？"云居锡云："什么处是肇公不见祖师处？莫是有许多言语么？"又云："肇公有多少言语？"

有两僧各住庵，寻常来往。偶旬日不会，一日上山相见，上庵主问曰："多时不见，在什么处？"下庵主曰："只在庵里造个无缝塔子。"上庵主曰："某甲也欲造个无缝塔，就庵主借取样子。"曰："何不早道？恰被人借去也。"法眼举云："且道借伊样子，不借伊样子？"

有婆子令人送钱，去请老宿开藏经。老宿受施利，便下禅床转一匝，乃云："传语婆子，转藏经了也。"其人回，举似婆子。婆云："比来请开全藏，只为开半藏？"① 玄觉征云："什么处是欠半藏处②？且道那个婆子具什么眼，便怎么道？"

志公令人传语思大禅师③："何不下山教化众生，目视云汉作

---

① "只为"，大正本作"为甚"。
② "欠"，大正本作"缺"。
③ "志公"，大正本作"有老宿"。

么？"思大曰："三世诸佛，被我一口吞尽，更有甚众生可教化？"玄觉征云："且道是山头语，山下语？"

龙济修山主问翠岩曰："四乾闼婆王奏乐供养世尊，直得须弥振动，大海腾波，迦叶起舞，菩萨得忍不动，声闻颇我。只如迦叶作舞，意旨如何？"对曰："迦叶过去生中曾作乐人来，习气未断。"山主曰："须弥大海，莫是习气未断否？"翠岩无对。法眼代云："正是习气。"

有僧亲附老宿，一夏不蒙言诲。僧叹曰："只恁么空过一夏，不闻佛法，得闻'正因'两字亦得也。"老宿闻之，乃曰："阇梨莫誓音西速，若论正因，一字也无。"恁么道了，叩齿三下曰："适来无端恁么道。"邻房僧闻曰："好一镬羹，被两颗鼠粪污却。"玄觉征云："且道赞叹语，不肯语？若是赞叹，为什么道鼠粪污却？若不肯他，有什么过，验得么？"

僧肇法师遭秦主难，临就刑，说偈曰："四大元无主，五阴本来空。将头临白刃，犹似斩春风。"玄沙云："大小肇法师，临死犹寱语。"

僧问老宿云："师子捉兔亦全其力，捉象亦全其力。未审全个什么力？"老宿云："不欺之力。"法眼别云："不会古人语。"

李翱尚书见老宿独坐，问曰："端居丈室，当何所务？"老宿曰：“法身凝寂，无去无来。”法眼别云：“汝作什么来？”法灯别云：“非公境界。”

有道流在佛殿前背坐，僧曰：“道士莫背佛。”道流曰：“大德，本教中道：佛身充满于法界。向什么处坐得？”僧无对。法眼代云：“识得汝。”

禅月诗云：“禅客相逢只弹指，此心能有几人知？”大随和尚举问禅月：“如何是此心？”无对。归宗柔代云：“能有几人知？”

台州六通院僧欲渡船，有人问：“既是六通，为什么假船？”无对。天台韶国师代云：“不欲惊众。”

圣僧像被屋漏滴，有人问：“既是圣僧，为什么有漏？”天台国师代云：“无漏不是圣僧。”

死鱼浮于水上，有人问僧：“鱼岂不是以水为命？”僧曰：“是。”曰：“为什么却向水中死？”无对。杭州天龙机和尚代云：“是伊为什么不去岸上死？”

僧问云台钦和尚：“如何是真言？”钦曰：“南无佛陀邪。”大章如庵主别云：“作么，作么？”

江南国主问老宿：“予有一头水牯牛，万里无寸草，未审向什么处放？”归宗柔代云：“好放处。”

南泉和尚迁化，陆亘大夫来慰。院主问："大夫何不哭先师？"大夫曰："院主道得亘即哭。"无对。归宗柔代云："哭，哭。"

江南相冯延巳与数僧游钟山，至一人泉，问："一人泉，许多人争得足？"一僧对曰："不教欠少。"延巳不肯，乃别云："谁人欠少？"法眼别云："谁是不足者？"

有施主妇人入院，行众僧随年钱。僧曰："圣僧前著一分。"妇人曰："圣僧年多少？"僧无对。法眼代云："心期满处即知。"

法灯问新到僧："近离什么处？"曰："庐山。"师拈起香合曰："庐山还有遮个也无？"僧无对。师自代云："寻香来礼拜和尚。"

僧问仰山："弯弓满月，啮镞意如何？"仰山曰："啮镞。"僧拟开口，仰山曰："开口驴年也不会。"僧无对。南泉代侧身而立。

有一行者随法师入佛殿，行者向佛而唾。法师曰："行者少去就，何以唾佛？"行者曰："将无佛处来，与某甲唾。"无对。沩山云："仁者却不仁者，不仁者却仁者。"仰山代法师云："但唾行者。"又云："行者若有语，即向伊道：还我无行者处来？"

偃台感山主到圆通院相看，第一坐问曰："圆通无路，山主争得到来？"归宗柔代云："不期又得相见。"

有僧入冥，见地藏菩萨。地藏问："是你平生修何业？"僧曰："念《法华经》。"曰："止止不须说，我法妙难思。为是说，是不说？"无对。归宗柔代云："此回归去，敢请流通。"

归宗柔和尚问僧："看什么经？"曰："《宝积经》。"柔曰："既是沙门，为什么看《宝积》？"无对。柔自代云："古今用无极。"

刘禹端公因雨，问先云居和尚："雨从何来？"曰："从端公问处来。"端公欢喜赞叹。云居却问："端公从何来？"① 无语。有老宿代云："适来道什么？"归宗柔别云："谢和尚再三。"

昔有三僧云游，拟谒径山和尚。遇一婆子，时方收稻次。一僧问曰："径山路何处去？"婆曰："蓦直去。"僧曰："前头水深，过得否？"曰："不湿脚。"僧又问："上岸稻得怎么好，下岸稻得怎么怯？"曰："下岸稻总被螃蟹吃却也。"僧："太香生。"曰："勿气息。"僧又问婆："住在什么处？"曰："只在遮里。"三僧乃入店内，婆煎茶一瓶，将盏子三个安盘上，谓曰："和尚有神通者即吃茶。"三人无对，又不敢倾茶。婆曰："看老朽自逞神通也。"② 于是便拈盏子倾茶行。

---

① "公"下，丛刊本、东寺本、碛砂本、南藏本、径山本有"问"。
② "朽"，东寺本、碛砂本、南藏本、径山本作"婆"。

法眼和尚谓小儿曰:"因子识得你邪①,你邪名什么?"无对。法灯代云:"但将衣袖掩面②。"法眼却问一僧:"若是孝顺之子,合下得一转语,且道合下得什么语?"无对。法眼自代云:"他是孝顺之子。"

僧问讲《弥陀经》坐主:"水鸟树林,皆悉念佛、念法、念僧,作么生讲?"坐主曰:"基法师道:真友不待请,如母赴婴儿。"僧曰:"如何是真友不待请?"法眼代云:"此是基法师语。"③

泉州王延彬入招庆院,见方丈门闭,问演侍者:"有人敢道大师在否?"演曰:"有人敢道大师不在否?"法眼别云:"太傅识大师。"

僧举:"佛说法,有一女人忽来问讯,便于佛前入定。时文殊近前弹指,出此女人定不得。又托升梵天,亦出不得。佛曰:'假使百千文殊,亦出此女人定不得。下方有网明菩萨,能出此定。'须臾网明便至,问讯佛了,去女人前弹指一声,女人便从定而起。"五云和尚云:"不唯文殊不能出此定,但恐如来也出此定不得。只如教意,怎生体解?"

志公云:"每日拈香择火,不知身是道场。"玄沙云:"每日拈香择火,不知真个道场。"玄觉征云:"只如此二尊者语④,还有亲疏

---

① "你",东寺本、碛砂本、南藏本、径山本无。
② "袖",原作"神",他本皆作"袖",据改。
③ "此",丛刊本作"请"。
④ "者",碛砂本、南藏本、径山本作"师"。

也无?"

云岩院主游石室回,云岩问:"汝去入到石室里许看,为只恁么便回来?"院主无对。洞山代云:"彼中已有人占了也。"云岩曰:"汝更去作什么?"洞山曰:"不可人情断绝去也。"

盐官会下有一主事僧将死,鬼使来取。僧告曰:"某甲身为主事,未暇修行,乞容七日得否?"使曰:"待为白王。若许,即七日后来;不然,须臾便至。"言讫去。至七日后方来,觅其僧不见。后有人举问一僧:"若来时,如何抵拟他?"洞山代云:"被他觅得也。"

洞山会下有老宿去云岩回,洞山问:"汝去云岩作什么?"答云:"不会。"洞山自代云:"堆堆地。"

临济见僧来,举起拂子,僧礼拜,师便打。别僧来,师举拂子,僧并不顾,师亦打。又一僧来参,师举拂子,僧曰:"谢和尚见示。"师亦打。云门代云:"只疑老汉。"① 大觉云:"得即得,犹未见临济机在。"

闽王送玄沙和尚上船,玄沙扣船召曰:"大王,争能出得遮里去?"王曰:"在里许得多少时也?"归宗柔别云:"不因和尚,不得到遮里。"

---

① "只疑",东寺本、碛砂本、南藏本、径山本作"疑著这"。

僧问老宿："如何是密室中人？"老宿曰："有客不答话。"玄沙云："何曾密？"归宗柔别老宿云："你因什么得见？"

法眼和尚问讲《百法论》僧："百法是体用双陈，明门是能所兼举。坐主是能，法坐是所，作么生说兼举？"有老宿代云："某甲唤作个法坐。"归宗柔别云："不劳和尚如此。"

僧举教云："文殊忽起佛见、法见，被佛威神摄向二铁围山。"五云曰："什么处是二铁围山？还会么？如今若有人起佛、法之见，吾与烹茶两瓯。且道赏伊罚伊？同教意，不同教意？"

洪州大宁院上状，请第二坐开堂。人问："何不请第一坐？"法眼代云："不劳如此。"

洞山行脚时，会一官人曰："三祖《信心铭》，弟子拟注。"洞山曰："'才有是非，纷然失心'，作么生注？"法眼代云："恁么即弟子不注也。"

法眼和尚因患脚，僧问讯次，师曰："非人来时不能动，及至人来动不得。且道佛法中下得什么语？"僧曰："和尚且喜得较。"师不肯。自别云："和尚今日似减。"

九峰和尚入江西城，人问："入廛教化，以何为眼？"九峰曰："日月不曾乱。"法眼别云："待有眼。"①

僧问龙牙："终日驱驱②，如何顿息？"龙牙曰："如孝子丧却父母始得。"东禅齐云："众中道：如丧父母，何有闲暇？恁么会，还息得人疑情么？除此外，且作么生会龙牙意？"

僧问龙牙："十二时中，如何著力？"龙牙曰："如无手人欲行拳始得。"东禅齐云："好言语，且作么生会？"尝问一僧："他道无手底人，何更行得拳也？及问伊佛法，伊便休去。将知路布说得无用处，不如子细体取古人意好。"

鼓山曰："欲知此事，如一口剑。"僧问："学人是死尸，如何是剑？"鼓山曰："拽出遮死尸著。"僧应诺，便归僧堂，结束而去。鼓山晚间闻去，乃曰："好与拄杖。"东禅齐云："遮僧若不肯鼓山，有什么过？若肯，何得便发去？又鼓山拄杖赏伊罚伊？具眼底上坐，试商量看。"

有庵主见僧来，竖火筒曰："会么？"曰："不会。"庵主曰："三十年用不尽底。"僧却问："三十年前用个什么？"归宗柔代云："也要知？"

招庆和尚拈钵囊问僧："你道直几钱？"归宗柔代云："留与人增价。"

---

① "待有眼"，丛刊本作"侍者眼"。
② "驱驱"，大正本作"区区"。

云门和尚以手入木师子口曰："咬杀我也，相救！"归宗柔代云："和尚出手太杀。"

有坐主念弥陀名号次，小师唤和尚，及回顾，小师不对。如是数四，和尚叱曰："三度四度唤，有什么事？"小师曰："和尚几年唤他即得，某甲才唤便发业。"法灯代云："咄，叱。"

鹞子趁鸽子，飞向佛殿栏干上颤。有人问僧："一切众生在佛影中，常安常乐。鸽子见佛为什么却颤？"[①] 法灯代云："怕佛。"

悟空禅师问忠坐主："讲什么经？"曰："《法华经》。"悟空曰："若有说《法华经》处，我现宝塔当为证明。大德讲，什么人证明？"法灯代云："谢和尚证明。"

僧问老宿："魂兮归去来，食我家园葚。如何是家园葚？"玄觉代云："是你食不得。"[②] 法灯别云："污却你口。"

官人问僧："名什么？"曰："无拣。"官人曰："忽然将一碗沙与上坐，又作么生？"曰："谢官人供养。"法眼别云："此犹是拣底。"

广南有僧住庵，国主出猎。人报庵主："大王来，请起。"

---

① "却"，大正本无。
② "你"，碛砂本、大正本作"亦"。

曰："非但大王来，佛来亦不起。"王问："佛岂不是汝师？"曰："是。"王曰："见师为什么不起？"法眼代云："未足酬恩。"

僧辞赵州和尚，赵州谓曰："有佛处不得住，无佛处急走过，三千里外，逢人莫举。"法眼代云："恁么即不去也。"

泗州塔前，一僧礼拜。有人问："上坐日日礼拜，还见大圣么？"法眼代云："汝道礼拜是什么义？"

僧问圆通和尚："一尘才起，大地全收。还见禅床么？"圆通曰："唤什么作尘？"又问法灯，曰："唤什么作禅床？"东禅齐云："此二尊宿语，明伊问处，不明伊问处？若明伊问处，还得尽善也未？试断看。忽然向伊道：你指示我，更要答话①。又作么生会？莫道又答一转子。"

玄觉和尚闻鸠子叫，问僧："什么声？"僧曰："鸠子。"师曰："欲得不招无间业，莫谤如来正法轮。"东禅齐云："上坐，道是鸠子声，便成谤法②，什么处是谤处？若道不是还得么？上坐且道玄觉意作么生？"

保福僧到地藏，地藏和尚问："彼中佛法如何？"曰："保福有时示众道：塞却你眼，教你觑不见；塞却你耳，教你听不闻；坐却你意，教你分别不得。"地藏曰："吾问你：不塞你眼，见个什么？不塞你耳，闻个什么？不坐你意，作么生分别？"东禅齐云：

---

① "话"，丛刊本、大正本作"语"。
② "法"，丛刊本、东寺本作"去"。

"那僧闻了，忽然惺去，更不他游。上坐如今还得么？若不会，每日见个什么？"

福州洪塘桥上，有僧列坐，官人问："此中还有佛么？"法眼代云："汝是什么人？"

人问僧："无为无事人，为什么却有金锁难？"五云代云："只为无为无事。"

老宿问僧："什么处来？"曰："牛头山礼拜祖师来。"老宿曰："还见祖师么？"归宗柔代云："大似不相信。"

有僧与童子上经了，令持经著函内。童子曰："某甲念底，著向那里？"法灯代云："汝念什么经？"

一僧注《道德经》，人问曰："久向大德注《道德经》。"僧曰："不敢。"曰："何如明皇？"法灯代云："是弟子。"

云门和尚问僧："什么处来？"曰："江西来。"云门曰："江西一队老宿寱语住也未？"僧无对。五云代云："兴犹未已。"后有僧问法眼和尚："不知云门意作么生？"法眼曰："大小云门，被遮僧勘破。"五云曰："什么处是勘破云门处？要会么？法眼亦被后僧勘破也。"

因开井，被沙塞却泉眼，法眼问僧："泉眼不通被沙塞，道眼不通，被什么物碍？"僧无对。师自代云："被眼碍。"

景德传灯录卷第二十八

诸方广语①

　　南阳慧忠国师语
　　洛京荷泽神会大师语
　　江西大寂道一禅师语
　　澧州药山惟俨和尚语
　　越州大珠慧海和尚语②
　　汾州大达无业国师语
　　池州南泉普愿和尚语
　　赵州从谂和尚语
　　镇州临济义玄和尚语
　　玄沙宗一师备大师语
　　漳州罗汉桂琛和尚语
　　大法眼文益禅师语

---

① 卷首至"洛京荷泽神会大师"金藏本脱漏，以东寺本补。大正本有"一十二人见录"。
② "珠"，原作"殊"，据碛砂本、径山本、大正本改。

南阳慧忠国师，问禅客："从何方来？"对曰："南方来。"师曰："南方有何知识？"曰："知识颇多。"师曰："如何示人？"曰："彼方知识直下示学人：即心是佛。佛是觉义。汝今悉具见闻觉知之性，此性善能扬眉瞬目，去来运用，遍于身中。挃头头知，挃脚脚知，故名正遍知。离此之外，更无别佛。此身即有生灭，心性无始以来未曾生灭。身生灭者，如龙换骨，如蛇脱皮①，人出故宅。即身是无常，其性常也。南方所说大约如此。"师曰："若然者，与彼先尼外道无有差别。彼云：我此身中，有一神性，此性能知痛痒。身坏之时，神则出去，如舍被烧，舍主出去。舍即无常，舍主常矣。审如此者，邪正莫辨，孰为是乎？吾比游方，多见此色，近尤盛矣。聚却三五百众，目视云汉，云是南方宗旨。把他《坛经》改换，添糅鄙谭，削除圣意，惑乱后徒，岂成言教？苦哉！吾宗丧矣。若以见闻觉知是佛性者，净名不应云'法离见闻觉知'，若行见闻觉知是，则见闻觉知非求法也。"

僧又问："《法华》了义，开佛知见，此复若为？"师曰："他云开佛知见，尚不言菩萨二乘，岂以众生痴倒，便同佛之知见耶？"僧又问："阿那个是佛心？"师曰："墙壁瓦砾是。"僧曰："与经大相违也。《涅槃》云：离墙壁无情之物，故名佛性。今云是佛心，未审心之与性，为别不别？"师曰："迷即别，悟即不别。"曰："经云：佛性是常，心是无常。今云不别何也？"师曰："汝但依语而不依义。譬如寒月，水结为冰，及至暖时，冰释为水。众生迷时，结性成心；众生悟时，释心成性。若执无情

---

① "如"，丛刊本、大正本无。

无佛性者，经不应言'三界唯心'。宛是汝自违经，吾不违也。"

问："无情既有心性，还解说法否？"师曰："他炽然常说，无有间歇。"曰："某甲为什么不闻？"师曰："汝自不闻。"曰："谁人得闻？"师曰："诸佛得闻。"曰："众生应无分邪？"师曰："我为众生说，不为圣人说。"曰："某甲聋瞽，不闻无情说法，师应合闻。"师曰："我亦不闻。"曰："师既不闻，争知无情解说？"师曰："我若得闻，即齐诸佛，汝即不闻，我所说法。"曰："众生毕竟得闻否？"师曰："众生若闻，即非众生。"曰："无情说法，有何典据？"师曰："不见《华严》云：刹说，众生说，三世一切说。众生是有情乎？"曰："师但说无情有佛性，有情复若为？"师曰："无情尚尔，况有情耶？"曰："若然者，前举南方知识云'见闻是佛性'，应不合判同外道。"师曰："不道他无佛性，外道岂无佛性耶？但缘见错，于一法中而生二见，故非也。"曰："若俱有佛性，且杀有情即结业，互酬损害。无情不闻有报。"师曰："有情是正报，计我、我所而怀结恨，即有罪报。无情是其依报，无结恨心，是以不言有报。"曰："教中但见有情作佛，不见无情受记。且贤劫千佛，孰是无情佛耶？"师曰："如皇太子未受位时，唯一身尔，受位之后，国土尽属于王。宁有国土，别受位乎？今但有情受记作佛之时，十方国土悉是遮那佛身，那得更有无情受记耶？"曰："一切众生，尽居佛身之上，便利秽污佛身，穿凿践踏佛身，岂无罪耶？"师曰："众生全体是佛，欲谁为罪？"曰："经云：佛身无挂碍。今以有为质碍之物而作佛身，岂不乖于圣旨？"师曰："《大品经》云：不可离有为而说无为。汝信色是空否？"曰："佛之诚言，那敢不信？"师曰："色既是空，宁有挂碍？"曰："众生佛性既同，只用一佛修行，一切众生应时解脱。今既不尔，同义安在？"师曰："汝不见《华严》六相义云：同中有异，异中有同，成、坏、总、别，类例皆然。众生、佛虽同一性，不妨各各自修自得，未见他食我饱。"

曰："有知识示学人：但自识性了，无常时抛却壳漏子一边著，灵台智性迥然而去，名为解脱。此复若为？"师曰："前已说了，犹是二乘外道之量。二乘厌离生死，欣乐涅槃。外道亦云：吾有大患，为吾有身。乃趣乎冥谛。须陀洹人八万劫，余三果人六、四、二万，辟支佛一万劫，住于定中。外道亦八万劫，住非非想中。二乘劫满，犹能回心向大，外道还却轮回。"曰："佛性一种，为别？"师曰："不得一种。"曰："何也？"师曰："或有全不生灭，或半生半灭，半不生灭。"曰："孰为此解？"师曰："我此间佛性全不生灭，汝南方佛性半生半灭，半不生灭。"曰："如何区别？"师曰："此则身心一如，心外无余，所以全不生灭。汝南方身是无常，神性是常，所以半生半灭，半不生灭。"曰："和尚色身，岂得便同法身不生灭耶？"师曰："汝那得入于邪道？"曰："学人早晚入邪道？"师曰："汝不见《金刚经》色见声求，皆行邪道。今汝所见，不其然乎？"曰："某甲曾读大小乘教，亦见有说'不生不灭，中道正性'之处；亦见有说'此阴灭，彼阴生，身有代谢，而神性不灭'之文。那得尽拨同外道断、常二见？"师曰："汝学出世无上正真之道，为学世间生死、断常二见耶？汝不见肇公云：谭真则逆俗，顺俗则违真。违真故迷性而莫返，逆俗故言淡而无味。中流之人，如存若亡，下士抚掌而不顾。汝今欲学下士笑于大道乎？"

曰:"师亦言'即心是佛',南方知识亦尔,那有异同?师不应自是而非他。"师曰:"或名异体同,或名同体异,因兹滥矣。只如菩提、涅槃、真如、佛性,名异体同;真心、妄心、佛智、世智,名同体异。缘南方错将妄心言是真心,认贼为子。有取世智称为佛智,犹如鱼目而乱明珠。不可雷同,事须甄别。"曰:"若为离得此过?"师曰:"汝但子细反观阴、入、界处,一一推穷,有纤毫可得否?"曰:"子细观之,不见一物可得。"师曰:"汝坏身心相耶?"曰:"身心性离,有何可坏?"师曰:"身心外更有物不?"曰:"身心无外,宁有物耶?"师曰:"汝坏世间相耶?"曰:"世间相即无相,那用更坏?"师曰:"若然者,即离过矣。"① 禅客唯然受教。

常州僧灵觉问曰:"发心出家,本拟求佛,未审如何用心即得?"师曰:"无心可用,即得成佛。"曰:"无心可用,阿谁成佛?"师曰:"无心自成,佛亦无心。"曰:"佛有大不可思议,为能度众生。若也无心,阿谁度众生?"师曰:"无心是真度生。若见有生可度者,即是有心,宛然生灭。"曰:"今既无心,能仁出世,说许多教迹,岂可虚言?"师曰:"佛说教亦无心。"曰:"说法无心,应是无说。"师曰:"说即无,无即说。"曰:"说法无心,造业有心否?"师曰:"无心即无业,今既有业,心即生灭,何得无心?"曰:"无心即成佛,和尚即今成佛未?"师曰:"心尚自无,谁言成佛?若有佛可成,还是有心。有心即有漏,何处得无心?"曰:"既无佛可成,和尚还得佛用否?"师曰:"心尚自

---

① "即离",原作"离即",据丛刊本、大正本改。

无,用从何有?"曰:"茫然都无,莫落断见否?"师曰:"本来无见,阿谁道断?"曰:"本来无,莫落空否?"师曰:"空既是无,堕从何立?"曰:"能所俱无,忽有人持刀来取命,为是有是无?"师曰:"是无。"曰:"痛否?"师曰:"痛亦无。"曰:"痛既无,死后生何道?"师曰:"无死无生亦无道。"曰:"既得无物自在,饥寒所逼,若为用心?"师曰:"饥即吃饭,寒即著衣。"曰:"知饥知寒,应是有心?"师曰:"我问汝:有心,心作何体段?"曰:"心无体段。"师曰:"汝既知无体段,则是本来无心①,何得言有?"曰:"山中逢见虎狼,如何用心?"师曰:"见如不见,来如不来。彼即无心,恶兽不能加害。"曰:"寂然无事,独脱无心,名为何物?"师曰:"名金刚大士。"曰:"金刚大士,有何体段?"师曰:"本无形段。"曰:"既无形段,唤何物作金刚大士?"师曰:"唤作无形段金刚大士。"曰:"金刚大士有何功德?"师曰:"一念与金刚相应,能灭殑伽沙劫生死重罪,得见殑伽沙诸佛。其金刚大士功德无量,非口所说,非意所陈。假使殑伽沙劫住世说,亦不可得尽。"曰:"如何是一念相应?"师曰:"忆智俱忘,即是相应。"曰:"忆智俱忘,谁见诸佛?"师曰:"忘即无,无即佛。"曰:"无即言无,何得唤作佛?"师曰:"无亦空,佛亦空,故曰:无即佛,佛即无。"曰:"既无纤毫可得,名为何物?"师曰:"本无名字。"曰:"还有相似者否?"师曰:"无相似者,世号无比独尊。汝努力依此修行,无人能破坏者,更不须问,任意游行,独脱无畏。常有河沙贤圣之所覆护,所在

---

① "则",丛刊本作"即"。

之处,常得河沙天龙八部之所恭敬,河沙善神来护,永无障难,何处不得逍遥?"又问:"迦叶在佛边听,为闻,不闻?"师曰:"不闻闻。"曰:"云何不闻闻?"师曰:"闻不闻。"曰:"如来有说不闻闻,无说不闻闻?"师曰:"如来无说。"① 曰:"云何无说说?"师曰:"言满天下无口过。"②

洛京荷泽神会大师,示众曰:"夫学道者须达自源③。四果三贤,皆名调伏;辟支、罗汉,未断其疑;等、妙二觉,了达分明。觉有浅深,教有顿渐。其渐也,历僧祇劫犹处轮回;其顿也,屈伸臂顷便登妙觉。若宿无道种,徒学多知,一切在心,邪正由己。不思一物,即是自心,非智所知,更无别行,悟入此者,真三摩提。法无去来,前后际断,故知无念为最上乘。旷彻清虚④,顿开宝藏,心非生灭,性绝推迁。自净则境虑不生,无作乃攀缘自息。吾于昔日转不退轮,今得定慧双修,如拳如手。见无念体,不逐物生,了如来常,更何所起?今此幻质,元是真常,自性如空,本来无相。既达此理,谁怖谁忧?天地不能变其体,心归法界,万象一如,远离思量,智同法性。千经万论,只是明心。既不立心,即体真理都无所得。告诸学众,无外驰求,若最上乘,应当无作。珍重。"

人问:"无念法有无否?"师曰:"不言有无。"曰:"恁么时作么生?"师曰:"亦无恁么时。犹如明镜,若不对像,终不见

---

① "说",径山本作"说说"。
② "口",原作"曰",据丛刊本、大正本改。
③ "道",丛刊本、大正本无。
④ "旷",东寺本作"廓"。

像。若见无物，乃是真见。"师于大藏经内，有六处有疑，问于六祖。第一问戒定慧，曰："戒定慧如何所用？戒何物？定从何处修？慧因何处起？所见不通流。"六祖答曰："定则定其心①，将戒戒其行。性中常慧照，自见自知深。"第二问："本无今有有何物？本有今无无何物？诵经不见有无义，真似骑驴更觅驴。"答曰："前念恶业本无，后念善生今有。念念常行善行，后代人天不久。汝今正听吾言，吾即本无今有。"第三问："将生灭却灭，将灭灭却生。不了生灭义，所见似聋盲。"答曰："将生灭却灭，令人不执性。将灭灭却生，令人心离境。未却离二边②，自除生灭病。"第四问："先顿而后渐，先渐而后顿。不悟顿渐人，心里常迷闷。"答曰："听法顿中渐，悟法渐中顿。修行顿中渐，证果渐中顿。顿渐是常因，悟中不迷闷。"第五问："先定后慧，先慧后定。定慧初后③，何生为正？"答④："常生清净心，定中而有慧。于境上无心，慧中而有定。定慧等无先，双修自心正。"第六问："先佛而后法，先法而后佛。佛法本根源，起从何处出？"答曰："说即先佛而后法，听即先法而后佛。若论佛法本根源，一切众生心里出。"

江西大寂道一禅师，示众云："道不用修，但莫污染。何为污染？但有生死心，造作趣向，皆是污染。若欲直会其道，平常心是道。谓平常心无造作，无是非，无取舍，无断常，无凡无

---

① "则"，东寺本作 "即"。
② "却"，南藏本、径山本、大正本作 "若"。
③ "初后"，丛刊本、大正本作 "后初"。
④ "答"，东寺本、碛砂本作 "答曰"。

圣。经云：非凡夫行，非贤圣行，是菩萨行。只如今行住坐卧，应机接物，尽是道。道即是法界，乃至河沙妙用，不出法界。若不然者，云何言'心地法门'？云何言'无尽灯'？一切法皆是心法，一切名皆是心名。万法皆从心生，心为万法之根本。经云：识心达本①，故号沙门②。名等，义等，一切诸法皆等，纯一无杂。若于教门中，得随时自在。建立法界，尽是法界；若立真如，尽是真如；若立理，一切法尽是理；若立事，一切法尽是事。举一千从，理事无别，尽是妙用，更无别理，皆由心之回转。譬如月影有若干，真月无若干；诸源水有若干，水性无若干；森罗万象有若干，虚空无若干；说道理有若干，无碍慧无若干。种种成立，皆由一心也。建立亦得，扫荡亦得，尽是妙用，妙用尽是自家。非离真而有立处，即真立处③，尽是自家体。若不然者，更是何人？

一切法皆是佛法，诸法即解脱，解脱者即真如，诸法不出于如④。行住坐卧，悉是不思议用，不待时节。经云：在在处处，则为有佛。佛是能仁，有智慧，善机情，能破一切众生疑网，出离有无等缚。凡圣情尽，人法俱空，转无等轮超于数量，所作无碍，事理双通。如天起云，忽有还无，不留碍迹；犹如画水成文，不生不灭，是大寂灭。在缠名如来藏，出缠名大法身。法身无穷，体无增减，能大能小，能方能圆。应物现形，如水中月。滔滔运用，不立根栽。不尽有为，不住无为。有为是无为家用，

---

① "本"，东寺本、碛砂本、南藏本、径山本作"本源"。
② "号"，东寺本、碛砂本、南藏本、径山本作"号为"。
③ "即真立处"，大正本作"立处即真"。
④ "于如"，南藏本、大正本作"于真如"，径山本作"真如"。

无为是有为家依。不住于依，故云'如空无所依'。心生灭义，心真如义。心真如者，譬如明镜照像，镜喻于心，像喻诸法①。若心取法即涉外因缘，即是生灭义；不取诸法，即是真如义。声闻闻见佛性，菩萨眼见佛性。了达无二，名平等性。性无有异，用则不同：在迷为识，在悟为智；顺理为悟，顺事为迷。迷即迷自家本心，悟即悟自家本性。一悟永悟，不复更迷。如日出时，不合于冥，智慧日出，不与烦恼暗俱。了心及境界，妄想即不生，妄想既不生，即是无生法忍。本有今有，不假修道坐禅，不修不坐，即是如来清净禅。如今若见此理真正，不造诸业，随分过生。一衣一衲，坐起相随，戒行增熏，积于净业。但能如是，何虑不通。久立，诸人，珍重。"

澧州药山惟俨和尚，上堂曰："祖师只教保护，若贪嗔起来，切须防御，莫教撑直庚切。触②。是你欲知，枯木、石头却须担荷，实无枝叶可得。虽然如此，更宜自看，不得绝却言语。我今为汝说遮个语显无语底，他那个本来无耳目等貌。"时有僧问云："何有六趣？"师曰："我此要轮，虽在其中，元来不染。"问："不了身中烦恼时如何？"师曰："烦恼作何相状？我且要你考看。更有一般底，只向纸背上记持言语，多被经论惑，我不曾看经论策子。汝只为迷事走失，自家不定，所以便有生死心。未学得一言半句，一经一论，便说恁么菩提涅槃，世摄不摄。若如是解，即是生死；若不被此得失系缚，便无生死。汝见律师说什么尼萨

---

① "诸法"，东寺本作"于法"。
② "撑"，东寺本、碛砂本、南藏本、径山本作"振"。"切"，东寺本作"反"。

耆、突吉罗，最是生死本。虽然恁么，穷生死且不可得。上至诸佛，下至蝼蚁，尽有此长短好恶，大小不同。若也不从外来，何处有闲汉堀地狱待你①？你欲识地狱道，只今镬汤煎煮者是；欲识饿鬼道，即今多虚少实，不令人信者是；欲识畜生道，见今不识仁义，不辨亲疏者是。岂须披毛戴角，斩割倒悬？欲识人天，即今清净威仪②，持瓶挈钵者是。保任免堕诸趣，第一不得弃遮个，遮个不是易得。须向高高山顶立，深深海底行，此处行不易，方有少相应。如今出头来，尽是多事人，觅个痴钝人不可得。莫只记策子中言语，以为自己见知。见他不解者，便生轻慢，此辈尽是阐提外道，此心直不中，切须审悉。恁么道犹是三界边事，莫在衲衣下空过，到遮里更微细在。莫将等闲③，须知，珍重。"

越州大珠慧海和尚④，上堂曰："诸人幸自好个无事人，苦死造作，要担枷落狱作么？每日至夜奔波，道'我参禅学道，解会佛法'，如此转无交涉也。只是逐声色走，有何歇时？贫道闻江西和尚道：'汝自家宝藏，一切具足，使用自在，不假外求。'我从此一时休去，自己财宝，随身受用，可谓快活。无一法可取，无一法可舍，不见一法生灭相，不见一法去来相。遍十方界，无一微尘许不是自家财宝。但自子细观察自心，一体三宝常自现前，无可疑虑。莫寻思，莫求觅，心性本来清净。故《华严经》

---

① "堀"，东寺本、碛砂本作"掘"。
② "清"，原作"洗"，据东寺本、碛砂本改。
③ "将"，东寺本、碛砂本、径山本作"将谓"。
④ "珠"，原作"殊"，据碛砂本、径山本、大正本改。

云：一切法不生，一切法不灭。若能如是解，诸佛常现前。又《净名经》云：观身实相，观佛亦然。若不随声色动念，不逐相貌生解，自然无事去。莫久立，珍重。"此日大众普集，久而不散，师曰："诸人何故在此不去？贫道已对面相呈，还肯休么？有何事可疑？莫错用心，枉费气力。若有疑情，一任诸人恣意早问。"

时有僧法渊问曰："云何是佛？云何是法？云何是僧？云何是一体三宝？愿师垂示。"师曰："心是佛，不用将佛求佛；心是法，不用将法求法。佛法无二，和合为僧，即是一体三宝。经云：心佛与众生，是三无差别。身口意清净，名为佛出世。三业不清净，名为佛灭度。喻如嗔时无喜，喜时无嗔，唯是一心，实无二体，本智法尔，无漏现前。如蛇化为龙，不改其鳞；众生回心作佛，不改其面。性本清净，不待修成。有证有修，即同增上慢者。真空无滞，应用无穷，无始无终，利根顿悟，用无等等，即是阿耨菩提。心无形相，即是微妙色身；无相，即是实相法身；性相体空，即是虚空无边身；万行庄严，即是功德法身。此法身者，乃是万化之本，随处立名：智用无尽，名无尽藏；能生万法，名本法藏；具一切智，是智慧藏；万法归如，名如来藏。经云：如来者，即诸法如义。又云：世间一切生灭法，无有一法不归如也。"

时有人问云："弟子未知律师、法师、禅师，何者最胜？愿和尚慈悲指示。"师曰："夫律师者，启毗尼之法藏，传寿命之遗风。洞持犯而达开遮,秉威仪而行轨范,牒三番羯磨①,作四果初因。若非宿德白眉,焉敢造次?夫法师者,踞狮子之坐,泻悬河之辩。对稠人广众,启凿玄关,开般若妙门,等三轮空施。若非龙象蹴踏,安敢当斯?夫禅师者,撮其枢要,直了心源。出没卷舒,纵横应物,咸均事理,顿见如来。拔生死深根,获见前三昧。若不安禅静虑,到遮里总须茫然。随机授法,三学虽殊;得意忘言,一乘何异?故经云:十方佛土中,唯有一乘法。无二亦无三,除佛方便说。但以假名字,引导于众生。"曰:"和尚深达佛旨,得无碍辩。"又问:"儒、道、释三教,同异如何?"师曰:"大量者用之即同,小机者执之即异。总从一性上起用,机见差别成三。迷悟由人,不在教之同异。"

讲《唯识》道光坐主问曰:"禅师用何心修道?"师曰:"老僧无心可用,无道可修。"曰:"既无心可用,无道可修,云何每日聚众,劝人学禅修道?"师曰:"老僧尚无卓锥之地,什么处聚众来?老僧无舌,何曾劝人来?"曰:"禅师对面妄语。"师曰:"老僧尚无舌劝人,焉解妄语?"曰:"某甲却不会禅师语论也。"师曰:"老僧自亦不会。"

讲《华严》志坐主问:"禅师何故不许'青青翠竹,尽是法身;郁郁黄华,无非般若?'"师曰:"法身无象,应翠竹以成形;般若无知,对黄华而显相。非彼黄华、翠竹而有般若法身。故经云:佛真法身,犹若虚空。应物现形,如水中月。黄华若是般若,般若即同无情;翠竹若是法身,翠竹还能应用。坐主会

---

① "磨",原作"么",据丛刊本、东寺本改。

么?"曰:"不了此意。"师曰:"若见性人,道是亦得,道不是亦得。随用而说,不滞是非。若不见性人,说翠竹著翠竹,说黄华著黄华,说法身滞法身,说般若不识般若,所以皆成争论。"志礼谢而去。

人问:"将心修行,几时得解脱?"师曰:"将心修行,喻如滑泥洗垢。般若玄妙,本自无生,大用现前,不论时节。"曰:"凡夫亦得如此否?"师曰:"见性者即非凡夫,顿悟上乘,超凡越圣。迷人论凡论圣,悟人超越生死涅槃;迷人说事说理,悟人大用无方;迷人求得求证,悟人无得无求;迷人期远劫,悟人顿见。"

《维摩》坐主问:"经云:彼外道六师等,是汝之师。因其出家,彼师所堕,汝亦随堕。其施汝者,不名福田;供养汝者,堕三恶道。谤于佛,毁于法,不入众数,终不得灭度。汝若如是,乃可取食。今请禅师明为解说。"师曰:"迷徇六根者,号之为六师。心外求佛,名为外道。有物可施,不名福田。生心受供,堕三恶道。汝若能谤于佛者,是不著佛求;毁于法者,是不著法求;不入众数者,是不著僧求;终不得灭度者,智用现前。若有如是解者,便得法喜禅悦之食。"

有行者问:"有人问佛答佛,问法答法,唤作一字法门,不知是否?"师曰:"如鹦鹉学人语话,自语不得,为无智慧故。譬如将水洗水,将火烧火,都无义趣。"人问:"言之与语,为同为异?"师曰:"夫一字曰言,成句名语。且如灵辩滔滔,譬大川之流水;峻机叠叠,如圆器之倾珠。所以郭象号悬河,春鹦称义海,此是语也。言者,一字表心也。内著玄微,外现妙相,万机挠而不乱,清浊浑而常分。齐王到此,犹惭大夫之辞;文殊到此,尚叹净名之说。如今常人,云何能解?"

源律师问:"禅师常谭'即心是佛',无有是处。且一地菩萨分身百佛世界,二地增于十倍,禅师试现神通看。"师曰:"阇梨,自己是凡是圣?"曰:"是凡。"师曰:"既是凡僧,能问如是境界?经云:仁者心有高下,不依佛慧。此之是也。"又问:"禅师每云'若悟道现前,身便解脱',无有是处。"师曰:"有人一生作善,忽然偷物入手,即身是贼否?"曰:"故知是也。"师曰:"如今了了见性,云何不得解脱?"曰:"如今必不可,须经三大阿僧祇劫始得。"师曰:"阿僧祇劫还有数否?"源抗声曰:"将贼比解脱,道理得通否?"师曰:"阇梨自不解道,不可障一切人解;自眼不开,嗔一切人见物。"源作色而去,云:"虽老,浑无道。"师曰:"即行去者是汝道。"

讲《止观》慧坐主问:"禅师辨得魔否?"师曰:"起心是天魔,不起心是阴魔,或起不起是烦恼魔。我正法中无如是事。"曰:"一心三观,义又如何?"师曰:"过去心已过去,未来心未至,现在心无住。于其中间,更用何心起观?"曰:"禅师不解止观。"师曰:"坐主解否?"曰:"解。"师曰:"如智者大师说止破止,说观破观,住止没生死,住观心神乱。且为当将心止心,为复起心观?观若有心,观是常见法;若无心,观是断见法;亦有亦无,成二见法。请坐主子细说看。"曰:"若如是问,俱说不得也。"师曰:"何曾止观?"

人问:"般若大否?"师曰:"大。"曰:"几许大?"师曰:"无边际。"曰:"般若小否?"师曰:"小。"曰:"几许小?"师曰："看不见。"曰："何处是？"师曰："何处不是？"

《维摩》坐主问："经云：诸菩萨各入不二法门，维摩默然，是究竟否？"师曰："未是究竟。圣意若尽，第三卷更说何事？"坐主良久曰："请禅师为说未究竟之意。"师曰："如经第一卷，是引众呵十大弟子住心。第二诸菩萨各说入不二法门，以言显于无言；文殊以无言显于无言；维摩不以言，不以无言，故默然，收前言语故。第三卷从默然起说，又显神通作用。坐主会么？"曰："奇怪如是。"师曰："亦未如是。"曰："何故未是？"师曰："且破人执情，作如此说。若据经意，只说色心空寂，令见本性，教舍伪行入真行，莫向言语纸墨上讨意度，但会'净名'两字便得。净者，本体也；名者，迹用也。从本体起迹用，从迹用归本体，体用不二，本迹非殊。所以古人道：本迹虽殊，不思议一也，一亦非一。若识'净名'两字假号，更说什么究竟与不究竟？无前无后，非本非末，非净非名，只示众生本性不思议解脱。若不见性人，终身不见此理。"

僧问："万法尽空，识性亦尔。譬如水泡一散，更无再合，身死更不再生。即是空无，何处更有识性？"师曰："泡因水有，泡散可即无水？身因性起，身死岂言性灭？"曰："既言有性，将出来看。"师曰："汝信有明朝否？"曰："信。"师曰："试将明朝来看。"曰："明朝实是有，如今不可得。"师曰："明朝不可得，不是无明朝。汝自不见性，不可是无性。今见著衣吃饭，行住坐卧，对面不识，可谓愚迷。汝欲见明朝，与今日不异，将性觅性，万劫终不见。亦如盲人不见日，不是无日。"

讲《青龙疏》坐主问："经云：无法可说，是名说法。禅师如何体会？"师曰："为般若体毕竟清净，无有一物可得，是名无法。即于般若空寂体中，具河沙之用，即无事不知，是名说法。故云：无法可说，是名说法。"讲《华严》坐主问："禅师信无情是佛否？"师曰："不信。若无情是佛者，活人应不如死人。死驴、死狗，亦应胜于活人。经云：佛身者，即法身也，从戒定慧生，从三明六通生，从一切善法生。若说无情是佛者，大德如今便死，应作佛去。"

有法师问："持《般若经》最多功德，师还信否？"师曰："不信。"曰："若尔①，《灵验传》十余卷，皆不堪信也？"师曰："生人持孝，自有感应，非是白骨能有感应。经是文字，纸墨性空，何处有灵验？灵验者，在持经人用心，所以神通感物。试将一卷经，安著案上，无人受持，自能有灵验否？"僧问："未审一切名相及法相，语之与默，如何通会，即得无前后？"师曰："一念起时，本来无相无名，何得说有前后？不了名相本净，妄计有前后。夫名相关锁，非智钥不能开。中道者，病在中道；二边者，病在二边。不知现用是无等等法身。迷悟得失，常人之法，自起生灭，埋没正智。或断烦恼，或求菩提，背却般若波罗蜜。"

人问："律师何故不信禅？"师曰："理幽难显，名相易持。不见性者，所以不信；若见性者，号之为佛。识佛之人，方能信入。佛不远人，而人远佛，佛是心作。迷人向文字中求，悟人向心而觉；迷人修因待果，悟人了心无相；迷人执物守我为己，悟人般若应用见前；愚人执空执有生滞，智人见性了相灵通；干慧

---

① "尔"，碛砂本、南藏本、径山本作"是"。

辩者口疲，大智体了心泰；菩萨触物斯照，声闻怕境昧心；悟者日用无生，迷人见前隔佛。"人问："如何得神通去？"师曰："神性灵通，遍周沙界，山河石壁，去来无碍。刹那万里，往返无踪，火不能烧，水不能溺。愚人自无心智，欲得四大飞空。经云：取相凡夫，随宜为说。心无形相，即是微妙色身。无相即是实相，实相体空，唤作虚空无边身。万行庄严，故云功德法身。即此法身，是万行之本，随用立名。实而言之，只是清净法身也。"

人问："一心修道，过去业障得消灭否？"师曰："不见性人，未得消灭；若见性人，如日照霜雪。又见性人犹如积草等须弥，只用一星之火。业障如草，智慧似火。"曰："云何得知业障尽？"师曰："见前心通，前后生事犹如对见，前佛后佛，万法同时。经云：一念知一切法是道场，成就一切智故。"有行者问云："何得住正法？"师曰："求住正法者是邪。何以故？法无邪正故。"曰："云何得作佛去？"师曰："不用舍众生心，但莫污染自性。经云：心佛及众生，是三无差别。"曰："若如是解者，得解脱否？"师曰："本自无缚，不用求解。法过语言文字，不用数句中求；法非过、现、未来，不可以因果中契。法过一切，不可比对。法身无象，应物现形，非离世间而求解脱。"

僧问："何者是般若？"师曰："汝疑不是者，试说看。"又问云："何得见性？"师曰："见即是性，无性不能见。"又问："如何是修行？"师曰："但莫污染自性，即是修行；莫自欺诳，即是修行。大用现前，即是无等等法身。"又问："性中有恶否？"师曰："此中善亦不立。"曰："善恶俱不立，将心何处用？"师曰：

"将心用心,是大颠倒。"曰:"作么生即是?"师曰:"无作么生,亦无可是。"人问:"有人乘船,船底刺杀螺蚬,为是人受罪,为复船当辜?"师曰:"人船两无心,罪正在汝。譬如狂风折树损命,无作者,无受者。世界之中,无非众生受苦处。"

僧问:"未审托情势、指境势、语默势,乃至扬眉动目等势,如何得通会于一念间?"师曰:"无有性外事。用妙者,动寂俱妙;心真者,语默总真;会道者,行住坐卧是道。为迷自性,万惑兹生。"又问:"如何是法有宗旨?"师曰:"随其所立,即有众义。文殊于无住本立一切法。"曰:"莫同太虚否?"师曰:"汝怕同太虚否?"曰:"怕。"师曰:"解怕者不同太虚。"又问:"言方不及处,如何得解?"师曰:"汝今正说时,疑何处不及?"

有宿德十余人同问:"经云:破灭佛法。未审佛法可破灭否?"师曰:"凡夫外道,谓佛法可破灭;二乘人,谓不可破灭。我正法中,无此二见。若论正法,非但凡夫、外道,未至佛地者二乘亦是恶人。"又问:"真法、幻法、空法、非空法,各有种性否?"师曰:"夫法虽无种性,应物俱现。心幻也,一切俱幻。若有一法不是幻者,幻即有定。心空也,一切皆空。若有一法不空,空义不立。迷时人逐法,悟时法由人。如森罗万象,至空而极;百川众流,至海而极;一切贤圣,至佛而极;十二分经、五部毗尼、五围陀论,至心而极。心者,是总持之妙本,万法之洪源,亦名大智慧藏,无住涅槃。百千万名,尽心之异号耳。"又问:"如何是幻?"师曰:"幻无定相,如旋火轮,如乾闼婆城,如机关木人,如阳焰,如空华,俱无实法。"又问:"何名大幻师?"师曰:"心名大幻师,身为大幻城,名相为大幻衣食。河沙世界，无有幻外事。凡夫不识幻，处处迷幻业；声闻怕幻境，昧心而入寂；菩萨识幻法，达体幻，不拘一切名相。佛是大幻师，转大幻法轮，成大幻涅槃。转幻生灭得不生不灭，转河沙秽土成清净法界。"

僧问："何故不许诵经，唤作客语？"师曰："如鹦鹉只学人言，不得人意。经传佛意，不得佛意而但诵，是学语人，所以不许。"曰："不可离文字言语别有意耶？"师曰："汝如是说，亦是学语。"曰："同是语言，何偏不许？"师曰："汝今谛听，经有明文：我所说者，义语非文；众生说者，文语非义。得意者越于浮言，悟理者超于文字。法过语言文字，何向数句中求？是以发菩提者，得意而忘言，悟理而遗教。亦犹得鱼忘筌，得兔忘蹄也。"有法师问："念佛是有相大乘，禅师意如何？"师曰："无相犹非大乘，何况有相？经云：取相凡夫，随宜为说。"又问："愿生净土，未审实有净土否？"师曰："经云：欲得净土，当净其心。随其心净，即佛土净。若心清净，所在之处皆为净土。譬如生国王家，决定绍王业，发心向佛道，是生净佛国。其心若不净，在所生处皆是秽土。净秽在心，不在国土。"又问："每闻说道，未审何人能见？"师曰："有慧眼者能见。"曰："甚乐大乘①，如何学得？"师曰："悟即得，不悟不得。"曰："如何得悟去？"师曰："但谛观。"曰："似何物？"师曰："无物似。"曰："应是毕竟空？"师曰："空无毕竟。"曰："应是有。"师曰："有而无相。"曰："不悟如何？"师曰："大德自不悟，亦无人相障。"

---

① "甚"，碛砂本、南藏本、径山本作"其"。

人问："佛法在于三际否？"师曰："见在无相，不在其外；应用无穷，不在于内；中间无住，处三际不可得。"曰："此言大混。"师曰："汝正说混之一字时，在内外否？"曰："弟子究检内外无踪迹。"师曰："若无踪迹，明知上来语不混。"曰："如何得作佛？"师曰："是心是佛，是心作佛。"曰："众生入地狱，佛性入否？"师曰："如今正作恶时，更有善否？"曰："无。"师曰："众生入地狱，佛性亦如是。"曰："一切众生皆有佛性如何？"师曰："作佛用是佛性，作贼用是贼性①，作众生用是众生性。性无形相，随用立名。经云：一切贤圣，皆以无为法而有差别。"

僧问："何者是佛？"师曰："离心之外，即无有佛。"曰："何者是法身？"师曰："心是法身。谓能生万法，故号法界之身。《起信论》云：所言法者，谓众生心。即依此心，显示摩诃衍义。"又问："何名有大经卷，内在一微尘？"师曰："智慧是经卷。经云：有大经卷，量等三千大千界，内在一微尘中。一尘者，是一念心尘也。故云：一念尘中，演出河沙偈，时人自不识。"又问："何名大义城？何名大义王？"师曰："身为大义城，心为大义王。经云：多闻者善于义，不善于言说。言说生灭，义不生灭，义无形相，在言说之外。心为大经卷，心为大义王。若不了了识心者，不名善义，只是学语人也。"又问："《般若经》云：度九类众生，皆入无余涅槃。又云：实无众生，得灭度者。此两段经文，如何通会？前后人说皆云：实度众生，而不取众生相。常疑未决，请师为说。"师曰："九类众生，一身具足，随造

---

① "用"，东寺本、碛砂本、南藏本、径山本作"即"。

随成。是故无明为卵生，烦恼包裹为胎生，爱水浸润为湿生，欻起烦恼为化生。悟即是佛，迷号众生。菩萨只以念念心为众生，若了念念心体空，名为度众生也。智者于自本际上度于未形①，未形既空，即知实无众生得灭度者。"

僧问："言语是心否？"师曰："言语是缘不是心。"曰："离缘何者是心？"师曰："离言语无心。"曰："离言语既无心，若为是心？"师曰："心无形相，非离言语，非不离言语。心常湛然，应用自在。祖师云：若了心非心，始解心心法。"僧问："如何是定慧等学？"师曰："定是体，慧是用。从定起慧，从慧归定，如水与波，一体更无前后，名定慧等学。夫出家儿莫寻言逐语，行住坐卧，并是汝性用，什么处与道不相应？且自一时休歇去。若不随外境风，心性水常自湛湛。无事，珍重。"

汾州大达无业国师，上堂，有僧问曰："十二分教，流于此土，得道果者，非止一二。云何祖师东化，别唱玄宗，直指人心，见性成佛？岂得世尊说法有所未尽？只如上代诸德高僧，并学贯九流，洞明三藏。生、肇、融、叡，尽是神异间生，岂得不知佛法远近？某甲庸昧，愿师指示。"

师曰："诸佛不曾出世，亦无一法与人。但随病施方，遂有十二分教，如将蜜果换苦葫芦，淘汝诸人业根，都无实事。神通变化，及百千三昧门，化彼天魔外道；福、智二严，为破执有滞空之见。若不会道，及祖师来意，论什么生、肇、融、叡？如今

---

① "未"，原作"末"，据丛刊本、东寺本、碛砂本、径山本、大正本改。

天下解禅解道，如河沙数；说佛说心，有百千万亿。纤尘不去，未免轮回，思念不亡，尽须沈坠。如斯之类，尚不能自识业果，妄言自利利他，自谓上流，并他先德。但言触目无非佛事，举足皆是道场。原其所习，不如一个五戒十善凡夫。观其发言，嫌他二乘十地菩萨，且醍醐上味为世珍奇，遇斯等人，翻成毒药。南山尚自不许呼为大乘，学语之流争锋唇舌之间，鼓论不形之事，并他先德，诚实苦哉！只如野逸高士，尚解枕石溲流①，弃其利禄，亦有安国理民之谋，征而不赴。况我禅宗，途路且别。看他古德道人，得意之后，茅茨石室，向折脚铛子里煮饭吃，过三二十年。名利不干怀，财宝不为念，大忘人世，隐迹岩丛。君王命而不来，诸侯请而不赴。岂同我辈贪名爱利，汩没世途，如短贩人，有少希求，而忘大果。十地诸贤，岂不通佛理，可不如一个博地凡夫？实无此理。他说法如云如雨，犹被佛呵云'见性如隔罗縠'。只为情存圣量，见在果因②，未能逾越圣情，过诸影迹。先贤古德、硕学高人，博达古今，洞明教网。盖为识学诠文，水乳难辨，不明自理，念静求真。嗟乎！得人身者如爪甲上土，失人身者如大地土，良可伤哉！设有悟理之者，有一知一解，不知是悟中之则，入理之门，便谓永出世利。巡山傍涧，轻忽上流，致使心漏不尽，理地不明，空到老死无成，虚延岁月。且聪明不能敌业，干慧未免苦轮。假使才并马鸣，解齐龙树，只是一生两生不失人身。根思宿净，闻之即解，如彼生公，何足为羡？与道全远。共兄弟论实不论虚，只遮口食身衣，尽是欺贤罔

---

① "溲"，径山本、大正本作"漱"。
② "在"，碛砂本、南藏本、径山本作"存"。

圣求得。将来他心慧眼观之，如吃脓血一般，总须偿他始得，阿那个有道果？自然招得他信施来不受者。学般若菩萨，不得自谩，如冰凌上行，似剑刃上走。临终之时，一毫凡圣情量不尽，纤尘思念未忘，随念受生，轻重五阴，向驴胎马腹里托质，泥犁镬汤里煮炸一遍了。从前记持忆想、见解智慧，都卢一时失却，依前再为蝼蚁，从头又作蚊虻。虽是善因，而遭恶果。且图什么？兄弟，只为贪欲成性，二十五有向脚跟下系著，无成办之期。祖师观此土众生有大乘根性，唯传心印，指示迷情。得之者，即不拣凡之与圣，愚之与智。且多虚不如少实，大丈夫儿如今直下便休歇去，顿息万缘，越生死流，迥出常格。灵光独照，物累不拘，巍巍堂堂，三界独步。何必身长丈六，紫磨金辉，项佩圆光，广长舌相？若以色见我，是行邪道，设有眷属庄严，不求自得。山河大地，不碍眼光，得大总持，一闻千悟，都不希求一食之直①。汝等诸人傥不如是，祖师来至此土非常，有损有益。有益者，百千人中涝漉一个半个②，堪为法器。有损者，如前已明。从他依三乘教法修行，不妨却得四果三贤，有进修之分。所以先德云：了即业障本来空，未了还须偿宿债。"

池州南泉普愿和尚，上堂曰："诸子，老僧十八上解作活计。有解作活计者出来，共你商量③，是住山人始得。"良久，顾视大众，合掌曰："珍重。无事，各自修行。"大众不去，师曰："如

---

① "食"，丛刊本作"飡"，东寺本、碛砂本作"餐"。
② "涝漉"，大正本作"捞摝"。
③ "你"，径山本、大正本作"尔"，下同。

圣果大可畏，勿量大人尚不奈何。我且不是渠，渠且不是我，渠争奈我何？他经论家说法身为极则，唤作理尽三昧、义尽三昧。似老僧向前被人教返本还源去，几恁么会，祸事！兄弟，近日禅师太多，觅个痴钝人不可得。不道全无，于中还少。若有出来，共你商量。如空劫时有修行人否？有，无？作么不道？阿你寻常巧唇薄舌，及乎问著总皆不道。何不出来？莫论佛出世时事，兄弟，今时人担佛著肩上行。闻老僧言'心不是佛，智不是道'，便聚头拟推老僧。无你推处，你若束得虚空作棒，打得老僧著，一任推。"

时有僧问："从上祖师至江西大师，皆云'即心是佛'，'平常心是道'。今和尚云'心不是佛，智不是道'，学人悉生疑惑，请和尚慈悲指示。"师乃抗声答曰："你若是佛，休更涉疑。"却问："老僧何处有怎么傍家疑佛来？老僧且不是佛，亦不曾见祖师，你怎么道，自觅祖师去。"曰："和尚怎么道，教学人如何扶持得？"师曰："你急，手托虚空著。"曰："虚空无动相，云何托？"师曰："你言无动相①，早是动也。虚空何解道'我无动相'，此皆是你情见。"曰："虚空无动相，尚是情见，前遭某甲托何物？"师曰："你既知不应言托，拟何处扶持他？"

曰："'即心是佛'既不得，是心作佛否？"师曰："是心是佛，是心作佛，情计所有，斯皆想成。佛是智人，心是采集主，皆对物时，他便妙用。大德莫认心认佛，设认得，是境，被他唤作所知愚。故江西大师云：不是心，不是佛，不是物。且教你后

---

① "无"，原阙，据丛刊本、东寺本、大正本补。

人恁么行履。今时学人披个衣服,傍家疑怎么闲事,还得否?"曰:"既不是心,不是佛,不是物,和尚今却云'心不是佛,智不是道',未审若何?"师曰:"你不认心是佛①,智不是道,老僧忽得心来②,复何处著?"曰:"总既不得,何异太虚?"师曰:"既不是物,比什么太虚?又教谁异不异?"曰:"不可无他'不是心,不是佛,不是物'。"师曰:"你若认遮个,还成心佛去也。"曰:"请和尚说。"师曰:"老僧自不知。"曰:"何故不知?"师曰:"教我作么生说?"曰:"可不许学人会道?"师曰:"会什么道?又作么生会?"曰:"某甲不知。"师曰:"不知却好③。若取老僧语,唤作依通人,设见弥勒出世,还被他㸦却头尾。"曰:"使后人如何?"师曰:"你且自看,莫忧他后人。"

曰:"前不许某甲会道,今复令某甲自看,未审如何?"师曰:"冥会妙会许你,你作么生会?"曰:"如何是妙会?"师曰:"还欲学老僧语,纵说是老僧说,大德如何?"曰:"某甲若自会,即不烦和尚④,乞慈悲指示。"师曰:"不可指东指西赚人。你当哆哆和和时,作么不来问老僧?今时巧黠,始道我不会,图什么?你若此生出头来道'我出家作禅师',如未出家时,曾作什么来?且说看,共你商量。"曰:"恁么时某甲不知。"师曰:"既不知,即今认得可可是邪?"曰:"认得既不是,不认是否?"师曰:"认不认是什么语话?"曰:"到遮里,某甲转不会也。"师曰:"你若不会,我更不会。"曰:"某甲是学人即不会,和尚是

---

① "心"下,大正本注"一有'不'字"。
② "忽",原作"勿",大正本注"一作'忽'"。
③ "好",碛砂本作"行"。
④ "烦",南藏本、大正本作"须"。

善知识合会。"师曰:"遮汉,向你道不会,谁论善知识?莫巧黠。看他江西老宿在日,有一学士问:'如水无筋骨,能胜万斛舟①,此理如何?'老宿云:'遮里无水亦无舟,论什么筋骨?'兄弟,他学士便休去,可不省力。所以数数向道佛不会道,我自修行,用知作么?"曰:"如何修行?"师曰:"不可思量得向人道。恁么修,恁么行大难。"曰:"还许学人修行否?"师曰:"老僧不可障得你。"曰:"某甲如何修行?"师曰:"要行即行,不可专寻他背。"

曰:"若不因善知识指示,无以得会。如和尚每言:修行须解始得,若不解,即落他因果,无自由分。未审如何修行,即免落他因果?"师曰:"更不要商量。若论修行,何处不去得?"曰:"如何去得?"师曰:"你不可逐背寻得。"曰:"和尚未说,教某甲作么生寻?"师曰:"纵说,何处觅去?且如你从旦至夜,忽东行西行,你尚不商量道去得不得,别人不可知得你。"曰:"当东行西行,总不思量,是否?"师曰:"恁么时,谁道是不是?"曰:"和尚每言:我于一切处而无所行,他拘我不得,唤作遍行三昧,普现色身。莫是此理否?"师曰:"若论修行,何处不去?不说拘与不拘,亦不说三昧。"曰:"何异有法得菩提道?"师曰:"不论异不异。"曰:"和尚所说修行,迢然与大乘别,未审如何?"师曰:"不管他别不别,兼不曾学来。若论看教,自有经论坐主,他教家实大可畏,你且不如听去好。"曰:"究竟令学人作么生会?"师曰:"如汝所问,元只在因缘边,看你且不奈何,缘是认

---

① "胜",东寺本、碛砂本、南藏本、大正本、径山本作"乘"。"斛",原作"解",据丛刊本、东寺本、径山本、大正本改。

得六门头事。你但会佛那边，却来我与你商量。兄弟，莫恁么寻逐不住，恁么不取古人语。行菩萨行，唯一人行。天魔波旬，领诸眷属，常随菩萨后，觅心行起处，便拟扑倒。如是经无量劫，觅一念异处不得，方与眷属礼辞，赞叹供养。犹是进修位，中下之人便不奈何。况绝功用处，如文殊、普贤，更不话他。兄弟，作么生道行是无？觅一日行底人不可得。今时傍家从年至岁，只是觅究竟，作么生空弄唇舌生解？"

曰："当恁么时，无佛名，无众生名，使某甲作么图度？"师曰："你言无佛名，无众生名，早是图度了也，亦是记他言语。"曰："若如是，悉属佛出世时事了，不可不言。"师曰："你作么生言？"曰："设使言，言亦不及。"师曰："若道言不及是及语。你虚恁么寻逐，谁与你为境？"曰："既无为境者，谁是那边人？"师曰："你若不引教来，即何处论佛？既不论佛，老僧与谁论遮边那边？"曰："果虽不住道，而道能为因如何？"师曰："是他古人，如今不可不奉戒。我不是渠，渠不是我。作得伊如狸奴、白牯行履，却快活。你若一念异，即难为修行。"曰："云何一念异，难为修行？"师曰："才一念异，便有胜、劣二根，不是情见随他因果，更有什么自由分？"

曰："每闻和尚说：报化非真佛，亦非说法者。未审如何？"师曰："缘生故非。"曰："报化既非真佛，法身是真佛否？"师曰："早是应身也。"曰："若恁么，即法身亦非真佛？"师曰："法身是真非真，老僧无舌不解道，你教我道即得。"曰："离三身外，何法是真佛？"师曰："遮汉，共八九十老人相骂。向你道了也，更问什么离不离？拟把楔钉他虚空？"曰："伏承《华严经》是法身佛说，如何？"师曰："你适来道什么语？"其僧重问，师顾视叹曰："若是法身说，你向什么处听？"曰："某甲不会。"师曰："大难，大难。好去，珍重。"

赵州从谂和尚，上堂云："金佛不度炉，木佛不度火，泥佛不度水，真佛内里坐。菩提涅槃，真如佛性，尽是贴体衣服，亦名烦恼。不问即无烦恼。且实际理什么处著得？一心不生，万法无咎。汝但究理，坐看三二十年，若不会道，截取老僧头去。梦幻空华，何劳把捉？心若不异，万法一如。既不从外得，更拘执作什么？如羊相似，乱拾物安向口里。老僧见药山和尚道'有人问著者，便教合却口'，老僧亦教合却口。取我是净，一似猎狗，专欲吃物。佛法在什么处？遮里一千人，尽是觅作佛汉子，于中觅一个道人无。若与空王为弟子，莫教心病最难医。未有世间时，早有此性，世界坏时，此性不坏。从一见老僧后，更不是别人，只是一个主人公。遮个更用向外觅物作什么？正恁么时，莫转头换脑，若转头换脑，即失却去也。"时有僧问："承师有言：世界坏时，此性不坏。如何是此性？"师曰："四大五阴。"僧曰："此犹是坏底，如何是此性？"师曰："四大五阴。"法眼云："是一个两个？是坏不坏？且作么生会？试断看。"

镇府临济义玄和尚，① 示众曰："今时学人，且要明取自己真正见解。若得自己见解，即不被生死染，去住自由，不要求他，殊胜自备。如今道流且要不滞于惑，要用便用。如今不得，病在

---

① "府"，南藏本、大正本作"州"。

何处？病在不自信处。自信不及，即便忙忙徇一切境。脱大德若能歇得念念驰求心，便与祖师不别。汝欲识祖师么？即汝目前听法底是。学人信不及，便向外驰求，得者只是文字学，与他祖师大远在。莫错，大德！此时不遇，万劫千生，轮回三界，徇好恶境，向驴牛肚里去也。如今诸人与古圣何别？汝且欠少什么？六道神光，未曾间歇。若能如此见，是一生无事人。一念净光，是汝屋里法身佛；一念无分别光，是汝报身佛；一念无差别光，是汝化身佛。此三身即是今日目前听法底人。为不向外求，有此三种功用。据教，三种名为极则；约山僧道，三种是名言。故云：'身依义而立，土据体而论。'法性身、法性土，明知是光影。大德！且要识取弄光影人，是诸佛本源，是一切道流归舍处。大德！四大身不解说法听法，虚空不解说法听法。是汝目前历历孤明，勿形段者，解说法听法。所以山僧向汝道：五蕴身田内有'无位真人'，堂堂显露，无丝发许间隔。何不识取？心法无形，通贯十方，在眼曰见，在耳曰闻，在手执捉，在足运奔。心若不在，随处解脱。山僧见处，坐断报、化佛顶①；十地满心，犹如客作儿；等、妙二觉，如担枷带锁；罗汉、辟支，犹如粪土；菩提、涅槃，系驴马橛。何以如斯？盖为不达三祇劫空，有此障隔。若是真道流，尽不如此。如今略为诸人大约话破，自看远近。时光可惜，各自努力。珍重。"

玄沙宗一师备大师，上堂曰："太虚日轮，是一切人成立。

---

① "顶"，碛砂本、径山本作"头"。

太虚见在,诸人作么生满目觑不见,满耳听不闻?此两处不省得,便是瞢睡汉①;若明彻得,坐却凡圣,坐却三界梦幻身心。无一物如针锋许,为缘为对。直饶诸佛出来,作无限神通变现,设如许多教网,未曾措著一分毫,唯助初学诚信之门。还会么?水鸟树林却解提纲,他甚端的,自是少人听。非是小事。天魔外道,是孤恩负义;天人六趣,是自欺自诳。如今沙门不荐此事,翻成弄影汉,生死海里浮沈,几时休息去?自家幸有此广大门风,不能绍继得,更向五蕴身田里作主宰,还梦见么?如许多田地,教谁作主宰?大地载不起,虚空包不尽,岂是小事?若要彻,即今遮里便明彻去。不教仁者取一法如微尘大,不教仁者舍一法如毫发许。还会么?"

时有僧问:"从上宗旨如何?"师默然。僧再问,师乃叱之。僧问:"从何方便门,令学人得入?"师曰:"入是方便。"僧问:"初心人来,师如何指示?"师曰:"什么处得初心来?"僧问:"学人刱入丛林,乞师提接。"师以杖指之。僧曰:"学人不会。"师曰:"我怎么为汝,却成抑屈于人。如今若的自肯,当人分上,不论初学入丛林,可谓共诸人久践,与过去诸佛无所乏少。如大海水,一切鱼龙初生至老,吞吐受用,悉皆平等。所以道:初发心者与古佛齐肩。奈何汝无始积劫,动诸妄情,结成烦恼。如重病人,心狂热闷,颠倒乱见,都无实事。如今所睹一切境界,皆亦如是,对汝诸根,尽成颠倒。古人以无穷妙药,医疗对治。直至十地,未得惺惺,将知大不容易。古人思惟,如丧考妣;如今

---

① "瞢",丛刊本、碛砂本、南藏本、径山本作"瞌"。

兄弟，见似等闲。何处别有人为汝了得？可惜时光虚度，何妨密密地自究，子细观寻，至无著力处，自息诸缘去。纵未发萌，种子犹在。若总取我傍家打鼓，弄粥饭气力，将此造次排遣生死，赚汝一生，有何所益？应须如实知取好。无事，珍重。"

漳州罗汉桂琛和尚，上堂，大众立久，师曰："诸上坐，不用低头思量，思量不及，便道不要拣择①，委得下口处么？汝向什么处下口？试道看。还有一法近得汝，还有一法远得汝么？同得汝，异得汝么？既然如是，为什么却特地艰难去？盖为不丈夫男子，愧愧偄偄，无些子威光。戚戚地遮护个意根，恐怕人问著。我常道：汝若有达悟处，但去却人我，披露将来，与汝验过。直下作么不肯？莫把牛迹里水以为大海。佛法遍周沙界，莫错向肉团心上妄立知见，以为疆界。此见闻觉知，识想情缘，然非不是，若向遮里点头道'我真实'即不得。只如古人道'此事唯我能知'，是何境界？还识得么？莫是汝见我，我见汝便是么？莫错会。若是遮个我，我随生灭，身有即有，身无即无。所以古佛为汝今日人说'异法有故，异法出生；异法无故，异法灭尽'，莫将为等闲。生死事大，此一团子消杀不到，在处乖张不少。声色若不破，受想行识亦然，役得汝骨出在。莫道五阴本来空也，不由汝口便解空去。所以道：须得亲彻，须真实也。不是今日老师始解恁么道，他古圣告报，汝唤作金刚秘密不思议光明藏，覆阴乾坤②，生凡育圣，亘古亘今，谁人无分。既若如此，更借何

---

① "要"，径山本、大正本作"用"。
② "阴"，大正本作"荫"。

人?所以诸佛慈悲,见汝不奈何,开方便门,示真实相。我今方便也,汝还会么?若不会,莫向意根下捏怪。"

僧问:"从上宗门,乞师方便。"师曰:"方便即不无,汝唤什么作宗门?"曰:"恁么即学人虚施此问?"师曰:"汝有什么罪过?"问:"佛法还受雕琢也无?"师曰:"作么不受?"曰:"如何雕琢?"师曰:"佛法。"问:"诸行无常,是生灭法。如何是不生不灭法?"师曰:"用不生不灭作么?"问:"才拟是过,不拟时如何?"师曰:"拟有什么过?"曰:"恁么即便自无疮也。"师曰:"合取口。"问:"诸境中以何为主?"师曰:"那个是诸境?"曰:"莫是疑处是么?"师曰:"把将疑处来。"问:"正恁么时是什么?"师曰:"不恁么时是什么?"曰:"学人道不得。"师曰:"口里是什么塞却?"师又曰:"诸人朝晡恁么上来下去,也只是被些子声色惑乱,身心不安。若是声色名字不是佛法,又疑伊什么?若是佛法不是声色名字,汝又作么生拟把身心凑泊伊?若是声色名字,总是声色名字;若是佛法,总是佛法。会么?异声无声,异色无色,离字无名,离名无字。试把舌头点看:有多少声色名字?自何而色?以何为名?三界如是峥嵘,尚觅出头不得,因什么却特地难为去?只为诸人自生颠倒,以常为断,悟假迷真,妄外驰求,强捏异见。终日共人商量,便有佛法;不与人商量,便是世间闲人。话到遮里,才举著佛法,便道'拟心即差,动念即乖'。寻常诸处,元无口似纺车,总便不差去。佛法事不是隔日疟,皆由汝狂识凡情,作差与不差解。忽然见我拈个搥子掴背①,便作意度顾览。不然见我把个帚子扫东扫西,便各照管。是汝寻常打柴,何不顾览招呼,便悟去?上坐,佛法莫向意根下,皮袋里作则度②,汝成自赚。我不敢网绊初心,笼罩后学,各自究去。无事,珍重。"

大法眼文益禅师,上堂曰:"诸上坐,时寒何用上来?且道上来好,不上来好?或有上坐道:不上来却好,什么处不是?更用上来作什么?更有上坐道:是伊也不得一向,又须到和尚处始得。诸上坐,且道遮两个人于佛法中还有进趣也未?上坐,实是不得,并无少许进趣,古人唤作无孔铁锤,生盲生聋无异。若更有上坐出来道:彼二人总不得。为什么如此?为伊执著,所以不得。诸上坐,总似恁么行脚,总似恁么商量,且图什么?为复只要弄唇嘴,为复别有所图?恐伊执著,且执著什么?为复执著理,执著事?执著色,执著空?若是理,理且作么生执?若是事,事且作么生执?著色、著空亦然。山僧所以寻常向诸上坐道:十方诸佛,十方善知识时常垂手,诸上坐时常接手。十方诸佛垂手时有也,什么处是诸上坐时常接手处?还有会处,会取好;若未会得,莫道总是都来圆取。诸上坐,傍家行脚,也须审谛,著些精彩。莫只借少智慧,过却时光。山僧在众,见此多矣。更有一般上坐,自己东西犹未知,向遮边那边东听西听,说得少许以为胸襟,仍为他人注解③,将为自己眼目。上坐,总似

---

① "掴",大正本作"摣",下同。
② "则",径山本作"测"。
③ "解",碛砂本、南藏本、径山本作"脚"。

遮个行脚,自赚亦乃赚他。奉劝诸上坐,且明取道眼好,些子粥饭智慧,不足可恃。若是世间造作种种非违之事,入地狱犹有劫数,且有出期;若是错与他人开眼目,陷在地狱,冥冥长夜,无有出期。莫将为等闲!奉劝且依古圣慈悲门好,他古圣所见诸境,唯见自心。祖师道:不是风动、幡动,仁者心动。但且恁么会好,别无亲于亲处也。"师良久,又云:"诸上坐,贬也得,剥也得。"

时僧问:"学人不为别事,请师直道。"师曰:"汝是不为别事?"问:"如何是不生不灭底心?"师曰:"那个是生灭底心?"僧曰:"争奈学人不见?"师曰:"汝若不见,不生不灭底也不是。"问:"如何是佛法大意?"师曰:"便会取。"问:"古人才见人恁么来,便叫失也,古人意如何?"师曰:"汝不信,但问别人。"问:"维摩与文殊对谈何事?"师曰:"汝不妨聪明。"问:"'法同法性,入诸法故',古意如何?"师曰:"汝是行脚僧。"问:"如何是解修行底人?"师曰:"汝是什么人?"曰:"怎么即不落因果也。"师曰:"莫作野干鸣。"问:"识本还源时如何?"师曰:"谩语。"问:"明暗不分时如何?"师曰:"道什么?"问:"如何是对境数起底心?"师曰:"恰道著。"问:"如何是学人本分事?"师曰:"谢指示。"问:"决择之次,如履轻冰,如何决择?"师曰:"待汝疑即道。"曰:"学人即今疑。"师曰:"吓阿谁?"

问:"从上宗乘,如何履践?"师曰:"雷声甚大,雨点全无。"问:"如何是末后句?"师曰:"苦。"问:"如何是玄言妙旨?"师曰:"用玄言妙旨作什么?"问:"如何是直道?"师曰:

"恐难副此问。"问:"承教有言:佛真法身,犹若虚空。应物现形,如水中月。如何得恁么?"师曰:"如何得恁么?"问:"教云:佛以一音演说法,众生随类各得解。学人如何解?"师曰:"汝甚解。"师又曰:"此问已是不会古人语也,因什么却向伊道'汝甚解?'何处是伊解处?莫是于伊分中便点与伊么?莫是为伊不会问却反射伊么?且素非此理,慎莫错会。除此两会,别又如何商量?诸上坐若会得此语,也即会得诸圣总持门。且作么生会?若也会得一音演说,不会随类各解,恁么道,莫是有过无过说么?莫错会好。既不恁么会,作么生说一音演说随类得解?有个去处始得。每日空上来下去,又不当得人事,且究道眼始得。他古人道:一切声是佛声,一切色是佛色。何不且恁么会取?"

僧问:"远远寻声,请师一接。"师曰:"汝寻底是什么声?是僧声,是俗声?是凡声,是圣声?还有会处么?若也实不会。上坐,吵吵是声,吵吵是色,声色不奈何,莫将为等闲。上坐若会得,即是真实;若不会,即是幻化。若也会得,即是幻化;若也不会,即是真实。他古人亦向上坐道'唯我能知',除此外别无作计校处。上坐成不成,从何而出?是不是,从何而出?理无事而不显,事无理而不消。事理不二,不事不理,不理不事。恁么注解与上坐,若更不会,不如且依古语好。他古人见上坐百般不得,所以垂慈向汝道:将闻持佛佛,何不自闻闻?无事,珍重。"

景德传灯录卷第二十九

赞颂偈诗

  志公和尚大乘赞十首

  志公和尚十二时颂十二首

  志公和尚十四科颂

  归宗至真禅师颂一首

  香严袭灯大师颂十九首

  筠州洞山和尚颂一首

  潭州龙牙和尚颂一十八首①

  玄沙宗一大师颂三首

  招庆真觉大师颂二首

  漳州罗汉和尚明道颂一首

  南岳般舟道场劲和尚觉地颂一首

  鄞州临溪和尚入道浅深颂五首

  大法眼禅师颂十四首

  唐白居易八渐偈八首

---

① "一",东寺本无。

同安禅师诗八首①

云顶山僧德敷诗一十首

僧润诗三首

大乘赞十首　梁宝志和尚

　　大道常在目前，虽在目前难睹。若欲悟道真体，莫除色声言语②。言语即是大道，不假断除烦恼。烦恼本来空寂，妄情递相缠绕。一切如影如响，不知何恶何好？有心取相为实，定知见性不了。若欲作业求佛，业是生死大兆。生死业常随身，黑暗狱中未晓。悟理本来无异，觉后谁晚谁早？法界量同太虚，众生智心自小。但能不起吾我，涅槃法食常饱。

　　妄身临镜照影，影与妄身不殊。但欲去影留身，不知身本同虚。身本与影不异，不得一有一无。若欲存一舍一，永与真理相疏。更若爱圣憎凡，生死海里沈浮。烦恼因心有故，无心烦恼何居？不劳分别取相，自然得道须臾。梦时梦中造作，觉时觉境都无。翻思觉时与梦，颠倒二见不殊。改迷取觉求利，何异贩卖商徒？动静两亡常寂，自然契合真如。若言众生异佛，迢迢与佛常疏。佛与众生不二，自然究竟无余。

　　法性本来常寂，荡荡无有边畔。安心取舍之间，被他二境回换。敛容入定坐禅，摄境安心觉观。机关木人修道，何时得达彼岸？诸法本空无著，境似浮云会散。忽悟本性元空，恰似热病得汗。无智人前莫说，打你色身星散。

---

① "同安禅师诗八首"，大正本作"同安察禅师玄谈十首"。
② "色声"，大正本作"声色"。

报你众生直道，非有即是非无。非有非无不二，何须对有论虚？有无妄心立号，一破一个不居。两名由尔情作，无情即本真如。若欲存情觅佛，将网山上罗鱼。徒费功夫无益，几许枉用功夫。不解即心即佛，真似骑驴觅驴。一切不憎不爱，遮个烦恼须除。除之则须除身，除身无佛无因。无佛无因可得，自然无法无人。

大道不由行得，说行权为凡愚。得理返观于行，始知枉用功夫。未悟圆通大理，要须言行相扶。不得执他知解，回光返本全无。有谁解会此说？教君向己推求。自见昔时罪过，除却五欲疮疣。解脱逍遥自在，随方贱卖风流。谁是发心买者？亦得似我无忧。

内见外见总恶，佛道魔道俱错。被此二大波旬，便即厌苦求乐。生死悟本体空，佛魔何处安著？只由妄情分别，前身后身孤薄。轮回六道不停，结业不能除却。所以流浪生死，皆由横生经略。身本虚无不实，返本是谁斟酌？有无我自能为，不劳妄心卜度。众生身同太虚，烦恼何处安著？但无一切希求，烦恼自然消落。

可笑众生蠢蠢，各执一般异见。但欲傍鳌求饼，不解返本观面。面是正邪之本，由人造作百变。所须任意纵横，不假偏耽爱恋。无著即是解脱，有求又遭罗罥。慈心一切平等，真如菩提自现。若怀彼我二心，对面不见佛面。

世间几许痴人，将道复欲求道。广寻诸义纷纭，自救己身不了。专寻他文乱说，自称至理妙好。徒劳一生虚过，永劫沈沦生老。浊爱缠心不舍，清净智心自恼。真如法界丛林，返作荆棘荒草①。但执黄叶为金，不悟弃金求宝。所以失念狂走，强力装持相

---

① "作"，大正本作"生"。

好。口内诵经诵论，心里寻常枯槁。一朝觉本心空，具足真如不少。

声闻心心断惑，能断之心是贼。贼贼递相除遣，何时了本语默？口内诵经千卷，体上问经不识。不解佛法圆通，徒劳寻行数墨①。头陀阿练苦行，希望后身功德。希望即是隔圣，大道何由可得？譬如梦里度河，船师度过河北。忽觉床上安眠，失却度船轨则。船师及彼度人，两个本不相识。众生迷倒羁绊，往来三界疲极。觉悟生死如梦，一切求心自息。

悟解即是菩提，了本无有阶梯。堪叹凡夫伛偻，八十不能跋蹄。徒劳一生虚过，不觉日月迁移。向上看他师口，恰似失奶孩儿。道俗峥嵘聚集②，终日听他死语。不观己身无常，心行贪如狼虎。堪嗟二乘狭劣，要须摧伏六府。不食酒肉五辛，邪眼看他饮咀。更有邪行猖狂，修气不食盐醋。若悟上乘至真，不假分别男女。

十二时颂　宝志和尚

平旦寅，狂机内有道人身。穷苦已经无量劫，不信常擎如意珍。若捉物③，入迷津，但有纤豪即是尘。不住旧时无相貌，外求知识也非真。

日出卯，用处不须生善巧。纵使神光照有无，起意便遭魔事挠。若施功，终不了，日夜被他人我拗。不用安排只么从，何曾心地生烦恼？

---

① "墨"，原作"黑"，据东寺本、碛砂本、径山本、大正本改。
② "聚集"，大正本作"集聚"。
③ "捉"，南藏本、径山本作"著"。

食时辰，无明本是释迦身。坐卧不知元是道，只么忙忙受苦辛。认声色，觅疏亲，只是他家染污人。若拟将心求佛道，问取虚空始出尘。

禺中巳，未了之人教不至。假使通达祖师言①，莫向心头安了义。只首玄②，没文字，认著依前还不是。暂时自肯不追寻，旷劫不遭魔境使。

日南午，四大身中无价宝。阳焰空华不肯抛，作意修行转辛苦。不曾迷，莫求悟，任你朝阳几回暮。有相身中无相身，无明路上无生路。

日昳未，心地何曾安了义。他家文字没亲疏，莫起功夫求的意③。任纵横，绝忌讳，长在人间不居止④。运用不离声色中，历劫何曾暂抛弃？

晡时申，学道先须不厌贫。有相本来权积聚，无形何用要安真？作净洁，却劳神，莫认愚痴作近邻。言下不求无处所，暂时唤作出家人。

日入酉，虚幻声音终不久⑤。禅悦珍羞尚不餐⑥，谁能更饮无明酒？没可抛⑦，无物守⑧，荡荡逍遥不曾有。纵你多闻达古今，也是痴狂外边走。

---

① "使"，大正本作"饶"。
② "首"，丛刊本、东寺本、碛砂本作"守"。
③ "莫起功夫"，东寺本、碛砂本、南藏本、径山本作"不用将心"。
④ "止"，东寺本、南藏本、径山本作"世"。
⑤ "终不"，东寺本、碛砂本、南藏本、径山本作"不长"。
⑥ "羞"，径山本作"馐"。"餐"，丛刊本作"飡"。
⑦ "没"，东寺本、碛砂本、南藏本、径山本作"勿"。
⑧ "无物"，东寺本、碛砂本、南藏本、径山本作"勿可"。

黄昏戌，狂子兴功投暗室①。假使心通无量时，历劫何曾异今日？拟商量，却啾唧，转使心头黑如漆。昼夜舒光照有无，痴人唤作波罗蜜。

人定亥，勇猛精进成懈怠。不起纤豪修学心，无相光中常自在。超释迦，越祖代，心有微尘还窒阂。廓然无事顿清闲②，他家自有通人爱。

夜半子，心住无生即生死。生死何曾属有无？用时便用没文字③。祖师言，外边事，识取起时还不是。作意搜求实没踪，生死魔来任相试。

鸡鸣丑，一颗圆珠明已久④。内外接寻觅总无，境上施为浑大有。不见头，又无手⑤，世界坏时终不朽⑥。未了之人听一言，只遮如今谁动口？

十四科颂　志公和尚

菩提烦恼不二

众生不解修道，便欲断除烦恼。烦恼本来空寂，将道更欲觅道。一念之心即是，何须别处寻讨？大道晓在目前⑦，迷倒愚人不了。佛性天真自然，亦无因缘修造。不识三毒虚假，妄执浮沈

---

① "兴"，东寺本、碛砂本、南藏本、径山本作"施"。
② "窒阂。廓然无事顿清闲"，东寺本、碛砂本、南藏本、径山本作"质碍放荡长如痴兀人"。
③ "没"，东寺本、径山本作"无"。
④ "珠"，东寺本、碛砂本、南藏本、径山本作"光"。
⑤ "又"，东寺本、碛砂本、南藏本、径山本作"亦"。
⑥ "终"，东寺本、碛砂本、南藏本、径山本作"渠"。
⑦ "晓"，东寺本、碛砂本、南藏本、径山本作"只"。

生老。昔时迷日为晚①,今日始觉非早。

持犯不二

丈夫运用无碍,不为戒律所制。持犯本自无生,愚人被他禁系。智者造作皆空,声闻触途为滞。大士肉眼圆通,二乘天眼有翳。空中妄执有无,不达色心无碍。菩萨与俗同居,清净曾无染世。愚人贪著涅槃,智者生死实际。法性空无言说,缘起略无人子②。百岁无智小儿,小儿有智百岁。

佛与众生不二

众生与佛无殊,大智不异于愚。何须向外求宝?身田自有明珠。正道邪道不二,了知凡圣同途。迷悟本无差别,涅槃生死一如。究竟攀缘空寂,惟求意想清虚。无有一法可得,翛然自入无余。

事理不二

心王自在翛然,法性本无十缠。一切无非佛事,何须摄念坐禅?妄想本来空寂,不用断除攀缘。智者无心可得,自然无争无喧。不识无为大道,何时得证幽玄?佛与众生一种,众生即是世尊。凡夫妄生分别,无中执有迷奔。了达贪嗔空寂,何处不是真门?

静乱不二

声闻厌喧求静,犹如弃面求饼。饼即从来是面,造作随人百变。烦恼即是菩提,无心即是无境。生死不异涅槃,贪嗔如焰如影。智者无心求佛,愚人执邪执正。徒劳空过一生,不见如来妙顶。了达淫欲性空,镬汤炉炭自冷。

---

① "为"下,大正本注"一作'未'"。
② "人子",丛刊本作"些子"。"无人子"下,大正本注"一本作'为兹偈'"。

善恶不二

我自身心快乐，翛然无善无恶。法身自在无方，触目无非正觉。六尘本来空寂，凡夫妄生执著。涅槃生死本平①，四海阿谁厚薄？无为大道自然，不用将心画度。菩萨散诞灵通，所作常含妙觉。声闻执法坐禅，如蚕吐丝自缚。法性本来圆明，病愈何须执药？了知诸法平等，翛然清虚快乐。

色空不二

法性本无青黄，众生谩造文章。吾我说他止观，自意扰扰颠狂。不识圆通妙理，何时得会真常？自疾不能治疗，却教他人药方。外看将为是善，心内犹若豺狼。愚人畏其地狱，智者不异天堂。对境心常不起，举足皆是道场。佛与众生不二，众生自作分张。若欲除却三毒，迢迢不离灾殃。智者知心是佛，愚人乐往西方。

生死不二

世间诸法如幻，生死犹若雷电。法身自在圆通，出入山河无间。颠倒妄想本空，般若无迷无乱。三毒本自解脱，何须摄念禅观。只为愚人不了，从他戒律决断。不识寂灭真如，何时得登彼岸？智者无恶可断，运用随心合散。法性本来空寂，不为生死所绊。若欲断除烦恼，此是无明痴汉。烦恼即是菩提，何用别求禅观？实际无佛无魔，心体无形无断②。

断除不二

丈夫运用堂堂，逍遥自在无妨。一切不能为害，坚固犹若金

---

① "本平"，原作"太平"，据东寺本、碛砂本改，南藏本、径山本、大正本作"平等"。
② "断"，丛刊本、东寺本、碛砂本、径山本、大正本作"段"。

刚。不著二边中道,翛然非断非常。五欲贪嗔是佛,地狱不异天堂。愚人妄生分别,流浪生死猖狂。智者达色无碍,声闻无不惆惶。法性本无瑕翳,众生妄执青黄。如来引接迷愚,或说地狱天堂。弥勒身中自有,何须别处思量?弃却真如佛像,此人即是颠狂。声闻心中不了,唯只趁逐言章。言章本非真道,转加斗争刚强。心里蚖蛇蝮蝎,螫著便即遭伤。不解文中取义,何时得会真常?死入无间地狱,神识枉受灾殃。

真俗不二

法师说法极好,心中不离烦恼。口谈文字化他,转更增他生老。真妄本来不二,凡夫弃妄觅道。四众云集听讲,高座论义浩浩。南座北座相争,四众为言为好。虽然口谈甘露,心里寻常枯燥。自己元无一钱,日夜数他珍宝。恰似无智愚人,弃却真金担草。心中三毒不舍,未审何时得道?

解缚不二

律师持律自缚,自缚亦能缚他。外作威仪恬静,心内恰似洪波。不驾生死船筏,如何度得爱河?不解真宗正理,邪见言辞繁多。有二比丘犯律,便却往问优波。优波依律说罪,转增比丘网罗。方丈室中居士,维摩便即来诃①。优波默然无对,净名说法无过。而彼戒性如空,不在内外婆婆。劝除生灭不肯,忽悟还同释迦。

境照不二

禅师体离无明,烦恼从何处生?地狱天堂一相,涅槃生死空

---

① "诃",东寺本作"呵"。

名。亦无贪嗔可断，亦无佛道可成。众生与佛平等，自然圣智惺惺。不为六尘所梁，句句独契无生。正觉一念玄解，三世坦然皆平。非法非律自制，翛然真入圆成。绝此四句百非，如空无作无依。

运用无碍

我今滔滔自在，不羡公王卿宰。四时犹若金刚，著乐心常不改①。法宝喻于须弥，智慧广于江海。不为八风所牵，亦无精进懈怠。任性浮沈若颠，散诞纵横自在。遮莫刀剑临头，我自安然不采。

迷悟不二

迷时以空为色，悟即以色为空。迷悟本无差别，色空究竟还同。愚人唤南作北，智者达无西东。欲觅如来妙理，常在一念之中。阳焰本非其水，渴鹿狂趁匆匆。自身虚假不实，将空更欲觅空。世人迷倒至甚，如犬吠雷叿叿。

颂一首　归宗至真禅师智常

归宗事理绝，日轮正当午。自在如师子，不与物依怙。独步四山顶，优游三大路。欠去飞禽坠②，嚬呻众邪怖。机竖箭易及，影没手难覆。施张若工伎，裁剪如尺度。巧镂万般名，归宗还似土。语默音声绝，旨妙情难措。弃个眼还聋，取个耳还瞽。一锹破三关，分明箭后路。可怜大丈夫，先天为心祖③。

---

① "著乐心常"，东寺本、碛砂本作"昔乐心常"，丛刊本作"昔乐今常"，南藏本、径山本、大正本作"苦乐心常"。
② "去"，南藏本、径山本、大正本作"呿"。
③ 此下，大正本有"体字函《涅槃经》二十七卷真师子王晨朝出穴嚬呻欠呿"二十二字。

颂一十九首　香严袭灯大师智闲

授指

古人骨，多灵异。贤子孙，密安置。此一门，成孝义。人未达，莫差池。须志固，遣狐疑。得安静，不倾危。向即远，求即离。取即急，失即迟。无计校，忘觉知。浊流识，今古伪。一刹那，通变异。嵯峨山，石火气。内里发，焚巅巢。无遮栏，烧海底。法网疏，灵焰细。六月卧，去衣被。盖不得，无假伪。达道人，唱祖意。我师宗，古来讳。唯此人，善安置。足法财，具惭愧。不虚施，用处谛。有人问，少呵气。更审来，说米贵。

最后语

有一语，全规矩。休思惟，不自许。路逢达道人，扬眉省来处。踏不著，多疑虑。却思看，带伴侣。一生参学事无成，殷勤抱得旃檀树。

畅玄与崔大夫

达人多隐显，不定露形仪。语下不遗迹，密密潜护持。动容扬古路，明妙乃方知。应物但施设，莫道不思议。

达道场与城阴行者

理奥绝思量，根寻径路长。因兹知隔阔，无那被封疆。人生须特达，起坐觉馨香。清净如来子，安然坐道场。

与薛判官

一滴滴水，一焰焰火。饮水人醉，向火人老。不饮不向，无复安卧。失却弓箭①，蹋却射垛②。若人要知，先去钩锥。人须问我③，我是阿谁。快道，快道。

与临濡县行者

丈夫咄哉，久被尘埋。我因今日，得入山来。扬眉示我，因兹眼开。老僧手风，书处龙钟。语下有意，的出烦笼④。

显旨

思远神仪奥，精虚履践通。见闻离影像，密际语前踪。得意尘中妙，投机露道容。藏明照惊觉⑤，肯可达真宗。

三句后意

书出语多虚，虚中带有无。却向书前会，放却意中珠。

答郑郎中问⑥

语中埋迹，声前露容。实时妙会⑦，古人同风。响应机宜，无自他宗。诃起骇蟒⑧，奋迅成龙。

又⑨

语里埋筋骨，音声染道容。实时才妙会，拍手趁乖龙。

谭道

的的无兼带，独运何依赖？路逢达道人，莫将语默对。

---

① "失却"，东寺本、碛砂本、径山本、大正本作"抝折"。
② "却"，东寺本、碛砂本、大正本作"倒"。
③ "人"，碛砂本作"又"。
④ "烦"，径山本、大正本作"樊"。
⑤ "惊"，南藏本、径山本、大正本作"警"。
⑥ "问"下，东寺本、碛砂本、径山本、大正本有"二首"。
⑦ "实"，丛刊本、东寺本作"即"。
⑧ "骇"，径山本、大正本作"骏"。
⑨ "又"，东寺本、碛砂本、径山本、大正本无。

与学人玄机

妙旨迅速，言说来迟。才随语会，迷却神机。扬眉当问，对面熙怡。是何境界？同道方知。

明道

思思似有踪，明明不知处。借问示宗宾，徐徐暗回顾。

玄旨

去去无标的，来来只么来。有人相借问，不语笑咳咳①。

与邓州行者

林下觉身愚，缘不带心珠。开口无言说，笔头无可书。人问香严旨，莫道在山居。

三跳后

三门前合掌，两廊下行道。中庭上作舞，后门外摇头。

上根

咄哉莫错，顿尔无觉。空处发言，龙惊一著。小语呼召，妙绝名邈。巍巍道流，无可披剥。

破法身见

向上无父娘②，向下无男女。独自一个身，切须了却去。闻我有此言，人人竞来取。对他一句子，不话无言语。

独脚

子啐母啄，子觉无壳。母子俱亡，应缘不错。同道唱和，妙云独脚。

---

① "咳咳"，东寺本、碛砂本作"哈哈"。
② "父"，东寺本、碛砂本、南藏本、径山本作"爷"。

颂一首① 洞山和尚良价

无心合道②

道无心合人,人无心合道。欲识个中意,一老一不老。

颂一十八首 龙牙和尚居遁

龙牙山里龙,形非世间色。世上画龙人,巧巧描不得。唯有识龙人,一见便心息。

唯念门前树,能容鸟泊飞。来者无心唤,腾身不慕归。若人心似树,与道不相违。

一得无心便道情,六门休歇不劳形。有缘不是余朋友,无用双眉却弟兄。

悟了还同未悟人,无心胜负自安神。从前古德称贫道,向此门中有几人?

学道先须有悟由,还如曾斗快龙舟。虽然旧阁于空地,一度赢来方始休。

心空不及道空安,道与心空状一般。参玄不是道空士,一乍相逢不易看。

自小从师学祖宗,闲华犹似缠人蜂。僧真不假居云外,得后知无色自空。

学道无端学画龙,元来未得笔头踪。一朝体得真龙后,方觉从前枉用功。

成佛人希念佛多,念来岁久却成魔。君今欲得自成佛,无念

---

① "颂一首",东寺本、碛砂本、南藏本、径山本作"无心合道颂"。
② "无心合道",东寺本、碛砂本、南藏本、径山本无。

之人不较多。

在梦那知梦是虚，觉来方觉梦中无。迷时恰是梦中事，悟后还同睡起夫。

学道蒙师诣却闲①，无中有路隐人间。饶君讲得千经论，一句临机下口难。

菩萨声闻未尽空，人天来往访真宗。争如佛是无疑士，端坐无心只么通。

此生不息息何时？息在今生共要知。心息只缘无妄想，妄除心息是休时。

迷人未了劝盲聋，土上加泥更一重。悟人有意同迷意，只在迷中迷不逢。

夫人学道莫贪求，万事无心道合头。无心始体无心道，体得无心道亦休。

眉间毫相焰光身，事见争如理见亲。事有只因于理有，理权方便化天人。一朝大悟俱消却，方得名为无事人。

人情浓厚道情微，道用人情世岂知？空有人情无道用，人情能得几多时？

寻牛须访迹，学道访无心。迹在牛还在，无心道易寻。

颂三首　玄沙师备宗一大师

玄沙游径别，时人切须知。三冬阳气盛，六月降霜时。有语非关舌，无言切要辞。会我最后句②，出世少人知。

---

① "诣"，丛刊本作"指"。
② "句"，原作"向"，据丛刊本、东寺本、碛砂本、径山本、大正本改。

奇哉一灵叟，那顿许咬咬。音兜。风起引箜篌，迷子争头凑。设使总不是，蟆蛤大张口。开口不开口，终是犯灵叟。欲识个中意，南星真北斗。

万里神光顶后相，没顶之时何处望？事已成，意亦休①，此个从来触处周。智者聊闻猛提取，莫待须臾失却头。

颂二首　招庆省僜真觉大师

示执坐禅者

大道分明绝点尘，何须长坐始相亲？遇缘侊解无非是，处愦那能有故新？散诞肯齐支遁侣，逍遥曷与慧休邻？或游泉石或阛阓，可谓烟霞物外人。

示坐禅方便

四威仪内坐为先，澄滤身心渐坦然。瞥尔有缘随浊界，当须莫续是天年。修持只话从功路，至理宁论在那边？一切时中常管带，因缘相凑豁通玄。

明道颂　一首②　漳州罗汉桂琛和尚

至道渊旷，勿以言宣。言宣非指，孰云有是？触处皆渠，岂喻真虚？真虚设辨，如镜中现。有无虽彰，在处无伤。无伤无在，何拘何阂？不假功成，将何法尔？法尔不尔，俱为唇齿。若以斯陈，埋没宗旨。宗非意陈，无以见闻。见闻不脱③，如水中

---

① "亦"，径山本作"未"。
② "一首"下，东寺本、碛砂本、南藏本注"四言"。
③ "脱"，碛砂本作"说"。

月。于此不明,翻为剩法。一法有形,翳汝眼睛。眼睛不明,世界峥嵘。我宗奇特,当阳显赫。佛及众生,皆承恩力。不在低头,思量难得。拶破面门,覆盖乾坤。快须荐取,脱却根尘。其如不晓,谩说而今。

觉地颂一首　七言　南岳惟劲禅师

略明觉地名同异,起复初终互换生。性海首建增名号,妙觉还依性觉明。体觉俱含于明妙,明觉妙觉并双行。妙觉觉妙元明体,全成无漏一真精。明觉觉明明所了,或因了相失元明。明妙二觉宗体觉,体觉性觉二同明。湛觉圆圆无增减,此中无佛与众生。不觉始终非了了,不闻迷悟岂惺惺?是称心地如来藏,亦无觉照及无生。非生非灭真如海,湛然常住名无名。太虚未觉生霞点,岂闻微尘有漏声?空洰匪离于觉海①,动寂元是一真明。觉明体尔含灵焰,觉明逐焰致亏盈。差之不返名无觉,会之复本始觉生。本觉由因始觉生,正觉还依合觉明。由地二种成差互②,遂令浑作赖耶名。具含染净双岐路,觉明含处异途萌。性起无生不动智,不离觉体本圆成。性起转觉翻生所,遂令有漏堕迷盲③。无明因爱相滋润,名色根本渐次生。七识转处蒙圆镜,五六生时蔽觉明。触受有取相依起,生老病死继续行。业识茫茫没苦海,徇流浩浩逐飘零。大圣慈悲兴救济,一声用处出三声。智身由从法身起,行身还约智身生。智行二身融无二,还归一体本来平。

---

① "海",径山本作"悟",大正本作"诲"。
② "地",碛砂本、径山本、大正本作"他"。
③ "堕",碛砂本作"随"。

万有齐含真海印，一心普现总圆明。湛光焰焰何依止？空性荡荡无所停。处处示生无生相，处处示灭无灭形。珠镜顿印无来往，浮云聚散勿常程。出没任真同水月，应缘如响化群情。众生性地元无染，只缘浮妄翳真精。不了五阴如空聚，岂知四大若乾城？我慢痴山高屹屹，无明欲海杳溟溟。每逐旃陀憍诳友，常随猛兽作悲鸣。自性转识翻为幻，自心幻境自心惊。了此幻性同阳焰，空华识浪复圆成。太虚忽觉浮云散，始觉虚空本自清。今古湛然常皎莹，不得古今凡圣名。

入道浅深颂　五首　鄞州临溪敬脱和尚

露柱声声唤，猢狲绳子绊。中下莫知由，上士方堪看。
露柱不声唤，猢狲绳子断。上士笑呵呵，中流若为见？
猢狲与露柱，未免东西步。任唱太平歌，徒话超佛祖。
我见匠者夸，语默玄妙句。不善本根源，巧布祇园事。
少室与摩竭，第代称扬许①。我今问汝徒，谁作将来主？

颂十四首　大法眼禅师文益

三界唯心

三界唯心，万法唯识。唯识唯心，眼声耳色。色不到耳，声何触眼？眼色耳声，万法成办。万法匪缘，岂观如幻？大地山河，谁坚谁变？

---

① "扬"，原作"杨"，据丛刊本、东寺本、碛砂本、径山本、大正本改。

华严六相义

华严六相义，同中还有异。异若异于同，全非诸佛意。诸佛意总别，何曾有同异？男子身中入定时，女子身中不留意。不留意，绝名字，万象明明无理事。

瞻须菩提

须菩提，貌古奇。说空法，法不离。信不及，又怀疑。信得及，复何之？倚筇杖，视东西。

街鼓鸣

鼓冬冬，运大功。满朝人，道路通。道路通，何所至？达者莫言登宝地。

示舍弃慕道

东堂不折桂，南华不学仙。却来乾竺寺，披衣效坐禅。禅若效坐得，非想亦何偏？经劫守闲，不出生死。为报参禅者，须悟道中玄。如何道中玄？真规自宛然。

《金刚经》为人轻贱章。诠云：持经者，证佛地也。

宝剑不失，虚舟不刻。不失不刻，彼子为得。倚待不堪，孤然仍则。鸟迹虚空，有无弥忒。思之。

僧问随色摩尼珠

摩尼不随色，色里勿摩尼。摩尼与众色，不合不分离。

牛头庵

国城南，祖师庵。庵旧址，依云岚。兽驯淑，人相参。忽有心，终不堪。

乾闼婆城

乾闼婆城，法法皆尔。法尔不尔，名相真轨。日暖月凉，海深山起。乾闼婆城，是非亡矣。

因僧看经

今人看古教，不免心中闹。欲免心中闹，但知看古教。

问僧云会么对不会

会与不会，与汝面对。若也面对，真个不会。

庭柏盆莲

一朵菡萏莲，两株青瘦柏。长向僧家庭，何劳问高格？

正月偶示

正月春，顺时节。情有无，皆含悦。君要知，得谁力？更问谁，教谁决？

寄钟陵光僧正

西山巍巍兮耸碧，漳水澄澄兮练色，对现分明有何极？

八渐偈并序　　白居易

唐贞元十九年秋八月，有大师曰凝公，迁化于东都圣善寺钵塔院。越明年春二月，有东来客白居易，作《八渐偈》。偈六句，句四言赞之。初居易尝求心要于师，师赐我言焉：曰观、曰觉、曰定、曰慧、曰明、曰通、曰济、曰舍。繇是入于耳，贯于心。呜呼！今师之报身则化，师之八言不化。至哉八言！实无生忍观之渐门也。故自观至舍，次而赞之，广一言为一偈，谓之《八渐偈》。盖欲以发挥师之心教，且明居易不敢失坠也。既而升于堂，礼于床，跪而唱，泣而去。偈曰：

观

以心中眼，观心外相。从何而有，从何而丧？观之又观，则辨真妄。

觉

惟真常在，为妄所蒙。真妄苟辨，觉生其中。不离妄有，而得真空。

定

真若不灭，妄即不起。六根之源，湛如止水。是为禅定，乃脱生死。

慧

专之以定，定犹有系。济之以慧，慧则无滞。如珠在盘，盘定珠慧。

明

定慧相合，合而后明。照彼万物，物无遁形。如大圆镜，有应无情。

通

慧至乃明，明则不昧。明至乃通，通则无碍。无碍者何？变化自在。

济

通力不常，应念而变。变相非有，随求而见。是大慈悲，以一济万。

舍

众苦既济，大悲亦舍。苦既非真，悲亦是假。是故众生，实无度者。

诗八首① 同安禅师②

心印③

问君心印作何颜?心印谁人敢授传④?历劫坦然无异色,呼为心印早虚言。须知本自灵空性⑤,将喻红炉焰里莲⑥。莫以无心便是道⑦,无心犹隔一重关。

玄机⑧

迢迢空劫勿能收,岂为尘机作系留?妙体本来无处所,通身何更问踪由⑨?灵然一句超群象,迥出三乘不假修。撒手那边诸圣外⑩,回程堪作火中牛。

尘异

浊者自浊清者清,菩提烦恼等空平。谁言卞璧无人鉴,我道骊珠到处晶。万法泯时全体现,三乘分处假安名⑪。丈夫皆有冲天气⑫,不向如来行处行⑬。

---

① "诗八首",东寺本、碛砂本、南藏本、径山本作"诗十首",大正本作"十玄谈并序"。
② "安"下,大正本有"察"。
③ "心印"上,大正本有"夫玄谈妙句,迥出三乘,既不混缘,亦非独立。当台应用,如朗月以晶空;转影泯机,似明珠而隐海。且学徒有等,妙理无穷,达事者稀,迷源者众。森罗万象,物物上明。或即理事双袪,名言俱丧;是以殷勤指月,莫错端倪。不迷透水之针,可付开拳之宝。略序微言,以彰事理"。
④ "谁",大正本作"何"。
⑤ "灵",南藏本、大正本作"虚"。
⑥ "焰",大正本作"火"。
⑦ "以",东寺本、碛砂本作"谓"。"便",大正本作"云"。
⑧ "玄机"上,东寺本、碛砂本、径山本有"祖意:祖意如空不是空,灵机争堕有无功?三贤尚未明斯旨,十圣那能达此宗?透网金鳞犹滞水,回途石马出沙笼。殷勤为说西来意,莫问西来及与东"。
⑨ "问",南藏本、径山本、大正本作"有"。"踪",原作"纵",据大正本改。
⑩ "撒",原作"散",据丛刊本、东寺本、碛砂本改,下同。"诸",大正本作"千"。
⑪ "处假",大正本作"别强"。
⑫ "皆",东寺本、碛砂本、南藏本、径山本作"自"。"气",大正本作"志"。
⑬ "不",东寺本、碛砂本、径山本、大正本作"莫"。

佛教①

三时次第演金言②,三世如来亦共宣。初说有空人尽执,后非空有众皆缘③。龙宫满藏医方义,鹤树终谈理未玄。真净界中才一念,阎浮早已八千年。

还乡曲④

勿于中路事空王,策杖还须归本乡⑤。云水隔时君莫住,雪山深处我非忙⑥。寻思去日颜如玉,嗟叹回来鬓似霜。撒手到家人不识,更无一物献尊堂。

破还乡曲⑦

返本还源事亦差⑧,本来无住不名家。万年松径雪深覆,一带峰峦云更遮。宾主默时纯是妄⑨,君臣道合正中邪⑩。还乡曲调如何物⑪?明月堂前枯木华⑫。

转位归⑬

涅槃城里尚犹危,陌路相逢没了期⑭。权挂垢衣云是佛,却装珍御复名谁?木人夜半穿靴去,石女天明戴帽归。万古碧潭空

_____

① "佛",南藏本、大正本作"演"。
② "时",东寺本、径山本、大正本作"乘"。
③ "缘",东寺本作"捐"。
④ "还乡曲",大正本作"达本"。
⑤ "还须",丛刊本、东寺本作"咸须"。"归",南藏本、径山本、大正本作"达"。
⑥ "忙",南藏本、径山本、大正本作"忘"。
⑦ "破还乡曲",大正本作"还源"。
⑧ "亦",大正本作"已"。
⑨ "默",大正本作"穆"。"纯",大正本作"全"。
⑩ "道合",大正本作"合处"。
⑪ "物",南藏本、径山本、大正本作"唱"。
⑫ "木",大正本作"树"。
⑬ "转位归",大正本作"回机"。
⑭ "了",南藏本、径山本、大正本作"定"。

界月,再三涝漉始应知①。

正位前②

枯木岩前差路多③,行人到此尽蹉跎。鹭鸶立雪非同色,明月芦华不似他④。了了了时无所了⑤,玄玄玄处亦须诃⑥。殷勤为唱玄中曲,空里蟾光撮得么?

诗十首　云顶山僧德敷

语默难测

闲坐冥然圣莫知,纵言无物比方伊。石人把板云中拍,木女含笙水底吹。若道不闻渠未晓,欲寻其响你还疑。教君唱和仍须和,休问宫商竹与丝。

祖教迥异

祖意迥然传一句,教中广布引三乘。净名倒岳雷声吼,鹙子孤潭月影澄。廛市卖鱼忘进趣,岩林饲虎望超升⑦。虽知同体权方便,也似炎天日里灯。

学虽得妙

栖心学道数如尘,认得曹溪有几人?若使圣凡无挂碍,便应

---

① "涝漉",径山本、大正本作"捞漉"。
② "正位前",大正本作"一色"。"正位前"上,东寺本、碛砂本、南藏本、径山本、大正本有:"回机:披毛戴角入廛来,优钵罗华火里开。烦恼海中为雨露,无明山上作云雷。镬汤炉炭吹教灭,剑树刀山喝使摧。金锁玄关留不住,行于异类且轮回。"
③ "木",原作"骨",据丛刊本、东寺本、碛砂本、径山本改。
④ "华",碛砂本作"叶"。
⑤ "所",大正本作"可"。
⑥ "诃",丛刊本、东寺本作"呵"。
⑦ "升",碛砂本作"生"。

砖瓦是修真。瞥然一念邪思起,已属多生放逸因。不遇祖师亲指的①,临机开口卒难陈。

问来祇对不得

莫夸祇对句分明,执句寻言误杀卿。只合文殊便是道,亏他居士杳无声。见人须弃敲门物,知路仍忘稚子名②。傥若不疑言会尽,何妨默默过浮生。

无指的

不居南北与东西,上下虚空岂可齐?现小毛头犹道广,变长天外尚嫌低。顿干四海红尘起,能竭三涂黑业迷。如此万般皆属坏,更须前进问曹溪。

自乐僻执

虽然僻执不风流,懒出松门数十秋。合掌有时慵问佛,折腰谁肯见王侯?电光梦世非坚久,欲火苍生早晚休。自蕴本来灵觉性,不能暂使挂心头。

问答须知起倒

问答须教知起倒,龙头蛇尾自欺谩。如王秉剑犹王意,似镜当台待镜观。眨眼参差千里莽,低头思虑万重滩。各于此道争深见,何啻前程作野干?

言行相扶

言语行时不易行,如乌如兔两光明。宁关昼夜精勤得,非是贪嗔懈怠生。菩萨尚犹难说到,声闻焉敢拟论评?然无地位长闲坐,谁料龙神来捧迎。

---

① "指的",东寺本、碛砂本、南藏本、径山本作"的指"。
② "稚",南藏本、径山本、大正本作"堠"。

一句子

一句子玄不可尽，飒然会了奈渠何？非干世事成无事，祖教心魔是佛魔。贫子喻中明此道，献珠偈里显张罗。空门有路平兼广，痛切相招谁肯过？

古今大意

古今以拂示东南，大意幽微肯易参。动指掩头元是一，斜眸拊掌固非三。道吾舞笏同人会，石巩弯弓作者谙。此理若无师印授，欲将何见语玄谈？

诗三首　　僧润

因览《宝林传》

祖月禅风集《宝林》，二千余载道堪寻。虽分西国与东国，不隔人心到佛心。迦叶最初传去盛，慧能末后得来深。览斯顿悟超凡众，嗟彼常迷古与今。

赠道者

一语真空出世间，可怜迷者蚁循环。此生胜坐三禅乐，好句长吟万事闲。秋月圆来看尽夜，野云散去落何山？到头自了方为了，休执他经扣祖关。

赠禅客

了妄归真万虑空，河沙凡圣体通同。迷来尽似蛾投焰，悟去皆如鹤出笼。片月影分千涧水，孤松声任四时风。直须密契心心地，休苦劳生睡梦中。

景德传灯录卷第三十

铭记箴歌

  傅大士《心王铭》

  三祖僧璨大师《信心铭》

  牛头山初祖法融禅师《心铭》

  僧亡名《息心铭》

  菩提达磨《略辨大乘入道四行》弟子昙琳序

  荷泽大师《显宗记》

  南岳石头大师《参同契》

  五台山镇国大师澄观《答皇太子问心要》

  杭州五云和尚《坐禅箴》

  永嘉真觉大师《证道歌》

  腾腾和尚《了元歌》

  南岳懒瓒和尚歌

  石头和尚《草庵歌》

  道吾和尚《乐道歌》

《一钵歌》①

乐普和尚《浮沤歌》

牧护和尚歌②

法灯禅师《古镜歌》三首

潭州龙会道寻《遍参三昧歌》

丹霞和尚《玩珠吟》二首

关南长老《获珠吟》

香严和尚《励觉吟》《归寂吟》二首

韶山和尚《心珠歌》③

心王铭　傅大士

观心空王，玄妙难测。无形无相，有大神力。能灭千灾，成就万德。体性虽空，能施法则。观之无形，呼之有声。为大法将，心戒传经。水中盐味，色里胶清。决定是有，不见其形。心王亦尔，身内居停。面门出入，应物随情。自在无碍，所作皆成。了本识心，识心见佛。是心是佛，是佛是心。念念佛心，佛心念佛。欲得早成，戒心自律。净律净心，心即是佛。除此心王，更无别佛。欲求成佛，莫染一物。心性虽空，贪嗔体实。入此法门，端坐成佛。到彼岸已，得波罗蜜。慕道真士，自观自心。知佛在内，不向外寻。即心即佛，即佛即心。心明识佛，晓了识心。离心非佛，离佛非心。非佛莫测，无所堪任。执空滞

---

① "一钵歌"，大正本作 "一钵歌别录云杯渡禅师作"，南藏本作 "一钵歌杯渡禅师作"，径山本作 "杯度禅师一钵歌"。
② "牧护和尚歌"，径山本、大正本作 "苏溪和尚牧护歌"。
③ 此下，南藏本有 "魏府华严长老示众"，径山本有 "魏府华严长老示众语"。

寂，于此漂沉。诸佛菩萨，非此安心。明心大士，悟此玄音。身心性妙，用无更改。是故智者，放心自在。莫言心王，空无体性。能使色身，作邪作正。非有非无，隐显不定。心性离空，能凡能圣。是故相劝，好自防慎。刹那造作，还复漂沉。清净心智，如世黄金。般若法藏，并在身心。无为法宝，非浅非深。诸佛菩萨，了此本心。有缘遇者，非去来今。

信心铭　三祖僧璨大师

至道无难，唯嫌拣择。但莫憎爱，洞然明白。豪厘有差，天地悬隔。欲得现前，莫存顺逆。违顺相争，是为心病。不识玄旨，徒劳念静。圆同太虚，无欠无余。良由取舍，所以不如。莫逐有缘，勿住空忍。一种平怀，泯然自尽。止动归止，止更弥动。唯滞两边，宁知一种？一种不通，两处失功。遣有没有，从空背空。多言多虑，转不相应。绝言绝虑，无处不通。归根得旨，随照失宗。须臾返照，胜却前空。前空转变，皆由妄见。不用求真，唯须息见。二见不住，慎莫追寻。才有是非，纷然失心。二由一有，一亦莫守。一心不生，万法无咎。无咎无法，不生不心。能随境灭，境逐能沉。境由能境，能由境能。欲知两段，元是一空。一空同两，齐含万象。不见精粗，宁有偏党？大道体宽，无易无难。小见狐疑，转急转迟。执之失度，必入邪路。放之自然，体无去住。任性合道，逍遥绝恼。系念乖真，昏沉不好。不好劳神，何用疏亲？欲取一乘，勿恶六尘。六尘不恶，还同正觉。智者无为，愚人自缚。法无异法，妄自爱著。将心用心，岂非大错。迷生寂乱，悟无好恶。一切二边，浪由斟酌①。梦幻虚华，何劳把捉。得失是非，一时放却。眼若不睡，诸梦自除。心若不异，万法一如。一如体玄，兀尔忘缘。万法齐观，归复自然。泯其所以，不可方比。止动无动，动止无止。两既不成，一何有尔？究竟穷极，不存轨则。契心平等，所作俱息。狐疑尽净，正信调直。一切不留，无可记忆。虚明自照，不劳心力。非思量处，识情难测。真如法界，无他无自。要急相应，唯言不二。不二皆同，无不包容。十方智者，皆入此宗。宗非促延，一念万年。无在不在，十方目前。极小同大，忘绝境界。极大同小，不见边表。有即是无，无即是有。若不如此，必不须守。一即一切，一切即一。但能如是，何虑不毕？信心不二，不二信心。言语道断，非去来今。

心铭 牛头山初祖法融禅师

心性不生，何须知见？本无一法，谁论熏炼？往返无端，追寻不见。一切莫作，明寂自现。前际如空，知处迷宗。分明照境，随照冥蒙。一心有滞，诸法不通。去来自尔，胡假推穷？生无生相，生照一同。欲得心净，无心用功②。纵横无照，最为微妙。知法无知，无知知要。将心守静，犹未离病。生死忘怀，即是本性。至理无诠，非解非缠。灵通应物，常在目前。目前无物，无物宛然。不劳智鉴，体自虚玄。念起念灭，前后无别。后念不生，前念自绝。三世无物，无心无佛。众生无心，依无心出。分别凡圣，烦恼转盛。计校乖常，求真背正。双泯对治，湛

---

① "浪"，碛砂本、南藏本、径山本作"艮"。"由"，丛刊本作"自"。
② "无心"，丛刊本作"无明"。

然明净。不须功巧,守婴儿行。惺惺了知,见网转弥。寂寂无见,暗室不移。惺惺无妄,寂寂明亮。万象常真,森罗一相。去来坐立,一切莫执。决定无方,谁为出入?无合无散,不迟不疾。明寂自然,不可言及。心无异心,不断贪淫。性空自离,任运浮沈。非清非浊,非浅非深。本来非古,见在非今。见在无住,见在本心。本来不存,本来即今。菩提本有,不须用守。烦恼本无,不须用除。灵知自照,万法归如。无归无受,绝观忘守。四德不生,三身本有。六根对境,分别非识。一心无妄,万缘调直。心性本齐,同居不携。无生顺物,随处幽栖。觉由不觉,即觉无觉。得失两边,谁论好恶?一切有为,本无造作。知心不心,无病无药。迷时舍事,悟罢非异。本无可取,今何用弃?谓有魔兴,言空象备。莫灭凡情,唯教息意。意无心灭,心无行绝。不用证空,自然明彻。灭尽生死,冥心入理。开目见相,心随境起。心处无境,境处无心。将心灭境,彼此由侵。心寂境如,不遣不拘。境随心灭,心随境无。两处不生,寂静虚明。菩提影现,心水常清。德性如愚,不立亲疏。宠辱不变,不择所居。诸缘顿息,一切不忆。永日如夜,永夜如日。外似顽器,内心虚真①。对境不动,有力大人。无人无见,无见常现。通达一切,未尝不遍。思惟转昏,汩乱精魂。将心止动,转止转奔。万法无所,唯有一门。不入不出,非静非喧。声闻缘觉,智不能论。实无一物,妙智独存。本际虚冲,非心所穷。正觉无觉,真空不空。三世诸佛,皆乘此宗。此宗豪末,沙界含容。一

---

① "真",南藏本、径山本作"直"。

切莫顾，安心无处。无处安心，虚明自露。寂静不生，放旷纵横。所作无滞，去住皆平。慧日寂寂，定光明明。照无相苑，朗涅槃城。诸缘忘毕，诠神定质。不起法座，安眠虚室。乐道恬然，优游真实。无为无得，依无自出。四等六度，同一乘路。心若不生，法无差互。知生无生，现前常住。智者方知，非言诠悟。

息心铭　僧亡名

法界有如意宝，人焉久缄其身，铭其膺曰：古之摄心人也，戒之哉，戒之哉！

无多虑，无多知。多知多事，不如息意。多虑多失，不如守一。虑多志散，知多心乱。心乱生恼，志散妨道。勿谓何伤，其苦攸长①。勿言何畏，其祸鼎沸。滴水不停，四海将盈。纤尘不拂，五岳将成。防末在本，虽小不轻。关尔七窍，闭尔六情。莫视于色②，莫听于声。闻声者聋，见色者盲。一文一艺，空中小蚋。一伎一能，日下孤灯。英贤才艺，是为愚蔽。舍弃淳朴，耽溺淫丽。识马易奔，心猿难制。神既劳役，形必损毙。邪行终迷，修途永泥。莫贵才能，日益惛憒。夸拙羡巧，其德不弘。名厚行薄，其高速崩。内怀憍伐，外致怨憎。或谈于口，或书于手。邀人令誉，亦孔之丑。凡谓之吉，圣谓之咎。赏玩暂时，悲哀长久。畏影畏迹，逾远逾极。端坐树阴，迹灭影沈。厌生患老，随思随造。心想若灭，生死长绝。不死不生，无相无名。一道虚寂，万物齐平。何贵何贱，何辱何荣？何胜何劣，何重何轻？澄天愧净，

---

① "攸"，大正本作"悠"。
② "视"，碛砂本、南藏本、径山本作"现"。

皎日惭明。安夫岱岭，同彼金城。敬贻贤哲，斯道利贞。

菩提达磨　略辨大乘入道四行　弟子昙琳序

法师者，西域南天竺国，是大婆罗门国王第三之子也。神慧疏朗，闻皆晓悟。志存摩诃衍道，故舍素从缁，绍隆圣种。冥心虚寂，通鉴世事，内外俱明，德超世表。悲悔边隅，正教陵替，遂能远涉山海，游化汉魏。忘心之士，莫不归信；存见之流，乃生讥谤。于时唯有道育、慧可，此二沙门，年虽后生，俊志高远。幸逢法师，事之数载，虔恭咨启，善蒙师意。法师感其精诚，诲以真道。令如是安心，如是发行，如是顺物，如是方便。此是大乘安心之法，令无错谬。如是安心者壁观，如是发行者四行，如是顺物者防护讥嫌，如是方便者遣其不著。此略序所由云尔：

夫入道多途，要而言之，不出二种：一是理入，二是行入。理入者，谓籍教悟宗，深信含生同一真性，但为客尘妄想所覆，不能显了。若也舍妄归真，凝住壁观，无自无他，凡圣等一，坚住不移，更不随于文教。此即与理冥符，无有分别，寂然无为，名之理入。行入者，谓四行，其余诸行悉入此中。何等四耶？一报冤行，二随缘行，三无所求行，四称法之行。云何报冤行？谓修道行人，若受苦时，当自念言：我从往昔无数劫中，弃本从末，流浪诸有，多起冤憎，违害无限。今虽无犯，是我宿殃恶业果熟，非天非人，所能见与。甘心忍受，都无冤诉。经云：逢苦不忧。何以故？识达故。此心生时，与理相应，体冤进道，故说言报冤行。二随缘行者，众生无我，并缘业所转。苦乐齐受，皆从缘生。若得胜报荣誉等事，是我过去宿因所感，今方得之，缘尽还无，何喜之有？得失从缘，心无增减，喜风不动，冥顺于道，是故说言随缘行也。三无所求行者，世人长迷，处处贪著，名之为求。智者悟真，理将俗反。安心无为，形随运转。万有斯空，无所愿乐。功德黑暗，常相随逐，三界久居，犹如火宅。有身皆苦，谁得而安？了达此处，故舍诸有，息想无求。经云：有求皆苦，无求乃乐。判知无求，真为道行，故言无所求行也。四称法行，性净之理，目之为法。此理众相斯空，无染无著，无此无彼。经云：法无众生，离众生垢故。法无有我，离我垢故。智者若能信解此理，应当称法而行。法体无悭，于身、命、财，行檀舍施，心无恡惜，达解三空，不倚不著。但为去垢，称化众生而不取相。此为自行，复能利他，亦能庄严菩提之道。檀施既尔，余五亦然。为除妄想，修行六度而无所行，是为称法行。

显宗记　荷泽大师

无念为宗，无作为本。真空为体，妙有为用。夫真如无念，非想念而能知；实相无生，岂色心而能见？无念念者，即念真如；无生生者，即生实相。无住而住，常住涅槃；无行而行，即超彼岸。如如不动，动用无穷；念念无求，求本无念。菩提无得，净五眼而了三身；般若无知，运六通而弘四智。是知即定无定，即慧无慧，即行无行。性等虚空，体同法界，六度自兹圆满，道品于是无亏。是知我法体空，有无双泯。心本无作，道常无念。无念无思，无求无得，不彼不此，不去不来。体悟三明，心通八解，功成十力，富有七珍。入不二门，获一乘理。妙中之妙，即妙法身；天中之天，乃金刚慧。湛然常寂，应用无方。用而常空，空而常用。用而不有，即是真空；空而不无，便成妙有。妙有即摩诃般若，真空即清净涅槃。般若是涅槃之因，涅槃是般若之果。般若无见，能见涅槃；涅槃无生，能生般若。涅槃、般若，名异体同，随义立名，故云法无定相。涅槃能生般若，即名真佛法身；般若能建涅槃，故号如来知见。知即知心空寂，见即见性无生。知见分明，不一不异，故能动寂常妙，理事皆如，如即处处能通，达即理事无碍。六根不染，即定慧之功；六识不生，即如如之力。心如境谢，境灭心空。心境双亡，体用不异。真如性净，慧鉴无穷，如水分千月，能见闻觉知。见闻觉知，而常空寂。空即无相，寂即无生，不被善恶所拘，不被静乱所摄。不厌生死，不乐涅槃。无不能无，有不能有。行住坐卧，心不动摇。一切时中，获无所得。三世诸佛，教旨如斯，即菩萨慈悲，递相传受。

自世尊灭后，西天二十八祖共传无住之心，同说如来知见。至于达磨，届此为初，递代相承，于今不绝。所传秘教，要借得人，如王髻珠，终不妄与。福德、智慧，二种庄严，行解相应，方能建立。衣为法信，法是衣宗，唯指衣法相传，更无别法。内传心印，印契本心；外传袈裟，将表宗旨。非衣不传于法，非法不受于衣。衣是法信之衣，法是无生之法。无生即无虚妄，乃是空寂之心，知空寂而了法身，了法身而真解脱。

参同契　南岳石头和尚

竺土大仙心①，东西密相付。人根有利钝，道无南北祖。灵

---

① "土"，碛砂本作"士"。

源明皎洁，枝派暗流注。执事元是迷，契理亦非悟。门门一切境，回互不回互。回而更相涉，不尔依位住。色本殊质象，声元异乐苦。暗合上中言，明明清浊句。四大性自复，如子得其母。火热风动摇，水湿地坚固。眼色耳音声，鼻香舌咸醋。然依一一法，依根叶分布。本末须归宗，尊卑用其语。当明中有暗，勿以暗相遇。当暗中有明，勿以明相睹。明暗各相对，比如前后步。万物自有功，当言用及处。事存函盖合，理应箭锋拄。承旨须会宗①，勿自立规矩。触目不会道，运足焉知路？进步非近远，迷隔山河固。谨白参玄人，光阴莫虚度。

五台山镇国大师澄观　　答皇太子问心要

至道本乎其心，心法本乎无住。无住，心体灵知；不昧，性相寂然。包含德用，该摄内外，能深能广，非有非空，不生不灭，无终无始。求之而不得，弃之而不离。迷现量，则惑苦纷然②；寤真性，则空明廓彻。虽即心即佛，唯证者方知。然有证有知，则慧日沉没于有地；若无照无悟，则昏云掩蔽于空门。若一念不生，则前后际断，照体独立，物我皆如。直造心源，无智无得，不取不舍，无对无修。然迷悟更依，真妄相待。若求真去妄，犹弃影劳形；若体妄即真，似处阴影灭。若无心忘照，则万虑都捐；若任运寂知，则众行爰起。放旷任其去住，静鉴觉其源流。语默不失玄微，动静未离法界。言止，则双亡知寂；论观，则双照寂知。语证，则不可示人；说理，则非证不了。是以悟寂

---

① "旨"，丛刊本、东寺本、碛砂本、径山本、大正本作"言"。
② "惑"，东寺本、碛砂本、南藏本作"感"。

无寂，真知无知，以知寂不二之一心，契空有双融之中道。无住无著，莫摄莫收，是非两亡，能所双绝。斯绝亦寂，则般若现前。般若非心外新生，智性乃本来具足。然本寂不能自现，实由般若之功。般若之与智性，翻覆相成；本智之与始修，实无两体。双亡正入，则妙觉圆明；始末该融，则因果交彻。心心作佛，无一心而非佛心；处处成道，无一尘而非佛国。故真妄物我，举一全收，心佛众生，浑然齐致。是知迷则人随于法，法法万差而人不同；悟则法随于人，人人一智而融万境。言穷虑绝，何果何因？体本寂寥，孰同孰异？唯忘怀虚朗，消息冲融，其犹透水月华，虚而可见；无心鉴象，照而常空矣。

坐禅箴　杭州五云和尚

坐不拘身，禅非涉境。拘必乃疲，涉则非静。不涉不拘，真光逈孤。六门齐应，万行同敷。嗟尔初机，未达玄微。处沈随掉①，能所支离。不有权巧，胡为对治？驱策抑按，均调惛乱。息虑忘缘，乍同死汉。随宜合开，靡专壁观。达磨大师正付法眼外，委示初机修心之要，启四门四行，匪专一也。驰想颇多，安那钵那。或掉举猛利及惛住等，宜易观修于数息。或出或入，不得交互。沿流剑阁，无滞木鹅。如火得水，如病得医。病瘳医罢，火灭水倾。一念清净，体寂常灵。是灵是寂，非灵非寂。是非迭生，犯过无极。前灭后兴，还如步走。患乎不知，知则无咎。日由背夜，镜奚照后？此则不然，圆明通透。照而不缘，寂而谁守？万象瀛沤，太虚闪

---

① "掉"，原作"棹"，据丛刊本、东寺本、径山本、大正本改。

电。摧坏魔宫，冲倒佛殿。跛者得履，瞽者发见。法界尘寰，齐轮顿现。旷荡郊廛，或坐或眠。既明方便，乃号金仙。吾虽强说，爰符圣言。圣言何也，要假重宣。不动不禅，是无生禅。

又云：若学诸三昧，是动非坐禅。心随境界流，云何名为定？故知历代祖，唯传此一心。祖光既远大，吾子幸堪任。聊述无言旨，乃曰《坐禅箴》。

证道歌 永嘉真觉大师

君不见，绝学无为闲道人，不除妄想不求真。无明实性即佛性，幻化空身即法身。法身觉了无一物，本源自性天真佛。五阴浮云空去来，三毒水泡虚出没。证实相，无人法，刹那灭却阿鼻业。若将妄语诳众生，自招拔舌尘沙劫。顿觉了，如来禅，六度万行体中圆。梦里明明有六趣，觉后空空无大千。无罪福，无损益，寂灭性中莫问觅。比来尘境未曾磨，今日分明须剖析。谁无念，谁无生，若实无生无不生。唤取机关木人问，求佛施功早晚成。放四大，莫把捉，寂灭性中随饮啄。诸行无常一切空，即是如来大圆觉。决定说，表真乘，有人不许任情征[①]。直截根源佛所印，摘叶寻枝我不能。摩尼珠，人不识，如来藏里亲收得。六般神用空不空，一颗圆光色非色。净五眼，得五力，唯证乃知谁可测[②]？镜里看形见不难，水中捉月争拈得？

常独行，常独步，达者同游涅槃路。调古神清风自高，貌悴骨刚人不顾。穷释子，口称贫，实是身贫道不贫。贫则身常披缕

[①] "许"，东寺本、碛砂本、径山本、大正本作"肯"。
[②] "谁"，东寺本作"难"。

褐,道即心藏无价珍。无价珍,用无尽,利物应时终不吝。三身四智体中圆,八解六通心地印。上士一决一切了,中下多闻多不信。但自怀中解垢衣,谁能向外夸精进?从他谤,任他非,把火烧天徒自疲。我闻恰似饮甘露,销融顿入不思议。观恶言,是功德,此则成吾善知识。不因讪谤起怨亲,何表无生慈忍力?宗亦通,说亦通,定慧圆明不滞空。非但我今独达了,河沙诸佛体皆同。师子吼,无畏说,百兽闻之皆脑裂。香象奔波失却威,天龙寂听生欣悦。游江海,涉山川,寻师访道为参禅。自从认得曹溪路,了知生死不相干。行亦禅,坐亦禅,语默动静体安然。纵遇锋刀常坦坦,假饶毒药也闲闲。我师得见然灯佛,多劫曾为忍辱仙。几回生,几回死,生死悠悠无定止①。自从顿悟了无生,于诸荣辱何忧喜?

入深山,住兰若,岑崟幽邃长松下。优游静坐野僧家,阒寂安居实潇洒。觉即了,不施功,一切有为法不同。住相布施生天福,犹如仰箭射虚空。势力尽,箭还坠,招得来生不如意。争似无为实相门,一超直入如来地。但得本,莫愁末,如净琉璃含宝月。既能解此如意珠,自利利他终不竭。江月照,松风吹,永夜清宵何所为?佛性戒珠心地印,雾露云霞体上衣。降龙钵,解虎锡,两股金镮鸣历历。不是标形虚事持,如来宝杖亲踪迹。不求真,不断妄,了知二法空无相。无相无空无不空,即是如来真实相。心镜明,鉴无碍,廓然莹彻周沙界。万象森罗影现中,一颗圆明非内外。豁达空,拨因果,莽莽荡荡招殃祸。弃有著空病亦

---

① "生死",东寺本作"觉后"。

然，还如避溺而投火。舍妄心，取真理，取舍之心成巧伪。学人不了用修行，真成认贼将为子。损法财，灭功德，莫不由斯心意识。是以禅门了却心，顿入无生知见力。

大丈夫，秉慧剑，般若锋兮金刚焰。非但能摧外道心，早曾落却天魔胆。震法雷①，击法鼓，布慈云兮洒甘露。龙象蹴踏润无边，三乘五性皆惺悟。雪山肥腻更无杂，纯出醍醐我常纳。一性圆通一切性，一法遍含一切法。一月普现一切水，一切水月一月摄。诸佛法身入我性，我性还共如来合。一地具足一切地，非色非心非行业。弹指圆成八万门，刹那灭却阿鼻业。一切数句非数句，与吾灵觉何交涉？不可毁，不可赞，体若虚空勿涯岸。不离当处常湛然，觅则知君不可见。取不得，舍不得，不可得中只么得。默时说，说时默，大施门开无壅塞。有人问我解何宗，报道摩诃般若力。或是或非人不识，逆行顺行天莫测。吾早曾经多劫修，不是等闲相诳惑。

建法幢，立宗旨，明明佛敕曹溪是。第一迦叶首传灯，二十八代西天记。历江海②，入此土，菩提达磨为初祖。六代传衣天下闻，后人得道何穷数③？真不立，妄本空，有无俱遣不空空。二十空门元不著，一性如来体共同④。心是根，法是尘，两种犹如镜上痕。痕垢尽除光始现，心法双亡性即真。嗟末法，恶时世，众生福薄难调制。去圣远兮邪见深，魔强法弱多怨害。闻说如来顿教门，恨不灭除令瓦碎。作在心，殃在身，不须怨诉更尤

---

① "震"，大正本作"振"。
② "历江海"，原缺，据东寺本补。碛砂本、南藏本、径山本、大正本作"法东流"。
③ "何"，碛砂本、南藏本、径山本作"无"。
④ "共"，丛刊本、南藏本、径山本作"自"。

人。欲得不招无间业,莫谤如来正法轮。旃檀林,无杂树,郁密深沈师子住。境静林间独自游①,走兽飞禽皆远去。狮子儿,众随后,三岁即能大哮吼。若是野干逐法王,百年妖怪虚开口。圆顿教,勿人情,有疑不决直须争。不是山僧逞人我,修行恐落断常坑。非不非,是不是,差之毫厘失千里。是即龙女顿成佛,非即善星生陷坠。吾早年来积学问,亦曾讨疏寻经论。分别名相不知休,入海算沙徒自困。却被如来苦诃责,数他珍宝有何益?从来蹭蹬觉虚行,多年枉作风尘客。

种性邪,错知解,不达如来圆顿制。二乘精进勿道心②,外道聪明无智慧。亦愚痴,亦小骏,空拳指上生实解。执指为月枉施功,根境法中虚捏怪。不见一法即如来,方得名为观自在。了即业障本来空,未了还须偿宿债。饥逢王膳不能餐,病遇医王争得差?在欲行禅知见力,火里生莲终不坏③。勇施犯重悟无生,早时成佛于今在。师子吼,无畏说,深嗟懵懂顽皮靼。音折④。只知犯重障菩提,不见如来开秘诀。有二比丘犯淫杀,波离萤光增罪结。维摩大士顿除疑,还同赫日销霜雪。不思议,解脱力,此即成吾善知识。四事供养敢辞劳,万两黄金亦销得。粉骨碎身未足酬,一句了然超百亿。法中王,最高胜,河沙如来同共证。我今解此如意珠,信受之者皆相应。了了见,无一物。亦无人,亦无佛。大千世界海中沤,一切圣贤如电拂。假使铁轮顶上旋,定慧圆明终不失。日可冷,月可热,众魔不能坏真说。象驾峥嵘谩

---

① "间",径山本作"闲"。
② "勿",大正本作"没"。
③ "里",东寺本、碛砂本作"中"。
④ "音折",原作"昔折",据丛刊本、东寺本、碛砂本改,大正本作"多达切"。

进途,谁见螗螂能拒辙?大象不游于兔径,大悟不拘于小节。莫将管见诳苍苍①,未了吾今为君决。

了元歌　腾腾和尚

修道道无可修,问法法无可问。迷人不了色空,悟者本无逆顺。八万四千法门,至理不离方寸。识取自家城郭,莫谩寻他乡郡②。不用广学多闻,不要辩才聪俊。不知月之大小,不管岁之余闰。烦恼即是菩提,净华生于泥粪。人来问我若为?不能共伊谈论。寅朝用粥充饥,斋时更餐一顿。今日任运腾腾,明日腾腾任运。心中了了总知,且作佯痴缚钝。

南岳懒瓒和尚歌

兀然无事无改换,无事何须论一段?直心无散乱,他事不须断。过去已过去,未来犹莫算。兀然无事坐,何曾有人唤?向外觅功夫,总是痴顽汉。粮不畜一粒,逢饭但知唪。陟立切。世间多事人,相趁浑不及。我不乐生天,亦不爱福田。饥来吃饭,困来即眠。愚人笑我,智乃知焉。不是痴钝,本体如然。要去即去,要住即住。身披一破衲,脚著娘生袴。多言复多语,由来反相误。若欲度众生,无过且自度。莫谩求真佛,真佛不可见。妙性及灵台,何曾受熏炼?心是无事心,面是娘生面。劫石可移动,个中无改变。无事本无事,何须读文字?削除人我本,冥合个中意。种种劳筋骨,不如林下睡兀兀。举头见日高,乞饭从头擆。

---

① "诳",东寺本、碛砂本作"谤"。
② "乡",东寺本、碛砂本、南藏本、径山本作"州"。

将功用功，展转冥蒙。取即不得，不取自通。吾有一言，绝虑亡缘。巧说不得，只用心传。更有一语，无过真与①。细如豪末，大无方所。本自圆成，不劳机杼。世事悠悠，不如山丘。青松蔽日，碧涧长流。山云当幕，夜月为钩。卧藤萝下，块石枕头。不朝天子，岂羡王侯？生死无虑，更复何忧？水月无形，我常只宁。万法皆尔，本自无生。兀然无事坐，春来草自青。

草庵歌　石头和尚

吾结草庵无宝贝，饭了从容图睡快。成时初见茅草新，破后还将茅草盖。住庵人，镇常在，不属中间与内外。世人住处我不住，世人爱处我不爱。庵虽小，含法界，方丈老人相体解。上乘菩萨信无疑，中下闻之必生怪。问此庵，坏不坏？坏与不坏主元在。不居南北与东西，基上坚牢以为最②。青松下，明窗内，玉殿朱楼未为对。纳帔蒙头万事休③，此时山僧都不会。住此庵，休作解，谁夸铺席图人买。回光返照便归来，廓达灵根非向背。遇祖师，亲训诲，结草为庵莫生退。百年抛却任纵横，摆手便行且无罪。千种言，万般解，只要教君长不昧。欲识庵中不死人，岂离而今遮皮袋？

乐道歌　道吾和尚

乐道山僧纵性多，天回地转任从他。闲卧孤峰无伴侣，独唱

---

① "真"，丛刊本、东寺本作"直"。
② "上"，碛砂本、南藏本、径山本作"址"。
③ "纳帔蒙头"，东寺本、碛砂本、大正本作"衲帔幪头"，南藏本、径山本作"衲被幪头"。

无生一曲歌。无生歌，出世乐，堪笑时人和不著。畅情乐道过残生，张三李四浑忘却。大丈夫，须气概，莫顺人情莫妨碍①。汝言顺即是菩提，我谓从来自相背。有时憨，有时痴，非我途中争得知？特达一生常任运，野客无乡可得归。今日山僧只遮是，元本山僧更若为？探祖机，空王子，体似浮云勿隈倚②。自古长披一衲衣，曾经几度遭寒暑。不是真，不是伪，打鼓乐神施拜跪。明明一道汉江云，青山绿水不相似。禀性成，无揩改，结角罗纹不相碍。或运慈悲喜舍心，或即逢人以棒閛。慈悲恩爱落牵缠，棒打教伊破恩爱③。报乎月下旅中人，若有恩情吾为改。

一钵歌④

遏剌剌⑤，闹聒聒，总是悠悠造抹挞⑥。如饥吃盐加得渴，拄却一生头桥桥。究竟不能知始末，抛却死尸何处脱？劝君努力求解脱，闲事到头须结撮。火落身上当须拨，莫待临时叫菩萨。丈夫语话须豁豁，莫学痴人受摩挞。趁时结裹学摆拨，也学柔和也粗粝。也剃头，也披褐，也学凡夫作生活。直语向君君未达，更作长歌歌一钵。一钵歌，多中一，一中多，莫笑野人歌一钵，曾将一钵度娑婆。

青天寥寥月初上，此时影空含万象。几处浮生自是非，一源清净无来往。更莫将心造水泡，百毛流血是谁教？不如静坐真如

---

① "莫"，碛砂本、南藏本作"无"。
② "勿"，南藏本、径山本、大正本作"没"。
③ "教"，丛刊本作"交"。
④ "一钵歌"，径山本作"杯渡禅师一钵歌"。
⑤ "剌剌"，东寺本、碛砂本作"唎唎"。
⑥ "抹挞"，大正本作"休怾"。

地,顶上从他鹊作巢。万代金轮圣王子,只遮真如灵觉是。菩提树下度众生,度尽众生不生死。不生不死真丈夫,无形无相大毗卢。尘劳灭尽真如在,一颗圆明无价珠。眼不见,耳不闻,不见不闻真见闻。从来一句无言说,今日千言强为分。强为分,须谛听,人人尽有真如性。恰似黄金在矿中,炼去炼来金体净。

真是妄,妄是真,若除真妄更无人。真心莫漫生烦恼,衣食随时养色身。好也著,弱也著,一切无心无染著①。亦无恶,亦无好,二际坦然平等道。粗也餐,细也餐,莫学凡夫相上观。也无粗,也无细,上方香积无根蒂。坐亦行,行亦坐,生死树下菩提果。亦无坐,亦无行,无生何用觅无生?生亦得,死亦得,处处当来见弥勒。亦无生,亦无死,三世如来总如此。离则著,著则离,幻化门中无实义。无可离,无可著,何处更求无病药。语时默,默时语,语默纵横无处所。亦无语,亦无默,莫唤东西作南北。嗔即喜,喜即嗔,我自降魔转法轮。亦无嗔,亦无喜,水不离波波即水。悭时舍,舍时悭,不离内外及中间。亦无悭,亦无舍,寂寂寥寥无可把。苦时乐,乐时苦,只遮修行断门户。亦无苦,亦无乐,本来自在无绳索。垢即净,净即垢,两边毕竟无前后。亦无垢,亦无净,大千同一真如性。药是病,病是药,到头两事须拈却。亦无药,亦无病,正是真如灵觉性。魔作佛,佛作魔,镜里寻形水上波。亦无魔,亦无佛,三世本来无一物。凡即圣,圣即凡,色里胶清水里咸②。亦无凡,亦无圣,万行总持无一行。真中假,假中真,自是凡夫起妄尘。亦无真,亦无假,

---

① "无",径山本作"莫"。
② "清",南藏本、径山本、大正本作"青"。"咸",径山本作"盐"。

若不唤时何应喏？

本来无姓亦无名，只么腾腾信脚行。有时廛市并屠肆，一朵红莲火上生。也曾策杖游京洛，身似浮云无定著。幻化由来似寄居，他家触处更清虚。若觅戒，三毒疮痍几时差①？若觅禅，我自纵横泗矾眠。大可怜，不是颠，世间出世天中天。时人不会此中意，打着南边动北边。若觅法，鸡足山中问迦叶。大士持衣在此中，本来不用求某甲。若觅经，法性真源无可听。若觅律，穷子不须教走出。若觅修，八万浮图何处求？只知黄叶止啼哭，不觉黑云遮日头。莫怪狂言无次第，筛罗渐入粗中细。只遮粗中细也无，即是圆明真实谛。真实谛，本非真，但是名闻即是尘。若向尘中解真实，便是堂堂出世人。出世人，莫造作，独行独步空索索。无生无死无涅槃，本来生死不相干。无是非，无动静，莫谩将身入空井。无善恶，无去来，亦无明镜挂高台。山僧见解只如此，不信从他造劫灰。

浮沤歌　乐普和尚

云天雨落庭中水，水上漂漂见沤起。前者已灭后者生，前后相续无穷已。本因雨滴水成沤，还缘风激沤归水。不知沤水性无殊，随他转变将为异。外明莹，内含虚，内外玲珑若宝珠。正在澄波看似有，及乎动著又如无。有无动静事难明，无相之中有相形。只知沤向水中出，岂知水亦从沤生？权将沤水类余身，五蕴虚攒假立人。解达蕴空沤不实，方能明见本来真。

---

① "差"，大正本作"瘥"。

牧护歌　苏溪和尚　即五泄小师也

听说衲僧牧护，任运逍遥无住。一条百衲瓶盂，便是生涯调度。为求至理参寻，不惮寒暑辛苦。还曾四海周游，山水风云满肚。内除戒律精严，不学威仪行步。三乘笑我无能，我笑三乘谩做。智人权立阶梯，大道本无迷悟。达者不假修治，不在能言能语。披麻目视云霄，遮莫王侯不顾。道人本体如然，不是知佛去处。生也犹如著衫，死也还同脱裤。生也无喜无忧，八风岂能惊怖？外相犹似痴人，肚里非常峭措。活计虽无一钱，敢与君王斗富。愚人摆手憎嫌，智者点头相许。那知傀儡牵抽，歌舞尽由行主。一言为报诸人，打破画瓶归去。

古镜歌　三首　法灯禅师[1]

其一

尽道古镜不曾见，借你时人看一遍。目前不睹一纤豪，湛湛冷光凝一片。凝一片，勿背面，嫫母临妆不称情，潘生回首频嘉叹。何欣欣，何戚戚，好丑由来那个是[2]？只遮是，转沈醉，演若晨窥怖走时，子细思量还有以。我问颠狂不暂回，泪流向予声哀哀。哽咽未能申吐得，你头与影悠悠哉。悠悠哉，尔许多时那里来？迷云开，行行携手上高台。

其二

谁云古镜无样度，古今出入何门户？门户君看不见时，即此为君全显露。全显露，与汝一生终保护。若遇知音请益来，逢人

---

[1]　"师"下，丛刊本、东寺本、大正本有"奉钦"。
[2]　"个是"，碛砂本、大正本作"是的"。

不得轻分付。但任作见面,不须生怕怖。看取当时演若多,直至如今成错误。如今不省影分明,还是当时同一顾。同一顾,苦,苦,苦!

其三

古镜精明皎皎,皎皎遍照河沙。到处安名题字,除侬更有谁家?过去未来现在,诸佛镜上纤瑕。纤瑕垢尽无物,此真火里莲华。莲华千朵万朵,朵朵端然释迦。谁云俱尸入灭?谁云穿膝芦芽①?不信镜中看取,羊车鹿车牛车。时人不识古镜,尽道本来清净。只看清净是假,照得形容不正。或圆或短成长,若有纤豪俱病。劝君不如打破,镜去瑕消可莹。亦见杜口毗耶,亦知圆通少剩。

遍参三昧歌　潭州龙会道寻

天涯海角参知识,遍咨惠我全提力。师乃呵余退步追,省躬廓尔从兹息。睹诸方,垂带直,善财得处难藏匿。棒头喝下露幽奇,纵去夺来看殊特。赵州关,雪岭陡,筑嵓峰前验虚实。据证灵由辟万机,横挥祖刃开三域。卷舒重重孰可委?休呈识意谩猜揣。衲子攒眉碧眼咦,黄河倒逆昆仑嘴。沩山牛,道吾唱,马师奋迅呈圆相。执水投针作后规,把镜持幡看先匠。广陵歌,谁继唱?拟续宫商调难况。石人愠色下鞭挞,木马奔嘶梵天上。丽水金,蓝田玉,祝融峰攒湘浪蹙。满月澄溪松韵清,云从龙腾好观瞩。

---

① "芽",丛刊本、东寺本作"牙"。

玩珠吟二首　　丹霞和尚

般若灵珠妙难测，法性海中亲认得。隐显常游五蕴中，内外光明大神力。此珠非大亦非小，昼夜光明皆悉照。觅时无物又无踪，起坐相随常了了。黄帝曾游于赤水，争听争求都不遂。罔象无心却得珠，能见能闻是虚伪。吾师权指喻摩尼，采人无数溺春池。争拈瓦砾将为宝，智者安然而得之。森罗万象光中现，体用如如转非转。万机消遣寸心中，一切时中巧方便。烧六贼，烁众魔，能摧我山竭爱河。龙女灵山亲献佛，贫儿衣下几蹉跎。亦名性，亦名心，非性非心超古今。全体明时明不得，权时题作《弄珠吟》。

其二

识得衣中宝，无明醉自醒。百骸虽溃散，一物镇长灵。知境浑非体，神珠不定形。悟则三身佛，迷疑万卷经。在心心可测，历耳耳难听。罔象先天地，玄泉出杳冥。本刚非锻炼，元净莫澄淳。盘泊轮朝日，玲珑映晓星。瑞光流不灭，真气触还生。鉴照崆峒寂，罗笼法界明。挫凡功不灭，超圣果非盈。龙女心亲献，阎王口自呈。护鹅人却活，黄雀意犹轻。解语非关舌，能言不是声。绝边弥汗漫，无际等空平。演教非为说，闻名勿认名。两边俱莫立，中道不须行。见月休观指，还家罢问程。识心心则佛，何佛更堪成？

获珠吟　　关南长老

三界兮如幻，六道兮如梦，圣贤出世兮如电。国土犹如水上泡，无常生灭日迁变。唯有摩诃般若坚，犹若金刚不可赞①。软似兜罗大等空，小极微尘不可见。拥之令聚而不聚，拨之令散而不散。侧耳欲闻而不闻，瞪目观之而不见。歌复歌，盘陀石上笑呵呵。笑复笑，青松影下高声叫。自从获得此心珠，帝释轮王俱不要。不是山僧独施为，自古先贤作此调。不坐禅，不修道，任运逍遥只么了。但能万法不干怀，无始何曾有生老？

吟二首② 香严和尚 智闲

励觉吟③

满口语，无处说，明明向人道不决。急著力，勤咬啮，无常到来救不彻。日里语，暗瑳切，快磨古锥净挑揭。理尽觉，自护持，此生事，终不说。玄学求他古老吟，禅学须穷心影绝。

归寂吟赠同住

同住道人七十余，共辞城郭乐山居。身如寒木心牙绝，不话唐言休梵书。心期尽处身虽丧，如来弟子沙门样。深信共崇钵塔成④，巍巍置在青山掌。观夫参道不虚然，脱去形骸甚高上⑤。从来不说今朝事，暗里埋头隐玄畅。不留踪迹异人间，深妙神光饱明亮。

---

① "赞"，南藏本、径山本作"钻"。
② "吟"上，南藏本、径山本有"励觉"。
③ "励觉吟"，南藏本、径山本无。
④ "成"下，大正本注："《涅槃经》云：如来之身，已于无量阿僧祇劫不受饮食，为诸声闻说，先受二牧牛女乳糜。故《本行经》云：菩萨将往道树，时有天人告善生神王二女：一名难陀，华言喜；二名婆罗，华言昌，'汝可最初施食'。于是二女以乳烹糜，其釜上现种种瑞相，乃用钵盛奉献。菩萨食已，将其钵掷向尼连河中，天帝释收归天上，建塔安置供养，故名钵塔，此天上四塔之一也。四塔者：一发塔，二箭塔，三钵塔，四牙塔。人间亦有四塔：一如来生处塔，二如来成道处塔，三如来转法轮处塔，四如来涅槃处塔。"
⑤ "脱"，原作"晚"，据东寺本、碛砂本、径山本、大正本改。"上"，大正本作"尚"。

心珠歌　韶山和尚

山僧自达空门久，淬炼心珠功已构。珠迥玲珑主客分，往往声如师子吼。师子吼，非常义，皆明佛性真如理。有时往往自思惟，豁然大意心欢喜。或造经，或造论，或说渐兮或说顿。若在诸佛运神通①，或在凡夫兴鄙悋。此心珠，如水月，地角天涯无殊别。只因迷悟有参差，所以如来多种说。地狱趣，饿鬼趣，六道轮回无暂住。此非诸佛不慈悲，岂是阎王配交做？劝时流，深体悉，见在心珠勿浪失。五蕴身全尚不知，百骸散后何处觅？

---

①　"在"，碛砂本作"有"。

附录一　古旧版本附录

一、金藏本所附上、下帙目录

景德传灯录上帙目录

景德传灯录卷第一

　　七佛天竺祖师

　　七佛

　　　　毗婆尸佛　尸弃佛　毗舍浮佛　拘留孙佛　拘那含

　　　　牟尼佛　迦叶佛　释迦牟尼佛

　　天竺一十五祖内一祖旁出

　　　　第一祖摩诃迦叶

　　　　第二祖阿难

　　　　第三祖商那和修旁出末田底迦

　　　　第四祖优波毱多

　　　　第五祖提多迦

　　　　第六祖弥遮迦

第七祖婆须蜜

第八祖佛陀难提

第九祖伏驮蜜多

第十祖胁尊者

第十一祖富那夜奢

第十二祖马鸣大士

第十三祖迦毗摩罗

第十四祖龙树大士

景德传灯录卷第二

天竺三十五祖内二十二祖旁出，一十三祖见录

第十五祖迦那提婆

第十六祖罗睺罗多

第十七祖僧伽难提

第十八祖伽邪舍多

第十九祖鸠摩罗多

第二十祖阇夜多

第二十一祖婆修盘头

第二十二祖摩拏罗

第二十三祖鹤勒那

第二十四祖师子尊者 旁出达磨达一祖

达磨达出二祖：一因陀罗、二瞿罗忌利婆

因陀罗出四祖：一达磨尸利帝、二那伽难提、三破楼求多罗、四波罗婆提

瞿罗忌利婆出二祖：一波罗跋摩、二僧伽罗叉

达磨尸利帝出二祖：一摩帝隶披罗、二诃利跋茂

破楼求多罗出三祖：一和修盘头、二达摩诃帝、三旃陀罗多

婆罗跋摩出三祖：一勒那多罗、二盘头多罗、三婆罗婆多

僧伽罗叉出五祖：一毗舍也多罗、二毗楼罗多摩、三毗栗刍多罗、四优波羶驮、五婆难提多。共二十二祖，无语句，不录

  第二十五祖婆舍斯多

  第二十六祖不如蜜多

  第二十七祖般若多罗

景德传灯录卷第三

  中华五祖并旁出尊宿共二十五人

    第二十八祖菩提达磨旁出三人：一道育禅师、二道副禅师、三尼总持，无机缘语句，不录

    第二十九祖慧可大师旁出七世共一十七人，三人见录

      僧那禅师

      向居士

      相州慧满禅师

        岘山神定禅师 宝月禅师 华闲居士 大士化公 和公 廖居士

        华闲居士复出一尊：昙邃①

---

① "尊"，正文目录作"人"，下同。

昙邃复出三尊：一延陵慧简、二彭城慧瑳、三定林寺慧纲

慧纲复出一人：六合大觉①

大觉出高邮昙影

昙影出泰山明练

明练出扬州静泰　已上一十四人无机缘语句，不录

第三十祖僧璨大师

第三十一祖道信大师旁出七十六人，见第四卷

第三十二祖弘忍大师旁出一百一十一②人，见第五卷

景德传灯录卷第四

第三十一祖道信大师下旁出七十六人

金陵牛头山六世宗祖见录③

第一世法融禅师

第二世智岩禅师

第三世慧方禅师

第四世法持禅师

第五世智威禅师

第六世慧忠禅师

前六世祖宗法嗣共八十人

前法融禅师下三世旁出一十二人一人见录

金陵钟山昙璀禅师

---

① "合"，原作"个"，据正文改。
② "一百一十一"，正文作"一百七"。
③ "宗祖"，正文作"祖宗"。

荆州大素禅师、幽栖月空禅师、白马道演禅师、新安定庄禅师、彭城智瑳禅师、广州道树禅师、湖州智爽禅师、新州杜默禅师、上元智诚禅师

智诚禅师复出一人：定真禅师

定真禅师复出一人：如度禅师　已上一十一人无机缘语句，不录

智岩禅师下旁出

东都镜潭禅师、襄州志长禅师、湖州义真禅师、益州端伏禅师、龙光龟仁禅师、襄阳辩才禅师、汉南法俊禅师、西川敏古禅师　已上八人无机缘语句，不录

法持禅师下旁出

牛头山玄素禅师、天柱弘仁禅师　已上二人无机缘语句，不录

智威禅师下三世旁出一十二人六人见录

宣州安国寺玄挺大师

润州鹤林玄素禅师

舒州天柱山崇慧禅师

杭州径山道钦禅师

杭州鸟窠道林禅师旁出一人

杭州招贤寺会通禅师

灵岩宝观禅师

前玄素复出二人：金华山昙益禅师、吴门圆镜禅师

前径山国一禅师复出三人：一木渚山悟禅师、二青阳广敷禅师、三杭州巾子山崇慧禅师　已上六人无机缘语句，不录

慧忠禅师下两世旁出三十六人二人见录

天台山佛窟岩惟则禅师 旁出天台云居

天台山云居智禅师

> 牛头山道性禅师、江宁智灯禅师、解县怀信禅师、鹤林全禅师、北山怀古禅师、明州观宗禅师、牛头山大智禅师、白马善道禅师、牛头山智真禅师、牛头山谭颙禅师、牛头山云韬禅师、牛头山凝禅师、牛头山法梁禅师、江宁行应禅师、牛头山惠良禅师、兴善道融禅师、蒋山照明禅师、牛头山法灯禅师、牛头山定空禅师、牛头山慧涉禅师、幽栖道遇禅师、牛头山凝空禅师、蒋山道初禅师、幽栖藏禅师、牛头山灵晖禅师、幽栖道颖禅师、牛头山巨英禅师、释山法常禅师、龙门凝寂禅师、庄严远禅师、襄州道坚禅师、尼明悟、居士殷净己

> 前慧涉复出一人：润州栖霞寺清源禅师 已上三十四人无机缘语句，不录

第三十二祖弘忍大师五世 旁出一百七人

第一世一十三人，三人见录

北宗神秀禅师

嵩岳慧安国师

袁州蒙山道明禅师

> 杨州奉法寺昙光禅师、随州神惚禅师①、金州法持禅师、资州智诜禅师、舒州法照禅师、越州义方禅师、枝江道俊禅师、常州玄赜禅师、越州僧达禅师、白松山刘主簿
> 已上一十人无机缘语句，不录

第二世三十七人

---

① "神惚"，正文目录作"禅惚"。

北宗神秀禅师法嗣一十九人五人见录

  五台山巨方禅师

  河中府中条山智封禅师

  兖州降魔藏禅师

  寿州道树禅师

  淮南都梁山全植禅师

  荆州辞朗禅师、嵩山普寂禅师、大佛山香育禅师、西京义福禅师、忽雷澄禅师、东京日禅师、太原遍净禅师、南岳元观禅师、汝南杜禅师、嵩山敬禅师、京兆小福禅师、晋州霍山观禅师、润州茅山崇珪禅师、安陆怀空禅师　已上一十四人无机缘语句，不录

前嵩岳慧安国师法嗣一十八人，三人见录

  洛京福先寺仁俭禅师

  嵩岳破灶堕和尚

  嵩岳元珪禅师

  常山坦然禅师、邺都圆寂禅师、西京道亮禅师

  道亮复出五人：一杨州大总管李孝逸、二工部尚书张锡、三国子祭酒崔融、四秘书监贺知章、五睦州刺史康诜

  前随州神惚禅师复出一人：正寿禅师

  前蒙山道明禅师复出三人：一洪州崇寂禅师、二江西瑰禅师、三抚州神贞禅师

  前资州智诜禅师复出一人：资州处寂禅师

  前玄赜禅师复出二人：一义兴神斐禅师、二湖州畅禅师

  已上一十五人无机缘语句，不录

第三世四十九人

前荆州辞朗禅师法嗣

紫金玄宗禅师、明州大梅山车禅师、砖界慎徽禅师 已上三人无机缘语句，不录

前嵩山普寂禅师法嗣四十六人① 一人见录

终南山惟政禅师

广福慧空禅师、常越禅师、襄州夹石山思禅师、明瓒禅师、敬爱寺真禅师、兖州守贤禅师、定州石藏禅师、南岳澄心禅师、南岳日照禅师、洛京同德寺干禅师、苏州真亮禅师、瓦棺寺璿禅师、弋阳法融禅师、广陵演禅师、陕州慧空禅师、洛京真亮禅师、泽州亘月禅师、亳州昙真禅师、都梁山崇演禅师、京兆章敬寺澄禅师、嵩阳寺一行禅师、京兆山北寺融禅师、晋州定陶丁居士

前西京义福禅师复出八人：一大雄猛禅师、二西京大震动禅师、三神斐禅师、四西京大悲光禅师、五西京大隐禅师、六定境禅师、七道播禅师、八玄证禅师

前降魔藏禅师复出三人：一西京寂满禅师、二西京定庄禅师、三南岳慧隐禅师

前南岳元观禅师复出一人：神照禅师

前小福禅师复出三人：一京兆蓝田深寂禅师、二太白山日没云禅师、三东白山法超禅师

前霍山观禅师复出一人：岘山幽禅师

前资州处寂禅师复出四人：一益州无相禅师、二益州长松山马禅师、三超禅师、四梓州晓了禅师

前义兴斐禅师复出二人：一西京智游禅师、二东都智深禅师

---

① "六"，原作"五"，据正文改。

已上四十五人无机缘语句,不录

第四世七人

前兴善惟政禅师法嗣

衡州定心禅师、敬爱寺志真禅师　已上二人无机缘语句,不录

前益州无相禅师法嗣五人一人见录

益州保唐寺无住禅师

荆州明月山融禅师、汉州云顶山王头陀、益州净众寺神会禅师

前砖界慎徽禅师复出一人:武诚禅师　已上四人无机缘语句,不录

第五世一人

前敬爱寺志真禅师法嗣

嵩山照禅师　无机缘语句,不录

景德传灯录卷第五

第三十三祖慧能大师

第三十三祖慧能大师法嗣四十三人一十九人见录,一十人旁出

西印度堀多三藏

韶州法海禅师

吉州志诚禅师

匾檐山晓了禅师

河北智隍禅师

洪州法达禅师

寿州智通禅师

江西志彻禅师

信州智常禅师

广州志道禅师

广州法性寺印宗和尚

吉州清原山行思禅师

南岳怀让禅师

温州永嘉玄觉禅师

司空山本净禅师

婺州玄策禅师

曹溪令瑫禅师

西京光宅寺慧忠禅师

西京荷泽寺神会禅师

韶州祇陀禅师、抚州净安禅师、嵩山寻禅师、罗浮山定真禅师、南岳坚固禅师、制空山道进禅师、善快禅师、韶山缘素禅师、宗一禅师、会稽秦望山善现禅师、南岳梵行禅师、并州自在禅师、西京咸空禅师、峡山泰祥禅师、光州法净禅师、清凉山辩才禅师、广州吴头陀、道英禅师、智本禅师、广州清苑法真禅师、玄楷禅师、昙瓘禅师、韶州刺史韦据、义兴孙菩萨　已上二十四人无机缘语句，不录

景德传灯录卷第六

南岳怀让禅师法嗣

第一世九人 一人见录

江西道一禅师姓马，时谓"马祖"

南岳常浩禅师、智达禅师、坦然禅师、潮州神照禅师、扬州大明寺严峻禅师、新罗国本如禅师、玄晟禅师、东雾山法空禅师 已上八人无机缘语句，不录

第二世三十七人 马祖法嗣一十四人见录

越州大珠慧海禅师

洪州百丈山惟政禅师

洪州泐潭法会禅师

池州杉山智坚禅师

洪州泐潭惟建禅师

澧州茗溪道行禅师

抚州石巩慧藏禅师

唐州紫玉山道通禅师

江西北兰让禅师

洛京佛光如满禅师

袁州南源道明禅师

忻州郦村自满禅师

朗州中邑洪恩禅师

洪州百丈山怀海禅师《禅门规式》附

镐英禅师、崇泰禅师、王姥山翛然禅师、华州伏栖寺策禅师、澧州松滋塔智聪禅师、唐州云秀山神鉴禅师、扬州栖灵寺智通禅师、杭州怀藏禅师、京兆怀韬禅师、虔州法藏禅师、河中府怀则禅师、常州明干禅师、鄂州洪潭禅师、象原怀坦禅师、潞府青莲元礼禅师、河中府保庆禅师、甘泉志贤禅师、大会山道晤禅师、潞府法柔禅师、京兆咸通寺觉平禅师、义兴胜辩禅师、海陵庆云禅师、洪州开元寺

玄虚禅师

已上二十三人无机缘语句，不录

景德传灯录卷第七

怀让禅师第二世四十五人马祖法嗣一十八人见录

　　潭州三角山总印禅师
　　池州鲁祖山宝云禅师
　　洪州泐潭常兴禅师
　　虔州西堂智藏禅师
　　京兆章敬寺怀恽禅师
　　定州柏岩明哲禅师
　　信州鹅湖大义禅师
　　伏牛山自在禅师
　　幽州盘山宝积禅师
　　毗陵芙蓉山太毓禅师
　　蒲州麻谷山宝彻禅师
　　杭州盐官齐安禅师
　　婺州五洩山灵默禅师
　　明州大梅山法常禅师
　　京兆兴善惟宽禅师
　　湖南如会禅师
　　鄂州无等禅师
　　庐山归宗寺智常禅师

韶州渚泾山清贺禅师、紫阴山惟建禅师、封山洪濬禅师、练山神玩禅师、崛山道圆禅师、玉台惟然禅师、池州灰山昙觊禅师、荆州新寺宝积禅师、河中府法藏禅师、汉南慈悲寺良津禅师、京兆府崇禅师、南岳智周禅师、白虎法宣禅师、金窟惟直禅师、台州柏岩常彻禅师、乾元晖禅师、齐州道岩禅师、襄州常坚禅师、荆南宝贞禅师、云水靖宗禅师、荆州永泰寺灵湍禅师、潭州龙牙山圆畅禅师、洪州双岭道方禅师、罗浮山修广禅师、岘山定庆禅师、越州洞泉惟献禅师、光明普满禅师 已上二十七人无机缘语句，不录

景德传灯录卷第八

怀让禅师第二世五十六人四十三人见录

汾州无业禅师

澧州大同广澄禅师

池州南泉普愿禅师

五台邓隐峰禅师

温州佛岙和尚

乌臼和尚

潭州石霜山大善和尚

石臼和尚

本溪和尚

石林和尚

洪州西山亮坐主

黑眼和尚

米岭和尚

齐峰和尚

大阳和尚

红螺山和尚

泉州龟洋无了禅师

利山和尚

韶州乳原和尚

松山和尚

则川和尚

南岳西园昙藏禅师

百灵和尚

镇州金牛和尚

洞安和尚

忻州打地和尚

潭州秀溪和尚

磁州马头峰神藏禅师

潭州华林善觉禅师

汀州水塘和尚

古寺和尚

江西椑树和尚

京兆草堂和尚

袁州阳岐山甄叔禅师

蒙溪和尚

洛京黑涧和尚

京兆兴平和尚

逍遥和尚

福溪和尚

洪州水老和尚

浮杯和尚

潭州龙山和尚

襄州居士庞蕴

> 天目山明觉禅师、王屋山行明禅师、京兆智藏禅师、大阳山希顶禅师、苏州昆山定觉禅师、随州洪山大师、连州元堤禅师、泉州无了禅师、泉州慧忠禅师、安丰山怀空禅师、罗浮山道行禅师、庐山法藏禅师、吕后山宁贲禅师 已上一十三人无机缘语句，并不录

景德传灯录卷第九

怀让禅师第三世上卷五十六人

洪州百丈怀海禅师法嗣三十人一十三人见录

  潭州沩山灵祐禅师

  洪州黄檗山希运禅师

  杭州大慈寰中禅师

  天台山普岸禅师

  潭州石霜性空禅师

  筠州常观禅师

  福州大安禅师

  福州古灵神赞禅师

  广州和安通禅师

江州龙云台禅师

洛京卫国道禅师

镇州万岁和尚

洪州东山和尚

  高安无畏禅师、东岩道旷禅师、邢州素禅师、唐州大乘山吉本禅师、小乘山慧深禅师、杨州慧照寺昭一禅师、祯州罗浮鉴深禅师、洪州九仙山梵云禅师、百丈山涅槃和尚、江州庐山操禅师、越州禹迹寺契真禅师、筠州包山天性禅师、明州大梅山彼岸禅师、洪州辽山藏尢禅师、升州祇阁山道方禅师、清田和尚、大于和尚　已上一十七人无机缘语句，不录

前虔州西堂藏禅师法嗣四人一人见录

  虔州处微禅师

    鸡林道义禅师、新罗国慧禅师、新罗国洪直禅师　已上三人无机缘语句，不录

前蒲州麻谷山宝彻禅师法嗣二人一人见录

  寿州良遂禅师

    新罗国无染禅师　一人无机缘语句，不录

前湖南东寺如会禅师法嗣四人一人见录

  吉州薯山慧超禅师

    舒州景诸禅师、庄严寺光肇禅师、潭州幕辅山昭禅师　已上三人无机缘语句，不录

前京兆章敬寺怀恽禅师法嗣一十六人六人见录

  京兆荐福弘辩禅师

  福州龟山智真禅师

朗州怀政禅师

金州操禅师

朗州古堤和尚

河中公畿和尚

　　柏林院闲云禅师、宣州玄哲禅师、河中宝坚禅师、西京道志禅师、绛州神祐禅师、西京智藏禅师、许州无迹禅师、寿州惟肃禅师、新罗国玄昱禅师、新罗国觉体禅师　已上一十人无机缘语句，不录

景德传灯录卷第十

怀让禅师第三世下卷六十一人

池州南泉普愿禅师法嗣一十七人一十二人见录

　　湖南长沙景岑禅师

　　荆南白马昙照禅师

　　终南山云际师祖禅师

　　邓州香严下堂义端禅师

　　赵州东院从谂禅师

　　池州灵鹫闲禅师

　　鄂州茱萸山和尚

　　衢州子湖利踪禅师

　　洛京嵩山和尚

　　日子和尚

　　苏州西禅和尚

　　池州行者甘赘

资山存制禅师、江陵道弘禅师、宣州玄极禅师、新罗国道均禅师、宣州刺史陆亘　已上五人无机缘语句，不录

杭州盐官齐安禅师法嗣八人三人见录

襄州关南道常禅师

洪州双岭玄真禅师

杭州径山鉴宗禅师

唐宣宗皇帝、白云昙靖禅师、潞府渌水文举禅师、新罗品日禅师、寿州建宗禅师　已上五人无机缘语句，不录

婺州五洩山灵默禅师法嗣四人一人见录

福州龟山正原禅师

甘泉寺晓方禅师、甘泉寺元遂禅师、明州栖心寺藏奂禅师　已上三人无机缘语句，不录

洛京佛光寺如满禅师法嗣一人见录

杭州刺史白居易

明州大梅山法常禅师法嗣三人二人见录

新罗国迦智禅师

杭州天龙和尚

新罗国忠彦禅师　一人无机缘语句，不录

荆州永泰寺灵湍禅师法嗣五人三人见录

湖南上林戒虚禅师

五台山秘魔岩和尚

湖南祇林和尚

吕后山文质禅师、苏州法河禅师　已上二人无机缘语句，不录

幽州盘山宝积禅师法嗣二人一人见录

镇府普化和尚

　　镇州上方和尚　一人无机缘语句，不录

京兆兴善寺惟宽禅师法嗣

　　京兆法智禅师、京兆慧建禅师、京兆无表禅师、京兆元净禅师、京兆慧光禅师、京兆义宗禅师　已上六人无机缘语句，不录

云水靖宗禅师法嗣

　　华州小马神照禅师、华州道圆禅师　已上二人无机缘语句，不录

潭州龙牙山圆畅禅师法嗣二人一人见录

　　嘉禾藏廙禅师

　　羊肠藏枢禅师　一人无机缘语句，不录

汾州无业国师法嗣

　　镇州常贞禅师、镇州奉先义禅师　已上二人无机缘语句，不录

庐山归宗寺法常禅师法嗣六人四人见录

　　福州芙蓉山灵训禅师

　　汉南谷城县高亭和尚

　　新罗大茅和尚

　　五台山智通禅师

　　洪州高安大愚禅师、江州刺史李勃　已上二人无机缘语句，不录

鲁祖山宝云禅师法嗣

　　云水和尚　一人无机缘语句，不录

紫玉山道通禅师法嗣

唐襄州节度使于頔　一人无机缘语句，不录

华严寺智岩禅师法嗣一人见录

　　黄州齐安和尚

景德传灯录下帙目录

景德传灯录卷第二十一

　　行思和尚第七世上

　　福州玄沙师备禅师法嗣十三人见录

　　　　漳州罗汉院桂琛禅师

　　　　福州安国慧球禅师

　　　　杭州天龙重机禅师

　　　　福州仙宗契符禅师

　　　　婺州国泰瑫禅师

　　　　衡岳南台诚禅师

　　　　福州白龙道希禅师

　　　　福州螺峰冲奥禅师

　　　　泉州睡龙山和尚

　　　　天台云峰光绪禅师

　　　　福州大章山契如庵主

　　　　福州永兴禄和尚

　　　　天台国清师静上座

　　福州长庆慧稜禅师法嗣二十六人见录

　　　　泉州招庆道匡禅师

　　　　杭州龙华彦球禅师

杭州保安连禅师
福州报慈光云禅师
庐山开先绍宗禅师
婺州报恩宝资禅师
杭州倾心法瑫禅师
福州水陆洪俨禅师
杭州广严咸泽禅师
福州报慈慧朗禅师
福州长庆常慧禅师
福州石佛院静禅师
处州翠峰从欣禅师
福州枕峰青换禅师
福州东禅契讷禅师
福州长庆弘辩大师
福州东禅可隆大师
福州仙宗守玼禅师
抚州永安怀烈大师
福州闽山令含禅师
新罗龟山和尚
吉州龙须山道殷禅师
福州祥光澄静禅师
襄州鹫岭明远禅师
杭州报慈从瑰禅师
杭州龙华契盈禅师

杭州龙册寺道怤禅师法嗣五人三人见录

越州清化山师讷禅师

衢州南禅遇缘禅师

复州资福智远禅师

筠州洞山龟端禅师、温州景丰禅师 已上二人无机缘语句，不录

信州鹅湖智孚禅师法嗣

法进禅师一人 无机缘语句，不录

漳州报恩怀岳禅师法嗣一人见录

潭州妙济师浩禅师

福州鼓山神晏禅师法嗣一十一人见录

杭州天竺山子仪禅师

建州白云智作禅师

福州鼓山智严禅师

福州龙山智嵩禅师

泉州凤凰山强禅师

福州龙山文义禅师

福州鼓山智岳禅师

襄州定慧和尚

福州鼓山清谔禅师

金陵净德冲煦禅师

金陵报恩院清护禅师

景德传灯录卷第二十二

  吉州清原山行思禅师第七世中

  杭州龙华寺灵照禅师法嗣七人见录

    台州瑞岩师进禅师

    台州六通院志球禅师

    杭州云龙院归禅师

    杭州余杭功臣院道闲禅师

    衢州镇境遇缘禅师

    福州报国院照禅师

    台州白云遁禅师

  明州翠岩令参禅师法嗣二人见录

    杭州龙册寺子兴禅师

    温州佛噢知默禅师

  福州安国院弘瑫禅师法嗣九人见录

    福州白鹿师贵禅师

    福州罗山义聪禅师

    福州安国

    从贵禅师

    福州怡山藏用禅师

    福州永隆彦端禅师

    福州林阳志端禅师

    福州兴圣满禅师

    福州仙宗明禅师

    福州安国祥和尚

漳州保福院从展禅师法嗣二十五人—十九人见录

　　泉州招庆省僜禅师
　　漳州保福可俦禅师
　　舒州白水如新禅师
　　洪州漳江慧廉禅师
　　福州报慈文钦禅师
　　泉州万安清运禅师
　　漳州报恩熙禅师
　　泉州凤凰山从琛禅师
　　福州永隆瀛和尚
　　洪州清泉山守清禅师
　　漳州报恩院行崇禅师
　　潭州岳麓和尚
　　朗州德山德海禅师
　　泉州后昭庆和尚
　　朗州梁山简禅师
　　洪州建山澄禅师
　　福州康山契稳禅师
　　潭州延寿慧轮大师
　　泉州西明琛禅师
　　　　福州升山柔禅师、福州枕峰和尚、朗州法操禅师、襄州鹫岭和尚、睦州敬连和尚、潭州谷山句禅师　已上六人无机缘语句，不录

南岳金轮观禅师法嗣一人见录

后衡岳金轮和尚

泉州睡龙山道溥禅师法嗣一人见录

　　漳州保福院清豁禅师

韶州云门山文偃禅师法嗣六十一人二十五人见录，三十五人

　　见第二十三卷

　　　韶州白云祥和尚

　　　朗州德山缘密禅师

　　　潭州南台道遵禅师

　　　韶州双峰山竟钦和尚

　　　韶州资福和尚

　　　广州黄云元禅师

　　　广州龙境伦禅师

　　　韶州云门爽禅师

　　　韶州白云闻和尚

　　　韶州披云智寂禅师

　　　韶州净法章和尚

　　　韶州温门山满禅师

　　　岳州巴陵颢鉴大师

　　　连州地藏慧慈大师

　　　英州大容諲禅师

　　　广州罗山崇禅师

　　　韶州云门宝禅师

　　　鄞州临溪竟脱和尚

　　　广州华严慧禅师

韶州舜峰韶和尚
随州双泉师宽禅师
英州观音和尚
韶州林泉和尚
韶州云门煦和尚
益州香林澄远禅师

景德传灯录卷第二十三

吉州清原山行思禅师第七世下
韶州云门山文偃禅师法嗣三十六人二十六人见录
南岳般若启柔禅师
筠州黄檗法济禅师
襄州洞山守初大师
信州康国耀和尚
潭州谷山丰禅师
颖州罗汉匡果禅师
朗州沧溪璘和尚
筠州洞山清禀禅师
蕲州北禅寂和尚
洪州泐潭道谦禅师
庐州南天王永平禅师
湖南永安朗禅师
湖南潭明和尚
金陵清凉明禅师

金陵奉先深禅师

西川青城乘和尚

潞府妙胜臻禅师

兴元普通封和尚

韶州灯峰和尚

韶州大梵圆和尚

澧州药山圆光禅师

信州鹅湖云震禅师

庐山开先清耀禅师

襄州奉国清海禅师

韶州慈光和尚

潭州保安师密禅师

  洪州云居山融禅师、衡州大圣寺守贤禅师、庐州北天王徽禅师、郢州芭蕉山弘义禅师、眉州福化院光禅师、庐州东天王广慈禅师、信州西禅钦禅师、江州庆云真禅师、筠州洞山凛禅师、韶州双峰慧真大师　已上十人无机缘语句，不录

随州双泉山永禅师法嗣

  广州大通和尚　一人无机缘语句，不录

台州瑞岩师彦禅师法嗣二人见录

  南岳横龙和尚

  温州瑞峰院神禄禅师

怀州玄泉彦禅师法嗣五人见录

  鄂州黄龙诲机大师

洛京柏谷和尚

池州和龙和尚

怀州玄泉第二世和尚

潞府妙胜玄密禅师

福州罗山道闲禅师法嗣十九人十六人见录

洪州大宁隐微禅师

婺州明招德谦禅师

衡州华光范禅师

福州罗山绍孜禅师

西川慧禅师

建州白云令弇禅师

虔州天竺义证禅师

吉州清平惟旷禅师

婺州金柱义昭和尚

潭州谷山和尚

湖南道吾山从盛禅师

福州罗山义因禅师

灌州灵岩和尚

吉州匡山和尚

福州兴圣重满禅师

潭州宝应清进禅师

汉州绵竹县定慧禅师、潭州龙会山鉴禅师、安州穆禅师

已上三人无机缘语句，不录

安州白兆山志圆禅师法嗣十三人八人见录

朗州大龙山智洪禅师

襄州白马山行霭禅师

郢州大阳山行冲禅师

安州白兆山怀楚禅师

蕲州四祖山清皎禅师

蕲州三角山志操禅师

晋州兴教师普禅师

蕲州三角山真鉴禅师

> 郢州兴阳山和尚、郴州东禅玄偕禅师、新罗国慧云禅师、安州慧日院玄谔禅师、京兆大秦寺彦宾禅师 已上五人无机缘语句，不录

潭州藤霞和尚法嗣二人—人见录

澧州药山第七世和尚

> 潭州云盖山和尚　一人无机缘语句，不录

洪州凤栖山同安常察禅师法嗣

> 袁州仰山良供禅师　一人无机缘语句，不录

吉州禾山无殷禅师法嗣

> 庐山永安慧度禅师、抚州曹山义崇禅师、吉州禾山契云禅师、漳州保福和尚、洪州翠严师阴禅师 已上五人无机缘语句，不录

潭州云盖山景和尚法嗣三人见录

衡岳南台藏禅师

幽州潭柘水从实禅师

潭州云盖山证觉禅师

庐山归宗寺澹权禅师法嗣

　　　　鄂州黄龙蕴和尚、寿州泊山和尚　已上二人无机缘语句，不录

庐山归宗怀恽禅师法嗣二人一人见录

　　归宗第四世弘章禅师

　　　　归宗寺岩密禅师　一人无机缘语句，不录

池州嵇山章禅师法嗣一人

　　随州双泉山道虔禅师

洪州云居山怀岳禅师法嗣五人三人见录

　　扬州风化院令崇禅师

　　澧州药山忠彦禅师

　　梓州龙泉和尚

　　　　云居山住缘和尚、云居山住满和尚　已上二人无机缘语句，不录

抚州荷玉山光慧禅师法嗣

　　　　荷玉山福禅师　一人无机缘语句，不录

筠州洞山道延禅师法嗣二人一人见录

　　筠州上蓝庆禅师

　　　　洞山敏禅师第五世　一人无机缘语句，不录

抚州金峰从志大师法嗣二人

　　　　洪州大宁神降禅师、澧州药山彦禅师　已上二人无机缘语句，不录

襄州鹿门山处真禅师法嗣六人四人见录

　　益州崇真和尚

鹿门山第二世谭和尚

襄州谷隐智静大师

庐山佛手岩行因禅师

  襄州灵溪山明禅师、洪州大安寺真上坐　已上二人无机缘语句，不录

抚州曹山慧霞禅师法嗣三人一人见录

嘉州东汀和尚

  雄州华严正慧大师、泉州招庆院坚上座　已上二人无机缘语句，不录

华州草庵法义禅师法嗣一人见录

泉州龟洋慧忠禅师

潭州报慈藏屿禅师法嗣

  益州圣兴寺存和尚　一人无机缘语句，不录

襄州含珠山审哲禅师法嗣六人四人见录

洋州龙穴山和尚

唐州大乘山和尚

襄州延庆归晓大师

襄州含珠山真和尚

  含珠山璋禅师第二世、含珠山偃和尚　已上二人无机缘语句，不录

凤翔府紫陵匡一大师法嗣三人见录

并州广福道隐禅师

紫陵第二世微禅师

兴元府大浪和尚

洪州同安威禅师法嗣二人一人见录

  陈州石境和尚

    中同安志和尚　一人无机缘语句，不录

襄州石门山献禅师法嗣一人见录

  石门山第二世慧彻禅师

襄州广德义和尚法嗣三人一人见录

  襄州广德第二世延和尚

    荆州上泉和尚、广德周和尚　已上二人无机缘语句，不录

京兆香城和尚法嗣

    邓州罗纹和尚　一人无机缘语句，不录

杭州瑞龙院幼璋禅师法嗣

    西川德言禅师　一人无机缘语句，不录

随州护国守澄禅师法嗣八人六人见录

  随州智门守钦大师

  护国第二世知远大师

  安州大安山能和尚

  颖州荐福院思禅师

  潭州延寿和尚

  护国第三世志朗大师

    舒州香炉峰琼和尚、京兆盘龙山满和尚　已上二人无机缘语句，不录

洛京灵泉归仁禅师法嗣

    襄州石门寺遵和尚、郢州大阳山坚和尚　已上二人无机缘语句，不录

京兆永安院善静禅师法嗣

　　　　大明山和尚　一人无机缘语句，不录

蕲州乌牙山彦宾禅师法嗣三人二人见录

　　安州大安山兴古禅师

　　蕲州乌牙山行朗禅师

　　　　虢州卢氏常禅师　一人无机缘语句，不录

凤翔府青峰和尚法嗣七人六人见录

　　西川灵龛和尚

　　京兆紫阁山端己禅师

　　房州开山怀昼禅师

　　幽州传法和尚

　　益州净众归信禅师

　　青峰第二世清免禅师

　　　　凤翔长平山满禅师　一人无机缘语句，不录

祥州大岩白和尚法嗣

　　　　卭州碧云和尚　一人无机缘语句，不录

景德传灯录卷第二十四

　　吉州清原山行思禅师第八世七十四人

　　漳州罗汉院桂琛禅师法嗣七人见录

　　　　金陵清凉文益禅师

　　　　襄州清溪洪进禅师

　　　　金陵清凉休复禅师

　　　　抚州龙济绍修禅师

杭州天龙寺秀禅师

潞州延庆传殷禅师

衡岳南台守安禅师

福州仙宗契符大师法嗣二人见录

　　福州仙宗洞明大师

　　泉州福清行钦禅师

杭州天龙重机大师法嗣一人见录

　　高丽雪岳令光禅师

婺州国泰瑫禅师法嗣一人见录

　　婺州齐云宝胜禅师

福州升山白龙道希禅师法嗣五人见录

　　福州广平玄旨禅师

　　福州白龙清慕禅师

　　福州灵峰志恩禅师

　　福州东禅玄亮禅师

　　漳州报劬玄应禅师

泉州招庆法因大师法嗣七人六人见录

　　泉州报恩宗显大师

　　金陵龙光澄忋禅师

　　永兴北院可休禅师

　　郴州太平清海禅师

　　连州慈云慧深大师

　　郢州兴阳道钦禅师

　　　漳州保福清溪禅师　一人无机缘语句，不录

婺州报恩宝资禅师法嗣一人见录
　　处州福林澄和尚
处州翠峰从欣禅师法嗣一人见录
　　处州报恩守真禅师
襄州鹫岭明远禅师法嗣一人见录
　　襄州鹫岭第二世通和尚
杭州龙华志球禅师法嗣一人见录
　　仁王院俊禅师
漳州保福可俦禅师法嗣一人见录
　　漳州隆寿无逸禅师
潭州延寿寺慧轮禅师法嗣二人见录
　　庐山归宗道诠禅师
　　潭州龙兴裕禅师
韶州白云祥和尚法嗣六人见录
　　韶州大历和尚
　　连州宝华和尚
　　韶州月华和尚
　　南雄州地藏和尚
　　英州乐净含匡禅师
　　韶州后白云和尚
朗州德山缘密大师法嗣二人见录
　　潭州鹿苑文袭禅师
　　澧州药山可琼禅师
西川青城香林澄远禅师法嗣一人见录

灌州罗汉和尚

襄州洞山守初禅师法嗣

　　　　潭州道崧禅师　一人无机缘语句，不录

鄂州黄龙诲机禅师法嗣九人七人见录

　　洛京紫盖善沼禅师

　　眉州黄龙继达禅师

　　枣树第二世和尚

　　兴元府玄都山澄和尚

　　嘉州黑水和尚

　　鄂州黄龙智颙禅师

　　眉州福昌达和尚

　　　　常州慧山然和尚、洪州双岭悟海禅师　已上二人无机缘语
　　　　句，不录

婺州明招德谦禅师法嗣六人五人见录

　　处州报恩契从禅师

　　婺州普照瑜和尚

　　婺州双溪保初禅师

　　处州涌泉究和尚

　　衢州罗汉义和尚

　　　　福州兴圣调和尚　一人无机缘语句，不录

郎州大龙山智洪禅师法嗣三人见录

　　大龙山景如禅师

　　大龙山楚勋禅师

　　兴元府普通院从善禅师

襄州白马行霭禅师法嗣一人见录
　　白马智伦禅师
安州白兆山怀楚禅师法嗣三人一人见录
　　唐州保寿匡祐禅师
　　　　蕲州自南禅师、果州永庆院继勋禅师　已上二人无机缘语句，不录
襄州谷隐智静禅师法嗣二人见录
　　谷隐知俨禅师
　　襄州普宁法显禅师
庐山归宗弘章禅师法嗣一人见录
　　东京普净院常觉禅师
凤翔府紫陵微禅师法嗣
　　　　凤翔府大朗和尚、潭州新开和尚　二人无机缘语句，不录
襄州石门山慧彻禅师法嗣二人见录
　　石门山绍远禅师
　　鄂州灵竹守珍禅师
洪州同安志和尚法嗣二人一人见录
　　朗州梁山缘观禅师
　　　　陈州灵通和尚　一人无机缘语句，不录
襄州广德延和尚法嗣一人见录
　　广德周禅师
益州净众寺归信禅师法嗣
　　　　汉州灵龛山和尚　一人无机缘语句，不录
随州护国知远禅师法嗣

东京开宝常普大师　一人无机缘语句，不录

景德传灯录卷第二十五

吉州清原山行思禅师第九世上

金陵清凉文益禅师法嗣三十人见录

天台山德韶国师

杭州报恩寺慧明禅师

漳州罗汉智依大师

金陵章义道钦禅师

金陵报恩匡逸禅师

金陵报慈文遂导师

漳州罗汉守仁禅师

杭州永明寺道潜禅师

抚州黄山良匡禅师

杭州灵隐清耸禅师

金陵报恩玄则禅师

金陵报慈行言导师

金陵净德智筠禅师

高丽道峰慧炬国师

金陵清凉泰钦禅师

杭州宝塔寺绍岩禅师

金陵报恩法安禅师

抚州崇寿契稠禅师

洪州云居清锡禅师

洪州百丈道常禅师

天台般若敬遵禅师

庐山归宗策真禅师

洪州同安绍显禅师

庐山栖贤慧圆禅师

洪州观音从显禅师

庐州长安延规禅师

常州正勤希奉禅师

洛京兴善栖伦禅师

洪州新兴齐禅师

润州慈云匡达禅师

景德传灯录卷第二十六

吉州清原山行思禅师第九世下至第十一世

第九世下

金陵清凉文益禅师法嗣三十三人—十三人见录

苏州荐福绍明禅师

泽州古贤谨禅师

宣州兴福可勋禅师

洪州上蓝守讷禅师

抚州覆船和尚

杭州奉先法瑰禅师

庐山化城慧朗禅师

杭州永明道鸿禅师

高丽灵鉴禅师

荆门上泉和尚

庐山大林僧遁禅师

池州仁王缘胜禅师

庐山归宗义柔禅师

  泉州上方慧英禅师、荆州护国迈禅师、饶州芝岭照禅师、庐山归宗师慧禅师、庐山归宗省一禅师、襄州延庆通性大师、庐山归宗梦钦禅师、洪州舍利玄阐禅师、洪州永安明禅师、洪州禅溪可庄禅师、潭州石霜爽禅师、江西灵山和尚、庐山佛手岩因禅师、金陵保安止和尚、升州华严幽禅师、袁州木平道达禅师、洪州大宁道迈禅师、楚州龙兴德宾禅师、鄂州黄龙仁禅师、洪州西山道耸禅师　已上二十人无机缘语句，不录

襄州清溪洪进禅师法嗣二人见录

  相州天平山从漪禅师

  庐山圆通缘德禅师

金陵清凉休复禅师法嗣二人一人见录

  金陵奉先慧同禅师

    庐山宝庆庵道习禅师　一人无机缘语句，不录

抚州龙济山绍修禅师法嗣一人见录

  河东广原和尚

衡岳南台守安禅师法嗣二人一人见录

  襄州鹫岭善美禅师

    安州慧日院明禅师　一人无机缘语句，不录

漳州报劬院玄应禅师法嗣

报劬第二世仁义禅师　一人无机缘语句，不录

漳州隆寿无逸禅师法嗣一人见录

　　漳州隆寿法骞禅师

庐山归宗道诠禅师法嗣一人见录

　　筠州九峰义诠禅师

眉州黄龙继达禅师法嗣一人见录

　　第二世黄龙和尚

朗州梁山缘观禅师法嗣一人见录

　　郢州大阳山警玄禅师

第十世

天台山德韶国师法嗣四十九人三十人见录

　　杭州永明寺延寿禅师

　　温州大宁可弘禅师

　　苏州长寿朋彦大师

　　杭州五云山志逢大师

　　杭州报恩法端禅师

　　杭州报恩绍安禅师

　　福州广平守威禅师

　　杭州报恩永安禅师

　　广州光圣师护禅师

　　杭州奉先清昱禅师

　　天台普闻智勤禅师

　　温州雁荡愿齐禅师

　　杭州普门希辩禅师

杭州光庆遇安禅师

天台般若友蟾禅师

婺州智者全肯禅师

福州玉泉义隆禅师

杭州龙册晓荣禅师

杭州功臣庆萧禅师

越州称心敬班禅师

福州严峰师尤禅师

潞州华严慧达禅师

越州清泰道圆禅师

杭州九曲庆祥禅师

杭州开化行明大师

越州开善义圆禅师

温州瑞鹿遇安禅师

杭州龙华慧居禅师

婺州齐云遇臻禅师

温州瑞鹿寺本先禅师

  杭州报恩德谦禅师、杭州灵隐处先禅师、天台善建省义禅师、越州观音安禅师、婺州仁寿泽禅师、越州云门重曜禅师、越州大禹荣禅师、越州地藏琼禅师、杭州灵隐绍光禅师、杭州龙华绍銮禅师、越州碧泉行新禅师、越州象田默禅师、润州登云从坚禅师、越州观音朗禅师、越州诸暨五峰和尚、越州何山道孜禅师、越州大禹自广禅师、筠州黄檗师逸禅师、苏州瑞光清表禅师　已上一十九人无机缘语句，不录

杭州报恩寺慧明禅师法嗣一人见录

  福州保明道诚大师

金陵报慈道场文遂导师法嗣

    常州齐云慧禅师、洪州双岭祥禅师、洪州观音真禅师、洪州龙沙茂禅师、洪州大宁奖禅师　五人无机缘语句，不录

杭州永明道潜禅师法嗣三人见录

  杭州千光王瑰省禅师

  衡州镇境志澄大师

  明州崇福庆祥禅师

杭州灵隐清耸禅师法嗣九人八人见录

  杭州功臣院道慈禅师

  秀州罗汉愿昭禅师

  处州报恩师智禅师

  衢州瀫宁可先禅师

  杭州光孝道端禅师

  杭州保清遇宁禅师

  福州支提辩隆禅师

  杭州瑞龙希圆禅师

    杭州国泰德文禅师　一人无机缘语句，不录

金陵报慈行言导师法嗣二人一人见录

  洪州云居义能禅师

    饶州北禅清皎禅师　一人无机缘语句，不录

金陵清凉泰钦禅师法嗣二人一人见录

  洪州云居道齐禅师

　　　　庐山栖贤慧聪禅师　一人无机缘语句，不录
　金陵报恩法安禅师法嗣二人见录
　　　　庐山栖贤道坚禅师
　　　　庐山归宗第十四世慧诚禅师
　庐州长安院延规禅师法嗣二人见录
　　　　庐州长安辩实禅师
　　　　潭州云盖用清禅师
第十一世
杭州永明寺延寿禅师法嗣
　　　　　杭州富阳子蒙禅师、杭州朝明院津禅师　已上二人无机缘
　　　　　语句，不录
苏州长寿院朋彦大师法嗣一人见录
　　　　长寿第二世法齐禅师
杭州普门寺希辩禅师法嗣
　　　　　高丽国慧洪禅师、越州上林胡智禅师　已上二人无机缘语
　　　　　句，不录

景德传灯录卷第二十七

　　禅门达者，虽不出世，有名于时者十人
　　　　金陵宝志禅师
　　　　婺州善慧大士
　　　　南岳慧思禅师
　　　　天台智𫖮禅师
　　　　泗州僧伽和尚

万回法云公

天台丰干禅师

天台寒山子

天台拾得

明州布袋和尚

景德传灯录卷第二十八

诸方广语

南阳慧忠国师语

洛京荷泽神会大师语

江西大寂道一禅师语

澧州药山惟俨和尚语

越州大珠慧海和尚语

汾州大达无业国师语

池州南泉普愿和尚语

赵州从谂和尚语

镇州临济义玄和尚语

玄沙宗一师备大师语

漳州罗汉桂琛和尚语

大法眼文益禅师语

景德传灯录卷第二十九

赞颂偈诗

志公和尚大乘赞十首

志公和尚十二时颂十二首

志公和尚十四科颂

归宗至真禅师颂一首

香严袭灯大师颂十九首

筠州洞山和尚颂一首

潭州龙牙和尚颂一十八首

玄沙宗一大师颂三首

招庆真觉大师颂二首

漳州罗汉和尚明道颂一首

南岳般舟道场劲和尚觉地颂一首

鄂州临溪和尚入道浅深颂五首

大法眼禅师颂十四首

唐白居易八渐偈八首

同安禅师诗八首

云顶山僧德敷诗一十首

僧润诗三首

景德传灯录卷第三十

　　铭记箴歌

　　　　傅大士《心王铭》

　　　　三祖僧璨大师《信心铭》

　　　　牛头山初祖法融禅师《心铭》

　　　　僧亡名《息心铭》

　　　　菩提达磨《略辨大乘入道四行》弟子昙琳序

荷泽大师《显宗记》

南岳石头大师《参同契》

五台山镇国大师澄观《答皇太子问心要》

杭州五云和尚《坐禅箴》

永嘉真觉大师《证道歌》

腾腾和尚《了元歌》

南岳懒瓒和尚歌

石头和尚《草庵歌》

道吾和尚《乐道歌》

《一钵歌》

乐普和尚《浮沤歌》

牧护和尚歌

法灯禅师《古镜歌》三首

潭州龙会道寻《遍参三昧歌》

丹霞和尚《玩珠吟》二首

关南长老《获珠吟》

香严和尚《励觉吟》《归寂吟》二首

韶山和尚《心珠歌》

二、 东寺本所附《魏府华严长老示众》

佛法事在日用处，在你行住坐卧处，吃茶吃饭处，言语相问处。所作所为，举心动念，又却不是也。会么？若会得，即今无碍自在真人；若也未会，则是个担枷带锁重罪之人。何故如此？

佛法不远，隔尘沙劫。你一念中见得，在你眉毛鼻孔上；你若不见得，如接竹点月。在处切莫思惟，不可言语。你时中承何恩力？若知得，你须有个欢喜处。古人道：常寂寂，常历历，诸佛不求觅，众生断消息。你会得么？一切诸法本无情，一切诸佛本自灵。混然同太虚，无欠亦无余。会么？若不会，直是个触途成滞①，不知个身落地处。茫茫劫劫，只是恋物著境，认色为实。不舍恩爱，痴迷财宝。立我争人，一团子意气，些子个违情。面青面赤，说强道弱，我不受人欺瞒，我是大丈夫儿。

养妻养子，你岂知在业海之中，罪坑之内？吃肉如似饿鬼吞尸，噇酒如饿狗饮水，爱色如渴蝇咂血。不知此身是大祸患，恣纵无明，愚养意气，不久败坏，浪死虚生，枉经千劫，徒然出没。何不识取金刚坚固之体，长生不灭之道？在世头枿枿地，口子吧吧地，眼子眨眨地。无常杀鬼到来，向床上犹似使心用行，恋财恋境，蓦然驱去见阎老子，一词不措，铁炉火炭，铜柱刀山，尽为戏玩。恁时追悔，大段难为免离。你如今病未来寻身，何不于十二时中求一毫善利，办取津梁？幻化色身，凭何为实？诸佛过去留经造论，一切善法与你初学底人忏罪灭障，渐渐增长利益。求善知识开示解脱法门，向无明性中，认取个真实主人，于万劫中，得个人身也不容易。你还知个身本性与佛同时，本无欠少？有一大事在你尿囊里、粪堆头，光烁烁地，圆陀陀地，还信得及否？若信不及，也从你深坑罪海，永堕沈沦②。你若回光返照，于一刹那间即心念息，时中迷惑烦恼，痴暗狂情顿息消

---

① "途"，原作"徒"，据碛砂本改。
② "沦"，原作"轮"，据碛砂本改。

灭。诸缘境界，转为甘露醍醐，安乐国土，岂不是好否？

圣人道：万法从心生，万法从心灭。皆由你心，善恶也只由你心，地狱天堂也只由你心。只今相应与佛合智，即是佛也，更无相诳。直下奉信，无疑心即正觉。又何必历僧祇大劫？此身今生，甚大难遇，莫道你是凡夫，自家退屈。千经万论，皆为众生迷乱，不识本性。你暂时间那取些子贪物底功夫，看经书上义理，只言众生被一切境摄，著欲之故。山僧苦口实为忉忉，你还肯么？你还信么？寻常著寒著热，些子违情，吃辛受苦不得，却于日用时中自不醒悟整顿。取心好，为取身好？百年如箭，富贵如梦，恩情也只不久。百年无多日，头白是病来，病是业债来，业债是死来，死是地狱来。你莫道：我为人，平生好心吉善，只依本分，不作恶事，我无罪过。别教你有个好生处，我即今朝未信你在，何故？你平等在甚处？你还知否？依佛法，一切法皆是邪法，外道见解。更莫说担人担我，贪色贪财，餐鱼啖肉，妄言绮语，日费上事，罪业极深。你莫道：我舍财造塔起殿，设僧转经，便为长久功德。以此为实，未可托倚，众中老和尚也为你不得。你还知么？你有千般万种无明罪业，佛亦为你不得。须是你自家著力，前程自办。你若作一切有为功德，只是造业，增长顽福，不生个清净知见。山僧虽然求得供养，日夜不安为虑，未是在。还知么？一任你说向诸方，耆宿笑我，也嫌山僧不得。欲问你施主得钱处，想你应不济润于人，不救拔贫苦者。了得了，取吃休，了取著休，早修行休，度此身休，悔取心休，悔取心休。伏惟珍重。

三、元延祐禪幽庵刻本所附《西來年表》①

	南齊	太祖高皇帝，姓蕭，諱道成，受宋禪即位，都金陵		後魏	高祖孝文皇帝，諱宏，姓拓跋氏，第六帝。即位，改元延興，當宋明帝泰始七年辛亥歲。至太和十八年，遷都洛陽，二十年，改姓元氏
己未		建元元年			太和三年
庚申		二年			四年
辛酉		三年			五年
壬戌		四年	帝崩		六年
	世祖武帝				諱賾，即位
癸亥		永明元年			七年
甲子		二年			八
乙丑		三			九
丙寅		四			十
丁卯		五			十一
戊辰		六			十二
己巳		七			十三
庚午		八			十四
辛未		九			十五
壬申		十	豫章王嶷薨		十六

---

① 四部叢刊本卷首也載有此表，然據椎名宏雄《宋元版〈景德傳燈錄〉の書志的考察》（《禪研究所紀要》，1975年3月期），四部叢刊本由五本組成，其中卷一至卷三為元延祐刊本，而《西來年表》也為元延祐三年本所獨有。

续表

癸酉	十一年	正月,文惠太子薨 七月,帝崩	十七	
	郁林王	讳昭业,即位		
甲戌	隆昌元年	七月帝废	十八	迁都洛阳
	海陵王	讳昭文,即位改元		
	延兴元年	十一月帝废		
	高宗明帝	讳鸾,十一月即位		
	建武元年	改元		
乙亥	二年		十九	
丙子	三		二十	改姓元氏
丁丑	四	傅大士生	二十一	
戊寅	永泰元年	帝崩	二十二	
	东昏侯	讳宝卷,即位		
己卯	永元元年		二十三年	帝崩
			世宗宣武皇帝	讳恪,即位改元

续表

庚辰	二年	景明元年
辛巳	三年　帝废	二年
	和帝	讳宝融，即位改元
	中兴元年	
壬午	禅位于梁	三年
	右南齐萧氏七主，合二十四年，禅梁	
	梁	都金陵
	高祖武皇帝	讳衍，姓萧，受禅于齐，建元天监
	天监元年	
癸未	二	四年
甲申	三	正始元年
乙酉	四	二
丙戌	五	三
丁亥	六	四
戊子	七	永平元年
己丑	八	二
庚寅	九	三

续表

辛卯	十		四	
壬辰	十一	傅大士纳妻	延昌元年	
癸巳	十二		二	
甲午	十三	志公示灭	三	
乙未	十四		四	帝崩
丙申	十五		肃宗孝明皇帝 讳翊，即位改元	
			熙平元年	
丁酉	十六年		二年	
戊戌	十七		神龟元年	
己亥	十八		二年	
庚子	普通元年	达磨至。傅大士逢嵩头陀	正光元年	《正宗记》侬梁僧宝唱《续法记》云：此年达磨至梁而入魏。于理可取
辛丑	二	傅大士唱卖妻子	二	
壬寅	三		三	
癸卯	四		四	
甲辰	五		五	
乙巳	六	诏迎傅大士	孝昌元年	

续表

丙午	七		二	
丁未	大通元年	三月改元。旧本《传灯》云：十月一日，达磨至金陵。误也	三	《传灯》旧云：十一月二十三日，达磨届于洛阳。误也
戊申	二		武泰元年	二月，帝崩，立幼主钊。四月崩，立庄帝《正宗记》引宝唱《续法记》云：达磨此年示灭。于理可取
			敬宗孝庄皇帝	讳子攸，四月即位，改元建义
			建义元年	九月，又改元永安
			永安元年	
己酉	中大通元年		二	
庚戌	二		三	十二月，帝崩 若依宝唱《续法传》即魏使归洛，奏遇达磨西归，当在此年。盖明帝已崩，而孝庄尚在位故也
辛亥	三	太子统薨	前废帝	讳恭，二月即位，改元普泰
			普泰元年	
壬子	四		二	二月帝废
			后废帝	讳朗，普泰元年六月，高欢立帝于信都，改元中兴元年。至二年四月废之
			出帝	讳修广，普泰二年四月即位，改元太昌

续表

			太昌元年	十二月,又改永熙
			永熙元年	
癸丑	五		二	
甲寅	六		三年	七月,帝迫于其相高欢,出居关中。欢立清河王世子善见为主,都邺。是为东魏。于是魏分为东西。十二月,帝遇鸩崩
	右后魏十二主,合一百四十九年,分为东西魏			
		西魏	都长安	**东魏**	都邺
		文皇帝	讳宝炬,京兆王愉之子。宇文泰奉帝即位	**孝静帝**	讳善见。高欢奉帝即位,改元永熙。三年为天平
					天平元年
乙卯	大同元年		大统元年	二年
丙辰	二年		二年	三年	旧本《传灯》云:十月五日达磨卒,十二月葬洛阳熊耳山。时洛阳属东魏。误
丁巳	三年		三年	四年
戊午	四年		四年	元象元年

续表

己未	五年		五年	兴和元年	旧《传灯》云：奉使自西域回，奏启达磨圹，见空棺只履。误

己未	五年	五年	兴和元年	旧《传灯》云：奉使自西域回，奏启达磨圹，见空棺只履。误
庚申	六年	六年	二年	
辛酉	七年	七年	三年	
壬戌	八年	八年	四年	
癸亥	九年	九年	武定元年	
甲子	十年	十年	二年	
乙丑	十一年	十一年	三年	
丙寅	中大同元年	十二年	四年	
丁卯	太清元年	十三年	五年	
戊辰	二年	侯景反	十四年	六年	
己巳	三年	五月帝崩	十五年	七年	
简文帝	讳纲，即位改元				
庚午	大宝元年	十六年	八年	五月禅于北齐
			右东魏一主十七年	
			北齐	都邺

续表

					文宣帝	讳洋，姓高，欢之第三子。五月受禅，建元天保
					天保元年	
辛未	二年	侯景废帝，而立豫章王栋，寻弑帝。十一月，景又废栋，自立僭号。元帝讨而斩之		十七年	二年	三祖见二祖
			废帝	讳钦，文帝长子，即位不改号		
	孝元帝	讳绎，十一月即位于江陵				
壬申	承圣元年			元年	三年	
癸酉	二年			二年	四年	
甲戌	三年		十一月，帝为魏军所执，寻弑之	三年	正月，宇文泰废帝而立齐王廓	五年	思大止大苏山
	敬帝	讳方智。元帝既被执，萧詧自立为后梁，都江陵。王僧辩、陈霸先奉帝为梁主。承圣四年九月即位		恭帝	讳廓，文帝子，宇文泰立之。不改号，止称元年	
				元年		
乙亥	绍泰元年			二年	六年	
丙子	大平元年			三年	十二月，帝逊位于周	七年	
				右西魏三主，合二十三年		

续表

				后周	都长安	
				闵帝	讳觉，姓宇文，文帝泰之子，受禅于西魏，即位止称元年	
				元年	《南史》以次年为元年	
丁丑	二年		十月，进丞相陈霸先爵为陈王。帝逊位于陈	二年	九月，宇文护贬帝为洛阳公，寻弑之。	八年
	右梁四主，合五十六年					
				明帝	讳毓，文帝泰之长子，宇文护立之。即位，改元武定	
	陈	都金陵		武定元年	《南史》云：亦称元年，不改号	
	高祖武帝	讳霸先，姓陈氏，受禅于梁，即位，建元永定				
	永定元年					
戊寅	二年		智者进具	二年		九年
己卯	三年		六月帝崩	武成元年	《陈纪》云：方建年号	十年	十月帝崩
	文帝	讳蒨，始兴王长子，即位				废帝	讳殷，文宣帝长子

续表

干支					
庚辰	天嘉元年	智者谒思大于大苏山	二年	乾明元年	太后令废帝
			武帝 讳邕，文帝第四子，以遗诏即位	**昭帝** 讳演，欢之第六子。八月即位，改元皇建	
				皇建元年	
辛巳	二年		保定元年	后梁宣帝崩，子岿立，是为明帝，改元天保	二年	帝崩
					武成帝 讳湛，欢之第九子。即位，改元大宁
				大宁元年	
壬午	三年		二年	清河元年	
癸未	四年		三年	二年	
甲申	五年		四年	三年	
乙酉	六年		五年	四年	帝禅位于太子，自称太上皇
				后主	讳纬，受禅即位，改元天统
				天统元年	
丙戌	天康元年	四月帝崩	天和元年	二年	
	废帝 讳伯宗，文帝长子				

续表

丁亥	光大元年	思大迁南岳	二年	三年
戊子	二年	帝废	三年	四年
	宣帝	讳顼，昭烈王之子，以大后命即位		
己丑	天建元年	傅大士卒。智者往金陵	四年	五年
庚寅	二年		五年	武平元年
辛卯	三年		六年	二年
壬辰	四年		建德元年	三年
癸巳	五年		二年	四年
甲午	六年		三年	废释道二教	五年
乙未	七年	智者隐天台	四年	六年
丙申	八年		五年	七年	十二月，为周武所败，改元隆化
				隆化元年	德安王延宗即位于晋阳，改元德昌，寻为周所虏

续表

			幼主	名恒，后主以望气者言有革易，故传位幼主，自称太上皇
丁酉	九年　思大卒	六年	承光元年	正月，幼主即位。在位十八日，与后主并为周所虏。国灭
				右北齐六主，合二十八年，为周所灭
戊戌	十年	宣政元年		帝总戎北伐。六月，崩于乘兴
		宣帝	讳赟，武帝长子，即位	
己亥	十一年	大成元年		正月，立鲁王衍为皇太子。二月，传位太子，自称天元皇帝
		静帝	讳衍，后改名阐，宣帝长子。宣帝于邺宫传位，改元大象	
		大象元年		
庚子	十二年	二年		宣帝崩。复释道二教。以大丞相杨坚为相国，进爵为王，备九锡
辛丑	十三年	大定元年		正月，改元。二月，逊位于隋

续表

			右后周五主，合二十六年，禅于隋	
		隋	都长安	
		高祖文皇帝	讳坚，姓杨氏。大定元年二月，受禅于周。即位，建元开皇	
			开皇元年	
壬寅	十四年	正月帝崩	二年	
	后主	讳叔宝，宣帝长子，即位		
癸卯	至德元年		三年	
甲辰	二年		四年	
乙巳	三年		五年	后梁萧琮立
丙午	四年		六年	后梁改元广运
丁未	祯明元年		七年	后梁三主，合三十三年，是岁隋废之
戊申	二年		八年	
己酉	三年	正月，隋将韩擒入建业，虏后主。国亡	九年	平陈，天下一统
	右陈五主，合三十三年。隋灭之			
庚戌			十年	
辛亥			十一年	

续表

壬子		十二年	四祖见三祖
癸丑		十三年	二祖卒
甲寅		十四年	
乙卯		十五年	
丙辰		十六年	
丁巳		十七年	智者卒
戊午		十八年	
己未		十九年	
庚申		二十年	
辛酉		仁寿元年	
壬戌		二年	
癸亥		三年	
甲子		四年 七月帝崩	
	炀帝	讳广，高祖第二子，即位	
乙丑		大业元年	
丙寅		二年	三祖卒
丁卯		三年	
戊辰		四年	

续表

己巳 庚午 辛未 壬申 癸酉		五年	六年	七年	八年	九年
甲戌 乙亥 丙子		十年	十一年	十二年		
丁丑		十三年			帝幸江都，遥尊为太上皇	
	恭帝	讳侑，炀帝之孙，元德太子昭之子。十一月，唐公入京，立帝，改元义宁				
		义宁元年				
戊寅		二年			二月，炀帝崩。五月，帝逊位于唐	
		右隋三主，合三十八年，禅于唐				
达磨至中国，今取《正宗记》为定。盖依梁僧宝唱《续法记》：昔那连耶舍与万天懿，译七佛至二十八祖传法事。梁简文帝因使臣刘悬运往北齐取其书，诏宝唱编入《续法记》也						

四、元延祐禅幽庵刻本所附《天圣广灯录·杨亿传》

翰林学士工部侍郎赠礼部尚书文公杨亿任秘书监，知汝州日，尝有书寄李维内翰，叙其始末师承，书云：

病夫凤以顽憃，获受奖顾，预闻南宗之旨，久陪上国之游。动静咨询，周旋策发。俾其刳心之有诣，墙面之无惭者，诚出于席间床下矣。刿又故安公大师，每垂诱导。自双林灭影，只履西归，中心浩然，罔知所止。仍岁沈痼，神虑迷恍，殆及小间，再辨方位，又得云门谅公大士，见顾蒿蓬。谅之旨趣，正与安公同辙。并自庐山归宗、云居而来，皆是法眼之流裔。

去年假守兹郡，适会广慧禅伯，实承嗣南院念。念嗣风穴，风穴嗣先南院，南院嗣兴化，兴化嗣临际，临际嗣黄檗，黄檗嗣先百丈海，海嗣马祖，马祖出让和尚，让即曹溪之长嫡也。斋中务简，退食多暇，或坐邀而至，或命驾从之，请叩无方，蒙滞顿释。半岁之后，旷然弗疑，如忘忽记，如睡忽觉。平昔碍膺之物，曝然自落；积劫未明之事，爁尔现前。固亦决择之洞分，应接之无蹇矣。重念先德，率多参寻：如雪峰九度上洞山，三度上投子，遂嗣德山。临际得法于大愚，终承黄檗。云岩多蒙道吾训诱，乃为药山之子。丹霞亲承马祖印可，而作石头之裔。在古多有，于理无嫌。病夫今继绍之缘，实属于广慧；而提激之自，良出得鳌峰也。忻幸，忻幸！

侍郎问广慧和尚："寻常承和尚有言：一切罪业，皆因财宝所生，劝人疏于财利。况南阎众生，以财为命，邦国以财聚人，教中有财、法二施。何得劝人疏财？"广云："幡竿尖上铁龙头。"侍云："海坛马子似骊大。"广云："楚鸡不是丹山凤。"侍云："佛灭二千岁，比丘少惭愧。"问门僧表澄："承云有言：天上无弥勒，地上无弥勒。未审弥勒在什么处？"澄云："手上木。"侍云："罪有所归。"澄云："知过人难得。"侍云："吃取拄杖。"澄喝，侍云："且放过即不可。"侍郎问李驸马："释迦六年苦行，成得什么事？"尉云："担折知柴重。"问："一盲引众盲时如何？"尉云："盲。"侍云："灼然。"尉便休。

同光帝问兴化和尚云："朕收得中原之宝，只是无人酬价。"兴化云："略借陛下宝看。"帝以手舒幞头脚，兴化云："君王之宝，谁敢酬价？"玄觉云："只如兴化眼在什么处？若不肯，过在什么处？"侍云："兴化怎么祗对，是肯庄宗，不肯庄宗？试辨看。"因僧谈道，侍郎遂云："道不离人，人能弘道。大凡参学之人，十二时中长须照顾。不见南泉道：三十年看一头水牯牛，若犯他人苗稼，摘鼻拽回。如今变成露地白牛，裸裸地，放他不肯去。诸人长须著些精彩，不可说禅道之时，便有个照带底道理。择菜作务之时，不可便无去也。如鸡抱卵，若是抛离起去，暖气不接，便不成种子。如今万境森罗，六根烦动，略失照顾，便丧身命，不是小事。今来受此缘生，被生死系缚，盖为尘劫已来顺生灭心，随他流转以至如今。诸人等且道：若曾丧失，何以得至如今？要识露地白牛么？试把鼻孔拽看。"

侍郎云："玄沙和尚道：大唐国内，宗门中事，未曾有人举唱。有人举唱，尽大地人总失却性命，无孔铁锤相似，一时亡锋结舌去。且道是甚道理？如今假立个宾主，动者两片皮，竖起指头，拈起拂子，总成颠倒知见，顺汝狂意，教汝有个申问处。若是明眼人前，怎生拈掇得出？只如鲁祖和尚，见僧来便面壁。长庆道：'恁么地接人，驴年得一个去。'我道：鲁祖也只是不识羞，是他明眼人，又争肯尔？今来事不获已，与汝诸人作颠倒知见，一似结巾为马，捏目生花。上祖道个开佛知见，示佛知见，悟佛知见，入佛知见，教他恁么道，抑下多少威光。且道：诸人分上欠少个什么？虽然如此，我若不恁么与汝知闻，尔又什么处得见？古人道：知恩者少。且道承个甚人恩？于此不明，问取露柱去。"

侍云："此事大难！释迦老子三七日中思惟，便欲入涅槃。被帝释、梵王殷勤三请，不得已而许之。始自鹿苑，终于俱尸罗城,中间四十九年,大作佛事。说五乘十二分教,如瓶注水。后来于灵山会上,目视迦叶,谓大众云:'吾有正法眼,已付摩诃大迦叶。'又云:'我于四十九年中,不曾说一字。'此是什么道理?若是诸人分上,著一字脚不得。为诸人各各有奇特事在,唤作奇特,早是不中也。我道释迦是败军之将,迦叶是丧身失命底人。汝等诸人,且怎生会?不见道:涅槃生死,俱是梦言。佛与众生,并为增语。直须恁么会取,不要向外驰求。若也于此未明,敢道诸人乖张不少。"

侍举:"《肇论》云:会万物为己者,其唯圣人乎?如今山河大地,树木人物,揽揽地是同是别?若道同去,是他头头物物,各各不同;若道别去,他古人又道会万物为己。且怎生会?只如教中说:若有一人发真归元,十方虚空一时销殒①。古德亦云:若人识得心,大地无寸土。此是甚道理?直下尽十方世界,是汝一只眼②。一切诸佛、天人群生类,尽承汝威光建立,须是信得及方得。"

侍郎临终前一日,亲写一偈与家人,令来日送达李附马处。偈曰:"沤生与沤灭,二法本来齐。欲识真归处,赵州东院西。"尉接得偈云:"泰山庙里卖纸钱。"

(《天圣广灯录》第十八卷)

---

① "销",原作"锁",据《天圣广灯录》卷十八改。
② "只",原作"集",据《天圣广灯录》卷十八改。

附录二　古旧版本序跋

一、元延祐禅幽庵刻本所附《绍兴壬子郑昂跋》

右《景德传灯录》，本住湖州铁观音院僧拱辰所撰。书成，将游京师投进。途中与一僧同舟，因出示之。一夕，其僧负之而走。及至都，则道原者已进而被赏矣。此事与郭象窃向秀《庄子注》同。拱辰谓：吾之意，欲明佛祖之道耳。夫既已行矣，在彼在此同，吾其为名利乎？绝不复言。拱辰之用心如此，与吾孔子"人亡弓，人得之"之意同，其取予必无容私。又得杨文公具择法眼，以为之刚定，此其书所以可信。与夫《续灯录》遣僧采事，而受金厕名以乱真者间矣。

或者犹疑《佛祖传法偈》无传译之人，此夏虫不知春秋也。佛祖虽曰传无传，至付授之因，岂容不知？又达磨具正遍知，华竺之言，盖悉通晓。观其答问，安有传译哉？此如世愚人，谓教外别传，不立文字，便疑《楞伽经》宋已有之，非达磨携至，岂不悖哉？福州大中寺知藏僧正自，以寇乱而来，文籍道厄，募缘再刊此书，以便道俗赏览。扣余为序，因书其后。绍兴壬子初冬十日长乐郑昂题。

二、 元延祐禅幽庵刻本所附《天童宏智和尚疏》

道枢中虚，理不我取其名像；灵机内发，智不我囚其化通。一念深彻本源，六义具成神用。出气鼻快，从佛口生。转昒之间，弹指之顷。廓若雷龙破蛰，炳如雾豹变文。诸方衲子之传，一等丈夫之作。达磨来不立文字，威音后须要师承。符合符而规矩相投，心印心而语默俱到。灯灯续焰，分照世不断之光明；叶叶联芳，缀灵种不枯之春色。嗣连祖谱，师绍谁宗？绵绵踵武之人，的的克家之子。刚柔可则，烂烂怜百炼之金；劓黜不移，区区抱三献之璞。不可期也，开池得月；难其契也，掷芥投针。出炉鞴而放光，入钳锤而成器。自得受用，相求证明。哆哆啝啝底，放教舌上毛生；磊磊落落底，拶使额头汗出。下拳可畏其勇，却来捋虎髭须；撺棒作势且惊，看取弄蛇手段。相分圆缺，应用合宜，位列正偏，随机中矩。毫厘有差，而天地悬隔；丝糁未净，而蝇蚁留连。不闻不见以降魔，个非泛泛；自呼自应而作主，许是惺惺。匾担头事事挑来，布袋里般般著得。短长在我，宝公杖头剪刀；节奏由谁，万回怀中花鼓。僧伽杨枝举起，大士拍板歌行。网凤钓鳌也，本分功夫；捞摝虾蚬也，平生快活。应接磨砻之妙，对酬锥凿之方。电卷之机轮，风驰之问答。打草惊蛇之句，探竿影草之功。啐啄同时，心目相照。任运腾腾而无累，平怀坦坦而不羁。出家行脚之因缘，坐脱立亡之时节。纪之编简，如见古人；将以著龟，可格后学。当谐神契，慎勿言求。恐口耳之流通，为身心之障碍。比丘思鉴，久轸此怀；阿祖传灯,欲成其印。入眼要分青白,开口莫乱雌黄。葛藤窠,无作自缠;担版汉,不嫌人唤。辄投同道,相与结缘。

三、 元延祐禅幽庵刻本所附《绍兴四年刘斐后序》

左朝奉大夫充右文殿修撰权发遣台州军州事刘斐撰

《传灯录》镂行旧矣,兵兴以来,其版灰飞。慕心宗者,患无其书。僧思鉴,婺人也,芒屩访道三十年矣。亦欲人同悟涅槃妙心,而思有以资发之也。广募净信,复镂其板,缁素赞叹而助成焉。

或曰:自心之法无形,不从人得。初祖释迦而降,无一祖师非默契而自证者,故达磨直指,不立文字,少林九年,面壁而已。虽二祖立雪断臂,一字亦不为说,但遮其知见之非。二祖因是得正知见,豁然大省,则二祖亦不从达磨言句中入,乃自证也。且百丈卷席,雪峰辊球,鲁祖面壁,石巩驾箭,道吾舞笏,鸟窠吹布毛,俱胝举一指,古德如此示人甚多,不在言句之间故也。言句且尔,况文字乎?心宗要当自参,祖师言句于我何与焉?

余曰:不然。心法虽曰无形,然遍一切处。翠竹真如也,黄花般若也,蛙蚓发机,管弦传心,乃至墙壁瓦砾,无非说法。故灵云见桃花悟道,玄沙谓语燕深谈实相。然则大地皆是悟门,孰非此道?况明心宗言句乎?况载明心宗文字乎?若二者于心宗果无与耶,荐福古何为阅《云门录》而省?黄龙心何为读多福语而悟?盖言词相寂,文字性空,亦此道耳。若即言句文字,而见性相之空寂，是乃一超而直入也。吾故知是书之流布，发明心地者众矣。

且鉴之募缘也，台之宁海邑民周氏叹曰："吾地有大梨木，阅三世矣。比岁我家之人，各尝梦其上有楼阁行庑，而无数僧往来于其间。每疑之，乃今方悟当刊此录耶。"遂舍以析版，且邀鉴即其家，僦工而刻之。既刻，周氏梦六僧求已刻者观焉，周问鉴曰："此何僧耶？"鉴曰："此六代传衣祖师，特来证明此事也。"呜呼！是书用为一大事，则宜有感发之祥，以发瘖人心。余故并列之，庶观者知非小缘，而坚其信心云。绍兴四年上元日，等慈庵善男子睢阳刘棐仲忱序。

四、 元延祐禅幽庵刻本《重刊景德传灯录状》

湖州路道场山护圣万岁禅寺耆旧僧希渭，系庆元路昌国州人氏，俗姓董。自幼投礼本路在城观音禅寺绝照和尚为师，训到法名，投礼慈溪县开寿普光禅寺龙源和尚薙发为僧，仍礼五台律寺雪涯和尚受具戒。挟策西游，放包灵隐。后值先师龙源和尚迁住兹山，随师参请，迨今有年。每念师恩未由报效，伏睹从上佛祖《景德传灯录》三十卷，七佛至法眼之嗣，凡五十二世；景德至延祐丙辰，凡三百一十七年。旧板销朽无存，后学慕之罔及，为此发心重刊。忽得本路天圣禅寺松庐和尚所藏庐山稳庵古册，最为善本，良惬素志。遂于丙辰年正月初十日将衣钵估唱，得统金一万二千余缗。是日命工刊行于世，流通祖道。此录总计三十六万七千九百一十七字，至当年腊月一日毕工。随即印舍三百部于两浙安众名山，方丈、蒙堂、众寮各一部，以便湖海办道禅衲参究。集兹善利，用报四恩，并资三有者。

大元延祐三年腊月一日耆旧僧希渭谨状

小比丘　文雅　董役

当山住持嗣祖比丘　士洵　主缘

五、 五山版贞和四年 （1348）《乾峰士昙识语》

始从鹿林终至鹤林，于其二中际，全无一字谈佛语。所载之宗猷祖师，别传之妙旨，不是教意，亦非祖意之谓矣，譬如离油与盏之外而别传灯也。此录权舆南方，无人板行，东土天下禅林思慕久矣。粤有势州前太守若江氏琳玉峰，施于钱财，锓于梓木，灯之续焰光显。其传焉，举世金曰：吴僧道原复生本朝，得法普济大圣，令知师承有在。聊亦宗任侍者，化他而发千七百善知识杓头酌来之机者欤？

贞和戊子八月二十五

南禅乾峰士昙谨识

六、 明万历四十二年 （1614） 高丽刻本所附李稸《序》

上之廿有一年春正月，判曹溪宗事臣觉云上言："《景德传灯录》禅学之指南也，板木毁于兵，手钞甚艰。况今专务默坐，冀万一成功，窃恐谈理者又废，斯道益以晦，乞重刊广布以惠学者。"上曰："可。"于是广明寺住持景猊、开天寺住持克文、崛山寺住持惠湜、伏岩寺住持坦宜干其事，皆上命也。鸠材募工，既有端绪。云又上言："臣之宗门，光耀至矣，不纪而冠之篇，无以为后日征。请下文臣叙其事。"乃以命臣稬，会稽丁母忧去国。明年起复，既至，云来趣文曰："功毕矣。"就求其所谓《景德传灯录》者读之。其题目冠以"景德"，而翰林学士杨亿、兵部员外郎李维、太常丞王曙承诏同加裁定，序所以去取之意甚悉。考之《宋史》，大中祥符二年书曰：苏州僧道元，缵佛祖以来名僧禅话，为《景德传灯录》三十卷以献，命刻板宣布。不载亿等刊定之事，岂史氏之略欤？其目以"景德"，岂此录成于景德而献于祥符欤？不然，史之误也。鄱阳马氏著《通考》指亿为之。亿虽文章士，立后之制，尚拒之不草，何故托浮屠为伪书以欺君惑世哉？是时宰相王旦当国，一代伟人也，及其将没，遗命削发披缁以敛。亿在翰林，号为深于禅学，此《景德传灯录》所以进而刊修之命及于亿也欤？《册府元龟》，历代君臣之事迹，而姚铉《文粹》，唐之文章关于世教者也。二书皆成于祥符间，刻板宣布之命未之见焉，此录也重于一时者可知已。

　　恭惟主上殿下至仁洽民心，至道超物表，正法眼藏、别传之妙有默契焉者，非谀儒浅见所能测也。云尝在禁中谈此录者满一岁，上深器其能，赐八字法号，禅教都总摄，为曹溪都大禅师，入居内院，故能上体圣心，刻梓宣布。其所以惠来者，广心学，其功可胜道哉！夫心譬则灯也，心心相印至于无尽，灯灯相续亦至于无尽。我国家仰赖慈光，历数之传亦如灯之无尽也，则臣之此序为不妄作矣。后之学者当以祝厘为务，毋徒以文身而已可也。至于禅话，臣所未学，故不及云。青龙壬子三月初吉，起复文忠保节同德赞化功臣崇禄大夫政堂文学集贤殿大学士知春秋馆事兼判太常寺事成均大司成提点司天监事臣李穑奉教谨序。

附录三　作者道原生平资料

一、杨亿《武夷新集》卷七《佛祖同参集序》

昔如来于然灯佛所亲蒙记莂，实无少法可得，是号大觉能仁。既而后智滋兴，悲心显发，念四生之沉溺，轮回六趣之中；为一事之因缘，出现五浊之世。奈何根器各异，机感有殊。繇是开三乘权实之门，设一时顿渐之教。具偏圆半满之义，分悟证伏断之差。演之为十二部经，广之为百千万颂。随类各解，始虽自于一音；达本忘言，终乃同于二月。故纯陀末供之后，鹤林示灭之辰，以正法眼付大迦叶，内传真印，外授信衣，作世导师，为佛嫡子。凡二十七世，至达摩大师，哀此土之人昧即心之理。分别名相而不已，类入海以算沙；攀缘生灭而为因，但认贼而作子。聿来震旦，宴坐少林，不事语言，不立文字。既得人而传付，乃趣寂以返真。是为东方之初祖也。

自尔本系相承，旁支别出。敷华结果，五叶之谶可征；续焰分辉，千灯之照弥广。至于出离生死，一门证于涅槃；诱导愚迷，万行以之差别。由二祖而下，迄至于今。以诸夏之利根，叶西土之悬记。得道之者，实繁有徒。其或抵掌盱衡，乃了知于风力；摇唇鼓舌，即悟入于言枢。或针芥相投，金锸立辨；或经尘将破，啐啄同时。示现方便以既殊，遭但因缘而亦异。咸有轨迹，著为筌蹄。譬诸三藏之文，结集于钵罗之窟；七佛所说，秘藏于娑竭之宫。苟撰述之无闻，使后来而安仰？先是诸方大士各立宗徒，互显师承，迭存语录。圭山患其如是也，会合众说，著为《禅诠》；融通诸家，圆成一味。盖祖门之能事毕矣。历岁弥久，《都序》仅存；百卷之文，不传于世。

东吴道原禅师者，乃觉场之龙象，实人天之眼目。慨然以为祖师法裔，颇论次之未详；草堂遗编，亦嗣续之孔易。乃驻锡辇毂，依止王臣，购求亡逸，载离寒暑。自饮光尊者，讫法眼之嗣，因枝振叶，寻波讨源。乃至语句之对酬，机缘之契合，靡不包举，无所漏脱，孜孜纂集，成二十卷。理有未显，加东里润色之言；词或不安，用《春秋》笔削之体。或但存名号，而蔑有事迹者，亦犹乎《史记》之阙文；或兼采歌颂，附出编联者，颇类夫载籍之广记。大矣哉，禅师之用心！盖述而不作者矣。

呜呼！法界无际，众生无边，凡厥有情，莫非同体。终日圆觉，触目真如，而迷失妙明，增长虚妄。分别影事，牵制于六尘；积集苦因，流浪于三有。善知识愍其如是也，不历事相，直指本源。但一念不生，即三际俱断，十方消殒，诸圣现前。识珠在衣，匪从他得；如金出矿，岂复重为？圆顿之门，妙如此矣！稽所证之道，然后知原师也，生如来家，真法王子；究所诠之理，然后明斯集也，了第一义，真最上乘。当使末法之年，初心之类，去圣逾远，开卷得解。一弹指顷，齐肩古佛；不起于座，入般涅槃。虽利益之若斯，于灭度而无取。即知施七宝而满刹土,徒为漏业之资;化二乘而等河沙,适重败根之罪。师之法施,岂思议之所及哉!新集既成,咨予为序,聊摭梗概,冠于篇首云耳。

二、《天圣广灯录》卷二十七"苏州承天永安道原禅师"

上堂,有僧问:"如何是佛?"师云:"咄!者旆陀罗。"进云:"学人初机,乞师方便。"师云:"汝问什么?"学云:"问佛。"师云:"咄!者旆陀罗。"又僧问:"如何是佛法道理?"师云:"与蛇画足,为鼠穿逾。"进云:"还报国恩也无?"师云:"不唯负国,兼乃谤吾。"又僧问:"如何是祖师西来意?"师云:"问者如牛毛。"进云:"请师答牛毛之问。"师云:"师子咬人不逐块。"进云:"恁么即学人造次也。"师云:"一等学问,罕有阇梨。"问:"莲华未出水时如何?"师云:"馨香菡萏。"进云:"出水后如何?"师云:"绝消息。"问:"如何是学人自己?"师云:"十字街头寻不见,乐桥亭下问船翁。"进云:"恁么即一切皆是也。"师云:"演若之狂未是狂。"问:"承古有言:向上一路,千圣不传。如何是向上一路?"师云:"盘山太无端。"进云:"未审千圣还垂慈也无?"师云:"也与盘山不较多。"

三、朱长文《吴郡图经续记》卷中"寺院"

永安禅院,在承天寺垣中,旧号弥勒院。初太宗朝以藏经镂板本,有余杭道原禅师者,诣阙借板印造。景德中,又以太宗御制四帙及新译经一十四帙并赐之,道原既归藏于此院。大中祥符八年,又编修《景德传灯录》以进,敕赐今额,每岁度一僧,至今为禅院。

四、 龚明之《中吴纪闻》卷二"传灯录"

永安禅院僧道元,纂佛祖讫近世名僧禅语为《景德传灯录》三十卷以献,祥符中诏翰林学士杨亿、知制诰李维、太常丞王曙刊定,刻板宣布。

附录四 历代书目著录

一、释氏目录之部

1. 〔宋〕赵安仁、杨亿《大中祥符法宝录》卷二十

《景德传灯录》一部三十卷　目录三卷

第一卷、第二卷：已上二卷述毗婆尸佛至释迦牟尼佛为七佛。圣师释迦牟尼将入涅槃始以法眼付嘱摩诃迦叶，故迦叶为天竺第一祖。如是次第传法至第二十七祖般若多罗。又第三祖商那和修旁出末田底迦一人，第二十四祖师子尊者旁出达磨达等二十二人，合前是为五十祖师。

第三卷、第四卷：已上二卷述第二十八祖菩提达磨远从观机授道至于此土，得慧可大师，乃传心印，故达磨为此土第一祖焉。次第传法至第五祖弘忍大师。由达磨至弘忍，其间旁出尊宿二百一十六人。一十七人不出世，不录。一百九十九人见录。

第五卷：已上一卷述第六祖慧能大师法嗣弟子四十三人，内一十人旁出，二十四人不出世，一十九人见录。

第六卷至第十三卷：已上八卷述第六祖弟子南岳怀让禅师九世相承及曹溪别出二世，其间次第法嗣五百一十三人，二百七十

八人不出世，一百三十五人见录。

第十四卷至第二十卷：已上七卷述第六祖弟子吉州清原山行思禅师一世至六世相承三百七十九人，一百一十六人不出世，二百六十三人见录。

第二十一卷至第二十六卷：已上六卷述行思禅师七世至十一世相承五百四十六人，一百三十二人不出世，四百一十四人见录。

第二十七卷至第三十卷：已上四卷编次禅门散圣及诸方广语、歌诗赞颂。或举事照理，或接物随机。启迪初心，流传来裔，乃禅者之香饭，法乐之正性也，故以其文，集而录之。

右此录者，诸祖分灯，随方化导，传法徒侣，记诸善言也。谈无遗有，焕乎方便之奥枢；即色明空，寂尔灵源之妙指。纪斯法印，以示禅流。景德中有东吴僧道原，采摭成编，诣阙献上。乃诏翰林学士左司谏知制诰杨亿，兵部员外郎知制诰李维，太常丞王曙同加刊定，勒成三十卷。大中祥符四年，诏编入藏。

2. 〔宋〕佛国惟白《大藏经纲目指要录》卷八

《景德传灯录》三十卷

东吴僧道原集录上进，真宗皇帝敕翰林学士杨亿作序，入藏流通，赐逐年圣节度僧一名。今苏州承天寺永安院恩泽是也。

（1）七佛、迦叶初祖至十四祖龙树尊者传。（2）十五祖提婆尊者至二十七祖般若多罗等传。（3）达磨、二祖、道育、道副、尼总持、三祖、四祖、五祖等传也。（4）牛头融师、北宗神秀、安国师三宗嗣法传也。（5）六祖及嗣法思禅师、让禅师等传录也。（6）马大师及百丈等传。（7）三角印宗禅师等传，嗣马祖也。(8)无业禅师等传,嗣马祖也。(9)沩山、章敬、西堂、如会四宗嗣法等传。(10)赵州及盐官嗣法两宗等传。(11)仰山、大安、严阳等嗣法诸传也。(12)临济及嗣法并同派诸宗等传。(13)风穴、首山及神会一宗自圭峰禅师等传。(14)清源思禅师嗣法石头、天皇、丹霞、药山、大颠等传。(15)龙潭、德山、清平、投子、石霜、洞山、夹山等传也。(16)雪峰、岩头、瓦棺、九峰、洛浦、盘龙等诸传。(17)云居、龙牙、曹山、疏山、罗山、白兆、同安察等传。(18)玄沙、长庆、长生、鼓山、保福等传。(19)云门、太原孚等传。皆雪峰嗣法。(20)佛日、报慈、石门、太平等传。(21)罗汉琛禅师及同派诸宗传也。(22)智门、巴陵、香林、德山、双泉等传。(23)洞山初禅师、奉先深、清凉明等传也。(24)法眼、进山主、修山主、明招、梁山观(梁山缘观)等传。(25)韶国师、法灯禅师、法眼禅师嗣法一宗传。(26)勋禅师、柔禅师、天平倚、圆通道济禅师,大阳明安、慧日智觉寿禅师等传也。(27)志公、傅大士、思大、天台智者、僧伽、万回、丰干、寒山、拾得、布袋,诸方征、拈、代、别。(28)忠国师、神会、马祖、药山、大珠、无业、南泉、赵州、临济、玄沙、罗汉、法眼等诸师广语。(29)《大乘赞》《十二时》《十四科》,归宗、香严、洞山、罗汉、劲头陀、玄沙、龙牙、法眼、《十玄谈》等颂,德敷、僧润诗,白太傅《八渐偈》。(30)《心王铭》《信心铭》《心铭》《息心铭》《入道四行》《显宗记》《参同契》《问心要》《坐禅箴》《证道歌》《了元歌》《懒瓒歌》《草庵歌》《乐道歌》《一钵歌》《浮沤歌》《牧护歌》《古镜歌》《遍参三昧歌》《心珠歌》《玩珠吟》《获珠吟》《归寂吟》

等也。此但略标也,盖禅人日夕看读耳。

3.〔宋〕王古《大藏圣教法宝标目》卷十

《景德传灯录》三十卷

右僧道原披弈世祖图,采诸方语录,次序源流,错综词句。由七佛而至大法眼之嗣,凡五十二世,一千七百二人,成三十卷。上进,真宗御制序。命翰林学士杨亿等刊削裁定,同岁成书。

4.《东京经藏一切经目录》北宋版东禅寺等觉院本,又名崇宁万寿大藏。

"振":《景德传灯录》自卷第一至第十。元丰三年刊,附章释一帖。

"缨":同经,自卷第十一至卷第二十。卷第十一第十二无刊记,卷第十三至第二十,元丰三年刊,附音释一帖。

"世":同经,自卷第二十一至卷第三十。元丰三年刊,但卷第二十七,元丰五年刊,附音释一帖。

5.《宫内省图书寮一切经目录》北宋板开元寺本,又名毗卢大藏。

"振":《景德传灯录》,宋道原纂,1—10,十一帖。

"缨":同上,11—20,十一帖。

"世":同上,21—30,十一帖。

6.〔元〕庆吉祥《至元法定勘同总录》卷十

《景德传灯录》三十卷 沙门道原纂

上一集三十卷三帙,"勉、其、祇"三号。

7.《杭州路余杭县白云宗南山大普宁寺大藏经目录》卷四

"振"十卷,《景德传灯录》一十卷。

"缨"十卷，《景德传灯录》一十卷。

"世"十卷，《景德传灯录》一十卷。

8. 《大明三藏圣教南藏目录》

《景德传灯录》

"合"：十一卷一百八十九张，尾半三张。

"济"：十卷二百一十六张，尾半五张。

"弱"：十卷二百零五张，尾半四张。

9. 《大明三藏圣教北藏目录》

"合、济、弱"

《景德传灯录》三十卷

10. 《（径山）藏版经直画一目录》

"合、济、弱"

《景德传灯录》三十卷

共八本，七钱六分八厘。

11. 〔明〕释寂晓《大明释教汇门标目》圣贤著述第八之八分此方禅宗集录本

《景德传灯录》采诸方语录，错综词句，次第源派，由七佛而至大法眼之嗣，凡五十二世一千七百人。

12. 〔明〕智旭《阅藏知津》卷四十二　此方撰述

《景德传灯录》三十卷　　南"恒、公、辅"　北"合、济、弱"

宋景德东吴沙门道原纂

先叙七佛并偈。始自摩诃迦叶，终于南岳第九世，清原第十一世，共祖师一千七百十二人。内九百五十四人，有语见录，余七百五十八人，但存名字，尽二十六卷。宝志、善慧、南岳、天台、僧伽、万回、丰干、寒山、拾得、布袋十人及诸方杂举、征、拈、代、别语一卷。南阳、大寂乃至法眼等十二人广语一卷。赞、颂、偈、诗一卷。铭、记、箴、歌一卷。

13.《大清三藏圣教目录》卷五　此土著述

"誉、丹、青"

《景德传灯录》三十卷

14.《大日本校订缩刻大藏目录》　诸宗部　"云"帙　十册

《景德传灯录》三十卷　宋释道原纂

二、外典目录之部

1.〔宋〕王尧臣、欧阳修撰，钱东垣辑《崇文总目》卷四释书类上

《景德传灯录》三十卷　释道原撰

2.〔宋〕晁公武撰《（衢本）郡斋读书志》二十卷　卷十六释书类

《景德传灯录》三十卷

右皇朝僧道原编。其书披奕世祖图，采诸方语录，由七佛以至法眼之嗣凡五十二世，一千七百一人，献于朝。诏杨亿、李维、王曙同加裁定，亿等润色其文，是正差缪，遂盛行于世，为禅学之源。夫禅学自达摩入中原，世传一人，凡五传至慧能，通谓之祖。慧能传行思、怀让，行思之后有良价，号洞下宗。又有文偃，号云门宗。又有文益，号法眼宗。怀让之后有灵祐、慧

寂,号沩仰宗。又有义元(玄),号临济宗。五宗学徒,遍于海内,迄今数百年,临济、云门、洞下日愈益盛。尝考其世,皆出唐末五代兵戈极乱之际,意者乱世聪明贤豪之士,无所施其能,故愤世嫉邪,长往不返,而其名言至行,譬犹联珠叠璧,虽山渊之高深,终不能掩覆其光彩而必辉于外也,故人得而著之竹帛,罔有遗轶焉。

3. 〔宋〕晁公武《(袁本)郡斋读书志》卷三下　释书类

《景德传灯录》三十卷

右皇朝僧道原编。其书披奕世祖图,采诸方语录。由七佛以至法眼之嗣,凡五十二世,一千七百一人。献之朝,诏杨亿、李维、王曙同加裁定,亿等润色其文,是正其差缪,上之。遂大行于世,为禅学之祖。

4. 〔宋〕尤袤《遂初堂书目》　释家类

《景德传灯录》

5. 〔宋〕郑樵《通志·艺文略》　释家传记类

《景德传灯录》三十卷　宋朝僧道原纂

6. 〔元〕马端临《文献通考·经籍考》

《景德传灯录》三十卷

晁氏曰:右皇朝僧道原编。其书披奕世祖图,采诸方语录,由七佛以至法眼之嗣凡五十二世,一千七百一人,献于朝。诏杨亿、李维、王曙同加裁定,亿等润色其文,是正差缪,遂盛行于世,为禅学之源。夫禅学自达摩入中原,世传一人,凡五传至慧能,通谓之祖。慧能传行思、怀让,行思之后有良价,号洞下宗。又有文偃,号云门宗。又有文益,号法眼宗。怀让之后有灵祐、慧寂，号沩仰宗。又有义元（玄），号临济宗。五宗学徒，遍于海内，迄今数百年，临济、云门、洞下日愈益盛。尝考其世，皆出唐末五代兵戈极乱之际，意者乱世聪明贤豪之士，无所施其能，故愤世嫉邪，长往不返，而其名言至行，譬犹联珠叠璧，虽山渊之高深，终不能掩覆其光彩而必辉于外也，故人得而著之竹帛，罔有遗轶焉。

7.〔明〕杨士奇《文渊阁书目》卷十七　佛书

《传灯全录》一部一册

《景德传灯录》一部十册

8.〔明〕叶盛《箓竹堂书目》卷六　释家

《传灯金（按：当作"全"）录》十册

9.〔明〕晁瑮《宝文堂书目》卷下　佛藏

《景德传灯录》

10.〔明〕陈第《世善堂书目》卷下　释典

《景德传灯录》三十卷

11.〔明〕董其昌《玄赏斋书目》卷五　释家

《景德传灯录》

12.〔明〕祁承爜《澹生堂书目》卷九　释家类　宗旨门

《景德传灯录》二十册（三十卷　释宗晓编）（按：误，宗晓编有《乐邦文类》，疑误为此书）

13.〔明〕焦竑《国史经籍志》卷四　释家　传记

《景德传灯录》三十卷　僧道原撰

14.〔明〕钱溥《秘阁书目》佛书

《景德传灯录》十册

15.〔明〕范邦甸《天一阁书目》卷三之二

宋《景德传灯录》三十卷　吴僧道源纂

16.〔清〕钱曾《钱遵王述古堂藏书目录》卷三　释部

《景德传灯录》二十卷十本　宋版

17.〔清〕钱曾《述古堂宋版书目》卷四　释部

《景德传灯录》二十卷十本　宋版

18.〔清〕徐乾学《传是楼宋元本书目》　"宇"字二格

元本《景德传灯录》三十卷　杨亿　二十四本

宋本《景德传灯录》三十卷

19.〔清〕汪士钟《艺芸书舍宋元本书目》宋版书目　子部

《景德传灯录》三十卷

20.〔清〕瞿镛《铁琴铜剑楼藏书目录》卷十八　子部释家类

《景德传灯录》三十卷　宋刊本

宋释道原撰，前有"翰林学士朝散大夫行左司谏知制诰同修国史判史馆事柱国南阳郡开国侯食邑一千一百户赐紫金鱼袋臣杨亿撰"序。略谓：有东吴僧道原者，冥心禅悦，索隐空宗，披弈世之祖图，采诸方之语录。次序其源派，错综其词句，由七佛以至大法眼之嗣，凡五十二世，一千七百一人，成三十卷，目之曰《景德传灯录》。诣阙奉进……汔兹周岁，方遂终篇云云。每半叶十三行，行二十一至二十五字不等。卷二、卷三阙，钞补，第十至十二阙卷，以别一宋本补，每半叶十五行，行二十八字。书中"敬、镜、贞"等字减笔。卷首有"拜经楼吴氏""兔床经眼"朱记。

21.〔清〕瞿镛《铁琴铜剑楼藏宋元本书目》 子部

《景德传灯录》三十卷

宋刊本，每半叶十三行，行二十一至二十五字不等。第十至十二阙卷，以别一宋本补，半叶十五行，行二十八字。卷首有"拜经楼吴氏藏书""兔床经眼"朱记。

22.〔清〕马瀛、潘景郑《唅香仙馆书目》子部 释家类

《景德传灯录》 宋沙门道原纂（或作释宗晓编）精抄（高江村）写

又宋版一部 残本

23.〔清〕丁丙《善本书室藏书志》卷二十二 子部十二

《景德传灯录》三十卷 宋刊本

按：《传是楼》《艺芸精舍宋板书目》俱载此书，疑徐归于汪，即只一帙耳。此存卷五至卷九，又十三至十九，又二十三、四，凡十四卷，每半叶十五行，每行二十八九字不等。字画端湛，洵宋椠之佳者。考此书尚有元延祐刊本，首列杨亿序，更列绍兴壬子郑昂跋、绍兴四年刘棐后序。此在阙卷之中，无从案核也。有"越溪草堂"一印，天禄琳琅中也有此印，云无考。

24.〔清〕丁仁《八千卷楼书目》卷十四 子部 释家类

《景德传灯录》三十卷 宋释道原撰 宋刊本 明刊本

25.何澄一《故宫所藏观海堂书目》卷三 子部 释家类

《景德传灯录》残本 宋释道原撰 湖州禅幽庵刊本 存二册

又残本 香山圆智居士刊本 存二册

26.缪荃孙《清学部图书馆善本书目》 释家类

《景德传灯录》四卷 宋刊本，每半叶十三行，行二十四字，

高七寸，宽五寸。黑口单边，上有字数，间有刻工名。有"巢鹤堂"白文小方印，"曰藻珍玩"朱文方印，"上湖"朱文小长方印，"时恺""襄虞"两朱文联珠印。存二之三，十之十一。

27. 题记李盛铎《木犀轩藏书题记及书录》

题记

《景德传灯录》三十卷　宋释道原撰

卷一至九日本贞和四年（元至正八年，1348）刻，延文三年（元至正十八年，1358）修补本。卷十至十八、卷二十二至二十七元延祐三年（1316）释希渭刻本，卷十九至二十、卷二十八宋刻本，卷二十一、卷二十九至三十日本旧抄本。

光绪己亥（二十五年，1899）春日得于东京市上。其中有宋刊、元刊、日本重刊元本并抄配之卷。其中宋刊行款与旧藏宋刊半叶十一行不同，然字画方正，板心阔大，自是北宋刊本。避宋讳弘、卢、坚、树、曙、朗等字。其各卷刊本、抄本别记于后。宋本半叶十五行，行大小均廿八字。元本半叶十三行，行大廿三字，小卌六字至四十三字不等。

卷一序及西来年表，均日本覆元本，有"延祐丙辰（三年，1316）重刊于道场山禅幽庵"木记，又"延文戊戌（元至正十八年，1358）重开善忠一卷"刊行木记。

卷二同，无木记。

卷三日本覆元本，无木记。

卷四日本覆元本，有"延祐三年（1316）刻梓于湖州道场山禅幽之庵"木记。

卷五"延文戊戌（1358）重刊于城州东山天润庵"，篆书

"延祐三年刊于湖州道场山禅幽庵"。

卷六日本覆元本，第四叶至末抄配。

卷七日本刊，第一叶至第七叶抄配。

卷八日本刊，篆书"释子希渭刻梓虎岩禅幽之庵"。

卷九日本刊，卷末有应安补缺助缘名员九行，又"干缘比丘宗松"一行。

卷十元刊，篆书"四明苾蒭希渭命工刻梓虎岩之檀幽庵"木记。

卷十一元刊，篆书"延祐四年（1317）刻梓于湖州道场山亶幽庵"。

卷十二元刊，篆书"延祐丙辰（三年，1316）重刻于湖州道场山禅幽之庵"。

卷十三元刊，篆书"丙辰岁比丘希渭重刻于湖州道场山禅幽庵"。

卷十四元刊，篆书"四明苾蒭希渭命工刻梓虎岩之禅幽庵"。

卷十五元刊，正书"四明苾蒭希渭命工刻梓虎岩之禅幽庵"。

卷十六元刊。

卷十七元刊，正书"大元延祐三年依庐山稳庵本翻刻于禅幽庵"。

卷十八元刊。

卷十九宋刊。

卷二十宋刊。

卷二十一抄配。

卷二十二元刊，正书"延祐丙辰小比丘希渭谨依本郡先天圣松庐和尚所藏庐山稳庵善本命工绣梓于云峰之禅幽庵"。

卷二十三元刊,正书"此本元刊于庐山稳庵今重镂版于湖州道场禅幽庵"。

卷二十四元刊,正书"大元延祐三年岁在游兆执徐重刊于道场禅幽庵"。

卷二十五元刊,首叶抄补,末有篆书"延祐丙辰重刊于湖州道场山禅幽庵"。

卷二十六元刊。

卷二十七元刊,正书"延祐丙辰重刊于湖州道场山禅幽之庵"。

卷二十八宋刊。

卷二十九抄配。

卷三十抄配,末有绍兴四年(1134)睢阳刘棐后序,又绍兴季长乐郑昂跋,宏智和尚疏。

书　　录

《景德传灯录》三十卷,宋刊宋印本。

半叶十一行,行二十字,小字二十九、三十字不等。首序题"翰林学士朝散大夫左司谏知制诰同修国史判史馆事柱国南阳开国侯食邑一千一百户赐紫金鱼袋臣杨亿撰"。收藏有"宋本"朱文长圆印,"汲古主人""毛氏子晋"朱文二方印,"东吴毛氏图书"朱文长方印,"徐健庵"白文、"乾学"朱文二方印,"王雪驭藏书印"白文方印,"守吾平生珍藏"朱文方印,"泰州王氏雪驭藏书记"朱文长印,"太山赵氏掘庵图书"白文方印。宋讳弘、敬、贞、玄缺笔。卷二十三、二十四抄补。版心下刊工有高选、蔡大、林才、郑言、陈达、王益、林明、郑悫、林聪、王保、李硕、李广、潘老、张明、孙永等姓名，广、荣、石、昌、赐、中、才、懋等名。

28. 王国维《两浙刊本考》

《景德传灯录》（延祐三年）

延祐丙辰重刊于湖州道场山禅幽之庵

每半叶十三行，行二十三字。

29. 李希圣撰、罗振常编《雁影斋读书记》

《景德传灯录》　元本

每半叶十三行，行二十四五六字不等。每卷末有四方木印，署"延祐三年刻梓于湖州道场禅幽之庵"，或署"延祐丙辰重刊于湖州道场山"，其字或篆、或隶、或楷，亦前后不同。考宋龚明之《中吴纪闻》云：永安禅院僧道元，缵佛祖讫近世名儒禅语为《景德传灯录》三十卷以献。祥符中诏翰林学士杨亿、知制诰李维、太常丞王曙刊定，刻版宣布。则此书在北宋时即有官刻，不知海内藏书家尚有之否？

30. 张元济《涉园序跋集录》

《景德传灯录》

右《四库》未收，卷首杨亿序：东吴僧道原，冥心禅悦，索隐空宗，披弈世之祖图，采诸方之语录。次序其源派，错综其辞句，由七佛以至大法眼之嗣，凡五十二世，一千七百一人，成三十卷，诣阙奉进，冀于流布云云。而绍兴长乐郑昂跋，则谓："本住湖州铁观音院僧拱辰所撰，将游京师投进，途中与一僧同舟，因出示之。一夕，其僧负之而走，及至都，则道原者已进而被赏，拱辰谓吾意欲明佛祖之道，既已行矣，在彼在此同，遂绝不复言。"然则著此书者，名道原而实拱辰也。杨亿、李维、王曙辈奉诏裁定，多所损益，见于叙言。最初镂版，毁于靖康之乱。是尚为宋代旧刊，合三本而成。其一半叶十三行，每行二十一至二十三字，版心有刻工，无字数，凡二十五卷有余，有二卷抄配，行款同。宋讳避玄、弘、朗、殷、匡、敬、警、擎、惊、镜、竟、戍等字；其一行数同，每行二十三至二十六字，版心有字数，无刻工，仅有残叶，见于卷第十八第十九中；其一半叶十五行，每行二十八至三十字，版心有刻工，存卷十至十二，宋讳避玄、弘、朗、贞、侦、微、署、竖、树等字。此二本均不避桓、构二字及其嫌名，然察其刀法笔意，实已具南宋风格，不能以其不避讳而遽疑之也。贵池刘氏覆元延祐本，其元本所据，又有两宋刻：一台州宁海思鉴刊本，同绍兴四年刘棐序；一庐山稳庵古册，即湖州道场禅幽庵覆刻之祖本，同延祐三年希渭状，是可想见当时传刻之盛。刘氏谓延祐本与瞿氏所藏宋本正同。然取以对校，同者只卷一之十余叶，其他各卷，虽行数相同，而款式绝异。刘氏后序谓永乐梵夹本、径山藏本、雍正释藏本，雠校未精，脱文讹字，所在多有。夸元版为鸿宝，而是本足以正其讹误者，尤非少数。然则所谓一字百缣者，舍是更奚属耶？

31. 傅增湘《藏园群书经眼录》卷十　子部四　释家类

（1）《景德传灯录》三十卷　宋释道原撰　卷五至九，十三至十九、二十三、二十四，凡十四卷

宋刊本，十五行二十八九字不等，注双行同，白口，双栏，版心下方记人名，每卷目录后接正文。宋讳朗、弘、贞、署皆为

字不成。刻工名列后：王进、洪悦、施端、陈亢、陈辛、蔡政、陈文、陈才、方祥、杨昌、洪昌、蔡忠、李显、方端、方祐、王臻、张学、蒋春、毛昌、丁拱、孙彦、朱苇、陈高。

钤有"越溪草堂""八千卷楼藏书印""钱唐丁氏正修堂藏书"各印。（甲子）

（2）《景德传灯录》三十卷　宋释道原撰　　存卷二十五至三十

元延祐三年湖州道场山禅幽庵刊本，十三行二十三字。细黑口，左右双栏，版心上记字数。卷二十五后有篆书木记。卷二十七后有楷书木记，文曰：延祐丙辰重刊于湖州道场山禅幽之庵。

32. 莫伯骥《五十万卷楼群书跋文》　　子部

《景德传灯录》残本，十七卷

言佛门之宗系者，夙称五灯，所谓《景德传灯录》《广灯录》《续灯录》《联灯会要》《普灯录》是也。条系详明，读者如睹大禹之行河，翕然称善。唯卷帙颇繁，寻求不易。宋世已有《会元》之作，然行世者多明刻，宋元旧椠搜访綦难。若《传灯》诸作，旧本尤罕。《景德传灯录》则唯有钱塘丁氏藏元延祐本，存卷五至卷九，又卷十三至十九，又二十三、四，凡十四卷。每半叶十五行，行二十八九字不等。常熟瞿氏《铁琴铜剑楼藏书目录》载宋刻本，每半叶十三行，行二十一至二十五字不等。卷二、卷三阙卷，钞补。十至十二阙卷，以别一宋本补，每半叶十五行，行二十八字。清宣统间贵池刘氏得巴陵方柳桥旧藏元延祐刻本，每半叶十三行，行二十一字至二十五字不等，与瞿氏所藏宋本正同，且宋讳嫌名，多有阙笔。黑口单边，上有字数，间有刻工姓名。字迹朴雅，俨然宋椠。疑即宋绍兴刻本，为元延祐道场山禅幽庵所重刊者，遂以景印行世。刘氏之言曰：祥符祖本既断不可求，丁本又归江南图书馆，瞿本亦藏之深深，寓目匪易，而两本并皆残阙不全，此本犹首尾完整，虽为元刊，实自宋出，可称鸿宝。盖定评也。此元刻残本，伯骥得自海上，存者仅十七卷，察其篇帙，实元刻而早印之书，未审比刘氏藏本若何？观其椠刻至精，纸墨古雅，不特为元刻之上驷，即较诸天水遗籍，亦庶几曹衣吴带，当风出水各具其美。

观书前有"翰林学士朝散大夫行左司谏知制诰同修国史判史馆事柱国南阳郡开国侯食邑一千一百户赐紫金鱼袋臣杨亿撰"序。略云：东吴僧道原者，冥心禅悦，索引空宗，披弈世之祖图，采诸方之语录。次序其源流，错综其词句，由七佛以至大法眼之嗣，凡五十二世，一千七百一人，三十卷，目之曰《景德传灯录》，诣阙奉进，冀于流布。皇上为佛法之外护，嘉释子之勤业。载怀重慎，思致悠久。乃诏翰林学士左司谏知制诰臣杨亿、兵部员外郎知制诰臣李维、太常丞臣王曙等，同加刊削，俾之裁定……考其论撰之意，盖以真空为本……事资纪实必由于善叙，言以行远非可以无文……其有辞条之纷纠，或言筌之猥俗，并从刊削，俾之纶贯。至有儒臣居士之问答，爵位姓氏之著名，校岁历以愆殊，约史籍而差谬，咸用删去，以资传信……若乃但述感应之征符，专叙参游之辙迹，此已标于僧史，亦奚取于禅诠。聊存世系之名，庶纪师承之自。然而旧录所载，或掇粗而遗精，别集具存，当寻文而补阙，率加采撷，爰从附益。逮于序论之作，或非古德之文，问（按：当作"间"）厕编联，徒增楦酿，亦用简别，多所屏去。汔兹周岁，方遂终篇。

次有《重刊〈景德传灯录〉状》云：湖州路道场山护圣万岁禅寺耆旧僧希渭，系庆元路昌国州人氏，俗姓董……每念师恩未由报效，伏睹从上佛祖《景德传灯录》三十卷……旧板销朽无存，后学慕之罔及，为此发心重刊。忽得本路天圣禅寺松庐和尚所藏庐山稳庵古册，最为善本，良惬素志。遂于丙辰年正月初十日，将衣钵估唱，得统金一万二千余缗。是日命工刊行于世，流通祖道。此录总计三十六万七千九百一十七字，至当年腊月一日毕工。随即印舍三百部于两浙安众名山，方丈、蒙堂、众寮各一部，以便湖海办道禅衲参究。集兹善利，用报四恩，并资三有者。大元延祐三年腊月一日耆旧僧希渭谨状。

伯骥按：清圣祖《校刻〈五灯全书〉序》称：《五灯会元》，洎乎本朝沙门海宽，念其支派繁衍，自宋金元明数百年来，传述阙然，乃著《缵续》一书。今圣感寺僧超永复虑谱牒渐棼，闻见不一，用是旁搜博考，折衷于二编而参订之，删其颇芜，增所未备。以成全书。吾人欲于曹溪之后，分析五派源流，苟参稽于超永之书，自了然于宗门之同异。唯禅宗语录，究以《传灯》为最古，李唐一代，宗派纪载精详，尤当披览。此本虽觚佚之余，然明徐兴公见残叶断章，每收箧中，以冀复获。莬圃亦闻风悦效，言之津津。前哲微尚，先后同符，晚进区区，辄复慕此。考徐氏《传是楼书目》"宇"字二格，有元本《景德传灯录》二十四本，宋本《景德传灯录》七本。丁目谓《传是楼》《艺芸精舍宋版书目》俱载是书，疑徐归于汪，只此一帙。伯骥以宋本恐无完书，以徐氏亦只七本也。徐氏于清初藏残宋本，今距徐世已二百年，则残元亦岂不与之比美耶？（伯骥藏宋刻《密庵语录》，题参学小师崇岳、了悟等编。一册，出自传是楼。）桓谭《新论》引关东鄙语曰：人闻长安乐则出门而西向笑，知肉味美则对屠门而大嚼。古刻难求，又讵以不完为憾哉？又按：日本贞和戊子有覆元延祐本。

33. 王文进《文禄堂访书记》卷三

《景德传灯录》三十卷　宋释道原撰

宋绍兴台州刻本，半叶十五行，行二十八九字，注双行三十字。白口，版心下记刊工姓名施悦、洪昌、方祥、蔡忠、方祐、陈高、陈才、杨昌、施端、蔡正、丁拱、张学、蒋春、孙彦、毛昌。

卷九末刊曰："尝闻河东大士亲见高安导师传心要于当年，著偈章而示后，顿闻聋瞽，焕若丹青，予惜其所遗，缀于本录云尔，庆历戊子岁，南宗子天真题者。"

周氏跋曰：宋本《景德传灯录》三十卷，此存卷五至卷九，又卷十三至卷十九，又卷二十三、四，凡十四卷。每半叶十五行，每行二十八九字不等。丁氏八千卷楼旧藏。丁氏藏书举归江南图书馆，此书或先散失者。戊辰正月二十三日以重值得之北京文禄堂。此书宋本惟常熟瞿氏铁琴铜剑楼著录，乃每半叶十三行，每行二十一字至二十五字。余所得元至正庆元路残本、贵池刘氏所刻元延祐湖州路本，行款皆与瞿本同。是十五行本流传甚稀，以字体审之，当是绍兴时刻于台州者。祥符原刻断不可见，不能不推此为祖本矣。余旧蓄宝祐本《五灯会元》，今复收此书，可称"双绝"。得书之五日，适第七子生，因取此书第一字命名

曰"景良"。深冀此子他日能读父书，传我家学，余虽不敢望兔床，此子或可为虞臣乎。周暹。（周暹叔　自庄严堪印）

劳氏手跋曰：戊辰二月初一日，余来天津，适叔弢新得子作汤饼之会。酒后，出此书示余于自庄严堪。字画精美，墨彩夺人，洵宋刻之致佳者。因为叔弢跋语于卷后余纸。他日景良长成，叔弢授以此书而诏之，当念及吾二人今日抱卷相对之乐，又仿佛自闻其呱呱之啼也。笃文劳健。

是日并出此书元本及宝祐本《五灯会元》同观。

傅氏手跋曰：此书北宋刻本，存卷五至九、卷十三至十九、卷二十三、四，凡十四卷。半叶十五行，每行二十八九字，注双行同。白口，双栏，版心下记刻工姓名，每卷目录后接正文。宋讳玄、弘、朗、匡、贞、署皆为字不成。刻工有洪悦、王进、施端、陈元、陈辛、蔡正、陈文、陈才、方祥、杨昌、洪昌、蔡忠、李显、方端、方祐、王臻、张学、蒋春、毛昌、丁拱、孙彦、米芾、陈高诸人。收藏有"越溪草堂""八千卷楼藏书印""钱塘丁氏正修堂藏书"诸印记。

按：此书旧藏杭州丁氏。据《善本书目》云：《传是楼》《艺芸精舍宋版书目》俱载此书，疑徐归于汪，即只一帙耳。考此书尚有元延祐刊本，首列杨亿序，更列绍兴壬子郑昂跋、绍兴四年刘斐后序。此在阙卷之中，无从案核云。今观兹帙，字画朴厚，刻工刚劲，避讳不及南渡，其为北宋刻本无疑，安得更有绍兴以后序跋。丁目所云，盖误也。光绪之季，端忠敏公以六万金悉买八千卷楼藏书，置之江宁图书馆。独此书不在焉。闻丁松生之女归胡氏者，平生礼佛，酷嗜经典，手携此帙，朝夕循讽。筑园于西湖净慈寺前。池荷岸柳，草阁翼然，环阁植绯桃百许株。余花时频过此园，登阁徜徉，行吟烟雨，往往闻梵诵声出精庐中，意即人间也。闻此人顷已化去，其戚属挟此残帙入都，留架上者，经年而后持去。私心叹喟，不知流落何处。不意展转竟归于叔弢。把卷重温，如故友之逢，喜珍籍之得所，因志其原委，俾后来有所考焉。岁在戊辰九月九日藏园居士傅增湘书于翠微山归来庵中，即端忠敏故居也。

袁氏手跋曰：叔弢所得藏《景德传灯录》残本，见者目为北宋刻本，叔弢疑之，因以贶余，且出岛田翰所著《古文旧书考》所录绍兴明州本《文选》刻工姓名为证。盖工人姓字多与此书同，余以知叔弢之鉴赏为精确，而佞宋者安得以绍兴工人为北宋耶？戊辰秋九月项城袁克文。（袁克文印）

又元延祐湖州路刻本。半叶十三行，行二十一字至二十六字，注双行三十八字。线口，版心上记字数，下记刊工姓名任仲、胡苏可。首纪年表、杨亿序。卷二十二至卷二十四，宋临安刻本，半叶十一行，行二十字至二十六字，注双行三十字。白口，版心下记刊工姓名李硕、胡言、王荣、囗广。宋讳匡、殷、树皆缺笔，有贵池刘世珩海虞翁之善印。

34. 王重民《中国善本书提要》　子部　宗教类

《景德传灯录》

残，存卷第十九，一册（国会）

宋刻本〔十五行二十八至三十字不等（25.7×17.5）〕

宋释道原撰。按瞿氏铁琴铜剑楼藏是书宋刻本，合三残本而成，今已印入《四部丛刊》三编中。张菊生先生跋云："其一：

半叶十五行，每行二十八字至三十字，版心有刻工，存卷十至卷十二。宋讳避玄、弘、朗、贞、侦、征、署、树、戌、竖等字。不避桓、构二字及其嫌名，然察其刀法笔意，实已具南宋风格，不能以其不避讳而遽疑之也。"正与此本相合。此本记刻工，如孙彦、洪昌、张学、方祐、洪悦、陈才、丁拱亦见瞿本。又有蒋椿。余证以他书，知为绍兴间所刻，菊生先生之说是也。瞿本有"曾在汪阆源家"印记。考《艺芸精舍宋元本书目》所载，止有三卷，此为第十九卷，来自日本。

　　35. 赵万里《西谛书目》上　卷二　子部　释家类

　　《万僧问答景德传灯全录》存二卷

　　宋释道原撰，元刊本一册，存卷十一至十二。

　　36. 冀淑英《自庄严堪善本书目》　释家类

　　《景德传灯录》三十卷西来年表一卷

　　宋释道原撰，宋绍兴四年释思鉴刻本。卷一至三配元至正二十五年释宝生等刻本，卷四、十至十二、二十三、二十五至三十配刘世珩影元延祐三年释苾刍等刻本。叟翁、劳健、傅增湘跋。十四册。

　　此书卷五至九、十三至二十一、二十三至二十四系宋绍兴四年释思鉴刻本，半叶十五行，行二十六至三十字，小字双行同，白口，左右双边。卷一至三系元至正二十五年释宝生等刻本，半

　　　至正乙巳比丘宝生募缘重刊
　　　版留太白名山祇桓精舍流通

叶十三行，行二十二至二十五字，细黑口，左右双边，有牌记。

　　叟翁题跋：《景德传灯录》三十卷，西来年表一卷。

宋释道元撰，宋绍兴四年释思鉴刻本。卷一至三配元至正二十五年释宝生刻本，卷四、十至十二、二十二、二十五至三十配刘世珩影元释芯刍等刻本。

宋本《景德传灯录》三十卷，此存卷五至卷九，又卷十三至十九，又卷二十三四，凡十四卷，每半叶十五行，每行二十八九字不等。丁氏八千卷楼旧藏。丁氏藏书举归江南图书馆，此或先散佚者，戊辰正月二十三日以重值得之北京文禄堂。此书宋本惟常熟瞿氏铁琴铜剑楼著录，乃每半叶十三行，每行二十一字至二十五字，余所得元至正庆元路残本，贵池刘氏所刻元延祐湖州路本，行款皆与瞿本同。是十五行本，流传甚稀，以字体审之，当是绍兴时刻于台州者，祥符原本断不可见，不能不推此为祖本矣。余旧蓄宝祐本《五灯会元》，今复收此书，可谓"双绝"。得书之五日，适第七子生，因取此书第一字命名曰"景良"，深冀此子他日能读父书，传我家学。余虽不敢望兔床，此子或可为虞臣乎。周暹。（此跋劳健代书）

37. 无名氏《四川省图书馆藏古籍目录》子部　宗教佛教史传类

《景德传灯录》三十卷　十四册

宋释道原纂，民国常州天宁寺刻经处刻本。

38. 无名氏《北京图书馆善本书目》下

（1）《景德传灯录》三十卷西来年表一卷

宋释道原撰，宋绍兴四年释思鉴刻本。卷一至三配元至正二十五年释宝生刻本，卷四、十至十二、二十二、二十五至三十配刘世珩影元祐三年释芯刍等刻本。周叔弢、劳健、傅增湘跋。十四册,周捐。

（2）《景德传灯录》三十卷

宋释道原撰,宋绍兴四年释思鉴刻本,一册,存一卷十八。

（3）《景德传灯录》三十卷西来年表一卷

宋释道原撰,宋刻本。卷一西来年表配另一宋本、卷十至十二配宋绍兴四年释思鉴刻本,卷二至三配清抄本。十册。

（4）《景德传灯录》三十卷

宋释道原撰,宋刻本。卷二十二至二十四配清抄本。二十八册。

（5）《景德传灯录》三十卷

宋释道原撰,明抄本一册。

39.《中国科学院图书馆中文善本书目》

《万僧问答景德传灯全录》三十卷

宋释道原撰,明刻汪士贤校本。

40. 北大图书馆编《北京大学图书馆藏古籍善本书目》子部 释家类 九史传

（1）《景德传灯录》三十卷 存卷二十五至三十

宋释道原撰。元延祐三年（1316）湖州道场山禅幽庵刻,三册。

（2）《景德传灯录》三十卷 宋释道原撰

卷一至九日本贞和四年（元至正八年,1348）刻,延文三年（元至正十八年）修补本。卷十至十八,卷二十二至二十七,元延祐三年（1316）释希渭刻本。卷十九至二十卷二十八宋刻本,卷二十一卷二十九至三十日本旧抄本,十一册。

(3)《景德传灯录》一卷　宋释道原撰　明抄本　一册

41. 台北故宫博物院编《"国立"故宫博物院善本旧籍总目》（下）子部　释家类　杂著音义之属

《景德传灯录》存六卷

宋释道原撰，元延祐丙辰（三年）湖州禅幽庵刊本二册，存卷十、十一、十二、十九、二十、二十一。

《万僧问答景德传灯全录》存四卷

宋释道原撰，元古建香山圆智居士刊本，二册，存卷一、二、五、六。

42. 屈万里《普林斯敦大学葛思德图书馆中文善本书志》卷三　子部释家类

《万僧问答景德传灯全录》十六卷　十六册二函

宋释道原撰。明万历间新安汪士贤校刊本。九行二十字。版框高19.7厘米，宽13.2厘米。是本题："古汴道原大师纂集，新安朝用汪士贤校。"无刊书序跋。按：《景德传灯录》通行本三十卷，此本则并为十六卷。

43. 王宝平编《中国馆藏和刻汉籍书目》

子部　释家类六　史传

(1)《景德传灯录》三十卷　（宋）释道原撰

日本贞和四年刻延文三年（1358）补修本，清李盛铎跋，北大。

(2)《景德传灯录》三十卷

宋释道原　日本刻本　浙江（图书馆）

三、 日本目录之部

1. 森立之《经籍访古志》 卷五

《景德传灯录》三十卷（贞和、延文三年摹雕元延祐丙辰刊本）

首有杨亿序，次西来年表，次元延祐重刊状。尾有杨亿序始末，次绍兴壬子郑昂跋、天童宏智和尚疏，次绍兴四年刘斐后序。卷一、卷五、卷十三、卷十六、卷十九、卷二十、卷二十一、卷二十六末有延文戊戌记。卷十、卷二十四、卷三十末有贞和戊子记，卷九末有应安记，并录刊行捐赀人名。卷十八末有延文三年东山沙门妙在重刊疏。卷三十跋后有贞和戊子南禅乾峰士昙志语。界长七寸一分，幅四寸九分。每半版十三行，行二十三四字，左右双边。

2. 吉泽义则《日本古刊书目》第四室町时代

（1）《景德传灯录》三十卷 京都帝国大学藏

（卷三十）

贞和四年岁在戊子，洛阳寄住正琳命工镂梓，舍置于普济大圣禅师塔所建仁天润庵。广开法眼，永祝尧年，上报四恩，下资三有，法界有情，同圆种智。玉峰敬书。

始从鹿林终至鹤林，于其二中际，全无一字谈佛语。所载之宗猷祖师，别传之妙旨，不是教意，亦非祖意之谓矣，譬如离油与盏之外而别传灯也。此录权舆南方，无人版行，东土天下禅林思慕久矣。粤有势州前太守若江氏琳玉峰，施于钱财，锓于梓木，灯之续焰光显。其传焉，举世佥曰：吴僧道原复生本朝，得法普济大圣，令知师承有在。聊亦宗任侍者，化他而发千百善知识枓头酌来之机者欤？

贞和戊子八月二十五　南禅乾峰士昙谨识

（2）《景德传灯录》三十卷　久原文库藏

（卷十八）重刊《景德传灯录》疏，东山沙门妙在撰

《景德传灯录》者，七佛心肝，诸祖骨髓，递代承承，各弘教外别传之道。贞和戊子之间，前势州玉峰大居士，痛念本朝无有此版，喜舍家财，命工刊行，永置于建仁禅寺普济大圣师塔所——天润禅庵。广大流通，以报佛祖不尽之恩，湖海禅流无不欣慕也。适罹文和乙未十二月丙丁之变，其版大半失之。山中大用任首座，重欲补缺，传诸无穷。其志垂千万世难磨灭。辄持小疏，遍叩大力宰官居士、同道大善知识。或一力成就，或随量乐施，所获福报岂易量哉？

景德遍（当为"编"）成佛祖言，一千七百一人全。迦文自接然灯后，达磨亲传般若前。续焰联芳来的的，回珠转玉正绵绵。须知此话重行世，白璧黄金信手捐。

延文三年丙申十一月吉日谨疏　干缘比丘宗任

（卷二十）延文戊戌重开　雪江崇永刊行

（3）《景德传灯录》十五册　久原文库藏

3. 丸屋源兵卫《宽文书籍目录》七禅宗

二十册《景德传灯录》

4. 永田调兵卫《元禄书籍目录》　僧传并编年

二十（册）《景德传灯录》

二十（册）《景德传灯录》，吴僧道原。

5.《京都大学人文科学研究所汉籍目录》第十三释家类

影印《碛砂藏》第五十二函

《景德传灯录》三十卷　宋释道原辑

丛书部　第二景仿类

《景德传灯录》三十卷　宋释道原撰　常熟瞿氏铁琴铜剑楼藏宋刊本

村本文库　第十三　释家类

《景德传灯录》三十卷　宋释道原撰　民国八年江苏省毘陵法云堂刊本

松本文库　第十三　释家类

《景德传灯录》（残）　三卷（存卷第一至第三）　宋释道原撰　康熙二十一年平安道宁过妙香山普贤刊本

6.《东京大学东洋文化研究所汉籍分类目录》子部　第十三释家类

（1）《景德传灯录》三十卷　宋释道原撰　景常熟瞿氏铁琴铜剑楼藏宋刻本　四部丛刊三编子部所收

（2）《景德传灯录》三十卷　宋释道原撰　1967年台北真善美出版社据三十三年普慧大藏经刊行会刊本排印